KB042506

김정은의
핵과 경제

Kim Jong Un's
Nuclear weapons and Economy

남성욱 지음

박영사

머리말

4년 동안 매달 원고지 1만 1천자를 꼬박꼬박 집필하였다. 매달 10일은 세상없어도 원고를 월간중앙에 보냈다. 마감 독촉이 오기 전에 먼저 글을 보낸다는 자신과의 약속을 지켰다. 없는 집 제사 돌아오듯이 글 마감일이 닥쳤다. 50개월 동안 건강과 일정이 받쳐주고 천지신명이 도와주어서 무탈하게 지나갔다. 물론 50개월 동안의 글을 분류하고 정리해서 단행본으로 출간하는 이 순간에도 월간중앙에 「남성욱의 평양 리포트」가 계속 연재되고 있다.

앞으로 얼마나 더 연재를 지속할 수 있을지는 천·지·인(天·地·人)의 시에 달려있다. 과분하게도 월간중앙에 매달 게재되는 80여 개의 글 중에서 그런대로 클릭 수가 상위권에 위치하는 것은 연재의 원동력이 되었다. 인공지능(AI)의 시대라 사이트를 방문해서 해당 글을 읽고 바로 나갔는지 재미있게 읽어 다른 글로 이동했는지가 순식간에 파악이 된다. 필자들의 압박감은 과거 글을 작성해서 데스크로 던지면 그것으로 끝이 나는 시대와는 차원이 다르다. 글이 얼마나 읽히는지까지 관심을 가져야 하는 상황이다. 낭만의 글쓰기 시대는 갔고 컴퓨터 소프트웨어가 관리하는 첨단 시대다.

소설도 아니고 역사물도 아닌 글을 매달 적지 않은 분량으로 연재하는 힘은 한반도 북측에 대한 무한한 관심과 소명 의식이다. 소설이 아닌 논픽션인 만큼 팩트가 제시되지 않는 추론은 금물이다. 체계적인 분석과 귀납적 및 연역적 논리 전개는 불가피하다. 학문적인 차원의 글이라고 하지만 재미(fun)와 의미(meaningful)가 조화롭게 결합되어야 한다. 재미만 가지고 평양스토리를 끌고 가기도 어렵고 의미만 강조하는 것도 4차 산업혁명 시대에는 2%가 부족하다. 북한을 30년간 추적한 다양한 이론과 현장 방문 및 남북협상의 실무 경험이 속이 잘 버무려진 김장배추처럼 맛깔나게 글의 중간 중간에 발효되어야 한다.

확인 불가라고 '아니면 말고 식'의 글은 독자에 대한 예의가 아니다. 서울이 아니라 평양 스토리이기 때문에 글이 막히더라도 불확실성을 해소하기 위해 전화를 걸만한 대상도 마땅치 않다. 탈북자에게 북한의 고위급 정보를 문의하는 것은 한계가 있다. 3만 4천명의 탈북자가 국내에 존재하지만, 평양 출신은 1% 미만이다. 내가 서울에 산다고 큰 관심이 없는 증권투자를 잘 알 수는 없다. 과거 국가안보전략연구원장 시절 탈북자 연구원들과의 협업은 다양한 분석의 시각을 갖게 해주었다. 평양에서 내려왔다고 통제사회인 북한 스토리를 정확하게 분석하고 예측하는 것은 장님 코끼리 다리 만지기 수준이다. 특히 3대 계층 51개 성분의 북한 사회는 완벽한 계급사회다. 적대계층이 핵심계층으로 수평 및 수직 이동하는 것은 로또 복권을 맞는 일처럼 어려운 일이다. 국경지대 출신이 혁명의 수도인 평양 사회를 판단하는 것은 서울에 가보지 않고 서울을 이야기하는 허풍선이 격이다.

북한 사회 분석에서 현미경과 망원경을 사용해야 할 대상과 과제는 다르다. 미시적 분석과 거시적 분석을 적재적소에 적용해야 한다. 또한 분단의 역사적 분석은 필수다. 지난 1945년 8월 해방 이후 북한 사회가 공산화되는 과정을 체계적으로 이해하지 않고는 북한 분석에서 의사가 환자 수술 부위를 잘못 잡는 격이다. 1946년 3월의 토지개혁과 1954년 시작되어 1958년 완료한 토지 협동화 과정을 간과하고 북한 식량난을 분석하는 것은 한계가 있다.

21세기 4차 산업혁명 시대 인공위성으로 촬영한 한반도 야경 사진은 남북한의 현실을 극명하게 시사한다. 극초음속 미사일부터 핵무기까지 첨단 게임체인저 개발에 올인하고 있지만, 불빛이 가득한 서울 수도권과 대조적으로 북쪽은 평양조차 암흑 일색이다. 과거 평양을 수차례 방문하던 시절 묘향산과 남포 등에서 회의와 행사를 마치고 숙소인 고려호텔, 양각도국제호텔 및 보통강호텔로 돌아올 때 평양의 밤거리는 칠흑 같은 어둠이 내려와 있었다. 평양역 왼쪽에 위치한 고려호텔 45층 스카이라운지는 한 시간에 360도 회전을 하였다. 동행하던 참사는 평양의 각종 건물과 위치 등을 대충 설명해주었다. 전력난은 평양 북쪽에 있는 북창화력발전소의 140만 킬로

와트의 발전 용량이 제대도 생산되지 않기 때문이라고 말을 흐렸다.

현장에서 보는 북한의 모습은 한 치의 오차도 허용하지 않는 정밀기계와도 같았다. 동행하던 안내 참사와 단둘이 나누었던 대화가 유일한 소통의 공간이었다. 왜 남포와 원산을 중국의 상하이처럼 개방하는 점·선·면(点·線·面)의 개혁·개방을 추진하지 않느냐고 질문하면 중국과 달리 종심(縱深)이 작아서 그렇게 할 수 없다는 대답이 돌아왔다. 남포와 신의주를 개방하면 평양을 개방해야 하는데 불가하다는 입장이며 장군님이 다 알아서 해결하시니 교수선생은 너무 걱정하지 말라고 오히려 핀잔을 주었다. 더는 대화를 이어나가기가 어렵다. 그러면서도 자신이 서울에 가면 교수선생 집에 초대해줄지 궁금해하였다. 당연히 초청한다고 하니 자신도 서울에 지인이 생겼다고 흐뭇해하는 모습을 보니 서울이 평양보다 잘 산다는 사실은 인지하고 서울에 아는 사람이 있다는 사실은 비상시에 컨티전시(contingency) 플랜으로 판단하는 것 같았다.

대학 졸업 후 사주팔자대로(?) 대기업 삼성에서 공채 시험을 거쳐 국가안전기획부로 전격 이직하였다. 대학 시절 몰두하였던 통일 및 국제관계 연구를 위한 실무 경험의 시작이었다. 10년을 근무한 후 영어시험과 조직이 요구하는 수많은 인성검사를 무사히 통과하고 미국으로 국비유학을 갔다. 경제학과 응용경제학 일반 이론을 수강하고 관심사인 북한 식량 문제에 대한 논문 작성을 하였다. 박사논문 작성 중에 관심 사항은 북한 자료와 데이터가 미국 및 국제기구 어디에 있는가(Know-where)가 주된 관심사였다. 북한이 미국 및 국제기구와 어떤 소통을 하고 있는지를 파악하는 과업은 이론적이고 통계를 기반으로 하는 미국 박사 학위 논문 통과 못지않게 중요한 과업이었다. 학위를 마치고 돌아와 현업에 근무하면서 국가정보대학원과 이화여대 북한학과 대학원에서 4년간 틈틈이 강의와 논문을 발표하였다. 운명의 여신에 부름에 따라 고려대학교 통일외교학부 교수로 부임하여 학자로서 길을 걸었다. 이론과 실무를 경험한 인재라고 1년씩이나 임용을 유보하는 등 우여곡절 속에서 많은 배려와 격려를 아끼지 않으셨던 김동규 교수님에게 머리 숙여 감사의 말씀을 드린다.

2008년 운명의 계시대로(?) 대학을 휴직하고 다시 공직에 나가게 되었다. 국정원 산하 국가안보전략연구원에서 3년 10개월간 원장직을 맡아 일을 했다. 국립 연구기관 중에서 유일하게 탈북자 연구원들이 상근으로 근무하는 연구원에서 다양하고 입체적인 연구 경험을 축적하였다. 중국 국가안전부 산하에 현대국제관계연구원, 일본 외무성 산하 국제문제연구원, 러시아 국립 연구원 등과 국제교류를 추진하고 상호 방문 세미나를 개최했던 경험은 한반도 문제의 국제화를 실감하게 만들었다. 구성원의 다양성과 본사인 국가정보원의 관리 감독이라는 복잡한 현실 속에서 정보기관 산하 연구원장직을 무사히 마치고 민주평화통일자문회의 사무처장(차관)을 맡아 1년 반동안 대한민국 민간의 통일운동을 이끌었다. 장충동에 위치한 민주평통 사무처장직은 국내외 자문위원들의 통일 운동을 지원하는 서포터즈 활동이 핵심이었다. 국내외 '생생통일 토크 콘서트'를 비롯하여 저 멀리 지구 반대편의 남미 아르헨티나에서 통일 염원 행사를 개최할 때 해외 교민들과의 만남은 가슴 벅찬 감동으로 남아 있다. 2013년 여름 무사히 공직을 마치고 학교에서 후학들을 가르치고 글을 쓰고 있다. 이 한 권의 책은 이론과 실무 및 현장의 각종 경험이 집합된 산물이다.

본서는 50개월에 걸쳐 현장과 자료를 정리한 기록으로 시간이 혼재되어 있다. 뜨거웠던 2018~2019년 미·북 정상회담 및 2018년 남북정상회담의 비하인드 스토리를 과거와 세월이 흐른 현재의 관점에서 기록하였다. 역사의 관점은 당대와 후대가 동시에 진행하는 것이 합리적이라는 판단이다. 인공지능(AI)이 도전해도 해답이 용이하지 않은 북핵의 오랜 개발과 협상 역사를 다루어 트럼프, 김정은 정상회담의 실패 원인 등을 조망하였다. 한편으로 핵무기의 특성 및 비핵화 과정에서 발생하는 각종 비용과 각국의 이해관계를 경제적 관점에서 다루었다.

북한 주민의 일상은 또 다른 관심 주제였다. 한국인 모두가 염원하는 명문 대학 입학은 북한도 예외가 아니었다. 사람들의 기본 욕망인 먹는 문제인 식량 생산을 비롯하여 음주문화 등도 다루었다. 확진자 제로인 최근의 코로나 사태 등도 집중 분석하였다. 주요 목차는 다음과 같다. 1. 북미 정상회담 왜 실패했는가, 2. 북핵을 어떻게 해결해야 하는가? 3. 김정은은 어떻게 인민을 통치하는가? 4. 북한 경제 어디로 가고 있는가? 5. 북한의 대중 전략: 병견전행의 북중관계, 6. 김정은의 건강 이상설, 북한의 주체보건의학과 코로나-19, 7. 북한 사람들은 어떻게 살고 있는가? 8. 남북관계 어디로 가고 있나? 9. 한미동맹의 과거와 현재 그리고 미래는? 10. 바이든 행정부 출범과 동북아 정세, 11. 북한과 바이든 행정부 협상 어디로 가는가? 12. 북한의 미래는? 등 12개의 장으로 구분하였다. 핵심은 역시 북한의 미래일 것이나 가장 예단하기 어렵고 불확실하다. 북한이 중국이나 베트남의 개혁 개방 모델을 벤치마킹하는 것은 이 책의 집필 동기이기도 하다.

(사)남북경제연구원 살림을 책임진 정유석 기업은행 경제연구소 연구위원, 항상 스승의 일을 내 일처럼 관심을 가지고 처리하는 (사)남북경제연구원 조정연 박사수료생, 정다현 박사수료생에게도 감사의 마음을 전한다. 미국에서 항상 아빠를 격려하는 의사인 딸 남상미, 컴퓨터 엔지니어인 아들 남상우, 항상 내조에 주력하는 내자 김순화 그리고 매일 아침 아들의 건강을 진심으로 기원하는 어머니 박점례 여사에게도 고마움을 표하고자 한다. 마지막으로 어려운 출판 여건에서도 출판을 기꺼이 맡아주신 도서출판 박영사의 안종만 회장님, 안상준 대표님과 아름다운 편집을 해주신 우석진, 오치웅 님 등 편집부 여러분에게 감사드린다.

2021년 12월, 새로운 봄에는 다시 만물이 소생하기를 기대하며
남성욱

차 례

제2장
북핵을 어떻게 해결해야 하는가?

제3장
김정은의 통치 전략

제4장
북한 경제 어디로 가고 있는가?

제5장
북한의 대중 전략: 병견전행의 북중관계

제6장
김정은의 건강이상설, 북한의 주체보건의학과 코로나-19

제7장
북한 사람들은 어떻게 살고 있는가?

제8장
남북관계 어디로 가고 있나?

제9장
한·미 동맹의 과거와 현재 그리고 미래

제0장
바이든 행정부 출범과 동북아 정세

제11장
북한과 바이든 행정부 협상 어디로 가는가?

제12장
북한의 미래는?

제 1 장

북·미 정상회담 왜 실패했는가?

1. 북·미 정상회담, 최선·최악 시나리오

"끝날 때까지 끝난 게 아니다"
- 싱가포르 정상회담은 야구로 치면 1회 시작, 9회 말까지 변수 많아
- 최악의 경우 경기 규칙 위반으로 몰수게임 될 수도

공부와는 거리가 멀어 보이는 도널드 트럼프 대통령은 책을 44권이나 저술했다. 교수·전문가 등 직업 저술가 수준의 다작이다. 하지만 140자 트위터에 중·고등학생 수준의 문장을 구사하는 트럼프가 직접 책을 집필했다고 믿는 미국인은 거의 없다. 대부분의 정치가나 기업인처럼 전문 대필 작가의 작품일 것이고 [MIDAS TOUCH(황금의 손)]와 같은 책은 재테크 전문가 로버트 기요사키와의 공저다.[1)]

온라인 쇼핑몰 아마존에서는 버젓이 트럼프가 저자로 된 책들이 제법 판매된다. [거래의 기술(The art of the deal)] 등 몇 권은 베스트셀러 목록에도 올라 있다. 트럼프가 수익을 올리려고 책을 집필한 것은 아니었을 것이다. 그에게 책 집필은 시간 대비 비(非)경제적인 일이다. 책을 쓸 시간에 부동산 투자를 하는 것이 수십 배 이득이 된다. 그런데도 트럼프는 2004년 7월 [성공하는 방법(The Way to the top)]이란 통속적인 제목의 책을 처음 발간한 이래 거의 매년 평균 3권의 책을 펴냈다. 본인이 베스트셀러 작가를 지망하는 것도 아닌데 지속적으로 책을 낸 데는 분명 특별한 목적이 있었을 것이다. 책의 주제도 아동, 경제·경영에서 자기계발, 심지어 외국어 및 문학까지 다양하다. 도저히 일반 저술가나 특정 전문가조차 섭렵하기 어려운 광범위한 주제다.[2)]

미국에서 가장 비싼 건물과 지역은 대부분 트럼프의 손을 통해 개발됐다고 할 정도로 부동산을 보는 그의 안목은 탁월하다. 부동산으로 시작해 스포츠·오락 부문에서 영향력을 확대했다. 미국적인 성공담의 상징이 됐다. 부동산으로 부를 축적해 정

치에 진출하는 데 있어 이미지 변신이 필수적이었다. 일단 방송에 진출해 지명도를 높였다. 트럼프는 NBC TV의 비즈니스 리얼리티 프로그램 [어프렌티스]의 진행을 맡으면서 미국 전역에 트럼프 배우기 열풍을 몰고 왔다.

그의 엄청난 카리스마는 쟁쟁한 출연자들을 얼어붙게 만들었고, 그가 가차 없이 내뱉은 "너는 해고야!(You're fired!)"라는 말은 유행어가 됐다. 2015년 "미국을 다시 위대하게(Make America Great Again)"라는 구호를 내걸고 미국 공화당 대선후보 경선에 출마해 돌풍을 일으켰다. 크루즈·루비오·케이식 등 이미 주지사를 지낸 기존 보수 정치판의 쟁쟁한 경쟁자를 차례로 제압했다. 유권자를 분리하는 선전·선동 전술과 경선 패배 시 독자 불출마 서약 등의 전략으로 다양한 유권자를 사로잡았다.

역대 정상회담 성패 요인은 상대의 신뢰와 의지

일부에서는 트럼프가 단번에 출마해서 대통령에 당선된 것으로 알려졌지만 실제로는 삼수(三修) 끝에 성공했다. 그는 2003년 개혁당 출마를 시작으로 2006년 출마 후 중도 포기했다가 2013년 100만 달러짜리 정치컨설팅에서 핵심 키워드를 포착했다. 메시지는 오락가락하는 '중부지역(swing states)을 공략하라'였다. 13개 중부지역에 거주하는 청바지 차림의 지갑이 얇은 백인 노동자를 공략하는 과정에서 대중과 소통이 필요했고 펜실베이니아대 와튼 스쿨 졸업생답게 책과 SNS라는 무기를 들고 그들을 자극했다. 드디어 힐러리를 제치고 백악관의 주인공이 됐다.

북·미 정상회담의 관전 포인트 분석에 앞서 트럼프의 저서와 소통 방식을 구체적으로 언급하는 것은 그의 협상 스타일을 전망하는 데 필수적이기 때문이다. 4월 초 [뉴욕타임스]는 만평(漫評)에서 요즘 김정은 위원장이 밤늦은 시간에 침대에서 열심히 정독하는 책이 [거래의 기술]이라고 풍자했다. 이 책은 트럼프의 독불장군 스타일의 행보 뒤에 있는 '크게 생각하라' '항상 최악의 경우를 생각하라' '지렛대를 사용하라' '신념을 위해 저항하라' 등 그만의 숨은 11가지 원칙을 제시하고 있다. 책은 재테크 귀재이자 거래의 달인인 저자의 전례 없는 성공 습관을 포착했다. 그의 책들은 부정과 긍정을 넘어 트럼프 증후군의 본질을 꿰뚫어보는 열쇠를 제공해 줄 것이다. 김 위원장이 야밤에 정독할 필요가 있을 것이다.

6월 12일 싱가포르에서 개최되는 트럼프·김정은 간의 회담은 성공과 실패를 불문하고 세기적인 정상회담의 족보에 당당히 이름을 올릴 것이다. 역사상 한 획을 그었던 정상회담은 아이젠하워-흐루쇼프(미국, 1959), 케네디-흐루쇼프(빈, 1961), 닉슨-마오쩌둥(베이징, 1972), 레이건-고르바초프 1·2차(제네바, 1985·아이슬란드, 1986), 부시-고르바초프(몰타, 1989), 부시-푸틴(슬로베니아, 2001), 오바마-카스트로(파나마, 2015) 등이 있다. 그 중에 닉슨-마오쩌둥 회담은 죽(竹)의 장막 중공(中共)의 문을 여는 단초가 됐다.3) 키신저의 핑퐁 외교가 단초가 된 정상회담의 성공 사례였다.4)

1986년 10월 아이슬란드 수도 레이캬비크 인근 숲속 별장에서 개최된 레이건 대통령과 고르바초프 공산당 서기장 간의 48시간 정상회담은 핵무기 제거에 초점을 맞췄다. 레이건이 최종 순간에 고르바초프의 전략방어구상(SDI) 폐기 제안을 거부하면서 회담은 실패로 끝났다. 특별한 성과 없이 끝이 났지만 '레이캬비크 회담'은 미국 역사상 가장 성공적인 정상회담 중 하나로 꼽힌다.5) 이후 소련이 몰락하고 냉전이 종말을 고하는 전주곡이었던 회담이었다. 회담의 교훈은 ▷상대의 아킬레스건을 공략했고 ▷완벽한 실무적인 준비가 있었고 ▷조급증 없이 회담을 이끌었다는 점이다. 부시·고르바초프가 1986년 지중해 몰타 해역 선상(船上)에서 만났던 몰타 미·소 정상회담은 세계사의 큰 방향

1972년 중국을 방문한 리처드 닉슨 미 대통령(오른쪽)이 마오쩌둥 중국 국가주석과 악수하고 있다. 역사상 성공한 정상회담으로 평가된다.

을 논의했다. 전략 핵무기 감축을 합의, 냉전의 종지부를 찍은 성공한 회담으로 기록됐다.6)

하지만 정상회담은 양날의 칼이다. 고위험·고수익(High risk, High return)의 게임인 만큼 실패 사례도 비일비재하다. 1959년 케네디·흐루쇼프 회담은 흐루쇼프와 협상에 나섰던 케네디 대통령의 준비 부족으로 상대방에 대한 앙금만 남은 채 실패로 끝났다. 협상의 실패와 성공을 좌우하는 결정적 요인은 협상 당사자들의 신뢰와 의지였다. 특히 케네디·흐루쇼프 회담은 냉전이 절정에 달했던 불신의 시대에 상대방을 설득하는 것이 연목구어(緣木求魚) 수준이라는 것을 증명해 보였다. 상대에 대한 진지한

실패로 끝난 존 F 케네디 미국 대통령(오른쪽)과 흐루쇼프 소련 공산당 서기장 간의 정상회담은 훗날 미사일 위기로 이어졌다.

검토와 배려보다는 공세적인 제로섬(zero sum game) 게임 방식의 정상회담은 냉랭한 분위기에서 어색하게 끝이 났다. 오히려 만나지 않는 것이 더 나았을 것이라는 후세 사가들의 평가를 받았다. 실패한 정상회담은 자연스럽게 외교적 카드의 소진을 의미한다. 케네디 대통령은 흐루쇼프와의 회담이 실패로 끝난 뒤 일어난 1962년 쿠바 미사일 사태에 강경 대응했다. 케네디의 일전 불사 의지에 흐루쇼프가 쿠바에서 미사일을 철수함으로써 위기는 가라앉았다. 실패한 정상회담이 무력충돌로 이어질 수 있다는 위기 사례였다.

외형상 물리·화학적 결합이 용이하지 않은 회담

트럼프–김정은 회담은 역대 정상회담의 족보에서 찾아보기 어려운 몇 가지 특징이 있다. 우선, 인물평에서 미세한 공통점도 찾아보기 어렵다. 유사점보다는 이질적인 면을 찾기가 훨씬 용이하다. 거래의 달인으로 비유되는 비즈니스 대통령과 21세기 유일무이하게 3대 권력세습을 감행한 폐쇄국가의 젊은 지도자가 얼굴을 맞대는 정상회담이다. 외형상 물리·화학적 결합이 용이하지 않은 조합이다. 영화로도 연출하기 어려운 캐릭터 수준이다. 역대 정상회담 중에서 물리적으로 나이 차가 가장 많이 나는 주인공들이기도 하다. 1946년생(만 72세)과 1984년생(만 34세)의 동서양 지도자가 만나는 장면은 문재인–김정은의 군사분계선 악수보다 더 극적일 것이다. 양측 지도자 간에 막내아들 혹은 장손자 수준의 나이 차는 장유유서의 동양은 물론이거니와 나이 개념이 희박한 서양 사회에서도 시니어와 주니어의 개념으로 분명히 서열로 작용할 수밖에 없다.

다음은 21세기 3대 세습의 수령 독재국가의 지도자와 첨단 자본주의 국가에서 평생 비즈니스 기업가로 부를 축적하다가 백악관의 주인이 된 백인 골수 대통령과의 만남이다. 34년의 인생에서 특별히 본인이 돈을 벌 이유가 없었던 가난한 독재국가의 타고난 금수저와 냉엄한 비즈니스의 현장에서 부를 축적했다가 부도가 나기도 했던 산전수전의 백전노장이 한자리에 앉게 된다. 외국 정상이라고는 문재인 대통령 및 시진핑 주석과의 세 차례 만남이 전부인 초짜 지도자와 집권 1년 반만에 최소 50개국의 지도자와 정상회담을 한 세계 초강대국 리더가 통역을 사이에 두고 동상이몽의 대화를 나누게 된다. 아마도 통역들이 의미를 전달하느라 어려움이 적지 않을 것이다. 김정은 위원장은 집권과정에서 일찌감치 이복형 김정남과 친형 김정철을 제치고 2008년 말 후계자로 확정됐다. 김정일 국방위원장은 2008년 8월 14일 뇌졸중으로 죽음의 문턱까지 갔다 온 뒤 후계자 선정에 매진했다.

김정은은 집권 후인 2013년 이인자를 자처하고 아직도 자신을 10대 조카로 생각하는 친중파 고모부 장성택을 전격 처형했다. 특히 2017년 항상 '포스트 김(Post-Kim)' 시나리오에서 자신의 대체재로 거론되던 이복형 김정남을 말레이시아 쿠알라룸푸르 공항에서 암살했다. 1983년 미얀마 아웅산 폭발사건의 교훈을 얻어 북한 공작원이 직접 살해하기보다는 제3의 동남아 여성들을 동원하는 치밀함을 보였다.

평양의 지도자는 집권 6년 동안 [노동신문]과 [조선중앙통신]이라는 관영 언론에 의해 일거수일투족이 우상화 차원에서 보도됐다. 반면 워싱턴의 지도자는 국민의 알권리 충족을 위해 불나방처럼 달려드는 비우호적인 언론과 치열한 전쟁을 치러야 한다. 포르노 스타 스캔들과 러시아 게이트는 물론 백악관 내부의 권력투쟁을 둘러싸고 친보수 성향의 [폭스뉴스]로는 부족하다고 여길 때는 트위터를 통해 공개 설전을 이어 간다. 여론전을 통해 지지층을 결집하고 반대 언론은 가짜 뉴스 프레임으로 비판에 대응한다. 상대를 다

▌ 2013년 처형된 장성택 전 북한 국방위원회 부위원장. 김정은 위원장은 장성택 처형을 통해 권력 기반을 다졌다.

루는 데 있어 다양한 전술과 전략이 시시각각 변화를 거듭한다. 상대방이 의외의 기습에 허를 찔리는 경우가 발생한다. 메이지유신 이후 150년 이상 대미 외교 노하우를 축적한 일본 외무성(外務省)이 트럼프를 상대하는 데 어려움을 겪는 이유다.

결코 통념적이지 않은 이들의 '부조화의 조화'

군이 외형적인 공통점을 찾으라면 양 지도자가 모두 거구(巨軀)라는 점이다. 김정은 위원장이 4·27 남북 정상회담에서 도보로 이동한 후 서명 장면에서 숨을 가쁘게 몰아쉬는 모습은 그가 최소 110kg에 육박한다는 것을 반증한다. 트럼프는 키 192㎝, 몸무게 107kg으로 건강검진표에 나와 있다. 양 지도자를 포착하는 카메라 화면이 꽉 찰 수밖에 없다. 다른 공통점은 좋아하는 음식에서 찾을 수 있다. 2016년 6월 유세에서 트럼프는 김정은이 미국에 오면 테이블에 앉아 햄버거를 함께 먹으면서 핵 협상을 할 수 있다고 언급했다. 국빈만찬은 어렵고 햄버거 정도만 대접하겠다는 다소 푸대접의 의미가 있었다.

하지만 4·27 정상회담에서 평양냉면에 의한 국수외교(Noodle Diplomacy)가 성공했고 아베 신조 총리는 트럼프 대통령이 2017년 11월 도쿄를 방문했을 때 일본의 수제 버거인 먼치스 버거(Munch's Burger)를 대접했다. 이질적인 지도자 간의 극적 만남에서 공통의 음식은 최고의 언론 메뉴가 될 것이다. 특히 김정은 위원장은 스위스 제네바의 학교 식당에서 자주 접했던 햄버거 때문에 거부감이 없을 것이다.

역설적으로 양 지도자가 접점을 찾을 수 있는 결정적인 부분은 '통념적이지 않다(unconventional)'는 점이다. 양 지도자의 이질적인 성장 경로와 집권 배경은 '부조하이 조화'를 찾을 수밖에 없는 형국이다. 특히 양측이 승부사 기질이 강한 만큼 진검 승부로 승자와 패자를 가리는 담판이 오히려 가능하다는 추론이다. 협상의 3대 쟁점은 ▷사찰과 검증의 수준 ▷단계적 동시적 폐기와 보상의 거래 방식(trade) ▷비핵화 일정(time line)이다.

3대 이슈를 중심으로 6·12 싱가포르 회담을 조망해 보자. 우선 '최상의 시나리오(The Best scenario)'다. 김 위원장이 진정성 있는 비핵화를 결심한 만큼 트럼프와의 정상회담은 장밋빛 전망이 가능하다. 양측의 '통 큰 양보'에 의한 상생(win-win) 게임이다. '좋은 협상, 착한 이행'이라는 명제에 부합하는 생산적인 결과를 도출할 수 있는 시나리오다. 미국이 요구하는 남아공 방식이나 2003년 리비아 모델의 비핵화 방식도 논의될 수 있다. 남아공은 1989년 말부터 핵무기를 자진해체하기 시작해 1993년까지 2년 6개월에 걸쳐 폐기를 완료했다. 정상회담에서는 CVID(complete, verifiable and irreversible denuclearization)는 물론 영원한(Permanent VID) 비핵화도 논의할 수 있다. 북한은 국제원자력기구(IAEA)의 핵사찰도 모두 수용, 국제사회의 의구심을 상당 부분 해소시킬 것이다. 일정도 미국의 요구를 반영해 최소 1년, 최대 2년 안에 비핵화의 90%를 이행한다.

하지만 북한의 체제안전 보장과 경제적 보상은 확실하게 제공된다. 1992년 '한반도 비핵화 공동선언'을 벤치마킹해 한반도 전체 비핵화가 명문화된다. 귀납적으로 북한 비핵화는 물론 미국의 핵 전략자산의 한반도 전개와 핵우산 금지는 물론 주한미군 철수로 동북아 안보질서의 근본적인 변화가 수반된다. 특히 비핵화 단계를 ▷사찰과 검증 ▷미래 및 현재의 핵무기 폐기 ▷과거에 제조된 핵무기 폐기 등 최장 3단계로 축소, 빅딜이 가능하도록 양측이 합의한다. 북한의 비장의 무기인 살라미 전술은 원천 봉쇄돼 협상의 이행을 촉진하도록 한다. 사실상 선(先) 핵 포기와 후(後) 경제적 보상의 리비아 방식을 부분적으로 변형 적용한다. 하지만 미국의 반대급부 제공도 분명하게 합의문에 명기된다. 우선 핵사찰을 수용하는 순간 대북제재의 최소 50%는 해제한다. 미국이 한반도에 배치한 전략자산도 철수한다. 주한미군의 규모 축소와 성격 변화가 논의된다. 인도적 차원의 대북 지원이 재개된다. 당연히 개성공단 및 금강산관광 등 남북경협도 재개된다. 트럼프 대통령이 재선에 도전하는 2020년 11월 선거 이전까지 대략 2년 6개월 동안에 북핵 문제가 완전 해결되는 최상의 시나리오다.

국제사회 사찰 정보와 북한 고백(confession) 간의 불일치

두 번째는 '그럭저럭 버티기 시나리오(The Muddle through scenario)'다. 폼페이오 미국 국무장관이 2018년 5월 9일 2차 방북에서 세 명의 미국인 억류자를 석방시켰다. 한·미 양국을 비롯한 국제사회의 참관단이 함경북도 길주군 풍계리 핵실험장 폐쇄 현장을 둘러보는 등 북·미 정상회담을 위한 화기애애한 분위기가 조성된다. 마침내 싱가포르에서 양국 정상이 비핵화 이행 로드맵을 담은 공동선언문을 발표하는 역사적인 장면을 연출한다. 2018년도 가을 노벨상은 트럼프, 김정은 및 문재인 대통령으로 예측된다. 한국전쟁의 종전이 공식 선언된다. 남·북·미 및 중국을 포함한 평화협정도 단계적으로 진행된다.

하지만 2018년 10월 하순 가을이 깊어가고 스웨덴 한림원에서 노벨평화상이 발표될 무렵부터 양측 언론에는 다른 이야기가 흘러나오는 등 심상치 않은 조짐이 나타났다. 핵시설의 사찰과 검증 과정에서 추가적인 현장과 물질의 신고를 둘러싸고 북·미 양측의 이견이 노출되기 시작한다. 국제사회의 사찰 정보와 북한 고백(confession)이

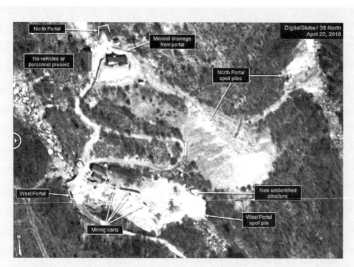

38노스가 공개한 풍계리 핵실험장 위성사진. 북한은 북·미 정상회담 전에 핵실험장 폐쇄를 공언했다. / 사진: ·38노스 캡처

불일치해 양측의 신경전이 벌어지기 시작한다.

저자는 2000년 이후 정부 협상대표단장, 김일성종합대학 교수들과의 세미나 등의 자격으로 북한을 10여 차례 이상 방문했다. 가장 놀라운 경험은 국토의 80% 이상인 북한 산악지형이 알프스 산맥 수준이라는 점이다. 남한의 지리산은 동네 뒷산 수준이다. 북한의 솔직한 고백 없이 사찰과 검증은 수박 겉핥기 수준이 될 수밖에 없다. 반미(反美)를 체제유지의 공식이념으로 70년을 이끌어 온 평양정권에 서양인들이 북한 전역을 휘젓고 다니는 것은 어떤 조건에서도 불가하다. 검증의 실효성과 합의문의 해석을 둘러싼 논쟁과 북미 양측의 선전전으로 감정의 골이 패이기 시작한다. 특히 과거에 제조한 20여 개의 핵무기, 즉시 제조가 가능한 현재의 핵물질인 수량 미상의 플루토늄과 농축우라늄 및 각종 실험장비와 설비 등 미래의 핵무기에 대한 사찰과 검증은 경계선이 불분명함으로써 비핵화 이행은 진척되지 못 하고 답보상태에 처한다. 그럭저럭 북한 정권은 검증에 최선을 다하고 있다고 미국에 책임을 전가하고 워싱턴 정가는 합의가 휴지조각이 되고 있다고 분개하기 시작한다.

하지만 군사적 옵션의 선택이 가능한 시점도 아니다. 역사적 북·미 정상회담의 결과물로서 국제적인 지지와 높은 평가를 받은 합의문이 6개월 만에 미로에 부딪치기 시작한다. 결국 북한은 부분적 핵을 폐기하는 핵군축 협상을 한 셈이다. 한편 북한의 전통 우방인 중국은 노골적으로 평양을 두둔하고 미국의 무리한 검증과 사찰

요구가 합의문의 이행을 어렵게 하고 있다며 6자회담 재개를 주장하고 나선다. 북한으로서는 급할 게 없다. 북한과 미숙한 협상을 했다는 미국 내 비난 여론이 트럼프에게 우호적이지 않다고 판단한다. 시간이 미국편이 아니라는 입장이다. 임기 중반부를 넘어서는 트럼프에게 이제 비핵화는 사실상 물 건너간다. '좋은 협상, 악한 이행' 형식의 회담이 초래하는 필연적인 귀결이다.

한겨울에 시작해 초여름에 끝난 비핵화 드라마

마지막으로 '최악의 시나리오(The Worst scenario)'다. 양측은 비핵화 조건과 방식을 둘러싸고 치열한 물밑 기 싸움 끝에 어렵사리 싱가포르에서 두 정상이 대면한다. 사전에 합의문 조율이 완료돼 마지막 단계에서 서명 장면 등 세리머니를 연출하는 남북 정상회담 형식은 실행되지 않는다. 북한과 미국 양측 협상 실무 총책인 폼페이오 국무장관과 김영철 통일전선부장은 평양에서 3차 접촉을 가졌으나 심각한 이견을 조율하지 못한 채 협상장에서 조우할 수밖에 없다. 특히 핵과 미사일의 폐기는 물론 화학무기, 사이버 공격 및 인권 개선 등 북한의 아킬레스건 모두가 협상 어젠다에 포함돼야 하는 미국 조야의 입장을 북한이 수용하기는 어렵다.

신뢰를 구축한 후 단계적 동시적 절차에 의한 행동 대 행동의 원칙으로 북핵을 포기하는 '평양 스타일'은 김정은－시진핑 간 두 차례 회담에서 공인된 금과옥조였다. 미국인 인질을 석방하는 등 신뢰 조성으로 분위기를 띄웠지만 비핵화 본질을 뒤집기엔 역부족인 사안이다. 특히 최소 1년, 최대 2년 안에 북핵 폐기를 완료하라는 미국의 일정표는 도저히 받아들일 수 없는 수준이다. 제재 완화를 주장하는 북한의 요구에 미국은 검증과 부분 폐기가 이뤄질 때까지는 제재를 완화할 의향이 없다는 입장을 보인다. 양측의 물밑 접촉은 평행선을 달리며 접점을 찾는 데 실패한다.

두 사람은 최종적으로 자신의 보스인 트럼프와 김정은을 설득하는 데 실패한다. 하지만 북·미 정상이 협상장에 가 보지도 않고 판을 깰 경우 모두가 패자인 게임이 될 수밖에 없다. 결국 보스들이 얼굴을 맞대고 문제를 해결하는 직접 담판 전략을 구사한다. 양측은 협상 테이블에서 미국은 PVID, 북한은 단계적 동시적 비핵화라는 문장을 반복하면서 각각 자신의 입장을 관철하기 위해 상대방을 설득하는 데 주력한다. 특히 비핵화 일정을 구체적으로 공동성명에 명기하는 데 대한 평양의 거부감이 심하다. 오전 회의를 지나고 오후 회의가 개최됐으나 양측은 물러서지 않는다. 양측

참모들이 회담 결렬을 선언하고 철수할 것을 보스에게 건의하는 등 회담은 파국 분위기다. 정상회담 파국(catastrophe)이 갖는 부정적인 영향을 우려한 보스들의 요청으로 하루 더 회담을 갖기로 합의한다.

하지만 다음 날 오전 양측은 추가적인 논의를 계속한다는 미봉책 수준의 합의문을 발표하고 각자 회담장을 출발한다. 트럼프는 회담이 종료되기가 무섭게 트위터에 북핵 폐기에 대한 미국의 노력을 선전하고, 북한의 비핵화 의지를 폄하하는 글을 올리기 시작한다. 양측의 대통령 전용기가 각각 워싱턴과 평양에 내리자마자 양측의 상호 비난성명이 보도된다. 2018년 평창 겨울올림픽으로 시작된 한반도 비핵화 드라마는 해피엔딩으로 종료되지 않는다. 한겨울에 시작해 초여름에 끝난 비핵화 드라마는 주연 트럼프-김정은-문재인, 조연 시진핑-아베였다. 제목은 일장춘몽(an empty dream)이었다. 후세 사가들은 트럼프 역시 지난 25년간의 동북아의 고질적인 북핵을 해결하는 데 실패했다고 기록한다. 이후 한반도 상공에는 전략자산의 배치가 빈번해진다. 정상회담을 통한 외교적 노력의 실패가 내포하는 각종 군사적 옵션의 논의가 활발해진다. 제임스 매티스 미국 국방장관의 발언이 자주 언론에 등장하기 시작한다.

북·미 회담은 북핵 폐기로 가는 첫걸음일 뿐

다양한 후유증이 장마가 그친 후 버섯처럼 여기저기서 튀어나오기 시작한다. 북·미 정상회담의 실패와 동시에 남북관계도 비틀거리기 시작한다. 워싱턴에선 문 대통령에 대한 비난여론이 대두된다. 북한의 비핵화 의지가 부족했는데도 한국이 미국을 들썩거리게 해 회담이 성사됐다는 칼럼이 [뉴욕타임스]에 등장한다. 한미 관계 역시 원활하게 가동되지 않는다. 기대가 실망으로 반전하면서 한국 내 보수·진보 세력 간 책임 공방이 가열된다. 진보 세력의 반미에 의한 우리민족끼리 주장과 보수 세력의 한·미 동맹 강화 주장으로 국론분열과 갈등 양상이 심화된다. 진보는 미국의 무리한 요구로 북한 비핵화 협상이 파탄됐다며 미국대사관 앞에서 연일 시위를 전개한다. '양키 고 홈'이라는 주한미군 철수 구호까지 등장한다. 남남갈등이 절정에 달한다. 북한은 미국에 대한 비난과 동시에 북·중 우호관계의 강화에 나선다. 시진핑 중국 국가주석의 평양 방문이 처음으로 이뤄진다. 양국의 전통적인 관계가 복원된다. 북핵 사태는 '나쁜 협상, 악한 이행'으로 6개월 만에 원점으로 돌아간다.

가장 가능성이 큰 시나리오는 '그럭저럭 버티기 시나리오'다. 양측이 판을 깨기엔 너무 많이 와버렸다. 그렇다고 동상이몽의 스토리가 접점을 찾아 해결책을 모색하는 것이 간단치 않다는 것은 트럼프 대통령의 이란 핵협정 탈퇴에서 쉽게 찾아볼 수 있다. 국제정치의 합의문이 지도자에 따라 하루아침에 백지화되는 현실은 협상의 취약성과 모호성을 상징한다. 2015년 7월 이란 핵협정이 오바마 대통령에 의해 서명됐을 때 저자는 "이란은 되는데 왜 북한은 안 되는가?"라는 글을 작성한 바 있다.

하지만 3년 만에 미국은 민주당에서 공화당으로 대통령이 교체됨에 따라 8t 트럭 분량의 합의문서는 영국·프랑스·러시아·중국 및 독일 등 나머지 국가가 고스란히 짊어지게 됐다. 이란 기업과 거래하는 기업을 제재하는 '세컨더리 보이콧(secondary boycott)' 등으로 중동은 물론 세계 경제는 다시 한번 혼돈에 처하게 됐다. 미국의 이란 핵협정 탈퇴를 통해 북한이 습득한 학습효과는 "절대 선(先) 핵 포기는 아니다"라는 점이다. 결국 '그럭저럭 버티기 시나리오'가 가동될 가능성이 높아지게 만드는 반갑지 않은 뉴스가 중동과 워싱턴에서 날아든다.

북·미 비핵화 회담은 시작이 반이 아니다. 뉴욕 양키즈 야구팀 포스 요기 베라의 명언을 기억해야 한다. '끝날 때까지 끝난 게 아니다(It ain't over, until it's over)'. 9회 말 쓰리 아웃이 돼야 게임이 끝난다. 회담 시작은 1회의 시작일 뿐이다. 9회 말까지 수많은 상황이 전개될 수 있다. 최악의 경우 경기규칙 위반으로 몰수게임이 선언될 수도 있다. 매회 사찰과 검증 및 폐기가 착착 진행돼도 9회까지는 갈 길이 멀다. 전 세계 수십억 명의 시청자가 세기의 경기를 숨죽이며 지켜보고 있다. 명승부를 기대한다.

2. 북·미 정상회담 SWOT 분석

북·미 두 정상의 협상 방식: 진정한 승자는 누구?

극과 극은 통할까
■ 트럼프, 감각 의존하는 즉흥적 성격 vs 김정은, 뚝심으로 무장한 저돌적 스타일
■ 기개와 눈높이에선 김정은이 트럼프보다 한 수 위 입증
■ 쿠바 미사일 위기와 초현실적인 비즈니스 거래가 트럼프 사고의 핵심

25년간 누적된 북핵과 동북아 국제정치를 근본적으로 변화시킬 싱가포르 회담은 정상회담의 족보에서 미국 대통령이 완패한 사례로 기록될 것이다. '높은 기대 그러나 낮은 성과(high expectation, low fruit)' 회담의 대표적 사례로서 미국 외교학계에서 연구 주제로 다루어질 것이다. 미국 정상이 역대 회담에서 이번처럼 입장을 후퇴하거나 일구이언(一口二言)의 자세를 보인 전례는 매우 드물다. 회담 전후의 발언록을 비교하는 것은 외교 회담에서 무의미한 작업이다. 역사에 기록으로 남는 것은 정상회담 합의문(Joint agreement)뿐이고 회담 중의 비하인드 스토리는 정상이나 국무장관들의 비망록이나 회고록에 소개될 뿐이다.[7]

비즈니스 거래보다 어려운 것이 핵무기 거래라는 점을 절감할 수밖에 없다. 70년간의 적대관계를 청산하고 새로운 북·미 관계를 형성하기로 합의한 자체는 초현실적인 SF 영화 장면 못지않았으나 콘텐츠는 기대 이하였다. 특히 회담장의 불이 꺼진 후에 미국 대통령이 홀로 남아 성과와 의미를 장황하게 부연 설명하는 장면은 졸전을 펼친 월드컵 축구 대표팀 감독의 변명을 연상케 하기에 충분했다. 특히 트럼프가 과연 북한 문제 혹은 북핵 문제의 본질을 제대로 이해하였는지 의구심이 드는 대목이 한두 가지가 아니다. 비핵화 빅딜 거래에서 본질적인 핵폐기보다는 한·미 연합훈

련의 축소와 주한미군의 위상 등이 거론되는 것은 축구 경기에서 골을 넣기보다는 외곽에서 공을 돌리다가 승부차기에서 패배한 것이나 다를 바 없다. 세기적인 외교 참사나 졸전으로 평가되는 북·미 정상회담을 이해하기 위해서는 트럼프 대통령의 핵전쟁 인식과 지난 40년간 임기응변의 변칙적인 비즈니스 거래에 대한 해독이 필수적이다. 그가 백악관에서 보낸 지난 17개월간의 통치 행태만을 가지고는 미국 주류 언론의 비난을 받은 북한과의 비핵화 거래를 이해하는 것은 거의 불가능하다.

트럼프를 짓누른 전쟁에 대한 실존적 공포

트럼프 대통령이 김정은 위원장과 벌인 현란한 핵 포기 뮤지컬을 이해하기 위해서는 두 가지가 필수적이다. 하나는 카지노 사업이고, 다른 하나는 1959년 13세에 입교한 뉴욕군사학교 시절의 경험이다. 트럼프는 '거칠고 반항적인' 행동을 바로잡으려는 부모의 뜻에 따라 고등학교 과정을 이 학교에서 마쳤다고 밝혔다. 그는 이 학교생활에 대해 "항상 군대에 있던 느낌이었다"면서 "군대에 가는 많은 청년보다 더 많은 군사훈련을 시켰다"고 말했다. 3학년 때인 1962년 쿠바 미사일 위기에 따른 핵전쟁의 공포를 지켜보며 징병의 두려움을 경험했다. 군사학교에서 대피 경보 발령에 따라 지하 방공호로 피란 가는 훈련을 주기적으로 시행했다. 소련이 쿠바에서 미사일을 철수하지 않을 경우 전쟁이 발발할 것이라는 케네디 대통령의 라디오 연설에 가슴을 조이며 귀를 기울였다. 전쟁이 발발하면 징병될 것이라는 루머가 학생들을 압박했다. 사춘기 시절인 10대 중반에 경험한 군사학교에서의 피란 훈련은 트럼프에게 핵전쟁에 대한 공포감을 심어 주기에 충분했다. 전쟁은 두렵고 자신이 참전해야하는 특수한 사건이라는 인식이다.

트럼프는 군사학교 시절 한국전쟁 당시 만주 폭격을 주장한 맥아더 장군에게 푹 빠졌다. 1964년 맥아더 장군이 사망했을 때는 학생들이 조직한 조문단에 참여하기까지 했다. 맥아더 장군만이 위험한 전쟁에서 승리할 수 있는 구세주라는 판단이었다. 트럼프에게 최대의 압박을 강조하는 맥아더 장군은 청소년 시절 존경의 대상이었다. 그는 대선 기간 중 맥아더를 연호했고 반대자들을 비판했다.

하지만 트럼프는 베트남전쟁이 한창이던 1964년부터 대학 학업과 발목 부상을 이유로 네 차례에 걸쳐 징병을 유예받았다. 트럼프가 지난 3명의 전임 대통령이 전략적 인내라며 방치한 북핵을 군사적 옵션보다는 최대한의 압박으로 상대를 끌어내 막판에 용두사미식 타협을 시도한 이유에는 전쟁에 대한 실존적인 공포가 깔려 있다. 10대 뉴욕군사학교 시절 대피훈련으로 체험한 쿠바 미사일 전쟁위기와 40년간에 걸친 초현실적인 비즈니스 거래를 이해하지 않고는 김 위원장과의 비핵화 게임을 이해하는 로제타스톤(The Rosetta stone)을 찾기는 불가능하다. 1799년 이집트 알렉산드리아의 로제타마을에서 발견된 현무암 비문이 없었다면 이집트 상형문자는 해독되지 않았을 것이다.

카지노 사업은 고수익, 고위험(High returns, High risk) 거래

▎ 뉴욕군사학교 시절의 도널드 트럼프(오른쪽). 군사학교 피난훈련은 트럼프에게 핵전쟁에 대한 공포감을 심어 줬을 수 있다.

다. 거래를 위한 거래, 돈보다는 거래를 즐긴다는 비즈니스맨 트럼프의 사업 성공의 하이라이트는 카지노 사업이다. 그는 도박에 대해 도덕적인 저항감을 느끼지 못했다고 고백했다. 이유는 도박에 대한 반대 의견이 위선적이었기 때문이다. 트럼프는 뉴욕증권거래소야 말로 세계 최대의 도박장이라고 생각했다. 뉴욕증권거래소가 보통 도박장과 구별되는 유일한 점은 도박사들이 푸른 줄무늬 양복을 입고 가죽 가방을 가지고 다닌다는 것뿐이라는 판단이다. 엄청난 자금이 거래되는 증권거래소라는 도박장이 법으로 허용되고 있다면 블랙잭, 룰렛 게임에 돈을 거는 것도 허용돼야 한다는 것이 트럼프의 지론이다.

카지노에 대한 인식은 그가 세상에 대해 평균적인 사고를 하지 않는다는 것을 상징한다. 그래서 향후 북한과의 비핵화 과정에서 전통적인 한·미 관계는 약화되고 북·미 간 평화 협정 등 관계 개선은 훈풍을 탈 것이라는 추론은 현실성이 높다. 그의 사고에 북한은 악, 남한은 선이라는 이분법적인 구조는 존재하지 않는다. 북한은

그의 취약한 국내 정치를 강화시켜 줄 수 있는 호재이고, 남한은 주한미군 주둔 및 연합훈련 축소를 통해 미국의 주머니에 달러를 채우는 데 기여할 수 있는 부자 나라일 뿐이다. 과거 트럼프 타워 사업으로 서울을 방문했던 경험도 판단에 한몫했을 것이다.

변칙과 임기응변의 화신

과거 애틀랜틱시티에 카지노 건설과 힐튼호텔 그룹이 추진한 카지노 호텔을 인수했던 트럼프로서는 전 세계 3,000여 명의 외신기자가 보도경쟁을 벌인 싱가포르 회담은 무조건 수지 맞는 사업이라고 계산했다. 초유의 정상회담은 성과와 상관없이 성사 자체만으로 스포트라이트(spotlight)를 받는 수익이 있는 사업이라는 판단이다. 카지노 사업을 하지 않았다면 그는 아마도 클린턴·부시·오바마 등 전임 대통령처럼 국무부에게 북핵을 맡겨 두고 주기적인 적당한 압박과 '전략적 인내(strategic patience)'로 방치했을 것이다.

카지노는 가본 사람들이 또 가는 것처럼 카지노 사업은 거래를 즐기는 사람이 아니면 추진하기 어렵다. 카지노 사업은 속성상 제조업 기업가는 추진하기 어렵다. 특정 지역의 카지노 사업 허가를 받는 과정을 정확하게 파악하고 예상 지역의 토지를 경기 불황을 틈타 저렴하게 구입해야 한다. 자신을 신뢰하고 거액의 자금을 대여해 줄 전주(錢主)와 은행을 확실하게 붙들고 있어야 한다. 공사는 최단기에 염가로 진행해야 한다. 지역 언론과 정치인을 활용해 홍보(PR)를 효과적으로 진행해야 한다.

결국 카지노 사업은 비즈니스 분야에서 종합예술 수준의 감각과 능력이 필요하다. 싱가포르 회담 전후 한국 카지노 업체인 GKL과 파라다이스의 주가가 강세다. 북한이 미국측에 원산 카지노 사업 투자를 요청했다는 소식이 투자 심리에 긍정적인 영향을 미친 것으로 풀이된다. 아마 트럼프 대통령은 아들을 시켜 투자를 저울질할 것이다. 다만 트럼프는 과거 세계에서 둘째로 큰 호주 카지노 사업의 운영권을 맡은 최종 후보로 올랐으나 뉴욕에서 비행기로 24시간의 먼 거리에 있다는 이유로 입찰을 포기했다.

트럼프가 최초로 카지노 사업이 돈이 된다는 사실을 인지한 때는 1975년이었다. 그는 애틀랜틱시티에 카지노를 건설하는 계획을 수립하고 10년 만인 1984년 5월 마침내 완공을 했다. 동업자인 홀리데이그룹의 이사진들이 최종 사업 승인을 앞두고 현장 방문이 예정돼 있었다. 공사가 예상과 달리 부진함에 따라 트럼프는 현장을 방문할 이사진을 현혹시키기 위해 일주일 전 2에이커에 달하는 공사 현장의 인근에 있는 불도저와 덤프트럭을 모두 동원했다. 이사진들에게 공사가 신속하게 진행된다는 것을 보여주기로 결정하고 중장비를 무조건 작동시켰다. 공사 현장의 한 곳에서 흙을 파다가 다른 곳에다 메우는 일도 불사했다. 이사진이 이러한 현장을 보고 의심하기보다는 신기하다는 인상을 받게 함으로써 홀리데이그룹의 투자는 승인됐다. 변칙과 임기응변의 전형적인 사례다.

트럼프는 1984년 호텔 재벌 힐튼사가 애틀랜틱시티에 짓기 시작한 대형 카지노 호텔을 인수하는 무모해 보이는 상상을 했다. 그는 도저히 실현될 것 같지 않은 카지노 호텔을 1년 만에 3억 2,000만 달러의 거액을 빌려 인수하는 데 성공했다. 힐튼사가 공사는 시작했지만 시 이사회의 카지노 허가를 받는 데 실패해 비용이 눈덩이처럼 불어나자 빈틈을 노렸다. 그는 카지노 허가를 받아냈고 드디어 1986년 한 해에만 2억 2,600만 달러를 벌어들였다. 그는 거래를 성사시키는 방식에서 목표를 높게 잡고 단계적으로 올라가는 방식을 택했다. 스마트함과 브로커로서의 두 가지 재능이 거래 성공의 핵심 요소다. 그의 말대로 IQ가 170인 수재라도 브로커 본능이 없으면 성공적인 거래는 불가능하다는 점을 간파했다.

트럼프는 성공이 자신의 육감을 믿고 과감하게 투자했기 때문에 가능하다고 고백했다. 트럼프는 거래 상대방과 소통하는 방식에서 탁월한 감각을 보였다. 힐튼의 소유주인 배런을 상대로 정확한 SWOT(강점, 약점, 기회 및 위협 요인)를 분석하는 한편 최고의 시점을 잡아 거래를 성공시켰다.[8]

▌ 도널드 트럼프 대통령과 뉴욕의 트럼프타워. 그는 육감을 믿고 투자한다.

회담 깨기보다는 현실 수용하는 게 실속 있다!

그는 1975년 맨해튼에 있는 11층 건물을 사고 싶다고 제언했으나 소유주인 ㈜제네스코사는 실적이 없는 트럼프의 제언을 일언지하에 거절했다. 그는 만나서 인수 의사를 타진했으나 거절당한 후 수십 통의 편지를 보냈다. 결국 편지는 거래를 성사시키는 마중물이 됐다. 트럼프가 1차 회담 결렬을 선언한 후 김정은 위원장의 편지로 회담 재개를 선언한 것은 본인의 편지를 통한 소통이 성공했던 경험 때문일 것이다. 나중에 그 건물 위치에 건설된 것이 바로 '환상을 판다'는 트럼프 타워였다. 일찍이 가상현실(VR)을 부동산 사업에 도입한 것이다. 현실에 존재하지 않는 가상 시나리오를 내세워 투자를 유도하는 방식은 트럼프 대통령이 회담 후 이뤄진 기자회견의 자화자찬에서 적나라하게 드러났다. 김 위원장과의 단독회담 후 환상적(fantastic)이라고 표현한 것은 결국 부족한 협상 결과지만 미래에 대박이 날 수 있다는 가상현실적인 사고의 표현이다. 자기 확신과 평생 몸에 밴 위장전술(camouflage)의 결과다.

물론 트럼프의 카지노 사업이 항상 성공했던 것만은 아니다. 1991년 도널드 트럼프는 불황으로 대출금 상환이 어려워지자 파산 위기를 겪는다. 자신의 세 번째 카지노인 트럼프 타지마할 건설을 위해 약 10억 달러의 자금을 정크본드 위주로 조달했으나 추가 대출로도 채무 증가를 견디지 못했다. 트럼프는 기업 파산을 신청했으며 본인도 개인 파산 직전에 이르렀다. 결국 부동산을 매각해 채무를 해결했다.

6·12 북·미 합의문은 회담 전 기독교 신자가 항상 할렐루야를 외치다가 정작 크리스마스에 입을 다문 것과 같다. 완전하고 검증 가능하고 돌이킬 수 없는 비핵화(CVID) 문구가 정작 합의문에서 증발한 싱가포르 회담은

▌ 2018년 6월 12일 싱가포르 카펠라 호텔에서 기자회견을 가진 트럼프 대통령은 자화자찬으로 일관했다. / 사진: Strait times 홈페이지

채무 증가를 견디지 못해 파산으로 문제를 해결했던 방식과 유사하다. 시간이 부족해서 CVID를 포함시키지 못했다는 그의 포커페이스적인 안면 바꾸기 발언은 회담을 깨기보다는 현실을 수용하는 것이 보다 실속 있다는 판단이었다. 사실 케네디 대통령의 쿠바 미사일 위기 대응처럼 벼랑끝 전술로 일전을 불사르는 결기가 없다면 공산주의와의 협상은 성공할 수 없다는 사실을 비즈니스맨 정치인이 간과한 것이다.[9]

　김정은 국무위원장의 유년기 성장 환경은 부친 김정일 국방위원장과는 매우 달랐다. 김정일은 김평일·김영일 등 이복동생 및 작은아버지 김영주 등과 후계 자리를 두고 치열한 권력투쟁을 겪었고 항상 김일성의 눈에 들어야만 하는 강박관념 속에서 성장했다. 김정일은 6세 때인 1947년 한 살 어린 남동생이 익사했고 2년 뒤인 1949년에는 생모 김정숙이 사망했다. 성년이 된 후에는 이복동생과 계모 김성애의 질시와 견제를 무릅쓰고 독자 생존을 모색했다. 항상 신중함과 경계심으로 무장하고 면종복배의 노회한 권력층을 당근과 채찍으로 치밀하게 관리했다.

　하지만 김정은은 어려서부터 거칠 것이 없었고 김정일의 절대적인 사랑과 제왕학을 전수받았다. 잠재적 경쟁자였던 이복형 김정남은 이미 10대 중반 이후 평양에 6개월 이상 거주하지 않았다. 김정일의 전속 요리사였던 후지모토 겐지는 김정은이 어려서부터 형 김정철과 달리 승부욕이 강했고 '왕자병' 의식이 심했다고 증언했다. 농구를 좋아했던 김정은은 종종 농구선수들을 관저로 불러 형 김정철과 편을 나눠 농구를 하곤 했는데, 경기가 끝나면 자기 편 선수들에게 반말로 잘못을 지적했다고 한다. "농구 시합이 끝나면 형 정철이 하는 말은 딱 세 마디 '고생했어' '수고했어' '해산' 그것뿐이에요. 반면 정은이 쪽은 선수들의 잘못을 지적해요. 모두 스물두세 살 …. 나이가 많은 선수들에게 '그렇게 하니 득점으로 이어지지 않는 거야, 알겠냐!' 하면서 무지하게 큰소리를 내요." 정철과 정은은 스위스 유학 중에도 북한의 경축일, 특히 김정일 생일(2월 16일), 김일성 생일인 태양절(4월 15일), 북한 정권수립일(9월 9일), 노동당창건일(10월 10일) 등 중요한 기념일이 있으면 꼭 귀국했다. 일단 귀국하면 2개월가량 평양에 머물렀다.

　김정일은 둘째 아들인 김정철이 어릴 때부터 여자아이 같다는 이유로 셋째인 김정은에게 특별한 관심을 보였다. 김정일은 김정은에게는 매년 성대한 생일잔치를 열어줬지만 김정철에겐 생일이 막내딸 김여정의 생일과 비슷하다는 이유로 같은 날 몰아서 공동 생일상을 차려줬다. 김정은은 태생적으로 대담하고 지는 것을 싫어하는 다혈질적 성격이었다. 스위스 유학 시절 포켓몬을 본다고 동급생들이 놀리자 바로

책을 집어 던지고 동급생들과 싸우려고 해서 주변 친구들이 말리자 겨우 진정했다.

한때 김정일 측근들은 김정철·김정은 형제를 각각 '큰 대장 동지'와 '작은 대장 동지'로 불렀다. 하지만 김정은은 열 살 무렵 이모 고용숙이 자신을 '작은 대장'으로 부르는 것을 듣고 "왜 내가 작은 대장이냐"고 따졌고, 이후 김정은의 호칭은 '작은'이란 수식어가 빠진 '대장 동지' 또는 '김대장 동지'가 됐다. 또한 어릴 적 화가 나면 구슬을 형의 얼굴에 던지고 60세가 넘은 김일성의 부관을 발로 툭툭 차며 '땅딸보'라 놀리는 등 버릇없고 거친 면모도 있었다.[10]

김정은의 스위스 유학시절 학교 성적은 그저 그런 수준이었지만 판단력이 빠르고 머리 회전은 매우 좋은 것으로 평가됐다. 저자는 국정원 산하 국가안보전략연구원장 시절 김정은이 친인척과 스위스 학교 동급생들과 나눈 대화를 복기해 이를 근거로 지능지수(IQ)를 산출했다. "김정은은 상대방과 대화할 때 질문을 빠르게 이해하고 적절하게 대답했으며 현안에 대한 이해력이 높았다. 본인 주장에 대한 적절한 논리를 제시한다"고 결론을 내렸다. 결국 감각에 의존하는 즉흥적 성격의 트럼프와 뚝심으로 무장한 저돌적 스타일인 김정은의 협상방식은 극과 극이었다.

▌ 김정일 전 북한 국방위원장의 전속 요리사 후지모토 겐지는 김정은이 '왕자병' 의식이 강했다고 밝혔다.

양측의 캐릭터와 야심(?)과 목표, 거래 기술 및 결과 등의 세 가지 요소를 중심으로 싱가포르 회담을 평가해 보자. 진검 승부를 마다하지 않은 양 지도자의 캐릭터를 SWOT 측면에서 분석하면 우선 양측 캐릭터의 강점은 승부사적 기질이 강하다는 점이다. 특히 상대가 자신의 호의를 거절하고 싸움을 걸어올 경우 싸움을 마다하지 않는다. 힐튼호텔 카지노 쟁탈과정에서 이견이 있는 금액을 조정할 때 합의를 시도했으나 상대가 500만 달러의 소송을 제기하자 최강 변호사를 동원하여 승소했다. 상대가 협상과정에서 압박을 가하면 강하게 되치기를 한다. 김계관과 최선희의 대미 비난을 회담 취소 편지 발송으로 제압했다.

핵심 이익에서 후퇴하지 않는 원칙 고수에 목숨 걸어

하지만 김정은 위원장 역시 비핵화 과정에서 단계적·동시적 해법을 고수하는 뚝심을 보였다. 김 위원장은 베이징과 다롄에서 개최된 두 차례의 북·중 정상회담은 물론이고 폼페이오의 두 차례 방북과 김영철의 백악관 방문 등에서도 시종일관 불변의 입장을 보였다. 특히 볼턴과 폼페이오의 '지속적인 완전하고 검증 가능한 비핵화(CVID)'라는 쌍칼에 대해 김영철을 내세워 완전한 체제보장(CVIG)이라는 방패로 예측불허의 경기를 벌였다.

요컨대, 불가한 것은 불가하다는 기본 입장을 철저하게 견지함으로써 초강대국 미국의 약점을 파고들었다. 북한 외교 70년의 노하우를 축적한 외무성의 북미국 라인들은 태영호 전 영국공사가 언급한 바와 같이 핵심 이익에서 후퇴하지 않는 원칙을 고수하는 데 목숨을 건다. 핵심 이익과 주변 이익의 구분 기준은 체제 존립에 마이너스 요인 여부다. 서양인들이 북한 내부를 휘젓고 다니는 전방위적 사찰 검증은 전쟁을 불사하더라도 절대 불가다. 핵심 이익의 손상이 우려되기 때문이다. 김 위원장은 시진핑 주석과의 두 차례 정상회담에서 단계적·동시적 비핵화를 확인했다. 이 원칙이 트럼프와의 회담에서 흔들리면 김정은 물론 시진핑의 체면이 손상된다. 중국의 현대판 황제와 평양의 수령이 합의한 사항의 중차대한 의미를 미국이 사전에 간파하지 못했다면 외교 실패다.

폼페이오 장관이 한·일 양국을 순방하며 싱가포르 정상회담 이후 비핵화의 시한과 의미를 명확히 정리하겠다며 후속협상을 주목하라고 언급했으나 만시지탄의 발언이다. 오히려 CVID에 의한 비핵화가 장기전에 들어섰다고 이해하는 것이 훨씬 현실적이다. 미국 프린스턴대 역사학 교수이자 CNN 정치 전문 분석가인 줄리언 젤라이저는 트럼프 대통령이 북·미 정상회담에 앞서 명심해야 할 네 가지를 제시했는데 우선적인 것이 '인내(Patience)'다. 오랫동안 이어져 온 긴장을 한 번의 회담으로 해소하고 최종 합의를 이끌어내는 경우는 드물기 때문에 인내심을 가져야 한다는 얘기다.

그는 과거 로널드 레이건 전 미국 대통령과 미하일 고르바초프 소련 공산당 서기장의 군축협상을 예로 들었다. 이들은 1985~87년 세 차례 만났는데 인내심을 잃지 않은 결과 세 번째 회담에서 협상을 성공시킬 수 있었다. 트럼프는 김정은과의 협상에서 충실하게 인내심을 발휘했다. 향후 2·3차 회담으로 비핵화를 달성한다면 트럼프의 선택은 옳을 것이다. 다만 소련의 개혁과 개방을 이끈 고르바초프라는 인간의 탈을 쓴 마지막 낭만적 공산주의와 평양 3대 세습 지도자를 동급으로 평가할 수 있는지는 아직 미지수다.

김 위원장의 다른 강점은 시간 싸움에서 평양이 워싱턴보다 한 수 위라는 것이다. 기껏해야 4년 혹은 8년의 임기제 지도자와 종신 독재자 간의 협상은 깨지 않을 심산이라면 결국은 장기전이 가능한 당사자가 유리할 수밖에 없다. 트럼프가 카지노 사업에서 발휘한 최소 10년의 지구전에 의한 빅딜 전략이 시간 제약으로 싱가포르 회담에서는 오히려 약점으로 작용했다. 트럼프의 표현대로 시간이 없었다는 것은 비즈니스 거래의 최대 약점이다. 카지노에 시계와 거울 및 창문이 없다는 것은 시간을 의식하지 않는다는 신호다. 승자와 패자가 결정돼야만 게임이 종료된다는 것이다.

▌ 북핵 실무 협상에 나선 성 김(왼쪽)과 최선희(왼쪽 셋째). 미국은 실무진 협상에서 수용 불가 사항은 정상회담에서도 어렵다는 점을 이해하지 못 했다.

특히 상대방에게 중간선거가 임박해 국내정치의 위협으로부터 돌파구가 필요하다는 점은 트럼프의 가장 큰 약점이었다. 협상할 때 절박해(desperate) 하면 상대방이 피냄새를 맡고 결국 죽게 된다는 트럼프의 표현대로 역설적으로 4개월 앞으로 다가온 중간선거가 본인에게 족쇄로 작용했다. 특히 러시아 게이트 관련 증인들을 단계적으로 기소하는 뮬러 특검의 동태가 예사롭지 않다. 11월 중간선거를 앞두고 뮬러 특검의 칼날이 날카로워지고 있다는 사실은 거래 상대방인 김정은에게는 행운이었다. 트럼프가 중간선거 패배로 힘이 빠질 경우 탄핵 시나리오를 배제할 수 없다. 트럼프의 국내정치는 비핵화 협상에서 약점(weakness)이나 위협(threat) 요인이 아닐 수 없다.

변칙적인 협상 구도를 통한 실패 만회

  김정은의 경우 회담에서 성과를 거두지 못해 싱가포르 회담 이전으로 회귀하는
것은 최악의 시나리오였다. 제재와 압박이 지속되는 상황은 북한에 속 빈 강정의 결
과이기 때문이다. 평양은 김정은의 싱가포르 회담 막전막후를 수십 장의 사진과 함
께 [노동신문]에 대서특필을 하고 있다. 완벽한 승리를 자축하며 미국 대통령이 국무
위원장을 칭송했다고 선전하고 있다. 위대한 지도자의 위대한 성과라고 인민들은 감
격하고 제재와 압박이 해소될 날만을 기다리고 있다. 남북은 물론 G2 국가의 지도자
와 만났으니 실속을 거둬야 한다는 점은 김정은에게 약점 요인이었다. 김 위원장은
사전에 성과에 만족하지 못할 경우 트럼프가 회담장을 떠날 것을 가장 걱정했으나
기우에 불과했다. 회담 당일 새벽 김영철·폼페이오 전격회담에서 미국이 북한의 입
장을 전적으로 수용함에 따라 단독회담은 예정시간보다 일찍 싱겁게 끝이 났다. 1분
이면 상대방의 의도를 알 수 있다는 트럼프의 발언은 공염불에 불과했다. 정상회담
사전에 모든 핵심사항이 정리되지 않고 덜컥 정상들이 회동한 싱가포르 회담은 당일
최고 정보 참모들이 새벽에 임기응변식 1시간 30분 동안의 전격 만남에서 결론이 나
버렸다.

  트럼프가 합의문 없이 회담장을 떠나기에는 정의용 특사가 가져온 정상회담의 초
청장의 즉각 접수 이후 공수표가 너무 많았다. 미국은 최선희·성 김 판문점 회담에
서 합의가 이뤄지지 않았을 경우 회담연기 가능성을 내세워 균형을 맞추는 넌 제로
섬(non-zero sum)게임을 진행했어야 했다. 트럼프는 저서 [거래의 기술] 원칙대로 합의
문 없이 싱가포르를 떠났어야 했다. 향후 워싱턴 및 평양 등 2·3차 회담을 언급했지
만 '첫 서래'가 선제 협상의 구도를 확정하는 것은 상식이다. 이 거래 패턴을 트럼프
가 깨기는 어렵다. 트럼프는 오히려 동북아 국제정치의 안전장치인 주한미군의 철수
를 통해 국방비도 절감하고 북한 비핵화를 유도한다는 변칙적인 협상 구도를 통해
자신의 협상 실패 지적을 만회하고자 또 다른 위험한 거래를 시도할 가능성을 배제
할 수도 없다.

  북·미 양측의 야심이나 목표는 애초부터 동상이몽이었다. 트럼프의 당초 목표는
CVID를 단번에(one shot deal) 실행하는 것이었다. 특히 11월 중간선거 전에 사찰과 검
증 과정을 거쳐 기존에 제조된 과거 핵무기의 최소 50% 이상을 테네시주의 오크리
지 연구소 창고로 가져오면 절반의 성공 시나리오다. 이동 과정에서 CNN을 동원한

라이브 중계로 전 세계의 이목을 집중시키는 과정은 유능한 연출가들이 기획 실행할 것이다. 한마디로 '손에 잡히는 비핵화'를 시연하는 효과는 트럼프를 위대한 지도자로 평가하는 데 부족함이 없다.

하지만 김정은의 복안은 평양 – 워싱턴 간의 거리만큼이나 트럼프의 의도와는 거리가 있었다. 4,500㎞를 왕복할 전용기가 여의치 않아 비록 이웃 나라의 비행기를 임

▌2018년 5월 9일 중국 다롄 해변에서 만난 김정은과 시진핑. 트럼프 미국 대통령은 이 두 사람의 만남의 의미를 제대로 읽어내지 못했다.

대로 탑승할망정 협상 목표만큼은 미국 못지않았다. 아니 기개와 눈높이는 트럼프 머리 위에 있었다. 문재인 대통령, 시진핑 주석 및 트럼프 대통령은 물론이고 푸틴, 아베, 심지어 중동의 시리아 대통령 알아사드까지 김정은과의 정상회담 신청이 줄을 잇고 있다. 역시 원인은 허리띠를 졸라매고 만든 핵무기 때문이라는 사실을 평양이 망각할 것이라고 워싱턴이 판단한다면 어불성설이다.

역시 평양의 목표는 핵군축 협상이다. 비핵화의 수준은 아무리 높이 책정해도 보유 핵무기와 핵물질의 50% 정도가 마지노선이다. CVID란 용어는 평양에서 사용 불가 단어다. 트럼프 대통령 임기까지 2년 동안에 비핵화를 완료하라는 요구는 협상 대상이 아님을 이미 김영철 – 폼페이오, 최선희 – 성김 라인을 통해 귀가 아프도록 주지시켰다. 실무진 협상에서 수용 불가 사항은 정상회담 테이블에서도 어렵다는 사실을 미국이 이해하지 못한다면 북한의 협상전략을 제대로 이해하지 못 한 것이다.

평양으로 달려갈 각국 지도자

어쨌든 3,000여 명의 전 세계 기자에게 보도용 사진은 충분히 제공했고 향후 회담이 2차, 3차로 진행될 수 있다고 합의했으니 트럼프는 불완전한 절반의 승리는 거뒀

다. 그의 회담 성공의 기준은 전문가들과는 매우 상이하다. 국내정치의 뮬러 특검을 덮을 수 년치 스토리텔링을 비축했으니 향후 홍보 마케팅이 중요할 것이다. 하지만 백악관이 미국 의회를 설득하는 작업은 불협화음으로 진통을 겪을 수밖에 없다. 클린턴, 오바마 전임 정부의 대북협상을 비판했던 만큼 본인들의 낮은 성적표로 민주당을 설득하기는 용이하지 않을 것이다.

반면, 완전한 체제보장이라는 CVIG 용어를 통해 미국과 종전선언 → 평화협정 → 수교 등이 평양의 최종 로드맵이라는 점도 국제사회에 명확히 전달했으니 평양으로서는 '완전하고 불가역적이며 돌이킬 수 없는 승리'(CVIV, victory)다. 싱가포르 정상 회담 이후 상황은 급변했고 지난해 가을 이후 채택된 결의안 2375호 같은 원유 수입을 차단하는 제재는 미국의 제재 유지 불변 선언에도 불구하고 공허하다. 노련한 대장장이들은 쇠가 달았을 때 두드리는 시점(strike while the iron is hot)을 정확하게 포착한다. 이 시점을 놓치면 쇠는 원하는 모양이 형성되지 않는다.

싱가포르 회담 이후 제재와 압박을 통한 비핵화는 일정 기간 작동되기 용이하지 않을 것이다. 중국은 회담 직후 신속하게 제재 완화의 변죽을 울렸다. 가장 강력한 핵합의로 'Big Deal'이 될 것이라는 트럼프 대통령의 초기 전망과 기대감은 모호함으로 끝이 났다. 회담 전 강한 압박과 단어를 사용했지만, 트럼프는 순식간에 목표치를 낮추고 이번 회담을 결국 상대를 알아가는 중간단계(the-get-to-know-you) 혹은 기나긴 비핵화의 과정(process)으로 활용했다. 특히 김정은과의 협상 전에 이란 핵합의(JCPO, 포괄적 공동행동계획)에서 탈퇴했지만 이란 핵 협정에도 미치지 못 하는 협상을 함으로써 트럼프로서는 모순된 협상 행태를 보였다. 2005년 9·19 공동성명에서 명기한 '검증' 단어조차 포함하지 않아 향후 비핵화 협상이 순조롭게 진행될지는 미지수다. 신고와 사찰 및 검증의 절차는 비핵

▌ 싱가포르 마리나 베이 샌즈 호텔 전망대에 올라 시내의 야경을 둘러보는 김정은 위원장 일행. / 사진: 연합뉴스

화의 ABC다. 특히 앞으로 각국 지도자는 트럼프를 상대하기 위해 김정은의 협상방식을 한 수 배우러 평양으로 달려갈 것이다. [트럼프 상대하기: 김정은의 비법] 이라는 책이 곧 출간될 것으로 예상된다. 트럼프의 [거래의 기술]을 능가하는 베스트셀러가 될 가능성이 적지 않다. [뉴욕타임스]의 표현대로 '통념적이지 않은(unconventional)' 스트롱맨들이 역사의 물줄기를 급격히 미지의 방향으로 전환시키는 격변의 시대다. 정신 줄을 놓으면 물살에 휩쓸려 흔적도 없이 사라질 수도 있다.

3. 북·미 정상회담의 시나리오: 북 핵보유국 공인 시 남한의 선택

NPT 탈퇴, 국제적 고립 남한 국민들은 견딜 수 있나?
■ 北 핵보유국 되면 한국·일본·대만의 핵무장 가능성
■ 미국 핵우산 편입도 차선책이지만 文 정부 추진 미지수

"솟아오르는 거대한 버섯구름. 이 구름 아래서 무슨 일이 일어났는지, 사람들은 어떻게 되었는지 그 진실을 알아야 합니다. 잊지 마십시오. 그리고 전해주십시오."

2018년 가을 입장료 200엔을 지불하고 방문한 일본 나가사키시(市) 원폭 자료관 입구 동판에 영어, 일본어 및 한국어로 기록된 문구다. 자료관이 시작되는 입구에는 "나가사키가 마지막 피폭지가 되길 바라며"란 문장이 10개 국어로 번역되어 있었다. 나가사키는 제2차 세계대전 당시 일본 잠수함이 작전을 수행하던 곳이었다. 1945년 8월 8일 원폭 투하 전날 미군이 인근 지역에 소개(疎開) 목적으로 소이탄을 투하했다. 다음 날 아침 원폭 팻맨(Fat man)을 실은 B29 폭격기는 시야를 확보하지 못했다. 따라서 목표지점을 못 찾고 연료가 떨어져 가사 오선 11시 50분 미쓰비시 중공업 등 공장지대에 팻맨을 투하했다. 반경 5㎞ 내에 있던 조선인 노동자 1만여 명을 포함하여 7만 5,000여 명이 현장에서 사망했다. 반경 50㎞ 이내에 거주하던 20만여 명의 시민들이 방사능 피해에 시달렸다. 교회, 소학교 등 전쟁과 상관없는 기관과 시설은 물론이고 어린이, 노인 등의 피해자도 적지 않았다.

하지만 원폭 자료관에는 이 원폭이 왜 나가사키에 투하됐고 태평양 전쟁이 어떻게 시작되었는지는 전혀 설명이 없었다. 1941년 12월 일본의 기습적인 하와이 진주만 공습으로 미국과의 전쟁이 시작됐다는 태평양 전쟁의 기승전결이 기술돼 있지 않았다. 원폭의 피해 실상만을 적나라하게 나열, 일본이 세계 유일의 핵무기 피폭 피해

국가라는 사실만을 강조하고 있어 씁쓸레한 인상을 지울 수 없었다. 이러한 역사의 원인과 결과에 대한 본말 왜곡은 2012년 발표된 미국의 '아시아 회귀(pivot-to-Asia)'정책과 미·일 동맹 강화 전략의 일환으로 2016년 5월 오바마 당시 대통령이 히로시마에 헌화함으로써 점차 고착화되고 있다.

'공포의 균형'이 가져온 억지력

한국 남자들이 군대 복무기간에 만졌던 M16 소총 등 개인화기와 대포·탱크·비행기 등을 통상 재래식 무기(conventional arms)라고 한다. 어떤 재래식 무기도 한 방으로 사람을 7만여 명을 살상하긴 어렵다. 따라서 다량의 재래식 무기가 하나의 핵무기를 상대할 수 없다는 특성을 비대칭성(asymmetric)이라고 한다. 핵무기의 특수한 비대칭성 때문에 강대국이나 독재국가의 지도자들은 무조건 핵무기를 보유하려고 한다. 1972년에 미국·소련·영국·프랑스·중국 등 5개국은 핵확산 방지를 선언하고 향후 어느 국가가 핵실험 이후 보유를 선언하더라도 공식적 보유국으로 인정하지 않을 것이라고 합의했다. 5개국은 핵확산금지조약(NPT)에 가입하였으며 공식적인 핵무기 보유국이 됐다. 이후 핵실험을 통해 핵무기를 보유한 인도·파키스탄·이스라엘 및 북한 등 4개국은 NPT에 가입하지 않은 '실질적인(substantive) 핵무기' 보유국가로 분류된다.

특정 국가의 핵무기는 가공할 위력의 비대칭성 때문에 국경을 맞대거나 혹은 인접 국가에 확실하고 치명적인 위협이 된다. 당초 핵무기 개발에 소극적이었던 마오쩌둥은 1964년 중국의 핵실험이 성공적으로 진행됐다는 보고를 받고 지시했다. "어차피 써먹지 못하는 물건이다. 미국과 소련이 우리가 핵보유국이라는 것만 인정하면 된다." 미·소 양국이 핵무기로 중국을 위협하는 사태만 억제하면 핵무기의 역할은 충분하다는 전략적 판단이다. 후발 핵무기 보유국가로서 핵무기의 기능을 어쩌면

┃ 중국의 마오쩌둥은 핵을 두고 "어차피 써먹지 못하는 물건"이라고 했지만 그 영향력을 간파하고 있었다.

정확하게 파악한 발언이다.

중국의 핵실험으로 초비상이 걸린 국가 중 하나가 국경을 맞대고 있는 인도였다. 특히 인도는 1958년과 1962년 두 차례 중국과의 국경 분쟁에서 패배해 두려움은 배가 됐다. 인도 국방부는 중국과의 무력 충돌을 가상한 시나리오에서 재래식 무기론 화력이나 상대방에 대한 심리적 위협 등에서 도저히 핵무기를 당해낼 수 없다는 결론에 도달했다. 결국 10년 동안 각고의 준비 끝에 인도는 1974년 5월 18일 포카란 근처의 라자스탄 사막 지하 핵실험장에서 원자폭탄 실험을 실시했고 그 폭발력은 15kt이었다. 1998년 5월에는 라자스탄주 포카란의 지하 핵 실험장에서 2차 핵실험이자 최초의 수소폭탄 실험을 했다. 핵 출력 TNT 45kt 규모였다. 작전명은 샥티 작전이었다. 샥티는 산스크리트어로 '신성(神聖)한 힘'을 뜻한다. 인도의 핵개발에는 중·소 분쟁으로 중국과 사이가 좋지 않았던 소련의 기술적 지원이 큰 도움이 됐다. 중국의 핵위협에 대응하기 위한 인도의 핵 보유는 역설적으로 주변국가에 악몽으로 다가왔다.

인도와 국경 분쟁 및 종교적 갈등을 겪었던 인접 국가 파키스탄 군부는 비상이 걸렸다. 국경 인근 포카란 사막에서 진행된 인도의 핵실험은 파키스탄에는 위협 그 자체였다. 인도군과 국경 분쟁이 발생했을 경우를 가정한 시뮬레이션 결과, 파키스탄은 백전백패였다. 결국 파키스탄은 핵개발 이외엔 대안이 없다는 판단하에 절치부심의 시간을 보냈다. 네덜란드 암스테르담의 민간 핵물리학연구소 유렌코에 근무하던 핵물리학자 압둘 카디르 칸 박사를 초빙했다. 칸은 1971년 파키스탄이 인도와의 전쟁에서 패배하자, 조국의 핵 보유가 필수적이라고 판단했다. 그는 유렌코의 핵심 기술인 원심분리기 설계도를 빼돌려 파키스탄으로 귀국했다. 파키스탄은 1998년 5월 핵실험에 성공해 이슬람권

인도-파키스탄 카슈미르 분쟁지역

중국

파키스탄

인도

카슈미르 분쟁지역

중국

파키스탄령 아자드카슈미르

중국점령 국경 분쟁 지역

파키스탄

통제선(LoC)

인도령 잠무카슈미르

인도

▍ 인도가 핵을 만들자 인접국가 파키스탄도 가세했다.

최초의 핵보유국이 됐다. 칸은 파키스탄의 영웅이 됐다. 그는 북한 등 일부 국가들에 핵확산을 지원한 혐의가 드러나 가택 연금을 당하기도 했다가 석방됐다.

결국 중국과 인도, 인도와 파키스탄 간에 '공포의 균형(balance of horror)'이 성립됐다. 공포의 균형을 상징적으로 보여준 장면은 지난 2017년 중·인(中·印) 국경에서 나타났다. 중국이 일대일로(一帶一路) 건설의 일환으로 인도 시킴부의 둥랑 지역 인근에서 도로공사를 개시하자 인도군이 반발하고, 중국군이 대응했으나 양측 군인들은 총격전 대신에 투석전을 벌이거나 몸싸움에 그치는 등 자제력을 발휘했다. 인도와 파키스탄 간 분쟁도 핵무기 보유 이전보다 이후 빈도수가 줄었다. 물론 다양한 원인이 복합적으로 작용한 결과지만 억제 능력은 분명하다.[11]

'불완전 협상' 감지되는 2차 북·미 정상회담

상황 분석의 무대를 한반도로 이동시켜보자. 트럼프 대통령은 2차 북·미 정상회담을 앞두고 연일 북한의 비핵화에 상당한 진전이 있는 것처럼 트위터와 메시지를 던지고 있지만, 현실은 녹록지 않다. 보다 못한 미국 정보수장 6명은 지난 1월 말 상원 정보위원회에 출석해 이구동성으로 "북한이 핵을 포기하지 않을 것"이라고 발언했다. CIA 등 미국 16개 정보기관을 관장하는 댄 코츠 국가정보국장(DNI)은 "북한 지도자들은 핵무기가 정권 생존에 매우 중요하다고 보고 있다"고 언급했다. 로버트 애슐리 국방정보국장(DIA)은 "1년 전 존재했던 북한의 핵 능력과 위협은 여전히 거기에 있다"고 지적했다. 이에 대해 트럼프 대통령은 "정보기관장들은 아마도 학교를 다시 다녀야 할 것 같다"고 이들을 비난했다. 그는 김정은 위원장과 곧 만날 것이며 큰 변화를 가져올 것이라고 반박했다.

미국의 비핵화 전략이 변화하고 있다는 사실은 2019년 2월 27~28일 베트남에서 개최되는 2차 북·미 정상회담을 앞두고 확실하게 감지된다. 비건 북핵 협상대표가 평양을 방문해 실무협상을 진행했지만, 여전히 구체적 합의안은 오리무중이다. 2차 정상회담은 역시 1차와 같이 날짜를 미리 잡아놓고 의제를 논의하는 역순으로 진행됨에 따라 불완전한 협상으로 진행될 수밖에 없다. 불완전 협상은 북한의 부분 핵폐기에 그칠 가능성을 상징한다. 기존 제조된 핵무기를 묵인하는 핵동결과 종전선언을 통한 제재 완화는 '워스트 딜(worst deal)'이지만 현실화될 가능성을 배제할 수 없다. 3월 이후 하원을 장악한 미국 민주당의 견제와 감시가 심해지면서 핵동결로 비핵화를 달성했다고 포장하고 선전하는 트럼프 대통령의 변칙적 협상은 예측을 불허한다.

2018년 3월 북·미 정상회담 개최를 결정했을 당시 트럼프 대통령은 '완전하고 검증가능하고 돌이킬 수 없는 비핵화(CVID)'에서 6월 들어서는 상견례(the get-to-know-you) 수준으로 눈높이를 낮췄다. 폼페이오 미 국무장관의 각종 발언은 '최종적이고 완전하게 검증된 비핵화(FFVD: Final, Fully Verified Denuclearization)'에서 '선(先) 미국 본토 위협 제거, 후(後) 완전한 비핵화'로의 궤도 수정을 암시하고 있다. 2019년 1월 19일 자 [뉴욕타임스]는 북·미 고위급회담에서 폼페이오 국무장관이 김영철 부위원장에게 핵연료물질 및 핵무기 생산 동결을 타진했다고 보도했다. 폼페이오 장관은 인터뷰에서 "우리는 북한의 (핵·미사일) 프로그램 구축 능력을 줄이길 원한다"고 말해 2차 북·미 정상회담에서 집중 논의될 가능성을 내비쳤다.

핵연료와 핵무기 생산 동결은 영변 원자로와 고농축우라늄(HEU) 제조시설 가동 중단과 함께 핵탄두를 실을 수 있는 대륙간탄도미사일(ICBM) 생산공장의 가동 중단을 의미한다. 트럼프 대통령으로선 미 본토 안전, 김정은 위원장은 제재 완화를 성과로 내세울 수 있는 카드지만, 한국으로선 북핵 위험을 계속 안고 가야 하는 최악의 시나리오다. 김 위원장이 연초 중국 방문 이후 강공 카드를 제시한 데 대해 미국이 기존 입장에서 물러서는 모습이다. 김 위원장은 "새로운 길을 가지 않을 수 없게 될 수도 있다"고 한 신년사 표현처럼 2차 북·미 정상회담에 승부수를 띄우고 있다.

일본이 미국, 프랑스에서 핵을 사 온다?

북핵은 과거·현재·미래의 핵으로 구성돼있다. 영변 핵시설은 현재와 미래의 일부 핵에 불과하다. 이미 추출하고 농축한 플루토늄과 우라늄은 현재의 핵이다. 영변 핵시설은 미래의 핵이다. 제조를 완료한 과거의 핵무기도 점차 공식화되고 있다.

주일미군사령부(USJF)는 2019년 1월 18일 홈페이지에 게시한 주일미군의 역할과 관련한 동영상 자료를 통해 북한의 핵위협을 언급했다. 북한을 중국, 러시아와 함께 동아시아의 3대 핵 보유 선언국(3 declared nuclear states)으로 분류했다. 3개국에 대한 핵무기 숫자를 러시아는 4,000기 이상으로, 중국은 200기 이상, 북한도 15기 이상을 보유한 것으로 표기했다. 아마도 미국 당국이 공식적으로 언급한 북한 핵 보유에 관한 최초 기록으로 평가된다. 군사적 위협 요인에 대한 미군의 역할을 강조하는 측면이 있긴 하지만 향후 북한에 대한 군사적 대응이 재래식 무기론 한계가 있음을 시사한다. 북한은 점차 사실상의 핵무기 보유국으로 공인돼가고 있다. 북한 역시 2019년 신년사에서 "핵 추가 제조·실험·사용·거래를 않겠다. 사실상 핵보유국의 주체이지 핵폐기의 객체가 아니다"고 선포했다.

북한이 은닉해놓은 플루토늄과 농축 우라늄은 신고·사찰 및 검증을 통해서만 진실이 밝혀질 수 있다. 핵의 부분적 동결은 세계 비핵화 역사에서 유례가 없다. 모든 핵을 포기하는 이란 핵 협상도 불완전하다며 협상의 파기를 선언한 트럼프 대통령이 '스몰딜(small deal)'로 북핵 폐기의 성과를 과시하겠다는 것은 어불성설이다. 북한이 핵 동결로 제재 완화의 목적을 달성한다면 사실상 비핵화는 물 건너간다. 결국, 북한은 파키스탄의 핵 보유 모델을 벤치마킹할 것이다. 트럼프 행정부가 미국인의 안전을 최우선으로 내세워 ICBM 폐기 등에 집중하며 핵동결 선에서 협상할 경우, 한국은 북한의 핵 위협에 무방비로 노출된다. 핵동결의 대가로 제재를 완화하고 ICBM 폐기에다 주한미군 감축이 본격화할 경우 한반도엔 핵보유국 북한과 재래식 무기국 한국만 남을 것이다. 시간 싸움에서 북한에 약점을 노출한 트럼프 대통령의 북핵 리얼리티 쇼는 고스란히 한국의 안보 불안으로 연결될 수밖에 없다. 미국의 핵동결 타협은 미봉책이지 해결책이 아님을 인식하는 데 그리 긴 시간이 걸리지 않을 것이다.

북핵 위협이 가속화함에 따라 주변국들의 반응도 예민해지고 있다. 북핵이 불완전하게 폐기될 경우 일본의 '비핵화 3원칙'이 흔들릴 수 있다는 분석이 때마침 미국에서 나왔다. 일본은 제2차 세계대전 당시에 원자폭탄의 피해를 본 국가로 1971년 국회 결의를 통해 '핵무기를 보유하지 않고, 만들지도 않고, 반입하지도 않는다'는 '비핵 3원칙'을 세웠다.

미국의 외교 전문지 [포린 폴리시]는 2019년 1월 28일자에서 '트럼프 세계에서 핵무기는 자위 수단'이라는 제목의 기사를 통해 미·일 동맹 관계의 약화로 인해 일본

▌ 북한은 2008년 6월 비핵화 의지를 밝히기 위해 영변 원자로의 냉각탑을 폭파시켰다. / 사진: 연합뉴스

이 핵무기 개발 금지 원칙을 파기할 것인지 집중 조명했다. 포린 폴리시는 "기술적인 관점에서 보면 일본은 6개월에서 몇 년 안에 손쉽게 핵무기 보유국이 될 수 있다"고 지적했다. 또 "일본은 현재 47t의 플루토늄을 보유하고 있고, 이것으로 핵폭탄 6,000개를 만들 수 있다"고 강조했다. 이 매체는 나아가 "일본이 민간용 로켓 프로그램을 개발해 놓고 있어 이를 군사용으로 쉽게 전환할 수 있다"고 지적했다. 일본에서 현재 핵무기 보유에 반대하는 여론이 조성돼있으나 북한 또는 통일 한국의 핵 위협에 직접 노출되면 일본의 국민 정서가 급변할 수 있다고 적시했다. 마쓰시타 나루시게 도쿄대 교수는 이 매체에 "일본이 핵무기를 직접 만들지 않고, 미국으로부터 핵무기를 살 수도 있다"고 말했다. 그는 "만약 미국이 핵무기를 일본에 팔지 않으면 프랑스에 타진할 수도 있다"고 주장했다.

북핵에 맞선 한국의 세 가지 선택지

이제 핵무기 국가와 국경을 맞대고 있는 재래식 무기 보유국인 한국의 대응이 주목된다. 우선 한국의 선택은 세 가지다. 첫째, 북한이 핵무기로 남한을 위협하지 않는다는 선의만을 믿고 재래식 무기와 흔들리는 한·미 동맹에 한국의 안보를 맡기는 시나리오다. 정의용 국가안보실장이 지난해 3월 5일 김정은 위원장을 만나 받아 적어온 "북측은 핵무기는 물론 재래식 무기를 남측을 향해 사용하지 않을 것임을 확약하였음"이라는 문장만을 성경책처럼 철석같이 믿는 경우다. 비용이 들지 않는 무대응 방책이지만 '비 오는 날에 대비해' 우산을 전혀 준비하지 않는 행태다. 매년 방위비 협상으로 주한미군의 역할이 축소되는 상황에서 평양의 자비심만을 기대하는 것은 국제정치의 이상주의 이론의 관점에서도 설명이 미흡하다.

둘째, 미국의 방위비 증액 요구에 부응하고 적극적인 한·미 동맹으로 미국의 핵우산에 들어가는 대책이다. 남한의 진보정부가 추진할지 미지수지만 최상의 차선책이다. 국제정치적 측면에서 중국의 반발 등 무리가 있지만, 전술핵무기의 일부 도입 등도 시도할 수 있다. 지난 1991년 한반도 비핵화 선언으로 군산비행장에서 보관하다 미국 콜로라도 공군기지로 철수한 전술핵무기라도 재배치해서 공포의 균형을 맞춰야 하지만 이 또한 용이한 일이 아니다. 우선 사드 배치를 둘러싸고 전개된 한·중 갈등 재연은 물론, 트럼프 대통령의 천문학적 비용 부담 요구 등으로 현실화되기 위해선 국민들의 적극적인 비용 부담 의지와 안보에 대한 철저한 현실주의 이론을 바탕으로 한다. 물론 북한 비핵화를 요구하는 명분도 약해지고, 한국이 '머니게임(money game)'에 집착하는 트럼프 대통령과 안보와 비즈니스를 교환하는 전략을 구사하는데 고비용이 든다는 문제점이 있다. 하지만 정글과 같은 동북아 국제정치에서 안보의 무임승차는 어떤 동맹에서도 불가능하다.

　마지막 대안이 자체 핵무장이다. "북한이 핵무기를 가지면 한국이 반드시 수준을 똑같이 맞추려고 노력할 것이고 일본도 방관하지 않을 것"이라고 헨리 키신저 미국 전 국무장관은 지난 2015년 3월 중국 시진핑 주석과의 회담에서 언급했다. 지난 1977년 박정희 전 대통령이 제럴드 포드 미국 대통령의 압력으로 핵 개발을 최종적으로 포기하던 시절, 한·미 간에 치열하게 전개된 물밑 첩보전을 이해하고 있는 키

신저 당시 국무장관은 한국의 핵 개발 가능성을 배제하지 않았다. 베트남의 공산화에 안보 위협을 느끼고 핵 개발을 추진하던 박 전 대통령은 '한국이 핵 개발을 포기하지 않으면 주한미군을 철수할 것'이라는 1976년 키신저 장관의 으름장에 결국 굴복했다.

　40년이 지난 한국의 핵무장은 정책적 혹은 기술적으로 가능할까? 우선 기술적으

▌ 1970년대 당시 헨리 키신저 미국 국무장관은 박정희 대통령의 핵 개발 추진을 저지했다.

로 핵 관련 전문가들은 1조 원의 예산과 6개월의 시간 그리고 1,000명의 지원 인력만 있으면 세계 13위 원전대국인 한국은 핵무기를 개발할 수 있다고 자신한다. 최초로 핵무기가 개발되고 나면 그 이후에 생산되는 핵무기는 더 적은 비용과 시간이 소요될 것이고, 대량생산도 가능하다. 국제사회도 한국의 핵개발 관련 기술적 능력을 높게 평가한다.

　대표적인 예가 퍼거슨 보고서다. 퍼거슨 보고서는 2015년 4월 미국과학자협회(FAS) 회장인 찰스 퍼거슨(Charles Ferguson)이 핵 비확산그룹에 제출한 비공개 보고서이다. 보고서의 제목은 '한국이 어떻게 핵무기를 획득하고 배치할 수 있는가(How South

Korea Could Acquire and Deploy Nuclear Weapons)'이다.[12] 주요 골자는 미국과 중국이 일본과 북한을 제어하지 못해 독자적인 핵무장에 나설 경우, 한국 역시 5년 이내에 핵무장이 가능하다는 내용이다. 한국은 세계에서 가장 큰 경제대국 중 하나로 핵무기 획득 시 국제사회로부터 한시적이고 형식적인 경제 제재를 받을 수는 있지만, 한국에 대한 경제 제재는 제재를 가하는 쪽에서도 타격을 입게 되므로 지속하기 어렵다고 평가하고 있다.

한국의 NPT 탈퇴는 가능할까?

한국은 경주 월성 원자로에서 매년 핵무기 416개를 생산할 수 있는 2.5t 분량의 플루토늄이 생산되고 있으며, 이는 4,330개의 전술 핵무기 생산을 가능하게 하는 수치라는 것이다. 또한 원전을 운영하고 있는 상태에서 좀더 정교한 형태의 핵폭탄을 830개까지 만들어 낼 수 있다고 평가한다. 한국은 지난 2000년 국제원자력기구(IAEA) 규정상 신고 대상인 우라늄 농축 실험을 무단으로 실시하였다가 IAEA의 특별사찰을 받았을 뿐만 아니라 UN안보리에 회부될 위기에 처했다. 당시 장인순 원자력연구소 이사장은 최신 기술인 레이저를 이용한 우라늄 농축이 가능한지를 확인하기 위한 학문적 차원이라고 해명했지만 북한의 농축우라늄 핵 프로그램이 국제적인 현안으로 부각된 시점이라 쉽게 논란이 가라 앉지 않았다. 정부는 2004년 10월 '핵의 평화적 이용에 관한 4원칙'을 발표하고 원자력 통제전문 기관인 원자력통제기술원을 설립하는 등 국제사회의 신뢰 회복에 주력했다.

한국 핵 개발의 면죄부는 IAEA가 2008년에 한국의 미(未)신고 핵 활동에 모든 의혹이 해소됐다는 보고서를 내놓음에 따라 핵 개발 의혹에 대해 사면을 받았다. 2000년의 사태의 교훈은 한국도 부분적으로 우라늄 농축이 가능하다는 기술적인 확인과 동시에 핵 개발에 실제 나설 경우 국제사회의 제재가 만만치 않다는 점을 확인한 것이다. 국제정치적 측면을 고려하면 문제는 달라진다. 키신저 전 장관의 지적대로 한국의 핵 개발은 동북아의 핵 도미노 현상을 가져와 일본과 대만 등 연쇄적인 핵 개발 움직임으로 이어지며 국제사회의 핵 비확산 기류와 정면으로 배치된다. 특히 국제사회의 북한 비핵화 명분이 사라지며 역설적으로 대북제재 등이 무용지물로 변할 가능성이 커짐에 따라 미국은 한국의 핵 개발을 적극적으로 저지할 수밖에 없을 것이다.

한국은 미국 입장에서 유대인 연결망을 통해 핵 개발을 은밀히 방조 및 지원하던 이스라엘과는 다르다. 우선 한국이 공식적으로 핵 개발에 나서려면 핵확산금지조약(NPT)에서 탈퇴해야 한다. 한국정부가 국가안보를 위해 핵무기 개발이 필요하다고 판단하면 NPT 제10조에 의거해 탈퇴할 수 있다. NPT 제10조 1항에는 '비상사태가 자국의 이익을 위태롭게 하고 있음이 결정되는 경우 탈퇴 권리를 가진다'고 명시하고 있기 때문이다. 하지만 한국이 이 조항을 원용해 조약 탈퇴를 발표한다면 후폭풍은 지난 2000년 경험에서 판단하건대 간단치 않아 경제적·정치적으로 감당할 수 있을지 미지수다.

문재인 정부가 탈원전 정책을 고수해 발전소를 축소하고 있지만 여전히 원전은 한국 전력 공급량의 3분의 1 수준이다. 원자력 발전소의 원료가 되는 우라늄 원광석은 에너지 생산 및 X-레이 촬영 등을 목적으로 미국·호주·인도 등에서 수입된다. 아쉽게도 충북 진천이나 옥천 등에서 채굴 가능한 한국의 우라늄 매장량은 실험실에서 사용할 정도의 소량이다. 1976년 당시 박정희 대통령은 국내 우라늄 매장 실태를 파악한 결과 약 24만 내외로 평가했다. 실제 가채량 및 순도 등을 분석하면 경제성이 없는 소규모다. 북한의 경우 가채량 기준으로 400만t에 달한다. 수입에 의존하지 않고 자체적으로 핵폭탄을 제조할 수 있는 충분한 양으로 국제사회의 압박에도 버틸 수 있는 토대다.

6·25 남침 감행한 북한 체제의 선군주의

1981년 아르헨티나와 영국 간에 발생한 포클랜드 전쟁 초기에 미국이 중립적인 입장을 취하자 영국의 대처 수상은 "만약 미국이 영국의 입장을 지지해주지 않을 경우 핵무기를 사용할 수밖에 없다"고 협박함으로써 미국의 지원을 이끌어냈다.[13] 핵무기 사용이 물리적으로 어렵지만 얼마든지 정치적 수단으로 활용될 수 있는 사례다. 북한 핵이 미국의 위협을 막고 체제를 수호하는 방어성 성격의 무기라는 일각의 주장은 6·25 전쟁을 감행한 북한 체제의 비이성적 특성을 간과하는 판단이다. 미국 랜드연구소의 브루스 베네트 박사는 "북한의 핵무기 보유량이 많아질수록 핵무기를 실전에서 사용할 가능성이 높아진다"고 주장한다.[14]

북한의 핵위협이 노골화되면서 안보의 한계가 노출되고 미국의 핵우산도 트럼프 행정부에서 불확실함에 따라 국민들이 강력하게 핵무장의 필요성을 느낀다면? 대책이 무엇인지 심각하게 고민해야 할 시점이 점차 가시화되고 있는 것을 부인하기 어렵다. 특히 트럼프 행정부의 한·미 동맹이 가치동맹에서 매년 방위비 협상으로 씨름을 해야 하는 '아파트(condominium) 동맹'으로 변질되고 있는 상황에서 미국의 '맞춤형 억제전략(tailored deterrence strategy)'이 과연 가능한지에 대한 본질적인 고민도 불가피하다.

무르익지 않은 우리 안의 핵담론

최종적으로 한국이 핵무기를 개발할 수 있는지 여부는 국민의 안보의식에 달려있다. 안보 불안이 심해지면서 북핵 위협이 보다 구체화되고 외국 자본이 한반도에서 철수한다면 경제를 위해서도 안보 불안을 해소해야 하는 시점이 올 가능성을 배제할 수 없다. 국민들의 핵무장 여론은 시대에 따라 변화를 보였다.

1996년 7월 미국 랜드연구소와 [중앙일보]가 실시한 여론조사에서는 91%가 핵무장 찬성이었다. 이어 2006년 10월 1차 핵실험 이후 [동아일보]와 [아사히신문]이 공동으로 실시한 조사에서는 52%, 2016년 9월 5차 핵실험 직후에는 58%, 2017년 9월 6차 핵실험 직후에는 60%의 찬성 의견을 보였다.

북핵 위협이 심각하지만 한국의 독자적 핵무장으로 인한 국제사회의 고립을 국민들이 견딜 수 있는지에 대해 아직은 의견이 집약되지 않은 실정이다. 2019년 자유한국당 당 대표 선거에 출마한 오세훈 전 서울시장이 핵무장 담론의 필요성을 강조할 때마다 받는 질문이 '핵 무장론지인가?'다. 오 전 시장은 "절대 핵무장론자는 아니나 담론 형성을 통해 동북아 국제정치의 레버리지를 형성하는 것이 국익에 도움이 된다"고 설명한다.[15] 아직은 핵무장이 정치인의 공약으로 확정되기엔 여론이 숙성되지 않았다는 것과 실제 실현 가능성을 두고 회의적 시선이

▌경주 월성 원자로는 매년 2.5t 분량의 플루토늄을 생산하는 것으로 추정된다.

만만치 않음을 반증한다.

클린턴 전 미국 대통령은 1999년 김대중 전 대통령과 만나서 "미국의 정책은 북한 정권을 지금 있는 모습 그대로 다루어야지, 우리가 바라는 모습을 가정하며 대해서는 안 된다"고 강조했다. 우크라이나의 핵무기를 폐기하고 그 땅에 농부들로 하여금 환금(換金) 작물인 해바라기를 심게 했던 윌리엄 페리 전 미국 국방장관은 2015년에 발간된 회고록 [핵 벼랑을 걷다: My journey at the nuclear journey]에서 "장관 시절 가졌던 북한과의 음울한 경험은 북한이 핵무기 보유국이 되면 얼마나 위험할지 간담이 서늘할 정도였다"고 고백했다. 페리 전 장관의 독백은 사실상 현실화되고 있다.16)

4. 2019년 2월 하노이 '노딜' 이후 北·美 샅바 싸움의 행로

평양 보통강변 푸에블로호가 대화로 가는 열쇠 될 수도
■ 2006년 BDA 사태로 '돈줄' 죄 본 볼턴이 선박 제재 주도,
■ 어니스트호-푸에블로호 맞교환 빅딜 카드

하노이 회담 노딜의 후폭풍이 간단치 않다. 회담 주역이었던 김영철 통일전선부장과 휘하 실무일꾼들의 문책설이 남측에서 보도된 이후, 과거와 비교해 체중이 줄고 핼쑥한 모습의 김영철이 50여 일 만에 북한의 공식 행사에 등장하는 등 어수선한 상황이다. 특히 미국은 트럼프 대통령까지 나서 김영철과 대미 특별대표인 김혁철의 행방에 관심을 보인다. 미국 정보당국은 CNN을 통해 김영철과 실무자들이 완전히 숙청되진 않은 것 같다는 신중한 정보를 내보냈다. 미국은 협상을 잘못했다고 트럼프 대통령을 두 차례나 만난 김영철을 숙청했다는 첩보에 대해 의아해한다. 아무리 독재 국가지만 자신의 대통령과 친서를 주고받은 인물을 문책성 차원에서 혁명화 교육까지 시킨다는 것은 납득할 수 없다는 판단이 나온다.

3주 만에 공개 활동을 재개해 자강도 군수공장 7곳을 현지 지도한 김정은 국무위원장은 연이어 불편한 심기를 표출했다. 김정은은 이번 현지지도에서 "일하는 태도가 틀려먹었다. 기분이 좋지 않다. 대단히 실망하게 된다"며 간부들을 강하게 질책했다. 김정은은 현재 가장 심각한 문제는 간부들의 사상관점이라며 간부교육을 담당하고 있는 노동당 근로단체부를 이례적으로 비판했다. [노동신문]이 연일 '반당·반혁명분자와 배신자에 대한 준엄한 심판'을 강조한 것과 무관치 않다. 그의 강한 질책은

하노이 회담의 노딜 이후 체제 단속과 동시에 현장에 대한 해이해진 군기 잡기의 일환이다.

후폭풍은 미국과 북한 간에도 몰아치고 있다. 김성 유엔 주재 북한대사는 2019년 5월 21일 미국 뉴욕 유엔본부에서 기자회견을 열고 "미국이 불법적으로 우리 화물선을 점유해 미국령 사모아로 끌고 갔다"며 "미국의 일방적 제재와 영토 밖에서의

▌ 김성 유엔주재 북한대사(오른쪽)가 5월 21일(현지시각) 유엔본부 브리핑룸에서 연 기자회견에서 미국 정부의 북한 화물선 와이즈 어니스트호의 압류에 대해 즉각 반환을 요구했다. / 사진: AP/연합뉴스

국내법 적용은 국제법에 따라 정당화될 수 없다"고 주장했다. 또 "미국은 앞으로 전개될 국면에 미칠 결과를 심사숙고해야 할 것"이라며 "우리 화물선을 지체 없이 반환해야 한다"고 촉구했다.

미국의 자산 몰수소송, 전례 없는 조치

김성 대사가 '와이즈 어니스트'(Wise Honest)호의 반환을 촉구한 기자회견을 한 지 하루 만에 제네바 주재 북한대사가 바통을 이어받았다. 한대성 주제네바 북한대표부 대사는 5월 22일 로이터통신과 인터뷰에서 미국의 북한 선박 억류가 북·미 관계 개선에 가장 큰 걸림돌이라고 주장하며 선박 반환을 요구했다. 그는 "만약 미국이 우리를 미국식 힘과 압박의 논리가 작동하는 곳 중 하나라 생각했다면 가장 큰 오판이 될 것"이라 비판했다. 또 선박 압류가 "(북·미 관계의)가장 큰 이슈이며 (압류가) 주권침해이기 때문"이라고 선언했다. 동시에 "국제법을 악의적으로 위반한 것"이라는 주장도 이어갔다. 그는 도널드 트럼프 미 행정부가 비핵화 협상 재개를 위해 제재 해제라는 '큰 결단'을 내려야 한다고 주장하며 "우리도, 미국도, 국제사회도 상황이 다시 악화하는 걸 원하지 않는다"고 역설했다. 미국의 입장변화를 요구하는 주장을 재확인한 것이다.

이미 북한은 외무성 성명을 통해 미국을 강하게 비난했다. 북한은 5월 14일 외무성 대변인 명의 담화를 통해 선박 압류를 "6·12 조·미(북·미) 공동성명의 기본정신을 전면 부정하는 것"으로 규정하며 "최대의 압박으로 우리를 굴복시켜 보려는 미국식 계산법의 연장"이라고 주장했다. 또한 18일엔 유엔에 서한을 보내 "미국법에 걸어 우리 무역 짐배(화물선)를 미국령 사모아에 끌고 가는 불법 무도한 강탈행위는 미국이야말로 국제법도 안중에 없는 날강도 같은 나라임을 스스로 드러내 놓은 것"이라고 비난했다.

기존의 미국 대북제재에 대한 반발과는 강도와 차원이 다르다. 북한의 전방위적 '여론전'은 선박 압류가 힘의 논리에 기반을 둔 미국의 주권 침해라는 논거를 만들어 국제사회에서 미국의 부당성을 부각하려는 시도로 풀이된다. 향후 하반기로 예상되는 북·미 대화 재개 전에 유리한 명분을 쌓기 위한 방편이다. 특히 김정은의 통치자금을 조달하는 궁정경제의 돈줄인 석탄수출 선박을 추가로 미국이 나포하지 못하게 하기 위한 선제조치로도 해석된다.

북한의 강력한 반발은 미국이 제재 위반 북한 화물선에 대해 자산 몰수소송이라는 '행동'을 시작한 첫 사례이기 때문이다. 미국의 민사소송 방식에 의한 선박 몰수 시도는 향후 촘촘한 압박을 예고한다. 그동안 대북제재 위반 혐의로 적발된 북한 또는 타국 선박들은 억류 조치에 그쳤다. 이전까진 미 재무부가 제재 위반에 연루된 선박을 발표하고 조사하는 수순 정도였다면 이번에는 법무부가 나서 어니스트호에 대한 법적 조치 개시를 밝혔다.

미 법무부는 5월 9일 "어니스트호는 북한 송이 무역회사의 소유로 나와 있으나 실질적으로 북한 인민군이 관리하고 있으며, 2016년 11월부터 2018년 4월까지 북한산 석탄을 외국 구매자에게 수출하고 북한에 기계류를 수입하기 위해 사용했다"고 적시했다. 또 "송이 무역회사 운영자인 권철암이란 인물이 2018년 3월 어니스트호 석탄 선적과 관련 75만 달러 이상을 미 금융계좌를 통해 송금했다"라고도 기술했다.

"어니스트호, 북한 인민군이 실소유"

미국 법무부는 국제긴급경제권한법(IEEPA), 대북제재강화법 등에 따라 이 배를 몰수하기 위해 뉴욕 맨해튼 연방 지방법원에 민사소송을 제기한다고 밝혔다. 미정부는 실제 몰수 조치를 위해 인도네시아에 지난해부터 억류돼있던 어니스트호를 5월 11

일 미국령 사모아 섬으로 예인했다. 미국이 화물선을 사모아 섬으로 예인함에 따라 북한 당국이 공개적으로 반발하기 시작했다. 하지만 미국의 대응은 강경했다. 미 법무부는 이날 "국제 제재를 위반해 불법 석탄수출 혐의가 있는 북한 선박 와이즈 어니스트호를 나포해 압류 절차를 밟고 있다"고 발표했다. 이미 선박을 나포해 끌고 오고 있었는데 이 사실을 5월 북한의 단거리미사일 도발 직후 전격 공개했다.

미국이 북한 선박을 나포해 압류한 것은 처음이지만 단순 나포는 여러 차례 있었다. 2002년 미국은 스커드 미사일을 싣고 예멘으로 향하던 북한 화물선 소산호를 나포했다가 이틀 만에 풀어줬다. 당시 미국은 대테러전쟁을 수행하면서 이라크전 가능성에 대비했다. 북한 미사일이 테러조직이나 이란, 이라크 등 적대적인 국가들의 수중에 들어가는 사태를 크게 우려했다. 미국은 소산호가 북한 남포항에서 출발할 때부터 위성을 통해 추적해 화물의 정체를 파악했다. 이 화물이 누구에게 가는지 알아내기 위해 전격 나포 작전을 전개했다. 미국은 이 선박이 특정 국가의 영해에 들어가기 전에 인도양의 공해상에서 스페인 군함의 힘을 빌려 나포했다.

미국은 이 선박을 나포하는 데는 성공했지만, 화물이 예멘으로 향하고 있었던 사실을 파악한 직후 적법한 화물을 싣고 가는 배를 왜 나포하느냐는 예멘 정부의 항의를 받고 이 선박을 풀어줬다. 미국은 국제법에 따라 국기를 달지 않고 항해하는 선박은 누구든지 정선시켜 수색할 수 있다고 주장했다. 당시 이 선박이 왜 국기를 달지 않았는지 또 왜 배 이름을 페인트로 지우고 미사일을 시멘트로 감췄는지는 알려지지 않았다. 당시 애리 플라이셔 백악관 대변인도 밝혔듯이 미국이 이 선박을 풀어준 이유는 "예멘이 북한으로부터 미사일을 받는 것을 금지하는 국제법 조항은 없기 때문"이었다.

1982년 제정된 유엔 해상재판소법에 따르면 어느 나라든 선박이 국적이 없는 것으로 보이면 그 배를 세우고 올라가 수색할 수 있게 돼 있다. 그러나 미국은 이 재판소의 회원으로 가입하지 않았다. 또 국제법상으로 적법한 화물을 싣고 가는 이 배를 장기간 억류하는 것이 가능하지 않았고 이 화물을 주문한 예멘도 거세게 항의했기 때문에 미국은 배를 풀어줬다.[17] 서산호 사건은 미국이 북한의 미사일 수출에 얼마나 민감하게 반응하고 있는지를 보여주는 사례였다. 미국은 1992년에도 해군을 동원해 아라비아해에서 북한 화물선 대승호를 나포하려다 이 선박이 재빨리 이란의 항구로 대피하는 바람에 놓친 적이 있다. 이때 대승호가 싣고 있던 스커드 미사일은 시리아로 수송된 것으로 알려졌다.

한편 미국의 북한 선박 감시는 예기치 않은 결과를 가져오기도 했다. 지난 2007년 소말리아에서 북한 선박 대홍단호가 해적에게 나포될 뻔했으나 이를 감시하던 미국 구축함 윌리엄스의 지원으로 해적을 제압하고 탈출할 수 있었다. 쌀과 무연탄을 싣고 두 차례 제주해협을 통과한 기록이 있는 대홍단호는 무기 수송을 위해 아프리카 케냐로 가던 중 해적의 공격을 받았고 이를 감시하던 미국 선박의 지원으로 풀려나자 미국은 이를 대대적으로 선전했다.

와이즈 어니스트호는 유엔 안보리 결의안 위반으로 과거의 중동국가에 대한 미사일수출 선박과는 차원이 다르다는 게 미국의 입장이다. 2017년 12월에 채택된 안보리 대북제재 결의 2397호는 제재 위반에 연관된 선박이 영해를 지나갈 경우 이를 '나포·검색·억류할 수 있다'고 규정한다. 존 세머스 법무부 차관보는 "해당 제재 위반 선박은 운항이 정지된 상황"이며 "미연방 집행관과 해안경비대의 협조로 미국 영해에 인도하는 중"이라고 말했다. 이 선박은 1만 7,601t으로 북한의 단일 선체 벌크선 중 최대 규모 선박 중 하나다. 북한의 불법 석탄을 수출하고 중장비 수입을 담당했다고 한다.

'반미(反美) 상징물' 보통강변 푸에블로호

존 볼턴 백악관 국가안보회의(NSC) 보좌관은 북한이 미국에 압류된 화물선의 반환을 요구하려면 1960년대에 나포했던 미 해군 정보수집함 푸에블로호 송환 문제부터 논의해야 할 것이라고 응수했다. 미·일 정상회담 준비차 일본을 방문 중인 볼턴 보좌관은 주일 미국대사관에서 기자들과 만나 "지금이 푸에블로호의 반환에 대해 논의할 적절한 시기일 것"이라고 북한의 주장을 일축했다. 볼턴의 발언으로 50여 년의 시차가 있는 2019년 미국의 북한 선박 나포와 1968년 북한의 미국 함정 나포가 미국과 북한 간에 뜨거운 감자로 떠

▌미국이 대북제재 위반 혐의로 압류한 북 화물선 '와이즈 어니스트호'./
사진: 미 법무부

올랐다.[18]

　푸에블로(Pueblo)호는 1968년 1월 23일 승조원 83명을 태우고 북한 해안에서 40㎞ 떨어진 동해상에서 정보수집 업무수행 중 북한 초계정 4척과 미그기 2대의 위협을 받고 나포됐다.[19] 북한은 같은 해 12월 미국이 북한 영해 침범을 사과하는 문서에 서명한 뒤 푸에블로호 승조원 82명과 유해 1구를 돌려보냈지만, 선체는 여전히 평양 보통강변에 전시해 두고 있다.[20] 저자는 과거 평양 방문 시에 1995년부터 평양 보통 강변 전승기념관에 전시된 푸에블로호를 본 적이 있다. 당시 북측에 미국에 돌려주 는 것이 관계 개선에 도움이 될 것이라고 제언했지만 묵묵부답이었다. 평양시민들에 게 대미 적개심을 심어주고 미국과의 싸움에서 승리했다는 선전도구를 미국에 돌려 줄 의사는 없어 보였다.[21] 또 동해에서 나포한 중량 106t, 길이 54m의 함정을 어느 방법과 경로로 원산항에서 대동강으로 이동시켰는지 저자는 질문했으나 대답을 듣 지 못했다. 육상으로 이동시키기에는 너무 크고 혹시 제주도 남측 공해상을 통해서 서해로 이동시켰는지, 오리무중이다. 사실 볼턴이 제기한 푸에블로호 반환 주장은 미국 내에서 민감한 문제다. 반환에 대한 주장이 가장 먼저 제기된 곳은 푸에블로호 의 어원이 된 푸에블로시가 속한 콜로라도주다. 지난 5월 초 미정부가 와이즈 어니 스트호 압류를 발표하자 콜로라도주 지역 언론은 일제히 푸에블로호 승조원들의 인 터뷰 보도와 기고문 등을 통해 와이즈 어니스트호 와 푸에블로호를 맞교환해야 한다 고 주장했다.

　콜로라도주를 지역구로 하는 콜리 가드너 공화당 상원의원도 지역 언론 인터뷰에 서 "미국이 북한의 화물선 반환을 대가로 북한에 양보를 요구할 것으로 예상한다"면 서 "미국의 요구 리스트에는 푸에블로호 반환도 올라야 한다"고 밝혔다. 가드너 의 원은 이날 트위터에서도 "1968년 북한에 나포된 푸에블로호는 김씨 정권이 수십 년 간 미 국가안보 이익에 계속 위협이 되고 있다는 점을 상기시켜 준다"며 "푸에블로 호는 즉시 미국에 반환돼야 한다"고 촉구했다. 미국의 대북제재 정책을 주도한 가드 너 의원은 상원 외교위 동아태 소위원장으로, 내년 재선에 가장 취약한 상원의원으 로 꼽혀 지역 여론 개선에 총력을 기울이고 있는 인물이다.

　미국에서 푸에블로호 반환을 촉구하는 목소리는 지난해 6월 싱가포르 1차 미·북 정상회담 당시에도 제기됐다. 콜로라도주를 지역구로 하는 공화당의 스콧 팁 턴 하 원의원과 좀 파소 공화당 하원의원은 각각 싱가포르 회담 전후로 북한에 푸에블로호 송환 요구를 촉구하는 별도의 서한을 트럼프 대통령과 볼턴 보좌관에게 보냈다. 팁

턴 의원은 동시에 같은 내용의 결의안도 발의했고, 지난 2월 2차 미·북 정상회담 직전에도 트럼프 대통령에게 같은 서한을 보냈다. 북한이 푸에블로호를 반환한다면 미국에 선의를 입증할 수 있어 신뢰 구축에 큰 도움이 될 것이라는 게 의원들의 주장이었다.

팁 턴 의원은 2019년 2월 27일 미국의 소리(VOA) 방송과의 인터뷰에서 북한이 푸에블로호 반환 요구를 받아들인다면 "미국과 평화로운 조건 아래 협력해 나가고 싶다는 선의를 보여주는 상징적 제스처로서 의미가 있을 것"이라고 밝혔다. 특히 푸에블로호는 국제법상 공해상에서 정보수집 활동을 벌이던 도중 북한에 불법으로 나포됐으며, 현재 평양에서 반미 상징물인 전리품으로서 선전되고 있다고 지적했다.

■ 2006년 6월 북한 [조선중앙통신]이 공개한 푸에블로호의 모습. / 사진: AP/연합뉴스

현재 미국에서는 당시 푸에블로호 승조원들이 북한 정권을 상대로 제기한 소송도 진행되고 있다. 승조원과 가족들은 지난해 2월 납북 당시 입은 피해에 대한 책임이 북한측에 있다며 미법원에 소송을 제기했고, 최근에는 법원에 재판을 신속히 진행해 달라고 요구하는 신청서를 제출하기도 했다. 만약 재판부가 거액의 배상 판결을 내릴 경우 와이즈 어니스트호 등 각종 몰수 소송과 맞물려 북한을 압박하는 미 사법부 차원의 또 다른 조치가 될 수 있다. 푸에블로호 반환에 대한 논의는 과거에도 비공식적인 차원에서 가끔 이뤄졌지만, 북한이 상당한 액수의 보상금 등을 요구해 미국이 응하지 않았었다. 이제 북한의 최대 단일 벌크선을 미국이 억류한 만큼 북한도 미국의 푸에블로호 송환에 대해 귀를 기울이지 않을 수 없는 상황이 전개되고 있다.

북한 "피를 말렸던" BDA 계좌 동결

2019년 미국의 북한 선박 나포는 2005년 9월 마카오의 방코델타아시아은행(BDA)의 북한 계좌 동결을 연상시킨다. 재일조선인총연합 기관지 [조선신보]도 5월 24일 북한 선박 나포가 BDA사건을 연상시킨다며 미국을 비난했다. 미국 부시 행정부의 재무부는 북한의 비핵화가 부진하자 2005년 9월 불법자금 세탁 혐의로 마카오 BDA 은행을 돈세탁 우려 대상으로 지정했다. BDA은행을 이용하던 북한의 해외금융 거래가 순식간에 막혔다. 미국 금융제재의 파장을 우려한 각국 업체들이 북한과의 거래를 끊어버렸기 때문이다.

BDA 북한 소유 계좌 50여 개에 예치돼 있던 2,500만 달러는 동결됐다. 이 돈은 당시 김정일의 통치자금이었다. 북한은 그 어떤 제재보다도 심한 압박감을 느꼈다. 예금을 인출하지 못한 김계관 당시 북한 6자회담 대표는 "피가 마른다"고 토로했다. 미국과 북한의 1년 반에 걸친 물밑 협상 끝에 미국이 2007년 4월 BDA의 북한 계좌 동결 해제 방침을 밝혔고 북한은 동시에 '2·13 합의' 이행을 약속했다.

단순한 계좌의 인출이 아니라 비핵화 조치에 북한이 나서는 조건을 조율하며 물밑에서 치열한 기싸움을 전개하느라 문제 해결에 18개월이 소요됐다. 당시 크리스토퍼 힐 미 국무부 차관보는 "북한이 60일 내 이행해야 할 초기 단계 조처를 하는 데 장애물이 걷힌 거라고 본다"며 "금융 문제를 넘어서 '2·13 합의' 목적인 비핵화 작업에 착수해야 한다"고 촉구했다. 결국 금융계좌 동결의 문제 이면에는 비핵화를 둘러싼 미국과 북한 간에 갈등이 내재해 있었다.

추가 도발, 추가 화물선 억류로 대응

BDA사건은 북한 비핵화가 진전되지 않으면 김정은의 통치자금에도 화살이 날아갈 수 있다는 것을 시사한 사건이다. 2005년 당시 BDA 북한 계좌 동결 등 조지 W 부시 행정부의 외교·안보정책을 주도한 신보수주의(네오콘) 그룹의 핵심 멤버가 현재 백악관 국가안보보좌관인 존 볼턴 당시 유엔 주재 대사였다. 그는 이미 북한의 아킬레스건을 공격한 경험이 있기 때문에 역설적으로 북한이 막대한 배상을 요구한 푸에블로호의 송환을 제기했다. 미국의 북한 화물선 와이즈 어니스트호 억류는 미·북 간 비핵화 협상에서 제2의 방코델타아시아(BDA) 사태를 초래하고 있다. 양국이 북한 선박 와이즈 어니스트호의 문제를 해결하는 방식은 향후 3차 미·북 정상회담 개최 등 향후 양국 간 관계를 전망하는 중요한 실마리가 될 것이다. 나포된 선박의 송환 및 미사일 발사와 3차 정상회담 개최 등 미·북 양국 관계는 미국이 강경 대응을 계속하는 시나리오 중심으로 전개될 것이다.

미국이 와이즈 어니스트호 문제에서 강력히 대응할 수밖에 없는 것은 대북제재의 허점이 노출됐기 때문이다. 대북제재 버팀목인 미국 달러 결제망에서 북한 자금이 유통됐다. 미 법무부가 공개한 몰수 소장에 따르면 와이즈 어니스트호는 2018년 3월 14일 평양 남포항에서 석탄 2만 5,000톤을 싣고 출항했다가 같은 해 4월 2일 인도네시아에서 억류됐다. 석탄과 선원들은 돌려주는 대신 배를 압류한 뒤 몰수를 추진하는 근거를 1974년 제정된 국제긴급경제권한법(IEEPA) 상 특정 불법행위를 촉진하기 위한 돈세탁 혐의라고 기재하고 있다.

그런데 와이즈 어니스트호가 운항과 정비 등에 달러 송금 제휴 계좌로 미국의 뉴욕 은행 두 곳을 활용했다. 2016년 11월~2017년 1월 와이즈 어니스트호의 하역과 정비 부품을 구매하는 청구서와 이메일에선 뉴욕 남부의 첫 번째 은행지점을 활용한 증거들이 발견됐다. 지난해 3월 석탄 밀수와 관련해선 모두 75만 달러를 뉴욕의 두 번째 은행계좌를 통해 송금했다. 석탄 선적지를 남포가 아니라 러시아 나홋카로 기재한 허위 문서를 활용했다. 미 재무부와 법무부가 물러설 수 없는 이유다.

미국은 북한의 미사일 도발 등이 계속된다면 이미 나포한 와이즈 어니스트호는 물론, 추가로 감시 중인 북한 화물선을 나포하는 시나리오를 갖고 있다. 미국은 각종 선박 운항정보를 통해 2~3척을 근접 감시 중인 것으로 알려졌다. 최근 들어 북한 석탄 2만 6,500t을 싣고 공해상에서 54일간 표류하던 북한 선박 동탄호가 베트남에 산신히 하역할 예정이라고 미국의 소리(VOA) 방송이 보도한 것은, 동남아를 항해하는 모든 북한 선박을 미국 등이 감시하고 있다는 신호다.

사실 선박 감시는 미국이 가장 역점을 두고 있는 대북제재다. 미국은 북한이 2018년 1~5월에 20척 이상의 선박을 동원해 총 89차례에 걸쳐 '선박 대 선박 이전' 수법의 유류 밀거래를 통해 최소 75만 9,793배럴의 정제유류를 획득한 것으로 추정했다. 미국은 북한이 안보리가 정한 연간 상한 50만 배럴을 초과했으므로 더는 북한에 유류를 제공해선 안 된다는 입장이었다. 중국과 러시아는 추가 정보를 요구하며 '6개월 보류'를 주장했다.

미 국무부는 지난해 7월 북한산 석탄의 한국 반입과 관련해 사실상 한국 정부에 경고 메시지를 보냈다. 그런데도 문재인 정부는 유엔안보리 대북제재를 위반한 선박들이 한국 항구에 32차례나 입항하는 동안 아무런 제재도 가하지 않았다는 것이 미국의 판단이다. 최근 일본 외무성은 이례적으로 "미국·영국·캐나다·프랑스·호주 및 뉴질랜드 등 7개국이 합동으로 북한의 불법 해상 환적을 단속 중인데 한국은 불참하고 있다"고 밝혔다. 미 국무부 대변인실 관계자는 지난해 7월 19일 미국의 소리(VOA) 방송에 "유엔 제재를 위반해 북한 정권을 계속 지원하는 주체에 대해서는 독자적 행동을 취하기를 주저하지 않을 것"이라고 했다. 세컨더리 보이콧의 적용을 예고했다.

독자 대응체계 구축하고 현상금까지

미국은 한국의 소극적인 북한 선박 감시에 대응해서 독자적인 대응체계를 구축하고 있다. 지난 3월 이후 미 해안경비대 소속 구축함(4500t)급 경비함인 버솔프함이 서해에 배치돼 북한의 불법 해상 환적 단속에 나서고 있다. 미국 본토 연안을 책임지는 해안경비대 함정이 태평양을 건너 우리 연안에 배치된 건 유례가 없는 일이다. 버솔프함은 헬기·무인정찰기에다 고속 잠수정을 탑재해 불법 환적중인 북한 선박을 나포할 능력을 갖추고 있다.

미국 인도·태평양 사령부가 버솔프함 배치 사실을 밝힌 시점도 주목된다. 2017년 60여 건 수준이던 불법 환적 의심 동향이 지난해 130여 건으로 2배 이상 증가했고 이 중 10여 건을 우리 군이 적발했지만, 정보보호를 이유로 공개를 주저해 온 사실이 드러난 직후이기 때문이다. 특히 서해상 작전은 중국이 민감하게 여기는 사안이라 잘 공개하지 않았으나 6월 들어서는 공개적으로 대북제재 의지를 명확히하면서 중국도 제재에 동참하라는 압박 메시지를 던지고 있다. 이와 함께 미 국무부도 때맞춰 "대북 압박 캠페인은 북한이 비핵화할 때까지 계속될 것"이라고 밝히면서 북한의 불법 해상 환적 등 제보자에게 최대 500만 달러(약 59억 원)의 포상금을 내걸었다. 마침내 불법 환적 북한 선박에 대한 현상수배 포스터가 붙었다. 선박 나포와 동시에 미국은 북한의 자금줄을 철저하게 조이고 있다. 미국 재무부 산하 해외자산통제실(OFAC)은 5월 29일 북한과 관련된 미국 내 자산 약 7,436만 달러(885억 원)를 동결했다고 밝혔다. 해외자산통제실은 '2018 테러리스트 자산보고서'에서 테러지원국으로 지정된 북한·이란·시리아 등 3개국의 미국 내 자산 총액 2억 1,683만 달러를 동결했다고 설명했다. 이 가운데 북한 관련 자산 동결액은 7,436만 달러로, 2017년에 동결했던 북한 자산액 6,340만 달러(755억 원)보다 1,096만 달러(130억 원) 늘었다.

BDA 사태는 2,500만 달러에 달하는 큰 액수가 북한 지도부와 직접 연결돼 있었지만, 이번 선박 억류는 북한 지도부에 그 정도로 심한 재정적 압박을 가하진 않는다는 관측도 있다. 하지만 김정은의 궁중경제(court economy)를 지탱하는 석탄 등 광물류를 수출하는 선박이 연이어 나포된다면 북한 입장에서 오히려 BDA 사태보다 더 어려울 수 있다. 촘촘한 그물망 감시로 남포와 원산항에서 출발하는 화물선을 24시간 감시한다면 어느 국가도 내놓고 해상에서 북한과 불법 환적을 시도하거나 위장 수출입에 참여하기는 어려울 것이다.

바야흐로 선박 나포와 몰수로 북한을 압박하는 미국과 미사일로 응수하는 양국 간의 치열한 샅바 싸움이 무더운 여름 내내 지속할 것이다. 양국이 와이즈 어니스트호와 푸에블로호를 맞교환하는 선박 간 빅딜을 통해서 신뢰를 구축하면서 3차 정상회담의 활로를 개척할지 아니면 미국의 추가적인 선박 나포와 추가적인 탄도미사일로 강 대 강 구도가 지속할지가 삼복더위가 지속하는 동안 양국 간 드라마의 관전 포인트가 될 것이다.

미국 국무부가 북한 불법 환적을 신고할 경우 최대 500만 달러(약 59억 원)를 제공하겠다는 영문과 중국어 포스터를 공개했다

제 2 장

북핵을 어떻게 해결해야 하는가?

1. 북핵 해체는 결국 돈! 누가 지갑 열까

'핵 폐기는 인류의 갈망과 재정 지원의 합작품이다'
■ 핵, ICBM 폐기와 인력 직업 전환에 22조 원 이상 초기 비용 소요
■ 국제기구 '북한 지원 컨소시엄' '북한신탁기금' 통한 신속한 지원도 가능

폼페이오 장관이 2018년 6월 북·미 정상회담 이후 평양을 방문해 고위급 회담을 했지만 북한은 미국의 요구가 '강도'라는 거친 표현으로 반발했다. 화끈한 선물을 기대했던 평양 입장에서 빈손으로 입국한 폼페이오 장관과 김정은 위원장 간에 면담은 수용할 수가 없다. 종전선언 및 제재 완화에다 경제적 보상을 기대하는 평양과 새로운 FFVD(Final, Fully Verified Denuclearization) 용어로 포장한 CVID(Complete Verifiable Irreversible Denuclearization)로 압박하는 워싱턴은 함께 갈 길이 멀다. 양측은 선물을 주기보다는 받기만을 기대하고 있다. 특히 미군 유해 송환 비용 등 돈 문제에 대한 미국의 '노코멘트'는 평양의 심기를 거스르기에 충분하다.

북한 비핵화의 종착지는 결국 돈이다. 태영호 전 영국 주재 북한대사관 공사는 1991년 북한 외무성 지시로 이스라엘과 접촉해 아랍 국가들이 요구하는 미사일 폐기 비용으로 10억 달러를 요구했다고 회고록 [3층 서기실의 암호]에서 기술했다.[1] 사실 여부와 관계없이 북한의 핵무기가 체제보장 무기이기도 하지만 한편 외화벌이 수단이라는 추론이 가능하다.

비핵화 비용은 크게 단계와 과정을 기준으로 '초기' '중기' 및 '후기' 비용으로 나눌 수 있다. 초기 비용이란 비핵화 1단계에서 핵시설 폐기와 핵무기 및 ICBM 해체에 소요되는 직접경비다. 중기 비용은 북한의 비핵화에 따른 반대급부를 제공하는 당근

에 해당한다. 트럼프 대통령의 표현대로 비핵화가 20% 이상 진행되면서 에너지 지원을 위한 경수로 건설 및 중유 제공, 북한 핵물리 과학자들의 직업 전환 등에 쓰이는 돈이다. 군인들의 총을 내려놓게 하려면 지갑에 달러를 채워 넣어야 한다. 마지막 후기 비용은 비핵화 대가로 먹고살기 위한 경제 원조나 국채 탕감 등을 포함한다. 우선 녹슨 핵무기와 물질, 운반수단인 미사일을 철거 및 해체하는 것도 뭉칫돈이 필요하다.

북한판 '넌-루거 프로그램'의 주체

윌리엄 페리 전 미국 국방장관은 2105년 발간된 회고록 [핵 벼랑을 걷다(My Journey at the Nuclear Brink)]에서 소련이 해체된 이후 우크라이나 등 신생 독립국에 남겨진 핵병기를 제거하는 예산조달을 위한 의회와 행정부의 가교과정을 자세히 기술했다. 페리 전 장관은 우크라이나가 보유한 80기의 대륙간탄도미사일(ICBM)과 800기의 핵탄두를 해체하는 작업을 진두지휘했다. 그는 1994년부터 2년간 핵무기 기지가 있는 뻬르보마이스끄시를 네 차례나 방문해 4단계로 무기 해체를 진행했다. 우선 탄두를 제거해 핵분열성 물질을 빼내고, 미사일을 제거·분해해 고철로 이용하고, 격납고를 파괴한 후 마지막에 미사일용지를 농업용지로 전환했다. 2년 후 죽음을 부르는 미사일 기지는 생명의 상징이자 우크라이나 농민들이 환금(換金)작물로 생각하는 해바라기밭으로 변모했다. 그 지역 농민들은 해바라기를 수확한 후 사진을 찍어 감사편지와 함께 장관직을 마치고 스탠퍼드대 교수직으로 돌아간 페리 전 장관에게 보냈다.[2] 이후 카자흐스탄, 벨라루스가 ICBM을 해체하는 작업도 미국의 재

소련 해체 이후 폐기를 앞둔 대륙간 핵미사일 SS-19를 둘러보는 우크라이나의 군 간부들.

정 지원으로 이뤄졌다. 구소련 지역 핵무기와 ICBM의 철거 및 해체는 평화에 대한 인류의 갈망과 미국 의회와 행정부의 재정적인 지원이 결합된 특별한 성과물이었다.

1991년 미국 상원의 공화당 샘 넌(민주), 리처드 루거(공화) 의원이 주도한 넌-루거(Nunn-Lugar) 프로그램은 구소련 국가들의 핵무기를 폐기할 때 자금과 장비를 지원했다. 공식 명칭은 '협력적 위협 감축 프로그램(CTR)'이다. 미국은 이 프로그램에 따라 16억 달러 규모의 정부 예산을 마련해 러시아, 우크라이나 등에 있는 수천 기의 핵무기를 제거했다. 전직을 위해 과학자 및 관련 기술자들의 직업 훈련 비용도 포함했다. 우크라이나의 핵무기 및 핵물질 제거에 3억 3,750만 달러, 핵통제 프로그램에 3,860만 달러, 핵무기 부대 인력의 민간 직장 전환에 2억 6,390만 달러 등 총 6억 달러를 투입해 1,840개의 핵탄두를 제거했다. 우크라이나의 핵과학자와 기술자 4,500여 명을 민간 직업으로 전환하는 데 미국은 1억 8,000만 달러의 비용을 지출했다. 북한이 보유한 최소 20기 이상의 핵무기는 물론 ICBM 등의 폐기와 1만여 명의 기술자 및 관련 인력의 직업 훈련 비용을 포함한다면 최소 200억 달러(약 22조 원) 이상의 초기비용이 소요될 것이다.

비핵화 예산 조달과정에서 행정부와 의회 간에 헌신적인 조정자 역할을 했던 샘 넌 의원은 1996년 10월 18일 러시아의 핵포기 현장에서 다음과 같이 연설했다. "내가 지금까지 미사일을 사는 데 찬성하고, 폭격기며 잠수함을 사는 데 찬성표를 던졌지요. 국방을 위해서 그것들이 다 필요하다고 생각했으니까요. 그런데 지금껏 내가 찬성한 가장 훌륭한 예산은 우리가 힘을 합쳐 지금 대규모 살상무기를 해체할 수 있도록 해준 예산입니다."

북한판 넌-루거 프로그램의 가동을 위해서는 적지 않은 재원 조달이 불가피하다. 동시에 김정은 위원장을 상대로 비핵화를 위한 트럼프 대통령의 화려한 유혹에도 두둑한 금고가 있어야 한다. 2018년 5월 말 폼페이오 국무장관이 김영철 통전부장에게 과시했던 뉴욕의 야경과 같은 장밋빛 청사진을 평양에서 현실화하기 위해서는 초기 종잣돈이 필요하다. 만찬이 진행되는 동안 미 국무부는 창밖을 내다보는 김 부장의 사진을 공개하며 "화려한 맨해튼 스카이라인은 북한을 위한 밝은 미래"라고 부제를 달았다. 폼페이오 장관은 뉴욕의 스카이라인을 바라보며 '이게 뉴욕이다. 멋진 랜드마크가 수없이 많다'는 듯 뿌듯한 얼굴이었고 '이 모든 게 북한 당신 것이 될 수 있어'라고 암시하는 듯했다.

뉴욕의 스카이라인은 장밋빛 미래 평양의 야경으로서 비핵화에 대한 확실한 시각적인 당근이다. 저자는 2005년 평양 방문시 고려호텔의 맨 위층인 45층 회전전망대 식당에서 북한의 야경을 관찰한 바 있다. 한 시간에 천천히 한 번 회전하는 회전전망대에서 바라본 평양의 밤은 '마포종점'이라는 우리의 유행가 가사에 나오는 '불빛만 아련한데'처럼 어두웠다. 밤거리가 어둡다는 저자의 지적에 동석한 민족경제연합회 참사는 평양 시내에 전력을 공급하는 북창화력발전소의 전기 생산이 부족해서 소등이 불가피하다고 설명했다. 북한 최대 화력발전소로 평안북도 북창군에 위치한 북창화력발전소는 생산용량이 160만kW이지만 설비 결함 문제로 인하여 50만kW 생산에 그치고 있다. 북한 입장에서 뉴욕 맨해튼의 야경은 구미가 당기는 가상현실 비전으로 서방의 호주머니를 어떻게 열 것인가가 초미의 관심사가 될 것이다.

트럼프의 실리추구형 '아파트(condominium)형 한·미 동맹' 귀결점

김정은의 주장대로 오랜 기간 허리띠를 바짝 졸라매고 핵무기를 만들었던 만큼 평양으로서는 금전적 대가 없는 일방적인 포기는 불가하다. 김정은 국무위원장이 트럼프 대통령과의 정상회담에서 비핵화의 대가로 완전한 체제안전보장(CVIG: guarantee)을 요구했지만, 절반은 북한에 대한 경제적 지원이 핵심이다. 한·미 연합훈련 축소 및 주한미군 감축과 동시에 평양은 스스로 먹고 살길을 찾아야 한다. 가공할 위력의 핵무기와 ICBM도 직접적으로 2,500만 인민의 쌀밥에 고깃국, 비단옷 및 기와집 문제를 해결해 주지 못했다. 김정은은 트럼프와 정상회담 이후 3차 북·중 정상회담을 통해 중국의 대북제재 동참을 차단하는 동시에 미국을 상대로 비핵화 단계별로 경제적 당근을 챙기기 위해 주판알을 튕길 수밖에 없다.

트럼프 대통령은 지난 2018년 6월 초 백악관에서 김영철 통전부장을 접견한 뒤 기자들과 만난 자리에서 카지노 사업가답게 돈 문제

▌북한 김정은 국무위원장이 신형 대륙간탄도미사일 (ICBM) '화성-15형'을 살펴보고 있다. / 사진: 연합뉴스

에 목소리를 높였다. 대북 경제원조와 관련한 입장을 묻는 취재진에게 그는 "한국이 그것을 할 것이라고 생각한다"면서 "솔직하게 말하자면 중국과 일본도 도움을 줄 것으로 본다"고 말했다. 그러면서 "미국은 많은 돈을 쓸 것으로 보지 않는다"고 거듭 강조했다. 명분으로는 물리적 거리를 들었다. 트럼프 대통령은 "우리는 매우 멀리 떨어져 있다. 수천 마일 떨어져 있다. 그런데 그들(한·중·일)은 이웃 국가"라고 말했다. 특히 "이미 한국도 준비해야 할 것이고 일본도 마찬가지"라고도 언급했다.

트럼프 대통령 특유의 '돈' 발언은 미국 행정부의 재정 부담으로 이어질 수 있는 대북원조의 상당부분을 한·중·일로 돌리겠다는 의미다. 북한판 넌－루거 프로그램의 주체는 미국이 아니라는 입장을 완곡하게 표현했다. 실제로 미국은 통상적으로 생각하는 것보다 북핵 문제에 현금 투입을 기피해 왔다. 미국은 1994년 제네바 합의 때도 북한 핵동결의 대가인 46억 달러의 경수로 건설비용을 한국과 일본 및 EU 등에 70%, 20% 및 10% 각각 부담하게 했다. 미국은 매년 50만t의 중유만 북한에 지원하는 데 국한했었다.

가치를 우선하는 동맹 대신에 실리추구형 '아파트(condominium) 동맹'을 선호하는 통념적이지 않은 지도자인 만큼 자신은 비핵화를 성공시킨 대가로 미국 달러는 저축하겠다는 복안이다. 부동산 사업으로 부를 축적했던 비즈니스 지도자로서 당연한 논리적 귀결이다. 미국 대외정책의 모든 판단 기준은 돈에서 시작하여 돈으로 종결되는 전기전결(錢起錢結)식 사고방식의 표현이다. 제2차 세계대전 후 유럽 안보를 책임졌던 NATO조차 회원국이 GDP 대비 2%의 국방비를 부담하지 않으면 와해시키겠다는 지도자라 돈 문제만큼은 비핵화 과정에서도 사활적인 관심사다.

트럼프 행정부 고위 당국자들이 원조보다는 민간 투자를 부각하는 것도 같은 맥락이다. 폼페이오 국무장관은 최근 미국인들의 세금으로 북한을 지원하는 대신 미국

▌2018년 6월 워싱턴 백악관에서 북한 김영철 통전부장을 만난 트럼프 미국 대통령. / 사진: 연합뉴스

민간 부문의 투자와 대북 진출, 기술 지원이 있을 것이라고 밝혔다. 존 볼턴 백악관 국가안보보좌관도 "나라면 우리로부터 경제원조는 구하지 않을 것"이라고 언급했다. 원조 대신 미국 기업이 직접 북한에 들어가 사업을 하거나 투자를 하는 방식을 제시한 것이다. 과거 미국 콜로라도 소재 오로라 광물회사가 북한이 세계 매장량 2위를 자랑하는 함경남도 단천의 마그네사이트 클링거를 수입했던 경험을 언급한 것이다.

특히 폼페이오 장관은 전임 정권들이 북한에 대한 식량이나 에너지 원조 등에 막대한 돈을 지원, 핵·미사일 개발을 돕는 결과만 낳았다면서 그러한 '실수'를 되풀이하지 않겠다는 점을 분명히 했다. 결국 '비핵화 때까지 제재 지속' 입장을 재확인했다. 하지만 미국의 '선(先) 비핵화'는 북한의 '선(先) 경제지원'과 단계적·동시적으로 정확하게 매칭(matching)되거나 혹은 지원이 우선돼야 한다는 점이 평양의 일관된 입장이다. 향후 양측이 정상회담은 물론 고위급 실무회담에서 접점을 찾기 어려운 핵심 부분이다.

여하튼 한·중·일의 직접 지원이든, 미국 기업이 개별적으로 투자하든 북한 비핵화에 병행하는 정확한 대칭 그림인 데칼코마니(decalcomanie)는 단순 제재완화를 넘어 경제적 보상 혹은 화끈한 지원이다. 북한은 비핵화의 일보를 디딜수록 한반도 평화라는 고상한 문장을 사용하겠지만 비례해서 돈줄의 출구와 경로를 확실하게 확보하려고 할 것이다. 평양은 돈줄의 출구가 보이지 않는다면 비핵화의 속도를 늦출 것이다.

평양 권력층의 돈에 관한 극단적인 관심은 트럼프 대통령 못지않다. 북한이 경제적 지원과 보상에 얼마나 목을 매는지는 북한 외교관들의 행태를 파악하면 쉽게 이해할 수 있다. 2005년 마카오 방코델타아시아은행(BDA)에 2,500만 달러가 동결되자 김계관 등 당시 북한 외교관들은 피가 마르는 심정이었다고 토로했다. 전 세계 60개의 북한 외교공관은 평양 외무성에 수시로 외화벌이 사업의 결과를 보고해야 한다. 싱가포르 합의문에 포함된 미군 유해 발굴사업도 매력적인 외화벌이 사업이다. 미국 의회조사국(CRS)이 2005년 5월 26일 내놓은 '대북 해외 지원' 보고서는 미 국방부가 1993년부터 미군 유해 수습을 위해 북한에 지급한 돈이 2,800만 달러(약 303억 원)에 이른다고 밝혔다.

비핵화 1차 돈줄은 남북협력기금

북한 경제지원을 위한 돈줄은 비핵화 과정과 비핵화 이후로 구분할 수 있다. 우선 1차 금고는 남한의 남북협력기금이 될 것이다. 수출입은행이 수탁기관인 남북협력기금은 올 상반기 기준으로 1조 6,000억 원 규모다. 기금은 남북 교류·협력의 촉진과 민족공동체 회복에 기여할 목적으로 1990년 1월 제정된 '남북협력기금법'에 의거해 설치됐다. 향후 북한의 비핵화가 진전되면 기금 수요가 폭발적으로 증가할 것으로 예상됨에 따라 정부와 여당은 내년 예산에 대폭 증액을 검토 중이다. 최근 홍영표 민주당 원내대표가 남북교류 확대를 위한 예산 확보를 위해 국회 남북특위를 구성키로 함에 따라 내년도 남북협력기금의 증액 문제를 논의할 가능성이 크다. 각종 남북 교류와 지원이 핵심인 판문점선언의 이행을 위해서는 기금 증액이 불가피할 것이다.

남북이 논의한 철도, 도로 연결 사업의 경우만도 적지 않은 비용이 소요된다. 이 상준 국토연구원 박사는 경의선, 경원선, 동해선의 총 철도 연결 사업비용은 최대 37조 6,000억 원(경의선 7조 9,000억 원, 경원선 14조 9,000억 원, 동해선 14조 8,000억 원)에서 최소 4조 3,000억 원(경의선 9,000억 원, 경원선 1조 7,000억 원, 동해선 1조 7,000억 원)이 소요될 것이라고 예상했다. 최대치는 새로 시설을 건설하는 기준이고 최소치는 개·보수 수준의 비용이다. 이외에 항만 및 전력 등의 SOC는 물론이고 먹는 문제 해결을 위해 농업기반 구축 및 비료, 농약, 농기계 등 농자재 공장 건설까지 포함하면 비용은 기하급수적으로 증가한다. 산림 협력 등의 환경 분야까지 포함하면 천문학적인 예산이 소요된다. 남북협력기금의 규모는 조족지혈일 수밖에 없으며 정부 여당이 증액을 강조하는 이유다.

"투자처가 부족하지 돈이 부족한 시대는 아니다"

저자는 2003년 통일부 요청으로 '남북협력기금의 현황과 효율적인 중장기 운용방향에 관한 연구'를 진행했다. 향후 수요가 증가할 남북협력기금의 획기적인 조달 방안을 제시하고 비즈니스 차원의 운용 방안을 조사했다. 하지만 획기적인 방안 마련은 용이치 않았다. 경직성 예산의 비중이 높은 우리나라의 예산 편성 구조상 기금을 재정에서 조달하는 것은 한계가 있음에 따라 당시 다음과 같은 방안을 구체적으로 검토했다. ▷ 특별법 제정을 통한 통일목적세 신설, ▷ 통일채(統一債) 등 장기 국공채

발행, ▷ 남북 교류·협력 사업의 수익에 대한 관세 부과, ▷ 동북아 개발은행(가칭) 설립안, ▷ 도로, 철도, 항만 및 발전소 건설 등 사회간접자본(SOC) 분야에 투자하는 프로젝트 파이낸스, ▷ 연간 예산 1% 대북사업 투입, ▷ 통일복권 발행, ▷ 해외자금 조달, ▷ '북한지원 국제 컨소시엄(가칭)' 구성을 통한 자금 조달이다. 현행법상 북한 은 대외경제협력기금의 지원 대상이 아님에 따라 지원을 위해서는 법 개정이 필요하다.

어느 제안도 대규모 기금을 위한 도깨비 방망이식의 해결책이 되지 못한다. 미래 가치가 불확실한 북한에 투입되는 자금에 관한 획기적인 대안을 제시하기는 어렵다. 특히 한국 경제의 조세부담률이 높아지고 있는 상황에서 준조세 성격의 기금이 증가 하는 것은 조세저항을 피할 수 없다. 결국 협력기금 사용은 통일비용의 사전집행으 로 중장기적으로 통일비용을 축소시킨다는 점을 국민에게 설득해야 하는 과제를 안 고 있다.

북한이 비핵화의 고속도로에 올라탄다면 북한 경제의 유력한 자금줄은 국제사회 가 될 수밖에 없다. 최근 금융단체장을 맡고 있는 고위 인사는 남북 경협 세미나에 서 저자에게 "현재 우리나라를 비롯해 국제금융기구는 투자처가 부족하지 돈이 부족 한 시대는 아니다. 북한에 투자환경만 조성되면 자금이동은 신속하게 이뤄질 것이 다"고 주장했다. 한국계인 김용 세계은행 총재, 이창용 국제통화기금(IMF) 아·태국장, 투자은행의 역할이 축소되고 있는 각종 국제금융기구 등의 요인들은 국제기구의 북 한 투자에 대한 긍정적인 환경이 될 수 있다.

■ 미국 워싱턴 DC에 있는 국제통화기금(IMF) 본부. 북한은 투명성을 요 구하는 국제금융기구 가입을 꺼릴 수도 있다.

현재 북한 경제의 돈줄이 차단되는 1차 장벽은 유엔 안보리 제재안이다. 2016년 1월 4차 핵실험 이후 유엔은 북한을 대상으로 5차례의 제 재결의안을 채택했다. 금융제 재는 2270호(2016년 3월)와 2321호(2016년 11월) 결의안에 포함돼 있다. 2270호는 북한 내 외국 금융기관을 폐쇄하 고 거래를 금지했으며 북한 금융기관의 해외지점 폐쇄와 거래를 금지했다. 2321호는 북한과의 무역을 위한 공적·사적 금융지원을 금지시켰다. 북한 금융의 손발을 일단 묶어 놓은 셈이다.

국제금융기구의 가입 조건, 평양 현지실사

다음 장벽은 테러지원국 지정이다. 트럼프 대통령은 2017년 11월 북한을 테러지원국으로 재지정한다고 발표했다. 2008년 북한의 테러지원국 지정을 해제한 지 9년 만이다. 트럼프 대통령은 백악관 각료회의에서 테러지원국 재지정을 발표하며 "북한은 핵 초토화로 전 세계를 위협하고 있는 것에 더해 해외 영토에서의 암살 등을 포함해 국제적인 테러리즘을 지원하는 행동을 반복해 왔다"고 지적했다. 미국법은 테러지원국의 국제금융기구 가입에 대해 무조건 거부권을 행사하도록 돼 있다. 북한이 테러지원국으로 지정됨에 따라 미국 대외원조법 규정상 미국 및 국제금융기구의 원조가 금지된다. 브레튼우즈협정법에 따라 IMF의 원조가 금지된다. 동시에 국제금융기구법에 따라 국제금융기구의 원조가 금지된다.

북한이 국제금융기구의 자금을 지원받기 위해서는 유엔 제재가 해제되고 테러지원국에서 벗어나야 하며 원칙적으로 국제금융기구 회원국이 돼야 한다. 북한이 국제금융기구로부터 자금을 조달하는 과정은 일단 3단계로 구분된다. 첫째 북한의 국제금융기구 가입 이후 단계, 둘째 가입 이전 자금 조달 단계, 셋째 국제금융기구의 자금지원을 전제하지 않는 '북한지원 컨소시엄(가칭)' 구성 단계다. 북한이 테러지원국 명단에서 제외될 경우 국제금융기구 가입에는 북한의 의지가 중요하다. 북한이 경제지원을 받기 위해서는 국제금융기구 가입이 절실하나 북한으로서는 IMF의 평양 현장실사 등 북한체제를 외부에 투명하게 개방해야 하는 정치적 부담이 있다. 국제금융기구 가입을 위해서는 북한이 넘어야 할 산이 많다는 것을 시사한다. 국제금융기구 가입 이전에도 자금 지원이 가능하나 과거 팔레스타인 등 예외적인 사례에 해당한다. 북한이 세계은행에 가입하기 위해서는 최대 주주국인 미국, 일본과의 관계 개선이 필수적이다.

세계은행에 가입할 경우 연 10억~45억 달러의 차관 검토가 가능하다.

북한은 1997년 2월 최초로 아시아개발은행(ADB) 가입을 정식으로 신청했으나 대주

주인 미국(12.7%)과 일본(12.7%)의 반대로 거부됐다. 남북정상회담이 개최된 후인 2000
년 9월에도 정식으로 가입 신청을 했으나 미사일 문제 등 안보 현안이 해결되지 않
았다는 이유로 가입이 거부됐다. 미국은 북한이 국제금융기구의 지원을 희망한다면
안보적 위협을 해소하고 투명한 경제체제로의 전환이 중요하다는 입장이었다. 엘렌
라슨(Larson) 미국 국무부 경제·기업·농업담당 차관은 2002년 4월 9일 워싱턴에서 열
린 '한·미 21세기 위원회' 오찬 연설에서 "북한이 아시아개발은행에 가입하기 위해
서는 국제통화기금 가입이 먼저 이루어져야 한다"고 밝혔다. 북한은 2001년 3월에도
한성렬 외무성 부국장이 북한경제사절단을 이끌고 미국을 방문, IMF 및 IBRD(세계은
행) 관계자에게 가입 의사를 표명했으나 여건이 조성되지 않았다는 이유로 거부됐다.
미국은 세계은행이나 IMF가 북한에 경제교육 또는 연수 등 비공식적인 기술적 지원
(technical assistance)을 하는 것은 허용하지만 이를 넘는 자금 지원은 불가하다는 입장을
밝혔다.

국제금융기구의 자금 지원은 원칙적으로 회원국에 제한돼 있기 때문에 미가입국
인 북한이 국제금융기구로부터 자금을 받는 것은 현실적으로 불가능하다. 다만 신탁
기금(trust fund) 조성을 통해 팔레스타인, 유고 등에 지원한 예외 사례가 있다. 이들 국
가에 대한 지원은 현실적으로 단기간에 국제금융기구 가입이 실현되기 어렵다는 점
과 국제금융기구 가입이 주요 관계국 간에 합의되더라도 그 실현에 다소 시간이 소
요되는 점을 고려해 이행됐다.

국제금융기구 가입 전 긴급자금 지원 가능

베트남은 1986년 도이모이(刷新) 개혁을 통하여 국제금융기구에 가입했지만, 실제
자금지원은 각종 절차 때문에 1993년에나 이뤄졌다. 미국은 1992년 하노이에 임시
연락대표부를 설치하고, 부분적인 엠바고 해제를 통해 IMF와 세계은행 등 국제금융
기구의 지원을 허용하는 등 베트남과의 국교정상화를 위한 이행절차와 로드맵을 제
시했다. 미국이 1993년 7월 국제금융기구의 베트남 융자 재개를 허용함으로써 베트
남은 IMF 지원 아래 본격적으로 외자 도입을 추진하고, 아시아 주변국 직접투자 유
치와 외국인직접투자(FDI) 환경 개선을 추진했다.

예외 사례는 국제금융기구 가입 전 과도기에 긴급자금 지원을 가능하게 해줄 수
있다는 점과 국제금융기구 정식 가입과 비교하여 외환보유고 등 IMF의 조건이 크게

완화돼 북한의 관심이 크다. 베트남은 1995년 베트남전에서 사망한 미군의 유해를 적극 송환하는 등 요구 조건을 120% 수용하며 16년간 전쟁을 했던 미국과 수교했다. 세계은행과 베트남과의 파트너 관계는 베트남 경제성장에 크게 기여했다. 2017년 3월 기준으로 세계은행은 225억 달러 규모의 보조금, 신용대출 및 양허성 자금 대출 등을 베트남에 지원했다. 폼페이오

▌개방 정책을 채택한 뒤 외국자본이 물밀듯이 들어온 베트남 도심의 야경.

장관은 평양 방문 후 7월 9일 베트남에 가서 베트남의 기적이 김정은의 것이 될 수 있다는 언급으로 비핵화의 사후 보상을 비유했다.

국제금융기구 가입 이전에 단기적인 지원방안으로 가칭 동북아개발은행 및 아시아태평양개발은행 등이 참여하는 '북한지원 컨소시엄'이 있다. 북한의 국제금융기구 가입이 추진되는 동안 우리 정부는 세계은행에 '북한신탁기금(Trust Fund for Democratic People's of Korea)'을 설립하는 안을 미국, 일본 및 EU 등과 협의할 수 있다. 북한은 IMF 가입 시의 엄격한 자료 제출 요건을 충족시키지 않아도 된다. '컨소시엄'의 대표기관과는 일정 수준의 정책협의(policy dialogue)를 통해 지원의 투명성이 확보돼야 한다. 북한 비핵화가 상당부분 진전되면 '특별신탁기금 컨소시엄'은 세계은행 주도의 자문그룹(consultative group)으로 개편이 가능하다. 양자 간 지원보다 다자 간 지원이 지원국과 수혜국 양측의 정치적 부담을 줄일 수 있고 또한 지원의 투명성과 효율성을 높일 수 있다. 더불어 식량지원과 같은 단순한 소비성 지원에 따른 기부자의 피로(donor fatigue)를 방지하고 개발원조(development aid)를 본격화할 수 있다.

북한이 비핵화와 함께 국제사회가 요구하는 각종 의무사항을 이행, 국제금융기구에 가입하면 자금 지원은 급물살을 탈 수 있다. 북한이 국제금융기구에 가입할 경우 IMF의 빈곤감소 및 성장지원제도(PRGF: Poverty Reduction and Growth Facility) 자금, 세계은행의 국제개발협회(IDA: International Development Association) 자금, 아시아개발(ADF: Asian

Development Fund) 자금 등 국제금융기구의 양허성(讓許性) 자금 지원이 검토될 수 있다. 이들 양허성 자금은 무상지원환산율(grant element)이 최소 80% 이상으로서 현재 북한 의 국민소득 수준으로 볼 때 북한은 지원 대상국에 포함될 가능성이 매우 높다.

비핵화의 진전에 따라 북한의 경우도 동북아 안정에 중요한 지역으로서 외교적인 고려가 가능하다. 최근 중국 시진핑 주석이 강력하게 추진한 아시아인프라투자은행 (AIIB)은 주로 동남아 지역에 자금이 집중되고 있어 북한 투자를 위해서는 북·중 관계 의 이해가 부합돼야 한다. 단기적으로 중국과 일본의 공적개발원조(ODA) 지원이 가능 하나 금액이 크지는 않을 것이다.

비핵화 대가 10년간 최대 2,150조 원?

북한이 비핵화를 진정성 있게 진행하면서 국제금융기구에 가입한 후 IMF와 세계 은행의 개혁 프로그램을 성실히 이행할 경우에는 착한 행동에 대한 각종 경제적 수 혜가 가능하다. IMF와 세계은행이 주도하는 중채무국 외채문제 해결전략(HIPC Initiative) 및 쾰른 제안(Initiative)을 활용한 외채 탕감이 가능하다. 2017년 기준 북한의 외채는 대략 4조 원 선으로 추산되고 있으며, 이 중 절반 이상을 러시아를 포함한 파리클럽 채권국이 빌려줬다.

미국 경제전문지 [포춘(Fortune)]과 영국의 유라이즌 캐피털 연구소는 싱가포르 정 상회담이 개최된 후 북한이 비핵화를 하는 대가로 10년간 2조 달러(약 2,150조 원) 규모 의 청구서를 내밀 것이라고 전망했다. 이 수치는 독일 통일과정에서 서독이 동독에 공여한 비용(1조 2,000억 달러)을 기준으로 남북한의 경제 수준을 감안해 뽑은 액수라고 [포춘]은 설명했다. [포춘]은 "북한은 동독이 가지지 못했던 핵무기를 가졌다는 점에 서 요구하는 대가가 높아질 수밖에 없다"면서 "이는 미국의 물가 상승, 미국의 금리 인상, 세계 주식 약세 등을 가속화할 것"이라고 전망했다.

다만 [포춘]의 전망치는 한반도의 통일을 전제로 해 일반적인 추계보다는 높다. 또한 2017년 5월 홍콩 시사잡지 [쟁명(爭鳴)]은 북한이 향후 10년간 중국과 미국, 일 본, 러시아, 한국으로부터 600억 달러의 무상원조를 제공받고 미국과 평화협정을 체 결하는 것을 조건으로 3년 기한으로 핵무기 단계적 폐기와 중장거리 미사일 개발 중 단 의사를 밝혔다고 전했다. 공통점은 북한의 비핵화 진행과 함께 적지 않은 뭉칫돈 이 소요된다는 주장이다.

2018년 들어 일본 정부도 동북아 정세 변화에 민첩하게 반응하고 있다. 특히 트럼프의 관심이 돈 문제에 있다는 점을 들어 아베 총리는 재정적 부담을 내세우며 발언권을 높이고 있다. 일본의 대장성 및 외무성 전문가들은 1930년대 수립한 '동북아 공영권 건설을 위한 조선반도 전략지도'를 꺼내 놓고 로드맵을 그리고 있다. 북한에서 가동 중인 발전소와 중화학공업 및 항만, 철도, 도로 등 시설의 80%는 일제 강점기에 건설된 것이다.

싱가포르 정상회담 이후 북·미 양측이 비핵화 실행을 위한 후속 조치에 주력하고 있다. 역설적으로 경제적 보상과 비핵화 과정을 정확하게 계량화시켜 협상을 진행하는 것이 돈에 집착하는 양 지도자의 속성에 부합할 수도 있다. 트럼프 대통령은 싱가포르에서 서명한 계약(contract)과 악수를 김정은 위원장이 지킬 것을 기대한다고 트위터에서 밝혔지만 공허한 느낌이다. 죽도록 사랑하는 연인이라도 결혼식을 올리고 살림을 시작하기 위해서는 집을 장만하고 생활비를 마련해야 한다. 싱가포르에서 환상적(fantastic)인 회담을 했지만, 구체적인 캐시플로(cash flow)가 담보되지 않으면 향후 회담은 "회의는 춤춘다. 그러나 진행되지 않는다"라는 1814년 오스트리아 빈 회의의 전철을 밟을 가능성이 적지 않다.

2. 북한 핵의 실체와 거래 가격

美, "영변 핵은 그렇게 비싸지 않다"
- 영변은 낙후된 과거의 핵 제조 시설 … 북한 핵 추정 시설만 30곳
- 강선, 분강 등 미지의 시설이 북핵 전력 핵심이라면 협상은 가시밭길

하노이 회담 '노딜' 이후 남·북·미 정상의 기선잡기 게임이 본격화되었다. 트럼프 미국 대통령이 먼저 포문을 열었다. 3차 북·미 정상회담은 서두르지 않을 것이며 남·북·미 정상회담은 김정은에게 달려 있다는 입장이다. 문재인 대통령은 2019년 4월 12일 워싱턴에서 "조만간 남북 정상회담을 하겠다"고 언급했다. 김정은 국무위원장은 같은 날 평양에서 개최된 최고인민회의 시정연설에서 "미국이 올바른 자세를 가지고 우리와 공유할 수 있는 방법론을 찾는 조건에서 제3차 조미(북·미) 수뇌회담을 하자고 한다면 한 번은 더 해볼 용의가 있다"면서 시한은 연말까지라고 못 박았다. 또한 제재압박에 굴복하지 않으며 미국식 계산법은 흥미가 없다며 미국의 빅딜 요구를 거부했다.

하노이 북·미 정상회담이 시달이 난 원인은 두 가지다. 하나는 대북제재 해제의 범위다. 다른 하나는 북한이 보유한 핵무기와 시설의 범위와 종류에 관한 정의다. 트럼프 대통령은 회담 당시 김정은 위원장에게 "당신은 합의(deal)를 위한 준비가 돼 있지 않다"고 말하고 자리를 떴다. 트럼프 대통령이 3월 초 미국 공화당전국위원회(NRCC) 연간 춘계 만찬에서 밝힌 일화다.

트럼프는 김정은과 좋은 관계지만 "그에게 어느 누구든 이런 식으로 말하고 떠나는 것은 처음 있는 일"이라고 말했다. "준비 운운"의 표현은 정상회담에서 상대에게 해서는 안 되는 외교적 결례 수준이다. 하지만 트럼프는 김정은이 기본적으로 협상에서 폭리를 취하려 한다는 판단이었다. 노련한 비즈니스맨 출신인 트럼프는 거래에

서 손해 보는 것을 극도로 싫어한다. 그것은 장사꾼의 자존심이 걸린 문제다. 트럼프는 본인의 저서 [거래의 기술]에서 "나는 돈 때문에 거래를 하는 것은 아니다"며 이렇게 말했다. "돈은 얼마든지 있다. 내게 필요한 양보다 훨씬 많다. 나는 거래 자체를 위해서 거래를 한다. 거래는 나에게 일종의 예술이다. 어떤 사람들은 캔버스에 아름다운 그림을 그리고 또 훌륭한 시를 쓴다. 그러나 나는 뭔가 거래를 하는 것이 좋다. 그것도 큰 거래일수록 좋다. 나는 거래를 통해서 인생의 재미를 느낀다. 나에게 거래는 하나의 예술이다."

거래를 최고의 예술이라고 표현하는 미국 대통령과 거래에 나서는 김정은 위원장은 어떤 마인드를 가지고 왕복 65시간 기차를 타고 하노이에 왔었을까? 김정은 위원장은 무슨 준비가 안 됐던 것일까? 김영철 부위원장, 리용호 외무상, 최선희 부상, 김혁철 대미특별대표, 김성혜 통일책략실장 등 북한의 대미 협상 베테랑들이 지난 연말 엄동설한에 스웨덴의 시골 별장 미팅부터 뉴욕까지 총력을 다했다. 스티브 비건 대북특사, 마이크 폼페이오 국무장관, 존 볼턴 국가안보보좌관이 나선 미국 역시 최소 3개월 이상 치열한 샅바 싸움을 벌였다. 그런 뒤 양국 정상이 만났는데 '준비가 안 됐다'는 말이 나온 이유는 북한 협상 실무진 혹은 김정은이 오판했거나 아니면 김정은과 실무진 양자 모두 오판했을 가능성 중의 하나다.

트럼프의 오산과 김정은의 오판

1차 싱가포르 정상회담이 트럼프가 판단한 오산(miscalculation)의 산물이라면, 2차 하노이 정상회담은 김정은이 내린 오판(misjudgement)의 결과물이다. 협상장에서 매파 협상가인 볼턴과 눈치작전에 능한 폼페이오를 제치고 김정은이 트럼프와의 단독 미팅에서 '어르고 빰쳐서' 즉흥적으로 영변과 제재완화를 교환하는 스몰딜 문건에 서명하게 하는 시나리오를 준비했다면, 평양의 대미 협상라인은 워싱턴 국제 정치의 노회함과 다중성을 간과했다고 볼 수밖에 없다.

북핵 문제에 올인한 문재인 대통령은 1년 전부터 준비한 임시정부 100주년 기념사업 행사 등 만사를 제쳐놓고 워싱턴으로 달려갔다. 핵심은 북한에 대한 비핵화의 눈높이를 낮춰 달라는 것이었다. 정부는 '굿 이너프 딜(good enough deal: 충분히 괜찮은 비핵화 상응조치안)', '조기수확론(early harvest)' 등 다양한 영어식 작명을 동원해 워싱턴의 빅딜(big deal) 입장을 설득하는 데 주력했다. 요지는 비핵화 로드맵에 대한 합의는 포괄적으로 하되 북한이 구체적인 조치를 하면 제재완화 등 보상을 줄 수 있다는 주장이다.

하지만 아쉽게도 문 대통령과 트럼프 대통령과의 실제 단독회담 시간은 모두발언을 제외하면 2분에 그쳤다. 트럼프의 입장을 변화시킬 어떤 대화도 이끌어내지 못했다. 문 대통령은 트럼프 대통령과 한국의 무기구매 등에 관한 덕담으로 7차 정상회담을 종결했다. 혈맹이라던 동맹이 다른 복심을 갖고 있다는 '동맹이몽(同盟異夢)'이 드러났다. 결국, 하노이에 이어 워싱턴에서도 '노딜'이었다.

김정은 북한 국무위원장은 2019년 4월 12일 시정연설에서 문 대통령의 중재자 외교를 비판했다. / 사진: 연합뉴스

유일한 특이사항은 문 대통령이 2019년 4·27 정상회담 1주년을 맞아 조만간 남북 정상회담을 추진하겠다는 입장을 트럼프에게 전달한 것이다. 그러나 '노딜'의 양 당사자들이 '조만간' 정상회담을 개최하는 것이 가능할 것인지는 미지수다. 최근 북한 내부의 실질적인 국가수반으로 권력을 강화한 김정은 위원장으로선 실익이 신통찮은 남북 정상회담에 관심을 보일지 불투명하다. 특히 김정은은 시정연설에서 "오지랖 넓은 중재자, 촉진자 행세를 할 것이 아니라 민족의 일원으로서 제정신을 가지고 제가 할 소리는 당당히 하면서 민족의 이익을 옹호하는 당사자가 되어야 한다"고 쏘아붙였다. 나아가 "말로서가 아니라 실천적 행동으로 그 진심을 보여주는 용단을 내려야 한다"고 문 대통령을 압박했다. 청와대가 추진한 지난 2년간의 중재자론이 기로에 설 것을 예고하는 대목이다.

영변 핵의 가치는 '얼마'일까?

워싱턴의 '빅딜'과 서울의 '굿 이너프 딜' 및 '조기수확론' 간 핵심 이견은 비핵화의 이행이 아니라 북한 비핵화의 범위에 관한 부분이다. [로이터통신]은 2019년 3월 말 트럼프가 김정은에게 요구한 북한 비핵화의 구체적인 내용을 소개했다.(With a piece of paper, Trump called on Kim to hand over nuclear weapons.) 트럼프가 김정은에게 건넨 문서에는 "북한의 핵무기와 핵물질 미국 반출 등 북한 핵시설과 화학·생물전 프로그램, 탄도미사일 등과 관련 시설의 완전한 해체"가 포함되어 있다. 또한 "핵 프로그램에 대한 포괄적인 신고, 미국과 국제사찰단에 대한 완전한 접근 허용, 관련 활동 및 새 시설물 건축 중지, 모든 핵시설 제거, 모든 핵 프로그램 과학자 및 기술자들의 상업적 활동으로의 전환"도 들어있다.

2019년 4월 일본 [요미우리신문]은 트럼프 대통령이 2월 베트남 하노이에서 진행한 2차 북·미 정상회담 때 '합의문 5개 항 초안을 제시했다'고 서울발로 보도했다. 초안 5개 항 중 보상 3개 항과 미군 유해 발굴 문제에 대해선 스티븐 비건 미 국무부 대북특별대표와 김혁철 북한 국무위원회 대미특별 대표 간의 실무급 협의 단계에서 대략적인 합의가 이뤄졌지만, 비핵화 부문에선 돌파구를 찾지 못했다. 이런 상황에서 트럼프 대통령이 영어와 한글로 쓰인 5개 항의 초안을 제시하자 김 위원장이 얼굴을 붉히면서 "일방적인 비핵화를 요구하는 미국의 주장은 받아들이기 어렵다"고 반발했다는 것이다.

트럼프는 초안에서 제시한 비핵화 방침을 앞으로도 관철하겠다는 입장이다. 비핵화의 범위에 대한 심각한 이견이 회담 결렬로 이어졌다는 주장은 중국 전문가도 제기했다. 장롄구이(張璉瑰) 중국 공산당 중앙당교 국제전략연구소 교수는 2019년 3월 24일 중국 베이징에서 열린 북한 문제 포럼에서 미국이 북한에 의해 공개된 적 없는 북한 핵시설에 대한 새로운 리스트를 제시하자 김 위원장이 충격을 받았다고 주장했다. 새로운 핵시설 리스트에 대해 장 교수는 미국이 지하의 모든 북한 핵무기 관련 시설들을 해체할 것을 북한에 요구했다는 의미라고 해석했다. "김 위원장은 미국이 자신들의 지하 핵시설을 알고 있다는 점 때문이 아니라 기대했던 것과 부합하지 않다고 느꼈기 때문에 충격을 받았을 것"이라고 장 교수는 강조했다. 이러한 관측과 주장의 신빙성을 진단하기 위해서는 전체 북핵 중에서 영변 핵이 차지하는 비중과 위협의 정도를 파악하는 것이 중요하다. 즉 영변의 가치를 정확히 해야만 적정 보상가를 정할 수 있기 때문이다.

영변은 북핵 개발의 성지(聖地)이자 원조(元祖)다. 영변 원자력연구단지의 핵심을 이루는 영변 원자력연구소는 1962년 평양에서 북쪽으로 약 100여㎞ 떨어진 평북 영변지역 서쪽에 건립됐다. 영변 핵시설은 여의도 3배 면적에 원자로, 연구소 등 건물

400동이 들어서 있는 거대 단지다. 행정체계상으로는 정무원 직속기구인 원자력총국에 속해 있고, 산하에 우라늄자원개발·핵물리·방사화학·핵재료·원자력·동위원소이용·중성자물리·원자로설계·핵전자학·방사선방호연구소 등 10개의 연구소가 설립되어 있다.[3]

사용 후 핵연료에서 핵폭탄 원료인 플루토늄을 추출하는 재처리시설은 1989년부터 가동됐다. 영변 핵연구단지에는 연구시설 외에도 과학기자재 제조, 연구소보급용원료 및 설비공장들을 비롯해 우라늄 농축공장, 핵연료 가공공장, 핵연료 재처리공장, 폭발실험장 등이 갖춰져 있다. 영변 핵연구단지에는 소련과 중국 등지에서 연수를 받은 전문 연구인력이 3,000여 명 정도 종사하고 있다. 영변 외각을 흐르는 구룡

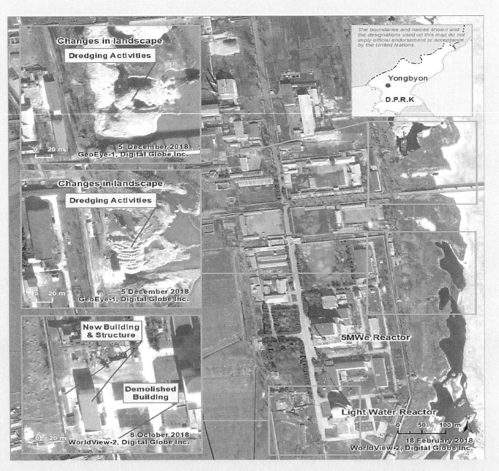

┃ 2019년 3월 공개된 영변 핵시설에선 활발한 움직임이 포착됐다. / 사진: 유엔 대북제재위 보고서 캡처

강은 연구센터를 통과하며 물은 인접한 원자로를 냉각시키는 데 사용된다. 북한은 6차례의 핵실험 때 사용한 분량을 제외하고도 현재 최소 50kg 정도의 플루토늄을 영변에 보유하고 있다.[4]

남한은 우라늄이 충북 옥천 및 진천에 소량 매장돼 있지만, 원전 가동 등 민수용도 미국 및 중국 등 외국의 수입에 의존하고 있다. 하지만 일제강점기 조선총독부는 북한 지역에 400만t 이상의 우라늄이 매장돼 있는 것으로 추정했다. 당시 일본은 북한 지역에 핵개발 원료가 풍부한 점을 감안해 비밀 핵개발 계획을 수립하기도 했다.[5]

북한 핵은 어디 은닉돼 있을까?

미국은 북한의 연간 우라늄 채굴량을 모른다. 농축우라늄의 원료가 되는 육불화우라늄 생산 시설을 탐지하느라 애를 먹고 있다. 하이노넨 전 국제원자력기구 사무차장은 북한이 비밀 우라늄 농축 시설을 곳곳에 숨겨 놨을 것으로 관측하면서 영변을 폐쇄해도 다른 곳에서 계속 핵을 개발할 수 있다고 경고한 바 있다. 그는 북한이 사용하는 가스 원심분리기 기반 농축 기술은 전기를 많이 필요로 하지 않기 때문에 해당 시설은 겉보기에 여느 공업단지나 심지어 상점과도 구분이 안 된다고 주장했다. 북한이 도처에 가스 원심분리기 시설을 숨겨놔도 외부에서 탐지하는 것은 매우 어렵다.

다른 핵 전문가인 데이비드 올브라이트 과학국제안보연구소 소장은 북한이 이미 영변이 아닌 다른 곳에서 수소폭탄의 원료인 중수소화리튬을 생산하고 있다고 지적했다. 영변의 핵시설을 해체해도 북한은 수소폭탄을 만들 수 있을 뿐 아니라 가스 원심분리기를 갖춘 우라늄 농축 시설에서 연간 2~3개의

북한의 은닉 핵시설로 지목되는 분강 지역.

핵무기를 제조할 역량이 있을 것이라는 분석이다. 미 정보 당국도 이미 이런 내용을 파악했기 때문에 미국은 영변 한 곳과 유엔 안보리 제재를 맞바꾸자는 북한의 요구를 거부했다. 결론적으로 영변 핵시설이 전체 북핵 프로그램의 70~80%에 해당한다는 주장에 대해서는 "과장된 것"이며 정보분석을 종합했을 때 영변의 비중은 최대 50% 수준이며 가장 중요한 시설로 보기도 어렵다. 결국 북한의 비핵화 범위는 영변 폐쇄와 나머지 50%를 포함하는 전체 핵시설의 신고와 외부 검증이 필수적이다.

핵시설의 신고와 외부 검증이 필수적이다.

하노이 정상회담 직후 트럼프 대통령은 "우린 북한에 대해 구석구석까지 안다"면서 "일반에서는 모르겠지만 미국 정부는 (영변 이외의) 북한의 핵시설 소재를 파악하고 있다"고 밝혔다. 트럼프 대통령은 기자회견에서 영변 이외의 핵시설이 "우라늄 농축 시설이냐"는 질문에 "그렇다"고 전했다. 기자회견에 동석한 마이크 폼페이오 국무장관은 "영변 핵시설 외에도 규모가 굉장히 큰 핵시설이 있다"고 말했다. 트럼프 대통령이 언급한 북한의 핵시설이 어디를 지칭하는지는 확실하지 않지만 지난해 싱가포르 1차 북·미 정상회담을 전후해 미국 언론에 보도된 강선의 우라늄 농축 시설이 일단 후보로 꼽힌다.

미국 언론들은 당시 과학국제안보연구소(ISIS) 보고서와 국방정보국(DIA)의 분석 등을 인용해 북한이 강선에서 비밀리에 우라늄 농축 시설을 운영하고 있으며 규모가 영변보다 2배나 크다고 보도했다. "굉장히 큰 핵시설"이라는 폼페이오 장관의 말과 맞아떨어진다. 미들베리 국제학연구소 비확산연구센터는 2001년부터 촬영한 위성사진을 분석해 강선 핵시설의 위치를 평안남도 남포시 천리마 구역으로 지목했다. 2001년까지 빈터였던 이곳에서 처음 건물을 짓는 모습이 포착된 것은 2002년 4월로 알려졌다. "북한이 놀랐던 것 같았다"는 트럼프 대통령의 언급을 보면 이제까지 보도되지 않은 지하 핵시설일 수도 있다. 미 정보당국은 북한이 비밀리에 지하 핵시설을 운영하고 있다고 의심해 왔다. 강선의 위치를 지목한 비확산연구센터의 제프리 루이스 국장은 지난해 7월 [미국의 소리](VOA)와 한 인터뷰에서 "강선은 지하 핵시설이 아니다"라며 "알려지지 않은 제3의 시설이 지하에 더 있을 가능성이 있다"고 말했다.

미국이 하노이에서 지목한 제3의 핵시설은 분강지구로서 기존 영변 핵 단지의 북서쪽에 위치해 있다. 북한은 외부에서 탐지하는 것을 우려해 이곳 지하에 HEU(우라늄 농축) 공장을 만들어 놓았다. 분강은 그간 언론 등에 언급되지 않았던 지역으로 영변에 인접해 있지만 구역상으로 분리되어 있다. 현재까지 분강에 우라늄 농축 시설이 실제 존재하는지 여부 및 농축 규모는 추정 수준이다. 2010년 북한의 핵시설을 직접 둘러봤던 지그프리드 헤커 박사는 영변 핵시설에 약 2,000개의 원심분리기가 있을 것으로 추정했는데, 미 정보당국은 분강에서 약 1만 개 이상 가동 중일 것으로 판단하고 있다.

"北, 2020년 핵탄두 100개 보유할 것"

플루토늄처럼 핵폭탄의 핵심 재료로 쓰이는 고농축우라늄(HEU)도 영변에서 추출됐다. 영변의 몸값은 보는 관점에 따라 천양지차다. 문정인 대통령 통일외교안보 특별보좌관은 2019년 3월 미국에서 열린 한 간담회에서 "가령 북에서 영변 영구폐기 같은 과감한 결단을 내렸다고 하면 우리 입장에서는 개성공단, 금강산 관광 (재개는) 해줄 수 있는 거 아니냐"면서 "북한이 영변 핵시설을 영구폐기한다면 제재완화 보상을 충분히 받을 만하다"고 말했다. 영변의 가치를 최소한 북핵의 80% 이상으로 보는 시각으로 높은 대가가 필요하다는 입장이다. 하지만 핵물질은 철저히 비밀리에 제조하기 때문에 인공위성으로 훤히 들여다보고 있는 영변은 더 이상 비밀 시설도 아니고 그저 낙후되고 공개된 과거의 핵 제조 시설일 뿐이다.

북한은 이런 영변을 외국 전문가 입회하에 통째로 폐기할 테니 2016년 이후 민생 관련 유엔 제재 5건을 풀어달라고 미국에 요구했다. 세부적으로 보면 북한은 은행 지점의 해외 설치 금지, 북한의 항공유·정유제품 수입 제한, 북한의 석탄·철·납·수산물 수출 금지 등을 해제하는 것과 영변 폐기를 교환하기를 희망한다. 북한이 생각하는 영변의 가치다. 하지만 미국은 "이번에 북한이 풀어달라고 한 제재는 전체 대북제재 가운데 90%에 달한다. 영변은 그렇게 비싸지 않다"고 일축했다.

한·미 정보 당국은 북한의 핵시설을 줄잡아 30곳 이상으로 판단하고 있다. 평양에서 16㎞ 떨어진 강선 핵 단지가 그 하나이고, 영변 서쪽 장군대산 지하 시설도 의심 대상이다. 뿐만 아니라 함흥 정련공장, 신포 원자력발전소, 사리원 남서쪽 우라늄 광산도 관심지역이다. 미사일 기지는 북한 전역에 20곳 가까이 있다. 북·중 접경 지역에는 대륙간탄도미사일(ICBM) 기지, 동해안 쪽에는 중거리미사일 기지, 휴전선 이북에는 중단거리 미사일 기지가 자리 잡고 있다.

2018년 말 미국의 싱크탱크들이 지목했던 삭간몰, 갈골 등이 모두 이런 장소다. 기지 근처 벙커에는 각 사거리별 미사일들이 숨겨져 있다. 평양 옆 산음동 병기 공장 같은 미사일 조립생산 공장도 비핵화 대상이다. 북한은 현재 15~60개의 핵탄두를 보유한 것으로 평가된다. 주일미군사령부가 홈페이지에서 공개한 15개는 최소량이고 최대는 60개다. 이렇게 추정치의 편차가 크다는 건 북한이 핵탄두 몇 개를 갖고 있는지 불분명하다는 방증이다. 북한은 2016년 3월 '핵탄두 소형화'에 성공했다고 발표했다. 미국의 랜드연구소는 지난 1월 "북한이 2020년이면 최대 100개의 핵탄두를 보유할 것"이라고 예측했다.

북핵은 과거, 현재 및 미래의 핵무기로 구성되어 있다. 핵탄두는 이미 제조를 완료해 비밀장소에 은닉해 놓은 과거의 핵무기다. 영변 핵시설은 핵무기를 제조하는데 필요한 우라늄과 플루토늄을 생산하는 시설로서 현재와 미래의 핵무기다. 과거의 핵무기인 핵탄두는 미사일에 올려놓으면 바로 핵미사일이 된다. 위협도만 따져도 영변의 몇 배다. 북한이 핵탄두를 어디에 얼마나 숨겨 놨는지, 북한이 그것을 솔직하게 공개할지 의문이다. 사실상 북·미 비핵화 협상의 최대 고비는 핵탄두로서 영변은 그 다음 문제다. 폼페이오 미 국무장관도 하노이 기자회견에서 핵탄두를 강조하며 미국의 비핵화 목표를 분명히 했다. 미국은 비핵화 리스트에 핵탄두와 영변 핵시설과 분강 등 플러스알파가 구체적이고 명확하게 포함돼야 한다는 입장이다. 플러스알파에는 과거, 현재 및 미래의 핵무기와 시설이 포함되어야 한다. 각종 미사일 등도 명시돼야 한다.[6]

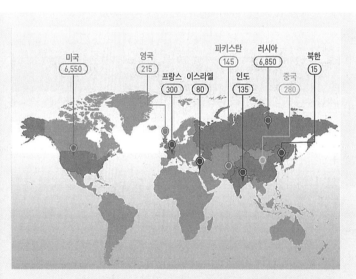

미국의 비정부단체 군축협회가 발표한 각국의 2018년 핵 보유 현황 그래픽. 북한 핵은 15개로 추정됐다. / 사진: 군축협회

정상회담은 만병통치약이 아니다

미국이 북한의 각종 핵 관련 시설과 장비를 탐지할 수 있는 증거 중 하나는 전기다. 원심분리기를 계속해서 돌리기 위해서는 엄청난 전기가 소요된다. 미국은 전기를 많이 쓰는 북한 지역을 이 잡듯이 뒤져 북한이 꽁꽁 감춰뒀던 '영변 외 핵시설'을 발견했다. 미국이 북한 구석구석을 알 수 있었던 건 미국의 첨단기술정보(technical intelligence)와 엄청난 인적 정보(humint) 자산 덕분이다. 핵심은 첩보위성이다. 위성의 힘도 크지만, 미국 정보분석관의 노하우도 결정적인 역할을 했다. 그들이 실마리를 찾은 건 2000년대 북한이 러시아로부터 고강도 알루미늄을 수입했다는 사실이었다. 고강도 알루미늄은 우라늄을 농축하는 원심분리기를 만드는 데 사용된다. 당시 수입량은 6,000개 정도 분량인데 2010년 북한이 공개한 영변의 원심분리기는 2,000개 정도였다. 4,000개 정도의 원심분리기가 다른 곳에 있다고 판단했다.

리용호 외무상은 2019년 정상회담 직후 개최한 기자회견에서 폐기 대상에 대해 "영변 지구의 플루토늄과 우라늄을 포함한 모든 핵물질 생산시설"이라고 설명했지만 역시 구체적인 시설명은 언급하지 않았다. 실무 협의에서 미국이 영변군의 핵 관련 시설 외에 평양 근교 강선에 있는 비공개 우라늄 농축 시설의 폐기도 요구했으나 북한은 그 존재를 부정했다. 북한은 영변 핵시설의 정의를 애매모호하게 해서 가능한 한 많은 대가를 미국으로부터 받아내면서도 영변 이외 강선과 분강 등의 시설과 기존 핵탄두를 보유하려는 파키스탄식 핵 보유 전략을 추진하고 있다.[7] 예상치 못한 하노이 정상회담 결렬이지만 비핵화의 범위와 제재완화는 언젠가 정상회담에서 진검승부가 필요한 난제이자 북·미 비핵화 협상에서 가장 큰 걸림돌이다. 향후 3차 북·미 정상회담에서도 핵심 쟁점이 될 수밖에 없는 사안이다. 평양에 특사를 보낼 예정인 문 대통령은 비핵화 대상을 명확하게 정리하지 않으면, 워싱턴과 평양 양측 모두로부터 외톨이가 될 수밖에 없다.

구글맵으로도 훤히 보이는 영변 핵시설은 비핵화 대상의 전부냐 일부냐를 가리는 진실의 순간에 직면해 있다. 문 대통령은 미국에 영변 핵시설이 일단 상당한 부분이라고 간주하고 비핵화의 로드맵을 시작하자는 스몰딜 입장을 전달하고자 워싱턴을 방문했으나 결과는 노딜이었다. 정상회담은 안 하는 것보다는 하는 것이 좋지만 도깨비방망이(magic)가 아니다. 양측의 입장 차를 확인하는 정상회담을 자꾸 하자면 무기 구매 등 워싱턴에 일정 대가를 지불해야 한다. 아베 일본 수상은 트럼프를 5월과

6월 중 일본에 초청해 철저하게 실리와 명분을 추구하는 정상회담을 개최한다. 맥락에 맞지 않는 중재안을 가지고 워싱턴을 방문해 미국 조야를 설득하려면 아마도 추가로 트럼프가 원하는 미국 무기를 구매해 줘야 할 것이다. 무리한 소모성 외교보다는 내실 있는 외교로 국격을 유지해야 한다. 김정은 위원장은 '영변은 비핵화의 전부'라는 입장을 고수하기 위해 조만간 러시아를 방문할 것이다. 과연 남북 정상은 외교적 노력으로 비핵화 대상의 진실을 은폐할 수 있을까? 봄날에 흩날리는 꽃잎처럼 하늘에 수많은 인공위성과 드론이 날아다니는 세상에 말이다.

3. 트럼프와 김정은, 비핵화 게임의 종착지는?

북핵 동결의 연기가 모락모락
■ 판문점 깜짝 정상회담 통해 트럼프는 재선 홍보
■ 영변 핵폐기 범위 놓고 미국이 양보하는 '미들딜' 대두 … 강경파 볼턴은 강력 반발

야구 경기로 치면 3회말을 마치고 4회초로 넘어가는 상황이다. 3번째 북·미 정상회담을 마친 시점에서 이 게임의 승부를 정확하게 예상하기는 매우 어렵다. 게임이 초반 탐색전을 지나 본격적인 공방으로 흘러가는 것은 분명하다. 현재까지는 동점 경기다. 1회(싱가포르)에 김정은이 득점했고, 2회(하노이)에는 트럼프가 득점했다. 3회(판문점)에는 양측이 득점을 해서 결말을 예측하기 어렵다. 2~3차례의 공격과 수비가 진

행되며 승부의 윤곽이 나올 것이다. 9회말 경기가 끝났을 때, 최종 승자는 누구일까? 승부는 미국 대선 전인 가을까지 계속될 것이다.

과거 정상회담은 경호와 의전 및 의제 때문에 민주주의 국가 간에도 폐쇄주의가 원칙이었다. 하물며 체제와 이념이 상이하고 심각한 안보 현안이 달려있는 국가 간에는 '공식 발표 전까지는 결정된 것은 아무것도 없다'는

트럼프 미국 대통령(왼쪽)과 김정은 국무위원장이 6월 30일 판문점 군사분계선에서 역사적 만남을 가졌다. 흥행은 성공했지만 앞으로의 협상이 관건이다. / 사진: 청와대사진기자단

게 정답이었다. 특히 특사와 밀사를 파견하는 사전 조율을 통해 개최 조건이 맞아야 하는 비수교국 간 최고 지도자 간 회동은 성사되기 전까지 모든 언론의 추측과 보도는 무조건 부인된다.

가장 은밀한 사전 접촉은 2000년 6·15 남북정상회담 개최를 위해 3월 김대중 전 대통령의 베를린 선언 이후 3개월간 진행된 남북한 사례다. 언론의 시선을 회피하기 위한 실무자들의 제3국 만남이 다반사였다. 결국 2000년 6월 첫 남북 정상회담은 박지원 당시 문화부 장관(현 민주평화당 의원)의 대북 비밀 접촉을 통해 결실을 맺었다. 2011년 이명박 정부에서 김태효 청와대 비서관 등이 주도한 대북 접촉은 북측의 일방적 폭로로 세상에 드러났고 판은 깨졌다.

美가 한번 떠봤는데 즉각 반응한 北

지난 2002년 9월 고이즈미 준이치로 일본 총리의 '깜짝' 평양 방문이 성사됐다. 최초의 북·일 정상회담을 위한 사전 협상은 철저하게 베일에 가린 채 진행됐다. 북측 비밀특사로 활약한 미스터 X는 일본측의 다나카 히토시 외무성 아시아 대양주 국장을 상대로 1년여 간 30차례에 걸친 비밀 접촉을 통해 김정일 국방위원장과 고이즈미 총리 간의 평양회담을 성사시켰다. 이때도 일본 정부는 미스터 X의 존재는 물론 협상 자체를 끝끝내 숨겼다. 베일에 싸인 인물은 류경 국가안전보위부 부부장으로 추정된다. 비밀과 보완이 생명인 접촉이었다. 비선이 공개되는 순간 협상은 중단됐다.

하지만 트럼프 대통령은 기존의 외교 격식과 의전을 파괴하고 SNS를 통해 비무장지대(DMZ) 접촉의 물꼬를 텄다. 공개적으로 정상 간 만남을 제의한 것이다. 트럼프 대통령은 6월 29일 오전 7시 51분, 미국 시간으로 저녁 6시 51분에 트위터를 올린 후 기자들과 만나 "우리가 그곳에 있을 것이고, 그래서 한번 떠본 것(put out a feeler)"이라고 말했다. 영어 단어 feeler는 '타진하다, 속을 떠보다'라는 의미다. 김 위원장이 면담에 호응하지 않을 가능성을 염두에 둔 것이었다.

김정은은 트럼프 대통령을 만나 "정식 만남이란 걸 (어제) 오후 늦게야 알았다"고 했고, 트럼프는 "오지 않았다면 굉장히 민망했을 것"이라고 언급했다. 판문점 이벤트는 지난해 4·27 남북정상회담부터 트럼프의 관심사항이고 하노이 회담 이후 물밑 접촉의 결과라고 일본 언론들이 보도했으나 가동중인 북·미 간 물밑 채널로 성사시키기에는 한계가 있었다. 트럼프는 전날 밤 미국 민주당 대선후보 1차 토론회가 1,810만 명이 시청하는 흥행에 성공하자 한 방에 미국 유권자들의 관심을 돌릴 만한 카드를 전격적으로 꺼낸 것이다. 트럼프는 과거 베트남 전쟁 당시 4차례나 징집영장을 받고도 학업과 발목 부상 등을 이유로 최종적으로 병역을 기피했다. 병역은 기피했지만 본인이 분

2002년 9월 당시 김정은 국방위원장(오른쪽)은 2002년 9월 평양에서 고이즈미 준이치로 일본 총리와 만났다. / 사진: 연합뉴스

쟁을 해결하는 지도자라는 이미지를 구현하고 싶었다. 멕시코 국경에 장벽을 설치하는데 올인하고 있는 트럼프로서는 월경을 완벽하게 차단하는 비무장지대 이벤트가 욕심났을 것이다.

32시간 만에 회담은 성사됐고 53분간의 화려한 외교 쇼는 역시 예상대로 전 세계 언론의 주목을 끌었다. 각본 없는 드라마라는 언론의 촌평은 최초의 판문점 만남이라는 차원에서 과장이 아니었다. 항상 긴장이 감도는 국경지대에 최고 지도자들의 등장은 묘한 흥분과 감동을 줬다. 과거 1963년 6월 26일 케네디 대통령은 베를린을 방문, 붉은 천이 걸려있는 브란덴부르크 장벽 앞 루돌프 빌데 광장에서 '케네디'를 연호하는 100만 군중 앞에서 "Ich been ein Berliner(나는 베를린 시민이다)"라는 명연설을 해 위대한 대통령의 신화를 남겼다.

화해와 협력을 향해 미국 대통령이 북한 땅을 방문해 회담을 하는 판문점 이벤트 자체는 세간의 관심 측면에서 대박이라는 표현이 결코 지나치지 않았다. 물론 오사카를 향해 비행기를 탑승할 때부터 트럼프의 머릿속은 G20 정상과의 만남보다도 김정은과의 조우가 매스컴의 관심을 끌 것이라고 그렸을 것이다.

단계적 타결로 미국이 셈법을 바꿨다? 영변 핵폐기 범위 놓고 미국이 양보하는 '미들딜' 대두 … 강경파 볼턴은 강력 반발

트위터로 정상회담을 제안하고 32시간 만에 분단의 상징인 국경선에서 전격 회동하는 자체는 현대 국제정치 외교사에서 유일무이할 것이다. 비인습적(unconventional) 지도자인 트럼프 대통령만이 결행할 수 있고, 향후 누구도 이와 같은 외교 행태를 모방하기는 어려울 것이다. 화려한 외교 퍼포먼스는 1시간 만에 막을 내리고 이제 냉정한 현실로 돌아왔다. 북·미 양측은 트럼프 대통령의 언급대로 7월 안에 폼페이오 국무장관의 지휘 하에 스티브 비건 대북정책 특별대표가 이끄는 실무대표단이 지난해 겨울 최선희 부상과 예비 접촉을 했던 스웨덴 스톡홀름 외곽 별장에서 김명길 전 베트남대사와 끝장 협의에 들어갈 것이다.

향후 양측의 협상 시나리오를 검토하기 전에 첫 번째 분석이 필요한 의제는 워싱턴 정가에서 스멀스멀 연기가 올라오자 [뉴욕타임스]가 보도한 내용이다. 북한 비핵화의 범위를 '빅딜(일괄 타결)'에서 '스몰딜(단계적 타결)에 의한 핵동결(Nuclear Freeze)'로 미국이 협상전략을 전환했는지 여부다. [뉴욕타임스]는 7월 1일 '회동 수주 전부터 트럼프 행정부 내에선 북한과 새로운 라운드의 협상을 준비하기 위해 핵동결 구상이 구체화하고 있었다'고 보도했다. 이 신문은 '트럼프 행정부가 김 위원장에 단기간 내 핵 포기라는 최대치를 요구하는 것은 아무 성과를 낼 수 없다고 인정하고, 제한적인 첫 단계를 시작하는 새로운 접근법을 검토하고 있다'고 전했다.

미국의 비둘기파 협상가들은 일부 제재 해제를 대가로 영변 핵시설을 폐기하겠다는 김 위원장의 하노이 제안을 부분적으로 수용하고 싶어한다. 영변 밖의 강선 및 분강 등 비밀 우라늄 농축 시설은 일차적으로 제외하고 영변 핵시설만의 핵물질 생산을 중단하는 핵동결을 비핵화 1단계 조치로 추진한다는 뜻이다. 북한은 2월말 하노이 정상회담에서 영변 폐기, 제재 해제 제안이 거부되자 "미국이 셈법을 바꿔야 한다"고 요구하며 협상을 거부해왔다. 트럼프 대통령은 김 위원장이 영변만으로 핵심 대북제재 5건의 해제를 요구하자 "당신은 준비가 되어 있지 않다"며 베트남 회담장을 떠났다. 미국은 '영변 이외에 분강 및 강선에서 24시간 우라늄 농축이 이뤄지고 있다'는 정보당국의 기술 및 위성정보를 근거로 김정은에게 비핵화 추가 목록의 제출을 요구했다. 양측이 평가하고 있는 영변의 가치가 확연히 다른 것이다. 향후 비건과 김명길 대표 간의 협상에서 접점을 찾아야 할 핵심 부분으로 4차 북·미 정상회담으로 이어지는 연결고리가 될 것이다.

김 위원장은 트럼프 대통령의 DMZ 회동이라는 즉흥적 트위터 제안을 수락해 판문점에 나타난 데 이어 2~3주 이내에 실무협상을 재개하는 데 전격 합의했다. 트럼프 대통령이 김 위원장과의 53분 회담에서 하노이의 격차를 좁힐 '어떤 것(something)'이 포함된 제안을 했을 것이란 관측이 나오는 이유다. 실제 트럼프 대통령은 "실무협상 도중 일정 시점에 무언가 일어날 수 있다"고 언급했다. 트럼프 대통령은 판문점 만남의 흥분이 가라앉지 않은 듯 7월 1일 트위터에 "김 위원장과 지난 주말 만나 정말 좋았다"며 "그를 곧 다시 만나길 고대 한다"고 올렸다. 그러면서 "그 사이 우리 협상팀들이 아주 오랜 기간 지속한 문제의 해결책을 찾기 위해 만날 것"이라며 "서둘지 않겠지만 궁극적으로 우리가 목표를 달성할 것이라고 확신한다"고 덧붙였다. "아주 오랜 기간 지속한 문제"라는 표현은 바로 비핵화의 범위에 대한 이견이다. 북한 역시 미국의 미세한 입장 변화에 상당한 기대감을 표명했다.

北, 이미 15개 이상의 핵무기 보유

판문점 회담 직후 [조선중앙통신]은 북·미 정상 간 단독 환담과 회담이 진행됐다며 "(북·미 정상이) 조선반도(한반도)의 긴장상태를 완화하며 조·미 두 나라 사이의 불미스러운 관계를 끝장내고 극적으로 전환해나가기 위한 방도적인 문제들과 이를 해결함에 있어서 걸림돌로 되는 서로의 우려 사항과 관심사적인 문제들에 대하여 설명하고 전적인 이해와 공감을 표시하셨다"고 밝혔다. '우려와 관심사항에 대해 전적인 이해와 공감을 표시하셨다'는 표현은 미국이 자신들의 요청에 대해 긍정적인 신호를 보냈다는 것으로 평양이 이해했다는 의미이다. 물론 미국이 진정으로 입장 변화를 언급했는지는 불분명하지만 최소한 북한이 흥미를 가지는 제안에 대해 미국이 언질을 줬다는 것은 추론할 수 있다.

트럼프 대통령의 "실무협상 과정에서 무언가 일어날 수 있다"는 표현은 비핵화 대상인 '영변+α'에서 북한이 미국의 기존 협상을 계속 거부하면 α를 뒤로 미루는 합의를 할 수 있다는 의미로 해석할 수 있다. '영변+α'라는 표현은 간단하나 내용은 생각보다 복잡하다. 북한이 주장하는 영변 핵시설은 핵물질인 플루토늄을 생산하는 좁은 의미의 핵시설을 의미하는 반면, 미국이 판단하는 영변과 관련 핵시설은 분강과 강선 등, 여타 비밀 우라늄 농축 시설이 포함된 넓은 의미다. 조율해야 할 부분이

간단치 않다는 것을 시사한다. 동결이라도 과거, 현재 및 미래의 핵무기 중 단순히 현재 영변의 우라늄 농축 시설만을 의미하는지 분강 및 강선까지도 포함하는지, 그 범위는 매우 애매하다. 특히 과거 제조된 20개 정도의 핵무기는 언제 어느 조건 하에서 폐기되는 것인지 안보 측면에서 매우 우려할만한 부분이다.

2018년 1월 14일 주일미군사령부(USFJ) 홈페이지(http://www.usfj.mil)의 동영상을 보면, 주일미군은 북한의 핵 위협을 지적하면서 북한을 중국, 러시아와 함께 동아시아의 3개 핵 보유 선언국(3 declared nuclear states)으로 표시했다. 특히 3개국이 보유한 것으로 추정한 핵무기 숫자(nuclear weapons)도 공개했는데, 러시아는 '4000＋', 중국은 '200＋', 그리고 북에 대해선 '15＋'라고 표기했다. 이미 북한은 인도, 파키스탄 및 이스라엘과 함께 '실질적인 핵무기(substantial nuclear state)' 보유국으로 국제원자력기구(IAEA)에 의해 분류되고 있다. 1972년 미국·영국·소련·프랑스 및 중국은 향후 어느 국가가 핵실험을 해도 공식적인 핵무기 보유국으로 인정하지 않기로 결의했다. 이후 실험을 한 국가들은 실질적인 핵무기 보유국으로 지칭된다.

핵동결로 비핵화의 1단계를 시작하려는 구상은 문재인 대통령이 과거부터 주장한 비핵화 입구론과 유사하다. 문 대통령은 2018년 6월 26일 세계 6대 통신사와의 서면 인터뷰에서 북한이 영변의 플루토늄과 우라늄을 포함한 모든 핵시설에 대해 완전한 검증 하에 폐기하는 것을 두고 "비핵화에 대해 돌이킬 수 없는 단계에 이르는 것"이라고 밝혔다. 문 대통령은 6월 30일 청와대에서 열린 한·미 정상회담 공동기자회견에서 영변 핵시설의 완전한 폐기가 실행되는 것을 "실질적 비핵화의 입구"라고 판단하고, "이후 국제사회가 제재 완화에 대한 논의를 시작할 수 있다"고 강조했다.

■ 2019년 시점에 추정되는 북한의 핵시설이다. 영변 핵시설의 폐기 범위를 놓고 북·미 협상은 교착 상태다. / 사진: 연합뉴스

文 대통령, "핵동결은 실질적 비핵화의 입구"

트럼프 대통령은 "하나의 단계일 뿐"이라고 다른 입장을 보였다. 트럼프는 공동 기자회견에서 영변 폐기에 관해 "올바른 방향으로 가는 단계"이고, "아주 좋은 느낌"이지만 영변만으로 제재 완화가 시작된다는 확대 해석을 경계했다. 트럼프는 제재 해제에 대해 "이란과 마찬가지로 급하게 서두르지 않겠다. 서두르면 문제가 생긴다"고 일축했다. 김정은과의 면담 전이어서 그런지 기존 미국의 원칙을 고수했었다.

"실무 협상을 개시하겠다"는 트럼프와 김정은의 합의가 구체적으로 어떤 제안을 논의할 것인지는 워싱턴으로 돌아가는 스티브 비건의 기내 인터뷰에서 윤곽이 감지됐다. 비건 미 국무부 대북특별대표는 "북한의 핵동결 시 인도적 지원 허용과 상호 수도 연락사무소 설치 등을 할 용의가 있다"고 밝혔다. 판문점에서 양 정상이 나눈 스토리를 짐작해 볼 수 있다. 미국 인터넷 매체 [악시오스]는 7월 2일 비건 특별대표가 6월 30일 한국에서 워싱턴으로 돌아오는 마이크 폼페이오 국무장관 전용기에서 기자들에게 말한 오프더레코드(비보도)를 공개했다. [악시오스]에 따르면 비건 특별대표는 "우리가 완전한 비핵화 목표를 포기한 건 아니다"면서도 "우리가 추구하는 건 북한 WMD(대량살상무기) 프로그램의 완전한 동결"이라며 일단 현 단계에서 '포기' 대신 '동결'에 방점을 찍었다.

이어 "개략적으로 우리는 비핵화 전엔 제재 완화에 관심이 없다"면서도 "그 사이 우리가 할 수 있는 일들이 있고, 양보할 수 있는 건 인도주의적 지원과 인적 대화 확대, 상대방 수도에서의 존재(humanitarian aid, expanded people-to-people talks, presence in each other's capitals)" 등이라고 예시했다. 동결을 전제로 미국이 북한에 제공할 목록의 예시를 선보인 것이다. 북한이 만약 미국측의 핵동결 요구를 받아들일 시 대북 식량 지원 등, 인도적 지원 허용과 함께 워싱턴과 평양에 각각 연락사무소를 설치할 수 있다는 제안이다. 그러면서 "예를 들어 그들이 우리에게 핵무기 20개를 준다고 가정해 보자"며 "나는 (국무)장관에게 가고, 그는 대통령에게 가고, 대통령은 그걸 고려할 것"이라고 말했다. 이는 북한이 내년 미국 대선 전 대륙간탄도미사일(ICBM)을 미국에 건네기를 희망하는 속내를 드러낸 것이다.

비건은 지난해 대북정책 협상대표를 맡아 그동안 협상을 진행해 본 결과, 미국의 '완전하고 검증 가능하고 돌이킬 수 없는 비핵화(CVID)' 요구가 사실상 실현 불가능하다는 판단을 하고 있다. 최근 '동시적 – 병행적 접근'을 제시한 비건 대표가 7월 하순부터 본격적으로 북한과 세부적인 스몰딜과 빅딜을 동시에 논의하는 다소 이율배반적인 협상 시도를 예상해 볼 수 있는 근거다.

스몰딜과 빅딜의 절충인 '중간 딜(middle deal)'도 타협안으로 검토할 수 있을 것이다. 비건을 중심으로 한 국무부의 비둘기파 협상팀은 "달성 가능한 부분적 해법(partial solution)"을 추구할 것인지, 아니면 "거의 불가능한 완전한 해법(total solution)"을 고수할 것인지 다양한 선택 시나리오에 관한 보고서를 트럼프에게 직접 올렸을 것이다. 비즈니스 리더 출신인 트럼프 대통령은 완전한 비핵화를 기본으로 하되 중간 선택지인 핵동결 시나리오를 검토하였음은 판문점 회동 전후 상황을 감안할 때 개연성이 높다.

미국의 입장이 유연하고 탄력적일 수 있다는 점이 엿보이는 부분이다. 특히 연락사무소 설치는 북한에 매력적인 제안은 아니나 인도적 지원은 구미가 당기는 제안이다. 과거 이명박 대통령 시절에 서울과 평양에 각각 연락사무소를 설치하자는 제안을 했으나 북한은 일언지하에 거절했다. 폐쇄주의를 원칙으로 하는 북한 입장에서 평양에 외국인이 상주하는 것은 피곤한 일로서 유럽 일부 및 동남아 국가 등 전통적인 우호국가 이외에는 허용하지 않고 있다. 제재가 해제되지 않는 상황에서 미국의 평양 연락사무소는 북한이 수용하지 않을 것이다.

스티븐 비건 미 국무부 대북특별대표(왼쪽)와 북한의 김명길 전 베트남대사는 북핵 협상의 파트너다.

하지만 인도적 지원은 다르다. 미국이 최소 10만t 이상의 밀가루과 옥수수 등 식량과 영·유아식 등을 평양에 인도적 차원에서 지원할 경우 함의는 적지 않다. 중국 등에서 인도적 지원과 동시에 제재 완화에 슬금슬금 나설 것이다. 미국의 인도적 지원은 필연적으로 때를 기다리던 한국의 인도적 지원으로 연결돼 미국 대북제재의 그물을 느슨하게 할 것이다.

달성 가능한 부분적 해법 vs 거의 불가능한 완전한 해법

물론 강경파인 존 볼턴 백악관 국가안보보좌관은 빅딜 대신 핵동결을 추진하고 있다는 지적에 강하게 반발했다. 판문점 회동 당일 서울을 떠나 몽골 울란바토르를 방문중인 볼턴 보좌관은 트위터에 "[뉴욕 타임스] 보도를 호기심에 읽어봤다"며 "나와 국가안보회의(NSC) 직원은 북한의 핵동결을 수용하는 데 대해선 논의한 바도, 들은 바도 없다"고 했다. 그러면서 "이는 대통령을 꼼짝 못 하게 가두려는 누군가의 비난받을 만한 시도이며 응분의 대가가 있어야 한다"고 덧붙였다. 이에 반해 "완전한 비핵화 없이는 제재완화가 없다"는 폼페이오 장관의 진화가 있었지만 트럼프 대통령은 김 위원장과의 만남 후 "제재는 유지한다. 하지만 협상 중간에 어느 시점에서 어떤 일들이 벌어질 수 있다. 어떤 시점에서 나는 그것들이 해제되길 바라고 있다"며 상황에 따른 제재 완화가능성에 미묘한 여운을 남겼다. 비건 대표는 [뉴욕타임스]에 "순전한 추측"이라며 "협상팀은 현재 어떤 새로운 제안도 준비하고 있지 않다"고 부인했다. 비건 입장에서는 볼턴의 심기를 건드리기보다는 트럼프의 결정을 통해 협상의 전권을 유지하려는 전술을 구사하고 있다.[1]

김정은의 중장기적인 관심은 체제 안전보장일 수 있지만 현실적인 관심은 대북제재 해제란 점을 부인할 수 없다. 북한은 하노이 노딜 이후 공식매체 등을 통해 '6·12 북·미 합의'를 언급하며 대북제재 해제를 줄기차게 요구해왔다. 북한 외무성 대변인은 지난 5월 "유엔 안보이사회 결의에 대해 말한다면 우리가 이미 수차 천명한 바와 같이 주권국가의 생존권과 발전권을 전면 부정하는 불법 무도한 것"이라고 비난했다. 외무성 대변인은 6월 26일에도 담화를 통해 "제재 압박으로 우리를 굴복시켜보려는 미국의 야망에는 조금도 변함이 없으며 오히려 더욱 노골화되고 있다는 것을 여실히 보여 주고 있다"며 대북제재에 대한 불만을 표출했다.

한번 풀면 돌이키기 어려운 대북제재

핵동결의 연기가 모락모락 올라오는 가운데 7월 중 스웨덴에서 개최되는 실무협상은 다양한 의제를 검토하며 최소 3개월 정도 진행될 것으로 예상된다. 특히 핵동결 범위에 대해 양측의 치열한 공방이 전개될 것이다. 인도적 지원과 제재 완화를 연계시키려는 북한의 치밀한 공격과 제재 완화 없이 인도적 지원을 약속하며 영변 핵만이라도 동결시키려는 미국의 수비가 창과 방패처럼 부딪칠 것이다. 베스트 시나리오는 북한이 영변 핵과 여타 시설에 대한 우선 신고를 하고, 이후 영변에 대한 동결을 시작한다. 그 대가로 대규모 인도적 지원을 한 이후 동결이 완성되면 북한이 요구한 제재 중에서 2017년 11월 2397호와 2017년 7월 2375호에 대한 제재를 동시에 두 개 완화하거나 연차적으로 하나씩 완화하는 시나리오다. 2397호와 2375호는 원유 수출량의 상한선을 설정하며 노동자의 신규 송출 금지 및 24개월 이내에 기존 파견 노동자 송환 및 북한과의 합작사업 전면금지 등을 규정하고 있는데 이에 대한 해제를 추진하는 것이다.

북한으로서는 에너지 공급의 숨통이 트이는 조치다. 핵동결을 유도하자면 제재 완화는 필연적인 조치다. 미국이 전체 혹은 부분 제재 완화 없이 무작정 북한을 협상에 붙들어 매기는 어렵다. 다만 북한의 아킬레스건을 풀어주는 것은 미국의 딜레마일 수밖에 없다. 제재를 풀어준 다음에 이행하지 않으면 다시 조이는 '스냅 백(snap back)' 조항이 거론되지만 한번 풀어진 제재를 다시 묶기는 놓아준 물고기를 다시 잡는 것만큼 어렵다.

최근 아베 일본 총리가 한국에 경제보복을 취하는 명분으로 한국이 대북제재를 제대로 이행하지 않는다고 주장했다. 북·미에 이어 한·일 갈등으로 대북제재를 둘러싼 동북아의 국제정치가 점입가경이다. 북·미 협상의 핵심 관전 포인트는 역설적으로 재선 필승을 위한 트럼프 대통령의 전술이다. 김정은과의 정상회담 카드는 향후 15개월 동안의 레이스에서 승리를 향한 조커로 활용될 것이다. 트럼프 대통령은 재선을 위한 선거 운동에서 바이든 민주당 후보의 도전이 위협적일수록 적절하게 김정은 위원장과의 극적인 만남을 활용하는 전략을 구사할 것이다. 트럼프는 과거 오바마 대통령의 무득점 경기와 본인의 득점을 비교하며 자신의 기량을 과시할 것이다.

민주당 바이든 후보를 무득점 경기에 그친 오바마 전 대통령 시절의 부통령으로 폄하하며 민주당 후보의 도전을 물리치는 데 김정은과의 이벤트는 대타 카드로 적절히 활용될 것이다. 특히 비핵화로 포장한 동결 방식의 합의로 2019년 혹은 2020년 노벨상을 수상하는 전략도 협상에 하나의 변수가 될 것이다. 뉴욕 양키스의 전설적 포수 요기 베라는 "끝날 때까지 끝난 게 아니다(It's not over until it's over)"라고 말했다. 이란과 달리 북한을 상대로 한 트럼프의 화려한 외교 쇼는 일단 풍성한 볼거리를 제공했다. 파격적인 이벤트는 기대감을 높였다. 하지만 7월 5일 한국갤럽 여론조사에 따르면 응답자의 66%가 "그럼에도 북한이 절대 핵을 포기하지 않을 것"이라고 답변했다. 흥행에 성공한 판문점 회동 이후가 주목되는 이유다.

제 3 장

김정은의 통치 전략

1. 북한 헌법 개정으로 본 김정은의 야심

절대권력 보장받고 한국 향해 '굿모닝 미사일'
■ 北, 4차례 헌법 개정 통해 김정은에게 군 통수권자와 국가원수 지위 부여
■ '무적의 군사 강국' 실현 위해 미국 묵인 아래 미사일·방사포로 대남 도발 일삼아

북한이 2019년 4월 최고인민회의에서 개정한 헌법(전문 171조)이 석 달 만에 공개됐다. 2019년 북한 헌법 개정은 인적 수집 정보인 휴민트에 의한 정보획득이 아니라, 7월 11일 북한의 자발적 공개에 따라 알려지게 됐다. 지난 4월 11일 최고인민회의 선거에서 헌법을 개정한 지 3개월이 지나도 평양에서 공개하지 않으면 파악할 수 없는 것이 국정원 등 국내 정보기관들의 대북 정보수집 능력이다. 687명의 최고인민회의 대의원에 대한 대북 정보망의 직·간접적인 접근이 전혀 이뤄지지 않았다. 물론 이들이 북한의 고위층 간부들로서 외부에 내용을 함구하지 않고 발설하다 적발될 경우 극형에 처해지는 현실을 모르는 것은 아니다. 그래도 북한의 최대 정치행사의 핵심을 파악하지 못하는 것은 남한 정보기관의 '정보실패(intelligence failure)'다.[2] 1949년 9월 최고인민회의 1기 1차 회의에서 북한 헌법이 제정된 이래 14차례의 제정과 개정이 이뤄졌지만 제대로 적시에 파악된 사례는 전무하다.

남한 정보기관의 무능은 어제오늘 일이 아니지만, 북한 헌법 개정안을 분석하는 것은 늦게나마 김정은의 최근 도발적인 행태는 물론 미래 외교 행보를 예측하는 데 필수적이다. 남한의 국회 격인 북한의 최고인민회의는 2011년 12월 30일 김정은이 최고사령관에 취임한 이후 4번째 헌법 개정을 했다. 집권 8년 동안 4차례 헌법을 개정했으니 평균 2년에 한 번씩 바꾼 셈이다.

김정은, '북한의 대통령'이 되다

2019년 북한 헌법 개정에서 가장 눈에 띄는 대목은 김정은 위원장이 맡고 있는 국무위원장 직이 '국가를 대표한다'고 명시된 부분이다. 북한 대외선전매체인 [내나라]가 공개한 북한 헌법 제6장 국가기구 부분의 제2절 조선민주주의인민공화국 국무위원회 위원장 항목에 있는 헌법 제100조는 '조선민주주의인민공화국 국무위원회 위원장은 국가를 대표하는 조선민주주의인민공화국의 최고령도자'라고 규정했다. 앞서 북한은 2016년 6월 헌법을 개정하며 신설한 국무위원회 위원장을 '조선민주주의인민공화국의 최고령도자'라고 규정했다. 2019년 헌법에서는 '국가를 대표하는'이라는 문구를 추가했다. 김정은 국무위원장이 북한을 대표하는 국가수반임을 헌법에서 처음으로 공식화한 것이다.

2016년 헌법에서는 김정은 위원장은 '전군'을 지휘하는 '최고지도자(supreme leader)'였다. 새로 설립된 최고 통치 기구인 국무위원회(the State Affairs Commission)의 김정은 위원장이 국가원수를 뜻하는 '국민 모두의 최고 대표(the supreme representative of all the Korean people)와 통수권자(commander-in-chief)'라고 밝혔다. 김정은의 인민군 통수권을 명시한 102조에는 '무력 총사령관'이라는 새로운 호칭이 등장했다. 개정 전에는 '전반적 무력의 최고사령관'으로 규정했다. 실질적인 핵보유국의 최고지도자 위상을 반영한 것이다.

이번 헌법 개정 전까지 북한을 대표하는 명목상 국가수반은 최고인민회의 상임위원장이었다. 국무위원장을 국가수반으로 공식화한 것은 집권 2기를 맞아 헌법과 실제 권력을 일치시켜 외형상 정상 국가를 지향하는 차원의 조치로 풀이된다. 다른 국가 정상과의 회담이나 조약의 비준·폐기 등 국가의 대표 역할을 국무위원장이 한

2018년 9월 19일 평양 백화원 영빈관에서 문재인 대통령(왼쪽 앉은 이)과 김정은 북한 국무위원장이 공동선언문에 서명하고 있다. 북한은 4월 헌법 개정을 통해 김 위원장에게 국민의 대표 자격을 부여했다. / 사진: 평양공동취재단

다고 명시함으로써 향후 미국과의 협상에서 서명 권한의 실효성을 김 위원장에게 부여한 것이다.

특히 향후 4차 북·미 정상회담을 통해 트럼프 대통령과 비핵화 합의에 도달했을 때 합의문의 서명 주체로서 김정은 위원장의 역할 또한 공식화한 의미로도 해석된다. 김 위원장이 헌법상 북한의 국가원수와 군 통수권자로 명기됨으로써 미국과 평화협정(a peace treaty)을 체결할 경우, 형식상 실질적인 서명 당사자가 됐다. 이른바 법과 권력의 불일치 현상을 시정해 대내적으로는 김정은 국무위원장의 권력을 강화하는 한편, 법치국가를 지향하는 이미지를 대외에 과시하기 위한 첫걸음이다.

이제 집권 8년 차에 수많은 권력 도전을 물리치고 김정은 위원장은 2011년 12월 30일 집권 이후 꿈꿔 왔던 '북한의 대통령(the president of North Korea)'이 됐다. 실질적인 북한 대통령의 최대 업적은 결국 무적의 군사 강국 실현이다. 외교와 군사의 두 가지 카드는 김정은 통치의 양대 축이 될 것이다. 북·미는 물론 북·중과 북·러 그리고 남북 정상회담을 수시로 개최하고 주기적으로 변종 형태의 신형방사포와 미사일로 힘을 과시하는 김정은은 국내 통치의 기반을 확고히 다지고 있다.

2019년 개정 헌법도 종전 헌법과 마찬가지로 '최고인민회의 상임위원회 위원장은 국가를 대표하며 다른 나라 사신의 신임장, 소환장을 접수한다'고 돼 있다. 개정 헌법에서 국무위원장과 최고인민회의 상임위원장 모두 '국가를 대표한다'고 명시했다. 그러나 국무위원장이 대내외적으로 북한을 대표하는 최고지도자이고, 최고인민회의 상임위원장은 신임장 및 소환장 접수라는 상징적인 외교 업무와 관련해 국가를 대표하는 역할로 한정했다. 따라서 최룡해 최고인민회의 상임위원장은 평양에 부임하는 외국 대사나 외빈을 접대하는 제한된 역할을 수행할 것으로 보인다. 최룡해는 김일성, 김정일 및 김정은 3대에 걸쳐 40년 이상 권력을 유지해 처세의 달인이라 지칭되던 김영남 전 의장의 역할보다는 축소될 것으로 보인다.

2019년 북한 헌법 개정은 김정은 권력의 완성을 의미한다. 2012년 헌법에서는 김정은의 권력 승계를 위해 선대 김정일의 업적을 강조하고 국방위원회 제1위원장을 신설했다. 2016년 헌법은 노동당 중심의 운영을 위해 국방위원회 제1부위원장직을 폐지하고 국무위원장을 신설했다. 이런 과정을 거쳐 2019년 헌법에는 국무위원장에 '국가 대표' 위상을 추가했다. 김정은은 국무위원회를 통해 권력을 장악했다. 선군정치를 표방했던 김정일 시대의 국방위원회는 국방 분야에 집중하며 국정을 통제했던 반면, 국무위원회는 국방·외교·경제 등 모든 국정 현안을 관리한다.

국무위원장의 권한은 국가의 전반적인 사업 지도와 중요 간부 임명·해임, 국가비상사태 선포와 전시상태 및 동원령 선포 등을 할 수 있다. 김정은은 2011년 12월 17일 김정일 위원장의 사망으로 권좌를 이어받아 2013년 12월 면종복배(面從腹背)의 고모부 장성택을 전격 처형한 데 이어 2017년 2월 말레이시아 쿠알라룸푸르 공항에서 서방정보기관과 접촉하며 금지선을 넘었다고 판단한 이복형 김정남을 독가스로 암살하는 등, 백두혈통의 직계 및 방계 권력을 냉혹하게 제거했다. 이어 각각 4차례의 북·중 정상회담과 남북정상회담 및 3차례의 북·미 정상회담을 개최함으로써 대내외에 3대 세습 지도자의 위상을 확고히 했다. 그리고 마침내 권력의 정점에 도달했다. 집권 1기의 권력 구축 단계를 지나 권력 공고화 단계인 '김정은 2기 체제' 출범에 맞춰 개정한 헌법을 통해 김 위원장의 법적 지위를 국가수반으로 공식화했다.

2019년 헌법은 기존 헌법과 같이 북한을 핵보유국이라고 선언했다. 북한 헌법은 서문에서 북한을 '정치사상 강국, 핵보유국, 무적의 군사 강국'이라고 표현했다. 북한은 핵무기와 함께 재래식 무기(conventional arms) 현대화에도 박차를 가하고 있다. 무적의 군사 강국이라는 구호에 걸맞게 김 위원장은 7월 21일 함경남도 신포조선소에서 새로 건조한 잠수함을 시찰했다고 [조선중앙통신]이 보도했다. [조선중앙통신]은 "김정은 동지께서 새로 건조한 잠수함을 돌아보시며 함의 작전 전술적 제원과 무기전투 체계들을 구체적으로 요해(파악)했다"면서 "잠수함은 동해 작전수역에서 임무를 수행하게 되며 작전 배치를 앞두고 있다"고 했다. 잠수함 외부에 부식되고 긁긴 흔적 때문에 신형 여부에 대한 논란이 있지만 잠수함 발사탄도미사일(SLBM, Submarine-Launched Ballistic Missile) 최대 3기 탑재가 가능한 최소 2,000t 이상의 잠수함이 건조되거나 러시아에서 도입된 것으로 추정된다. 김정은은 지난 4월 4,000t급 잠수함 건조를 지시했다.

이것은 미사일인가? 방사포인가?

한국전쟁 당시 유엔군에 제해권을 빼앗긴 북한군은 남포 앞바다의 초도는 물론 평안북도 철산군 앞 신미도 섬까지 포기했다. 북한은 휴전 이후 해군력을 증강하기 시작해 1970년 초 들어 잠수함 부대를 창설했다. 세계적으로 권위 있는 영국의 [제인 연감] 등에 따르면 북한은 러시아로부터 골프급과 로미오급을 포함해 40여 척의 퇴역 잠수함을 사들였다.

현재 70여 척의 잠수함 전력을 보유한 북한 해군력은 잠수함 전력이 열세인 남한 해군에 비대칭 전력으로 급부상하고 있다. 북한은 핵미사일을 잠수함에 탑재하기 위한 신형 잠수함과 SLBM 개발에 주력하고 있다. 북한이 SLBM 잠수함의 5년 내 실전 배치를 완료할 경우, 남한의 대응 및 요격 능력이 없다는 점은 치명적인 안보 불안을 야기할 것이다. 부산 해운대와 제주도 중문 앞 해상에 북한 SLBM 잠수함이 수시로 출몰할 수 있다는 가정은 상상만 해도 등골이 오싹하다. 북한은 지난 5월 2차례의 단거리 탄도미사일 발사 이후 7월 들어 3차례의 방사포와 단거리 탄도미사일, 8월 들어 단거리 탄도미사일을 발사했다. 남한의 새벽을 깨우는 정체불명의 발사체는 이제 횟수가 무의미한 상시 상황이 되면서 '굿모닝 미사일'이 됐다.

북한의 미사일 발사체에 대한 정확한 기술적 분석이 미흡한 상태에서 섣부른 정무적 판단이 뒤섞이며 체계적인 실체 파악은 커녕 북한의 사후 발표에 당국의 판단이 농락당하는 지경에 이르렀다. 북한의 군사 도발에 우왕좌왕하는 정무적 판단의 한축은 북한의 도발을 축소 내지 깎아내려 북한을 가능한 한 자극하지 않으려는 청와대다. 북한이 두 차례 발사했다는 신형 400m 대구경조종방사포를 둘러싼 논란은 한국 정보당국의 대북 정보 능력의 현주소를 시사한다. 북한이 쏜 발사체를 두고 한·미 군 당국은 신속하게 단거리 탄도미사일이라고 발표했는데, 북한은 다음 날 신형 방사포라며 사진의 모자이크를 조금씩 벗겨냈다. 김정은이 시찰하는 사진만 보면 다연장로켓으로 북한식 명칭은 방사포다. 하지만 한·미 군당국이 밝힌 마하 6.9의 비행속도와 비행방식은 기존 방사포보다는 미사일에 근접했다.

지난 5월 2차례, 7월 25일 북한이 쏜 북한판 이스칸데르, 즉 KN – 23 단거리 탄도미사일처럼 속도가 빨랐고, 하강하다가 재상승하는 풀 – 업(pull-up) 기동을 했다. 북한 발사체는 외모는 방사포, 속도와 기동은 미사일이었다. 지난 5월에는 북한이 분명히 이스칸데르 KN – 23 단거리 탄도미사일을 발사해서 사진과 영상을 공개했는데도 우리 정부는 탄도미사일이라고 이름 붙이기가 불편했던 것인지, 불상의 발사체라고 불렀다. 이번에는 새로운 종류이긴 해도 방사포를 쐈는데 한·미는 유례없이 과감하고 신속하게 탄도미사일이라고 발표했다가 북한이 사진을 공개하자 안절부절못하는 상황이다. 전자는 알면서도 모른 척, 후자는 모르면서도 아는 척했다가 하루 만에 북한에 뒤집기를 당했다. 중국의 방사포(WS-2D)를 개량한 것으로 추정되는 미사일급 신형 방사포로 추정된다. 논란의 핵심은 북한의 비대칭 무기의 개발 속도가 한·미 당국의 정보 판단을 능가하고 있다는 점이다. 김정은 시대 국정의 핵심은 '무적의 군사 강국'으로 실질적인 무력증강을 도모하는 것이다.

사회주의헌법

제2절   조선민주주의인민공화국 국무위원회 위원장

제100조 조선민주주의인민공화국 국무위원회 위원장은 국가를 대표하는 조선민주주의인민공화국의 최고령도자이다.

제101조 조선민주주의인민공화국 국무위원회 위원장의 임기는 최고인민회의 임기와 같다.

제102조 조선민주주의인민공화국 국무위원회 위원장은 조선민주주의인민공화국 무력총사령관으로 되며 국가의 일체 무력을 지휘통솔한
다.

제103조 조선민주주의인민공화국 국무위원회 위원장은 다음과 같은 임무와 권한을 가진다.

     1. 국가의 전반사업을 지도한다.
     2. 국무위원회사업을 직접 지도한다.
     3. 국가의 중요간부를 임명 또는 해임한다.
     4. 다른 나라와 맺은 중요조약을 비준 또는 폐기한다.
     5. 특사권을 행사한다.
     6. 나라의 비상사태와 전시상태, 동원령을 선포한다.
     7. 전시에 국가방위위원회를 조직지도한다.

제104조 조선민주주의인민공화국 국무위원회 위원장은 명령을 낸다.

제105조 조선민주주의인민공화국 국무위원회 위원장은 자기 사업에 대하여 최고인민회의앞에 책임진다.

▌4번째 개정된 북한의 사회주의헌법. 김정은 국무위원장에게 군사와 외교에 관한 권력을 집중시켰다. /
사진: 연합뉴스

2대 지도자 김정일 시대는 선군정치를 통해 국정을 안정적으로 장악하는 데 중점
을 뒀다. 하지만 김정은 시대는 실질적인 군비 확충에 주력함으로써 남북관계는 물
론 북·미 관계에서도 강 대 강 구도를 지향하고 있다. 북한의 대외 매체인 [조선의
오늘]은 8월 8일 '세계적인 군사 강국 조선'이라는 제목의 기사에서 "김정은 원수님
의 탁월한 영도 밑에 불패의 군사 강국의 위용을 세계만방에 떨쳐 나가는 우리 공화
국의 모습은 진보적 인류의 격찬을 불러일으키고 있다"고 밝혔다.

협상 앞두고 한·미 양국 자극하는 北

7월 26일 북한의 단거리 발사체에 대한 우리 군의 평가 번복과 관련해서는 의문
점이 적지 않다. 300㎜ 방사포(Multiple Rocket Launcher)와 단거리 탄도미사일(Short-range
ballistic missile launches)은 엄연히 다른 무기체계인데 이를 구분하지 못했다는 것은 납득
하기 힘들다. 사거리는 유사할 수 있으나 탄두 무게와 속도, 비행궤적, 파괴력 등에
서 차이가 있다. 또 모두 차량형 이동식 발사대에서 발사되지만, 이동식 발사대의 모

양과 크기, 발사관을 세우는 방식 등이 다르다. 방사포와 탄도미사일은 크기가 다르기 때문에 레이더 빔 반사면적(RCS)에서도 차이가 있다.

레이더를 통해 이를 구분하는 것은 어렵지 않다는 게 군사 전문가들 분석이다. 특히 레이더는 해당 표적의 비행궤적과 속도 등을 연산해 실시간으로 해당 정보를 전달한다. 포탄과 탄도미사일은 그 특성이 다르기 때문에 이 역시 레이더로 구분할 수 있다. 군 당국은 이번 미사일의 비행거리와 고도만을 밝혔을 뿐 속도와 비행시간 등은 공개하지 않았다. 우리 군은 백두·금강 정찰기와 RF-16 정찰기 등 대북 정찰항공기들과 대북 도·감청 자산을 운용하고 있다.

비록 북한 내부를 들여다볼 수 있는 정찰위성과 북한 미사일을 처음부터 끝까지 탐지·추적할 수 있는 정지궤도 위성은 없지만, 제한적이나마 사전에 도발 징후를 알 수 있다. 이 때문에 청와대의 북한 도발에 대한 축소 의혹이 제기된다. 당초 군은 청와대에 "300㎜ 방사포 등 다양한 단거리 발사체일 가능성을 두고 분석중"이라고 보고한 것으로 전해졌다. 하지만 청와대는 "개량된 300㎜ 방사포(대구경 다연장포)로 추정되나 정확한 특성과 재원은 정밀 분석중"이라고 발표했다. 방사포에 무게중심을 둔 발언으로 남북대화 기조를 깨뜨리지 않기 위해 군의 보고를 자의적으로 해석한 것 아니냐는 지적이 나온다.

탄도미사일은 유엔 제재 대상이지만 포탄은 아니다. 특히 포탄은 유엔 제재 대상에 포함되지 않기 때문에 청와대가 도발 축소를 위해 의도적으로 방사포로 평가한 것 아니냐는 의혹도 나온다. 청와대 고위관계자는 7월 28일 기자들과 만나 "당시 발표 때도 방사포 추정이라고 이야기했었다"면서 "한·미 간에 협의를 거쳐 내용을 미사일로 수정한 것"이라고 해명했다. 섣부른 정무적 분석의 다른 축은 도널드 트럼프 미국 대통령에게 있다. 트럼프는 북한을 비핵화 협상에 계속 묶어두기 위해 단거리 미사일 발사를 용인하고 면죄부를 주고 있다. 트럼프 대통령은 이들 미사일 발사가 김정은 위원장이 자신에게 한 '핵실험과 대륙간탄도미사일(ICBM) 발사 중단' 약속을 어긴 게 아니란 어정쩡한 입장을 밝히고 있다.

김정은의 도발에 말려들지 않으려는 트럼프 대통령의 정책이 화약고에 기름을 붓고 있다. 마크 에스퍼 미국 국방장관이 최근 북한의 잇따른 미사일 발사에 대해 과민반응하지 않겠다고 밝혔다. 에스퍼 장관은 지난 월말 호주 방문을 마치고 일본으로 향하는 전용기 안에서 기자들에게 "핵심은 외교의 문을 계속 열어 두는 것이라며 우리는 과민반응하지 않을 것(we're not going to over react)"이라고 언급했지만 트럼프의 인

내심은 향후 북한의 미사일 사거리가 최소 2,000㎞를 넘어 일본 열도를 통과할 경우 현실의 벽에 부딪힐 것이다.

명칭조차 불분명하여 '홍길동 훈련'이라 불리는 한·미 연합도상 군사연습이 종료되는 광복절 이후 북·미 간의 본격적인 실무접촉이 재개될 것이다. 하지만 협상이 재개되더라도 북한의 미사일과 방사포 도발이 중지

최근 북한은 단거리 미사일 추정체가 이동식 발사차량(TEL)에서 공중으로 치솟는 장면을 공개했다. / 사진: 연합뉴스

되지 않을 것이다. 판문점에서 트럼프와 김정은 양 정상 간에 훈훈한 덕담이 오갔지만 실무 협상은 여전히 가시밭길로 덮여 있다. 오히려 미사일과 방사포의 사정거리가 더 늘어날 가능성을 배제할 수 없다. 북한이 정상회담 시한으로 설정한 연말로 다가갈수록 한·미 양국을 자극하는 도발의 수위와 강도는 높아질 것이다.

미래 한국 안보를 무엇으로 담보할까?

북한은 300㎜ 방사포를 비롯하여 수도권과 전방 지역을 겨냥한 5,500여 문의 방사포를 보유하고 있다. 여기에 사거리 250㎞의 신형 방사포가 실전 배치되면 북한 방사포의 위협은 더욱 커지게 된다. 신형 방사포는 비무장지대(DMZ) 부근에 배치될 경우 수도권과 주한미군 오산·평택기지, 육·해·공 3군 본부가 있는 충남 계룡대, F-35 스텔스기가 배치된 청주기지는 물론 경북 성주의 주한미군 사드(고고도 미사일 방어체계) 기지까지 사정권에 두는 것으로 평가된다.

북한판 이스칸데르 미사일은 최신형 패트리엇 PAC-3로 요격이 가능하다고 군 당국은 주장한다. 다만 비행 마지막 단계에서 급상승 등 요격 회피 기동이 가능한 만큼 실전 상황일 경우 무적의 창과 방패의 대결이라 결과를 점치기 어렵다. 북한군의 신형 400㎜급 방사포는 한국군과 주한미군에 유효한 요격수단이 없다. 수평 변칙 기동으로 요격이 어려우며 미사일급 정확도로 동시에 수십에서 수백 발의 사격이 가

능하다. 만약에 북한판 이스칸데르 미사일과 신형 400㎜ 미사일을 동시에 섞어 발사한다면 피해는 예측불허다. 북한은 재래기 무기 중에서 방사포·잠수함·전차·전투기 및 화생방 전력에서 한국보다 우세하며 한국이 보유하지 못한 핵무기와 장거리미사일을 가지고 있다. 한국은 국내총생산(GDP) 대비 약 2.5%를 국방비에 사용한다. 북한의 국방예산 비율은 약 25%다.

국방비 절대 액수는 한국이 크지만, 북한은 무기 개발에 총력을 집중하고 있다. 전작권 환수 로드맵으로 껍데기만 남은 한·미 연합연습은 컴퓨터 지휘소(CPX) 통제 훈련으로 시간을 보내고 있다. 방어만 하고 반격은 하지 않으니 대학생들이 즐겨 하는 배틀필드(Battle field) 게임보다 못하다. 9·19 남북군사합의의 선의만을 믿고 자진 무장해제의 길로 들어선다면 미래 남한 안보는 무엇으로 담보할 것인가? 지난달 독도 상공 항공식별구역(ADIZ)에 난입한 중·러의 전투기는 구한말 경복궁에 난입한 청나라와 일본의 군대와 다를 바가 없다.

2017년 제임스 매티스(James Mattis) 당시 미국 국방장관이 "한반도에서 분쟁 가능성을 낮추려면 미군이 무엇을 할 수 있을까?"라는 기자의 질문에 "페렌바크(T.R. Fehrenbach)의 [이런 전쟁(This Kind of War)]을 읽어 봐야 한다"고 대답했다. 전쟁을 준비하지 않은 미국을 되돌아보는 미국판 징비록(懲毖錄)인 이 책은 마지막 807쪽에서 "한국전쟁의 교훈은 이 전쟁이 실제로 일어났다는 것이다"라는 문장으로 대단원의 막을 내린다.

한반도의 38도선에서 포성이 멈춘 지 10년 만인 1963년 이 책을 발간한 저자는 전차대대 중대장에 이어 중령 계급장을 달고 한반도의 전선을 누볐다. 그는 세계 양대 세력이 충돌해 200만 명이 사망한 한국전쟁은 '힘을 시험한 전쟁이 아니라 의지를 시험한 전쟁'이었다고 증언했다. 당시 서방은 공산권 지도부의 야망과 의도를 오판했

▌ 북한은 방사포 발사로 한국을 연일 위협하고 있다. 미국은 이를 묵인하고 있다. / 사진: 연합뉴스

고 공산권 지도부는 서방의 대응을 판단하는 데 실수했다. 이 책이 주는 또 다른 교훈은 군이 반드시 해야 할 일을 망각하면 어떤 결과를 맞게 되는지를 상기시켜 준다고 고든 설리번(Gordon Sullivan) 전 미 육군참모총장은 지적했다.

평화경제 선언 다음 날 벌어진 미사일 협박

어디서부터 잘못된 것일까? 한반도 주변 열강들로부터 대한민국이 이렇게 고립된 것은 1948년 제헌헌법 제정 이후 처음이다. 1965년 국교 수교 이후 최악의 한·일 관계를 시작으로 한·중, 한·러는 물론 한·미 관계 역시 불협화음의 연속이다. 사면초가, 고립무원 단계를 떠나 정치와 군사는 물론 경제위기로 비화하고 있다. 2019년 한반도 정세는 해법이 쉽지 않은 고차방정식과 같다. 국제정세를 무시하고 오직 평양과의 관계 개선만이 모든 문제를 해결할 수 있다는 2년 전 국정판단이 오늘날 위기의 서막이었다. 첫 단추를 잘못 끼운 대가가 만만찮다.

남과 북이 지난해 9월 19일 요란한 축포와 함께 서명한 군사합의서 제1항에는 '상대방에 대한 일체의 적대행위를 전면 중지하기로 하였다'고 명시돼 있다. 하지만 북한은 연일 드러내놓고 대남 적대행위를 하고 있다. 9·19 군사합의를 사문화(死文化)하고 나선 것이다. 미사일 발사가 9·19 군사합의 위반이 아니라는 청와대 안보실장의 발언은 평양을 향한 일편단심 사모곡인가? 평화 경제론으로 대일(對日) 결사 항전을 독려한 다음 날 아침, 저고도 정밀타격 능력을 자랑하는 미사일로 응답하는 주체가 평양지도부다.

문재인 대통령이 "남북 간 경제협력으로 평화경제가 실현된다면 일본경제를 단숨에 따라잡을 수 있다"고 발언한 지 하루 만에 북한은 군사도발로 반응했다. '맞을 짓을 하지 마라', '한·미 군사연습을 계속하면 새로운 길을 모색할 수 있다'라며 미사일로 협박하는 당사자와 경협으로 단숨에 극일(克日)하겠다는 주장은 우물에서 숭늉 찾기다. 9·19 군사합의는 일장춘몽으로 치부하고 현실을 직시해야 한다.

얼마 전 방문한 칭화대 정문 표석과 캠퍼스 곳곳에 붙어 있는 '자강불식 후덕재물(自疆不息 厚德載物)'이라는 슬로건은 풍전등화 상태인 한국의 안보에 경종을 울리는 것 같았다. '스스로 쉼 없이 강하게 만들고 덕을 많이 쌓아야 재물이 들어온다'라는 의미다. '자강불식 후력재안(自疆不息 厚力載安)'이다. '스스로 쉼 없이 강하게 만들고 힘을 많이 쌓아야 안전이 보장된다'라는 창작 문장으로 무더위 속 답답한 마음을 달래 본다.

2. 김영철 숙청 이후 김정은의 3각 통치전략

'권부' 최룡해, '외교' 이용호·최선희, '경제'는 박봉주·김재룡이 키맨
■ 숙청은 책임 전가, 희생양 찾는 권력의 악성 소프트웨어
■ 미사일 강공 전략 이후의 미래는 극히 불투명

북한의 통전부장 김영철은 어디로 사라진 것일까? 2011년 말 김정은이 권좌에 오른 이후 7년 만에 역사상 최초로 2차례의 북·미 정상회담을 성사시킨 핵심 주역이 보이지 않는다. 트럼프 미 대통령과 만나고 폼페이오 국무장관과 뉴욕 맨해튼 빌딩 스카이라운지에서 북한의 비핵화와 장밋빛 미래를 논의하던 75세의 노회한 권력의 얼굴마담이 지난 4월 흩날리던 벚꽃과 함께 사라졌다. 국정원은 4월 24일 통전부장이 김영철에서 신원사항이 제대로 확인되지 않은 장금철로 교체됐다고 밝혔다.

김영철이 누구인가? 김정은 국무위원장 집권 이후 리영호 총참모장 등 아버지 김정일이 붙여준 호위무사 등을 제치고 지도자의 최측근으로 부상한 인물이다. 군부를 장악하고 대미(對美) 강경 정책을 주도한 초강경파다. 2016년 김양건 사망 이후 통일전선부장에 임명된 김영철은 무력도발 총책임자인 정찰총국장 직책을 틀어쥐면서 대남(對南) 책임자인 통전부장까지 겸했다. 북한 내부 대남 온건파가 김양건 사망과 김영철의 득세로 전부 숙청당했다는 관측까지 나왔다. 김영철은 2016년 신설된 국무위원회 위원으로 선임되는 등 권력의 출세가도를 질주해왔다. 2018년 초 남·북·미 화해무드 상황에서 정보 라인 간의 총책임자로 남·북·미 관계를 물밑에서 조율했다.

하지만 하노이 회담은 김정은이 큰 만족을 표시한 친서대로 진행되지 않았다. 영어 해득력이 부족하고 미국 정치문화에 익숙하지 않은 김영철은 워싱턴의 복안을 오해한 것일까? 아니면 폼페이오의 발언에 대해 통역한 내용을 제대로 파악하지 못한 것일까? 결국 65시간의 장거리 열차 방문을 통한 하노이 회담이 최종적으로 '노딜'

이라는 참담한 결과와 함께 북한이 제재로 어려움을 겪고 있다는 사실만을 스스로 고백하는 자충수로 막을 내렸다. 김영철이 당 부위원장 직책과 국무위원 직책은 유지한 만큼 숙청이나 실각은 아닌 것인지? 김영철의 최고조에 달했던 관운은 하노이 노딜로서 끝이 난 것일까?

미국 대통령까지 만난 북 관료의 숙청이란

지난 2월 정상회담이 결렬로 끝난 후 김영철과 함께 김혁철 국무위원회 대미특별대표도 외교무대에서 사라졌다. 김혁철은 지난 1월 최선희 외무성 부상을 대신해 실무 협상 대타로 등장했다. 스티븐 비건 미 국무부 대북정책 특별대표의 파트너였다. 토끼사냥이 완료된 만큼 김정은은 자신이 원하는 결과를 도출하지 못한 무능한 사냥개를 내치는 토사구팽(兔死狗烹)을 자행한 것일까? 아니면 하노이에서 평양으로 돌아가는 기차 안에서 김정은에게 3일 동안 무릎 꿇고 반성했다는 소문대로 하노이 '노딜'에 대한 희생양일까? 혹은 태영호 공사가 지적한 스스로 방어벽을 치는 차원에서 와병을 핑계로 2선으로 물러난 것일까? 향후 김영철을 대신하여 북한의 대미와 대남 대응전략은 누가 설계하고 주도할 것인가? 통전부와 외무성의 역학 관계는 어떨 것인가? 5월 초 어린이날 연휴를 앞두고 1년 5개월 만에 북한의 전격적인 단거리 미사일 발사는 누구의 아이디어이며 '새로운 길'을 가는 것일까?

역대 북한의 권력 실세 중에서 백악관 집무실에서 미 대통령을 만난 인물은 조명록과 김영철 2명이다. 조명록은 2000년 김정일 국방위원장의 대미 특사 자격으로 클린턴 대통령을 만나 친서를 전달했다. 조명록은 국방위원회 제1위원장 겸 군총정치국장 직함에 군복을 입고 백악관 오벌 오피스에서 획기적인 북·미 관

▌지난 1월 트럼프 미 대통령이 워싱턴DC 백악관 집무실에서 김영철 북한 노동당 부위원장으로부터 김정은 국무위원장의 친서를 받고 있다.

계 개선의 메시지를 전달했다. 김영철 역시 2018년 5월에 이어 2019년 1월 백악관 집무실에서 트럼프 대통령에게 김정은의 친서를 전달했다. 백악관을 방문해서 '철천지 원수'라는 미 대통령에게 직접 친서를 전달하는 것은 평양 최고지도자의 절대적인 신임을 받지 않고서는 불가능한 일이다.

하지만 북한에서 최고지도자의 각별한 신임은 양날의 칼이다. 특별한 총애를 받는 순간 누구도 누리지 못하는 권력의 각종 단맛과 혜택을 맛보지만, 막후의 집중적인 견제와 시기·질투라는 권력 투쟁의 목표물이 된다. 본인에게 주어진 특수 미션을 제대로 수행하여 '최고 존엄'의 위상에 손상을 가하지 않으면 그의 권력은 무탈하다. 하지만 최고지도자의 지상명령을 완벽하게 수행하지 못해 '체면과 권위'의 문제가 생기면 그의 생사는 바람 앞에 등불이 된다.

북한 권력층들이 가장 두려워하는 것은 숙청이다. 최고지도자와의 직·간접 거리에 비례해서 권력의 파워가 달라진다. 최고 권력자 주변에는 문고리 권력부터 시작해서 책사, 참모 및 실세 등 다양한 형태의 '주변 권력'이 존재한다. 최고 존엄의 신임이 지속되는 한 '주변 권력'에 대한 신변의 위협은 없다. 김정은의 집무실에서 회의에 참여하고 공식 사진을 찍지만 지시사항이 제대로 이행되지 않을 경우 하루아침에 희생양이 될 가능성은 항상 존재한다.

권력의 단맛이 강했던 만큼 최고지도자의 눈 밖에 난 대가 역시 쓴맛은 상상을 초월한다. 사랑은 하루아침에 미움을 넘어 증오로 바뀌고 '숙청'이라는 사약(死藥)이 기다리고 있다. 북한의 [조선말 대사전]에 따르면 숙청을 '정치적 반대 세력을 차단하거나 제거하는 것'으로 규정한다. 숙청은 최고 수준의 정치적 및 형사적 처벌을 의미한다. 숙청보다 낮은 단계의 처벌은 경고적 의미가 있는 '혁명화' 과정이다. 보통 지방의 협동농장이나 광산 등에서 일반 노동자와 동일하게 육체노동을 6~12개월 정도 경험한 후 충성 맹세를 수십 장 제출한 후 현업에 복귀한다. 평양 중앙정치에 복귀할 기회를 한번 주는 것이다.

과거 김정일의 매제였던 장성택을 유럽에서 수행했던 고위층 탈북자는 국가안보전략연구소장이었던 저자에게 혁명화 과정의 고통을 설명해줬다. 장성택은 술만 취하면 종아리에 남은 각종 상처와 화상 흉터를 보이며 김정일의 눈 밖에 나서 1년 동안 평안남도 강선제강소에서 쇳물을 나르다가 다쳤다고 한탄했다고 한다. 2019년 4월 최고인민회의 이후 북한 권력의 이인자로 떠오른 최룡해 역시 지난 2015년 함경남도 덕성군 장흥협동농장에서 농사일을 하는 혁명화 조치를 받고 평양에 복귀했다.

양강도에 건설된 백두산영웅청년발전소 공사 부실의 책임을 추궁당했다. 주민들 간에는 "과거 평양에서 바람피운 것 때문에 검덕광산에서 혁명화를 하고 이제는 김정은에게 잘 보이려고 발전소 건설을 무작정 몰아붙였다가 함경남도서 농장일을 하는 꼴이 됐다"는 소문이 돌았다.

혁명화와 달리 숙청은 '돌아오지 않는 다리'

혁명화 조치와 숙청의 차이점은 기사회생 여부다. 혁명화는 복권이 가능하지만 숙청은 재기의 기회가 영영 사라진다. 혁명화는 실수를 한 간부를 탄광이나 광산, 농촌 등에 보내 육체노동을 시킴으로써 사상을 개조하고 당과 수령에 대한 충성심을 고양시키는 처벌이다. 내용상 노동교화형과 비슷하지만 정식 재판을 거치지 않는다는 점에서 정치적 처벌에 가깝다. 숙청으로 정치범 수용소로 보내졌는데 무죄를 받아 복권이 되면 숙청 작업에 참여한 사람들이 잘못한 것이기 때문에 복권 사례는 북한 숙청의 역사에서 찾아보기 힘들다.

숙청의 대상은 크게 세 가지로 구분된다. 우선, 불경과 불충이다. 김정은 시대 불경과 불충의 대표적인 사례는 리영호 전 총참모장과 현영철 인민무력부장 등이 꼽힌다. 2012년 7월 김정일의 장례식 운구 차량을 수행했던 리영호는 김정은 집권 7개월 만에 모든 직위에서 해임됐고 현재까지 행방이 묘연하다. 북한은 2012년 9월 전군에 하달한 자료에서 "개인의 공명심에 눈이 어두워 양봉음위(陽奉陰違, 앞에선 순종하는 척하고 속으론 딴마음을 품음)하는 자들, 주색금(술·여자·돈)에 빠져 사상적으로 타락한 자들이 우리 일꾼들 속에 있으며 이는 위대한 김정일 장군님 앞에 천추에 두고 씻을 수 없는 대죄악이다. 리영호 같은 충신의 탈을 쓴 간신들은 우리 당과 국가의 어디에도 발붙일 곳이 없다"고 밝혔다.

2015년 김정은 최측근으로 분류됐던 변인선 총참모부 작전국장도 처형됐다. 김정은에게 이견을 제시했다는 이유였다. 같은 해 4월 30일 현영철 인민무력부장은 김정은 연설 도중 졸았다는 이유 등으로 처형당했다. 현영철은 평양 순환구역 소재 강건종합군관학교 사격장에서 고사총으로 총살됐다. 수백 명의 권력층이 지켜보는 가운데 공개 처형했다. 숙청 사유는 김정은에 대한 불만 표출, 김정은 지시의 수차례 불이행과 태만, 김정은이 주재한 인민군 훈련 일꾼 대회에서 졸고 있는 불충스러운 모습 때문이다. 그해 4월 26일 [조선중앙통신]이 공개한 사진에는 현영철의 조는 모습이 담겨있다. 김 제1위원장이 앉아 있고, 그 옆에 황병서, 그 옆에 현영철이 앉아 있었는데, 눈을 감고 있는 게 보였다. 돌쇠 성격의 현영철은 조는 행동으로 몇 차례 김정은의 째려보는 주의를 받고도 시정되지 않아 전격 숙청당했다. 2016년 7월엔 김용진 부총리가 최고인민회의 도중 자세가 불량했다는 이유 등으로 각각 처형됐다.

다음은 반혁명분자로서 숙청에서 처벌이 엄중한 경우다. 2013년 12월 12일 장성택 당 행정부장이 국가안전보위부 특별군사재판 판결 직후 전격 처형된 사건이 대표적이다. 장성택 죄명은 반당(反黨)·반혁명 종파 행위로서 주변 인물의 대거 숙청이 뒤따랐다. 일부 국내 언론에서는 김정은이 장성택을 처형했기 때문에 북한 내정이 불안하다고 보도했지만, 실제 김정은이 장성택을 처형하지 못했다면 평양의 권력이 불안했을 것이다.

마지막으로 최고지도자의 과업 수행에 폐를 끼친 무능자에 대한 처벌이다. 김영철의 퇴진 내지 숙청이 해당한다. 2015년 5월엔 최영건 부총리가 '성과 부진' 명목으로 숙청됐다. 과업 수행 자체가 무리하거나 여건이 불비해서 목표가 달성되지 못한 경우가 태반이기 때문에 결국 희생양 찾기다. 일본의 북한 전문매체 아시아프레스는 지난 3월 24일 북한이 북·미 정상회담 실패에 대한 책임을 물어 외무성 간부 4명이 총살됐다는 소문이 돌고 있다고 보도했다. 북·중 무역을 하는 북한 소식통은 "외무성 간부 4명이 트럼프와의 회담 실패 책임을 물어 총살됐다고 들었다"고 말했다. 아시아 프레스는 이어 3월 22일엔 다른 내부 소식통이 "4월 초 평양에서 중앙당 간부와 인민무력부 소속 간부가 모인 앞에서 하노이 북한대사관원과 외무성 간부 등 4명이 총살됐다고 한다. 북측 정보를 돈을 받고 회담 전에 미국측에 팔았다"는 소문을 전했다.

숙청은 과거 소련의 레닌과 스탈린 및 중국의 마오쩌둥 등 공산주의 최고 권력자들이 자신들에 대한 비난과 책임 추궁을 회피하기 위해

▌ 2017년 3월 당시 완공을 앞둔 평양시 대성구역에 있는 여명거리를 찾은 김정은 위원장 / 사진: 노동신문 캡처

주기적으로 작동시킨 권력의 악성 소프트웨어였다. 김일성과 김정일 역시 정적과 이인자에 대한 숙청을 통해 권력의 도전을 물리쳤다. 김일성 시대 숙청의 서막은 박헌영 처단이었다. 1955년 평안북도 철산군에서 한국전쟁 당시 미국 스파이의 죄목으로 남로당 책임자 박헌영을 고문해 사망하게 했다. 이후 종파주의와 파벌주의 책임을 물어 1950년대 말에는 허가이 등 연안파와 소련파, 1960년대 후반에는 갑산파 등을 반혁명분자로 연이어 숙청하였다. 김정일 시대 숙청의 하이라이트는 1997년부터 2000년까지 진행된 속칭 '심화조 사건'이다. 1994년 김일성 사후 삼년상을 치른 김정일은 1998년 국방위원장 자격으로 2대 세습에 전후로 집권 이후의 도전을 잠재우고자 2만 5,000여 명의 당 간부와 가족을 숙청하거나 요덕 등 집단수용소로 보냈다.

최선희, 작두 위에서 칼춤을 추는가

김영철의 숙청 이후 북한 권력의 분야별 행보는 누구를 중심으로 작동될 것인가? 권력에서 추락하는 인물이 있으면 필연적으로 반등하는 인물이 있다. 우선 대미 협상은 김영철을 대신해 이용호와 최선희의 쌍두마차를 중심으로 진행될 것이다. 북한 외무성이 통전부 대신에 대미 협상의 창구 역할을 되찾았다. 지난 4월 26일 북·러 정상회담을 위해 러시아 블라디보스토크를 방문한 김정은 국무위원장의 전용차에 이용호 외무상과 최선희 외무성 제1부상이 탄 모습이 화면에 포착됐다. 김 위원장은 블라디보스토크 태평양함대사령부에 있는 전몰용사 추모 시설인 '꺼지지 않는 불꽃'에서 헌화했다. 검은색 벤츠 마이바흐 S600 풀만 가드를 타고 온 김 위원장은 상석인 오른쪽 뒷좌석에서 내렸고, 동시에 이용호 외무상이

2019년 3월 1일 하노이에서 기자회견을 열어 북·미 정상회담 결렬에 대한 입장을 밝히는 북한 이용호 외무상(오른쪽)과 최선희 외무성 부상 / 사진: 연합뉴스

전용차 앞자리에서, 최 제1부상이 김 위원장 옆자리에서 내렸다. 북한 간부가 전용차에 동승하는 사례는 극히 드문 일이다. 공식적으로 발표되는 권력 서열 순위가 무색한 수준이다. 김정은의 강대국 외교는 외무성 라인으로 작동될 것을 예고한다.

리 외무상과 최 제1부상은 전날 김 위원장과 블라디미르 푸틴 러시아 대통령의 확대 회담에서도 북측 배석자로 유일하게 참석했다. 이용호와 최선희는 두 정상 간의 마지막 공식일정인 만찬 연회에서도 김 위원장과 주빈석에 함께 앉았다. 2019년 하노이 회담 이후 떠오르는 별 최선희의 문고리 파워는 상상 이상이다. 전용차 탑승에서 김 위원장의 옆자리에 최선희가 10여 분 이상 동석하고 이동했다. 당장 이 장면만으로 최선희가 이용호보다 실세라고 판단하기 어려워도 최선희에 대한 김정은의 신임이 간단치 않다는 것을 짐작하게 한다. 최선희가 최고 권력자와 차량 옆자리에 동승하는 총애를 받고 있지만 그녀의 파워는 작두 위에서 칼춤을 추는 무당과 크게 다르지 않을 정도로 불안하다.

최룡해, 당·내각·군의 총괄지배인

최선희는 지난 4월 말 마이크 폼페이오의 인터뷰 내용을 거론하며 "미국이 우리가 제시한 시한부 내에 자기 입장을 재정립해 가지고 나오지 않는 경우 참으로 원치 않는 결과를 보게 될 수 있을 것"이라고 포문을 열었다. 5월 미사일 발사를 예고한 셈이다. 최선희는 4월 20일에도 존 볼턴 미 국가안보회의 보좌관의 언론 인터뷰를 문제 삼아 "희떠운 발언이며 멍청해 보인다"고 비난했다. 최선희는 김정은의 연말 시한 가이드라인을 백업하며 강공 작전으로 '대미 장외 여론전'을 주도하고 있다. 스위스에서 조기 유학한 젊은 지도자 김정은 입장에서는 영어 해득력이 없는 노쇠한 김영철보다는 영어가 유창하고 민첩하게 움직이는 최선희를 실무적으로 신뢰할 만할 것이다.

특히 최선희는 김여정을 제외하고는 김정은과 유럽의 조기유학 시절의 경험에 대해 공감대를 형성할 수 있는 거의 유일한 인물이다. 1964년생인 최선희는 어린 시절, 권력 서열 3위로 내각 부총리였던 최영림의 수양딸로 받아졌고, 이후 평양에서 유년기를 보내다가 중국, 오스트리아 및 몰타에서 중고등학교 시절을 보냈다. 해외 유학 시절의 경험과 국제화 지식으로 영어를 수준급으로 구사하고, 직설적인 화법을 구사하며 강성이다. 1988년 외무성 입부 후 30년 만에 최고 권력자의 차량에 동승하는

▌2019년 4월 12일 북한 최고인민회의장에서 최룡해 북한 국무위원회 제1부위원장이 김정은 위원장과 허리 숙여 악수하고 있다. / 사진: 연합뉴스

자리에 올랐다. 그녀의 장기는 역시 유창한 영어 실력이다. 그동안 국제무대에서 다양한 영어 실력을 과시하였다. 2009년 8월 빌 클린턴 전 미국 대통령이 평양을 방문했을 때도 통역을 맡았다. 6자 회담 북측 수석대표 통역(2003~2008년), 외무성 북아메리카국 부국장(2010년) 및 6자 회담 북측 차석대표, 외무성 북아메리카국 국장(2016년), 외무성 북아메리카국 부상(2018)

및 외무성 제1부상 및 국무위원회 위원(2019년) 등 정통 외무성 테크노크라트의 출세 가도를 달려왔다.

김일성은 생전에 북한과 같은 약소국은 외교, 군사 및 과학기술의 3대 분야는 실무 테크노크라트의 의견을 중시하라는 지침을 내렸었다. 장기 근무로 업무의 연속성과 일관성이 보장된 정통 외무성 간부들이 중용되는 이유 중의 하나다. 3차 북·미 정상회담이 김정은의 희망대로 연말 안에 개최되어 스몰딜에 해당하는 합의문이라도 도출한다면 최선희는 아마도 북한 최초의 여성 외무상이 될 것이다.

대남 관계는 큰 틀은 외무성에서 잡고 실무적인 업무는 통전부장에 새로 임명된 장금철을 중심으로 진행될 것이다. 장금철은 2001년 민족경제협력연합회 참사로 6·15 남북공동행사에 참가했고 이후 민족화해협력범국민협의회(민화협) 중앙위원에 임명되어 아태평화위원회에서 민간 교류 업무를 맡았다. 2019년 4월 노동당 전원회의에서 중앙위원으로 선출됐고, 통일전선부장으로 임명되어 실무적인 대남 업무를 처리할 것이다. 남북 관계는 대미 관계와 분리해서 대응하기 어렵기 때문에 장금철 등이 최선희 등과 조율해서 김정은의 최종 지침을 받는 체계로 정책이 진행될 것이다.

2019년 북한 권력구조 개편에서 가장 상징적인 사건은 북한의 내각 수반인 최고인민회의 상임위원장 김영남의 퇴진이다. 천하제일의 처세술로 3대에 걸쳐 명목상

권력의 이인자 역할을 했던 김영남의 퇴진은 이제 권력의 세대교체가 완성됐다는 것을 상징한다. 지난 4월 14기 최고인민회의는 김정은을 '최고 수위로 추대'하였다. 김정은의 실질적인 권력과 형식적인 권력을 일치시키려는 의도다. 김 위원장은 실질적인 북한의 지도자이지만 아버지 김정일 시대의 권력 프레임에서 통치하고 있었다. 북한에서 국무위원장은 국가의 최고영도자이지만, 외교적으론 최고인민회의 상임위원장 김영남이 국가를 대표했다. 이는 김정일 국방위원장 때 도입한 시스템이다. 김정은이 북한을 통치하지만, 형식적으로 김영남에게 대외 수반 역할을 맡기는 방식이었다.[3]

김정은은 형식적 수반 체제를 바꿔 고령인 김영남(91세)을 퇴진시키고 '김정은 원톱' 체제로 권력체계를 단순화했다. 최룡해(70세)가 김영남의 최고인민회의 상임위원장 자리를 물려받았다. 최룡해는 또한 북한 국무위원회 제1부위원장에도 오르며 확실한 이인자가 되었다. 최룡해는 김정은이 해외 순방에 나설 때 평양역에서 김정은을 배웅하며 김정은 부재 중에 평양의 권부를 관리한다. 제2차 북·미 정상회담 기간 동안에는 평양의 충실한 진돗개 역할을 수행했다. 결국 최룡해는 김정은의 권한 위임을 받아 당과 내각 및 군의 총괄 지배인(manager) 역할을 수행할 것이다. 최룡해는 형식상의 북한 총리로서 5월 6일 러시아 여객기 화재 참사와 관련해 블라디미르 푸틴 러시아 대통령에게 위로 전문을 보냈다. 북한 [노동신문]은 최룡해가 만수대의사당에서 장 카를로 엘리아 발로리 이탈리아국제그룹 이사장을 접견했다고 5월 3일 보도했다.

군사도발 안 먹히면 실세들의 운명도 미궁에

하노이 회담 이후 경제관리는 박봉주가 후방에서 관리하고 김재룡이 전방에서 활약하는 투톱 시스템으로 작동된다. 2019년 4월 내각 총리로 선출된 김재룡은 산간 오지인 자강도 당위원장에서 일약 김정은 2기 정권의 경제 수장으로 발탁됐다. 평안북도당위원회 비서를 거쳐2015년 2월 자강도 당위원회 책임비서에 올랐다. 북한은 하노이 정상회담의 결렬로 기대했던 대북제재 해제가 무산되면서 '자력갱생에 의한 경제발전' 노선 채택이 불가피해졌다. 평안북도와 자강도에서 지방의 당 관료로 지방경제 발전을 위해 활약해온 공로가 인정돼 깜짝 발탁됐다. 김재룡을 총리로 발탁했다고 해서 전임 박봉주의 좌천 및 숙청을 의미하지는 않는다. 박봉주가 노동당 부위원장으로 자리를 옮겼지만, 국무위원회 부위원장을 여전히 겸임하고 있다. 80세 고령의 박봉주보다는 새로운 인물을 통해 미국의 경제제재에 대응하는 세대교체 인사다. 김정은의 신임이 여전한 박봉주는 김정은 위원장의 경제관리 정책을 구현하기 위해 후방에서 경제 전반을 관장할 것으로 보인다.

하노이 회담의 노딜 이후 김정은은 외교 및 대외 관계는 이용호와 최선희, 평양 권부관리는 최룡해, 경제는 박봉주와 김재룡을 통해 삼각 통치전략을 구사하고 있다. 연이은 미사일 발사를 통해 "평화는 힘으로만 담보할 수 있다"며 강공전략을 구사하고 있다. 2019년 한반도 정세는 김정은의 군사 도발로 새로운 먹구름이 몰려오고 있다. 연말까지 미사일의 사거리를 늘리는 살라미(salami) 군사도발로 한국과 미국을 압박할 것이다. 사거리가 2,500㎞인 중거리 미사일이 일본 열도를 지나가는 순간 대화냐 제재 강화냐 선택의 분기점에 직면할 것이다. 군사 도발로 김정은의 목표가 관철되지 않을 경우 측근들의 운명도 김영철과 같이 미궁에 빠질 것이다.

3. 김정은 위임통치 논란 왜?

권력 이양인가, 권한 분산인가
■ 국정원발 '김여정 위임통치설'에 평양 권력 급변 상황 여부 초긴장
■ 9년 통치 피로 누적된 듯 … 경제위기 극복하려 당·내각 책임 강화 포석

역시 박지원 신임 국정원장의 화려한 데뷔전이었다. 지난 8월 20일 국정원장의 국회 정보위 보고 내용은 다음 날 주요 조간신문의 1면 톱을 장식했다. 대통령을 제외하고는 어느 국무위원도 지면 확보에서 조간 헤드라인을 차지하기가 쉽지 않다. 새벽바람을 맞으며 조간신문의 머리말 기사를 챙겨 동교동으로 출근해 김대중 전 대통령(DJ) 의중과 여론의 향배를 가늠하던 시절, 언론의 속성과 생리를 리얼하게 체득한 신임 국정원장의 정무 감각은 일반 국무위원들과는 차원이 다르다. 내곡동 입성을 알리는 개업 신고를 밋밋하게 갈 수는 없다. 어떤 선정적인 워딩을 사용해야 조간신문들이 큰 제목을 뽑는지 꿰뚫지 않고는 던질 수 없는 승부수였다. 어느 언론이 김정은 북한 국무위원장의 안위와 통치에 문제가 생긴 것 같은 뉘앙스를 내포한 국정원장의 국회보고, 그것도 문서보고를 일급 뉴스로 다루지 않겠는가?

저자와 친분이 있는 정보위 소속 한 의원은 "국정원에서 준비한 파워포인트 형식의 문서가 대충 30쪽가량인데, 그중 10쪽이 위임통치 부분이었다"며 "코로나19, 수해, 핵미사일 등 이런 것들에 비해 위임통치 비중이 압도적이었다"고 귀띔했다. 신문기사로 표현하면 보고의 '야마'(핵심)가 위임통치였다는 의미다. 보고서의 3분의 1이 위임통치 내용이었고, 총괄적으로 김여정 제1부부장, 경제 및 군사 분야의 김덕훈 신임 내각총리, 최부일 부장 등 실세들의 역할 등이 나열됐다.

박 국정원장은 국회 정보위 첫 회의에서 김정은 위원장이 여동생인 김여정 노동당 중앙위원회 제1부부장에게 국정 운영의 권한 일부를 이양하는 등 위임통치에 들

어갔다고 밝혔다. 다만 "김 위원장이 아직 후계자를 결정한 것이 아니고 건강에도 이상이 없는 것으로 보인다"면서 "김 제1부부장이 이인자 역할을 하는 것"이라고 전했다. 국정원은 김여정 제1부 부장의 담화까지 북한 주민들에게 암송하게 시킨 것은 거의 후계자급에 맞먹는다며 김여정의 이인자 역할을 입증하는 특이한 사례로 제시했다.

▌2019년 8월 20일 박지원 국정원장은 국회 정보위원회 첫 업무보고에서 김정은 위원장이 여동생인 김여정 노동당 중앙위원회 제1부부장에게 국정 운영의 권한 일부를 이양하는 등 위임통치에 들어갔다고 밝혔다. / 사진: 오종택

김정은의 위임통치는 9년간의 통치 스트레스 경감, 정책 실패에 따른 책임 분산 차원에서 단행됐다고 한다. 김여정은 대남·대미 전략을 담당하고 국정 전반에 대한 보고를 받으며, 경제와 군사 분야도 전문 관료들에게 권한이 이양됐다고 한다. 김정은이 건강 문제가 없는데 스트레스 때문에 후계자로 결정되지 않은 여동생에게 이인자 역할을 맡겼다는 다소 알쏭달쏭한 표현에다 '위임통치'라는 자극적인(?) 단어를 사용해 언론에서 쓰지 않고는 못 배기게 만들었다. 아니나 다를까, 국정원이 국회 정보위에 보고한 대북 동향 분석 내용을 두고 정치권과 학계에서는 뒷말이 무성하다. 특히 '위임통치'라는 용어는 '무리한 표현'이라는 지적이다. 일각에서는 정치인 출신 신임 국정원장 스타일 때문에 대북 동향 메시지에 신중해야 할 국정원이 '오버'했다는 비판도 제기된다.

'위임통치' 용어 쓴 박 국정원장의 속내는?

임명을 위한 국회 인사청문회에서 2000년 6·15 남북정상회담 추진 대가에 대한 비밀 합의문이 존재하는가로 곤욕을 치른 박 원장은 내곡동 정보기관장으로서 화려한 데뷔가 필요했는지 모르겠다. 산전수전 및 공중전까지 경험하고 정보기관의 총체적인 책임을 진 박 원장이 '위임통치'라는 단어가 갖는 파급력을 간과했을 리 없다. 박 원장은 국정원의 평양 인사이드 스토리 보고가 실시간 확인이 어렵다고 하더라도 증권가 지라시의 '아니면 말고' 식은 곤란하다는 것은 알고 있을 것이다. 국정원장의 보고와 관련해서 우선 사실 여부와 관계없이 두 가지 해석이 가능하다.

우선 박 원장의 보고는 정보의 정치화 사례로서, 북한 내부 사태를 정확하게 분석하지 못한다는 부정적인 지적이다. '위임통치'의 의미에 대해 여당은 물론이고 통일부 장관, 국방부 장관으로부터도 다른 해석이 나오면서 북한 내부 상황에 대한 진위가 논란이 됐다. 이인영 통일부 장관은 8월 25일 국회 외교통일위원회 업무보고에서 "김 위원장이 당·정·군을 공식적·실질적으로 장악한 상황에서 분야별 '역할분담'을 한 것으로 평가한다"고 전했다. 정경두 국방부 장관 역시 같은 날 국방위에서 '김 부부장이 실질적으로 조직지도부를 장악하고 있는가'라는 국민의힘 윤주경 의원의 질의에 "그렇게 판단하고 있다"며 "김정은이 당·정·군에 대한 영도 유일 체제로 권력을 장악하고 있다고 보고, 다만 밑에 있는 사람들한테 역할이나 책임을 분산시켜서 (통치를) 하고 있다고 생각한다"고 말했다.

두 안보 관계 장관의 발언은 국정원장의 보고와 결이 다르다. 북한 통치체제의 근간인 유일 영도체제의 정점에 있는 김정은의 권력에 문제가 전혀 없다는 내용이다. 특히 북한 [조선중앙통신]이나 [노동신문]에 따르면 김 위원장이 2월 1회, 4월 1회, 5월 1회, 6월 2회, 7월 2회, 8월 5회, 그리고 9월에는 3회에 걸쳐 태풍 대책 등 주요 공식 회의를 주재하는 등 권력 작동은 정상적이다. 김 위원장은 8월 전원회의에서 북한의 경제 전략 실패를 공식 인정했다. 김 위원장은 "당 7차 대회 결정 관철을 위한 사업에서 나타난 편향과 결함들을 전면적으로, 입체적으로, 해부학적으로 분석·총화하라"고 지적했다. 이어 오는 2021년 1월 제8차 노동당대회를 개최해 새로운 경제발전 전략을 수립하겠다고 밝혔다.

요컨대 김정은이 경제발전 전략 실패를 자인한 것으로, 북한 통치체제의 특성상 매우 이례적이다. 김일성 주석 시절이던 1993년 제3차 7개년 전략의 실패를 인정한 이후 처음이다. 이는 김정은의 위임통치 주장과 맥락이 다르다. 북한에서 최고지도자인 '최고 존엄'이 추진한 모든 정책은 무오류이며 과오는 없다. 경제계획은 절대 실패가 없으며 목표 기간에 과업을 달성하지 못하면 완충기라는 연장 기간을 두어서 완수하면 된다. 아무리 코로나 상황이지만 김정은의 셀프 결단 없이는 실패를 자인

김정은 북한 국무위원장은 2019년 8월 19일에 열린 노동당 중앙위원회 전원회의에서 이례적으로 경제정책 실패를 자인했다. / 사진: 연합뉴스

할 수 없으며 절대 권력이 구축되어 있지 않으면 가능하지도 않다. 위임통치 표현과는 논리적으로 앞뒤가 맞지 않는 김정은의 고해성사다. 결론적으로 북한은 최고지도자 유고 때와 같은 비상시에만 권력 위임이 가능하기 때문에 '위임'이라는 단어는 너무 나간 표현이다.

국정원장이 국회 정보위에서 위임통치를 보고한 시점은 오전 평양발 뉴스로 김 위원장이 참석한 노동당 중앙위 제7기 6차 전원회의가 열렸다는 소식이 전해진 지 채 12시간도 되지 않은 상태였다. 더군다나 이번 6차 전원회의에서는 내년 1월 제8차 당대회 개최라는 매우 중요한 결정을 발표했고, 김 위원장은 전원회의 연설에서 "당 제8차 대회에서는 올해의 사업정형과 함께 총결기간 당 중앙위원회의 사업을 총화하고 다음 해의 사업방향을 포함한 새로운 국가경제발전 5개년 계획을 제시하게 될 것"이라고까지 밝혔다.

김정은의 절대권력 이상 징후 없어

박 원장의 정보위 보고는 김정은의 전원회의 연설 등을 반영하지 못했다. 평양 권부 내부의 돌아가는 상황과 여의도 국회 정보위에 보고되는 국정원 보고가 시차와 편차가 있다는 지적이다. 정보 실무자들이 관련 내용을 원장에게 맞춤형으로 보고하면서 정보 왜곡(intelligence distortion)이 생겼다는 것이 전직 국정원 북한 담당자들의 진단이다.

정보 왜곡은 정보의 정치화로 연결된다. 1991년 미 상원정보위원회 청문회에서 로버트 게이츠(Robert M. Gates)를 DCI(미국 정보공동체 의장)로 인준하는 과정에서 정보의 정치화가 큰 쟁점이 됐다. 게이츠는 CIA 분석부서를 관장하는 부국장 경력을 가졌는

데, 분석관으로서 게이츠가 레이건 행정부의 반소련 정책을 지지하는 성향의 보고서를 작성했다는 비판이 제기됐다. 상원 청문회에서 치열한 논쟁이 벌어졌다. ('현대국가 정보학' 참고, 전웅 저. 2015) 하지만 정보현장에서 분석관의 보고서가 정보기관장이나 통치권자의 의향에서 비켜나기는 쉽지 않다.

김여정 제1부부장의 동정은 7월 27일 전국노병대회 참석 이후 사라졌다. 위임통치의 주인공이 9월 10일 기준으로 달포 이상 두문불출이다. 그녀의 잠행은 무엇을 의미하는 것일까? 일차적으로 견제구가 들어온 것이다. 김여정에 대한 과도한 시선 집중을 조절하기 위한 김정은의 특별지시가 있었을 것이다. 과거 소련의 스탈린 시대나 중국 마오쩌둥 시대는 물론 현재 푸틴이나 시진핑 주석의 지도체제에서 이인자라는 단어는 사용조차 어렵다. 마침내 사회주의 권력에 이인자는 없다는 전통으로 제동이 필요했을 것이다. 아무리 여동생이지만 권력 전면에서 이인자 운운하는 평가는 하늘 아래 두 개의 태양이 떠 있을 수 없듯이 평양 주석궁에서는 절대 불가다. 근신은 아니더라도 자숙하는 잠행은 불가피하다.

한편으로 그녀의 잠행은 실세 역할을 수행하는 방증이라는 지적도 가능하다. 평양 권력에서는 막후 인물들이 핵심 역할을 한다. 평양 권부에서는 책임자보다 부부장들이 실제 일을 한다. 김 위원장은 9월 5일 태풍 마이삭 피해 현장을 방문하고 피해 대비 소홀의 명분으로 김성일 함경남도 도당위원장을 해임했다. 남한의 도지사에 해당하는 도당위원장을 천재에 해당하는 피해를 내세워 해임하는 극약 처방은 절대 권력의 통치자만이 가능하다. 김 위원장은 애민정신을 강조하기 위해 최정예수도당원 사단을 보낼 것을 지시했다. 9월 9일 평양 김일성 광장에서 1만 2,000명의 복구 인력과 물자가 3일 만에 준비돼 수십 개의 붉은 깃발을 휘날리며 함경도 피해 현장으로 출발하는 행사는 1960년대

김정은 국무위원장은 9월 초 제9호 태풍 마이삭으로 피해를 본 함경남도 현장을 방문해 대비 소홀을 명분으로 김성일 함남 도당위원장을 해임했다. / 사진: 연합뉴스

중반 중국의 문화대혁명 시절에 볼만한 광경이다. 문혁 당시 마오쩌둥의 지도력처럼 통치체제가 일사불란하고 김정은의 지시가 확고하다는 것을 상징한다.

신임 국정원장의 과욕이 부른 해프닝이었나

박 원장의 위임통치 보고에 대한 정치권의 비판은 더욱 공세적이다. 국회 외교통일위 소속인 김기현 의원은 8월 21일 페이스북을 통해 "세습 독재인 북한 체제 특성상 위임통치는 있을 수 없는 일이고 이뤄진 적도 없다"면서 "겨우 스트레스 때문에 권력을 위임했다는 박 국정원장의 '썰'을 곧이곧대로 믿으라는 말이냐"고 비판했다. 이어 "국회 정보위는 국정원의 독점적 대북 정보 권한을 국내 정치용으로 활용하는 곳이 아니다"라며 "북한 황강댐 무단방류 하나 사전에 인지하지 못하는 대북 정보력으로 북한 내 권력의 깊은 내막은 어찌 그리 속속들이 잘 안다는 것인지 신기할 정도"라고 비꼬았다. 국민의힘 서울 송파병 당협위원장인 김근식 경남대 정치외교학과 교수도 "갑자기 위임통치 운운하며 마치 북에 권력 변동이나 유고 사태가 생긴 것처럼 언론과 국민의 관심을 호도해버린 것은 전적으로 박 원장이 아직도 정치의 때를 벗지 못하거나 언론의 관심에 집착하는 '관종병' 때문일 것"이라고 일갈했다. 더불어민주당은 국정원이 불필요한 오해를 불러일으켰다는 반응이다. 민주당 김병기 정보위 간사는 "위임통치는 적당한 용어는 아니었다"며 "김여정이 대미·대남 분야를 위임통치 하는 게 아니라 총괄하는 것일 뿐"이라고 논란을 진화시키는 차원에서 부연 설명했다.

다음은 신임 국정원장의 보고 저변에 깔린 의미를 간과해서는 안 된다는 긍정적인 지적이다. 특히 북한 내부의 상황이 위임통치 수준이라는 해석도 균형 있게 파악할 필요가 있다는 문제의식이다. 국내는 물론 지구상에서 데일리 베이스로 기천 명의 담당관들이 평양과 주변을 지켜보는 곳은 국정원 밖에 없는 것이 현실이다. 정권과 원장의 성향에 따라 다소간의 정보편향(intelligence bias)은 있을지 모르지만, 북한 분석관들의 노하우와 직업적 충성도는 무시할 수 없다. [조선중앙통신]이나 [노동신문]에 실린 사진 한 장과 어렵게 촬영한 위성사진 해석을 두고 수백 명이 달라붙어 전과 후를 비교하는 기관은 역시 내곡동뿐이다.

1961년 중앙정보부 창설 이래 수많은 정치적 굴곡이 있었지만 역시 평양 정보의 원조는 국정원이다. 김대중 정부 초대 통일부 장관을 역임한 강인덕 전 장관은 평양 출신으로 중정 북한국에서 잔뼈가 다져졌다. 1972년 7·4 남북공동성명을 앞두고 북한 정보국장 자격으로 평양을 방문해 옛날 평양제일고보 동창들이 김일성 체제에서 어떻게 일하고 있는지 파악해 이를 대북 정책 추진에 참고했다. 지난 60년 동안 축적된 북한 정보 역량에 비하면 이런 사례는 빙산의 일각이다. 북한의 대남전담 기구인 통전부 역시 얼굴마담 격인 통일부보다 실제 물밑에서 대북 구도를 잡는 국정원을 의식하며 대남 전략을 수립하고 추진한다.

신임 국정원장이 평양 권부에 대한 정밀 분석 없이 언론 보도용으로만 '위임통치' 보고를 했다고 비판하는 것은 한편으로 정보기관의 대북 정보력을 깎아내리는 일이다. 국정원장 보고의 의도와 상관없이 평양 내부의 상황을 다각도로 진단하는 것이 급선무다. 국정원의 보고가 사실이라면 북한 권력 구조에 상당한 변화가 발생했다는 것을 의미한다. 김 위원장에게 중대한 건강 이상이 생긴 유고 상태나 수렴청정은 아니지만 '백두혈통'인 김 제1부부장이 국정을 중간에서 총괄하면서 명실상부한 문고리 권력이 됐다는 것을 암시한다. 이인자를 용납하지 않았던 1인 지배의 북한 체제에서 이는 드문 변화로서 후계구도의 가시화와 연계하는 평가도 간과할 수 없다. 지난 9년간의 통치 스트레스라는 표현은 건강과 연계시킬 수밖에 없다.

김정은의 최대 위협은 '건강'

세상에 업무 스트레스 없는 직은 없다. 궤양성 대장염으로 지난 8월 말 7년 8개월간의 총리직 사임 의사를 밝힌 아베 신조 일본 총리는 북한 납치 피해자 문제를 제 손으로 해결하지 못한 것과 헌법 개정 등 현안을 해결하지 못하고 퇴임하는 심경을 '단장(斷腸)의 아픔'이라고 표현했다. 사회주의건 자본주의건 간에 정치인이 건강 문제가 아니고서는 스스로 권력을 내려놓는 일은 흔치 않다. 아베 총리는 퇴임 후지만 벌써 심복인 스가 요시히데(菅義偉) 관방장관을 총리직에 앉혀 포스트 아베 시대에 상왕 정치를 하려 한다는 지적까지 나온다. 사임은 하지만 정치인 은퇴는 없다는 입장이다. 정치인의 권력욕은 살아생전에 종식될 수 없다는 주장은 동서고금의 진리다.

하물며 75년째 3대 세습 통치를 이어가는 김정은 입장에서 건강 문제가 아니고서는 권한을 자발적으로 이양할 필요가 전혀 없다. 고모부 장성택 전 노동당 행정부장, 김정남 이복형 등 핏줄은 말할 것도 없고 면종복배라는 죄목으로 숙청당한 관료와 주민들의 도전을 감안할 때 한시도 권력의 틈을 보일 수는 없다. 권력의 균열은 도전으로 이어진다. 통치 스트레스는 건강 문제를 에둘러 표현한 것이다. 국정원도 김정은의 건강에 관한 다양한 정보를 취합하고 있다. 그는 4월 초 잠적해 5월 1일 순천인비료 공장 기공식에 담배를 물고 나타났다.

4주 동안 김정은의 잠행은 역시 건강 이외의 변수와 연결하기 어렵다. 김정은이 위중한 상태라는 태영호, 지성호 등 탈북자 출신 국민의힘 의원들의 지적은 너무 앞서간 정치적 희망사항이다. 다만 최소한 지도자의 건강에 적신호가 켜져 안정이 필요하다는 관측은 가능하다. 중국 정보통을 인용해 김정은이 코마(coma, 혼수상태)라는 장성민 '세계와 동북아평화포럼' 이사장의 주장도 현재로서는 근거가 부족하다. 지난 2011년 김정일 사망 전까지 수년간 김정일의 가게무샤(대역)가 활동했다는 일본 와세다대학의 북한 전문가 시게무라 도시미쓰(重村智計)의 주장은 과도한 확증편향의 사례로 가짜뉴스였다.

하지만 소프트웨어 측면에서 김정은의 건강은 관찰대상이 될 수밖에 없다. 그는 수해대책 현장에서도 여전히 담배를 물고 지시를 내리고 있다. 170㎝의 키에 몸무게 130㎏에 달하는 김정은의 신체 조건상 혈관 건강에 문제가 있으며 지난 4월 잠적 기간에 심장 스텐트(stent) 수술이 불가피했을 것이다. 서울의 웬만한 종합병원에서 스텐트 수술은 합병증이나 부작용이 없으면 일주일 이내에 퇴원한다. 비만 상태의 환자는 심근경색을 치료하는 스텐트 수술 후 당료와 고혈압 등의 후유증으로 입원할 가능성이 높아진다는 것이 의사들의 진단이다. 김정은이 아직은 36세이지만 주치의는 그에게 절대 안정과 휴식을 권고하였을 것이다.

김정은 일가의 심근경색증 가족력은 의학적으로 주목할 만한 부분이다. 할아버지 김일성은 1994년 7월 8일 묘향산 별장에서 심근경색으로 82세에 사망했다. 아버지 김정일은 2010년 8월 1차 스트로크(뇌졸중)로 쓰러졌고, 2011

지난 4월 김정은 신변 이상설이 불거지면서 세계의 이목이 한반도로 향했다. 그러나 이는 사실이 아닌 것으로 드러났다. 당시 김정은 신변에 문제가 생겼다고 보도한 CNN 뉴스.

년 12월 69세에 심근경색으로 사망했다. 물론 김정은은 아직 혈기왕성하고 수해현장을 방문해 SUV에서 지시를 내리지만 10대에 시작된 오랜 흡연 이력과 비만은 의학적으로 요주의 대상일 수밖에 없다.

김여정의 역할과 그가 신임받는 이유

한편 후계자가 정해진 것은 아니지만, 김여정의 역할이 확대된 것은 사실이다. 김여정은 지난 연말 노동당 중앙위원회 제7기 5차 전원회의에서 '당 중앙위 제1부부장'으로 임명되며 조직지도부를 장악했다. 북한의 2만여 당·정·군 간부 인사를 스크린하는 조직지도부 제1부부장과 본부당 위원장을 맡아 당의 내부 업무를 총괄하고 있다. 현재 김여정의 보직과 역할은 김정일이 1974년 김영일, 김평일 등 이복동생들과 치열한 경쟁 끝에 김일성의 실질적인 후계자로 낙점되어 1980년 6차 노동당대회에서 공식적인 후계자로 승인되는 6년 기간의 행보와 유사하다. 당시 김정일도 조직지도부장을 맡아 '사람관리'에 들어갔다. 4월 건강 이상설이 나온 김 위원장에게 언제든지 다시 건강 문제가 발생할 수 있다는 점에서 김여정이 유고에 대비하는 연습 기간이다.

유사시에 대비해 김 위원장과 남매간 역할 분담 통치의 경험을 축적하는 기간이 필요하다. 건강에 유의할 필요가 있는 김정은은 대북제재로 인한 경제위기와 코로나 확산 및 수해·태풍 피해 등 삼중고를 극복하는 과정에서 만기친람식 통치보다 실무자들의 전문성을 활용하는 것이 바람직하다. 지난 9년간 현지지도에서 실무자들의 군기를 잡는 미주알고주알 방식은 이제 실무자들이 담당하는 것이 효과적이다. 김정은이 현장에 나타나면 관료들은 다른 지역의 예산과 자재를 동원해 공사를 완공하는 등 움직이는 척하지만, 그가 나타나지 않는 지역은 감감무소식이다. 부동산 가격을 잡는다고 강남을 누르면 다른 지역이 오르듯이, 북한에서도 풍선효과(balloon effect)는 김정은 '깨알 지시'의 부작용으로 나타났다.

다만 김여정은 핏줄인 오너(owner)의 신임을 받는 관리자(CEO)로서 오너의 자제들이 성장하면 자연스럽게 권력의 뒤편으로 물러날 수밖에 없을 것이다. 현재 김정은의 자녀는 10살 미만으로 아직 권좌를 이어받는 황태자 수업을 수행하기에는 너무 어리다. 김정은 유고 시 김여정 이외에는 백두혈통의 정통성을 이을 핏줄이 없다. 친형인 김정철(38세)은 영국의 기타리스트인 에릭 클랩턴의 공연이나 보며 목숨을 부지하고 있지만 철저한 감시상태에 있다.

　하늘 아래 태양은 하나다. 김정철은 조선시대 양녕대군의 운명과 유사하다. 남성 위주 가부장적 권위주의로 무장한 사회주의 독재 체제에서 32세의 여성이 홀로서기로 권력을 장악하는 것은 넘어야 할 장애물이 적지 않다. 하지만 현재 그녀의 역할은 김정은의 신임으로 폭과 깊이가 간단치 않다. 지난 6월 16일 개성공단 남북연락사무소를 폭파하기 전까지 3주간 쏟아진 김여정의 파상 공세 담화는 김정은의 절대적인 권한 이양이 없다면 불가능했을 것이다.

모건 오테이거스 미국 국무부 대변인은 9월 4일 위임통치 보도에 대해 "일부는 맞고, 일부는 틀리다"는 입장을 밝혔다. 미국 정부의 최초 공식입장이다. 단 오테이거스 대변인은 "추측 게임을 하고 싶지는 않다"며 "트럼프 대통령의 카운터 파트는 여전히 김 위원장이다"라고 했다. 김정은의 통치방식은 국정을 총괄적으로 챙기되 분야별 관리는 중간관리자를 통해 수행하겠다는 정책 추진방식의

■ 모건 오테이거스 미국 국무부 대변인은 2020년 9월 4일 "트럼프 대통령의 카운터 파트는 여전히 김 위원장이다"라며 위임통치설을 일축했다.

변화로 분석된다. 5공 시절 전두환 전 대통령은 당시 김재익 경제수석비서관에게 "경제는 당신이 대통령이야"라며 경제정책의 전권을 맡겼다. 군인 출신 지도자가 경제 전문성을 갖춘 참모에게 힘을 실어줘 한국 경제의 고질병인 인플레이션을 잡았던 사례를 김정은이 벤치마킹하고 있다.

　북한의 총체적인 난국 중에서 경제는 가장 심각한 수준이다. 대북제재로 인한 수출입 감소, 코로나로 인한 고립 및 수해 등 삼중고로 올해 마이너스 성장이 예상되고 있다. 국제신용평가사 피치는 올해 북한의 국내총생산 성장률을 마이너스 8.4%로 전망했다. 경제는 박봉주 국무부 부위원장과 새로 정치국 상무위원으로 발탁된 김덕훈

내각 총리가 담당한다. 현장 관리 권한을 부여하면서 책임도 요구하는 시스템이다.

8월 30일 자 북한 [노동신문] 1면에는 특이한 기사가 게재되었다. 1면 머리기사로 박봉주 부위원장과 김덕훈 내각총리가 각각 황해남도의

Kim Jong Un is in good health. Never underestimate him!

오후 9:45 · 2020년 9월 10일 · Twitter for iPhone

▍ 도널드 트럼프 미국 대통령은 9월 10일 트위터에 "김정은은 건강하다"는 내용의 글을 올렸다. / 사진: 트위터 캡처

태풍 피해 복구 상황을 현지 시찰했다는 기사가 나란히 실렸다. 두 사람이 태풍 피해 현장에서 현지 관리들과 이야기를 나누는 사진들도 함께 게재됐다. 지금까지 [노동신문] 1면은 북한의 지도자 중 김정은의 공개 활동과 최고인민회의 상임위원장의 해외 순방외교를 소개하는 데에만 할애됐고, 내각 총리나 당 간부들의 공개 활동은 항상 2면이나 3~4면 등에 소개하는 게 관행처럼 굳어졌다.

북한 권력의 상징 '[노동신문] 1면'이 달라졌다

2020년 9월 1일 자 [노동신문] 1면 상단에 당중앙위원회 정치국 상무위원들인 리병철, 박봉주 당중앙위원회 부위원장들의 태풍피해복구사업 '지도' 사진이 게재했다. [노동신문] 1면은 김정은만이 등장할 수 있는 특별무대다. 권력층이 1면에 등장하는 기사는 양날의 칼이고 당사자들 역시 본인들의 활동이 1면에 게재된 것을 보고 모골이 송연했을 것이다. 일이 잘못되면 언제든지 황천길에 갈 수 있다는 위기의식을 갖지 않을 수 없다. 권한과 책임은 언제든지 뒤집힐 수 있는 동전 앞뒷면이다.

지난 1997년 고난의 행군 시절 서관희 농업상은 식량 생산량 부족의 희생양으로 평양시 외곽 공터에서 공개 총살형을 당했다. 4년째 계속된 자연재해와 비료 등 농자재 부족이 원인이었지만 죄명은 남한 안기부에 예속된 첩자, 미국의 고용간첩이었다. 실무책임자들은 권력 숙청의 역사를 알고 있기 때문에 그들에게 주어진 권한에 취하기보다 성과 달성에 밤잠을 설칠 것이다. 한정된 예산에 코로나 및 수해 등으로 총체적 경제난국을 탈출하는 것이 말처럼 쉽지는 않을 것이다.

중요한 업무는 최종 결정 권한이 있는 김 위원장이 직접 관장한다지만, 이런 위임통치는 과거 김일성, 김정일 시대에서는 보기 힘든 모습인 만큼 향후 김정은과 김여

정의 행보에 관심이 고조될 수밖에 없다. 북한 권력 구도 변화에 대한 우리 정보당국의 공개적인 언급은 이번이 처음이다. 북한은 위임통치 논란에도 불구하고 아직 박지원 국정원장에 대해 노코멘트로 일관하고 있다. 평양 통전부는 국정원과 문재인 정부 잔여 임기 16개월 동안 한 번은 진검승부를 펼쳐야 하는 만큼 10월 10일 당 창건 75주년을 기념해 경축 미사일 발사 여부에 고심 중일 것이다. 정중동 속 남북 정보당국 간의 물밑 샅바 싸움을 예의주시하지 않을 수 없다.

4. 노동당 창건 75년 맞은 김정은의 강온 전술

한 손에 미사일 쥔 '악어의 눈물'
- 새벽 열병식에 신형 무기 공개하며 '강한 지도자' 이미지 대외 천명
- 삼중고 시달리는 인민들 다독이는 제스처로 따뜻한 리더십 부각

한국의 여의도 정치도 변화무쌍하지만, 남북관계 역시 살아있는 생물이다. 지속해서 돌발사태가 발생한다. 단순히 분단국가로서 국경을 맞대고 있는 인접 국가와는 차원이 다르다. 한반도 상황은 전 세계에서 유일무이하다. 물밑과 물 위에서 시도 때도 없이 돌발변수가 발생한다. 서해해상분계선(NLL)은 충돌의 경계지대다. 남한의 어업지도선 공무원이 북측 수역 안에서 구조신호를 보냈는데도 북한군 총격에 피살되고 시신이 불태워지는 사건은 유례를 찾아보기 힘들다. 인도양이나 아프리카 근처에서 암약하는 무장해적들도 몸값을 챙기려고 들지 저항하지 않는 인질을 쉽게 살해하지는 않는다.

한반도를 넘어 지구 반대편에서도 상황이 발생한다. 전 세계 60개국의 북한 외교공관은 해외 공작의 소굴이자 언제 이탈자가 튀어나올지 모르는 지뢰밭이기도 하다. 2017년 2월 말레이시아 쿠알라룸푸르 공항에서 김정은의 이복형 김정남을 살해할 당시 북한대사관은 암살 공작의 전초기지였다. 전 세계 북한대사관은 외교관 특권과 면책을 이용해 각종 불법행위를 자행하는 베이스캠프다. 2018년 11월 주이탈리아 북한대사관을 탈출해 2019년 7월 서울로 망명한 조성길 대사대리는 유럽에서 김정은 일가의 1호 특수물품을 조달하는 책임자였다.

저자는 국가안보전략연구원장 재직 시절(2008년 7월~2012년 1월) 연구원으로 일하던 탈북 외교관들의 기존 업무를 파악하는 과정에서 유럽의 북한대사관은 각각 전문화된 공작 업무를 가지고 있다는 사실을 파악했다. 태영호 공사가 근무했던 영국대사

관은 주로 북한의 국제관계 방침을 서방세계에 전달하는 공보담당 역할을 수행한다. 스웨덴 주재 북한대사관은 주로 미국과의 간접 연락장소로 활용한다. 보안이 필요한 북·미 간 물밑 협상이 은밀히 진행되기도 한다. 독일 주재 북한대사관은 주로 인도적 차원에서 북한의 각종 소통 창구 역할을 한다.

해외 북한대사관들의 은밀한 '이중생활'

반면 이탈리아대사관은 상황이 다소 다르다. 로마에 있는 국제식량농업기구(FAO)는 국제사회의 대북 식량 지원 창구로서 북한이 접촉에 적극적이다.4) FAO 자매 기구로서 국제 식량 위기에 인도적 대응 활동으로 올해 노벨평화상을 수상한 WFP(세계식량계획)는 로마에서 북한대사관과 긴밀한 협의를 진행한다. 이탈리아 북한대사관은 과거부터 김씨 일가의 1호 물품을 조달하는 비밀 출구다. 요트, 바이올린 등 고급 악기, 와인 등 주류, 선물용 시계, 의류 및 치즈, 과일, 밀가루 등 각종 먹거리가 가득한 2~3개의 컨테이너가 나폴리 등 이탈리아 반도 남쪽 항구를 출발해 지중해를 거쳐 동남아― 남중국해 해상루트를 통해 3주 정도가 지나면 남포항에 도착한다. 최근 김정은 홍보 사진에 등장했던 아우디 마크가 달린 독일제 자동차도 이런 루트를 통해서 들어왔을 것이다.

국가안보전략연구원에 근무했던 탈북 외교관 K는 1호 컨테이너 이외에 간부용 소형 컨테이너를 별도로 준비해 남포항에 보내다가 1년 만에 보위부에 적발돼 소환을 당하자 공관을 탈출했다. 소형 컨테이너에 실린 각종 유럽산 생필품은 평양 권력층에서 폭발적인 인기를 누렸다. 하지만 꼬리가 길면 잡힌다는 속남대로 보위부의 안테나에 걸리면서 유럽산 고급 물품의 평양 밀반입은 1년도 안 돼 막을 내렸다.

전 세계 북한대사관은 평양에서 공관 운영비용을 절반밖에 받지 못해 각자도생으로 돈을 벌어 운영한다. 과거 베트남에서 발생한 면세 외제차 판매사건은 외교관 면세 규정을 악용했다. 외교관용 면세 벤츠 자동차를 구매한 지 3개월 만에 정상가격으로 재판매해 차익을 챙기는 것은 애교 수준이다. 북한 외교관들은 마약 밀수는 물론 무기 거래까지 서슴없이 나설 수밖에 없다. 조성길 대사대리의 경우 김정은 일가의 물품 조달과정이 문제가 됐을 것이다.

탈북 외교관들은 1호 물품 조달이 양날의 칼이라고 한다. 최고지도자가 별도의 언급이 없으면 그냥 지나가지만 행여 물건의 품질이 신통치 않거나 마음에 들지 않는다는 평가가 서기실을 통해 전달되면 이탈리아대사관은 초상집 수준이 된다는 것이 과거 로마대사관에서 근무하다가 탈출한 북한 외교관의 전언이다. 평양에서 충분한 자금을 내려보내면서 조달 지시가 오면 양질의 물자를 정상 구매하는 것은 어렵지 않다. 하지만 빈약한 예산에 지난 2017년 이후 유엔 안보리 제재 등으로 자체 자금과 물자 조달이 여의치 않다. 대사관이 조달하기 어려운 물자는 노동당 재정경리부 소속 39호실이 직접 나서기도 한다.

2011년 12월 집권 이후 최고위급 인사의 망명은 김정은 위원장의 자존심을 상하게 했을 것이다. 특명전권대사는 아니지만, 대사대리가 망명한 것은 지난 1997년 장승길 이집트대사의 미국 망명 이후 최고위급이다. 또한 김정은 체제 출범 후에는 2017년 태영호 공사의 탈북 이후 최고급 인사다. 김 위원장은 조성길의 망명에 대해 어떤 조처를 할 것인가? 결론은 로키(low-key) 전략이다.

사건이 발생한 지 2년여가 지난 치부를 들춰 외무성과 보위부의 관련자를 색출해 철직(북한어. 일정한 직책이나 직위에서 물러나게 함)을 시킨들 책임자 처벌이라는 푸닥거리 명분 외에 이득은 별로 없다. 특히 딸이 평양으로 들어간 조성길은 아들 둘과 함께 서울에 있는 태영호 공사와는 상황이 다르다. 조성길은 북한 비난의 강도를 높였던 태영호와 달리 평양에 대한 언급을 자제하고 잠행을 유지해야 평양의 딸과 외무성 인맥들이 무사하다는 것을 알고 있다. 평양에 딸이 볼모로 잡힌 조성길은 이미 평양 외교부에서 남측 정보기관에 의한 실종 및 납치로 처리됐을 것이다. 과거 외교관 망명 시절마다 북한 외무성이 사용하던 비책으로 모두가 목숨을 부지하는 길이다. 다만 평양의 딸을 살리기 위하여 북한으로 돌아가겠다는 조성길 부인의 행태는 여전히 잠복 변수다. 국내 일부 단체에서 기획 입국 등의 이유를 들어 북송 여론을 조성하면 평양 역시 송환 요청을 하지 않을 수 없을 것이다. 하지만 서울과 평양 양측 모두 문제가 확대되는 것을 원치는 않을 것이다.

2018년 11월에 잠적한 조성길 북한 대사대리(작은 사진). 조 대사대리가 근무했던 이탈리아 주재 북한대사관의 철문이 굳게 닫혀 있다.

2020년 가을 평양의 대내외 상황은 매우 복잡하다. 사실 김정은 입장에서는 조성길 사건 외에 시급한 현안이 한둘이 아니다. 집권 9년 차를 맞아 흐트러진 민심을 다독거리기 위해 안간힘을 쓰고 있는 김 위원장은 노동당 창건 75주년 행사를 빅 이벤트로 만들어야 했다. 우선 꺾어지는 해인 당 창건 75주년 기념식은 동요하고 있는 내부 민심을 다독이며 미국에 강력한 메시지를 전달하는 무대였기 때문에 성공적인 행사 개최가 매우 중요했다. 하지만 행사의 수위를 조절하는 일이 만만치 않다.

김정은의 '물망초' 전략

　과거 방식대로 2020년 10월 10일 오전 10시에 보란 듯이 김일성광장 열병식에서 지난 2018년 2월 8일 건군 70주년 행사 당시 화성 14, 15호를 선보인 것처럼 이번 행사에는 화성 16호 ICBM(대륙간탄도미사일)이 등장할 것으로 예상됐다. 최대 800kg이 넘는 핵탄두를 장착한 상태에서 1만 5,000㎞의 유효 사거리로 미국 수도인 동부지역 워싱턴 등 어디든지 핵 타격이 가능한 무기다. 초대형 액체 연료를 가동해 즉각 발사 시스템을 구축하는 등 새로운 전략무기로 평가된다. 하지만 신형 핵무기의 확실한 공개는 김정은 위원장과 트럼프 대통령에게 양날의 칼이다. 신형 ICBM과 SLBM(잠수함 발사 탄도미사일)인 북극성－4A형, 초대형 방사포 및 '북한판 이스칸데르' 미사일 등 신무기 4종 세트의 공개는 평양이 워싱턴에 보내는 강력한 메시지로서 코로나 확진으로 지지율이 하락한 트럼프 대통령에게는 악재가 아닐 수 없다.

　한편으로 대북제재에 맞대응해 선거 이후 워싱턴을 움직일 레버리지도 절대적으로 필요한 시점이다. 역시 핵무기와 미국을 위협할 투발 수단인 신형 ICBM을 선보이는 '맞보기 전략'은 불가피하다. 특히 선거 이후 '미워도 다시 한 번'의 심정으로 진검승부가 될 4차 북·미 정상회담을 기약하는 만큼 '닥치고 공격' 위주의 충격요법을 저울질했으나 마지막에 변칙 전략을 구사했다. 자신이 평양을 잘 관리하고 있다고 유권자를 설득하는 트럼프의 입장을 어렵게 하기보다 '선거 후에 나를 잊지 말아요(forget me not!)'라는 고상한 물망초 전략을 구사했다.

　김 위원장이 이례적으로 당초 오전 10시에서 자정으로 행사 시간을 변경함으로써 신형 무기를 확실하게 과시하는 도발적인 무력시위 카드는 대미 강경 메시지를 전달하면서도 불빛 감성 전략으로 상대의 판단을 혼란스럽게 하는 나이트 쇼로 전환됐다. 서치라이트를 받으며 － 실전 발사하지 않아 성능이 어떤지는 미지수이나 크기와 운반 차량의 바퀴로 판단하건대 ICBM 미사일로 추정되는- 물체를 공개함으로써 외부의 판단을 애매하게 하는 '모호성 전략'을 구사했다.

트럼프 대통령은 김정은이 뉴욕과 워싱턴을 동시에 때릴 수 있는 핵 다탄두 탑재가 가능한 신형 ICBM 퍼레이드에 불같이 화를 내고 실망감을 나타냈다고 미국 인터넷 매체 [복스]의 알렉스 워드 기자는 전했다. 트럼프 대통령의 트윗이 나오지 않아 그의 심경을 정확하게 파악할 수는 없으나 북한이 비핵화 협상 3년 동안 '괴물 ICBM'을 만들었다는 평가에 트럼프의 심기가 편하진 않을 것이다. 야간이건 주간이건 신무기가 공개된 것은 지난 3년간의 핵 협상이 실패로 돌아갔다는 바이든 후보의 지적에 반박하기는 용이하지 않기 때문이다. 미국 국무부는 북한의 행보에 실망스럽다는 입장이다.

결국 평양은 가을날 쌀쌀하고 야심한 시각인 자정부터 새벽 3시까지 신무기와 2만 명의 병력을 동원한 깜짝 열병식쇼로 75주년 행사를 마무리했다. 어둠 속에서 일부 화려한 조명이 등장하긴 했지만 김 위원장이 전쟁 억지력 운운 등 장황한 연설을 하고 북한군 특수부대 사열 이후 깜짝 신무기가 등장하는 전통적인 열병식 퍼레이드와 형식은 유사했으나 대낮의 태양 아래 공포감을 주었던 기존 행사와는 다소 분위기가 달랐다.

군사적 위압감 줄이고 감수성 강조

특히 김정은이 "인민들에게 제대로 보상하지 못해 면목이 없다"고 울먹이는 모습은 연출일지언정 열병식 분위기와는 맞지 않는 어색한 장면이었다. '고맙다'와 '감사하다'는 표현만 18번을 사용했다. 반대로 신형 무기가 등장할 때마다 얼굴에 함박웃음을 짓는 김정은의 표정은 그의 복안이 무엇인지를 추측할 수 있게 했다. 연설 내내 인민들을 대상으로 극존칭을 사용하는 모습은 최고 존엄으로서는 무언가 모르게 맞지 않는 옷을 입은 모습이었다. 감성적인 용어 사용으로 주민들의 불만을 희석하려는 심리적인 전술이다. 대내외적으로 녹록지 않은 평양 내부의 상황을 반영했다.

최근 국내외 운동 경기가 무관중 경기로 진행되는 것과 같이 평양의 열병식도 국제사회의 관중은 불참하는 제한적인 무관중 행사로 치러졌다. 글로벌 팬데믹 위기 속에서 신형 무기를 선보이는 요란한 군사 퍼레이드에 대한 국제사회의 부정적인 시각을 의식한 듯 김 위원장이 행사 수위를 조절했지만, '괴물 ICBM'은 확실하게 모습을 드러냈다. 행사 시간에 밤과 낮이 어떤 차이가 있는지는 실감성이 판단 기준이다. 확실하

게 신형 첨단무기와 군인들의 눈빛을 보여주는 데는 역시 환한 대낮이 제격이다.

무엇 때문에 처음으로 2만여 명의 정예 병력이 총을 들고 한밤중에 모였겠는가? 저자는 2004년 10만여 명이 참가하는 아리랑 공연을 평양에서 관람한 적이 있다. 각종 카드섹션을 연출하는 무대를 만들기 위해서는 다른 동작이 보이지 않는 야간이 유리하다. 하지만 무기를 노골적

▌2020년 10월 10일 밤에 열린 북한 조선노동당 창건 75주년 열병식에서 김정은 국무위원장이 연설 도중 울먹이고 있다. / 사진: 조선중앙 TV 캡처

으로 과시하는 열병식 행사는 대부분의 국가에서 낮에 개최했고 북한도 지금까지 예외가 아니었다. 2020년 가을 깜짝 심야 군사 퍼레이드를 해야만 하는 평양의 광경은 대단히 낯선 모습임이 틀림없다.

초유의 혼란 이후 11월에 조 바이든 민주당 후보가 미국 대선의 최종 승리자가 되는 장면은 평양에 악몽이다. 김정은에게 '전략적 인내(strategic patience)' 전략이라는 명분으로 오바마 행정부의 '잃어버린 8년'의 추억이 재현되는 데자뷔는 끔찍하다. 코로나 쾌유 친서를 신속하게 하루 만에 보내는 등 평양은 일단 트럼프에게 수중에 있는 판돈 전부를 걸었다. 평양이 김여정을 워싱턴에 파견해 김정은 친서를 전달하는 옥토버 서프라이즈는 트럼프의 확진 판정으로 물거품이 됐다. 이제 평양은 오매불망 트럼프의 당선을 기원하며 인터넷으로 미국 선거를 지켜보는 것 이외에는 뾰족한 수가 없을 것이다.

북한, 코로나19 누적 격리자 3만 1,163명

평양의 살림살이는 호락호락한 상황이 아니다. 대북제재와 수해·태풍 피해 및 코로나로 인한 삼중고는 지난 1996~1998년의 고난의 행군 수준에 육박한다. 김 위원장 역시 75주년 연설에서 삼중고의 어려움을 겪고 있는 것에 대해 "면목이 없다"며

잔뜩 자세를 낮췄다. 물론 김정은은 유럽에서 체류한 경험으로 김일성광장 전면 주석단 등을 유럽풍 대리석으로 치장하는 등 정치성 예산 사용에는 지출을 아끼지 않는다. 평양에서 긴급하게 편성한 30만 명의 돌격대를 함경도 태풍 피해 현장에서 보내 복구에 나서고 있지만, 올해 식량 감소는 불가피하다.

안토니우 구테흐스 유엔 사무총장은 9월 초 UN 총회에 제출한 보고서를 통해 "북한이 코로나19 확산을 막기 위해 주민들의 이동을 제한하면서 식량난이 악화하고 있다"고 밝혔다. 곡창지대인 황해남북도 일대가 물폭탄을 맞았고 함경남북도 수산사업소들이 태풍의 피해를 입었다. 특히 코로나19 탓에 국경 봉쇄가 계속되고 외부 지원도 끊기면서 북한의 식량난은 갈수록 심각해지고 있다. 식량 수급에 있어 중요한 장마당이 거의 열리지 않으면서 쌀 1kg이 몇 달치 월급 수준으로 치솟고 있다. 미국 농무부 산하 경제연구소는 2020년 8월 발표한 연례보고서(국제 식량안보 평가 2020-2030)에서 올해 북한 주민의 59.8%인 약 1,530만 명이 식량부족 상태일 것으로 전망했다.

코로나로 인한 봉쇄와 격리는 북한 경제위기의 아킬레스건으로 작용하고 있다. 김 위원장도 당 창건 75주년 기념식에서 "단 한 명의 악성 코로나 피해자 없이 모두 건강해서 고맙다"면서 "전 세계가 놀랄 일"이라고 자찬했다. 방역승리를 선언하며 마스크를 착용하지 않은 2만여 명을 한자리에 모아 놓았다. 저자는 북한 당국이 사망자는 물론 확진자가 단 한 명도 없다는 입장을 고수함에 따라 우회적인 방법으로 코로나

■ 북한 양강도 혜산시의 장마당이 마스크를 쓴 사람들로 분주하다. 북한은 코로나와 지난여름의 수해 태풍 피해로 경제난과 식량난에 처해 있다. / 사진: 연합뉴스

발생 실태를 추정했다. 회원국의 의무로서 세계보건기구(WHO)에 제출한 격리자 통계를 통해서 감염 실태에 대한 개괄적인 상황을 추론했다.

북한이 제출한 통계에 따르면 2019년 12월 31일부터 2020년 9월 30일까지 코로나19 누적 격리자는 3만 1,163명이며, 9월 17일 기준으로 총 3,374명이 코로나 검사를 받았고 모두 음성이었다. 또한 북한 당국의 기관지인 [노동신문]이 최초로 코로나 바이러스를 보도한 1월 22일부터 9월 30일까지 8개월 10일간 보도한 기사 총 1,585건을 추적해 신의주, 사리원, 해주, 청진, 함흥 등지에서 코로나 환자가 발생한 것으로 추정했다. 감염병에 대한 북한 매체의 보도는 폐쇄성과 비공개성을 원칙으로 한다. 하지만 보안 위주의 보도 원칙에도 불구하고 올해 [노동신문]의 코로나19 관련 보도량은 2002년 사스 발생 당시와 비교하면 10배 이상 늘어났다. 사스(SARS) 발생 당시 [노동신문] 보도량은 100건이 채 되지 않았다.5)

현재 북한의 장마당에서는 감기, 기침, 소염진통제, 소독약, 링거 주사줄 등 기초 의약품 가격이 연초 대비 7배 올랐다. 주민들은 고열과 기침 등 감기 증세가 보이면 방역당국에 신고하거나 병원에 가기보다 장마당에서 약을 사 복용한다. 함경도 삼수군 주민과의 통화에 따르면 방역 당국에서 파견한 의료일꾼들이 가가호호 방문해 감염자를 점검하는 것이 원칙이지만, 코로나 발생 9개월이 지나도록 가가호호 방문 기록이 없다고 전했다.

평양에 들어간 일본인들의 거취

군방역소 일꾼 → 인민반 반장(통장) → 주민 증상 체크이 현장 방역체계는 딩국의 지시와 달리 제대로 작동하지 않는다. 고열과 기침이 나면 자진신고하고 환자는 집에서 격리하는 방침을 따르면 매일 장마당에 나가 생계를 유지하는 주민은 오히려 격리하다가 굶어 죽을 수 있다는 게 주민들의 불평이다. 한번 격리에 들어가면 꼼짝 못 하고 감옥 수준에 처한다고 한다. 저자와 간접 소통하는 일본인들은 평양 보통강에 위치한 평화센터에서 일한다. 지난해 11월 하순 6개월 일정으로 평양에 들어갔지만, 현재까지 교통편이 두절돼 나오지 못하고 있다. 평양의 항공편과 열차편이 올스톱 돼 오도 가도 못하고 있다. 평양 시내로의 쇼핑도 불가능해 평양 관계자들이 물건을 사서 배달한다고 한다. 코로나 사태가 종식되지 않는 한 언제 일본으로 돌아갈 수 있을지 기약이 없다고 한숨을 쉬고 있다.

코로나 사태로 북한의 경제활동은 예년 대비 절반 수준에 머무르고 있다. 올해 1~8월 북한의 대중 무역 규모는 5억 1,000만 달러로 지난해 1~8월(17억 1,000만 달러)보다 70%가 감소했다. 통일부 자료에 따르면, 1~8월 북한의 대중 수출은 전년도 같은 기간에 비해 70.3% 줄어든 4,192만 달러였다. 수입은 70.2% 감소한 4억 7,000만 달러로 집계됐다. 북한의 대중 무역 비중은 국제사회의 대북제재 등으로 인해 2007년 67.1%에서 지난해 95.4%로 증가했다. 북한의 대중 무역액 감소는 코로나19 사태로 인한 국경 차단 때문이다.

심야 열병식의 신형 ICBM 공개와 함께 김정은의 당 창건 기념식 연설중에서 주목할 만한 부분은 대남 메시지다. 김 위원장은 밝은 회색 서양식 정장을 입고 짙은 회색 넥타이를 매고 등장해 "이 영광의 밤이 드디어 왔다는 사실만으로도 너무나 감격스럽다"고 했다. 특히 "사랑하는 남녘 동포들에게도 따뜻한 이 마음을 보낸다"며 "하루빨리 이 보건위기가 극복되고 북과 남이 두 손 마주 잡는 날 찾아오기를 기대한다"는 짧은 메시지를 서울을 향해 전격적으로 던졌다.

메시지의 함의는 문 대통령의 연이은 종전선언에 대해 화답한 것으로 이른바 '문재인 일병 구하기' 전술이라 할 수 있다. 각종 여론조사 결과 6월 남북연락사무소 폭파와 9월 해양수산부 공무원 피살로 대북 불신은 한국 사회에서 한계치에 도달하고 있다. 15개월 남은 문재인 정부의 대북정책 동력은 바닥을 드러내고 있다. 평양이 워싱턴을 상대하는 데 있어 서울은 여전히 유효한 지렛대가 아닐 수 없다. 북한 입장에서 11월 미국 대선 이후 트럼프든 바이든이든 서울의 활용 가치는 작지 않다. 그동안 팽팽하게 줄을 당기면서 대남 비난을 이어왔지만 각종 사건 사고로 이제 동아줄이 끊어질 위기에 처해있다.

임기 말 시간에 쫓기며 자충수 두는 문재인 정부

남북관계가 썰물이 되니 어업지도선 직원 피살 사건이나 남북공동연락사무소 폭파 등에 대해 사과 한마디 없이 평양은 순식간에 얼굴색을 바꾸고는 유화 메시지를 보냈다. 평양의 각종 비인도적 행위에 곤혹스러워하던 청와대는 NSC 상임위를 소집해 김정은의 연설에 대해 "남북관계를 복원하자는 북한의 입장에 주목한다"며 긍정적인 평가를 내렸다. 여당 또한 "북한이 평화 프로세스에 화답했다"며 일제히 손을 들어 환영한다. 북한이 과시한 각종 신형 대량살상무기의 위협에 대해서는 별 관심이 없다. 지난 70년간 남한을 상대해온 북한의 통전부에게 북을 향해 일편단심인 남한을 들었다 놓았다 하는 작업은 식은 죽 먹기다.

평양의 복잡한 상황과 달리 서울은 초지일관이다. 북한이 신형 ICBM 개발에 마이웨이 행보를 하는 것처럼 문 대통령이 9월과 10월 두 차례 제안한 한국전쟁 종전선언은 청와대의 마이웨이다. 유엔총회 기조연설에서 한반도 종전선언의 필요성을 역설한 지 2주 만인 10월 8일 문 대통령은 한·미 간 비영리단체인 코리아소사이어티 화상 연설에서 "한반도 종전선언을 통해 한·미 양국이 협력하고 국제사회의 적극적인 동참을 이끌게 되기를 희망한다"고 말했다. 하지만 마크 내퍼 미국 국무부 부차관보는 다음날 "남북문제와 비핵화는 불가분의 관계"라며 "(대북 사안에) 한미가 보조를 맞춰야 한다"고 강조했다. 북한 비핵화 협상의 진전이 없는 상황에서 한국 정부가 종전선언을 강조하는 것에 대한 미국 정부의 불편한 심정을 반영했다. 내퍼 부차관보는 "북한이 국제사회의 의지에 부응하고 핵과 탄도미사일 프로그램을 해결할 때까지 압박은 계속될 것"이라는 입장을 재확인했다.

폼페이오 장관은 당초 계획한 10월 동북아 방문에서 한국과 몽골을 건너뛰고 4~8일간 일본으로 가서 미국-일본-인도-호주 등 4개국 중심의 다자안보협의체인 '쿼드(QUAD)'를 출범시켰다. 트럼프 대통령의 코로나 확진 등을 표면적인 이유로 내세웠지만, 폼페이오 장관은 한국이 미국의 관심사인 '쿼드'는 중국의 눈치를 살피며 참여에 소극적인 입장이고 옥토버 서프라이즈 등 북·미 접촉에만 관심이 많은 만큼 서울을 방문할 필요가 없다는 입장이었다. 미국 입장에서 한국은 염불에는 관심이 없고 잿밥에만 관심을 갖는 격이다. 한·미 훈련이 이런저런 이유로 중단되는 사이 북한은 괴물 ICBM을 완성했다. 트럼프와 김정은이 핵협상 3년은 이제 낙제점을 받지 않을 수 없는 지경에 이르렀다.

종전선언은 북한이 신형 ICBM을 개발하는 상황에서 당사자인 미국의 관심이 부족하고 전제조건인 비핵화의 여건도 여의치 못한 상황이다. 특히 대북 여론이 악화한 상황에서도 문 대통령이 '종전선언 마이웨이' 전략을 지속하는 이유는 임기 말 초조함 때문이다. 임기 5년의 단임 한국 대통령은 항상 북한에 협상을 제의하며 본인이 통일과 평화 대통령이 될 것이라는 환상 속에서 국정의 동력 중 상당 부분을 한반도 북측에 할애한다. 북측은 핵 보유 로드맵에 따라 별 미동도 없는데 스스로 조바심내고 스스로 희희낙락하다가 임기 말 시간에 쫓기며 자충수를 두는 행태는 문재인 정부에서도 예외 없이 반복되는 중이다.

5. 엄동설한에 '노마스크 8차 당대회' 연 북한의 노림수

경제 실패 덮으려 대미항전 승부수 띄울까
■ 김정은, 집권 후 두 번째 당대회에서 경제목표 미달 자인하며 자아비판
■ 첨단 핵무기 개발 알리며 강대강 구도 예고, 한미연합훈련 분수령 될 듯

평양이 2021년 1월 엄동설한에 초대형 정치행사를 개최했다. 전 세계가 코로나19 팬데믹으로 사회적 거리두기에 올인하는 시점에 7,000여 명이 실내에 모여 '조선로동당 제8차 대회'라는 제목의 집합행사를 개최했다. 그야말로 '빽빽이' 착석하였으나 참석자 모두 노마스크였다. 한 칸씩 띄어 앉는 거리두기도 없다. 코로나가 극성을 부리는 시대에 전대미문의 행사다. 이미 섣달그믐날 수만 명의 평양시민이 김일성광장에서 폭죽을 터뜨리고 새해맞이 축하행사를 했으니 코로나 방역은 사실 안중에 없다. 하긴 지난해 1월 21일 [노동신문]이 최초로 코로나 발생 소식을 보도한 이래 초지일관 '확진자 제로'라고 주장하는 만큼 코로나로 초대형 정치행사를 취소할 북한이 아니다.

2020년 10월 당 창건 75주년 기념 열병식에서 전원 마스크를 착용하지 않은 것처럼 8차 당대회도 참석자들이 노마스크로 등장해 역설적으로 코로자 확진자가 전무하다는 사실을 대외에 과시하려는 의도도 분명해 보인다. 물론 행사장인 평양 4·25문화회관에 입장하기 위해서는 경찰에 해당하는 인민보안성과 정보업무의 보위부, 대통령 경호실에 해당하는 호위총국이 삼중으로 철통 체크하니 유증상 감염자가 들어올 수는 없지만, 무증상 감염자의 경우 체크되지 않을 가능성도 배제할 수 없다. 지난 1년간 북한의 기관지 [노동신문]이 1,741건의 코로나바이러스 관련 기사를 보도한 사실을 감안할 때 평양을 코로나 청정국가라고 믿는 것은 한계가 있다. 북한은 백신을 구하려고 국제사회를 대상으로 다양한 물밑 노력도 마다치 않고 있다.

갑자기 전쟁이 발발한 것도 아니고 소한의 혹한 속에서 화급하게 의사를 결정해야 할 사안이라도 있는 것일까? 평양 당국의 복안은 무엇일까? 이렇게 당대회를 개최하면 살림살이가 진짜 나아지는 것일까? 중요한 정책 결정은 관료들이 문서를 올리고 김정은 위원장이 서명하면 끝이다. 구태여 연초부터 전국 단위에서 대표자 4,750명과 중앙조직원 250명을 실내에 모아 놓고 무엇을 논의하는 것일까? 이외에 방청객만 2,000명이다. 1972년 남한의 유신 시절 장충체육관에서 1만여 명의 대의원이 대통령을 선출하던 통일주체국민회의 시절이 떠오른다. 대의원들이 100% 찬성해 대통령을 선출하던 시절이었다. 당시 서울에서 1만여 명이 참여하는 실내 정치행사가 가능한 장소는 필리핀이 공사를 지원한 장충체육관이 유일했다.

조선중앙TV가 녹화 중계한 화면에 따르면 8차 당대회 개회에 맞춰 김 위원장이 약 5,500자 분량의 개회사를 15분가량 낭독했다. 연설이 이어지는 동안 대표단은 긴장한 초등학생처럼 노트에 펜으로 메모하는 등 열공 모드였고 연설이 끝나자 전체 기립했다. 반세기 전 스탈린과 마오쩌둥, 김일성 통치 시절의 정치행사를 연상시킨다. 행사를 마친 뒤에는 과업 수행을 결의하고 지도자에 대한 충성을 다짐하기 위해 영하 15도인 심야에 군부대의 열병식이 열렸다.

엄동설한 뚫고 5년 만에 열린 '노마스크 당대회'

1945년 10월 1차 노동당대회를 시작으로 올해 8차 당대회를 개최했으니 평균 10년에 한 번 개최하는 셈이다. 당대회는 노동당의 규약과 노선을 확정하는 정치행사다. 특이하게 김정일 집권 시대에는 당대회가 개최되지 않았나. 김일성 집권 시대에는 6차례 당대회가 개최되었다. 김정일은 1980년 6차 당대회에서 김평일, 김영일 등 이복동생들과의 치열한 후계 싸움에서 승리해 당당히 당정치국 상무위원에 선출됨으로써 후계자로 공식 확정했다.

1994년 김일성 사망 후 2세대 지도자로 등극한 김정일은 2011년 12월 뇌졸중으로 사망할 때까지 집권 17년 동안 당대회를 한 번도 개최하지 않았다. 확고부동한 지도자의 위치를 공고히 한 김정일은 선대가 구축한 노동당 규약이나 정치노선을 변경하는 등 주민들에게 자신의 존재를 각인시켜야 할 필요성을 느끼지 않았다. 오히려 선대의 유훈을 그대로 계승한다는 이미지를 고착화하는 것이 유리하다고 판단했다. 수성은 창업자의 유지를 받드는 주체사상을 강조하면 충분했기 때문에 초대형 정치행사는 필요치 않았다.

하지만 김정은은 집권 10년 만에 2번째 당대회를 개최했다. 아예 5년마다 당대회 개최를 명문화했다. 지난 2016년에는 무려 36년 만에 7차 당대회를 개최했다. 3세대 지도자로서 선대의 그림자에서 벗어나 독자적인 이미지를 과시할 필요성을 느꼈기 때문이다. 특히 집권 후 4차례의 핵실험으로 대외 여건이 악화됐다. 난관을 돌파할 집단행사가 절실했다. 김정은은 8차 당대회에서 '당 총비서'라는 직책을 추가했다. 이제 김일성의 '국가주석' 직함을 제외하고는 할아버지 김일성과 아버지 김정일이 맡았던 직책 모두를 거머쥐었다. 집권 10년 만에 선대지도자와 대등한 반열에 오르게 되었다. 영원한 피붙이 김여정 부부장은 정치국 후보위원 명단에서 빠졌지만, 그의 막후 역할은 계속될 것이다. 통치자와의 지근거리 여부가 권력의 강도를 좌우하는 만큼 그녀의 공식적인 직함은 계급장이 전부는 아니다.

5년 전 개최된 7차 당대회와 8차 당대회를 비교해 대규모 집합 정치행사를 하면 어떤 일이 일어나는지를 파악하고 향후 5년간의 북한의 정책 추진방향을 예측해보자. 7차 당대회에서 당시 김정은 제1비서가 보고한 주요 내용은 크게 네 분야였다. ▷핵과 경제의 병진노선 ▷남북관계 ▷대외관계 ▷국가경제발전 5개년전략 발표 등이었다. 핵, 남북관계 및 국제정세 등 비경제적인 분야 세 가지는 과거의 노선을 고수하겠다는 입장이었다. 비핵화나 남북 및 북미 관계 개선 등은 상대가 변해야 한다는 주장으로 '북한식 마이웨이'를 선언했다.

당시 관심의 초점은 혹시 중국식 개혁 개방이나 최소한 시장경제에 대한 긍정적인 방침이 포함될지도 모른다는 '국가경제발전 5개년 전략'(2016~2020)이었다. 5개년 전략은 1956년 3차 당대회에서 제시한 '신경제개발 5개년 계획', 1961년 4차 당대회에

▌ 2021년 1월 11일 평양역 앞에서 시민들이 조선노동당 8차 대회 소식이 실린 신문을 보고 있다. / 사진: 연합뉴스

서 제시된 '인민경제발전 7개년 계획'(1961~1967), 1970년 5차 당대회에서 제시된 '인민경제발전 6개년 계획'(1971~1976), 6차 당대회에서 제시된 '사회주의 건설 10대 전망목표' 등의 후속 작품이었다. 특히 당시 김정은은 7차 당대회에서 '5개년 전략'이 휘황한 설계도라며 모든 경제 문제를 해결하는 미래의 도깨비방망이가 될 것이라고 호기를 부렸다.

김정은의 자아비판은 진솔한 반성? 책임 회피?

7차 당대회에서 제시된 '5개년 전략'과 과거에 발표된 경제 계획의 차이점은 '계획'이라는 용어 대신 '전략'이란 단어를 선택한 것이다. 실패할 경우 문책이 예상되는 계획 대신 추진방법을 의미하는 전략이란 용어를 사용했다. 따라서 구체적인 부문별 생산목표 수치를 제시하지 않은 채, 기존의 선행 부문과 '먹는 문제' 해결을 재강조해 추상적 수준에 그쳤다. 추진 방향은 ▷경제 및 핵무력 병진노선 ▷에너지 문제 해결 ▷인민경제 선행 부문과 기초공업 부문의 정상화 ▷농업과 경공업 생산을 늘려 인민생활의 질 향상 등이었다. 과연 이러한 목표는 5년 동안 달성됐을까.

김정은은 8차 당대회 개회사에서 "지난 5년간의 간고했고 영광 넘친 투쟁 려정에 우리 당이 혁명투쟁과 건설사업에서 거둔 성과가 결코 적지는 않습니다. 그러나 국가경제발전 5개년 전략수행기간이 지난해까지 끝났지만 내세웠던 목표는 거의 모든 부문에서 엄청나게 미달되었습니다"라고 매우 이례적으로 목표 달성 실패를 자인했다. 특히 "일찍이 있어 본 적 없는 최악 중의 최악으로 계속된 난국은 우리 혁명의 전진에 커다란 장애를 몰아왔다"고 고백했다. "사상 초유의 보건위기", "첩첩난관", "쓰라린 교훈" 등의 표현을 사용하며 현 시국이 엄중하다는 점을 인정했다. 작년 8월 당중앙위 전원회의에 이어 두 번째로 경제 실패를 공식화했다.

김정은이 아버지, 할아버지와는 아주 다른 통치행태는 주기적인 실패의 인정이다. 과오는 없다는 무오류의 유일수령 영도체제하에서 이색적인 광경이다. 그는 2017년 신년사에서는 "능력이 따라가지 못하는 안타까움과 자책 속에 지난 한 해를 보냈다"는 자아비판 식의 발언을 하기도 했다. 2019년 김정은은 수령을 신격화하는 것은 잘못이라는 서한을 당 초급선전일꾼 대회에 보냈었다. 김정은의 솔직 화법은 경제실패를 인정하지 않을 수 없는 총체적인 난국에서 비롯됐다. 그의 파격적인 실패 인정에 대한 평가는 사실 지엽적인 부분이다. 2016년 4차 핵실험 이후 연이어 채택된 유엔 대북제재, 수해와 코로나19 등 삼중고로 인한 최악의 경제난이 최고통치자로 하여금 백기 투항하지 않을 수 없게 만들었다. 그는 집권 첫해인 2012년 4월 열병식에서 야심차게 "다시는 인민들이 허리띠를 졸라매지 않도록 하겠다"고 목소리를 높였지만, 10년 집권 해에 받아든 성적표는 제2의 고난의 행군 수준인 D학점으로 사실상 낙제다.

김정은은 경제 실패를 현

■ 김정은 체제의 북한은 국제 제재 속 경제 위기를 돌파하기 위해 내부 자원과 인민을 총동원하는 전술을 반복해왔다. 2020년 10월 12일 평양 김일성광장에서 80일 전투를 독려하는 대규모 군중 집회. / 사진: 연합뉴스

장 간부들의 책임으로 돌리면서 대대적인 처벌이 있을 것임을 예고했다. 김정은은 "비상설중앙검열위원회를 조직해 실태를 파악하고 잘못한 것이 무엇인가, 그 원인은 무엇인가를 비롯해 그 진상을 빠개놓고 투시했다(조사했다)"고 강조했다. 또한 "전진을 방해·저해하는 도전은 내부에도 존재한다"며 "결함들을 인정하고 폐단이 반복되지 않게 단호한 대책을 세워야 한다"고 지적했다. 그러면서 "지난 5년간 사업에 대한 총화를 통하여 대중이야말로 훌륭한 선생이며, 당조직과 당원들의 의견을 널리 듣기로 한 것은 옳았다"고 발언해 당지도부에 문제가 있다는 점을 지적했다. 실패의 책임을 간부들에게 전가하며 대규모 인적 물갈이를 예고했다.

성장 멈춘 북한, 14년간 국민소득 증가분 400달러

북한의 경제건설이 '톱다운(top-down)' 위주의 방식에서 '바텀업(bottom-up)'을 병행하는 방식으로, 인민 대중을 단순히 '동원의 대상'이 아니라 '참여의 주체'로 간주하겠다는 것을 시사한다. 인민들이 참여 주체가 된다는 것은 구체적인 목표달성 책임을 인민들에게 전가해 지도자의 부담을 덜겠다는 것이기에 앞으로 인민들의 고생길이 간단치 않을 것이다. 향후 8차 당대회 결정사항을 이행하기 위한 중하위 단위의 이행을 독려하기 위한 각종 집회 및 정치 캠페인이 강력하게 전개될 것이다. 김정은의 당대회 사업총화 보고를 관철하기 위해 각 지역·단위별로 집회를 개최하고 각급 조직별로 회의를 열어 집행 대책을 세우도록 독려할 것이다. 이에 따라 금년 내내 인민들을 쥐어짜는 정치학습이 강화될 것이다.

김정은이 제시한 경제 실패에 대한 대책은 자력갱생이다. 김 위원장은 "현존하는 첩첩난관을 가장 확실하게, 가장 빨리 돌파하는 묘술은 바로 우리 자체의 힘과 주체적 역량을 백방으로 강화하는 데 있다"고 역설했다. 물샐틈없는 그물망 유엔 대북제재 하에서 외부와의 교역이 불가능하고 국제사회의 지원도 여의치 않은 만큼 내부의 자원과 노동력을 총동원하는 고육지책의 자력갱생 전술로 난국을 돌파하겠다는 전략이다. 이미 지난 가을부터 '80일 전투'라는 무리한 대규모 인력 동원으로 각종 안전사고가 빈발하는 등 부작용이 발생하는 현실은 무시됐다. 북한은 2016년에도 7차 당대회 개최에 앞서 '70일 전투'라는 극단적인 노력동원 정책으로 반짝 양적 성장을 도모한 바 있다.

8차 당대회의 핵심 안건인 북한 경제의 성적표는 지난해 코로나 봉쇄 이전부터 부진했다. 7차 당대회가 개최된 2016년에 북한 경제는 3.9%의 성장을 보였지만 2016년 4차, 5차, 2017년 6차 핵실험 이후 연이어 채택된 초강경 유엔 안보리 제재 5건으로 내리막길을 걸었다. 한국 정부의 공식 북한 통계인 한국은행 발표에 따르면 2017년 마이너스 3.9%, 2018년 마이너스 4.1%, 2019년 0.4%를 기록했고 2020년 역시 마이너스 성장으로 예상된다. 북한의 1인당 국민소득은 지난 2004년 887달러를 기록했고 2018년에 1,298달러에 도달했다. 400달러를 증가시키는 데 14년 걸렸다. 한국이 1977년에 1,000달러를 기록하고 1994년에 1만 달러를 달성한 것과 비교하면 정체 수준이다. 이후 북한 경제는 2014년 1,318달러를 정점으로 2019년 1,200달러에서 등락을 거듭하고 있다. 북한 경제는 침체 함정에 빠졌고 외부 수혈이 없다면 2,000달

▌ 2020년 2월 조선중앙TV가 자력갱생과 정면돌파를 기치로 보도한 내부 선전선동자료.

러에 도달하려면 최소 20년은 소요될 것이다.

경제실패 반성 뒤엔 '핵무력 강화' 공세로 전환

외자 도입이 없는 상황에서 북한 GDP의 등락은 날씨 변수에 의한 농업 생산량, 중국 및 외국과의 무역 거래량 등 불투명한 변수에 좌우되고 있으나 산소호흡기에 해당하는 중국과의 교역이 코로나19로 막히면서 응급실로 가야 할 형편이다. 지난해 10월 북한의 대중 수출은 140만 달러로 전년보다 91.5% 감소했고, 대중 수입은 30만 달러로 99.9% 감소했다. 김정은의 사금고인 궁정경제(court economy)조차 곳간이 비어 가고 있다. 김정은은 어려운 자금 사정을 두고 "지난 5년간의 당 재정사업을 분석 총화하고 개선 대책을 연구하는 사업도 진행했다"고 언급해 적자 예산 해소를 위한 대책에 고심하고 있다는 점을 시사했다.

외자 도입이 경제회복의 마중물로 작용해야 하나 핵과 경제의 병진 정책으로 북한은 로빈슨 크루소(Robinson Crusoe)와 같은 무인도 경제 방식으로 작동되고 있다.[6] 중국식 개혁·개방에 의한 외자도입은 벤치마킹해야 할 교과서이나, 관심이 없다. 덩샤오핑이 개혁·개방을 단행한 1978년에 중국의 외자 유치 액수는 제로였다. 대국의 대문을 열었으나 돈을 벌 수 있을지 의심 많은 외국자본은 쉽게 움직이지 않았다. 1980년에는 미끼를 던지는 탐색 차원에서 겨우 6,000만 달러가 유입됐다. 연간 유입액이 10억 달러를 넘어선 연도는 1984년이었다. 100억 달러를 넘어선 연도는 중국 지도자들의 개혁·개방 의지를 확실하게 체크한 1992년이었다. 이후 2002년에 500억 달러를 넘어서고 1,000억 달러를 넘어선 것은 2010년도 들어서였다.

8차 당대회의 전반전은 경제 분야였으나 후반전은 국방과 대외관계였다. 전반전은 수세적 차원에서 경제 실패를 자인했으나 후반전은 갑자기 공세적인 분위기로 급반전했다. 김정은은 "국가 방위력을 보다 높은 수준으로 강화해야 한다"고 선언했다. 5년 만에 노동당 규약을 개정해 아예 강력한 국방력으로 통일을 앞당긴다고 명시해서 1970년대 대남 적화통일 노선으로 회귀했다. 핵개발이 단순 자위적인 전쟁 억지력 차원이라는 과거 주장을 넘어선 공격적인 표현이다. 김정은은 전술핵무기 개발을 여러 차례 공식 언급했다. 김정은의 '사업총화' 내용에는 핵무기를 뜻하는 '핵'이라는 표현이 36번 등장했다. 핵무력이라는 단어도 11번이나 반복적으로 언급됐다. 김정은은 또 "역사적인 2017년 11월 대사변(화성-15형 발사) 이후에도 핵무력 고도화를 위한 투쟁을 멈춤 없이 줄기차게 영도하여 거대하고도 새로운 승리를 챙취하였다"고 주장했다.

김정은 스스로 싱가포르와 하노이 회담을 진행하는 도중에도 핵개발을 진행해왔다고 고백했다. 국방력 강화를 자신의 업적으로 내세우며 경제실패를 만회하는 데 주력했다. 2018년 3월 당시 평양을 방문해 김정은을 면담했던 정의용 국가안보실장이 백악관을 방문해 전한 '김정은 비핵화 의지'가 거짓말이었거나, 김정은의 말장난에 놀아났을 소지가 다분하다. 문 대통령과 도널드 트럼프 대통령은 정상회담을 하고 한·미 연합훈련을 중단했지만, 결국 김정은에게서 얻은 것은 없는 셈이 됐다. 문 정부가 중재자 운운하며 핵무기 개발 시간과 돈을 벌어주는 등 김정은을 거든 셈이라는 부정적 평가를 반박하기도 용이하지 않다.

김정은은 당대회에서 6대 신무기를 거론했다. 대미용인 ▷동북아 군비경쟁의 '게임체인저'라는 핵잠수함 ▷극초음속 탄두 ▷다탄두 고체연료 ICBM 등 3대 신무기, ▷전술핵무기와 순항미사일 ▷정찰위성 무인기 ▷신형 전차 등 재래식 신무기 등 대남용 3대 신무기가 핵심이다. 그동안 '대미(對美)용'이라고 선전해왔던 핵무기를 남한에도 사용할 수 있다는 속내를 드러냈다.

금강산 관광 시설 철거 경고하며 남측 압박

김 위원장은 미국에 대북 적대시 정책 철회를 다시 요구했다. 새로운 대미·대남 정책은 내놓지 않고 미국과 남한 정부의 행보에 맞춰 대응하겠다는 메시지를 낸 셈이다. 그는 "앞으로도 강 대 강, 선 대 선의 원칙에서 미국을 상대할 것"이라며 "새로운 조미관계 수립의 열쇠는 미국이 대조선 적대시 정책을 철회하는 데 있다"고 주장했다. 그는 "미국에서 누가 집권하든 미국이라는 실체와 대조선 정책의 본심은 절대로 변하지 않는다"며 대미 강경정책의 고수를 강조했다. 조 바이든 미국 신임 대통령을 겨냥해 전향적인 대북정책을 요구한 것이다.

한편 김정은은 구체적인 첨단 무기 개발 계획과 단계 및 방법 등을 장황하게 밝혀 의도가 무엇인지 궁금증을 불러일으켰다. 물론 미국을 겨냥한 압박 정책의 일환이지만 북한의 핵개발을 용인하는 이란 등 관련 국가와 연대 계획까지 밝힌 것은 바이든 행정부의 동맹 강화 정책에 대응책으로 평가된다. 그는 "한반도 정세 격화는 우리를 위협하는 세력의 안보 불안정으로 이어질 것"이라고 목소리를 높였다. 그런

데도 스스로 '책임적인 핵보유국'이라고 자처하며 "적대세력이 우리를 겨냥해 핵을 사용하려 하지 않는 한 핵무기를 남용하지 않을 것을 확언했다"고 덧붙였다. 이번 핵무력 강화 언급은 미국과의 핵군축 협상을 위한 사전 정지 작업의 일환으로 평가된다. 핵무력 증강 계획을 자세히 밝힌 것은 핵보유국의 기정사실화를 넘어 핵군축 프레임을 만들어 향후 협상을 북한식 핵군축으로 유도하기 위한 전략을 기저에 깔고 있다.

북한은 남측을 향해서는 무력 증강에 불쾌감을 표하며 남북합의를 충실히 이행하라고 요구했다. 김 위원장은 "남북관계의 현 실태는 판문점 선언 발표 이전 시기로 되돌아갔다고 해도 과언이 아니다"라고 주장했다. 정부가 제시했던 코로나19 방역 협력에 대해서도 부정적인 반응을 내놨다. 그는 "현재 남조선 당국은 방역 협력, 인도주의적 협력, 개별 관광 같은 비본질적인 문제들을 꺼내 들고 북남관계 개선에 관심이 있는 듯한 인상을 주고 있다"고 비난했다. 이어 "현시점에서 남조선 당국에 이전처럼 일방적으로 선의를 보여줄 필요가 없으며 우리의 정당한 요구에 화답하는 만큼, 북남 합의들을 이행하기 위해 움직이는 것만큼 상대해줘야 한다"고 밝혔다. 그러나 "남조선 당국의 태도 여하에 따라 얼마든지 가까운 시일 안에 북남관계가 다시 3년 전 봄날로 돌아갈 수도 있을 것"이라며 관계 개선의 여지는 열어뒀다.

요컨대, 정부가 추진하는 보건협력 등에는 선을 긋고 금강산의 남측 시설 철거도 재차 강조해 남북관계의 판을 주도하겠다는 의지를 드러냈다. 김정은은 '금강산 관광지구 총개발계획'을 5개년 계획에 포함해 독자적인 금강산 개발계획을 밝혔고, 해금강호텔 등 남측이 운영하던 시설들은 '모두 들어낼 것'이라고 예고했다. 2019년에도 시설 철거를 요구한바 있는데 이번에는 당대회에서 언급했다는 점에서 무게감이 다르다. 현재 금강산관광지구

▌ 북한 조선노동당 8차 대회에서 김정은 국무위원장은 금강산 관광지구 내 남측이 건설한 시설 철거 가능성을 재차 강조했다. 2019년 10월 김 위원장이 금강산 관광지구를 현지 지도하고 있다. / 사진: 연합뉴스

에는 해금강호텔을 비롯해 구룡빌리지·금강펜션타운·온정각·이산가족면회소·문화회관 등 현대와 관광공사가 소유한 시설들이 남아 있다.

김정은은 남측의 태도에 따라 "다시 3년 전 봄날로 돌아갈 수도 있을 것"이라고 조건을 달았다. 미국 전략자산의 한반도 전개와 한·미 연합훈련 중단을 사실상 남북관계 반전의 봄날 선제 조건으로 내세운 셈이다. 그는 "북남관계의 현 냉각국면이 어느 일방의 노력만으로 해결될 문제가 아니다"라고 말했지만, 북측이 어떤 노력을 할지에 대해선 언급하지 않았다. 조 바이든 행정부 출범을 앞두고 한반도 정세의 불확실성이 커진 상황에서 남북관계에 여지를 준 것으로 해석되지만, 한·미 연합훈련 중단 등을 선결 조건으로 요구해 실제 반전이 이뤄질지는 불투명하다.

북한 대남 군사위협 높아지는데 文 정부 '일편단심'

당장 관건은 오는 2021년 3월 하순으로 예정된 한·미 연합훈련이 될 것이다. 정부는 미국 바이든 행정부가 오는 20일 출범하는 대로 한·미 연합훈련을 어떤 방식으로 진행할지 논의할 방침이다. 2018년 이후 연합훈련은 최대한 북한을 자극하지 않는 범위에서 진행됐지만, 북한은 바이든 정부 출범을 앞두고 남측에 완전 중단을 압박하고 있는 셈이다. 트럼프 대통령은 막대한 돈이 드는 훈련에 시큰둥한 반응이었지만, 동맹 강화의 바이든 정부는 훈련 재개를 요구할 것으로 보여 귀추가 주목된다.

결국 신축년 정초 평양에서 혹시나 코로나19 시대에 전향적인 입장을 선보일까 기대했으나 역시나로 종결됐다. 최고지도자가 경제 신패를 지인했으면 군사비를 경제개발에 투입하고 개혁·개방으로 외자를 도입하는 해법을 제시해야 한다. 통치자가 핵보유국을 공식화하며 인민의 삶을 핍박한다면 외부에서 해줄 수 있는 것은 제재뿐이다. 올해로 김정은 집권 10년 차가 됐지만, 인민의 살림살이는 오히려 더 팍팍해지고 있다.

평양의 최고지도자는 장황하게 신기술 핵개발 전략을 과시해 온건한 노선을 기대하던 정부 당국자들을 경악하게 만들었다. 8차 당대회는 지난 4년간 초지일관 일편단심으로 평양 바라보기 정책을 추진했던 문재인 정부에게는 충격으로 다가왔다. 국방력 강화에 의한 남북통일 천명으로 향후 남측은 북측의 첨단 신무기 위협에 시달릴 가능성이 커졌다. 이미 형해화된 9·19 군사합의만을 붙들고 있어야 하는지 우려스럽다.

문 대통령은 신년사에서 미국의 신 행정부 출범에 발맞춰 북미대화와 남북관계 개선에 '마지막 노력'을 하겠다고 밝혔다. 특히 방역 상황을 고려해 비대면 대화의 가능성까지 열어놓았다. 문 대통령은 동북아 국제정치에서 남북·북미관계 경색을 돌파할 수 있는 새로운 제안을 내놓기보다는 '대화 촉구' 기조만 유지하고 있다. 일단 구체적인 대화 촉구보다는 물밑에서 7월 도쿄올림픽을 겨냥한 대화판 만들기에 주력한다는 입장이다. 바이든 행정부 출범과 3월 한·미 연합훈련 등을 조율하면서 기회를 엿보려는 의도다.

여전히 '핵개발 지속'을 운운하며 흘러간 노래만을 고집하는 평양에 대한 환상은 금물이다. 혹한기 초대형 정치행사는 심야 열병식과 함께 '기승전핵'으로 마무리됐다. 아무리 선의의 대북정책을 내놓아도 '변하지 않는 최고지도자'에 대해 여전히 미련이 남아있다면 그것은 미망(迷妄)이다. 이례적으로 최종 결정서도 채택하지 않고 애매하게 종료된 8차 당대회가 서울에 주는 메시지다.

제 4 장

북한 경제 어디로 가고 있는가?

1. 70년간 지속된 北 식량부족 실태

왜 '위대한 영도자'는 쌀밥에 고깃국 못 먹일까?
■ 핵과 미사일 가진 나라가 농업 생산성과 추수 효율은 떨어져…
■ 김정은, 재정 확보 차원서 농업개혁 접근하면 중국 모델 난망

　백로가 지나가자 북한 들녘에도 누렇게 벼가 익어가고 있다. 북한 평야지대는 남한보다 평균 3도 정도 기온이 낮은 만큼 시베리아 북서풍이 일찍 불어 닥친다. 특히 일교차가 심하다. 벼를 베고 탈곡하는 가을걷이는 남한과 비교해 보름 정도 서두르지 않으면 서리 피해가 발생할 수밖에 없다. 콤바인 등 농기계가 부족해 매년 10월 북한 농촌지역에선 벼를 수확하는 '가을 전투'가 치열하게 전개된다. 들판 곳곳엔 '당은 부른다. 모두 다 백일 전투에로'란 가을걷이를 강조하는 입간판이 노적가리 사이에 위풍당당하게 서 있다. 선군정치를 강조하는 통치체제라 농사도 전투적인 용어로 농민들을 독려하고 있다. 9월부터 11월까지 100일 동안 대학생은 물론 직장인들도 공부와 업무를 중단하고 벼 베기 노력 봉사에 나선다. 북한의 최고 명문 김일성종합대 학생조차 예외 없이 최소 2주 이상 휴업하고 농촌 지원에 나선다. 일반적으로 가을 수확기엔 평균 20일 동안 애국 노동과 농촌 지원 명목으로 무보수 노력 동원이 전국적으로 이뤄진다. 북한 대학생들은 남한의 농활 MT와 유사하게 지방으로 내려가 단체 영농지원을 하게 된다. 일부 학생은 일하다가 휴식시간에 노래를 부르는 등, 놀면서 학생들끼리 혹은 지방의 농촌 처녀들과 연애도 한다.[1]

　북한 2대 지도자 김정일 국방위원장은 물론 김정은 국무위원장까지 내놓는 "볏단 운반과 낟알 털기를 제때 마쳐야 한다"는 현지지도 지시는 10월 이후 [노동신문] 단골 보도 사항이다. 특히 "다 지어놓은 낟알을 한 알도 허실함이 없이 제때에 거두어들이는 것보다 더 중요한 일은 없다"라는 최고지도자의 발언은 가을걷이 전투의

금과옥조다. 핵과 미사일은 물론 전 세계적으로 6개국만이 성공했다는 잠수함발사탄도미사일(SLBM) 기술인 콜드 론치(Cold launch)를 성공시킨 북한 지도자가 낟알 털기를 제때 마쳐야 한다는 지시를 남발하는 것은 북한 농업이 당면한 딜레마다. 북한은 지난해 SLBM의 두 차례 시험 발사에 성공했다고 주장하고 김정은 위원장이 기술 개발자를 포용하는 사진을 전격 공개했다. 정책적 관심만 있으면 핵과 미사일 기술개발 노력의 100분의 1만 투입해도 해결할 수 있는 볏단 운반을 지도자가 연일 [노동신문]에서 강조하는 것은 불가사의다. 대형 장거리미사일을 1만㎞ 이상 떨어진 미국 LA에 투하할 수 있다고 선전하는 기술력을 보유한 사회주의 정치체제가 들판의 노적가리를 적기에 이동시키지 못하는 것은 정책의 오류가 아니고선 설명이 어렵다.

사실 북한의 가을걷이 전투처럼 노동력을 단기에 집중 투입하는 추수 행태는 남한에선 1990년대 이전에 마감했다. 남한 농촌지역은 1991년 충남 당진군과 경북 의성군에서 RPC(Rice processing center)라는 미곡종합처리장를 건립하는 사업을 시작해 1990대년 말까지 전국적으로 사실상 벼 수확의 기계화가 완료됐다. 벼의 수집·건조·저장·가공·포장·판매의 전 과정을 일괄 처리함으로써 농가 노동력 부족을 해소하고 관리비용을 줄여 미곡의 품질 향상과 유통구조를 개선하는 데 큰 기여를 했다. 북한의 경우엔 이러한 일관 처리 시설이 없기 때문에 가을철만 되면 학생 및 직장인 등 비농업 노동력을 일시에 대거 동원해 수작업으로 벼 수확에 나선다. 심지어 벼를 수집해 건조하기 위해 들판에 늘어놓으면 쥐 같은 들짐승들이 곡식을 훔쳐 먹는 양이 전체 생산량의 2~3%에 이른다는 추정 통계도 있다.

▌ 평양 교외의 농촌 풍경. 국제식량정책연구소에 따르면 북한의 토지생산성은 남한의 25% 수준이다.

"쌀은 공산주의다"의 허구

저자는 정부 협상대표단의 일환으로 2000년 가을 평양을 방문했다. 순안공항에서 평양으로 가는 약 40㎞ 구간의 농촌 지역 도로는 온통 벼 베는 풍경으로 분주했다. 멀리 협동농장 앞 논두렁에 덩그러니 서 있는 '쌀은 공산주의다'란 입간판이 눈에 들어왔다. 빨강 글씨의 7개 입간판에 한 글자씩 표기되어 있는 모습은 북한이 사회주의 계획경제 농업체제라는 사실을 절감하게 했다. '백일전투' '풀판을 고기로 바꾸자' 등 각종 노력 동원을 강조하는 전투적 구호에 적응하는 일은 10여 차례 방북하면서 차츰 무뎌졌다. 그러나 노동력 투입으로 식량 증산을 강조하는 구호가 2018년에도 건재한 것은 북한 식량난이 여전히 해결되지 않았다는 증거다.

평양사범학교 노어노문학과 교수를 역임했고, 남한 망명 후 미국으로 건너가 조지메이슨대학 연구교수로 재직하고 있는 김현식은 식량문제를 해결하는 것이 체제 유지에 필수적이라며 이를 '북한의 식량정치(food politics)'라고 표현했다. 식량 확보가 최고지도자의 최우선 과업이란 의미다. 남한은 의식주라고 하지만 북한에선 식의주라고 표현된다. 몸에 걸치는 옷이나 사는 집보다 먹고사는 문제, 즉 식량이 가장 중요하다는 인식은 김일성의 사고에서 비롯됐다. 김일성은 일찍이 '쌀은 사회주의다'라고 강조했다. 사회주의 농업을 통해서 먹는 문제를 해결하겠다는 것인지 사회주의를 해야만 먹는 문제가 해결된다는 것인지 그 정확한 뜻은 알 수 없지만, 김일성 주석이 '먹는 문제' 해결에 총력을 기울인 것은 사실이다.

하지만 김일성의 식량문제 해결의 꿈은 아이러니컬하게도 남한에서 실현됐다. 쌀 등 주곡을 증산하고 밀과 콩, 옥수수 등 부족한 곡물은 자동차와 스마트폰을 수출해서 획득한 외화로 수입함으로써 식량문제 해결에 성공했다. 식량을 완전 자급하는 국가는 미국, 러시아, 베트남 등 일부 국가 외엔 찾아보기 힘들다. 비교우위 원리에 의해 상대적으로 저렴한 곡물을 수입한다. 남한의 경우 쌀 재고량이 적정 수준을 넘어 보관비용만 연간 300억 원을 넘어서고 있으니 김일성의 '쌀은 공산주의'란 담론은 허구였으며 쌀은 자본주의이며 민주주의란 명제가 타당할 것이다.[2]

북한은 지난해 11월 화성 14호 등을 통해 대륙간탄도미사일(ICBM) 발사에 두 차례 성공했다고 주장한다. 첨단 전자 기술을 보유한 북한이 왜 먹는 문제를 해결하지 못하고 지난 70년 동안 경미한 자연재해에도 외부 세계에 식량지원을 요청하는 걸까? 특히 3세대 젊은 지도자 김정은 시대에 들어서도 식량문제를 획기적으로 해결하지 못하는 이유는 무엇일까?

전 노동당 주체사상 비서이자 김일성종합대학 총장을 역임한 황장엽은 1997년 탈북해 저자가 소장으로 근무한 국가안보전략연구소 고문으로 일했다. 황장엽이 탈북을 결심한 결정적인 계기는 최고층에게만 전달된 북한 내부의 식량 통계였다. 그는 저서 [나는 역사의 진리를 보았다]에 극심한 식량난을 설명했다.[3]

"1996년 가을이 되면서 북한의 경제사정은 더욱 악화됐으며, 인민들의 고통과 불행은 실로 처참한 지경이었다. 비서들이 모여 1996년도 알곡 생산량을 종합해 봤더니 210만 밖에 안 됐다. 물론 여름에 식량이 떨어져 미리 따다먹은 강냉이는 계산에 넣지 않았다. 210만의 식량을 가지곤 군량미도 모자랄 형편이었다. 아니나 다를까, 연말이 되자 군량미가 떨어졌다고 해 농민들은 정말 어렵사리 남겨놓은 3개월 분의 식량을 군대에 무조건 내줘야 했고, 우리 비서들도 장에 나가 200kg씩 쌀을 사다가 군대에 바쳤다. 식량난이 심해지면서 사람들이 무더기로 굶어죽어 갔다. 평양의 경우도 중심가만 조금 벗어나면 뼈만 앙상하게 남은 사람들이 배낭을 멘 채 식량을 구하러 나서는 바람에, 교외 장마당으로 가는 길이 사람으로 가득 찼다. 가정에선 부모들이 아이들을 먹여 살릴 수 없어지자, 그저 얻어먹기라도 하라고 밖으로 내보내는 집이 속출했다.

이 얘기는 내 셋째 딸이 들려준 것인데, 어느 날 아침에 누가 문을 두드려서 나가보니 어린 학생 두 명이 새까만 손을 내밀더니 밥 좀 달라고 했단다. 그래서 우선 손부터 씻게 하곤 어디서 왔느냐고 물었더니 "어머니, 아버지가 다 굶어 누워서 우리만이라도 나가 얻어먹으라고 해서 남포에서 걸어왔어요"라고 대답했다는 것이었다. 나는 딸한테 그 말을 듣곤 (비서) 김덕홍에게 아사자들의 통계를 김정일에게 보고하는 조직부 일꾼을 만나 자세한 내용을 알아보라고 했다. '조직부 일꾼에 의하면 지난 95년에 당원 5만 명을 포함해서

▌황장엽 전 북한 노동당 비서(왼쪽)가 1997년 4월 20일 성남 서울공항에 도착해 측근인 김덕홍씨와 함께 감개무량해하고 있다. 황 전 비서는 북한의 식량난에 절망해 망명을 감행했다. / 사진: 연합뉴스

50만 명이 굶어 죽었고, 올해(그때는 11월 중순이었다)엔 벌써 100만 명가량이 굶어 죽어 간다고 합니다.'"

황장엽은 주체사상 비서로서 핵과 미사일에 관한 특급 군사정보 이외에 어떤 통계도 받아 볼 수 있는 위치에 있었다. 그가 받아 본 식량생산량 통계는 김정일 위원장에게만 올라가는 수치를 포함했다. 황장엽은 계속된 식량난으로 북한체제가 존립할 수 없다고 판단하고 탈북을 결심했다. 하지만 2000년 남북 정상회담 이후 남측의 대규모 식량 지원으로 황장엽의 예측과 달리 북한체제는 붕괴되지 않았다.

북한이 식량 자급자족 안 되는 이유

1996년 북한 인구는 북한 중앙통계국, 남한 통계청 및 유엔 통계 기준으로 2200만 명 수준이었다. 국제식량농업기구(FAO)가 북한 현지를 방문해 작성한 1996년 11월 특별보고서에 따르면 1996년 11월 1일~1997년 10월 31일 식량 수요는 조곡기준으로 645만t, 정곡기준으로는 426만t이 필요했는데, 실제 생산량은 황장엽이 언급한 250만에 옥수수까지 포함해 299만t으로 추계됐다. 결국 조곡 기준으로 236만t, 정곡 기준으로 126만t이 부족하며 50만을 상업적으로 전량 수입한다면 약속된 인도적 지원량 3만t을 합산해도, 실제 조곡 기준으로 73만t이 모자란다. 결국 부족 비율은 30%선으로 연간 기준 3개월 동안은 식량 배급이 불가능하다는 추론이 가능하다.

특히 당시 대규모 아사자가 발생한 이유는 1995년 홍수와 우박, 1996년 100년 만의 가뭄, 1997년 낮은 기온과 홍수 및 1998년 가뭄 등 4년 연속 자연재해가 빈발했기 때문이다. 2010년대 들어 생산량이 450만t대로 회복되면서 부족 비율은 15%선으로 축소됐다. 매년 중국으로부터 50만t 내외의 식량지원이 이뤄지고 자연재해가 빈발하지 않자 당국이 관리 가능한 수준으로 회복됐다. 하지만 여전히 최소 소요량 기준이며 식량의 자급자족은 요원한 실정이다. 특히 북한은 효율적인 물 관리체계가 미비해 지구 온난화 시대에 가뭄과 홍수에 매우 취약하다. 자연재해가 발생하면 식량 생산체계가 순식간에 무너질 수밖에 없다. 관개시설 및 저수지 등 물 관리를 위한 농업기반 대책이 중요한 이유다.

북한이 식량을 자급자족 못 하는 이유는 생산량 부진 탓이다. 논 200평 기준으로 남한은 평균 80kg 들이 가마 4~5개 분량의 쌀이 생산된다. 반면 북한은 2~3가마가 생산된다. 북한 인구의 37%가 농업에 종사하지만 자급생산에 실패했다. 남한은 6%의 농민이 주곡인 쌀을 생산한다. 북한의 경지 면적 역시 남한과 비교하여 크게 작지 않다. 낮은 생산성이 원인이다.

북한은 일제가 건설한 동양 최대의 명성을 자랑하던 흥남비료공장 등이 노후화되면서 비료 부족에 시달리고 있다. 남한은 1999년 처음으로 화학비료 15만 5,000t을 북한에 지원했다. 이후 2007년까지 북한에 총 255만t을 지원했고 2008년 보수 정부 출범 이후 민간차원의 소규모 지원을 제외한 대규모 비료 지원은 중단됐다. 북한의 2000년대 이후 비료 생산량이 평균 성분량 기준으로 20만t 수준임을 감안할 때, 당시 남한이 북한에 지원한 비료는 북한 생산량의 거의 절반에 해당하는 양으로써 북한 식량난 해소에 크게 기여했다. 최근 북한은 화학비료 생산의 한계를 절감하고 유기질 비료 생산을 늘리면서 유기농업에 주력하고 있다. 조선신보는 2013년 2월 '북한에서 유기농업은 국내의 긴장한 식량문제를 해결하며 농업의 지속적인 발전을 도모하기 위한 방도의 하나로 정부가 관련 시책들을 일관하게 실시하고 있다'고 보도했다. [조선중앙통신] 역시 '2013년 7월 21~23일 평양에서 국제유기농업강습이 열렸으며 국내외 유기농업 전문가들이 과학적 문제들을 논의하는 좋은 계기였다'고 선전했다.

도널드 트럼프 미국 대통령은 2018년 8월 말 "중국이 북한에 자금과 물자, 비료를 지원하고 있다"고 비난했다. 비료 지원으로 북한 식량생산이 정상화되는 측면을 지적한 것이다. 특히 화학비료가 화학무기 생산 소재로 사용될 수 있다는 우려도 반영됐다. 4·27 판문점 선언 이후 남해화학, 경농, 농우바이오 등 비료 관련 주식이 대북 지원 기대감으로 상승하는 것은 북한의 강력한 요청을 예상한 주식시장의 자연스러운 반응이다. 비료, 농기계,

북한의 '고난의 행군(1995~1997)' 시절, 유엔아동기금(UNICEF) 요원들이 평안북도 박천군에서 긴급구호 활동을 진행하던 중 촬영한 농촌. 북한의 어려움을 함축하고 있다.

농약 등 중화학 공업은 사실상 농업 외부요인에 좌우된다. 따라서 일반경제의 발전 없이 농업이 발전할 수 없다. 결국 선진국치고 농업이 약한 나라가 없고, 농업이 발전해야 선진국이 될 수 있다.

집단농장 문제점 해소한 중국

다음은 소프트웨어 분야다. 벼는 쌀 미(米) 글자에서 보는 것처럼 88번의 손길이 필요하다고 한다. 효율적인 노동력이 중요하다. 개별 농민들이 어떤 자세로 농사에 임하는지는 생산에 매우 중요한 과제다. 북한 농업은 1946년 토지개혁과 1958년 농업협동화를 통해서 일대 전환을 가져왔다. 토지개혁은 북한 사회주의의 사회경제적 토대를 형성한 기본정책이다. 북한은 1946년 3월 토지개혁을 단행해 4%의 부농이 60%의 토지를 편중 소유한 문제점을 해결했다. 한국전쟁이 끝나자마자 김일성은 토지개혁으로 받은 땅의 소유권 등기 잉크도 마르기 전인 1954년부터 5년에 걸쳐 집단화 영농인 협동농장 제도를 정착시켰다. 현재 북한의 농업 생산은 1,000여 개의 국영농장·목장과 3,000개의 협동농장에서 이루어지고 있으며, 텃밭이나 뙈기밭을 제외하면 협동농장이 북한 농업을 책임지고 있는 생산단위다. 협동농장은 리(里)단위 기본 생산조직으로 전국에 3,000여 개가 있으며 북한 전체 경지면적의 90%인 180만 ha, 농업 생산의 90%를 담당하고 있다. 반면에 국영농장은 지역단위에 제한되지 않은 생산단위로 육묘와 축산 등 국가 소요 농·축산물의 생산을 담당하고 있다. 결국 협동농장은 텃밭이나 뙈기밭 등을 제외하곤 사실상 북한 농업을 책임지고 있는 생산단위다. 북한 농민들은 1946년의 토지개혁과 1954년의 협동화 조치에 의해 협동농장 소속으로 농사에 참여하고 있다. 개인은 토지를 소유할 수 없으며, 집 앞 30평 정도의 텃밭 생산물만 자유롭게 처분할 수 있다. 문제는 집단생산이 개인의 영농 의욕을 심각하게 저하시킨다는 점이다.

집단농업의 문제점을 파악하기 위해 중국의 1978년 농가 청부 생산책임제 개혁을 살펴보자. 중국은 대륙의 공산혁명과 1950년 토지개혁으로 토지를 소유한 자가 농사를 직접 짓는 경자유전(耕者有田)의 원칙을 실현했다. 하지만 1958년부터 불어 닥친 집단영농 제도인 인민공사는 농민들의 생산 의욕을 꺾었다. 중국은 1960년대 10년 동안 식량 생산량 부족으로 3,000만 명이 아사했다. 마오쩌둥(毛澤東)은 자신의 과오를 은폐하기 위해 1966년부터 홍위병을 조직해 자신을 비판한 지식인과 관료들을 압

김정은 위원장은 2018년 6월 중국을 방문했을 때, 농업과학원을 참관했다. 김 위원장은 북한 농업개혁을 줄곧 강조하고 있지만 성과는 미흡하다. / 사진: 연합뉴스

박하는 문화대혁명을 단행하여 중국을 혼란으로 몰아넣었다.[4] 마오쩌둥이 1976년 사망하면서 인민공사가 와해되는 것을 덩샤오핑(鄧小平)이 묵인하고 사실상 개인영농제로 전환을 추진했다.

1978년 11월 24일 안후이성 펑양현 샤오강촌의 지방 농민 18명은 전년도 식량 부족으로 마을 주민의 30%가 기근에 시달리자 공동생산·공동분배라는 인민공사체제를 거부하기로 했다. 대신 농지를 가구별로 나눠 경작하자는 농가청부 생산책임제를 도입했다. 즉 농민 수대로 토지를 분배받아 경작한 후 일정량의 양식을 국가에 납부하고 잔여량은 자신이 마음대로 처분하는 제도다. 제도 위반은 공안당국의 강력한 단속을 받았으나 굶어 죽는 것보단 좋다는 농민들의 저항을 덩샤오핑은 기꺼이 허용했다. 덩샤오핑의 묵인 아래 시작된 새로운 제도로 그해부터 샤오강촌의 곡물생산량은 매년 20% 이상 급증했다. 1978년의 3만 2,500kg에서 1997년에 60만kg으로 18배가 증가했다. 개인이 강렬한 의욕을 갖고 노력한 만큼 자기 것이 될 수 있다는 소박한 이기심은 어떤 정책보다 증산에 효과적인 무기였다. 샤오강촌의 성공은 덩샤오핑이 주창한 개혁과 개방의 시발점이 되었다. 중국의 개혁적 지도자들은 1980년 들어 생산력 향상을 앞세워 전국적으로 인민공사를 해체하기 시작했다. 인민공사가 해체되며 2억 5,000만 명이었던 농촌의 절대빈곤 인구는 1998년 4,200만 명으로 줄었다. 1978년 3억 7,44만이던 중국의 식량 생산은 1997년 4억 9,417만으로 증가했다. 중국의 높은 인구증가율을 감안할 때 식량 증산이 없었다면 대량 기아는 불가피했다.[5]

북한 역시 중국이 경험한 집단영농의 문제점을 인식하고 작업단위를 축소하고 개인의 영농 인센티브를 늘리는 조치를 수차례 검토했다. 2011년 12월 김정은 정권 출범 후 북한 경제 및 농업 부문에서 가장 큰 변화 요인으로 주목할 만한 것은 '6·28 방침'이다. 북한은 2012년 6월 28일 '우리식의 새로운 경제관리체계를 확립한 데 대

하여'라는 방침을 발표했다. 이른바 6·28 방침의 농업 관련 핵심 내용은 다음과 같다. 첫째, 협동농장과 공장의 생산에 필요한 초기 비용을 국가가 보장한다. 둘째, 국가와 협동농장이 7대3으로 생산물을 분배한다. 셋째, 농산물 가격 책정은 시장가격으로 한다. 넷째, 개인 소유 몫의 처분은 자유로 한다. 다섯째, 협동농장 내 작업분조의 규모를 4~6명으로 줄인다.

김정은의 '6·28 방침'은 무늬만 농업개혁

하지만 6·28 방침은 조총련 기관지 조선신보 등 선전매체를 통해 개혁적 조치로 소개됐으나 자강도 일부를 제외하곤 전국단위에선 실제로 시행되지 않았다. 첫째, 비용의 국가부담은 사회주의 경제관리체제의 전형이다. 국가가 생산비를 보장하겠다는 것은 사회주의 경제체제를 바로 세우겠단 발상이다. 둘째, 토지·노동·자본 등 생산의 3요소에서 국가가 협동농장에 공급할 수 있는 것은 자본밖에 없다. 이 상황에서 국가의 몫이 70%나 된다는 것은 적절한 분배라 할 수 없다. 셋째, 북한 산업부문(비농업 부문)의 가동률은 30% 이하로 알려져 있다. 가장 중요한 생산요소인 비료의 공급도 필요량의 30%를 밑돌고 있다. 이 상황에서 국가가 초기비용을 보장하는 방법은 농자재 가격을 시장가격으로 지불하는 것뿐이다. 그러나 북한은 이미 초(超)인플레이션 국면에 있기 때문에 시장가격으로 농자재를 보장하는 것은 큰 의미가 없다. 넷째, 개인 소유분의 처분을 자유화한다는 것은 곡물의 시장거래를 공식적으로 허용한다는 의미다. 시장으로 유출되는 곡물의 양은 더 많아질 것이다. 이러면 곡물의 국가 수매는 더 위축될 가능성이 있다. 마지막으로 작업분조의 규모 축소는 새로운 분조관리제(1996년)와 7·1 경제관리개선조치(2002년)에서도 제시된 바 있다. 그 후 실제 작업분조 규모가 축소됐는지 확인되지 않고 있다.

6·28 방침을 개혁적 조치로 해석하기엔 내용이 충분하지 않다. 오히려 이 방침은 붕괴된 정부 수매·조달체계를 보완해 국가가 농장과 공장기업소의 생산물을 확보하기 위한 새로운 정책수단으로 보인다. 6·28 방침의 목적대로 단기적으로 정부재정이 확보된다고 하더라도 문제는 여전히 남는다. 통화 증발이 불가피하며 인플레이션은 더욱 심화될 가능성이 높다. 2014년 5월 30일 김정은 위원장은 담화를 통해 '현실 발전의 요구에 맞게 우리식 경제관리방법을 확립한데 대하여'를 발표했다. 이른바 5·30 조치의 주요 내용은 협동농장과 공장기업소에서 자율경영제 도입, 협동농장

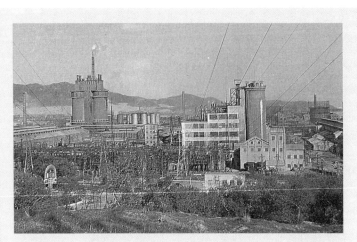
내 작업분조 폐지와 가족영
농 도입, 농장 노동력 1인당
농지 1,000평 할당, 분배 비
율은 국가와 개인이 4대6 등
이 거론됐다. 농업에서 사적
경영을 허용하고 정부 설정
목표 초과생산분에 대해 자
유처분을 허용한다는 내용이
지만 전국단위 시행은 이뤄
지지 않았다. 실제 시행 시,
협동농장 제도의 근간을 흔
들 위험이 있다는 정치적 지
적을 북한 최고지도부가 무

■ 함흥에 있는 흥남비료공장 전경. 1930년 일제가 건설한 동양 최대시설
이었지만 노후화됐다. 일제 강점기 매년 황산암모늄 48만톤을 생산했
었다.

시하지 못했다. 농업개혁은 최고지도자의 톱다운(top-down) 방식이 필수적이다. 북한
의 새 농업 조치들은 최고지도자가 직접 나서 시행을 독려한 중국, 베트남 수준까지
이르지 못한 탁상공론 수준이었다. 식량 보급에서 시장의 역할은 확대됐으나, 여전
히 목표생산량이 할당되고 농자재 공급 역시 국가에 의존하고 있는 상황이다.

북한 협동농장의 통일 후 미래경쟁력

북한은 일부 지역을 중심으로 전형적인 집단생산에서 2~3 가족 중심이 개인생산
형태로 영농 단위구조를 변화시키는데 주력하고 있다. 이로 인해 '집단농의 형태를
띤 혼합개인농'이란 변형된 영농구조가 일부 지역에서 부분적으로 시행될 것으로
예상된다. 다만 중앙정부 차원에서 사회주의 특성상 개인농 구조를 전국단위에서 선
언하긴 어렵고 지방의 협동농장 차원에서 생산량을 증가시키는 행위를 중앙에서 부
분적으로 묵인하는 행위가 증가할 것이다. 김정은 체제에서 전국 협동농장들도 이러
한 경향을 부분적으로 추종하고 있다고 판단된다. 다만 본격적인 개인영농제를 도입
하는 것은 여전히 불투명하고 시범적 성격의 혼합농은 단순히 증산을 위한 잠정적인
개혁 조치로 이해된다. 노동당이 주도하는 농업개혁은 여전히 본질적 측면의 개인영
농제(individual farming)를 도입하지 못하고 피상적이고 제한적인 증산 실험에 골몰하고

있다. 개인의 영농 의욕을 고취하는 각종 제도를 본격적으로 도입하지 못한다면 농업생산은 근본적으로 증가하기 어렵다.

매년 초 신년사에서 김정은은 농업문제 해결을 강조한다. 농업 부문에서 물 절약 농법을 비롯한 과학농법들을 적극적으로 개발할 것, 영농물자를 원만히 보장하며, 생산조직 및 지도를 실정에 맞게 추진할 것, 알곡 생산목표를 초과 달성할 것, 전국의 축산·양어·버섯생산기지를 정상화할 것, 강원도 세포지구 축산기지 건설을 적극 추진할 것 등이 단골 강조 사항이다. 하지만 곡물생산의 구조적 문제가 해결되지 않는 한, 농업생산량은 전과 다르지 않을 것이다. 미국 국제식량정책연구소(IFPRI)가 발표한 2015년 세계식량정책보고서에서 북한의 토지생산성은 2012년 1ha에 1,450달러로 남한의 25% 수준에 머물러 있다고 지적했다. IFPRI는 보고서에서 식량문제를 겪는 지역들의 정책을 평가하고 문제 해결을 위해 쌀 생산성 증대, 곡물 유실 방지, 수자원 확보 등의 대책이 필요하다고 조언했다. 결국 북한이 해결해야 할 시급한 과제들이다.

1990년 이후 북한의 토지생산성은 지속적인 감소세에 있다. 연간 농민 1인당 노동생산성의 경우 1961년 남북한 모두 500달러 수준으로 비슷했지만, 2012년 북한은 남한(9,063달러)의 7분의 1 수준에 불과한 1,233달러를 기록했다. 특히 북한 농민 비율은 37% 이상이다. 북한이 빈곤국가라는 평가를 받을 수밖에 없는 부분이다. 요약하면 북한 농업은 비농업적 요인인 일반경제와 연관된 문제를 해결해야 한다. 원유·원자재 생산 및 도입이 증가해 비료, 농약, 농기계 등 농자재의 정상적인 공급이 가능해지면 증산이 가능할 것이다. 농업 내부 요인에선 영농시스템 개편 및 농업기술 개선, 주체농법의 탄력적 적용, 작부체계 개선을 통한 효율성 제고, 농산물 가격체계를 바꿔 생산 인센티브를 실효적으로 보장하는 것 등이 중요하다.[6]

▌중국 지도자 덩샤오핑은 1978년 이후 실질적인 개인영농제를 허용했다. 중국 개혁·개방의 단초였다.

다만 통일 이후 집단농의 문제점을 감안해 협동농장을 해체해 남한의 소농체제로 전환시키는 것은 매우 신중해야 한다. 평균 500ha 넓이의 협동농장은 '규모의 경제' 측면에서 바람직한 면적이다. 평균 3,000평인 남한 소농 규모로는 국제경쟁력을 확보할 수 없다. 통일 후 남한식으로 전환하는 과정에서 예외로 검토해야 할 부분이 협동농장이 보유한 규모의 경제란 장점이다.

北 석탄 받느라 南 쌀값 올라갔다?

북한 식량난은 통일 이후 한국농업의 부담이 될 것이다. 우선 이들에게 긴급 식량지원을 해야 할 것이다. 2015년 6월 한국식량안보재단이 발간한 "선진국의 조건: 식량자급 보고서"에서 북한 식량난에 대비해 통일미 120만t의 상시 비축을 제안했다.[7] 통일을 고려한 남한 농정이 한반도 전체의 식량수급을 염두에 두어야 하는 것은 매우 타당한 논의다.[8] 농업 부문의 성장률은 빈곤을 감소시키는데 있어 비농업 부문의 성장률에 비해 2배 이상의 효과가 있다고 2008년 세계은행이 발표한 바 있다.

2018년 상반기 남한 쌀값이 80kg당 20만 원선으로 급등하면서 확인되지 않은 뉴스가 확산되었다. 지난해까지 12만 원 선이었던 쌀값이 1년 만에 거의 60% 이상 상승한 것은 시중에 쌀이 부족하기 때문이며 이는 북한산 석탄을 싣고 온 선박에 엄청난 양의 쌀을 선적해 북한으로 보낸 결과란 깃이 학교 주변에서 주로 학생·교직원을 대상으로 식당을 경영하는 주인 아주머니의 항변이었다. 저자는 과거 남한 정부가 매년 30만t의 쌀을 북한에 보내던 시절 직접 모니터링 차원에서 선적과 하역 현장을 방문한 경험이 있기 때문에 1만t의 쌀이 얼마나 많은 양인

▌ 2000년대 북한으로 가기 위해 쌀이 선적을 기다리고 있다. 2018년 여름 북한 석탄 반입의 대가로 한국 쌀값이 오른다는 흉흉한 소문이 나돌았다.

지 추정할 수 있다. 예를 들어 1만t은 8t 대형트럭 1,200대를 동원해야 수송이 가능하고 배에서 하역할 때 쌀이 산더미처럼 보였다. 따라서 정부가 대량의 쌀을 언론의 눈을 피해 비밀리에 북한행 선박에 선적하는 것은 쉬운 일이 아니라고 설명하고 정부가 농민들의 소득증대를 위해서 정부 보관 양곡을 시중에 방출시키지 않은 결과라고 얘기했으나 아주머니는 믿을 수 없다는 반응이었다. 최근 최저임금 인상 및 물가상승으로 자영업자들의 어려움이 가중되고 또한 정부가 지나치게 북한 친화적인 정책들을 추진하면서 확산된 여론이라고 해석했지만, 마음은 개운치 않았다. 이처럼 쌀은 남과 북 모두에 예민하고, 생활필수품이기 때문에 생산과 소비 모두 정부가 세심하게 관리해야 할 품목임을 다시 한 번 절감했다. 깊어가는 가을밤, 남과 북 모두 먹는 문제를 해결해 한반도에서 굶는 사람이 없었으면 하는 바람을 가져본다.

2. 북한관광, 돈줄 막힌 김정은 '틈새시장' 될까

'집단체조·헬기관광' 돈되면 다 상품
- 9·9절 이후 중국 단체여행 재개, 홍색(紅色) 이념 향수 찾아 방북
- 미국인 웜비어 사망처럼 위험, '아우슈비츠 산책'에 비견되기도

2018년 봄부터 재개된 중국인들의 북한 관광은 트럼프·김정은, 김정은·시진핑 정상회담을 계기로 급물살을 타고 있다. 중국은 한국에 대해선 '사드 보복' 차원으로 2017년 3월 단체관광을 전면 금지한 이후 여전히 전세기 취항이나 단체관광 상품의 온라인 판매를 금지하고 있다. 중국인들의 한국 관광이 전면적 재개가 이뤄지지 않은 상황에서 오히려 북한 관광이 우선적으로 활성화되고 있다. 관광에 나서는 중국인들 중에는 랴오닝(遼寧)성 내 선양(瀋陽), 다롄(大連) 등 한반도와 직·간접적으로 연계돼 있는 동북3성에 거주하는 사람이 많다. 베이징 및 상하이 등 원거리 지역에서도 관광객이 몰려들고 있다. 중국이 항미원조전쟁(抗美援助戰爭)이라고 부르는 한국전쟁에 참전한 노병들도 자신들의 젊은 날을 추억하기 위해 북한을 방문다. 일부 ㄴ병들은 1950년 11월 한국전쟁에서 사망한 마오쩌둥의 아들 마오안잉의 묘소가 있는 평안북도 회창군을 방문하기도 한다.

주말에 평균 40인승 버스 10대 이상이 출발하는 신의주 당일 관광은 소득수준이 올라간 중국인들에게 비용 측면에서 큰 부담이 되지 않는다. 오전 8시에 출발해 압록강을 건너 신의주 시내 관광을 하고 오후 5시쯤 단둥으로 돌아오는 당일 관광 평균 비용은 790위안(약 15만 원)이나 실제 관광 기념품을 구매하는 등 옵션 품목까지 계산하면 20만 원 정도도. 북한 관광에 나서지 못하는 단둥(丹東) 방문 한국인 관광객을 위한 북·중 변경 관광 비용은 100위안(약 1만 7,000원)이다. 오전 8시 30분 마오쩌둥 동상이 있는 단둥역에서 모여 항미원조기념관, 월량도, 어적도, 구리도, 통군정, 여자병

영, 발전탑, 장군별장, 하구경구, 호산장성, 일보과를 보고 단둥으로 돌아오는 일정이다. 압록강변에서 배를 타고 북한측을 관람하는 상품이다. 강은 국제법상 국경이 없기 때문에 여름철에는 북측 연안 쪽으로 바짝 배를 대고 담배 등을 북측 경비병에게 던져 주기도 한다.

중국인 관광객들이 신의주에 도착하면 체류하는 관광원구는 2015년 여름 단둥중국국제여행사가 5,000만 위안(약 89억 원)을 투자해 압록강대교 인근 연안에 조성했다. '북한 신의주상륙관광원구(朝鮮新義州登岸遊園區)'는 쇼핑과 식사 등 부족한 신의주 관광 인프라를 확충할 목적으로 만들어졌다. 압록강 일부를 메워 만든 간척지 위에 건립됐으며 '신의주상륙관광원구'는 '신의주압록강안관광지'를 일컫는 중국측 명칭이다. 북한의 [노동신문]은 당시 "조선묘향산여행사와 단둥 중국국제여행사 간의 협력으로 압록강 연안에 건설된 관광 봉사구역에 현대적인 종합봉사기지가 꾸려져 있다"고 보도했다. 당시 개장식에는 이응철 북한 국가관광 총국 부총국장을 비롯한 관계 일꾼과 중국측 관계자와 관광객들이 참석했다. 대지면적 총 13만㎡ 중 1단계로 건립된 8,000㎡ 규모의 건물엔 북한 별미식당, 불고기집, 북한농수산물판매장, 국제면세점, 커피숍 등이 들어섰다. 단둥 중국국제여행사측은 "단둥과 가까운 동북3성 지역을 중심으로 관광객을 모집해 신의주 관광을 활성화하겠다. 북한에 호기심을 가진 중국인이 예상외로 많다"고 밝혔다.

2018년 8월 열린 태국 최대 관광박람회에 북한 여행 상품이 등장했다. '북한을 연다'는 테마로 김정은 위원장과 트럼프 대통령의 실물 크기 사진을 담은 간판을 세워놓고 홍보를 펼쳤다. / 사진: 연합뉴스

'빛나는 조국'은 인기 관광 콘텐츠

2018년 정권 수립 70주년 9·9절 기념행사를 마친 북한은 국제사회 제재 압박에 따른 경제적 어려움을 극복하기 위해 관광카드를 꺼내 들었다. 지난해 가을부터 국제사회가 최대한의 제재와 압박을 가함에 따라 전 세계 130개 지역에서 영업하던 북한 식당들이 어려움을 겪고 해외 송출 근로자도 축소되기 시작했다. 중동 지역에 대한 무기와 광물자원의 수출도 여의치 않음에 따라 북한의 달러 기근은 올해 들어 악화되기 시작했다. 북한으로선 돌파구가 필요한 상황이었다.

북한은 관광을 통한 틈새시장 공략으로 본격적인 외화벌이의 물꼬를 열었다. 김정은 국무위원장은 대북제재 항목에 해당되지 않는다는 이유로 지난 6월 3차 북·중 정상회담에서 시진핑 국가주석에게 중국인들의 북한 관광카드를 강력하게 요청했다. 중국은 북한의 요청을 수용해 지난 9월 16일부터 중국인의 단체관광을 허용하기로 했다. 중국 공산당 서열 3위인 리잔수(栗戰書) 전국인민대표회의 상무위원장이 시진핑 주석의 특별대표로 방북해 김정은 위원장과 회담한 후 발표된 전향적인 조치다. 대내외적 여건을 고려해 9·9절에는 리 상무위원장이 시 주석의 특별대표 자격으로 방북해 김 위원장을 만나며 북·중 우호를 다졌다. 중국은 리 상무 위원장의 방북을 계기로 북한에 대한 경제건설 지원 의사를 공개적으로 표명했다.

이후 중국이 유엔 대북제재의 '회색지대'인 관광 분야를 통해 일차적으로 북한 지원에 나서는 분위기가 현장에서 감지되기 시작했다. 중국 고위층의 지시에 중국인 관광객들의 단체 방북이 시작된 것이다. 중국인 관광수익이 북한 경제 회복의 마중물이 되고 있는 만큼 관광이 선두에 서서 국제사회의 대북제재와 압박을 돌파하고 있는 상황이다. 강력한 대북제재와 압박을 받는 북한이 현실적으로 외화를 벌 방법은 관광밖에 없다. 그중에서도 대부분을 차지하는 중국인 관광객 유치에 전력을 다하고 있다. 국제사회의 대북제재 속에서도 북한이 '틈새시장'을 뚫고 있는 것이다.

중국의 북한 전문 여행사인 INDPRK를 포함한 관련 업체들도 북한 단체관광 상품의 예약을 시작했다. 앞서 북한은 중국의 북한 전문 여행사들에 호텔 보수 등 국가적인 조치 때문에 8월 11일부터 9월 5일까지 단체 여행객을 받지 않겠다고 전격적으로 통지한 바 있다. 이를 두고 시진핑 주석의 방북 추진 때문이란 말이 나돌았다. 지난해 중국에서 평양으로 들어가는 관광객이 매일 2,000여 명에 달해 북한의 외화 기근 해소에 큰 도움을 줬다.

중국은 리잔수 상무위원장 방북을 계기로 중국인의 북한 관광을 독려할 것으로 보여 '북한 관광 특수'가 예상되고 있다. 북한은 중국인을 대상으로 대대적인 여행 홍보에 나서고 있다. 북한은 9·9절에 최대 10만여 명이 동원되는 '빛나는 조국'이라는 제목의 집단체조(매스게임)와 예술 공연을 선보인 이후 9월 말까지 공연했다. 2013년 9월 공연을 마지막으로 집단체조 공연을 하지 않은 데다 9·9절 행사가 대내외에 크게 알려지면서 이 상품은 거의 매진 수준이었다. 북한의 최대 국제전시회인 '평양 국제상품 전람회'와 '평양 국제영화제' '평양 가을 마라톤' 등 외국인 관광객을 대거 끌어올 수 있는 대형 이벤트 행사도 9월부터 준비해 여행 상품으로 팔고 있다.

관광상품은 돈 되는 것이면 무엇이든 다한다는 입장으로 시내 항공(헬기)관광, 평양국제마라톤대회, 대동강 불꽃놀이 상품 등 과연 사회주의 북한에서 가능한가란 의문이 드는 특이한 상품도 부지기수다. 예를 들어 헬기 등을 이용한 40분간의 평양 저고도 비행 프로그램에는 Mi-17은 195유로로, 자이로콥은 90유로의 요금을 받는다. 북한 전역 일주 프로그램인 An-24(또는 IL-18)은 495유로다. 1시간짜리 평양~원산 간 왕복 프로그램은 IL-18과 Tu-134 기준으로 175유로, IL-62와 Tu-154는 300유로다. 1인당 요금을 명시하곤 있지만, 최소 10명은 돼야 탑승이 가능할 것 같다. 누가 저런 비싼 요금을 내고 구닥다리 고려항공을 탈까 의심이 들지만 소련제 항공기에 로망이 있는 유럽 지역에서 평양을 방문한 '항공기 덕후들'을 상대로 한 상품으로 추정된다. 2012년에는 마식령 스키장에서 스키타기 관광도 출시됐다. 낡은 이념을 내세운 관광상품에 대한 홍보도 강화하고 있다. 코리아콘술트는 2012년 '김일성 주석 탄생 100주년 기념 관광상품', 영 파이어니어투어스는 2011년 '주체사상을 배우는 관광상품' 등을 각각 판매했다. 2012년에는 평양아마추어 골프 관광상품도 판매됐다. 2016년엔 원산국제공항에서 에어쇼

▌북한의 정신이 담겨있다는 집단체조 '빛나는 조국'도 외국인을 위한 관광 상품으로 판매된다. / 사진: 연합뉴스

를 관람하는 상품도 출시됐다.

한국 관광상품보다 2배 비싼 北 여행

전 세계적으로 20여 개의 북한 전문 관광여행사가 있다. 그 중 가장 큰 여행사를 꼽는다면 중국 베이징에 본부를 둔 고려여행사와 미국의 아시아태평양여행사, 스웨덴의 코리아 콘술트 등이다. 대략적인 관광비용은 중국 베이징까지 오가는 항공료를 제외하고 13박14일에 4,000달러(약 434만 원), 9박10일에 3,000달러(약 326만 원), 5박6일에 2,300달러(약 250만 원)로 한국 관광상품보다 두 배 가까이 비싸다. 한국처럼 덤핑 관광이 없고 희귀성 관광상품을 통제함에 따라 한국 관광상품보다 비싼 가격에 팔리고 있는 것은 아이러니다. 북한 여행상품은 국제관광박람회에도 등장했다. 지난 8월 태국 국제관광박람회(TITF)가 열리는 방콕 퀸시리킷 컨벤션센터 1층 전시장에 북한 여행 상품을 홍보하는 태국 여행사의 홍보 부스가 자리 잡았다.

북한 만수대 김일성·김정일 동상을 배경으로, 지난 6월 싱가포르 북·미 정상회담에서 악수하는 김정은 위원장과 트럼프 대통령의 실물 크기 사진이 부스 앞을 장식했다. 북한 여행상품을 26년간 취급했다는 이 여행사는 홍보 부스와 여행상품 전단에 '처음 만나는 북한' '북한 세상을 연다' 같은 문구를 사용했다. 외부 세계에 잘 알려지지 않은 미지의 관광지라는 점을 강조하기 위해서다. 여행사 홈페이지를 찾아보니 4만 9,900바트(약 170만 원)짜리 4박6일 상품부터, 7만 2,900바트(약 248만 원)짜리 7박9일 상품까지 모두 다섯 가지 북한 여행상품이 판매되고 있었다. 주로 방콕에서 중국 베이징이나 선양까지는 태국 국적 항공사인 타이항공이나 저가 항공사인 누-스쿠트 항공편을, 중국~평양 간 이동에는 고려항공 여객기를 이용하는 방식이다. 아시아권 관광업계의 격전장인 TITF에 북한 상품이 판매된 것은 이번이 처음은 아니다. 다만 '북한 상품을 전면에 내세운 대대적인 홍보는 이번이 처음'이라는 게 여행사 관계자의 설명이다.

북한은 정권수립 70주년을 맞아 중국뿐 아니라 서방세계를 대상으로도 해외 관광객을 모집했다. 최근엔 이탈리아 여행사인 미스트랄여행사(Mistral Tour)와 15일 동안 중국~북한~한국을 관광하는 상품 계약을 하고 내년 3월부터 시행하기로 했다. 북한의 관광객 유치는 남한에까지 확대되고 있다. 우리나라 여행사가 한국에 거주하는 외국인을 대상으로 북한 관광상품을 판매할 예정이다. 선우항공여행사는 지난 9월 서울

용산 본사에서 개최된 북한 관광상품 설명회에서 "한국에 거주하고 있는 외국인 및 한국을 거쳐 출발하는 외국인의 북한 관광 및 방문에 관한 독점 대리 자격을 (북한으로부터) 받았다"고 밝혔다. 여행사측은 한국인과 미 국무부의 대북 여행 금지 조치로 발이 묶인 미국인, 그리고 중국인을 제외한 외국인이 상품판매 대상이라고 설명했다.

선우항공여행사 컨설팅을 맡아온 박세진 엠앤피지코리아 이사는 "금강산국제여행사가 중국 요녕오중국제여행사에 주한 외국인의 북한 관광사업 추진을 위임하고, 요녕오중국제여행사가 선우항공여행사에 독점 대리 자격을 부여하는 방식으로 계약이 이뤄졌다"고 설명했다. 박 이사는 "대북제재 탓에 중국 여행사를 통한 우회 계약방식을 택했다"고 덧붙였다. 박 이사는 "사업 파트너인 금강산국제여행사 관계자를 중국에서 만나려고 통일부에 북한 주민 접촉신고를 했다"고 밝혔다. 선우항공여행사는 "해당 관광상품을 다음달부터 판매할 계획"이라면서 "부산·대구·광주·울산·창원·여수 등 지방의 여행사 10곳과 연계해 사업을 진행할 것"이라고 전했다. 관광은 서울·부산 등에 있는 공항에서 출발해 중국 선양(瀋陽)을 거쳐 북한에 가는 방식으로 이뤄진다. 관광상품은 4박5일, 5박6일, 8박9일짜리가 있다. 여행사측은 "지금은 대북제재 때문에 주한 외국인을 대상으로 북한 관광사업을 시작하지만 앞으로 대북제재가 해제되면 우리 국민의 북한 관광사업도 추진할 계획"이라고 밝혔다.

▌북한이 공들여 개발하고 있는 원산갈마해안관광지구 건설현장 전경. 김정은 국무위원장은 2018년 이곳을 시찰하기도 했다.

금강산·원산 지역에 8조 5,000억 원 투자계획

이해찬 민주당 대표는 2018년 10월 10일 외교부 국감에서 강경화 장관에게 북한 관광 자체가 제재 대상인지를 질의했다. 강 장관은 "관광은 아니다. (다만) 그것을 위해 자금이 유입되는 것이 제재 대상"이라고 설명했다. 또 개별 관광객의 물품 구입이나 음식점 이용이 제재 대상이냐는 물음에도 마찬가지로 "아니다"고 답했다. 이 대표는 "평양에 가 보니 호텔에 중국인이 많더라. 우리가 금강산관광을 못하는 것이 (유엔) 제재 대상이라서가 아니라 5·24 조치 때문이 맞는가"라고 묻자 강 장관은 "그렇다"고 답했다. 정부가 종전선언만 이끌어 내면 금강산관광을 재개할 명분으로 관광과 5·24조치와 유엔 제재의 상관관계 등을 정교하게 검토하고 있다는 것을 추측할 수 있는 부분이다.

사실 관광은 유엔 안보리의 제재 대상 분야가 아니었다. 하지만 지난해 9월 북한의 6차 핵실험과 장거리미사일 발사 이후 각종 유엔 제재로 북한에 가는 중국의 물적·인적 자원이 대폭 축소됐다. 중국은 제재에 적극적으로 동참하지 않는다는 미국의 전방위적 압력에 신경을 쓰지 않을 수 없었으며 중국인의 북한 관광을 불허했다. 오후 10시가 넘어 '평북(平北)' 간판을 단 8t 트럭이 하루에만 수십 대가 단둥 세관을 통과해 압록강대교를 지나 신의주로 들어간다. 중국산 각종 물자는 그동안 북한 경제의 버팀목이었다. 국제사회는 북한의 각종 무기 개발에 사용될 군수물자는 물론 외화벌이 수단으로 전용될 수 있는 광물자원에 대해 중국의 대북 수출입을 전격 차단했다. 이와 같은 촘촘한 그물망식 압박 속에서 가장 먼저 숨통이 트기 시작한 분야가 중국인의 북한 관광이다. 중국은 트럼프 대통령의 무역전쟁 선포로 이제는 더 이상 미국의 대북제재 올인에 동참하지 않는다는 것을 암시하고 있다.

사실 북한 관광의 역사는 어제오늘의 일은 아니다. 북한은 일부 사회주의 국가를 대상으로 체제 홍보 차원에서 한국전쟁이 휴전되고 3년이 지난 1956년부터 관광 사업을 시작했다. 1970년대까지도 주민의 해외 관광이나 외국인의 북한 여행을 자본주의의 타락한 형태로 백안시했다. 1980년대 들어 경제난이 심해지자 외화 수입 증대 수단으로 대외 관광사업에 관심을 두고 관광객 유치와 관광자원 개발

▌북한 원산 인근에 위치한 마식령스키장 전경. 북한은 2014년 관광대학도 설립했다. / 사진: 연합뉴스

및 관련 시설 확충에 주력하기 시작했다. 북한 관광 정책은 김일성 - 김정일 - 김정은 시대로 구분할 수 있으며 외국인 관광객 유치를 위한 정책적 노력을 시기별로 구분할 수 있다. 제1기(1950년 7월~91년 12월)는 50년대로 거슬러 올라간다. 북한은 1953년 8월 여행관리국 및 조선국제 여행사를 설립하고, 87년 9월에는 유엔관광기구(UNWTO)에 가입하면서 국제관광 정책을 추진하기 시작했다. 같은 해에 비로소 일본인에 대해서 북한 관광을 처음으로 허용했으며 91년 5월에는 북·일 간 전세기를 운행했다. 이어서 88년 금강산국제관광회사를 설립하고 91년에는 나진·선봉을 자유경제무역지대로 선정하면서 외국인 관광객 유치를 선언했다.

제2기(1991년 12월~2011년 12월)는 90년대 이후다. 1996년부터 원산·해주·청진 등을 중심으로 외국인 단체 여행자를 위한 관광 코스를 개발했으며, 98년에 대한민국 국민이 해로를 통해 북한 관광을 할 수 있는 상품을 판매했다. 2003년에는 육로를 통한 금강산관광이 실현되었을 뿐만 아니라 2007년에는 개성관광이 시행됐다. 2008년 금강산에서 발생한 박왕자 씨 피살사건으로 인해 현재까지 금강산·개성 관광은 중단되고 있다. 2010년 4월엔 중국인 단체의 북한 관광이 공식적으로 시작됐으며 평양~상하이(2011년 7월), 평양~쿠알라룸푸르(2011년 8월) 항공 노선이 개설되는 등 타국과의 관광교류를 시작했다.

제3기(2011년 12월~현재)는 김정은체제 출범 이후다. 2012년부터 중국인 관광객은 여권 없이 방북할 수 있도록 규제를 완화했으며, 2013년엔 평안남도 평성시, 평안북도 동림군, 신의주와 회령 등이 외국인에게 개방됐다. 2014년에는 평양에 관광대학을 설립해 인력 양성 등 교육적 노력과 함께 마식령스키장·문수물놀이장(2013년 개장), 갈마비행장 리모델링 등 신규 관광 인프라에 대한 투자도 지속하고 있다. 북한은 2014년 13개의 지방특구를 지정

WHERE IS THE PUEBLO?
A. HAS IT SAILED BACK TO WONSAN?
B. HAS IT BEEN RECAPTURED?
C. HAS IT BEEN LIFTED UP AND PLACED IN THE MILITARY MUSEM?

▌ 북한 고려여행사가 광고 목적으로 페이스북에 올린 대동강변 풍경. 고려여행사는 중국 베이징에 본부를 둔 대표적 북한 전문 관광여행사다.

하면서 평안북도 삭주군 청수지구, 황해북도 신평군지구, 함경북도 온성섬지구 등 3 개 지구를 관광특구로 선포했다. 김정은은 "원산지구와 칠보산지구를 비롯한 나라의 여러 곳에 관광지구를 잘 꾸리고 관광을 활발히 벌리며 각 도들이 자체 실정에 맞게 경제개발구를 내오고 특색 있게 발전시켜야 한다"고 강조했다. 특히 북한이 주력하 는 관광지역은 금강산·원산 국제관광지대로 2025년까지 우리 돈 8조 5,000억 원(약 78억 달러) 규모의 투자를 통해 연간 100만 명 수준의 외국인 관광객을 유치하려는 목 표를 밝히고 개발에 착수했다. 북한이 주목하는 해당 지역은 140여 개의 역사유적, 10개의 백사장과 호수, 680여 개의 관광명소, 4개의 광천자원과 330만t의 감탕(온천) 자원이 있다.

'거대 수용소'에서 관광의 즐거움 찾다니?

비공식 통계에 따르면 북한 방문객은 2011년에 중국인이 19만 4,000명, 서구세계 가 6,000명, 2012년에 중국인이 23만 7,000명, 서구세계가 2,200명, 2013년에 중국인 이 20만 7,000명, 서구세계가 6,134명, 2015년에 중국인이 10만 명, 서구세계가 4,934 명, 2016년에도 유사한 수치를 보였다. 2017년엔 제재로 인해 급감했다.

북한 관광엔 양면성이 있다. 새롭고 독특한 체험을 하려고 영파이어니어투어스 여행사를 통해 2016년 초 북한에 여행을 갔다가 의식불명 상태로 북한에서 풀려난 미국인 대학생 오토 웜비어가 집으로 돌아온 지 엿새 만에 사망한 사건은 북한 여행 의 불안정성을 적나라하게 보여준다. 미국 중산층 가정에서 태어나 세상에 호기심이 많았던 22세 젊은이는 미국 중앙정보국(CIA)의 사주를 받아 호텔에 붙은 정치선전물 을 훔쳤다는 죄목으로 1년 6개월간 구금된 상태에서 각종 고문을 받았고 결국 사망 했다. 평양과학기술대학교에서 영어를 가르친 경험으로 [평양의 영어 선생님(원제 Without You, There Is No Us: Undercover Among the Sons of North Korea's Elite)]을 펴낸 한국계 미 국 작가 수키 김은 [워싱턴포스트]에 다음과 같은 글을 기고했다.9)

"여러모로 비극입니다. 매년 5,000명가량의 서구 여행객이 북한을 방문하며, 그 중 약 5분의 1이 미국인입니다. 웜비어 사건은 북한 정권이 얼마나 인명을 경시하는지 극 명하게 보여준 경우입니다. 웜비어의 죽음은 대북 외교의 처절한 실패를 상기시키는 사건이자, 미국 시민을 억류하는 것이 북한에 이득이라는 점을 일깨워 주는 사건입니다. 대학생에 불과한 웜비어는 북한 관광을 떠나면서 자신이 얼마나 위험한 곳으로 향하는지 알지 못했을 것입니다. 앞으로 제2, 제3의 웜비어가 생기지 않도록 하는 것은 국가의 책임입니다."

사실 북한에 비판적인 인사들은 북한 관광이 매우 불편한 개념이라고 주장한다. 외국인들이 북한을 방문하면 소외된 북한 주민에게도 문이 열린다는 주장이 있지만, 평범한 북한 주민이 외국인 관광객에게 노출될 가능성은 크지 않다. 평양 관광 자체가 선전용으로 정

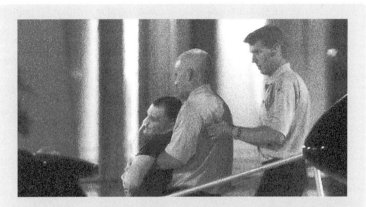

▌ 오토 웜비어는 식물인간 상태로 미국에 돌아왔다. 웜비어는 끝내 숨을 거뒀고, 북한이 얼마나 위험한 곳인지를 실감하게 해줬다.

해진 관광지 몇 군데를 둘러보는 것이고, 안내원 외의 북한 주민과 접촉하는 것은 불가능하다. 여행이 대체로 안전하다고 알려졌지만 모든 것이 통제되는 경찰국가에서의 위험은 감춰져 있고, 예측할 수도 없다. 2,500만 명의 주민이 포로처럼 갇혀 있는 거대 수용소 같은 나라에서 누릴 수 있는 '관광의 즐거움'에 대해 회의적인 시각도 존재한다. 가벼운 마음으로 북한을 관광하는 것은 나치 치하 아우슈비츠를 산책하는 것과 비슷하다는 주장도 있다. 북한 관광의 또 다른 어두운 이면은 관광수입이다. 비판론자들은 "외국인 관광은 매년 북한 정권에 4,300만 달러 이상의 외화를 안겨주며, 이 돈은 주민을 탄압하고 군사력을 키우는 데 쓰일 가능성이 크다"는 이유로 북한 관광에 반대한다. 현재 미국 정부는 북한 여행 금지령을 발동 중이며, 웜비어가 이용했던 북한 전문여행사인 영파이어니어(Young Pioneer)는 미국인 고객을 더 이상 받지 않고 있다.

문 대통령 천지 방문은 北 관광 재개 예고편?

미지의 세계에 호기심을 가진 사람들은 위험을 무릅쓰고 새로운 지역으로의 진출

을 시도한다. 북한 관광도 다양한 부작용과 우려에도 불구하고 관광객이 증가하고 있는 것은 호기심과 중국인들의 이념적 측면의 홍색(紅色)관광이 어우러진 결과다. 중국 정부는 지난해 11월 말 베이징·산둥에 한해 한국인 단체관광을 부분 허용하면서 동시에 랴오닝·지린성을 뺀 타지역 거주자의 북한 여행을 금지했다. 당시 미국은 방북 대학생 웜비어 사망 사건을 계기로 미국인의 북한 여행을 금지했고, 프랑스와 영국 등도 북한 여행 자제령을 내린 상황이었다. 중국은 이들 국가가 여전히 북한 여행을 제한하고 있는 가운데 선제적으로 제한을 푼 것이다. 석탄·광물·수산물·섬유 수출 등 외화벌이 수단이 모두 차단된 북한에 숨통을 틔워 준 셈이다.

문재인 대통령과 김 위원장의 백두산 천지 동반 방문도 종전선언 이후 추진될 북한 관광의 서막을 예고한 것이다. 북한 관광은 미·중 간 무역전쟁 와중에서 시 주석과 김 위원장이 트럼프 대통령을 상대하는 공동전선이다. 2차 북·미 정상회담이 개최되면 북한 관광은 또다시 탄력을 받을 것이다. 내년 봄 남한 사람들의 북한 관광 재개가 예상되는 가운데 관광이 평화 분위기를 조성하고 개혁·개방을 유도해 비핵화를 촉진시킬지, 아니면 국제사회의 압박과 제재에 틈새를 만들어 비핵화에 소극적인 입장으로 회귀하게 될지 귀추가 주목된다.

▌백두산 장군봉에서 바라본 천지의 전경. 한국 정부는 종전선언이 이뤄지면 북한 관광을 재개할 명분을 얻는다. / 사진: 연합뉴스

3. 김정은의 북한경제 회생 플랜

한 손엔 외자유치, 또 한 손엔 공포정치 마른 수건도 쥐어짠다!
■ 대북제재 속 북한경제 고립, '통치자금 관리' 노동당 39호실도 돈줄 말라
■ 한계 직면한 경제개발구와 현지지도 '버럭정치', 이선권 냉면 발언은 초조감의 발로

역시 문제는 경제다. 남북한 지도자 모두 경제가 골치 덩어리다. 남한은 코스피(국내 종합주가지수) 2000선이 무너졌다. 청와대 게시판에는 주가 하락 대책을 요구하는 청원 글이 수백 건 올라왔다. 지푸라기라도 잡는 심정이겠지만 시장경제 원리로 움직이는 주가를 올리는데 대통령이라고 뾰족한 수가 있는 것도 아니다. 평양 정상회담으로 문재인 대통령의 지지율이 올라갔지만, 시간이 지나면 바닥 수준의 실물경기 때문에 원위치다. 정상회담 컨벤션 효과는 대략 한 달에 불과할 정도로 경제상황이 녹록지 않다. 정부의 경기부양 이론인 소득주도 성장론이 현재의 경제위기를 극복할 수 있을지는 여전히 미지수다. 집권 21개월이 지나가는 상황에서도 성과가 불투명함에 따라 향후 경제회복 기대는 여전히 난망이다. 남북관계 개선을 통한 한반도 비핵화로 평화를 실현하고 남북경협을 통한 한반도 신경제지도로 한국 경제를 업그레이드시키는 구상도 북한 비핵화의 속도 부진으로 청사진 수준에 그치고 있다. 정책의 노선 수정이 없다면 경제 위기는 문재인 정부 임기 내내 지속될 수밖에 없다는 것이 대내외 경제전문가들의 관측이다. 궁극적으로 경제위기는 남북관계 발전의 발목도 잡을 수밖에 없다.

북한 경제 역시 난국을 타개할 돌파구를 찾지 못하고 있다. 2017년 하반기 본격화된 국제사회의 그물망 제재와 압박으로 지난해 −3.5% 성장에 이어 금년에도 마이너

스 성장이 예상되고 있다. 북한 경제가 제재와 압박으로 어려움을 겪고 있다는 미국의 주장에 대해 북한은 오히려 지난해 3.7%의 경제성장률을 기록했다고 반박했다. 북한 사회과학원 경제연구소의 이기성 교수는 10월 13일 교도통신에 "2017년 북한의 GDP 가 307억 달러(한화 약 34조 7,000억 원)로 2016년의 296억 달러(한화 약 33조 5,000억 원)에 비해 증가했다"고 주장했다. 그는 "북한의 인구는 2016년 2,515만 9,000명에서 2017년 2,528만 7,000명으로 증가했으며 지난해 북한의 1인당 국내 총생산은 1214달러(한화 약 137만 원)로 미얀마 수준과 비슷하다"고 설명했다. 이기성의 주장은 북한 경제가 2017년 이전 해에 비해 −3.5% 성장을 기록했다는 지난 7월 한국은행의 발표와 상반되는 내용이다. 이기성은 한국은행의 조사결과가 단지 추정치에 불과하다고 반박했다.

하지만 교도통신은 "이기성이 GDP 산출에 어떤 요소들이 반영됐는지 밝히지 않아 발표 내용의 정확도를 검증하는 것은 불가능하다"고 평가했다. 이기성은 북한이 경제 성장을 다른 나라들에 의존하지 않고 이뤄냈다고 주장했으나 서훈 국정원장은 10월말 내곡동 국정원에서 개최된 국회 정보위원회 국정감사에서 "북한 예산이 1년에 약 7조 원"이라고 언급했다. 이기성의 발표를 액면 그대로 인정하기 어려운 대목이다. 이기성은 "북한이 유엔 대북경제 제재의 부정적 영향을 극복하기 위해 다양한 기술을 개발했다"면서 "원유 사용을 아끼기 위한 조치들을 시행했다"고 예를 들어 설명했다. 북한이 GDP를 공개한 것은 매우 드문 일이며 2016년과 2017년도 북한의 GDP에 관한 정보가 공개된 것은 이번이 처음이다. 북한이 공세적으로 일본언론을 통해 플러스 경제 성장을 주장한 사실은 국제사회의 대북제재 속에서도 경제가 위축되지 않고 발전하고 있다는 제재 무용론을 강조하기 위한 것이다.

북한의 플러스 성장 주장은 근거를 밝히지 않아 진위 여부를 검증할 수는 없다. 하지만 제재로 인하여 북한 경제가 어렵다는 비명은 여기저기서 터져 나오고 있다. 노

▌ 북한 평양시 평천구역에 있는 평양화력발전소 굴뚝에서 연기가 나고 있다. 석탄을 주 연료로 사용하는 이 발전소 연기는 평양 대기오염의 원인 중 하나로 알려져 있다. 이 발전소는 1965년 옛 소련의 지원으로 건설됐다.

동당 39호실 산하 경흥지도국 당위원장 이철호는 2017년 12월 북한 노동당 대내 기관지인 [근로자] 12월호에 적대 세력들의 제재 책동을 물거품으로 만들기 위한 조직 정치 사업'이라는 기고문에서 제재로 인해 노동당 39호실의 외화벌이가 지장을 받고 있다는 사실을 공개하고 유류 공급 제한으로 주유소를 폐쇄했다고 주장했다. 김정은 위원장은 11월 초 [노동신문] 보도를 통해 "적대 세력들이 우리 인민의 복리 증진과 발전을 가로막고 우리를 변화시키고 굴복시켜 보려고 악랄한 제재 책동에만 어리석게 광분했다"고 미국을 이례적으로 강하게 비판했다.

북한식 경제발전론의 허실

남북한 모두 최고지도자가 획기적인 해법을 찾아내지 않으면 국민과 인민들의 아우성에서 벗어나기 어려울 것이다. 핵 문제나 평화 등의 안보 상황보다도 남이나 북 모두 다 먹고사는 문제를 제대로 해결하지 않으면 지도자의 미래는 어둡다. 2019년 들어 집권 8년 차를 맞는 김정은 국무위원장의 경제리더십을 분석하는 것은 북한의 미래를 조망하는 중요한 기준이 될 것이다. 2018년은 핵문제를 잠시 옆으로 내려놓고 최초로 북미 정상회담을 통해 북한이 고립의 탈피를 시도한 특별한 한 해였다. 핵개발의 완성을 선언한 만큼 경제에 매진하겠다는 김 위원장 발언의 진의를 파악하고 성과를 관측하는 작업도 북한 경제의 미래를 전망하는데 중요한 판단 근거가 될 것이다. 남한의 경제성장 키워드가 소득주도성장이라면 김 위원장이 북한 경제를 이끄는 3대 키워드는 경제특구 성장, 현지지도 성장, 남북경제협력 성장 등이다. 3대 분야 성장론의 허와 실을 분석해 보자.

현재 북한 경제는 2016년 5월 6일 제7차 노동당대회에서 확정한 '국가경제발전 5개년 전략(2016~2020년)'에 따라 움직이고 있다. 북한은 당대회를 통해 국가의 굵직한 경제개발 계획을 제시한다. 1956년 4월 개최된 3차 당대회에서는 '인민경제발전 5개년 계획', 61년 9월 4차 당대회에서는 '인민경제발전 7개년 계획', 80년 10월 6차 당대회에서는 '사회주의 건설의 10대 전망 목표'를 제시했다. 김정은 집권시대 들어서 제시한 국가경제발전 5개년 전략은 과거의 정책이 경제발전에 대한 계획인데 반해 '전략'이란 용어를 사용한 것이 특색이다. 구체적인 각 부문별 생산목표 수치를 제시하지 않은 채, 기존의 선행 부문과 '먹는 문제' 해결을 재강조하는 추상적 수준에 그쳤다. 계획을 세웠다가 목표 달성에 실패해 경제관료는 물론 최고지도자까지 곤욕을 치른 과거를 고려해 '전략'이란 수단 지향적인 단어를 사용했다. 주요 목표는 경제가 획기적으로 개선되지 않기 때문에 과거의 경제발전 계획과 대동소이하다. 3대 총괄 목표는 ▷인민경제 전반의 활성화 ▷경제부문 사이의 균형 보장 ▷나라의 경제를 지속적으로 발전시킬 수 있는 토대 마련 등이다. 4대 방향은 ▷경제 및 핵무력 병진 노선 ▷에너지 문제 해결 ▷인민경제 선행 부문과 기초공업 부문의 정상화 ▷농업과 경공업 생산을 늘리는 인민 생활의 질 향상 등이다.

북한은 지난 4월 20일 열린 노동당 중앙위원회 제7기 제3차 전원회의에서 '사회주의 경제건설'을 새 전략노선으로 채택했다. 새 전략노선의 해석을 둘러싸고 남한의 전문가들 사이에는 논란이 있었다. 핵무기 개발은 상수(常數)로서 핵과 경제의 병진 노선을 더욱 추진하겠다는 북한식 경제 돌파구 전략을 표방한 것인지? 혹은 이미 핵 개발은 성공했으므로 이제 핵개발의 속도를 늦추고 각종 자재와 재원을 순수 경제 건설에 총력을 다 하겠다는 뜻인지 견해가 일치하지 않는다. 7월 3일 자 [노동신문] 은 "국가경제발전 5개년 전략 수행의 세 번째 해인 올해 경제전선 전반에서 활성화의 돌파구를 열어 재껴야 한다"고 강조했다. 전반적인 경제건설의 소프트웨어는 인민경제의 자립성, 주체성, 현대화 및 정보화다. 이를 통해 현장에서 달성해야 할 미시적인 목표는 ▷식량 자급자족 ▷에너지 문제 해결 ▷경공업 발전 ▷무역구조 개선 ▷경제개발구 자본 유치 ▷관광산업 활성화 등이다.

이외에 '남한과의 경협을 통한 경제건설'이 새롭게 추가될 것이다. 식량 자급자족은 1948년 북한 정권 창설 이래로 여전히 미해결의 영원한 숙제다. 개인의 영농의욕을 고취시키지 못하는 협동농장의 구조적 문제에다 각종 농자재 공급 부족은 식량 생산량이 소비량을 충족시키지 못하는 일차적 원인이다. 에너지 문제 역시 중국에서 단동-신의주 간 송유관을 통해 보내는 연간 40만 내외의 중유 공급에

■ 조선중앙TV는 오석산 화광석 광산 노동자들이 평안남도 룡강군 협동 농장에서 모내기 하는 장면을 방영했다. 이 방송은 "알곡고지 잠령에서 네 일, 내 일이 따로 없다"고 독려했지만 북한의 생산성은 높지 않다.

의존하고 있다. 각종 중소형 발전소의 건설을 통해 전력 부족의 해결을 시도하고 있으나 과거에 비해 크게 개선되지 않고 있다. 경공업 발전 역시 자재 부족으로 소비재의 70% 이상을 중국산에 의존하고 있다. 수출입의 불균형으로 무역구조 개선 역시 공염불에 그치고 있다.

문 대통령 백두산 관광 '선전효과'

2017년 기준으로 북한의 전체 무역액은 55억 5,000억 달러다. 수출은 17억 7,000억 달러, 수입은 37억 8,000억 달러로서 무역 적자가 20억 달러에 달하고 있다. 수입이 감소되지 않는 상태에서 수출이 2016년 28억 2,000억 달러에서 37% 감소했다. 무역적자 심화에다 국제사회의 대북제재 등으로 2017년 북한의 실질 국내총생산(GDP)은 전년에 비해 3.5% 감소했다. 97년 −6.5% 이후 최저치로서 전년 중 큰 폭으로 증가했던 광업, 제조업, 전기가스, 수도업 등이 감소한 결과다.

김정은시대 경제정책의 핵심 키워드는 경제개발구 정책이다. 경제특구의 북한식 표현인 경제개발구 정책의 원조는 역시 중국이다. 외자유치(FDI)는 경제개발 초기 자본이 부족한 저개발국가의 필수적인 마중물이다. 하지만 저개발 국가의 전망이 불확실함에 따라 자본 유치는 쉽지 않다. 오늘날 미국과 무역전쟁을 벌일 정도로 성장한 중국의 해외 직접투자 연간 유입액은 덩샤오핑이 개혁과 개방을 단행한 78년에는 제로였다. 국제자본은 중국의 개혁과 개방에 확신이 들 때까지 움직이지 않았다. 덩샤오핑의 눈물 어린 노력으로 1980년에 겨우 6,000만 달러를 기록했다. 중국과 같은 거대 시장도 연간 유입액이 10억 달러를 넘어선 연도는 84년이었다. 100억 달러를 넘어선 연도는 1992년, 500억 달러를 넘어선 연도는 2002년, 1,000억 달러를 넘어선 연도는 2010년이었다.

돈에 확실한 꼬리표가 달린 국제자본은 불투명성과 불확실성을 극도로 싫어한다. 돈을 벌 수 있다는 분명한 판단이 서지 않으면 미동도 하지 않는다. 과연 김 위원장은 78년 덩샤오핑의 점(点) → 선(線) → 면(面) 개혁과 개방 전략을 본격적으로 추진하는 것인지 혹은 흉내만 내는 것인지 진단해 보자. 특구 경제발전 전략은 오직 최고 지도자의 의지와 결단이 없으면 불가능하기 때문에 김 위원장의 복심이 매우 중요하다. 북한의 특구전략은 외국자본의 추출(extraction)과 내부자원의 동원(mobilization)을 특정 지역에서 연결하는 동원추출이론을 기반으로 한다.

북한 경제특구의 원조는 1991년 12월 지정된 나진·선봉 경제무역지대다. 84년 합영법 제정 이후 최초의 특구다. 하지만 보수파의 공격을 받아 나선특구를 주도했던 97년 김정우 대외경제 협력추진위원장이 공개 총살을 당하고, 99년 김달현 전 경제부총리가 자살함으로써 나선특구는 막을 내렸다가 2010년 첨단 물류 및 무역 수송 특구라는 간판을 새로 내걸고 재지정됐다. 2002년에는 신의주국제경제지대, 개성공업지구, 금강산국제관광특구 등이 연속적으로 지정됐다. 개성과 금강산은 남한과의 경제협력 대상 지역으로 지정돼 개성공단과 금강산관광이 본격화됐다.

2008년 박왕자 씨 피살사건으로 금강산관광이 중단되고 2016년 북한의 6차 핵실험으로 개성공단이 중단됐다. 신의주특구는 화교 출신인 양빈이 행정장관으로 평양에 의해 임명됐으나 중국 공안에 의해 체포된 뒤 사실상 개점휴업 상태였다. 최근 석방된 양빈 전 장관이 대만 기업인들과 협력해 북한 진출을 시도한다는 보도가 나옴으로써 향후 북한이 그를 어떻게 활용할지 관심이 높아지고 있다. 북한은 2010년에 친중파인 장성택을 앞세워 황금평·위화도 경제지대를 지정해 중국자본 유치에 주력했다. 하지만 장성택의 처형으로 황금평·위화도 특구는 진전을 보지 못하고 있다. 총론적으로 개성과 금강산만 남측과의 협력으로 절반의 성공이었으나 문이 닫혔고 나머지 중국 자본을 겨냥한 특구는 사실상 개점 휴업상태다. 위에 언급한 5대 경제특구는 중앙에 의해 결정됐고 김일성·김정일 시대에 결정돼 김정은의 독자 브랜드와는 거리가 있다. 다만 금강산 특구에 애정이 각별해 인근 원산에 75억 달러의 외자를 유치하는 '원산 특별개발' 정책은 특구는 아니지만 금강산 특구 개발과 연계하는 매머드 프로젝트로서 김 위원장의 야심작이다. 하지만 75억 달러의 조달과 유치는 여전히 청사진 수준이다. 김 위원장의 특구정책은 선대 지도자들의 계획과 전혀 차별화하지 못함으로써 성과를 거두지 못하고 있다.

김 위원장의 경제특구 전략과 연계된 경제건설 전략은 관광산업 육성이다. 특히 관광이 국제사회의 대북제재에 해당하지 않는 점을 감안해 김정은·시진핑 간 3차

화교 출신인 양빈 전 신의주특구 행정장관. 그가 중국 공안에 체포된 뒤 북한의 개방은 흐지부지됐다. 최근 양빈이 대만 기업인들과 협력해 북한에 다시 진출한다는 추측도 나오고 있다.

북·중 정상회담에서 중국인들의 대북관광 해제가 합의돼 단체관광이 재개된 것은 북한 경제가 제재와 압박으로부터 숨통을 트는 역할을 할 것으로 예상된다. 북한 [조선중앙통신]은 김정은 국무위원장이 양강도 삼지연군 건설현장을 올해 들어 세 번째로 시찰했다고 지난 10월 30일 보도했다. 눈을 흠뻑 맞으며 삼지연 현장을 둘러보는 사진은 북한이 대대적인 리모델링 공사를 있다는 점을 강조하고 있다. 삼지연은 백두산이 최북단에 위치해 있는 백두산 관광 거점 지역이다. 북한 당국은 지난 9월 문재인 대통령과 함께 백두산 천지를 공개해 향후 남한 사람들을 겨냥한 관광시설 확충에 주력하고 있다.

김정은의 현지지도는 '버럭정치 쇼

김 위원장 경제 리더십의 주요 키워드 중의 또 다른 하나는 빈번한 현지지도를 통한 군기잡기다. 부지런한 애민 지도자의 이미지를 구축하는데 현지지도는 매우 효과적이다. 특히 권력의 정통성 확보를 위한 상징정치이자 선전전을 통한 심리정치다. 김 위원장이 무더위에 지친 민심을 다독이기 위해 특별히 기록적인 더위가 예상됐던 8월 3일 현지지도를 감행했다는 [노동신문]의 보도는 거의 하나의 드라마였다. "이 불타는 삼복더위에 어이하여 그이께서 만은 그처럼 환한 미소를 지으셨던가. 사랑이었다. 인민의 참된 충복, 충실한 심부름꾼, 위대한 헌신이었고 강렬한 분투" 등의 표현을 쓰며 김 위원장의 '애민'을 강조하였다. 주민들은 이러한 [노동신문]의 선전을 통해서 최고영도자는 정말 열심히 일하는데 밑에 있는 고위관료들이 제대로 보좌하지 못해서 나라가 어렵다는 인식을 갖게 된다는 것이 탈북자들의 증언이다.

통일부 자료에 따르면 김정은은 2012년 집권 이후 2017년 10월 말까지 총 896회의 현지지도를 했다. 이 중 경제분야가 308회로 34.3%, 군사분야가 299회로 33.4%를 차지했다. 이외에 정치분야 15.3%, 사회문화 14.8%, 대외 및 기타분야가 2.1%다. 군사 분야보다도 역점을 둔 것이 경제분야로서 김 위원장이 가장 역점을 두고 있다는 점을 감지할 수 있다.

현지지도 자체를 폄하할 필요는 없지만, 문제는 영도자의 빈번한 현지지도가 경제발전을 달성하는 데 큰 도움이 되는가 여부다. 최고지도자가 현지지도를 통해 경제발전을 이루는 것은 양적(quantitative) 접근방법이며 노동집약적 발전전략이라는 것이 헝가리 출신으로 미국 하버드대 등에서 오랜 기간 사회주의 정치경제이론을 강의

한 코르나이(J. Kornai) 교수의 지적이다. 사회주의는 물론이고 자본주의에서도 모든 산업현장이 성장하기 위해서는 노동력 이외에 자본과 기술을 확충하는 질적인 (qualitative) 접근방법이 필요하다. 저자는 2000년 김우중 전 대우 회장이 500만 달러를 투자한 남포 경공업 공장을 방문했다. 공장 안 벽면에는 다양한 정치구호와 함께 "1950년대의 정신으로 일하자"라는 빨간색의 구호가 큼직하게 붙어 있었다. 안내하는 참사에게 물었다. "1950년대에는 어떻게 일했기에 50년대 정신으로 일하자고 합니까?" 그는 "선대들의 증언에 의하면 그때는 하나를 투입하면 두 개가 나오고 두 개를 투입하면 4개가 나오던 시절이었다고 합니다"라고 대답했다. 다시 물었다. "지금은 어떻습니까?" 그는 더 이상 답하지 않았다. 양적인 성장을 하던 시절이라 노동력 1명을 투입하면 두 배의 성과를 거뒀다는 의미다. 하지만 양적인 성장은 한계성장체감의 법칙으로 일정 수준이 되면 노동력의 추가 투하가 오히려 효율성을 저하시킨다. 북한에 지금 필요한 요소는 자본과 기술이지 단순 노동력이 아니다. 현지지도의 문제점은 양적인 접근방법으로 해석된다.

현지지도는 김 위원장이 관료들의 군기를 잡는 시간이다. 이른바 날카로운 질책을 통해 실적 달성을 독려하는 버럭 정치의 현장이다. 지난 7월 함경북도 일대 경제 현장을 둘러본 김 위원장이 무능력하고 무책임하다며 관리자들을 꾸짖었다고 '대단히 격노한 사실'을 북한 매체들이 상세히 보도했다. 수력발전소인 어랑천발전소 건설 현장을 찾은 그는 "30여 년이 지나도록 공사가 완공되지 못한 실태를 현지에서 직접 료해(시찰) 대책하기 위하여 왔다"며 진척이 없는 원인을 파악했다. 이어 관리 책임자가 최근 몇 년간 현장에 한 번도 들른 적 없다는 보고를 받고 "도대체 발전소 건설을 하자는 사람들인지 말자는 사람들인지 모르겠다"고 강하게 비판했다. 심지어 김 위원장은 "벼르고 벼르다 오늘 직접 나와 보았는데 말이 안 나온다"라고 했다. 이어 평소 현장에는 안 나오다가 "준공식 때마다는 빠지지 않고 얼굴을 들이미는 뻔뻔스러운 행태"라며 내각 등 책임자들을 인신 공격적으로 비판했다. 김 위원장은 보고서 작성 등에만 치중하는 형식적 업무 행태에 대해서도 '주인답지 못하다'며 호되게 질책했다.

김 위원장은 내각, 노동당 경제부·조직지도부 등 경제 부문 책임자들의 방만한 태도를 조목조목 지적했다. 청진 가방공장을 찾아선 "태도가 매우 틀려먹었다"고 화를 참지 못했다. 김 위원장은 10월 원산 관광지구를 시찰한 자리에서 "전혀 옴짝도 하지 않고 동면하고 있는 보건성을 비롯한 성, 중앙기관들에서 어떻게 세계적 수준의 관광휴양 및 요양기지 꾸리기와 관련한 기술 과제서를 내놓겠는가"라며 질책했다. 선대 김일성, 김정일과 달리 젊은 지도자의 현장 책임자에 대한 질책과 비판은 고모부 장성택 처형 집권 초기 70여 명의 고위관료가 김 위원장의 눈 밖에 나 하루아침에 퇴출됐던 만큼 공포 수준이다. 특히 김 위원장은 책임자에게 언제까지 완공할 것인가를 다짐받고 현장을 떠난다. 어랑천발전소는 현장 책임자가 2019년 10월 완공을 약속했다.

■ 김정은 국무위원장이 2018년 8월 황해남도 삼천군의 메기농장을 현지 지도하고 있다. 우호적 여론을 끌어내기 위한 효과를 얻을 수 있지만 경제학자들은 현지 지도는 질적 경제발전을 끌어내기 어렵다고 지적한다. / 사진: 연합뉴스

김 위원장이 현지지도한 공장과 기업소 및 건설 현장은 최고지도자가 방문한 곳으로 특별 관리를 받게 된다. 이후 자재와 물자 및 인력이 최우선 지원된다. 준공 기한 엄수라는 최고 지도자의 '버럭 지시'에 따라 해당 현장은 이유를 불문하고 완공에 총력을 기울인다. 하지만 김 위원장이 본인의 비자금을 풀지 않는 한, 총량이 정해진 물자와 예산 형편에서 특정 지역에 물자가 집중될 경우 다른 지역의 지원이 축소되는 것은 자명하다. 책임자가 총살형을 면하기 위해 다른 건설공사에 투입될 자재를 가져다가 집중 투입할수밖에 없다. 김 위원장의 현지지도에 의한 생산증가는 일시적인 노동 투입량 증가 이외에는 다른 지역에 배정된 자재와 물자가 김 위원장이 현지 지도한 현장으로 단순 이동하는 풍선효과(Balloon effect)를 적나라하게 상징한다.

'냉면이 목구멍으로 넘어가느냐' 발언의 속내

2018년 '냉면이 목구멍으로 넘어가느냐'는 발언으로 물의를 일으킨 이선권 북한 조국평화통일위원회 위원장의 숨은 의도는 남한 자본과 기술의 유치 전략이다. 앞서 이기성 교수도 남한과의 관계 개선에 따른 경제 협력에 대한 기대감도 드러냈다고 교도통신은 전했다. 이종혁 조선 아시아태평양평화위원회(아태위) 부위원장과 김성혜

통일전선부 통일전선책략실장 등 북측 인사 7명이 방남하는 것도 경협과 무관하다고 보기 어렵다. 국제사회의 최대한 압박 전략으로 김 위원장의 통치자금 마련도 여의치 않은 상황을 타개하기 위해서는 우선 남한과의 경협 재개가 매우 시급하다.

서훈 국정원장은 "북한 연간 예산 7조 중 6,000억을 사치품 사는 데 쓴다. 사치품은 자동차, 모피, 술 등"이라고 말했다. 전체 예산의 8.6%에 해당하는 규모다. 서 원장은 "이 돈은 통치자금에서 나오고, 통치자금을 담당하는 부서가 별도로 있는데 그 돈은 당, 군부, 또는 정부에서 외화벌이를 통해 나온다"고 덧붙였다. 미사일 등 무기 판매, 해외근로자 송금, 해외 북한 식당 매출 등이 주요 수입원이었으나 여의치 않은 상황에서 남측과의 거래를 트는 것은 매우 시급한 과제다.

앞으로도 이선권의 남측 정부와 기업에 대한 거친 발언은 계속될 것이다. 사실 대기업 입장에서 대북 투자는 금액이 문제가 아니다. 외국인 투자자의 비율이 거의 절반에 육박하는 삼성전자의 경우 대북투자 소문만 나도 주가가 하락할 수 있다. 미국과 거래하지 않는 대기업은 없으며 미국의 세컨더리 보이콧을 우려하지 않을 수 없다.

한국경제를 힘겹게 선도하는 대기업들의 운신의 폭은 한계가 있을 수밖에 없다. 미·중 간의 극심한 무역전쟁 속에서 생존이 불확실한 한국기업들은 '이선권의 발언'과 청와대의 입김 등으로 3중고에 시달리지 않을 수 없다. 현재로선 남북한 경제가 함께 사는 방법은 각자도생이다. 국제사회가 동의하지 않는 경제협력은 모두가 어려워지는 길이 될 수밖에 없다. 남북 모두 각자도생해서 한반도 비핵화가 진전돼 국제사회가 동의하는 그날까지 생존하고 성장하는 것이 시급하다.

김 위원장은 이제 진정한 경제지도자가 되기 위해서 선택을 해야 할 순간이 다가오고 있다. 진정한 개혁 개방의 리더로서 북한판 덩샤오핑으로 거듭날 것인지? 선대지도자와 같이 기존 방식을 고수해 개혁의 시늉만 하는 '그럭저럭 버티는(The muddle through strategy)' 리더로서 남을지를 겨울까지 정해야 할 것 같다. 김 위원장이 눈 덮인 백두산에 다시 올라서 2,500만 명의 인민을 먹여 살리는 방안을 결심하기를 기대해 본다.

■ 이선권 북한 조국평화통일위원회 위원장은 2018년 9월 방북한 대기업 총수들을 향해 "냉면이 목구멍으로 넘어가느냐"라고 부적절한 발언을 했다. 그만큼 한국의 자본과 기술이 절실하다는 반증일 수 있다. / 사진: 연합뉴스

4. 경제발전 5개년 계획 첫해 심상치 않은 경제 상황

날개 없이 추락하는 '김정은식' 자력갱생
■ 대북제재 이어 코로나19 확산으로 북·중 교역 줄고 경제난 심화
■ 경제부처 기강 잡고 '장마당' 통제해 정치 자금줄 확보에 안간힘

　추락하는 것은 날개가 있을까? 20세기 초 오스트리아의 재원이었던 잉게보르크 바흐만(Ingeborg Bachmann)은 '추락하는 것에는 날개가 있다'란 시에서 인생의 굴곡을 은유법으로 표현했다. 그리스 신화에서 이카로스는 밀랍으로 만든 날개를 타고 높이 날다 태양열에 날개가 녹아 바다로 추락했다. 최근 한반도 북쪽의 경제 상황은 날개가 녹아내려 추락하는 이카로스를 연상시킨다. 평양의 살림살이는 '추락하는 것은 날개가 없다'의 상황이다.

　2009년 저자가 국정원 산하 국가안보전략연구원장으로 근무할 당시 황장엽 전 노동당 비서는 연구원 고문이었다. 고문의 역할은 저자와 금요일 늦은 오후 도곡동 연구소 근처 식당에서 2시간가량 북한 이야기를 나누는 것이 전부였다. 평소 목소리가 나지막한 황 고문이 목청을 높이며 열을 내는 주제 중의 하나는 1997년 탈북 당시 북한의 식량 사정이었다.

　그는 주체사상 담당비서로서 북한의 내부 문건은 물론 웬만한 남한 문건까지 접근이 가능했다. 농업성에서 보내온 식량 생산 예측 비밀보고서에 따르면 1995년, 1996년에 이어 1997년에도 식량 생산량이 220만t 내외로 예상됐다. 가공용과 사료용을 제외하고 식용과 종자용을 합한 최소 소요량이 350만t 이상인 만큼 3분의 1이 부족했다. 3년째 전체 주민의 4개월 치 먹거리가 부족한 심각한 기근이었다. 그는 조선민주주의인민공화국의 미래는 없다고 판단했고 탈북을 결심했다.

　하지만 1998년 집권한 김대중 정부가 대규모 식량을 평양에 지원함에 따라 북한

김정은 북한 노동당 총비서가 2021년 2월 11일에 끝난 노동당 중앙위원회 전원회의에서 연설하면서 삿대질을 하고 있다. 김 총비서는 이번 전원회의에서 경제목표의 문제점을 비판하고 당 경제부장을 한 달 만에 교체했다. / 사진: 연합뉴스

이 붕괴 위기에서 벗어났다고 황 고문은 탄식했다. 1995년부터 시작된 북한의 자연재해는 4년 연속 지속됐다. 1995년 100년 만의 수해, 1996년 60년 만의 대홍수와 해일, 1997년 왕가뭄, 1998년 홍수 등 4년간 연속해서 자연재해가 발생했다. 황 고문은 이미 1997년 탈북 당시 최소 100만 명 넘는 주민이 아사(餓死)한 만큼 김대중 정부가 대규모 식량을 지원하지 않았다면 정권 붕괴로 이어졌을 것이라고 분노를 표시했다. 2,000만 명 북한주민 중에서 5%가 굶어 죽었다고 하니 미국의 코로나19 사망자 50만 명의 두 배 수준인 셈이다.

체제 붕괴 위기 부른 1990년대 북한의 식량난

당시 북한의 긴급식량 지원 호소에 국제사회가 호응했다. 1997년 4월에 유엔식량계획(WFP)은 평양에서 북한과 '큰 물피해 긴급식량 협조 양해각서'를 체결하고 식량 6만t을 지원했다. 6월 들어 중국은 식량 8만t을 북한에 긴급 지원했다. 국제사회의 긴급 식량지원에도 불구하고 북한의 '큰물피해대책위원회'는 1997년 12월 말 기준으로 식량 재고량이 16만 7,000t으로, 배급량을 축소하더라도 3월 중순이 되면 식량이 바닥날 것이라고 발표했다. 1998년 출범한 김대중 정부의 식량 지원으로 북한은 대량 아사에 의한 체제 붕괴 위기를 탈출했다.

북한의 긴급 식량 구호 요청에 국제식량기구(FAO)를 비롯한 국제사회가 대북 지원에 나섰던 명분은 인도적 측면이었다. 자연재해로 인한 대북 식량지원은 인도주의 관점에서 타당하다는 주장이 국제사회에서 공감대를 형성했다. 특히 당시는 북한이 1994년 제네바 북·미 합의로 핵개발이 중단되고 함경남도 신포에 경수로가 건설되는 등 국제정치적 갈등이 없었던 상황도 긍정적으로 작용했다. 결국 1995~1998년

최소 100만 명 이상이 아사했던 '고난의 행군'은 국제사회의 지원으로 일단락됐다.

1990년대 중후반 고난의 행군과 비교해 2020·2021년 평양의 경제 상황부터 파악해보자. 지난해 코로나19로 1,400㎞에 달하는 북·중 국경이 막힌 것은 북한 경제에 치명적인 타격을 주고 있다. 작년 1월 22일 [노동신문]에서 최초로 외국의 코로나19 발생 보도를 한 이후 1월 30일부터 북·중, 북·러 간 항공편과 국경 철도 도로를 차단했다. 지난달 러시아 외교관 가족들 8명이 함경북도 나선에서 러시아 하산까지 북·러 국경 1㎞를 철길수레로 이동하는 북한 탈출기는 SNS에서 조회 수가 치솟았다. 평양에서 모스크바까지 구글 기준으로 6,408㎞인데 이들이 평양을 출발해 육로로 국경을 넘어 하산에서 블라디보스토크로 가서 항공편으로 모스크바로 돌아간 거리는 1만 136㎞였다. 러시아 외교관조차 국경 봉쇄로 외부에서 자국 물자를 조달할 수 없으니 엑소더스 행렬에 나서지 않을 수 없는 지경이다.

보건당국은 1월 28일 비상설 중앙보건위원회를 시작으로 2월 이후 국가비상방역지휘부 → 국가초특급비상방역위원회 → 국가비상방역사령부 및 위생방역체계 → 국가비상방역체계 → 국가비상체제로 대응 주체와 체계를 격상하면서 신속히 선제적인 현장 방역을 유도했다. 2월 초부터 북·중 국경지대를 대상으로 수출입 품목에 대한 검사 검역을 강조했다. 비상방역의 키워드는 봉쇄와 차단이다. 예방의학을 강조하는 북한 보건의료체계는 감염병 치료에 속수무책이다.

저자는 코로나19가 발생하기 전인 2019년 늦가을 북·중 국경도시 단둥을 방문했다. 밤 11시가 되자 '평북' 번호판을 붙인 11t 북한 트럭들이 짐을 잔뜩 싣고 세관을 통과해 압록강 조중우의교(朝中友誼橋)를 지나 불 꺼진 신의주로 들어갔다. 한 시간가량 사라진 북한 트럭 숫자를 어림잡아 세어보니 족히 20대는 됐다. 물자는 200t 이상으로 추정됐다. 월요일부터 금

▌ 심각한 경제난을 겪었던 1997년 초 북한 개성 시민들이 혹한 속에 땔감용 소나무를 베어 집으로 가져가고 있다.

요일까지 단둥 세관이 일을 하니 한 달에 넘어가는 물량은 짐작됐다. 다만 화물의 짐을 포장으로 덮었고, 가끔은 탑차 형태도 있어서 무슨 물자인지는 정확하게 알 수가 없었다.

코로나19로 꽉 막힌 북·중 교역, 전년 대비 10분의 1

마침내 대외무역의 90%를 차지하던 중국과의 교역이 중단됐다. 대한무역진흥공사는 2020년 12월에 10월 한달 동안 북·중 교역은 전년 동기 대비 99.4% 축소된 166만 달러에 그쳤다고 밝혔다. 9월과 비교해 92%가 감소했다. 지난해 1~10월간 누적 북·중 무역액은 전년 동기 대비 76% 감소했다. 연간 무역액은 전년 대비 80% 감소했다. 북한은 석탄 등 광물자원과 인삼, 버섯 등 임산물을 수출하고 전기, 전자, 화학, 기계 소재·부품·장비를 수입해 완제 공산품을 생산한다. 중국에서 공산품 중간재가 수입되지 않으면 공장이 작동되지 않는다.

북한 전역 500개 장마당에서 유통되는 물자의 상당수는 민간 돈주들과 보따리상들이 중국 단둥에서 다양한 방식으로 수입한 것이다. 단둥을 거쳐 신의주와 평안남도 평성의 물류 유통망을 거쳐 북한 전역으로 배송된다. 남한의 동대문시장에서 의류 도매상들이 새벽에 전국으로 물자를 이동시키는 것과 비슷하다. 유엔 안보리 대북제재로 2018년 하반기부터는 기계류와 부품 수입이 감소했다. 평안남도 안주시에 있는 '남흥청년화학연합기업소'는 원래 비료와 화학제품을 생산했었는데 고압밸브와 고압분사기 같은 부품을 수입할 수 없어 공장 가동이 중단됐다.

북한 경제의 혈액인 '메이드 인 차이나(made in China)' 물자가 압록강을 건너오지 않으면 민생경제를 책임진 500여 개 장마당 혈관에는 피가 돌지 않는다. 그나마 지난해 북한의 식량 공급에 문제가 없었던 것은 시진핑 주석이 북한 방문(2019년 6월 22일) 1주년을 맞이해 여름부터 북한에 식량 80만t을 보냈기 때문이다. 주로 톈진, 옌타이 등 보하이만 항구에서 선박을 통해 남포항으로 보냈다. 11월 3일 일본 [아사히신문] 은 중국이 식량 외에 비료까지 대량으로 제공하는 등 북한에 대한 물밑 지원을 강화했다고 보도했다.

하지만 북한 지도부가 밥만 먹고 살 수는 없는 노릇이다. 지난 2월 위원장(Chairman)에서 갑자기 프레지던트(President)로 영문 호칭을 변경한 김정은의 금고가 바닥나고 있는 것은 예사롭지 않다. 연초 열린 8차 당대회에 참가하고 평양역을 통해 전국 각지로 돌아가는 대표들 손에 들린 최고지도자의 '선물'은 2021년 북한 경제의 실상을 적나라하게 보여준다. 이들이 받는 하사품은 북한 경제를 진단하는 바로미터다.

2020년 1월 초 7박8일간 평양에서 열린 노동당 제8차 대회에 참석하기 위해 전국에서 소집된 당 대표와 방청객 등 7,000명은 강추위 속에 3주 이상을 난방도 되지 않는 호텔·여관에서 보냈다. 극심한 경제난 탓에 하루 세 끼 제공되던 쌀밥도 한 끼로 줄고, 지급된 선물도 과거의 가전제품 같은 고가품이 아닌 과일 한 상자가 전부였다. 당국은 3주간의 강행군을 마친 당대회 참가자들에게 바나나·감·귤이 든 10kg짜리 과일상자 하나를 나눠줬다. 대북 소식통은 "당 부부장급 간부들도 과일상자에다 중국제 손목시계 하나를 더 받은 게 전부였다. 당대회 역사상 이렇게 부실한 선물은 처음이라 불만이 상당했다"고 전했다.

앞서 당국은 2016년 5월 36년 만에 열린 7차 당대회 때는 참석자들에게 42인치 중국산 평면TV를 선물했다. 1980년 6차 당대회 때는 일제 컬러TV를 지급하고, 고위 간부들에겐 '백두산' 소형 냉장고도 얹어줬다고 한다. 당대회 기념 열병식에 참석한 군인들의 경우 혹한에 훈련과 열병식을 강행하면서 상당수가 귀와 손에 동상을 입었다고 전해졌다. 탈북자들에 따르면 "행사 당일 화장실 출입을 최소화하기 위해 열병식 전날부터 한 끼 식사량을 100g으로 줄이고 1인당 날달걀 2개와 빵 1개씩만 나눠줬다"고 전했다.

■ 코로나19로 북한 국경이 봉쇄된 가운데 2020년 2월 북한 주재 러시아 외교관 가족이 발로 페달을 밟는 '레일 바이크'식 수레를 타고 북한과 러시아가 연결된 철로를 통해 두만강을 넘고 있다. / 사진: 러시아 외교부 SNS

김정은의 '선물정치' 사치품 대신 생필품으로 간소화

김정은 국무위원장은 2019년 연초 노동당 중앙위 간부 가족들에게 신년 선물로 한국산 화장품 세트를 나눠줬다. 노동당 재정경리부는 2018년 11월 중순 중국 연변 지역에서 화장품 거래업자로부터 한국산 화장품 1,000세트를 미화 현찰로 구매했다. 이 같은 사실은 일부 중앙위 간부 가족들이 선물 받은 한국산 화장품 세트를 시장에 내다 팔면서 알려졌다. 북한은 김일성·김정일 시대부터 주요 명절 때마다 권력 엘리트들의 충성심을 이끌어내기 위해 특별선물을 하사했다. 주로 주류·당과류·고기 등을 상자에 담아 줬고 특별한 기념일의 경우 스위스 시계나 TV 및 소형냉장고 등 가전제품을 선물하기도 했다. 김정은도 지난 2016년 5월 노동당 7차 대회를 마치면서 군 사령관 등 간부 100명에게 '스위스제' 시계를 선물했다. 일종의 '선물정치'로서 최고지도자의 선물을 받았는지 여부가 계급과 신분을 상징한다.

2018년 국회 외교통일위원회 자료에 따르면, 북한이 2012~2017년 사치품 구입에 쓴 돈은 40억 429만 달러다. 안보리 결의 1718호에 따라 통일부가 고시한 대북 반출 제한 사치품 목록을 기준으로 중국 해관(세관)의 무역통계 자료를 분석한 결과다. 자동차 수입액엔 '슈퍼카 수집광'으로 알려진 김정은의 의전 차량인 '방탄 벤츠'와 외신에 존재가 확인된 롤스로이스 등 외제차 구입비가 포함된 것으로 보인다. 자동차는 시계와 함께 김정은의 선물통치에 가장 자주 활용되는 품목이다. 수입 악기들은 모란봉악단과 현송월이 단장으로 있는 삼지연관현악단 등 체제 선전용 악단에 지급됐을 가능성이 크다. 수입한 사치품의 대부분은 김정은의 사금고에서 대금이 지급됐다.

2021년 1월 11일 마스크를 쓴 평양 시민들 뒤로 북한 조선노동당 8차 대회를 축하하는 간판이 설치돼 있다. [조선중앙통신]은 전날 열린 8차 당대회 6일 차 회의 내용을 전하며 "당 제8차 대회는 김정은 동지를 조선노동당 총비서로 높이 추대할 것을 결정한다"고 1월 11일 보도했다. / 사진: 연합뉴스

하지만 이제 이런 선물은 전설의 고향에 나올 만한 이야기가 됐다. 2017년부터 본격화한 5건의 유엔 대북제재가 김정은의 궁정경제를 압박하고 있다. 2016년 이전 제재는 무기 수출 통제 등 군사 제재였으나 2017년부터는 현금 차단 목적의 맞춤형 경제 제재로 제재의 본질이 변했다. 오죽했으면 김정은이 2019년 2월 하노이에서 영변 핵시설 폐기의 대가로 5건의 제재 해제를 요구했겠는가. 압박의 강도를 짐작할 수 있다.

북한경제는 4중(重) 경제로 분류된다. 가장 규모가 크며 제2경제위원회가 운영하는 군수경제, 내각에서 관리하는 일반 정무원 경제, 김정은 위원장의 사금고인 궁정경제(court economy)가 있다. 이밖에 주민들의 생존 현장인 장마당경제가 있다. 정확한 비중의 통계는 없으나 각기 25% 내외 비중으로 균형을 맞추고 있다. 김 위원장의 통치 수단인 궁정경제는 무기수출 등 불법적으로 조성된 비자금으로서 지도자가 최고위층 간부들에게 하사품을 내릴 수 있는 자금줄이다. 김정은 집권 10년 차를 맞이해 전자제품과 시계 → 한국산 화장품 → 술과 고기바구니 → 과일바구니 순으로 하사품이 빈약해지고 있다. 돈줄이 막히니 최고지도자라도 용뺴는 재주가 없다.

정책 실패 시인하고 경제 내각 물갈이

대북제재가 시작된 2017년 당시 북한 당국은 석탄 수출과 외화벌이 등을 통해 30억·60억 달러 규모의 외화를 갖고 있었다. 북한 주민들은 주로 달러화와 중국 위안화로 시장에서 거래를 해왔기 때문에 제재로 인한 물가 오름세도 막을 수 있었다. 게다가 장마당이 돌아갔기 때문에 물품 공급도 그런대로 가능했다. 하지만 지난해부터 경제 사정이 급격히 악화했다. 대북제재에다 코로나19가 충격을 주며 설상가상(雪上加霜)이 됐다.

외화보유고도 바닥을 드러내기 시작했다. 북한은 지난해 10월 달러화와 위안화 사용을 금지한 데 이어 원-달러 환율을 인위적으로 20% 이상 떨어뜨렸다. 그 결과 북한의 환율은 크게 요동치기 시작했다. 최근 몇 년간 원-달러 시장 환율은 8,000원 선이었다. 환율은 7,400원으로 떨어졌고, 작년 하반기 몇 달간 환율 변동 폭은 무려 25%에 달한다. 하지만 경제가 추락하고 있는데 북한 원화 가치를 인위적으로 올리는 것은 한시적이다. 인위적인 환율 조작은 부작용을 야기하기 시작했다. 인위적인 환율 조작은 외화를 사라지게 만들어 경제위기를 가속화하고 있다. 민간의 외화

보유자들이 달러를 움켜주고 환율이 상승하기를 기다리고 있다. 요컨대, 북한경제 현장에 돈이 돌지 않는 것이다.

선물정치를 구사할 수 없는 김정은 위원장의 노기와 분노가 폭발했다. 김정은 위원장은 당대회 개회사에서 "국가경제발전 5개년 전략 수행기간 내세웠던 목표는 거의 모든 부문에서 엄청나게 미달했다"며 "결함의 원인을 객관이 아니라 주관에서 찾고 … 축적된 쓰라린 교훈" 등을 언급하며 내부 쇄신을 강조했다. 공개된 관영 '조선중앙TV' 영상을 보면 김 위원장이 상기된 얼굴로 간부를 세워놓고 삿대질하는 장면이 나왔다. 급기야 임명된 지 한 달도 안 된 김두일 당 경제부장을 경질하고 오수용을 임명했다. 김덕훈 총리도 최고인민회의에서 경제 실패 원인으로 "경제부문 지도일꾼들이 조건 타발을 앞세우면서 패배주의에 빠져 눈치 놀음과 요령주의를 부리는 현상을 극복하지 못했다"며 "그릇된 사상관점과 무책임한 사업 태도, 구태의연한 사업방식"을 질타했다.

2018년 9월 평양 정상회담 당시 문재인 대통령과 김정은 위원장이 탄 번호판 없는 벤츠 리무진. 유엔 안보리 산하 대북제재위원회는 2019년에 공개한 연례보고서에서 제재 위반 물품(사치품) 중 하나로 지목했다.

당대회를 마친 후 곧바로 최고인민회의를 열고 결정 이행을 위한 후속 조치에 나섰지만, 예산이나 투자는 전년에 비해 줄어드는 등 경제난 타개를 위한 획기적인 조치나 뾰족한 대안을 내놓지는 못했다. 지속적인 대북제재와 코로나19 사태, 수해에 따른 경제난 속에서도 경제발전의 키워드로 '자력갱생'과 '자급자족'을 외쳤지만 실제 대책은 내각 물갈이를 통한 '보여주기 인사' 정도였다. 우선 고위급 경제 관료들을 대거 물갈이했다. 북한은 새로운 5개년 계획 실행을 위해 '새 술은 새 부대'에 담으려는 듯 최고인민회의에서 내각 경제 주요 부처 수장 대부분을 교체했다. 국가 경제의 설계와 계획 전반을 총괄하는 국가계획위원장과 농업상을 비롯해 부총리 8명 중에서 전력공업상 등 6명을 교체했다. 무역을 총괄하는 대외경제상, 경제 통계를 담당한 중앙통계국장, 국가 재정을 담당한 중앙은행 총재 등 주요 부처 수장들도 바뀌었다.

새로 임명된 고위직 대부분이 기존 부처에서 일하던 40대, 50대 부상 또는 국장급 인사들이어서 내각 물갈이가 성과로 이어질지는 미지수다. 새로 등용된 장관급 인사들은 실무자들이다. 북한체제의 특성상 당 간부의 눈치를

[노동신문]은 최근 신설한 '지상연단' 코너에 내각과 경제현장의 자아비판성 글을 실었다. / 사진: 노동신문 홈페이지 캡처

보는 데다 공격적이고 창의적인 업무 수행에 한계가 크기 때문이다. 김정은의 격노는 경제 간부들이 [노동신문]에 릴레이로 자아비판의 반성문을 기고하게 만들었다. [노동신문]은 3월 들어 '지상연단'이란 코너를 만들어 간부들의 기강을 잡으면서 충성맹세를 유도하고 있다.

경제발전 5개년 계획 첫해, 경제 예산 제자리

올해 살림살이를 책임질 경제건설 예산은 제자리걸음을 했다. 1월 최고인민회의에서 고정범 재정상은 올해 경제건설 관련 지출이 지난해보다 0.6% 늘어난 데 그친 예산안을 보고했다. 최근 3년간 경제건설 부문 예산을 매년 4.9~6.2%씩 늘려온 것과 비교하면 큰 폭으로 줄어든 수치다. "경제건설에 대한 투자를 늘려 올해의 자력갱생 대 진군을 자금적으로 담보할 수 있게 했다"라는 재정당국의 설명을 무색하게 하는 대목이다. 경제건설 예산이 총액에서 차지하는 비율도 지난해의 47.8%보다 줄었다. 금속·화학공업과 농업, 경공업 등 인민경제 관련 투자도 불과 0.9% 증가해 최근 3년간 평균 증가율 5.5~6.2%보다 대폭 감소했다.

새 국가경제발전 5개년 계획의 첫해인데도 올해 북한이 경제 관련 예산을 낮춰잡은 것은 대북제재와 코로나19, 수해 등 삼중고로 북한 경제가 답보 상태이기 때문이다. 국가예산 수입 증가율이 0%대로 낮아진 것도 경제 침체를 잘 보여준다. 남한의 부가가치세에 해당하는 거래수입금과 남한의 법인세에 해당하는 국가기업 이익

금이 각각 0.8%와 1.1% 늘어나는 데 그쳤기 때문이다. 이들은 북한의 올해 수입 총액의 83.4%를 차지하는 주 수입원이다. 양자 모두 경제가 원활히 굴러가야만 늘어난다.

북한이 초유의 경제위기에 대응하는 과정에서 두 가지 주목할 대목이 있다. 첫째, 소위 권력 특수기관의 처리다. 김정은은 공개석상에서 최초로 특수기관들의 행태를 비판, 경고했다. 국방성, 국가보위성 및 사회안전성 등 힘센 특수기관이 주요 기업소를 독식하며 내각의 통제에서 벗어났던 문제를 개선하겠다고 목소리를 높였다. 김 위원장이 당대회 결론에서 "당대회 이후에도 특수성을 운운하며 국가의 통일적 지도에 저해를 주는 현상에 대해서는 단위를 불문하고 강한 제재 조치를 취해야 한다"고 콕 집어 언급했다.

북한의 특수기관은 주로 '궁정경제'와 군수경제를 가동하고 있다. 궁정경제는 노동당 39호실이 관장하는 외화벌이 사업으로 '조선대성총국'을 비롯한 120여 개 핵심 기업들을 거느리고 있다. 이밖에 국가보위성(정보기관)과 지난해 인민보안성에서 명칭을 바꾼 사회안전성(경찰)도 각각 돈줄인 기업을 운영하고 있다. '제2경제'로 불리는

2020년 말 김정은을 위인으로 묘사한 전기인 [위인과 강국시대] 표지. / 사진: 남성욱 제공

군수경제도 특수기관이다. 제2경제는 노동당 산하 조직으로 400~500여 개 군수품 공장과 인력 50여 만 명이 종사한다. 39호실과 제2경제를 제외한 나머지가 내각이 관장하는 인민경제다.

정무원 산하에 내각은 농업과 광업, 경공업, 전력과 중화학, 지방경제 등 그야말로 끗발이 없는 부문을 관장하고 있다. 노동당 39호실과 제2경제가 전력, 자금, 인력을 비롯한 자원 배분에서 우선권을 갖고 있기 때문에 인민경제는 뒷전으로 밀린다. 김 위원장이 특수기관들을 손보겠다고 경고했지만, 실행에 옮기기는 쉽지 않을 것이다. 김정은이 집권 이후 국가 경제를 외면한 채 노른자위 기업을 제멋대로 운영하던 특수기관들의 문제점을 심각하게 받아들인 것은 나름 의미가 있다. 하지만 39호실이나 군수경제가 모두 김 위원장을 떠받드는 골수세력이어서 읍참마속(泣斬馬謖)

의 심정으로 이들을 처벌하는 것이 쉽지 않다.

경제 위기 심해지자 장마당 통제 강화

둘째, 장마당에 대한 통제 강화다. 북한의 풀뿌리 시장경제가 가동되는 '장마당'은 인민 경제의 현장이자 외국 물자가 유입되는 창구 역할을 해왔다. 하지만 장마당의 북적이는 모습을 볼 수 없게 될지 모른다. 우리 정보당국은 북한이 장마당의 국가 통제를 추진하고 있는 것으로 파악했다. 최근 반사회주의 및 비사회주의와 전쟁을 선포한 김정은은 개인들의 장마당 운영, 소유를 금지하고 모든 거래를 당국 관리 아래에 두겠다는 정책을 추진하고 있다. 장마당 국가 통제의 일환으로 우선 전국 시장에서 개인들의 식량 거래를 중단시키고 국가식량 판매소를 만드는 작업이 진행되고 있다. 1990년대 중반 고난의 경제난 속에서 자생적으로 발생한 장마당은 2002년 김정일의 '7·1 경제관리개선조치'에 의해 공식화됐고, 이후 유통·물류·운수 등 경제의 핵심기지로 발전했다. 북한 당국이 공식 허가한 장마당만 500여 개고, 종사 인원이 110만 명에 달한다. '장마당 세대'라는 말이 등장했고, "노동당 아닌 장마당이 우릴 먹여 살린다"는 말이 회자됐다.

김정은은 궁정경제의 바닥난 금고를 장마당을 통제해 보충하려 시도하고 있다. 북한의 '장마당 국가통제' 조치는 지난 1월 열린 노동당 8차 당대회에서 이미 예고됐다. 당시 김정은은 사업총화 보고에서 "국영상업을 발전시키고 급양(식당), 편의봉사(미용, 사우나, 각종 수리점, 가내 수공업 등)의 '사회주의 성격'을 살리는 것을 현 시기 매우 간절한 문제로 상정했다"고 언급했다. 이는 경제제재와 코로나19로 인한 초유의 봉쇄 속에서도 사회주의 체제를 공고화하면서 인민들의 경제활동을 통제함으로써 국가가 먼저 살겠다고 주민들의 밥그릇마저 빼앗는 초유의 반인민 정책이다.

김정은은 집권 초기 일부 공장과 기업소, 협동농장에 경영 자율성을 부여하는 등 경제 개혁 조치를 추진했다. 이 때문에 서민 경제의 상징인 장마당은 2010년 200여 개에서 2017년 460여 개가 돼 두 배 이상으로 늘었다. 남한의 모 진보정치인은 핵개발과 인권 유린은 제쳐두고 확대된 장마당 규모만을 놓고 김정은을 '계몽군주'라 평하기도 했다. 그랬던 김정은이 대북제재와 코로나19 사태로 국경이 1년 넘게 봉쇄돼 경제난이 심각해지자 시장 폐쇄·통제라는 초유의 반개혁적 카드를 뽑아들었다. 결과적으로 김정일 때의 개혁 조치보다도 후퇴했다. 지난해 말 북한은 김정은을 위인으로 묘사한 전기인 [위인과 강국시대]를 책으로 발간했다. 경제난 심화로 민생이 큰 어려움에 직면한 가운데 집권 10년을 성공으로 치장해 선전하는 것은 역설적으로 권력 기반의 취약성을 드러낸 것이다. 2021년 김정은의 비상 경제 해법은 특수기관의 기업 가동을 내각으로 이관하고 장마당을 확대하는 것이다. 하지만 현실은 정반대 대책을 추진하고 있다. 날개가 없는 추락이다.

5. 대북 경제제재의 향배와 북한의 선택

마이너스 성장 앞에 장사 없다
■ 미국 봉쇄로 北 원유공급과 외화벌이 치명타
■ 北, 비핵화 대가로 경제위기 해소 우선 전략으로 선회

2019년 2월 베트남 하노이 2차 북·미 정상회담 이후 양측 간 진실게임이 전개되고 있다. 핵심은 두 가지다. 비핵화와 대북제재 해제의 범위 여부였다. 이 중에서 해제 범위를 둘러싸고 북·미 양측 간에 '네 탓 공방'이 치열하다. 결렬의 책임 소재를 가리는 사안이다. 양측이 회담이 틀어진 당일 심야에 반박과 재반박의 격렬한 대언론 심리전을 전개했던 주제도 북한이 요구한 대북제재 해제의 범위였다.

'어느 쪽에 협상 결렬의 책임이 있느냐'는 기자 질문에 트럼프 미국 대통령은 "김정은 위원장은 대북제재 해제를 원했고, 우리는 북한 핵시설의 큰 부분에 대한 폐기를 원했다. 우리가 대북제재를 해줄 수 없다"라고 밝혔다. 리용호 북한 외무상은 "우리는 실현가능한 제안을 했다. 모든 제재를 없애달라고 하지 않았고, 부분적 제재를 요구했다"고 주장했다. 트럼프 대통령이 이날 협상 결렬 뒤 개최한 기자회견에서 "북한이 모든 제재의 해제를 요구했다 (Basically, they wanted the sanctions lifted in their entirety)"고 밝힌 것과 배치된다.

이에 리 외무상은 이렇게 밝혔다. "미국이 유엔제재의 일부, 즉 민수경제와 특히 인민생활에 지장을 주는 항목의 제재를 해제하면, 우리는 영변지구의 플루토늄과 우라늄을 포함한 모든 핵물질 생산시설을 미국 전문가들의 입회하에 두 나라 기술자들의 공동 작업으로 영구적으로 완전히 폐기한다는 것이다. 우리가 요구한 것은 전면적인 제재 해제가 아니라 일부 해제, 구체적으로는 유엔 제재 결의 총 11건 가운데서 2016~2017년까지 채택된 5건, 그중에서 민수경제와 인민생활에 지장을 주는 항

목들만 먼저 해제하라는 것이다."

미국 국무부 고위당국자는 3월 1일 북한이 영변 핵시설의 폐기에 대한 상응 조치로 요구한 것은 무기에 대한 제재를 제외한 사실상 모든 제재에 대한 해제였다며 북한의 '일부 해제' 요구 주장을 '말장난(I think they're parsing words)'이라고 규정하는 등 정면 반박에 나섰다. 제재의 범위를 둘러싼 '전면'과 '부분'의 공방이 말장난인지 속사정을 파악해보자.

북한의 심야 기자회견은 역설적으로 유엔 대북제재가 북한 인민경제에 치명적이라는 사실을 방증한다. 김 위원장 입장에서는 핵무기 증강보다도 우선 제재를 해제시켜야 생존이 가능하다는 사실을 보고받았을 것이다. 대북제재 완화 없이는 집권 10년을 기약할 수 있을지 불투명하다는 판단을 했을 것이다. 김 위원장이 스위스 유학 시절 마트에 가득한 물자를 보다가 평양 백화점의 빈약한 진열대를 보고 '왜 조국은 이렇게 가난한가'라고 한탄과 한숨을 지었다는 일화는 청소년 시절 김정은을 지켜본 일본인 요리사 후지모토 겐지의 책 [김정일의 요리사]에서 찾아볼 수 있었다.10) 평양이 직면한 빈곤과 가난의 원인 중 하나는 국제사회의 대북제재라는 것을 김정은은 집권 8년 만에 파악한 것이다.11)

2019년 2월 하노이 회담 결렬 직후 트럼프 미국 대통령은 "북한은 제재 완화를 요구했지만 우리가 원했던 것을 주지 못했다"라고 강조했다. / 사진: 연합뉴스

북한의 제재 일부 해제 주장은 말장난인가?

국제사회의 대북 경제제재는 크게 유엔 안보리가 채택하는 제재와 미국 행정부가 미국법에 근거하여 발동하는 두 종류로 구분된다. 미국의 대북제재는 '의회 입법을 통한 법령 제정'과 관련 법령에 의해 위임받은 권한에 따라 대통령이 필요한 조치를 내리는 '행정명령(executive order)'의 두 종류가 있다.

먼저, 미국 대북제재의 역사와 효과를 살펴보자. 미국의 대북제재는 한국전쟁 직후로 거슬러 올라간다. 북한은 1950년 6월 25일 남침 직후 미국으로부터 적성국으로 지정돼 재무부 및 상무부로부터 금융 및 무역거래가 중지됐다. 1987년 11월 KAL기 폭파사건으로 이듬해 테러지원국으로 지정돼 20년 동안 각종 제재를 받았다. 미국 부시 행정부는 2008년 북한을 테러지원국 명단에서 제외했다. 트럼프 대통령은 2017년 11월 미국 대학생 오토 웜비어의 사망과 김정남 암살의 배후 등의 이유로 9년 만에 북한을 테러지원국으로 재지정했다. 이후 미국 재무부·상무부 등 행정부서에서 연속적으로 대북제재 관련 행정조치를 발동해 경제봉쇄(an economic blockade) 수준의 압박을 가하고 있다. 역대 미국 행정부의 대북제재는 470여 건이다. 이 중 절반이 넘는 240건이 트럼프 행정부에서 이뤄졌다. 최고 수준의 대북제재가 북한을 협상장에 나오게 했다는 트럼프의 주장이 허구가 아님을 짐작할 수 있는 대목이다. 모든 제재는 상호 연계돼 촘촘한 저인망 그물을 쳐놓은 격이다.

다음은 김 위원장이 트럼프 대통령에게 제재 해제를 요청한 유엔 안보리 대북제재 실태를 파악해보자. 안보리는 1993년 3월 북한의 핵확산금지조약(NPT) 탈퇴 선언 후 지금까지 모두 11건의 대북제재를 결의했다. 이 중 6건이 2016~2017년 결의됐고 무기 거래와 관련된 특정 기관과 개인을 제재한 2017년 6월 제재를 뺀 나머지가 리용호가 심야 기자회견에서 밝힌 '5건의 유엔 제재'로 보인다. 주목할 건 2016년을 전후로 유엔 제재의 성격이 근본적으로 달라진다는 점이다. 2016년 이전 제재는 대부분 미사일 부품 등 군수용품 및 사치품을 제한하는 부분적 비경제제재였다. 하지만 북핵·미사일 실험이 국제 이슈가 된 2016년 이후 제재는 북한의 '돈줄'을 죄는 경제제재였다.[12]

유엔 제재, 북한 돈줄의 95%를 차단

유엔 대북제재 결의안은 2006년 7월 채택된 1695호가 원조다. 북한 핵과 미사일, 대량살상무기(WMD) 개발 금지와 관련 자금 동결, 기술이전 금지 등을 권고했다. 그해 10월 발표된 결의안 1718호에선 대북제재 이행 및 제재위원회 구성을 결정했다. 북한을 향해 군사적 도발을 자제하라고 촉구하는 권고 수준이었다.

결의안이 북한 경제의 목줄을 확실하게 조이는 계기는 2016년 1월 북한의 4차 핵실험이었다. 목표물이 북한의 궁정경제는 물론 민수경제에 집중되기 시작했다. 안보리는 2016년 3월 북한의 4차 핵실험과 로켓발사에 대응한 새 대북제재 결의 2270호를 15개 이사국 만장일치로 공식 채택했다. 북한이 1월 6일 4차 핵실험을 한 지 57일 만이다. 기존 결의들이 북한의 대량살상무기 제재에 중점을 두고 있었다면, 2270호는 주요 광물 수출 및 선박·항공기에 대한 제재, 대외 금융 억제 등 북한 경제에 타격을 미치는 조치를 담았다. 대다수 조항이 '권고(call upon)'를 넘어 '의무화(decide 또는 shall)'됐다.

서맨사 파워 유엔 주재 미국대사는 "20여 년 만의 가장 강력한 제재"라고 평가했다. 그해 9월 5차 핵실험에 따른 대북제재 결의안 2321호는 북한의 주요 수출품인 석탄 수출을 원천 봉쇄했다. 석탄 수출의 상한제(cap)를 도입해 북한 외화 수입에 연간 7억 달러 이상의 타격을 주고 있고, 북한 전체 수출액의 20% 감소 효과가 있다. 만수대창작사에서 아프리카와 일부 동남아 국가에서 주문하는 동상 조형물(statue)의 판매 금지로 1억 달러의 외화 수입이 차단됐다. 재외공관이 개설할 수 있는 금융계좌도 1개로 제한했다. '민생 목적(livelihood)은 예외'란 규정도 없앴다.

2017년 트럼프 행정부 출범 이후 4개의 결의안이 쏟아졌다. 북한의 대륙간탄도미사일(ICBM) 시험발사와 그해 9월 6차 핵실험 등 군사 도발이 최고조에 이른 시기였다. 화성 14호 미사일 발사 이후 2017년 8월 발표된 결의안 2371호에선 북한 외화벌이의 최대 효자로 손꼽히던 해산물 수출과 해외 노동자의 신규 송출을 원천 금지했다. 러시아·중국과 중동 지역에서 일하던 10만 명의 북한 근로자가 받았던 연간 3억 달러의 수익 감소가 예상된다. 그해 9월 통과된 결의안 2375호에선 처음으로 유류품 제재가 포함됐다. 원유와 정유제품 공급을 각각 연 400만 배럴, 200만 배럴로 동결했다. 북한의 '생명선'으로 인식되는 원유 공급을 연간 400만 배럴로 제한하자 북한 에너지 공급에 비상이 걸렸다.

안보리 산하 대북제재위와 미국은 북한이 해상에서 선박 간 이전 방식으로 원유나 정제유를 이전받는 방식으로 제재를 회피해 왔다고 지적한 바 있다. 화성 15호 발사 이후 2017년 12월 크리스마스 직전에 채택된 대북제재 결의안 2397호는 정유제품 공급량 상한선을 50만 배럴로 줄이고, 유엔 회원국의 대북 원유 공급량을 보고하도록 했다. 먼저 나가있던 해외 파견 노동자를 24개월 안에 송환하도록 결정했다. 식용품과 목재류, 선박, 농산품 수출도 금지했다.

마침내 북한이 제재로 고통을 겪고 있다는 고백이 북한 문건에도 등장하기 시작

했다. 노동당 39호실 산하 경
흥지도국 당위원장 리철호는
2017년 12월 북한 노동당 대
내 기관지인 [근로자] 12월호
에 '적대 세력들의 제재 책동
을 물거품으로 만들기 위한
조직 정치 사업'이라는 기고
문에서 제재로 인해 노동당
39호실의 외화벌이가 지장을
받고 있다는 사실을 공개하고
유류 공급 제한으로 주유소를
폐쇄했다고 언급했다.

북한에 원유 공급을 대폭 줄이는 내용 등을 포함한 대북제재결의 2397
호가 2017년 12월 유엔 안전보장이사회에서 만장일치로 통과됐다. /
사진: 연합뉴스

유엔과 미국의 대북제재로 북한 수출액이 12분의 1로 급감해 폭망 수준이라고 트
럼프 대통령은 평가했다. 대외경제 정책연구원은 지난 2월 발표한 [대북 경제제재
분석 보고서]에서 "가장 마지막 제재인 2397호가 완전히 작동할 경우, 제재 이전보
다 북한 수출액이 90% 이상 감소하게 된다"라고 전망했다. 수출 관련 제재가 본격
작동하면 50억 달러 내외로 추정되는 북한의 외화 보유고는 고갈될 수밖에 없다. 외
화 부족은 물자 수입을 어렵게 해 북한 국내 소비와 생산을 마비시키는 악순환에 처
하게 된다.

제재는 외화벌이 창구를 철저히 봉쇄함으로써 실제 북한 돈줄의 95%를 차단하는
효과를 냈다. 북한의 석탄·철광석·수산물 수출 금지로만 연간 10억 달러의 자금 차
단 효과가 있을 것으로 유엔 관계자들은 추산했다. 10억 달러는 30억 달러로 추정되
는 북한 연간 수출액의 3분의 1 규모다. 제재가 지속되면 2~3년 내 외화보유고 고갈
로 외환위기에 처할 가능성을 배제할 수 없다.

'탄광에 물이 차고 있다'

북한 경제는 4중(重) 경제라고 분석된다.[13] 첫째는 가장 비중이 큰 군수분야를 움
직이는 제2경제는 약 35% 비중이다. 둘째는 김 위원장 집권의 경제적 기반인 궁정경
제(court economy)로 25% 수준이다. 셋째는 내각에서 추진하는 인민경제로 20% 내외

다. 마지막으로 인민들의 삶의 터전인 장마당 경제는 20% 내외다. 제재로 가장 압박을 받는 부분이 궁정경제와 군수경제다. 각종 무역회사에서 벌어들이는 상납금, 해외 노동자 송금, 무기·마약·위폐 등의 수익, 2016년 2월 중단된 연 1억 달러 규모의 개성공단 수익, 2008년 7월 중단된 금강산 관광의 연간 수익 5,000만 달러 등이 궁정경제의 재원이었다. 최소 10억 달러 규모의 궁정경제는 김정은 일가의 사치품 수입, 각종 기념일에 선물 살포 및 체제선전용 건설공사를 지탱하는 자금줄이다.

북한이 언급한 2016~2017년에 채택된 대북제재 결의는 새롭게 채택될 때마다 '역대 최강'이라는 수식어가 붙을 정도로 강도를 더해왔다. 북한 경제가 일련의 제재 결의로 상당한 내상을 입지 않을 수 없다. 그동안 안보리 대북제재 결의는 북한의 핵실험이나 중장거리 위주의 탄도미사일 시험 때마다 채택돼 왔으며, 제재 대상을 넓히고 강도를 높이는 방향으로 이뤄져 왔다. 그물망이 촘촘해짐으로써 북한은 미국과의 협상에서 비핵화 대가로서 안보(security) 우려보다 경제위기를 해소하는 제재해제를 우선적으로 요구하는 전략을 구사하기에 이르렀다.

유엔 대북제재는 괌에서 이륙하는 주한미군의 전략자산보다도 훨씬 평양 지도부를 아프게 압박했다. 2016년 이전 제재는 핵과 미사일 개발에 필요한 부품 조달을 차단하는 '직접제재'였다. 하지만 4차 핵실험 이후 2270호를 기점으로 돈줄을 잡아 경제를 옥죄는 방식의 '간접제재'에 집중됐다. 효과는 자금줄을 원천 차단하는 간접제재에서 빛을 발하기 시작했다.

하노이 회담은 간접제재의 성과가 만만치 않다는 것을 실증적으로 보여줬다. 사실 이전 북·미 회담에서 북한은 종전 선언 및 평화체제 등으로 주한미군 철수 등의 안보상 우려 해소가 우선이었다. 하지만 제재로 민생은 물론 평양의 궁정경제조차 기반부터 흔들리고 있다. 북한 경제의 펀더멘탈이 흔들리고 있다는 사실은 국내외 연구보고서 및 탈북자 증언에서 속속 확인되고 있다. 북한 경제의 주요 생산품인 석탄의 경우 '탄광에 물이 차고 있다'는 표현이 나올 만큼 산출량이 감소했다. 대북제재로 석탄 수출 길이 막히자 내부 전력 발전용으로 돌리기 위해 안간힘을 쓰고 있지만 북한 내 가격이 수출 시세의 10분의 1에 불과해 노동자들의 탄광 일거리가 없어지고 있다. 북한이 '산업의 쌀'로 선전하는 철강 생산도 중국산 코크스 수입이 중단되면서 생산에 차질을 빚고 있다. 대북제재 대상인 의류와 수산물 수출이 막히면서 운송업 및 관련 도소매업체 역시 타격을 받고 있다.

한국경제연구원(KDI)은 지난 2월 발간한 [북한경제리뷰]에서 "강화되는 대북제재로 인해 대중국 교역이 거의 붕괴했다고 말할 수 있을 정도로 위축됐다"고 평가했다. 2014년 63억 6,000만 달러에 달했던 북·중 무역총액은 지난해 24억 4,000만 달러로 급감했다. 대외경제정책연구원 역시 지난 2월 발행한 "비핵화에 따른 대북 경제제재 해제: 분석과 시사점" 보고서에

▌ 2012년 러시아 블라디보스토크 공사장에서 작업하는 북한 노동자들.

서 대북제재가 무역과 외화 및 시장 가중치 부문에 각각 35%, 35%, 30%의 비중으로 부정적인 영향을 미친다고 강조했다. 제재 효과가 본격적으로 작동한 2017년 북한 경제성장률은 2016년 대비 3.5% 감소했다. 금년 6월 발표되는 지난해 경제성장률 역시 마이너스를 기록할 것으로 전망된다. 전면적 제재로 북한 경제가 비틀거리고 있다는 진단이다.

'세컨더리 보이콧'에 침몰한 이란경제

미국 경제제재의 전형적인 사례는 대(對)이란 제재다. 13년간 진행된 국제사회의 대이란 제재는 세계 석유 매장량 4위, 가스 매장량 2위인 이란 경제를 파국으로 몰고 갔다. 지하에 매장된 막대한 양의 에너지도 수출하지 못하니 무용지물에 불과했다. 하산 로하니 이란 대통령은 지난 2월 11일 테헤란 아자디광장에서 열린 혁명 40주년 기념식에서 "미국은 공공의 적이다. 이란 국민들은 경제적 어려움을 겪고 있지만 서로 도우며 극복해낼 것"이라고 역설했다. 오바마 행정부가 2015년 영국·중국·프랑스·독일 및 러시아 등과 함께 체결한 이란 핵협상은 트럼프 행정부 출범 이후 파기됐다. 제재가 복원되면서 테헤란 경제에 다시 찬 바람이 불고 있다.

이란은 미국의 이란 핵합의(포괄적공동행동계획, JCPOA) 탈퇴 및 제재 복원에 맞서 경제 활로를 모색하는데 분주하다. 하지만 트럼프 정부는 이란 제재 복원 이후에도 압박 강도를 높이고 있다. 핵개발을 위한 우라늄 농축과 핵재처리를 시도한 이란에 대한 유엔 안보리 제재는 2006년 결의안 1696호로 거슬러 올라간다. 이후 2012년 결의안

2049호까지 7차례 채택됐다.

　미국 의회는 2010년 이란과 거래하는 모든 나라를 경제보복으로 처벌할 것을 명령하는 내용의 '포괄적 이란제재법'을 통과시켰다. 미국의 대북제재에서 주목할 점은 제3자 제재(secondary boycott)다. 제재 대상자와 거래하는 제3국의 개인, 법인, 금융기관 역시 해당 제3자의 미국 내 자산 또는 권리를 동결하거나 박탈하는 등의 방식으로 제재할 수 있도록 하고 있어 제3국이 섣불리 교역에 참여할 수 없다. 대이란 제재의 핵심은 이란경제의 생명줄인 원유 수출 차단이었다. 이란은 중국·인도·일본 및 한국 등 4개국에 대한 원유 수출이 어렵게 됐다. 그나마 오바마 행정부의 원유 수입 완화 조치로 수출이 이뤄졌으나 트럼프 행정부 들어 소량의 수출도 어려워졌다.

　총 12년간의 경제제재 끝에 2015년 이란 정부는 비핵화 합의에 서명했었다. 그러나 트럼프 대통령은 이란 핵 협상이 미흡하다는 유대인 사위 쿠슈너의 요청을 수용해 이란 제재를 복원했다. 미 재무부는 지난해 11월 이란 해커들의 범죄 수익을 가상통화에서 리알화로 교환하도록 도와준 이란인 2명의 전자지갑 계정을 제재 대상에

▌2019년 1월 이란 테헤란에서 모터쇼가 열렸지만 제재의 여파로 행사장은 텅 비었다. / 사진: 연합뉴스

올렸다. 브라이언 훅 국무부 이란정책특별대표는 최근 일본 NHK 인터뷰에서 이란산 원유 수입과 관련해 한국·일본 등 8개국에 한시적으로 적용했던 제재 예외 조치를 연장하지 않을 것이라고 밝혔다.

　향후 북한은 전면적인 제재에 맞설 것인지 혹은 미국의 완전하게 검증된 비핵화(FFVD)라는 빅딜을 수용할 것인지 선택해야 할 것이다. 북한이 동창리 미사일 기지를 복구하는 등 군사적 도발로 제재에 맞서면서 경제적으로 '그럭저럭 버티기(muddle through)' 시나리오 전략을 구사하려면 중국의 묵시적인 협력이 필수적이다. 북·중 밀무역은 대북제재의 구멍(loophole)이다.

북·중 밀무역, 대북제재의 구멍

북·중 국경도시 단둥은 30여 개의 밀무역 창구 중에서 가장 규모가 크다. 단둥 세관을 통과한 '평북' 번호판에 짐을 가득 실은 8t 트럭들이 조중우의교를 지나 신의 주로 들어간다. 화물은 비닐로 덮여있어 무슨 제품이 실려있는지 외부에서 알기 어렵지만 정제유 등 수입 제한 품목들이 선적해 있다는 것은 단둥 시내 대북 소식통들에게서 쉽게 확인할 수 있다. 중국 대형 덤프트럭이 북한에 가서 철광석과 희토류 등을 싣고 나온다는 것은 공공연한 비밀이다. 유엔 안보리 2371호 위반이다.

수산물 역시 수출 금지 품목이나 해상에서 배끼리 접촉해서 넘기는 '배치기 방식'으로 교역이 이뤄졌다. 단둥에서 만난 저자의 지인은 유엔 결의안 위반이라는 지적에 중국 속담을 인용했다. '상유정책(上有政策) 하유대책(下有對策)'이다. 중국과 같이 큰 나라에서 위에서 정한 대로 살다간 죽기 십상이라는 해설이다. 북·중 변경무역에 종사하는 양측 당사자만 1만여 명에 달하고 있으며 앉아서 굶어 죽기보다 제재에 맞춰 살아가는 것이 필요하다고 항변한다. 특히 조선시대 이래로 단둥과 신의주는 압록강을 가운데 두고 공존하는 단일경제권이라는 설명이다. 지금은 단둥이 중국 10대 항구도시로 발전하고 있지만 지난 1950~1960년 대는 신의주의 경제지원과 교역에 의존하며 생존했다. 특히 대약진운동(1958~1960) 기간, 협동농장 시스템인 인민공사 체제와 문화대혁명(1966~1976) 등 중국의 격변시대에 단둥 사람들은 신의주의 물자교역과 지원에 절대적으로 의존했다고 단둥 조선족은 주장한다. 세컨더리 보이콧 조항 때문에 중국 당국이 각종 제재를 대놓고 위반하긴 어렵다. 3차례에 걸친 북·중 정상회담에도 불구하고 미·중 무역전쟁 상황에서 시진핑 주석이 트럼프의 심기를 불편하게 하는 결정을 하진 않을 것이다.

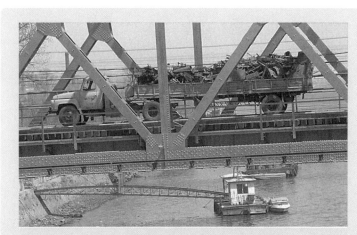

▌ 2020년 3월 북한의 고철을 실은 트럭이 신의주에서 단둥으로 연결된 조중우의교를 지나고 있다.

김정은의 버티기 vs 미국의 최대압박

하노이 회담을 계기로 미국은 북한 정권의 아킬레스건을 확실히 간파했다. 10년 동안 고문변호사였던 마이크 코헨의 청문회로 곤욕을 치른 트럼프 대통령이 국내정치를 돌파하기 위해 배드 딜(bad deal)을 하기란 쉽지 않다. 미국은 북한이 비핵화 협상에 나온 이유는 제재 해제 때문이라는 판단을 굳혔을 것이다. 미국이 북한의 완전한 진짜 비핵화를 수행하려면 제재 이외에는 수단이 없다는 인식은 이제 워싱턴의 조야를 막론하고 공감대가 형성되고 있다.

내년 11월 트럼프 대통령이 재선을 위한 캠페인의 일환으로 북한 문제를 활용하려는 시도를 북한 외무성이 역이용하려는 평양의 전략 역시 수정돼야 한다. 미국에는 트럼프 대통령의 주류(main stream)도 있지만 다른 버전의 주류도 있다는 사실을 북한이 제대로 인식했다면 하노이 회담의 값진 성과가 될 것이다. 앞으로 미국 지도자의 의사결정 구조를 오판해 김정은에게 잘못된 보고서를 제출하는 참모진들은 긴장하지 않을 수 없을 것이다. 국내 일부에서 미국이 제재 완화 이후 북한이 비핵화를 하지 않을 땐 즉각 제재를 재개하는 '스냅백(snapback)' 조치로 다시 협상을 해야 한다는 주장이 있지만, 정상 간 톱다운(Top-down) 방식으로 빅딜을 시도했는데도 결렬이 된 마당에 설득력이 부족한 제안이다.

특히 전체 북한 핵의 3분의 1에 불과한 영변 핵시설만 가지고 대북제재를 완화하려는 북한의 협상전략은 강선 등 영변 이외 지역에 대한 폐기 계획을 포함해 재편돼야 한다. 김정은은 왕복 130시간의 기차 여행 후 평양으로 귀환한 뒤 노동당 초급선전일꾼대회에서 자력갱생의 경제 메시지를 발표했다. [노동신문]에서 뜻밖의 노딜(no deal)로 막을 내린 하노이 협상결과를 밝힌 만큼 중장기전으로 버티기 전략을 주문한 것이다.

향후 1차 싱가포르 회담

유엔 안보리의 대북제재결의안 2371호에 반발한 북한 주민들이 2017년 8월 평양에서 열린 군중집회에 집결했다. / 사진: 연합뉴스

이후 8개월 만에 2차 회담이 개최됐지만 이제 상대의 카드를 모두 확인한 만큼 1년 안에 빅딜 협상을 예견하는 것은 어렵다. 존 볼턴 백악관 안보 보좌관은 하노이에서 귀국한 직후인 3월 3일부터 '최대압박(maximum pressure)'을 연일 강조했다. 미국이 금년 안에 정책을 변경할 가능성이 적다는 신호다. 과거 베트남과 이란의 제재 집행에서 봤듯이 미국은 장기적인 제재를 끌고 가는데 이골이 나있다. 올해 36세인 김정은은 문재인, 시진핑 및 트럼프 등 정상과의 회담과정에서 동북아 국제정치가 호락호락하지 않다는 것을 절감했을 것이다. 참모진들의 보고서대로 회담이 진행되지 않는 것을 깨달은 만큼 전면적 제재를 감내할지 아니면 전면적 비핵화를 결심할 것인지, 면밀한 고뇌가 필요한 시점이다.

6. 암호화폐, 국제 제재를 뚫을 북한의 보검?

김정은이 핵과 블록체인으로 무장한다면 …
■ 북, 세계 전문가 평양에 초청하는 맨투맨 방식으로 암호화폐 개발에 혈안
■ 시·군 단위 영재학교에서 'IT 전사' 양성 … 인민무력부 산하 해커부대 배치

2000년대 초반 평양에서 열렸던 남북한 당국 간 회담 당시의 기억이다. 북한의 거듭되는 억지 주장에 정회를 선언하고 서울의 훈령을 기다리는 동안, 회담장인 고려호텔 2층 서점을 찾았다. 서점에서는 김일성 저작집 등 우상화 선전물 책 이외에 각종 소프트웨어(SW)를 1개당 20달러에 판매하고 있었다. 평양정보센터(PIC)와 조선콤퓨터센터(KCC) 등에서 제작한 소프트웨어는 외국어 교육, 체질 감별 등 건강, 낚시와 바둑 등 취미생활까지 매우 다양했다. 특히 북한말을 영어, 일어 및 중국어 등으로 자동 변환하는 번역 프로그램과 발음의 98% 이상을 문자로 전환하는 음성인식 프로그램 등이 인상적이었다. 북한의 소프트웨어 수준이 상당히 높다고 칭찬하자 안내원은 "김정일 국방위원장의 '단번 도약' 전략으로 단숨에 IT 발전을 이뤄내 가까운 시일 내 북한이 선진국 수준으로 도약할 것"이라고 자랑했다. 그러면서 "김일성종합대학이 서울대학교와 비교해서 우수한 학과가 있는데 대표적인 게 수학과"라고 농담을 했다. 종이와 연필만 있으면 어디서나 문제를 풀 수 있기 때문이다.

북한은 '온 나라의 CNC(computer numerical control)'와 같은 컴퓨터 수치제어 기술로 4차 산업혁명에서 성과를 거둘 것을 강조해왔다. 평양 서점에서 소프트웨어와 컴퓨터 프로그램에 관한 책을 유심히 살펴보면서 북한 지도부의 디지털 정보화 리더십(digital information leadership)이 국제사회의 최신 흐름을 비교적 정확하게 파악하고 있다고 판단했다.

회담을 마치고 서울로 돌아온 저자는 이후 북한 자료와 서적, 국제사회 보고서를

종합해 한국 최초로 북한 IT에 관한 책인 [북한의 IT 발전 전략과 강성대국 건설 (2002, 한울아카데미)]을 발간했다. 책을 낸 배경은 북한 당국의 IT 발전 의지가 강했고, 엘리트 영재를 통한 수학교육을 토대 삼아 향후 북한의 정보화가 날개를 달 것으로 예상했기 때문이었다. 북한이 정보통신 발전에 주력하면서 시간이 지날수록 북한의 IT 분야 발전 속도가 간단치 않았다. 김일성종합대학, 김책공대 및 조선과학원의 기초연구 인력을 토대로 평양정보센터, 은별콤퓨터기술연구소 등에서 신기술 연구가 급속하게 진행됐다. 북한 IT 연구는 군사 및 경제적 이득과 국제사회의 대북제재 회피가 목적이었다. 군사와 경제적 이득은 첨단무기 개발과 해킹이 목표이고, 국제사회의 대북제재 회피는 블록체인 기술을 활용한 암호화폐의 개발 및 유통을 겨냥했다. 물론 CNC 기술을 공장에 접목해 현대화시키는 산업화의 목적도 있다.14)

▌북한은 2020년 2월 '평양 블록체인·암호화폐 콘퍼런스' 개최를 추진했으나 코로나 바이러스로 연기했다. / 사진: 로이터연합뉴스

FBI, 자국 암호화폐 전문가를 체포

2019년 11월 28일, 북한을 방문해 암호화폐 및 블록체인 기술을 전수하고 돌아온 미국 시민을 미국 연방수사국(FBI)이 대북제재 위반 혐의로 LA 공항에서 체포했다. 미 법무부는 11월 29일 싱가포르에 거주하는 미국인 버질 그리피스(Virgil Griffith, 36)를 기소했다고 발표했다. 2019년 4월 평양을 방문했을 때, 암호화폐를 이용해 미국의 경제제재를 회피하는 고급기술을 북한에 전수한 혐의였다.

그리피스는 미 재무부 허가 없이 북한에 상품과 서비스, 기술 수출을 금지한 '긴급국제경제조치법(IEEPA)'을 위반한 혐의를 적용받았다. IEEPA는 미국 시민이 재무부 해외자산관리국(Office of Foreign Assets Control)의 허가 없이 북한에 상품, 서비스 또는 기술을 수출하는 것을 금지한다. 검찰 기소에 따르면 암호화폐 이더리움 전문가인 그리피스는 2019년 4월 평양에서 열린 '평양 블록체인 및 암호화폐 회의'에 참석했다. 행사는 외국인들로 구성된 조선우호협회(KFA)가 주최했다. 그리피스는 '블록체인과 평화(Blockchain and Peace)'라는 제목으로 프레젠테이션(PT)을 했다. 평양에서 개최됐으며 북한 관료들로 구성된 청중 100여 명이 강연을 들었다. 회의 주최측은 그에게 "암호화폐와 블록체인 기술이 잠재적으로 돈세탁과 미국 제재를 회피하는 수단으로 유용하다는 점을 특별히 강조해 달라"고 부탁했다. 돈세탁과 제재 회피, 두 가지 주제가 북한에서 파급력이 가장 크다는 이유였다.

그리피스는 강의를 통해 돈세탁이 가능하고 제재를 회피할 수 있는 블록체인의 구체적인 기술에 관해 설명했고 이 기술로 글로벌 금융시스템에서 북한이 독립할 수 있다는 설명을 했다고 연방검찰은 공소장에서 밝혔다. 그리피스는 평양 토론회 참석 직후 남북한 간에 '암호화폐 1'의 테스트 송금을 추진한 것으로 드러났다. FBI는 4월 회의 이후 지속해서 그리피스를 감시 추적했고, 그의 동의로 11월 22일 스마트폰 포렌식 조사를 한 뒤 그를 체포했다. 제프리 버먼 뉴욕 연방검사는 성명을 통해 "그리피스는 북한에 가치 있는 고급기술 정보를 제공했으며, 북한이 이 기술을 돈세탁과 미국의 제재를 피하는 데 사용할 수 있다는 점을 알고도 범행을 저질렀다"고 밝혔다.

FBI 부국장 윌리엄 스위니 주니어(William F. Sweeney Jr.)는 "대북제재가 가해진 데는 이유가 있다"며 다음과 같이 말했다. "그 나라와 그 지도자는 우리의 국가 안보와 동맹국에 문자 그대로 위협을 가하고 있다. 그리피스는 연방정부의 허가 없이 북한을 방문했으며, 자신이 무엇을 하고 있는지 충분히 알고 있으면서도 법에 저촉된 행위를 했다. 우리는 누구도 북한이 제재 회피를 돕는 것을 허용할 수 없다. 더군다나 미국 시민이 우리의 적을 돕기로 선택했다는 것은 더욱 말도 안 된다."

연방검찰은 그리피스가 북한과 한국 간 암호화폐 교환을 가능하게 하는 방안도 계획했다고 밝혔다. 평양 국제회의가 끝난 뒤 그리피스는 남북 간 암호화폐의 이동을 쉽게 만드는 작업을 시작했다고 로이터통신은 전했다. 2019년 8월 그리피스는 휴대전화 문자메시지로 한국에서 북한으로 암호화폐를 이동시키는 문제를 논의하다가 적발됐다고 NBC는 보도했다. '사람 2'라고 표기된 문자메시지 수신자가 '제재 위반 아니냐'고 묻자 그리피스가 '그렇다'고 답한 문자도 확인됐다고 로이터통신은 전했다. 현재 그리피스의 범죄는 최고 징역 20년형을 받을 수 있는 중범죄로 분류된다.

2019년 7월 서울 블록체인 행사에서도 강연한 바 있는 그리피스는 미국 국적을 포기하고 다른 나라 국적을 취득하는 방법을 연구한 흔적이 있다고 미 언론은 전했다. 수사 당국은 공범 한 명을 추가로 구속할 예정이다. 그리피스는 애초 미 국무부에 방북 허가를 신청했으나 거절당하자 유엔 주재 북한대표부를 통해 비자를 발급받았다. 100유로(약 13만 원)를 지불하고 받은 비자로 중국을 거쳐 입북했다. 북한에 다녀온 흔적을 남기지 않기 위해 여권이 아닌 별도의 종이에 비자를 받았다. '로만포엣(Romanpoet)'이란 별칭으로 불리는 그리피스는 일찍이 컴퓨팅에 소질을 보였다.

미국 앨라배마대에서 컴퓨터와 인지과학을 공부했고, 캘리포니아공대(CalTech)에서 컴퓨팅과 신경망체계를 주제로 박사학위를 받았다. 대학생 때 캠퍼스에 설치된 자동판매기와 동전세탁기 결제시스템이 얼마나 허술한지 알리기 위해 공짜로 사용하는 방법을 온라인에 알렸다가 결제회사로부터 소송을 당하기도 했다. 그리피스는 블록체인과 암호화폐 개발 오픈소스 플랫폼인 이더리움 소속이다. 해킹과 암호화폐 세계에서 유명인사로 알려졌다. 2008년 [뉴욕타임스]는 그를 '말썽꾼', '파괴적 기술자'라고 소개했다. 해킹 관련 국제회의 단골 연사였다. 2007년에는 오픈 백과사전 위키피디아에서 정보를 갱신한 사용자의 IP주소 기록을 조회할 수 있는 '위키 스캐너'를 개발했다.

2017년 6차 핵실험 이후 유엔안보리의 대북제재를 둘러싸고 미국과 북한 간 창과 방패의 싸움이 물밑에서 치열하게 전개되고 있다. 북한의 돌파구는 블록체인 및 암호화폐 등 가상화폐 첨단기술로 확대되고 있다. 북한은 국제사회의 제재를 회피하고 '미국 중심의 세계 금융체제'를 타개하기 위해 암호화폐를 개발하고 있다. 자체 기술 개발의 한계를 인식한 북한은 세계적인 전문가를 발굴해 평양에 초청하는 맨투맨 방식으로 첨단기술을 획득하려고 시도한다. 고급 족집게 과외 방식을 통한 기술 습득이 평양에서 최초로 열린 블록체인과 암호화폐 국제행사였다. 전문가 설명회 등으로 구성된 콘퍼런스는 2019년 4월 22~23일 진행됐다. 남은 기간에는 판문점, 김일성광장, 평양외국어대학, 대동강 맥주공장 등을 방문했다.

북한판 비트코인이 만들어질까?

조선우호협회는 "이번 행사를 통해 북한이 전 세계 나라와 친선과 교류, 기술 협력 관계를 발전시키기를 기대한다"며 "각국 참가자 의견과 전문가, 기업들의 큰 관심을 바탕으로 향후 더 큰 규모로 두 번째 회의를 개최할 계획"이라고 전했다. 협회는 2018년 11월 20일 홈페이지를 통해 행사 소식을 밝혔으며 2019년 2월 10일까지 참가 신청을 받았다. 협회는 당시 "전 세계 블록체인과 암호화폐 전문가들이 평양에 모여 관련 지식과 비전을 공유하고, 네트워크를 구축하며 사업 기회를 논의할 것"이라고 통보했다. 한국, 일본, 이스라엘 여권 소지자, 언론인을 제외하고 누구나 참가할 수 있었으며 참가비는 항공, 숙박, 식사 등 여행비를 일체 포함해 총 425만 원 상당이었다.

북한은 4월 행사를 통해 암호화폐, 블록체인에 대한 국가적인 관심을 보여줬다. 평양 4곳, 원산 1곳에 비트코인 결제가 가능한 매장도 참가자들에게 공개했다. 제1차 회의에는 북한측 관계자와 외국 전문가 등 모두 100여 명이 참석했다. 몰타의 암호화폐 컨설팅업체 '토큰키' 등이 참여한 외국 전문가단이 블록체인 관련 설명회를 진행했고, 북측에서는 정보기술, 금융, 무역, 보험 등 여러 분야의 전문가들이 참가했다.

당시 조선우호협회는 행사 후 "북한 관계자와 외국 전문가들 모두 행사 내용과 결과에 만족감을 나타냈다"고 자평하며 "저명한 업체들로부터 행사 참가와 후원, 협력에 대한 문의를 많이 받았다"고 밝혔다. 1차 회의에서 북한 암호화폐(가상화폐) 회의의 책임자인 알레한드로 카오 데 베노스(Alejandro Cao de Benos)는 북한 디지털 화폐가 비트코인(BTC)과 비슷하겠지만, 토큰을 만드는 데는 아직 초기 단계라며 현재로서는 북한 화폐를 디지털화할 계획이 없다고 말했다.

▌2021년 IT분야 기초연구 인력 육성에 주력하는 북한 김일성종합대학 전경.

北의 가상화폐 개발 최대 장애물은 폐쇄성

북한은 2019년에 이어 2020년 2월 블록체인과 암호화폐를 주제로 제2차 국제회의를 개최한다. '평양 블록체인·암호화폐 콘퍼런스 2020' 공식 홈페이지에 따르면 이 행사는 2020년 2월 22~29일 평양 과학기술전당에서 열린다. 이번 행사는 북한 정부기구인 대외문화연락위원회가 주최하고 해외 친북 단체 '조선우호협회(KFA)'가 조직을 맡는다고 홈페이지는 밝혔다. 주최측은 문답 형식의 안내문을 통해 참가자의 여권에 입국기록이 남지 않도록 별도의 종이 비자를 발급할 것이라며 "미국 여권도 환영한다"고 공지했다. 참가자들은 "공화국(북한)의 존엄에 반하는" 선전물, 디지털 파일, 출력물을 빼고 노트북과 스마트폰, 태블릿PC 등을 북한으로 가져갈 수 있다. 또 심(SIM) 카드를 구매한다면 스마트기기로 24시간 인터넷 접속이 가능하다고 홈페이지는 설명했다. 주최측은 참가자들이 회의에 이어 마식령스키장에서 겨울 스포츠와 휴식을 즐길 수 있다고 덧붙였다.

북한은 전문 인력을 활용해 가상화폐(암호화폐) 개발을 시도하고 있다. 국제회의에 참여한 방북자들은 북한도 시범적으로 가상화폐 거래를 시도하고 있다고 증언한다. 2018년 7월 산업은행은 [북한의 가상통화 이용 현황] 보고서에서 "북한의 정보기술(IT) 기업인 '조선엑스포'는 가격정보 수집·차트화를 통해 대표적 가상화폐인 비트코인 거래를 중개하는 솔루션을 개발·판매하고 있다"고 주장했다. 북한이 관광객 모집용으로 운영하는 웹사이트 고려투어는 올해 만우절 공지에서 자신들이 '고려코인'을 개발하고 ICO(가상화폐 공개)를 실시한다고 발표했다.

북한이 가상화폐 개발에 주목하는 핵심 이유는 익명성과 자금 추적의 곤란함, 용이한 환금성 등으로 미국의 제재를 피할 수 있다는 점이다. 특히 북한은 익명성 보장 기능이 강력하고 전문 채굴기가 아닌 일반 중앙처리장치(CPU)로도 성과를 올릴 수 있는 가상통화 '모네타(MONETA)' 채굴에 적극적이다. 비트코인 사용처를 수집·공개하는 '코인맵(Coin-Map)'에 따르면 비트코인 수납 식당이 평양에 4곳, 원산에 1곳 존재한다. 다만 북한은 전력 부족, 고성능 컴퓨터 보급 미비, 인터넷 인프라 열악 등으로 가상통화 관련 활동이 단기에 확대되기 매우 어려운 상황이다. 코인맵 보고서는 "인터넷 접속을 일부 계층이 독점하는 북한 상황을 고려할 때 탈중앙화(decentralization)적 가치가 중요한 가상통화의 발전을 단기간 급속하게 이루기 위해선 과제가 많다"고 주장했다. 다만 당국 차원에서 집중적으로 육성할 경우, 새로운 개발모델이 나올 가능성을 완전히 배제할 순 없다.

북한 정보화의 또 다른 목표는 해킹이다. 유엔 안보리 산하 대북제재위원회 전문가 패널의 미발표 중간 보고서에 따르면 북한은 2015년 이후 수십 차례 사이버 금융 공격을 시도했다. 유엔 안보리 산하 '대북제재위원회 전문가 패널'이 작성한 142페이지로 구성된 미 발표의 중간보고서는 "북한은 2015년 12월부터 2019년 5월까지

적어도 17개국 금융기관이나 암호화폐 거래소에 35차례에 걸친 사이버 공격을 실행한 혐의가 있다"고 지적했다. "4년간 최대 20억 달러(한화 약 2조 4,320억 원) 이상의 도난"이 있었다고도 덧붙였다. 또한 공개된 보고서에 따르면, 북한 대남 담당기관인 정찰총국은 2017년 1월부터 2018년 9월까지 한국과 일본 등 동아시아의 암호화폐 거래소를 5회 해킹해 모두 5억 7,100만 달러(약 6,943억 원)를 훔쳤다. 2018년 1월에는 일본 최대 암호화폐 거래소 '코인체크(Coincheck)'에서 580억 엔(약 6,649억 원) 상당의 통화를 부정 유출했다.

북한은 부정 수단으로 외화 획득을 노리는 국가 차원의 범죄를 지속하고 있다. 영국 싱크탱크 왕립합동군사연구소(RUSI)는 2019년 하반기 보고서에서 "북한 해킹으로 알려진 각국 암호화폐 탈취 사건 피해액은 최대 5억 4,500만~7억 3,500만 달러(약 6,190억~8,350억 원) 상당으로 추정된다"며 "북한이 국제사회 제재를 우회하기 위해 암호화폐를 활용하고 있다"고 주장했다. 또한 사이버 보안업체 '레코디드 퓨처(Recorded Future)'는 2019년 하반기 보고서를 통해 북한이 싱가포르 소재 해킹 전문가의 도움을 받아 미국의 경제제재를 회피하기 위해 암호화폐를 사용하고 있다고 주장했다.

이낙연 국무총리는 2019년 11월 "최근까지 북한의 해킹으로 의심되는 사례가 몇 건 있던 것으로 안다"고 밝혔다. "대한민국이 북한 해킹으로 털리고 있는 것 아니냐"는 자유한국당 송희경 의원의 대정부 질의에 이 총리는 "테러대책위원회에 사이버 방어 항목이 있고, 사이버 문제가 항상 논의되고 있다"며 이같이 말했다.

미국 재무부는 2019년 9월 북한 정찰총국 소속으로 알려진 해킹그룹 라자루스 그룹과 하부 해킹그룹인 블루노로프, 안다리엘 등 3곳을 제재했다. 미국 정부는 2018년 9월 북한의 사이버공격 활동에 대한 첫 제재로 라자루스 그룹 해커 박진혁을 기소했다. 2014년 소니픽처스 해킹, 2016년 방글라데시 중앙은행 해킹으로 8,100만 달러 탈취, 2017년 워너크라이 랜섬웨어 공격을 한 혐의다. 미 재무부는 북한 정권이 2007년 초 라자루스 그룹을 만들었고, 북한 정찰총국 제3국 110연구소 소속이라고 밝혔다.

저자는 과거부터 북한이 블록체인과 암호화폐 및 해킹 담당 영재급 인재들을 어디서 어떻게 양성하는지를 추적해오고 있다. 평양의 '금성'은 우리나라의 중등교육과정에 해당한다. 6년 과정으로 한 학년당 학생이 200~300명으로 예술반과 컴퓨터반이 있는데, 컴퓨터반 학생은 100~150명이다. 또한 북한은 각 도시와 군 단위로 영재학교를 따로 운영하고 있다. '도1중학교', '군1중학교'가 영재학교에 해당한다. "북한에는 비밀 대학이 많다. 군부가 운영하는 대학이다. 북한은 이처럼 나라의 IT 전력(戰力)을 키우기 위해 무척 노력한다." 2004년 2월 북한을 탈출한 김철수 전 북한컴퓨터기술대학 교수의 증언이다. 김 교수에 따르면 금성 컴퓨터반 출신 중에 수재급을 뽑아 미림자동화대학이나 김책공대에 진학시키고 이들이 졸업하면 인민무력부 정찰국 예하 해커부대 장교로 임명한다.

▌북한 정찰총국 110연구소 소속의 해커 박진혁은 미국 FBI에 지명 수배된 상태다. / 사진: FBI

북한 정찰총국의 임무는 외화벌이 해킹

금성 출신이 아니라도 해커부대에 들어가는 길이 있다. 해마다 김일성군사학교 졸업생 중 100여 명의 수재를 선발해 컴퓨터 관련 교과과정을 집중적으로 교육한 뒤 이들을 모두 해커부대 장교로 임명한다. 북한에서는 1999년부터 김정일의 지시에 따라 '과학수재'에 대해 군 복무 의무를 면제하고 있다. 2002년부터 시작된 이 특별제도는 각 시군에 있는 '제1고등' 출신 중에 이공계에 진학한 젊은이들을 'IT 전사'로 인정해 연구에 전념토록 한다. 한마디로 과학영재를 집중적으로 육성하는 초엘리트 교육시스템이다. 해커부대는 인민무력부 산하에 있다. '121소' 부대와 중앙당 조사부 장교들이 주력 인력이다. '121소'에는 500명, 중앙당 조사부에는 100여 명이 소속돼 있다. 해커부대는 총참모국 예하 지휘자 동화국과 정찰국에서 전담한다. 일반 부대는 '중대' '소대'로 편제되지만, 해커부대는 팀 단위다. 해커부대는 "방화벽, 바이러스, 해킹프로그램 같은 것을 개발하고 윈도, 유닉스, 리눅스 등 모든 컴퓨터 운영체계를 분석한다. 로그인 과정을 교묘하게 통과하는 방법을 연구하거나 마이크로소프트의 허점을 찾아낸다. 허점을 꿰뚫고 있는 만큼 백신과 공격코드를 만들어 상대 컴퓨터

망을 교란한다.

블록체인은 북한을 경제제재에서 자유롭게 만들 것이다. 현재 북한은 국제금융 결제 망인 SWIFT를 이용할 수 없어 해외 송금이 막힌 상태다. 블록체인은 이런 제재와 상관없이 당사자끼리 자율 거래 및 규제를 가능하게 한다. 당사자 합의를 통해 재화나 상품, 용역 등이 인도적으로 흐를 수 있는 길을 튼다. 북한이 블록체인에 관심을 가진 최종 목적은 해외무역 거래에 암호화폐를 사용하기 위해서다. 암호화폐는 네트워크상에서 익명성이 보장된다. 경제적으로 안정된 국가에서는 암호화폐를 신뢰하지 않는다. 이유는 암호화폐의 가치 변동성이 크기 때문이다. 하지만 북한처럼 신뢰가 낮은 국가기관의 경우, 대상 국가의 화폐보다는 암호화폐에 더 신뢰를 가진다. 북한은 대외적으로 신뢰를 받지 못하기 때문에 신뢰 보증을 위해 암호화폐를 사용한다. 북한 역시 블록체인으로 정부의 낮은 신뢰성을 극복하려고 노력한다.

북·미 현지 매거진 [바이스(VICE)]는 "북한이 국제적인 경제제재와 미국 중심의 글로벌 금융시스템에 대처하기 위해 암호화폐를 개발 중"이라고 2019년 9월 보도했다. 이와 관련해 평양 블록체인 콘퍼런스 총괄 책임자인 알레한드로 카오 데 베노스(Alejandro Cao de Benos) 북한 대외문화 연락위원회 특사는 "아직 정해진 이름은 없지만, BTC 혹은 그 외 암호화폐와 유사할 형태를 띨 것"이라며 "아직 개발 초기 단계. 현재 암호화폐에 가치를 부여할 만한 것들을 연구하고 있는 단계이며, 당장 북한 법정화폐를 토큰화할 계획은 없다"고 밝혔다. 또한 그는 "일부 외국 기업들이 북한 정부와 교육·의료·금융 등의 분야에서 블록체인 시스템을 개발하기 위한 협약까지 체결했다"고 부연했다.

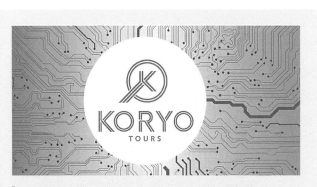

■ 고려투어는 2019년 홈페이지에 '고려코인을 개발했다'는 만우절 가짜뉴스를 내보냈다. / 사진: 고려투어 웹사이트

北·中, 블록체인 동맹으로 미국에 맞서나

중국 블록체인 전문가들은 2019년 12월 6일 [글로벌 타임스] 인터뷰에서 "북한이 암호화폐 개발을 고려 중이라는 소식이 전해지는 상황에서 중국이 블록체인 연구에

뛰어들면서 양국이 이 분야에서 협력한 기회가 생겼다"고 분석했다. 선전의 한 블록체인 기업 관계자는 "북한이 블록체인 시장을 개방한다면 북한의 블록체인 산업에 투자할 의향이 있다"며 "이는 아주 좋은 기회"라고 말했다. 이 관계자는 "중국은 블록체인 기술 개발에 강점이 있고, 북한은 자원과 인력을 제공할 수 있다"며 "북한 기업들과의 협력은 이 분야에서 지름길이 될 수 있다"고 강조했다. 그는 "북한 역시 취약한 인터넷 인프라를 극복하는 데 도움을 받을 수 있다"며 "우리는 북한이 허락만 한다면 북한 정부의 통치시스템에 블록체인 기술을 적용할 수 있다"고 덧붙였다.

뤼차오(呂超) 랴오닝(遼寧)성 사회과학원 연구원도 "중국과 북한은 블록체인과 암호화폐 연구에 협력하면 상호 이익을 얻을 수 있다"며 "만약 중국 블록체인 기업들이 북한과의 협력을 고려한다면 신중하게 계획을 세워야 한다"고 조언했다. 요컨대, 블록체인 기술을 통해 북한과 중국이 협력하여 미국에 대응하는 모델 개발을 시도하는 것이다.

최근 미국 중앙정보국(CIA)의 전직 요원은 향후 미국의 국가안보에 가장 큰 위협이 될 것으로 '블록체인 기술'을 꼽았다. 암호화폐 전문 매체 [코인텔레그래프]에 따르면, CIA의 전 요원인 앤드류 부스타만테(Andrew Bustamante)는 소셜미디어 Reddit를 통해 "블록체인 기술은 러시아, 기후변화, 이란, 북한보다 강력하다"며 "블록체인 해킹 방법과 조작 방안을 개발한 첫 번째 사람이 승리할 것"이라고 강조했다. 북한은 이러한 흐름을 인지하고 인력양성과 기술습득에 주력하고 있다. 북한의 블록체인 기술 발전은 미래 어느 시점에 국제사회의 대북제재를 무력화시킬 수 있는 마법이 될수도 있다. 북한이 핵무기와 블록체인으로 무장한 '21세기 동북아시아의 독불장군'으로 등장할 날이 머지않았다.

▍ 시진핑 중국 국가주석은 2019년 10월 "블록체인 기술을 민생에 응용하라"고 지시했다. / 사진: AP 연합뉴스

제 5 장

북한의 대중 전략 :
병견전행(竝肩前行)의 북중관계

1. 수교 70주년과 '병견전행(어깨를 나란히 하고 앞으로 나간다)'의 北·中

김정은, '혈맹' 통해 '피'를 수혈할 수 있을까
■ 항미항남(抗美抗南) 공감대 … 6·25 때 수준으로 공조 발전
■ 中 등에 업은 北 비핵화 협상에서 미국의 요구 거절 가능성

북한과 중국은 1949년 10월 6일 정식 외교관계를 수립했다. 10월 1일 중국 본토를 석권한 중국 공산당이 중화인민공화국 수립을 선포한 지 6일째 되는 날이다. 정무원 총리를 겸하던 저우언라이(周恩來) 외교부장은 정부 수립 당일 세계 각국에 외교관계 수립을 희망하는 서한을 보냈다. 북한은 그 사흘 후 박헌영 외무상 명의로 수락 전문을 띄웠고, 이틀 후 양국 간 정식 외교관계가 맺어졌다. 북한은 소련(2일)·불가리아(4일)·루마니아(5일)에 이어 중국의 네 번째 수교국이며, 북한의 첫 수교국은 1948년 10월 수교한 소련이며 중국은 북한의 열 번째 수교국이다.1)

그 후 1년이 막 지난 시점에 중국 지도부는 난감한 결정에 직면했다. 한국전쟁의 참전 여부를 결심해야 했다. 1950년 6월 25일 제2차 세계대전에서 독일 전차를 박살냈던 T-34 탱크 등 소련 독재자 이오시프 스탈린의 신무기 지원을 받은 김일성은 남침을 시작했고, 두 달 만에 파죽지세로 낙동강까지 한국군과 유엔군을 밀어냈다. 9월 15일 더글러스 맥아더 장군이 지휘하는 인천상륙작전으로 전세는 역전됐다. 인천에 상륙한 7만 5,000명의 유엔군이 서울을 탈환하고 10월 1일 새벽 국군 3사단이 강원도 전선에서 38도선을 넘자 김일성은 황급히 마오쩌둥(毛澤東)에게 특별 원조를 요청했다.

마오와 중국 공산당은 파병을 둘러싸고 진퇴양난에 빠졌다. 10월 2일 중공 중앙서기처 회의와 10월 4일 중앙정치국 확대회의에서 대다수 간부는 파병에 반대했다. 당시 대규모 파병은 신생국가인 중국에 시기적으로 적절치 않았다. 농민들에게 토지

를 나눠주는 토지개혁이 완수되지 않았고, 장제스(蔣介石)가 이끄는 국민당과의 장기간에 걸친 전쟁에 따른 후유증이 심했다. 마오는 "우리는 비록 다섯 개 군단을 압록강 주변에 배치했지만, 정치국에서는 최종 결정을 내리지 못했다. 결정했다가는 번복하고 결정했다가 다시 번복했다. 그리고 마침내 결정을 내렸다"고 당시 상황을 회고했다. 마오는 "이웃 나라가 위급한 시각에 처해 있는데 우리가 곁에서 방관한다는 것은 고통스러운 일"이라고 훗날 김일성을 만나 당시의 고충을 토로했다."[毛澤東會見 金日成時的談話(모택동 회견 김일성시적회담)](1970.10.10)

▌ 시진핑 중국 국가주석과 김정은 북한 국무위원장이 2018년 6월 21일 평양 금수산영빈관에서 산책하고 있다. / 사진: 연합뉴스

하지만 중국에 한반도는 역사적으로 양날의 칼이었다. 정권이 안정되지 않은 시기에 대규모 군대를 움직이는 일은 항상 위험이 수반된다. 대륙은 광활하고 인걸이 많아 변방이 시끄러 우면 베이징의 황제가 베개를 편히 못 벤다는 전설은 어느 시대든지 냉엄한 현실이었다. 중국에 한반도는 일본이나 미국 등 해양세력을 막는 완충지대이기는 하나 19세기 이전 중국의 두 차례 조선 출병은 중국에 심각한 트라우마를 남겼다. 명나라는 1592년 임진왜란 당시 조선에 출병한 이후 국력이 쇠퇴해 청나라에 밀리기 시작했다. 1894년 청나라의 조선 출병은 청일(淸日)전쟁으로 이어져 엄청난 재난을 초래했다.

핵 무장한 北… 능동적 행위자로 변모

20세기 들어서도 중국의 한반도 출병의 역사는 반복됐다. 현대식 무기가 부족한 중국은 인해전술 방식의 인민해방군을 파병했고, 북한은 유엔군과 한국군을 다시 38도선 이남으로 밀어냈다. 420년간 국내성이라는 지명으로 고구려 수도였던 압록강 중국 지역의 집안(集安) 맞은편인 평안북도 만포시 별오리 지하 대피소에 숨어 있던 김일성은 중국의 화끈한 파병으로 기사회생했다.

중국이 참전 명분으로 제시한 항미원조(抗美援朝)의 구호 하에 양측 관계는 마오의 장남 마오안닝(毛岸英)이 1950년 11월 25일 평안북도 동창군에서 미군 폭격으로 사망하는 등 혈맹으로 공고화됐다. 중공군은 13만 6,000명의 사상자와 20만 명의 부상자가 발생했지만, 과거 두 차례의 조선 출병의 악몽에서 벗어났다. 9월 초 방북한 왕이(王毅) 외교부장 역시 중국 인민지원군 묘소를 참배하며 한국전쟁에 참전한 중국 군인들을 기리는 행보를 보였다. 이 묘역에는 1950년 11월 청천강 전투에서 사망한 중국군 1,156명의 유해가 묻혀 있다.[2]

1950년 11월 맥아더 장군의 만주 폭격 등 적극적인 확전 주장이 해리 S. 트루먼(Harry. S. Truman) 대통령에 의해 거부당하면서 중국은 한숨을 돌렸다. 맥아더의 만주 폭격이 워싱턴의 정치권에 의해 승인됐다면 중국은 과거 2차례의 출병과 같이 상당한 후유증에 시달릴 수밖에 없었을 것이다. 제2차 세계대전의 피로감 때문에 승자도 패자도 없는 제한전(limited war)으로 한국전쟁을 마무리할 수밖에 없는 국제정치가 중국에는 큰 행운이었다. 1953년 3월 5일 한국전쟁의 총감독이었던 스탈린이 사망하고 주연들의 참전 열기도 시들해지면서 한국전쟁은 휴전체제로 종결됐다.

마오가 사망한 후 덩샤오핑(鄧小平), 장쩌민(江澤民), 후진타오(胡錦濤)를 넘어 6세대 리더 시진핑(習近平) 주석 등 중국 최고지도자들은 시간적인 간격은 있었으나 김일성·김정일에 이어 3세대 세습지도자 김정은 국무위원장 등 북한 영도자와 주기적이고 긴밀한 만남을 이어갔다. 개별적인 인연에 따라 다소 등락이 있었지만, 양국 간에 지속적인 소통과 깊은 신뢰는 핵심 화두였다. 중국에 북한의 전략적 가치는 동북아 국제정세에 좌우했다. 미·중 화해 협력 시대에는 북한의 지정학적 위치는 중요하지 않았다. 지난 1972년 핑퐁 외교로 미·중 국교가 정상화되고 1976년 9월 마오의 사망이후 중국의 개혁·개방이 덩샤오핑의 영도력으로 가속화되자 고립주의를 강조한 평양의 지리적 가치는 급락하고 양국 관계는 얼어붙었다.

1992년 한·중 수교 직후에는 평양이 베이징에 대해 '배신자'라는 표현을 사용할 정도로 북·중 양국 관계는 찬 바람이 불었다. 덩샤오핑은 숨어서 힘을 기른다는 '도광양회(韜光養晦)' 기조를 100년간 지속하라고 특별 당부했다. 1990년대에 장쩌민 주석은 해야 할 일은 한다는 '유소작위(有所作爲)'를 선언했다. 후진타오 주석은 2003년에 화평굴기(和平屈起)를 선언했다. 시진핑 주석은 거침없이 상대를 압박한다는 '돌돌핍인(咄咄逼人)'을 내세우며 국제정치의 강경 목소리를 내기 시작했다.

21세기 이전에 중국은 경제발전이 최우선 과제로서 교조주의 이념을 고수하는 북한을 돌볼 여유가 없었다. 하지만 2006년 10월 북한이 1차 핵실험을 감행하면서 동북아의 국제정치 상황은 새로운 변화의 바람이 불기 시작했다. 북핵은 중국에 다층적인 이슈가 됐다. 핵으로 무장한 북한의 입지는 수동적 입장에서 능동적인 행위자로 변모했다. 핵 포기의 객체가 아니라 세계 비핵화의 주체라는 입장이다. G20 국가로서 미국과 국제정치의 지분을 나눌 것을 요구하는 중국과 핵으로 미국과 협상하려는 북한의 전략적 이해가 맞물렸다.

2000년대 들어 중국의 북한에 대한 정책은 북핵 실험에 상관없이 중국과 한반도는 지리뿐만 아니라 역사와 문화가 융합돼 북한의 전략적 가치가 불변이라는 '일의대수(日依帶水)'와 '순망치한(脣亡齒寒)' 담론과 북 핵실험이 중국에 정치적 부담을 준다는 '북한 부담론(負擔論)'이 대립한다. 북한의 전략적 가치를 중시하는 담론은 북·중간의 우호가 우선이며 한반도에는 남북한이 공존하는 '두 개의 한국'이 중국의 국익에 부합하며 북한이 자산(asset)이라는 전통적인 우호관계에 기초한 정책이다.

북한 자산론(資産論)은 ▷한반도 전쟁 방지 ▷한국의 북한 흡수통일 저지 ▷북한의 혼란 방지와 동시에 북한 비핵화라는 '3불(不) 1무(無)'를 원칙으로 하고 있다. 중국은 미국과의 무역전쟁 과정에서 북핵이 역설적으로 지렛대 역할을 함에 따라 북한의 안전을 보장하며 한국의 북한 흡수통일을 반대한다. 미국은 북한을 압박하는 동시에 책임을 중국에 넘겨 북·중간 갈등을 조장하고 있다는 것이 중국의 판단이다.

■ 리용호 북한 외무상(오른쪽 둘째)과 왕이 중국 외교부장이 2019년 9월 2일 평양 만수대 의사당에서 만나 악수하고 있다. / 사진: 연합뉴스

북·중, 한·중 관계는 교환 균형(trade-off and balance) 관계

2006년 10월 북한의 1차 핵실험 개시 이후 '북한부담론'이 우세했다. 1차 핵실험

은 외교적 해결을 모색한 중국을 당혹스럽게 만들어 북한의 행태가 '제멋대로(悍然)'라는 비외교적인 반응을 보였다. 중국 외교부는 2005년 베이징 6자회담에서 채택된 9·19 공동성명을 무시한 극악하고 뻔뻔스러운 행위라며 북핵 실험을 비난했다.

2009년 2차 핵실험을 시작으로 2016년 9월 5차 핵실험까지 중국 외교부의 공통 반응은 "결연히 반대한다"였다. 2013년 3차 핵실험 이후에는 중국의 고위 군 간부가 "북한보다 한국과 국경을 맞대는 것이 좋다"고 언급할 정도로 한국 주도의 통일을 기정사실화하는 분위기도 나타났다. 2014년 7월 시진핑 주석이 박근혜 대통령의 초청으로 한국을 국빈 방문할 정도로 한·중 관계가 절정에 도달한 만큼 핵실험으로 북·중 관계는 더욱 소원해졌다.

한·중 양국은 1949년 적대적 관계를 시작으로 1992년 수교로 선린 우호관계를 수립했다. 이후 비약적인 발전을 거듭해 1998년 협력 동반자 관계, 2003년 전면적 협력 동반자 관계, 2008년 전략적 협력 동반자 관계로 발전하고 시진핑 주석이 서울을 방문한 2014년 전면적 전략협력 동반자 관계를 수립했다. 하지만 2016년 1월 북한이 4차 핵실험을 하고 2월 7일 광명성 4호를 발사함에 따라 한국은 중국과의 갈등을 무릅쓰고 사드 배치를 추진했다. 2016년 2월 5일 시 주석은 박 대통령에게 전화를 걸어 사드 배치의 위험성을 들어 배치 반대를 요청했다. 2016년 9월 5차 핵실험으로 한국 정부는 사드 배치를 확정하고 2017년 3월 성주 골프장 부지에 사드 배치를 시작했다.

한국의 사드 배치는 북한의 핵과 미사일 발사로 촉발됐고 결과적으로 이는 한·중 관계의 악화를 가져왔다. 시작은 북핵이었으나 종결은 북·중 관계의 결속이라는 기승전결이었다. 김정은의 핵과 미사일 발사 전략이 동북아 국제정치의 역학관계를 변동시켰다. 북·중 관계와 한·중 관계는 한 축이 양호하면 한 축이 악화하는 교환균형 관계(trade-off)다. 결국 사드 갈등 이후 북·중 관계가 회복하면서 2017년 9월 6차 북 핵실험에 대한 중국 외교부의 입장에는 이전과 다른 미묘한 변화가 생겼다. "핵실험에 엄중히 반대한다"라는 원론적 입장은 기존 반응과 유사하였으나 후속 코멘트가 의미심장했다. 중국은 "군사 수단은 유효하지 않고 제재를 계속한다고 문제가 해결되는 것은 아니다"고 한 걸음 물러섰다.

시진핑 주석은 한국의 사드 배치에 대응하고 트럼프 대통령과의 전면적인 무역전쟁을 시작하면서 북한의 전략적 가치를 재평가하기 시작하며 대북정책의 코페르니쿠스적인 변화를 추진했다. 북·중이 항미(抗美)하기 위해 연대할 필요성이 분명해진

1992년 9월 중국을 방문한 당시 노태우 대통령이 장쩌민 공산당 총서기와 환담하고 있다.

것이다. 김 위원장은 지난해 3월부터 올해 1월까지 총 네 차례 중국을 찾아 시 주석과 정상회담을 했으며, 시 주석도 지난 6월 중국 최고 지도자로는 2005년 후진타오 주석의 평양 방문 이후 14년만에 처음으로 북한을 공식 방문했다. 2011년 12월 김정은 집권 이후 8년만에 양측이 외교의 최절정에 도달했다. 특히 2018년 6월 싱가포르 정상회담을 시작으로 4차례에 걸쳐 북·미 정상회담 막전막후에 시 주석과 김 위원장은 전략적 소통을 통해 항미 전략을 긴밀히 논의했다. 지난 6월 G20 오사카 정상회담을 앞두고 시 주석이 1박 2일 일정으로 평양을 전격 방문하는 동안 김 위원장은 30시간 이상 시 주석을 밀착 수행하며 브로맨스(bromance) 수준의 공조를 과시했다.

"비바람 속에서 한배를 타고 강을 건넌다"

북한은 북·미 교섭을 통해 대북제재 완화가 필요한 상황인데 미국과의 비핵화 협상이 원활하지 않아 미국과 대립 중인 중국이 절대적으로 필요한 상황이다. 중국 또한 미·중 무역전쟁뿐만 아니라 홍콩·대만 문제로 미국과 갈등을 빚고 있어 '북한 카드'를 요긴하게 활용할 수 있다. 결과적으로 6차 핵실험 이후 북한부담론은 사라지고 북한의 몸값은 다시 치솟고 있다. 그동안 북한은 한국을 중재자로 북·미 간 비핵화 교섭이 탄력을 받았다면 지금은 문재인 대통령의 '운전자론' 등 모든 남북 중재 채널이 중단된 상황이다. 대북제재 완화가 시급한 북한으로서는 중국을 통해 출구를 모색하고 있다. 2019년 하반기 들어 북한이 남한을 완전히 배제하는 통미봉남(通美封南) 전략의 배경이기도 하다.

왕이 외교담당 국무위원 겸 외교부장은 서울이 '조국 사태'로 아수라장이던 시점인 9월 2~4일 이례적으로 평양을 방문했다. 중국 외교부장이 단독으로 방북한 것은 2007년 7월 이후 11년 만이다. 중국 공산당 대외연락부장은 비교적 자주 방북하지만, 외교부장의 평양 방문은 드문 일이다. 10월 1일 중국 건국 70년 기념일과 10월 6일 북·중 수교 70주년 행사를 앞두고 왕이 외교부장은 평양에서 외부에서 이해하기 어려운 양국 간 신뢰와 전략을 언급했다. 중국 외교부는 양자 회동을 전하며 "양국이 한반도 정세에 대해 깊이 있게 의견을 나누고 최신 상황을 공유했다"고 발표했다.

왕 부장은 특히 올해가 북·중 수교 70주년임을 강조하며 "지난 70년 동안 국제 정세가 어떻게 변하든 양국은 시종일관 풍우동주(風雨同舟, 비바람 속에서 한배를 타고 강을 건넌다), 병견전행(倂肩前行, 어깨를 나란히 하고 앞으로 나간다) 해 왔다"고 강조했다. 이어 "중국은 시 주석과 김 위원장이 달성한 중요한 합의를 이행하기 위해 북한과 함께 노력하려 한다"고 주장했다. 왕 부장은 특히 북·중 관계가 새로운 출발선에 섰다며 앞으로 더욱 밝은 미래를 맞을 것으로 믿는다고 강조했다.

양측 발표의 키워드는 '긴밀한 소통'과 '전략적 상호 신뢰'다. 지난 6월 20일 시진핑 주석이 방북했을 때도 '전략적 소통'을 언급했다. 앞서 북·중이 긴밀하게 교류한 2010년 5월 당시 김정일 국방위원장과 후진타오 국가주석이 만났을 때도 비슷한 언급이 나왔다. 베이징 인민대회당에서 열린 연회에서 처음으로 북·중 사이에서 '전략적 소통', '전략적 협조관계'의 단어가 등장했다. 당시 후 주석은 연회 연설에서 '전략적' 관계를 강조하며 "중국 당과 정부는 중·조 관계를 고도로 중시하며 시종일관 전략적인 높이에서 중·조 친선 협조 관계를 틀어쥐고 수호하며 추동(推動)해 나가고 있다"고 언급했다. 양측이 공감대를 이룬 전략적이라는 형용사의 함의는 요컨대 항미 전략이다.

▎올해 2019년 1월 김정은 북한 국무위원장과 함께 중국을 방문한 리설주 여사(왼쪽)가 시진핑 중국 국가주석의 부인인 펑리위안 여사와 악수하고 있다. / 사진: 노동신문

북·미 정상회담은 트럼프 지지율 올리는 전가의 보도

　동북아 국제정세가 미묘하게 변모하는 시점에 이뤄진 왕이 부장의 평양 방문은 심상치 않은 의미를 내포하고 있다. 첫째, 북·중 결속이 가속화돼 북한이 비핵화에 나설 가능성이 작아지고 있다. 왕이 – 리용호 회담에서는 2019년 6월 하순 오사카 G20 정상회담을 앞두고 전격 성사된 시 주석과 김 위원장 간 평양 회담에서 논의한 중요한 합의를 이행하는 문제를 논의했다. 구체적으로 '중요한 합의'가 무엇인지 공개되지는 않았으나 대북제재를 피해 식량지원과 관광협력 등 경제협력과 군사합의 등 북한의 안전보장 문제로 추정된다. 북·중 정상회담 후 일본 [아사히신문]은 중국이 식량 80만t을 북한에 지원하고 대규모 관광협력을 합의했다고 보도했다. 한국의 5만t 식량지원을 북한이 거절한 배경이라는 추론이 가능하다.

　대북제재는 결국 압록강과 두만강 국경에서 구멍이 나면서 유명무실화될 것이다. 동시에 북한의 대미 비난이 수위를 높인 것도 북·중 결속과 무관하지 않다. 리 외무상은 폼페이오 미 국무장관에 대해 "미국 외교의 독초"라며 "제재 따위를 가지고 우리와 맞서려고 한다면 오산"이라고 주장했다. 최선희 제1부상은 8월 31일 "미국과의 대화에 기대가 사라지고 있으며 지금까지 모든 조치를 재검토할 수 있다"고 으름장을 놓았다.

　북한이 비핵화 협상에서 미국의 '최종적이고 완전하고 검증 가능한(FFVD: Final Fully Verified Denuclearization)' 요구를 거절할 가능성이 커졌다. 모두가 든든한

▌도널드 트럼프 미 대통령과 김정은 북한 국무위원장이 2018년 6월 30일 판문점에서 군사분계선을 넘고 있다. / 사진: 연합뉴스

중국의 뒷배가 있기에 가능한 행동들이다. 트럼프 대통령은 연말까지 김정은 위원장과 4차 회담을 가질 예정이라고 밝혔다. 트럼프 대통령에게 평양의 젊은 독재자와의 정상회담(summit)만큼 언론의 스포트라이트를 받는 이벤트는 없다. 2020년 11월 미국 대선 전까지 트럼프 대통령에게 김정은과의 회동은 본인의 지지율이 추락할 때마다 시청률을 올리는 전가의 보도처럼 뉴스 전면에 나올 것이다. 비핵화 여부는 중요하지 않고 단순 만남을 통해서 트럼프 본인이 김정은을 잘 관리하고 있다는 사실만 부각하면 외교정책은 대선과정에서 어려운 경제문제를 압도할 수 있다는 것이 트럼프의 복안이다.

다음은 한·일군사정보보호협정(GSOMIA)의 파기로 한·일 관계는 물론 한·미 동맹도 삐걱거리는 사이에 북·중 양국의 대남 압박이 강화될 것이다. 올해 상반기 이후 북한의 문 대통령과 남한에 대한 금도(襟度)를 넘은 신상 비난과 압박은 중국의 백업과 무관하지 않다. 특히 5월 이후 10차례 진행된 북한 군부의 신무기 시험도 한·미 양국을 의식할 필요가 없다는 중국의 암묵적 동의가 작용했다. 문 대통령이 2019년 9월 하순 유엔총회 연설과 트럼프 대통령과의 정상회담을 개최하고 다시 한번 오지랖 넓은 중재자(?)의 역할을 통해 김정은과의 삼각 채널을 복원하려는 시도는 긴밀한 북·중 공조에 발을 걸치려는 의도가 내포돼 있다.

밀착 혈맹에 대응하는 한국의 전략은 불확실

마지막으로 동북아 국제정치 역학관계의 불균형이 심화할 것이다. 왕이 – 리용호 면담에서 2019년 중국 건국 70주년에 기념일에 맞춰 김 위원장이 '9월 말 10월 초'에 중국을 답방하는 문제를 논의했을 것이다. 겅솽 중국 외교부 대변인은 9월 3일 기자 설명회에서 "왕이 국무위원의 이번 방북은 북·중 정상의 중요한 공동 인식을 전면적으로 실현하고 북·중 수교 70주년 행사를 치르는 데 의미가 있다"면서도 "북·중이 실무 협력을 촉진하고 국제무대에서 긴밀히 소통해야 한다"고 말했다.

2019년 8월 27일에는 김익성 총국장이 이끄는 북한 외교단 사업총국 친선대표단이 베이징에 왔다. 루캉(陸慷) 국장을 단장으로 하는 중국 외교부 대표단은 8월 하순 평양을 방문해 북·중 우호 관계를 다졌다. 중국 국제문화전파중심과 북한 국가영화 총국은 수교 70주년을 기념해 10월과 11월 베이징과 평양에서 각각 처음으로 북·중 국제영화제를 개최해 북·중 양국의 문화 교류를 강화하기로 했다.

또한 북·중 수교일에 맞춰 북·중우의 미술관 공동 건설도 이뤄질 예정이다. 김영재 대외경제상이 이끄는 북한 대외경제성 대표단도 8월 중국 창춘(長春)에서 열린 제12회 동북아 박람회에 참석해 북·중 경제 협력을 모색했다. 김수길 군총정치국장을 포함한 북한 군사대표단은 8월 16일 방중해 북·중 군사협력 강화에 합의했다. 강윤석 북한 중앙재판소 소장을 단장으로 하는 중앙재판소대표단과 김성남 제1부부장을 단장으로 하는 노동당 국제부 대표단은 8월 방중했고, 북한 조국통일민주주의전선 중앙위원회 대표단도 베이징을 찾는 등 사실상 북한의 거의 모든 분야의 각급 기관이 중국을 찾고 있다.

김정은이 10월 초 방중하면 지난 2015년 9월 3일 박근혜 전 대통령이 중국 항일전승 70주년 열병식 참석 당시 올랐던 천안문(天安門) 망루에서 시 주석과 함께 중국 건국 70주년 행사에 동참할 것이다. 불과 4년 만에 천안문 망루에 등장한 남북한의 지도자가 바뀌었다. 북·중 수교 70년을 맞는 시점에서 시종일관인 풍우동주와 병견전행의 밀착 혈맹에 대응해 한국의 전략은 무엇인지 불확실하다. 무너지는 한·미 동맹 대신에 혹시 번지수를 잘못 찾아 평양·베이징의 틈바구니에 동참하려는 동상이몽을 꾸고 있는 것은 아닌지 모르겠다.

"중국은 평화적으로 부상할 수 없다(China cannot rise peacefully)"는 전제로 공세적 현실주의 이론을 주창한 시카고대학의 존 미어샤이머(John Joseph Mearsheimer) 교수가 진단한 중국과 전대미문의 핵무기와 주체사상으로 무장한 북한이 동북아에서 '힘과 의지'로 항미항남(抗美抗南) 정책을 추진한다면 한국의 대책은 무엇일까? 중국과의 균형을 추구할 것인가? 중국의 편에 설 것인가?3)

주기적으로 신형무기를 시험하는 평양발 군사도발에도 불구하고 사문화된 9·19 남북군사합의를 붙들고 공허한 군비 통제에만 관심을 갖는

1954년 10월 중국 건국 5주년 열병식 때 천안문 망루에 오른 마오쩌둥(오른쪽)과 김일성.

다면 미래의 한국 안보는 풍전등화(風前燈火)다. 기존의 동맹관계조차 수호하지 못하고 평양에 대한 사모곡만을 부른다면 한국의 외교 안보의 입지는 점점 좁아져 동북아의 갈라파고스의 섬처럼 고립될 것이다.

제 6 장

김정은의 건강이상설, 북한의
주체보건의학과 코로나-19

1. 코로나-19 쇼크: 코로나 바이러스에 떨고 있는 북한

아무리 퍼져도 공식 확진 환자는 0명

■ 확진 판정 내릴 장비 부족 … 주체의학으론 역부족임에도 외부지원 요청 없어
■ 잇단 국경폐쇄와 이례적 상세 보도로 예방에 치중, 남북관계 회복은 더 지체

"북한 병원에서는 일반 세균과 변종 바이러스를 분리하는 진단 장비와 시약이 없어 일반 독감인지 신종 바이러스인지 구분하지 못합니다. 코로나바이러스 환자가 발생했어도 실제로 확진 판정을 내릴 수 없을 것입니다." 지난 2015년 청진 병원에서 일하다 남한으로 내려온 의사 출신 탈북자 최정훈 씨는 "신종 코로나바이러스를 확인할 검사키트가 북한에는 없어서 전염병이 사라질 때까지 환자 발생이 없다고 발표할 것"이라고 예측했다. 지난 2003년 사스 발생 당시에도 북한 보건당국은 "북한에서 환자가 발생하지 않았다"고 발표했다. 단지 심한 감기 독감 환자가 발생했을 뿐이다. 북한으로 유입된 전염병을 확진하지 못하는 부실 의료시스템인 가칭 '주체의학'이 빚어낸 아이러니다. 신종 코로나바이러스 감염증(코로나19) 확산으로 북한에도 확진자가 발생했는지는 초미의 관심사다.

대북 정보소식통들은 북한에도 환자가 발생했을 것으로 추정하고 있다. 2월 10일 현재까지 북한 매체들은 신종 코로나바이러스 감염증의 확진자 발생 여부에 대해서 언급이 없다. 아마도 북한은 앞으로도 발생 환자 0이라는 통계를 유지할 것이다. 일각에서는 북한 지역에 코로나바이러스 감염증 확진 환자가 발생해도 북한 당국이 이를 숨길 수 있다는 의구심을 제기하기도 한다. 하지만 고의성을 가지고 은폐하고 안하고의 문제가 아니다. 감염의심 환자로부터 바이러스를 채취해도 어떤 균인지 판단할 수 없고 통제사회의 특성상 감염자 발생은 무조건 비공개다. 국내에서 발생한 16번 환자가 전남 광주 지역병원에서 3차례 이상 방문해 치료를 받았어도 검사키트가

없어 확진 판정을 내리지 않고 전남대병원으로 보낸 경우와 유사하다. 한국에서도 사실상 대학병원격인 상급종합병원 수준에서만 확진 판정이 가능하다.

북한에 신종 코로나바이러스 감염증을 판정하기 위한 적절한 장비와 진단 시약이 있는지가 북한 환자발생을 판단할 수 있는 근거이나 현재로선 미지수다. 2월 들어 중국에서 검사키트를 수입했

신종 코로나바이러스 방역 조치를 강화하고 있는 북한은 2020년 1월 30일부터 개성 남북연락사무소의 남측 인력 출입을 불허했다. / 사진: 연합뉴스

는지 여부가 관건이다. 현재 국내 코로나바이러스 진단은 '실시간 유전자 증폭 검출 검사(RTPCR)'로 이뤄지고 있다. RT-PCR은 장비 수준에 따라 가격 편차가 크다. 국내 상급종합병원에서 사용하는 장비는 대당 2,000만~5,000만 원 수준이다. 시약은 1회 검사에 1만 원이 소요된다. 북한에서 현재 이 장비를 사용하는지는 확인되지 않고 있다. 탈북 의사들은 "북한 병원의 예산 부족으로 이 장비를 보유할 형편이 되지 않는다"고 주장했다.

"육·해·공에서 바이러스 봉쇄"

북한 노동당 기관지 [노동신문]은 2020년 1월 하순 들어 처음으로 "평양의학대학병원, 김만유병원, 함경남도 인민병원을 비롯한 보건 부문의 일꾼들은 위생 선전 사업과 검역병 사업을 강화하고 있다"며 "열이 있거나 기침을 하는 환자들을 제때에 찾아 확진하는 것과 함께 철저히 입원, 격리하기 위한 사업에 힘을 넣고 있다"고 전했다. 실제 의심환자의 격리 여부를 확실하게 언급한 것은 아니지만 각 지역에서 주민들을 상대로 코로나바이러스 감염증 확진 판정을 위한 검진 조치가 시행되고 있음을 시사했다.

북한의 전염병 대책은 예방의학을 기초로 한 철저한 사전 차단과 통제다. 북한은

치료 시설과 약이 부족하기 때문에 한국 기준으로 전염병 환자를 치료하는 것은 용이하지 않다. 북한은 1월 28일 코로나바이러스 유입을 차단하기 위해 국가 비상방역 체계로 전환한다고 밝혔다. [노동신문]은 "감염을 막는 제일 좋은 방도는 이 비루스가 우리나라 경내에 들어오지 못하도록 그 경로를 완전히 차단하는 것"이라며 "국경과 지상, 해상, 공중 등 모든 공간에서 코로나비루스가 들어올 수 있는 통로를 선제적으로 완전히 차단 봉쇄하여야 한다"고 강조했다. 그러면서 국경·항만·공항 등 국경 통과 지점의 검역과 외국 출장자에 대한 의학적 감시, 해외 방문 제한, 외국인 접촉 금지, 국제운송 수단 및 관광업 근절, 입국자 격리 시설 마련 등을 구체적으로 지시했다. 국경 전면봉쇄 방침에 따라 1단계로 외국과의 문을 완전히 잠갔다. 특히 외교관, 국제기구 관계자, 사업가 등도 입국 시 지정된 장소에서 한 달간 격리하는 조치를 시행 중이다. 북한은 2003년 사스 발생 당시에도 사실상 '셀프 밀봉' 수준의 차단을 했다. 2014년 10월부터 6개월간 외국과의 통행을 완벽하게 차단했다. 아프리카발 에볼라 바이러스 감염 대책이었다. 북한에 부임하는 외교관조차 2주간 격리한 후 증상이 없어야 업무 복귀를 허용했다.

코로나바이러스가 북한 접경 중국 도시에서도 잇달아 발생하면서 북한은 1월 31일부터 중국을 오가는 모든 항공기와 열차 운항을 중단했다. 평양~단둥~베이징, 평양~만포~집안 열차 운영이 중단됐다. 중국 당국에 탈북민 송환 중단도 요청했다. 2월 들어서 평양~베이징, 평양~심양의 중국 노선 이외에 평양~러시아 블라디보스토크행 고려항공의 운항을 정지시켰다. 미국의 소리(VOA) 방송은 "북한이 육·해·공 국경을 모두 폐쇄했다"고 보도했다.

평소 탈북민 송환과 중국 내 북한 파견 노동자들과 물품 이동으로 활발하던 북·중 두만강 간 접경 지역의 투먼(圖們)대교 역시 사실상 폐쇄됐다. 북·중 접경 도시이자 무역 최대 거점지역인 단둥(丹東)과 옌볜(延邊) 등에서도 신종 코로나바이러스 감염 환자가 발생했다. 세관 등 공식 통로가 차단됐어도 밀무역을 통해 코로나바이러스가 북한으로 유입될 위험성도 제기됐다. 아마도 단둥, 옌볜 지역과 인접한 평안북도 신의주와 함경북도 회령이나 남양 등에서 환자가 발생했을 가능성은 매우 높다. 설 기간 중국 단둥으로 넘어간 조교(朝僑, 북한 국적 화교)는 자유아시아방송(RFA)과의 인터뷰에서 "신의주에 (우한 폐렴) 의심 환자 2명이 발생했다는 소식을 신의주에 남아 있는 가족과 전화 연계(통화)에서 알게 됐다"며 "환자 한 명은 신의주 '관문려관'에 격리돼 있던 사람이고 또 다른 한 명은 '백운동'에 사는 주민"이라고 주장했다. 2월 9일 현재

Time	Flight	Point Of Departure	Airlines	Status
06:35	HZ 5469 S7-4618	Beijing/Capital Int	Aurora Airlines S7 Airlines	cancelled
10:00	FV 6281	Moscow/Sheremetyevo	Rossiya	according to plan
10:25	U6 804	Beijing/Capital Int	Ural Airlines	according to plan
10:30	U6 285	Irkutsk	Ural Airlines	according to plan
11:00	JS 271	Pyongyang	Air Koryo	cancelled
11:05	HZ 5617	Petropavlovsk-Kamchatsky	Aurora Airlines	according to plan
11:10	S7 6216	Petropavlovsk-Kamchatsky	S7 Airlines	according to plan
11:55	S7 6222 SU-4131	Yuzno-Sakhalinsk	S7 Airlines Aeroflot	according to plan

▌ 북한은 2020년 2월 3일부터 고려항공의 러시아 블라디보스토크 운항
을 중지했다. / 사진: 블라디보스토크 국제공항 홈페이지 캡처

신의주와 통행이 빈번한 단둥의 랴오닝(遼寧)성, 북한의 무산, 회령과 연결된 옌볜, 도문이 위치한 지린(吉林)성의 우한 폐렴 확진자는 각각 106명, 78명이다. 우한 폐렴이 랴오닝과 지린성에서도 발생했기 때문에 인접한 북한 국경 도시에 바이러스가 침투했을 가능성은 농후하다.

내부적으로 북한은 내각의 상(相, 장관 격)들로 '비상방역대책지휘부'를 구성하고 매일 보건 인력 3만 명을 동원하고 있다. [노동신문]은 매일 "내각 사무국과 보건성, 농업성, 상업성을 비롯한 해당 성, 중앙기관의 책임 있는 일꾼들로 해당 분과들을 더욱 강력하게 꾸려 이 사업(방역)을 다른 사업보다 우선시하도록 했다"고 보도했다. 당국은 도(道) 간은 물론이고 군(郡) 간 이동도 차단 중이다. 평소에도 통행증이 없으면 거주지 군(郡) 경계를 넘기가 어려운 만큼 비상상황에서는 더욱 불가하다. 특히 비평양 거주자가 공화국의 수뇌부가 거주하는 평양에 접근하는 것은 원천적으로 봉쇄된다. 2월 들어 중국 칭다오를 방문한 평양 거주 여성이 바이러스 진단을 받았다는 소문도 돌고 있다.

공식 석상에서 사라진 김정은

김일성, 김정일 등 역대 북한 지도자들은 전염병이 발생하면 현지지도를 중단하고 잠적했다. 2020년 1월 설 기념 공연에 장성택 처형 이후 6년 만에 등장한 고모 김경희와 공연을 관람한 이후 김정은 위원장의 공개 활동 및 현지지도 소식은 없다. 과거 선대 지도자들은 철 지난 현지지도 사실을 최근 상황으로 각색 보도하곤 했다. 김정은 위원장의 현지지도 행보는 당분간 보기 힘들 것 같다. 자유아시아방송(RFA)은 "2월 1일부터 평양시에는 비상방역지휘부 지시에 따라 평양 시민들의 지방 출입을

금지하는 비상사태가 선포됐다"며 "귀국한 해외 공관원들과 중국과 무역 사업으로 신의주 국경에 갔다 온 간부들도 평양 시내에 들어오지 못하고 외곽의 격리 병동에 수용돼 있다"고 덧붙였다.

북한에서 이동을 차단했는데도 불구하고 유사 전염병 환자가 발생할 경우, 격리 이외의 치료는 속수무책이다. 확진 장비는 물론 음압병실, 치료주사나 항생제, 해열제 등 환자 치료에 필요한 의료시설이 극소수 평양 권력층이 이용하는 1호 특수병원을 제외하곤 사실상 없다는 것이 탈북 의사들의 증언이다. 평양조차 우리의 국립중앙의료원과 같은 전문 격리병원이 없어 환자치료가 어렵다는 것이 또 다른 탈북 의사 이도향씨의 증언이다. 탈북 한의사 김지은 씨는 북한의 전염병 환자 1차 대책은 자가 격리이지만 지방에서는 제대로 지켜지지 않는다고 언급했다.

국가가 관리하는 제대로 된 의료시설도 없으며 1차로 집에서 격리를 지시하지만, 주민들은 일주일도 안 돼 먹고살기 위해 장마당으로 나올 수밖에 없다. 주민들의 이동을 철저히 통제하지만 거주지 지역에서 장사하는 것까지 막지는 못한다. 다만 평소보다 강화된 거주 이동의 제한으로 자기 거주 지역을 벗어날 수는 없다. 감염자가

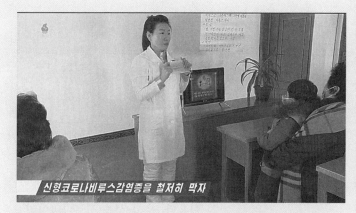

신형코로나비루스감염증을 철저히 막자

▮ 북한 관영 조선중앙TV는 신종 코로나바이러스 관련 보도를 연일 내보내고 있다. / 사진: 조선중앙TV 캡처

면역력을 회복하면 다행이지만 회복이 안 되면 전염병 사망이 아닌 과로사로 분류된다. 도(道) 간 이동이 가능한 기차는 철저히 통제 대상이다. 최정훈 씨는 과거 2006년 양강도에서 성홍열이 발생했을 때 북한의 4개 철도 노선에 탑승해 열차에 감염자가 승차하지 못하도록 탑승객들의 열을 계속 체크했다. 하지만 통제에도 불구하고 성홍열은 평양까지 퍼졌다. 수십 명의 사망자가 발생한 이후 중국에서 장비와 기자재를 도입해 바이러스를 확인하자 최종적으로 홍역으로 밝혀졌다. 북한 보건당국의 초기 진단이 잘못됐다는 것이 드러났다. 바이러스 분리검사 장비가 없어서 발생한 혼란 사례.

조선중앙TV의 이례적 상세 보도

2003년 사스 당시 남의 일처럼 객관적인 보도에 그치던 상황과 달리 2020년에는 북한 역시 긴급 비상경고등을 켜고 바짝 긴장 상태다. [노동신문]은 '신형 코로나바이러스 감염증을 막기 위한 사업을 강도 높이 전개하자'는 제목의 사설에서 주민들에게 예방에 대한 당국의 비상조치에 절대복종해야 한다고 촉구했다. 북한은 위생방역체계를 국가 비상방역체계로 전환하고 중앙과 도·시·군에서 비상방역지휘부가 사업을 진행하고 있다. [노동신문]이 사설로 전파 방지를 강조한 건 이례적으로, 그만큼 북한 당국도 현 상황을 심각하게 받아들이고 있다는 증거다. 북한이 다른 이슈와 달리 코로나바이러스에 관한 국제적인 소식을 신속하게 보도하고 있는 것은 매우 이례적이다. 평소 국제뉴스 보도에 인색한 북한이지만, 이번 사태에 관한 한 실시간 보도에 나서고 있다.

[노동신문]은 '신형 코로나바이러스 계속 전파'라는 제목의 기사에서 중국 국가위생건강위원회가 발표한 확진자와 사망자, 의심환자 수를 자세히 소개하며 국제사회에서 세계적인 보건비상사태를 선포할 것을 요구하는 목소리가 높아지고 있다고 전했다. 또 캐나다와 러시아의 의심 환자 발생 소식과 함께 한국의 추가 발병 상황을 보도했고, 중국에서 공항과 기차역 등에 긴급 방역 대책과 발병 지역들에 대한 봉쇄 조치들이 강구되고 있다고 보도했다.

북한이 이례적으로 폐쇄 사회의 관행을 깨고 국제사회의 실태를 상세히 보도하는 것은 두 가지 이유다. 우선 신종 코로나바이러스 확산에 '국경폐쇄'라는 초강수를 둔 북한이 주민들에게 철저한 예방을 당부하기 위한 차원이다. 상·하수도 체계가 부실해 항상 콜레라·장티푸스·이질 등 수인성 전염병과 영양 부족으로 결핵과 홍역 등 호흡기 질환의 만연 가능성이 높다. 개인위생에 취약한 주민들의 경각심을 높여 확산을 막으려는 의지의 표현이다. 영·유아 사망률이 높고 특히 영양 부실로 면역력이 취약한 고령자들이 전염병에 걸릴 경우 특별한 치료대책이 없다는 것이 탈북 의사들의 판단이다. 북한 당국은 "전염 경로도 명확하지 않으며 백신도 개발되지 않아 특별한 치료 대책이 없다"며 "가급적 이 병이 발생한 지역을 여행하는 것을 금해야 하며 외국 출장자들에 대한 의학적 감시를 철저히 해 필요하면 이들을 격리해야 한다"고 설명했다.

하지만 현장에서 이러한 대책은 구호에 불과하다는 평가다. 우선 확진이 적기에 파악되지 못하고 병원 폐기물의 검역과 소각 처리 등이 어렵다. 결국, 환자 스스로 회복하거나 사망하거나 개인의 운명으로 돌릴 수밖에 없다. 국가가 해줄 수 있는 것이 별로 없다. 전염병에 대한 공포와 피해는 북한 당국에 대한 불만으로 퍼질 수밖에 없다. 결국 당국에선 전염병 피해가 북한만의 문제가 아니라 세계적인 현상으로 인민들이 속수무책을 받아들여야 한다는 점을 강조하는 것이 실시간 보도의 이유다.

과연 북한의 전염병 예방 및 치료대책은 실제로 어느 정도 효과가 있는 것인가? 북한은 1월 하순 보건성의 박명수 국가위생검열원장의 명의로 예방 대책을 발표했다. 평양의 보건성 간부들이 각 지역에 파견됐고 치료 예방기관에 관련 강연 자료를 시급히 작성해 내려보내고 있다. 각 지역의 담당 의사가 열이 있거나 폐렴 치료가 잘되지 않는 주민들을 찾아 의심 환자가 나오면 철저히 격리하고 있다는 것이 조선중앙TV에서 보도한 내용이다.

문제는 치료 약의 생산 부족이다. 북한 매체들도 현실적인 어려움을 보도하고 있다. 약물생산 기업소에서 북한에 흔한 약재를 가지고 만든 '우웡 항비루스(항바이러스) 물약'을 비롯해 항바이러스 약들을 많이 생산하기 위한 전투를 벌이고 있다는 소식을 보도하고 있다. 북한은 2020년 1월 28일 [노동신문]을 통해 자체 개발한 '우웡 항바이러스 물약'을 비롯한 항바이러스제들을 이번 신종 코로나바이러스 치료제로 사용하겠다는 뜻을 내비쳤다. 그러나 우웡 항바이러스 물약은 지난 2016년 개발한 것으로 신종 코로나에 대응하는 데 적절한 약품은 아니다. 대외 선전 매체인 [메아리]도 2월 들어 신종 코로나 관련 보도에서 "국가품질감독위원회에서는 세계적인 의학 기술 자료들을 수집하고 검사 및 진단 시약들을 확보해 단위들에 보내주기 위한 사업을 진행하고 있다"고 보도했다. 맞춤형 치료 약품 공급이 여의치 않다는 증거다.

▎북한의 우웡 항비루스 물약. 북한이 홍보하는 감염 예방약이다. / 사진: 연합뉴스

북한의 열악한 의료 시설

6차례나 핵실험을 단행하고 지구재진입(re-entry) 기술의 두 차례 성공으로 미국 서부지역에 대륙간탄도미사일(ICBM)을 발사할 수 있는 군사 과학기술 강국인 북한이 왜 의료체계는 최빈국 수준인가? 사회주의 체제의 부실한 무상의료시스템과 북한의 의학과 인명 경시 특성이 복합적으로 작용한 결과다. 화학약품 원료로 생산되는 치료약과 장비가 필수적인 치료의학보다는 사전에 감염을 막는 예방의학 중시도 원인 중 하나다. 자연산 약제에 의존하는 전통적인 한의학 중시 경향도 감염병 치료가 어려운 이유다. 선군정치 기조로 국방예산에 비하여 의료시설에 투자하는 예산은 조족지혈 수준이다. 재일교포 의사 김만유가 22억 엔을 투자해서 지난 1986년 평양시 문수거리 대동강 변에 건설해준 김만유병원, 일부 상류층 여성들이 아이를 출산하는 평양산원, 조선암센터, 평양의과대학병원 등 평양의 몇 개 시범적인 대형 병원을 제외하면 지방 도립병원조차도 1970년대 남한의 동네보건소 수준이다.1)

제주 출신으로 1936년 도일한 김만유는 일본 니시아라이병원의 설립자이자 병원장으로 북한에서 가장 현대적인 종합병원 건설에 참여했다. 북한 당국으로부터 '김만유병원'이라는 명칭을 받았고 최고 등급의 '인민의사' 칭호를 받았다. 저자는 2005년 서울대학병원에서 사용하던 중고 MRI 등 첨단의료장비를 조선암센터에 전달하는 서울대 성상철 병원장 일행과 평양을 방문했다. 조선암센터는 남한의 의료진들을 암환자들이 입원한 병동으로 안내했다. 수술실 갓 등에는 'made in Czech, 1974'로 표기돼 있었다. 수술실 진열장에 있는 가위 등 장비는 남한의 고물장수들도 가져갈지 의심스러웠다. 성 원장은 중고지만 첨단 MRI 장비를 전달했다. 1년이 지나면 소모품이 부족해지고 전압이 불안정해 장비를 제대로 사용할지 걱정이 많았지만 장비를 전달한 이후는 평양의 당국자들이 해결해야 할 문제였다.

북한은 1998년 9월 5일 개정된 헌법 제56조에서 "국가는 전체적 무상치료제를 더욱 공고히 발전시키고 예방의학적 방침을 관철하여 사람들의 생명을 보호하며 로동자들의 건강을 증진시킨다"고 밝히고 있다. 그밖에 동의학(전통의학)과 신의학(서양의학)의 병행 발전, 보건사업의 대중 참여 등이 북한 보건의료의 기본적 성격이다. 북한은 1947년 사회보험법에 의한 무상치료제를 시작해 1953년 전반적 무상치료제를 거쳐 1960년에는 완전하고 전반적인 무상치료제를 선언했다.

예방의학의 발전을 위한 연구에 많은 노력을 기울였다. 1964년 실시된 의사담당구역제는 의사가 일정한 지역 주민들의 건강을 완전히 책임지면서 외래로 찾아오는 환자를 진료할 뿐만 아니라 직접 담당구역에 나가 위생보건·예방접종·건강검진 등을 지속적으로 수행하는 것이다. 도시에서는 시 구역 병원과 그 하위의 종합진료소가 기본단위이며 대체로 주민 4,000명이 기준으로 돼 있다. 농촌은 리(里)인민병원(진료소)이 기본단위로 인구 1,500~5,000명 기준이며 이를 의사 2~10명이 담당하고 있다. 내과·소아과·산부인과 등 기본전문과 의사가 주축이다. 북한은 의사담당구역 사업으로 보건기관의 책임의식 강화, 고정적인 의료진에 의한 계속적 관찰, 예방사업과 위생선전 교양사업 전개상의 이점 등을 선전하고 있다.

북한의 외형적인 의료제도는 완벽해 보인다. 문제는 국가 경제의 붕괴로 병원에 의료장비와 치료 약이 없다는 것이다. 환자들은 병원에 가도 치료를 제대로 받을 수 없다. 평양의 1~2개 특급병원을 제외하곤 예산부족으로 진단장비와 치료제를 제대로 확보할 수 없다. 탈북 의사 최정훈 씨는 "급한 연락을 받고 중환자가 있는 가정이나 직장에 가도 사실상 모르핀 주사 이외에는 해줄 수 있는 처방이 없었다"고 말하며 한숨 쉬었다. 기초적인 보건체제가 확립돼 있다곤 하나 식량난이 심각해진 1990년대부터는 영양 상태와 밀접하게 관련 있는 결핵 환자 등이 급증했다. 경제난 여파로 진단 시약을 포함한 각종 의약품이 부족해 환자치료는 최빈국 수준이다.[2]

북한에서 의사는 의사·부의사·준의사 등 3단계로 구분된다. 전국 11개 의과대학 의학부에서 양성되는 의사는 예과 1년 및 본과 6년(기초의학 3년 및 임상의학 3년)의 7년제 과정을 거친다. 부의사는 4년제의 11개 고등의학전문학교에서, 준의사는 3년제의 11개 고등의학학교에서 양성된다. 각종 의료기관과 의료인들은 보건부와 각급 인민위원회의 지휘 감독을 받고 있다. 사회주의 의사의 처우는 영화 [닥터 지바고]의 주인공 생활에서 잘 알 수 있다. 의사 지바

▎평양시 피복 공업관리국 근로자들이 마스크를 쓴 채 일을 하고 있다. / 사진: 노동신문 캡쳐

고는 제1차 세계대전 이후 모스크바로 돌아왔지만 궁핍한 생활의 연속이었다. 사회주의 무상의료 원칙으로 소련에서 의사의 처우는 열악했다. 북한 의사들도 대학에서 엘리트로 육성되지만, 졸업 후 생활은 남한 의사와 비교해 참담한 수준이다.

전염병에 가로막힌 남북관계

북한에서도 의과대학에 진학하는 학생들은 이른바 엘리트에 속한다. 북한의 경우 대학입학 비율이 11년제 의무교육 기간을 거친 중학교 졸업생 가운데 10~15% 수준인데, 입학 시 출신 성분과 입시 전 시험성적·정치조직생활과 도덕 생활 평정 결과·체력조건 등을 꼼꼼히 따진다. 특히 평양의학대학의 경우, 출신 성분이 핵심계층이거나 노동자·농민·근로인텔리로 구성되는 기본계층에서도 최상위층만 입학이 가능하다. 하지만 의과대학 실험실습 시설이 노후화돼 제대로 된 임상교육이 이뤄지지 않는다. 졸업 후에는 의사의 보수가 워낙 낮아 의사가 한국의 진료의뢰서와 유사한 '교환 병력서' 발급을 빌미로 뇌물을 수수하거나, 시장에서 약을 판매하는 상인과 결탁해 소개비를 취득하는 등의 비리 행위도 만연해 있다. 1990년대 경제난 이후, 의사도 예외 없이 생활고를 겪고 있다. 개인은 병이 나면 우선 민간요법에 의존한다. 탈북 의사들은 북한은 '주체의학'이라는 명분으로 비용이 많이 드는 서양의학보다는 전통적인 민간요법을 강조한다고 고백한다. 병원에 가도 치료약을 구할 수 없기 때문에 자연요법에 의존할 수밖에 없다.

정부는 북한이 약품 지원을 요청하면 즉각적 대응이 가능하도록 준비하겠다는 입장이나 북한의 공식 요청은 없다. 남북은 1월 30일에 유일한 대면 소통 채널인 개성 남북 연락사무소의 운영도 잠정 중단해 우리측 인력은 모두 개성에서 일시적으로 철수했다. 방역체계가 취약한 북한이 코로나바이러스가 북한 내로 확산하는 것에 대해 상당한 경계심을 가지고 있기 때문이다. 과거에도 북한은 전염병이 발생하면 남측과의 접촉을 차단했다. 북한이 먼저 사무소 잠정 중단을 요청했냐는 기자들의 질문에 정부 당국자는 구체적 답변을 피하면서도 "북측에서 1월 28일 국가 비상방역체계로 전환하면서 검역을 강화하려는 움직임이 있었다"고 말해 사실상 북한의 필요에 의한 것임을 시사했다.

어떤 경우에도 북측은 남측의 지원을 수용하지 않을 것이다. 여전히 남한과 체제 경쟁을 하고 있고 주체의학을 강조하는 북한 입장에서 남한 치료 약품을 받았다는 소문이 날 경우 김정은 위원장을 비롯한 권력층에 치명적인 타격일 것이다. 지난해 아프리카돼지열병으로 평안북도 돼지가 초토화됐지만, 북한은 남한에 방역 약제를 요청하지 않았다. 바이러스 진단 장비인 RT-PCR 장비 역시 유엔 안보리가 지정한 대북 금수물자로, 현실적으로 북한이 수용한다고 해도 미국이 용인하지 않는 이상 지원은 불가능하다. 하지만 코로나바이러스 진단이라는 인도적 차원이라면 미국의 양해가 불가능하지 않을 것이다.

2020년 상반기 남북관계는 코로나바이러스로 종료됐다. 당초 금강산 개별관광 등을 정부가 구상했지만 예상치 못한 복병으로 추진 불가다. 남북관계 회복에 상당한 시간이 걸릴 것이다. 동·서독의 경우 1973년 재난 공동대응협정을 체결했다. 사회재난에 포괄적으로 공동 대응하도록 동·서독이 협력을 제도화했다. 유사하게 코로나바이러스에 남북이 공동대처할 수 있을 것이다. 북한이 손을 내밀어야 한다. 그러나 정치 논리가 우세한 한반도 남북 관계에서는 요원한 기대다. 하루빨리 봄눈 녹듯이 신종 바이러스가 한반도에서 사라지기를 기다릴 뿐이다.

▌ 북한의 의료 시설은 노후화된 상태다. 사진은 2007년 건립 당시의 평양 심장전문병원.

2. 김정은 건강 이상설의 파장과 과제

깜깜이 대북 정보에 놀아난 지구촌, 국정원이 글로벌 체계를 세워라
■ 김정은 유고설 세계에 확산되자 대북 정보력 비웃듯 건재 과시
■ 미확인 정보로 인한 사회적 파장 줄이는 것도 국정원의 역할

지난 2008년 8월 15일 광복절 즈음이다. 여름 무더위가 가시기 전 김정일 북한 국방위원장이 중풍(stroke)을 맞았다. 당시 국가정보원 산하 국가안보전략연구원장이던 저자는 김정일의 건강 상태와 파급 영향을 파악하는 데 주력했다. 본부의 정보와 함께 자매연구기관인 중국 안전부 산하의 현대국제관계연구원을 비롯한 중국 정보 소스 및 미국의 싱크탱크 등을 총동원해 그의 건강 상태를 파악하는 데 총력을 기울였다. 하지만 심증적인 정보는 많았으나 구체적인 정보를 파악하는 데 한계가 있었다. '신호정보(SIGINT, signal intelligence, 시긴트)'도 매우 제한적이었다. 특히 '인간정보(HUMINT, human intelligence, 휴민트)'가 절대적으로 부족했으며 일부 획득한 정보도 신뢰성을 부여하는 데 확신이 없었다.

한국의 대북 정보를 총괄하는 국정원의 대북 정보수집 능력은 사실상 1998년 김대중 정부가 들어서면서 하락세를 그리며 추락했다. 특히 정권이 교체되면서 400명이 넘는 베테랑 요원들이 적폐 청산 차원에서 새로 입주한 내곡동 청사를 떠났

■ 2020년 4월 건강 이상설로 세계의 이목을 한반도로 집중시켰던 김정은 북한 국무위원장은 5월 1일 순천인비료공장 준공식에 나타났다. / 사진: 조선중앙TV 캡처

다. 이후 대북 정보에 대한 인적 인프라의 토대가 무너졌다. 특히 휴민트라는 인간정보 수집 기능은 하루아침에 회복되지 않았다. 누구도 중국의 동북 3성을 무대로 한 위험한 스파이 활동에 자리를 걸지 않았다.

청와대와 국정원의 지휘부 역시 북한 내부 권력의 동향 파악에 소극적이었다. 2000년 6·15 공동선언 발표 때까지 상층부의 주된 관심은 평양의 확실한 라인을 잡아 최초의 남북정상회담을 성사하는 것이었다. 결국 김대중, 노무현 정부 기간 동안 교류와 협력 기조하에 장·차관급 회담을 비롯해 정상회담 개최가 핵심 키워드였다. 국정원의 업무도 북한 내부의 동향 파악보다는 제3국에서 북한 실세를 만나 회담 의제를 개발하는 것과 함께 고위급 인사들의 상호 방문과 이벤트 개최 등에 주력했다.

국정원의 대북 정보기능, DJ·참여정부에서 무너져

노무현 정부 임기 마지막 해인 2007년 10월 4일 무리하게 개최된 남북정상회담은 다양한 부작용을 낳았다. 17대 대통령 선거가 두 달 앞으로 임박해 있는 상황에서 김만복 국정원장이 주도한 정상회담은 각종 대북 지원을 언약함으로써 차기 대통령과 김정일 위원장 간에 갈등의 씨앗이 됐다. 휴민트는 인적 네트워크를 구축하는데 실패했고 그나마 유지되던 통신정보나 영상정보도 초라한 수준이었다. 특히 한·미 간 북한에 대한 인식 차이가 커지면서 정보 공유가 미흡했다. 2000년 6·15 정상회담 이후 한반도에 민족주의 분위기가 고조됐다. 2002년 6월 미군 장갑차에 의한 여중생 사망사고는 반미감정에 기름을 부었다. 이후 한·미 간에 북한 인식을 둘러싸고 미묘한 괴리가 벌어지기 시작했다. 미국 정보당국은 한·미 간에 공조된 대북 정보가 평양으로 흘러간다는 의심이 깊어졌다. 이러한 흐름은 2007년 말까지 지속했다.

10년에 걸친 교류협력 기조를 주도했던 국정원의 대북 정보수집 기능은 2008년 정권교체 이후 방향을 전환하는 데 많은 시간을 보냈다. 한 번 균열이 생긴 정보공유 프레임은 인맥 형성 등으로 회복하는 데 시간과 비용이 필요했다. 대북 정보 공유에 대한 결정적인 조율의 계기는 역설적으로 김정일의 중풍이었다. 이명박 정부 임기 첫해인 2008년 8월에 김정일이 쓰러졌으나 실시간으로 파악이 되지 않았다. 김정일이 뇌졸중으로 쓰러졌을 당시 최초 일주일 동안 누구도 눈치채지 못했다. 자국 의료진의 치료에 불안감을 느낀 북한이 프랑스 당국에 의사 지원을 요청했다. 평양은 김정일의 뇌 사진을 파리로 보냈고 비밀리에 프랑스 의사들이 평양을 방문하면서 서서히 외부에 김정일의 건강 이상이 표면화했다.

　프랑스 정보당국(DGSE, DST)은 미국 중앙정보국(CIA)에 관련 정보 협조를 했다. 우리 정보당국이 김정일 북한 국방위원장 신변의 이상 징후를 미국측으로부터 전달받은 것은 8월 29일이었다. 프랑스 뇌신경외과 전문가가 8월 중순 평양을 방문했다는 첩보였다. 9월 4일 들어 김성호 국정원장은 국방·외교·통일부 등 안보부처 장관들에게 직접 전화를 걸어 청와대 회의를 소집했다. 참석자들에게 안건도 사전 배포하지 않은 최고등급 보안 회의였다. 회의 직후만 해도 일부 안보부처 핵심의 분위기는 김정일의 건강 이상에 관련해서 정보 부재로 소극적인 입장이었다. MB 정부가 출범했지만, 대북 정보수집 기능이 단숨에 복구되지는 않아 정부 관계자들은 북한에 대해 '깜깜이 수준'을 벗어나지 못했다.

　국정원장의 요청으로 회의를 시작했지만, 국무위원들조차 다들 정보 부재로 아마추어 수준을 벗어나지 못했다. 당시 외교·안보 부처의 장관들은 대북 정보 부족으로 일반인의 수준과 크게 다르지 않았다. '불확실한 정보를 갖고 국정원장이 오버하는 것 아니냐'는 것이 당시 회의 분위기였다. 여름을 넘기면서 여의도와 청와대 주변을 떠돌던 '김성호 교체설(說)'과 관련지어 해석하는 지적도 있었다.

　그나마 국정원장이 밀어붙일 수 있었던 유일한 근거는 미국 CIA의 정보 공유였다. 9월 6일 [조선일보]가 내곡동의 정보를 근거로 김정일 건강 이상설을 치고 나가면서 상황은 돌아올 수 없는 다리를 건넜다. 9월 9일 북한 정권 창설 60주년 기념행사장에 김 위원장이 모습을 드러낼지가 초미의 관심사로 떠올랐다. 공연한 호들갑이었는지 아니면 정확한 사전 예측이었는지, '국정원의 실력'을 판가름할 특이한 기회였다.

▌ 2008년 건강이상설에 휘말렸던 김정일 당시 국방위원장은 모습을 감춘 지 56일 만에 건강한 모습으로 현지 군부대를 시찰하는 모습을 공개했다.

마침내 9월 9일 행사장에 김 위원장이 불참했다는 뉴스가 전해졌다. 이날 저녁 국정 원 관계자들은 안도의 한숨을 쉬었다는 후문이다.

이튿날인 9월 10일, 국회 정보위원회에 출석한 김성호 원장은 신중한 입장이라는 미국측 브리핑과는 달리 그간 수집한 정보사항을 비교적 구체적으로 털어놓았다. 김 원장은 국회 정보위에서 김정일이 지난 8월 14일 이후 순환기 계통에 이상이 생겨 수술을 받았고 현재 호전된 상태라고 보고했다. 구체적인 병명에 대해 "뇌졸중 또는 뇌내출혈로 보이나 하나로 특정하기는 어려운 상태"라고 보고했다. 특히 외국 의료 진에게 수술을 받은 김 위원장의 현재 몸 상태에 대해 "언어에는 전혀 장애가 없으 며, 움직일 수 있는 것으로 파악하고 있다"고 보고했다. 그로부터 이틀 뒤, 김정일이 양치질하는 수준이라는, 문제의 '양치질 발언'이 흘러나왔다. 김정일 위원장을 옆에 서 지켜본 '휴민트'의 존재를 암시한 듯한 정보 노출 수위가 언론의 질타를 받았고, 김성호 원장의 보고사항을 '생중계'하다시피 했던 국회 정보위원들조차 이를 꾸중하 는 촌극이 벌어졌다.

김정일 건강 이상 징후 눈치 못 채

저자가 2008년 김정일 건강 이상설의 막전 막후 정황을 구체적으로 언급한 것은, 당시 결코 휴민트는 없었고 실시간으로 첩보 수집이 이뤄지지 않았으며 프랑스와 미 국, 미국과 한국 간 정보 공유로 김정일의 건강 이상을 파악했다는 점을 지적하기 위해서다. 한편 2011년 12월 17일 김정일 사망 당시의 첩보수집 능력과 상황도 2008 년과 별반 차이가 없다. 북한은 김정일 사망 51시간 만에 이 사실을 발표했다. 김일 성 주석 사망 당시와 비교하면 17시간이 더 걸린 셈이다. 평양 기온이 영하 12도를 기록한 날 특별열차 편으로 현지지도에 나선 김 위원장은 급성 심근경색으로 쓰러졌 다. 응급조치를 취했지만, 심장 쇼크까지 겹치면서 결국 아침 8시 반쯤 사망했다. 당 시 후계자 김정은은 특별 열차에 함께 타고 있었을 가능성이 크다. 곧바로 장성택 국방위 부위원장, 김경희 경공업부장 등 인척 후견 그룹들이 모여 지도체제 문제 등 수습방안을 논의했다.

다음 날인 18일 새벽 1시쯤 북한 국경 경비대에 국경을 봉쇄하라는 특별 지시가 하달되었다. 베이징 외교가에선 사망 당일 북한이 중국측에 중대 사건이 일어났음을 통보했다는 전언이다. 사망 하루 뒤, 사망을 둘러싼 억측을 차단하기 위한 조치로 부검이 실시되었다. 조선중앙TV는 "2011년 12월 18일에 진행된 병리해부 검사에서는 질병의 진단이 완전히 확정되었다"고 보도했다. 이런 조치들이 모두 끝나고, 김 위원장의 사망 사실이 51시간 30분 만에 발표되었다. 장의위원 232명의 명단과 영결식 일정까지 함께 발표할 만큼, 철저한 준비를 마친 뒤였다.

한·미 정보 당국의 시긴트와 휴민트가 전혀 작동되지 않았다. 1994년 7월 8일 김일성 주석 사망 이후 공식 발표가 34시간 만에 나온 것과 비교하면 17시간 반이나 더 걸렸다. 국가정보원 등 정보당국이 김정일의 사망을 북한측 공식 발표 전까지 모르고 있었다는 사실은 그다음 날인 12월 20일 알려졌다. 다른 것도 아니고 김정일 사망 소식을 뉴스를 보고 인지하는 상황이었다. 이날 원세훈 국정원장과 김관진 국방부 장관은 각각 국회 정보위와 국방위에서 김 위원장의 사망 사실을 북한 발표 이후에 알게 됐다고 인정했다. 당시 한미연합사 미군 사령관도 상황을 파악하지 못했다고 고백했다.

2011년 12월 20일 김정일의 사망 소식을 전한 북한 [노동신문].

무너진 휴민트, "김정일 사망 뉴스 보고 알아"

오히려 사전에 감지했다면 의아스러운 상황이었으며 당연한 결과였다. MB정부 들어 동북 3성에서 활동을 시작한 국정원 요원들이 중국 정보당국에 의해 심양의 어두운 감옥에서 장기간 무단 구금당하고, 가족들이 탄원을 내도 해결을 못하는 수준이니 휴민트는 언감생심이었다. 사실 MB정부 들어서도 대북 정보 네트워크의 부활은 신통치가 않았다. 30년 서울시 공무원 경력의 원세훈 국정원장은 정보업무에 대한 인식이 결여되어 있었다. 인사 실패는 정보수집 업무 실패로 연결됐다.

2008년 8월 중풍 발생 이후 80일 만에 김정일이 공식 석상에 등장한 이후 저자는 국가안보전략연구원장의 고유 업무로서 그의 사망 가능성과 후계자 시나리오를 파악하는 데 주력했다. 2009년 정월 들어 김정은의 후계자 공식화 작업이 시작되며 그의 향후 통치 성향을 파악하기 위해 그와 접촉했던 인물들을 파악하는 작업을 추진했다. 동시에 김정일의 '서든 데스(sudden death)' 시점을 파악하는 데도 노력했다.

2009년 가을 평양 주재 영국대사이던 피터 휴즈(Peter John Huges)가 서울을 방문해 저자와 만난 미공개 미팅은 그런 노력의 일환이었다. 전임 에버라드(John Everard) 대사 후임으로 부임한 그는 6개월에 한 번씩 평양에서 서울로 내려왔다. 저자는 그가 서울에 올 때마다 김정일을 최근에 언제 봤으며 건강 상태에 관한 이야기를 나누며 그의 서든 데스 가능성을 토론했다. 저자와 그는 김정일이 이승을 떠나는 시점을 'less than 3~5years'라고 예상했다. 다만 지도자의 운명은 하늘에 달려 있으니 의사라도 '족집게'처럼 예측하기 어렵다고 이야기를 나눴다. 그로부터 2년 반이 지나고 그는 이승과 하직했다. 김정일은 1980년 6차 노동당대회부터 1994년 아버지 김일성이 가족력인 심근경색으로 사망할 때까지 이인자로서 24년, 2011년 12월 본인이 사망할 때까지 일인자로서 17년간 한반도 북쪽의 독재자로서 권좌를 지켰다.

김정은의 건강과 관련해서 장황하게 '흘러간 스토리'를 언급하는 이유는 2020년 4월을 2008년 8월이나 2011년 12월 상황과 비교해 유사점과 차이점을 밝히기 위해서다. 지난 5월 1일 김정은은 20일 만에 비료공장 준공식에 전격 등장했다. 3주간 코로나바이러스 뉴스 못지않게 한반도는 물론 지구촌을 달구었던 그의 잠행은 일단락됐다.

과거 아버지 김정일이 중풍 이후 탔던 전동카트를 이용해 순천인비료공장 준공식장을 이동하고 얼굴에 부기가 있고 걸음걸이가 예전 같지 않더라도 일단 외관상으로 큰 문제는 없다. 특히 팔뚝에 반점 사진이 주삿바늘 자국인지 아닌지 분명치는 않지만 사라진 기간에 심혈관계 수술을 받았다는 설이 있었던 김 위원장이 공장을 시찰하며 담배를 피우기도 했다. 태양절 행사에 전례 없이 불참하는 등 지난 20일간의 행적이 미스터리일지라도 그건 그들의 내부 사정이다. 그동안 초미의 관심사가 스스로 보행이 가능한지 여부였던 만큼 비료공장에 들어서는 동영상을 본 이상 그의 건재를 의심할 수는 없다.

저자는 CNN의 김정은 건강 이상 가능성 보도 직후인 4월 22일 한 신문 칼럼에서 그의 건강이 요주의 대상이지만 '2020년 4월은 아니다'라고 지적했다. 과거 국가안보전략연구원장 시절인 2008년 8월 중순 김정일이 심근경색(stroke)이 왔을 때 평양 권력 내부의 스토리를 파악하는 것이 매우 어렵고 고통스러운 일이라는 점을 경험했기 때문에 구체적인 물증 없이 단정하는 것은 '가짜 뉴스'에 다가서는 길이라고 판단했다.

소극적인 국정원 태도, 국민 불안 잠재우지 못해

170㎝ 키에 몸무게 130㎏인 고도비만에 애연가로 살아가는 이상 세월이 갈수록 그의 가족력이 발병할 가능성은 커진다. 그의 건강은 평양 김정은 일가의 문제이고 그가 수술을 받았는지는 정보당국의 관찰 사항이다. 국민 입장에서는 그의 건강 이상 유무보다는 권력 공백에 따른 혼란이 한반도에 미칠 영향이 더욱 중요하다. 가뜩이나 코로나 사태로 어려워진 한국 경제에 북한 변수마저 악재로 작용하는 것이 아닌가 하는 우려가 적지 않았다. 코로나 팬데믹 사태에서 유포된 김정은의 유고설이 우리 사회에 주었던 파장은 향후 언제든지 재연될 가능성을 배제할 수 없다는 전제 하에 다음과 같은 과제를 남겼다.

우선 정보당국은 평양 지도자의 안위에 관해 적절한 사항을 적절한 기회를 이용해 국민에게 설명해야 한다. 그의 전용 열차가 원산에 정차되어 있다는 인공위성 사진만으로 '특이 동향 없다'는 브리핑에 국민이 납득하는 것은 한계가 있다. 특히 국민은 1%의 가능성이라도 김정은의 사망이 가져올 다양한 파장과 시나리오에 관심을 기울이지 않을 수 없다.

분단체제의 특성상 평양의 이상 유무는 통치권 공백에 따른 다량 난민 발생을 야기할 수 있고, 증권시장 등 경제에 주는 충격도 간단치 않다. 북한 김정은이 심장 수술 후 회복이 안 되고 있다는 뉴스 기사가 CNN 방송을 통해 나오면서 4월 21일 오전장 단 30분 만에 종합주가지수는 전일 대비 −3%p 가까이 하락, 코스닥지수는 −5.6%p 급락했다. 증시 충격이 작지 않았다.

2008년 8월 김정일의 중풍 이후 그의 사망설 뉴스는 6개월 간격으로 증권가를 급습했다. 국가안보전략연구원장인 저자에게 확인 관련 문의가 적지 않았다. 외부의 혼란을 이용해 증시가 급락한 다음 주식을 내다 파는 공매도 세력들의 작전이었다. 주로 단시간에 확인이 어려운 외신 등을 증시에 유포한다. 사실관계가 확인돼 루머로 판명 나는 데 3~4시간 정도가 소요된다. 하여튼 북측 지도자의 안위가 증시의 주가 하락과 상승의 재료로 활용되는 사실에 증권가 작전 세력들의 상상력이 대단하다고 느꼈다. 다만 북한 변수는 시간이 지나면 주가가 회복되는 V자형 커브를 그리는 것이 특징이었다. 결국 증시 안정을 위해서도 정확한 대북 정보에 대한 서비스는 정보당국의 임무다.

신호정보와 인간정보 등 대북 정보수집의 소스를 공개하라는 것이 아니라 최소한의 의구심에 대해 정보당국이 국회 정보위에서 보고해야 한다. 북한을 자극할 우려나 판단 실패를 염려해 소극적 입장을 취할 경우 평양이 스스로 행보를 공개할 때까지 억측과 관심은 증폭될 수밖에 없다. 이번 사태의 발단도 우선 그가 4월 15일 태양절 행사에 불참했다는 사실에서 비롯된다. 초유의 사건으로서 그의 부재는 뉴스가 될 수밖에 없었다. 그가 스스로 보행하는 데 어려움이 있다는 추측이 가능하다. 심야에 개최되는 태양절 금수산 태양궁전 참배 행사는 최소 한 시간 이상 기립해 있어야 한다. 어떤 이유인지 현장에 불참하거나 신체적으로 이 행사를 주도할 수 없다는 사실에 심증을 둘 수밖에 없다. 경호원이나 주변 인물의 코로나 감염을 우려해서 평양을 떠났는지는 후순위의 추론이다.

다음은 그의 전용 열차가 원산역에 정차하고 있다는 점이다. 미국의 대북전문 연구소인 '3·8 노스'의 인공위성 사진이 확인한 시긴트의 결과물이다. 다만 길이 250m인 전용 열차가 4월 21일과 23일에 이어 29일에도 정차되어 있다는 점이다. 김정은의 순천인비료공장 행사 참석이 5월 1일이라면 최소 4월 30일에 기차가 원산에서 출발해 평양에 도착했을 것이다. 언제 이 열차가 도착했는지는 분명치 않다. 과거 사진과 비교해 전용 열차인 것은 분명하다.

▌ 김정은 건강이상설을 촉발했던 2020년 4월 15일 태양절(김일성 전 주석 생일) 참배 장면. 김정은은 이날 불참했다.

3대 걸쳐 번번이 실패했던 북 지도자 유고설

위성사진은 연속 촬영이 아니어서 결국 '전후(Before and After)'를 비교해야만 구체적인 시점을 추정할 수 있다. 하지만 1회 촬영에 최소 3,000만~5,000만 원이 소요되는 민간상업용 사진을 실시간으로 찍어댈 수는 없다. 원산항에 정박해 있는 요트가 사진에 잡혔다고 김정은의 건강 이상설을 잠재울 수는 없다. 국정원이 CNN이 보도한 시점 직후 청와대에 김정은 원산 체류설을 보고한 근거도 전용 열차 사진과 통신 정보량의 증가 여부 및 북·중 국경의 봉쇄 여부 등이다.

그가 외부 활동을 재개하기 전 3주 동안 태양절 참배 행사에 불참하고 무엇을 했는지는 미스터리다. 각종 추론만이 가능할 뿐이다. 우선 단순 건강 이상이다. 아무리 37살이지만 키 170㎝에 몸무게 130㎏으로 고도비만인 김정은의 건강에 문제가 없다는 것은 의과대학 교과서와 맞지 않는다. 비만과 음주 등으로 좁아진 혈관의 활로를 내는 스텐트(stent) 삽입 수술은 합병증이 없는 정상적인 상황이라면 빠르면 2일, 늦어도 일주일이면 퇴원이 가능하다. 다만 외부에 모습을 보이지 않는 것은 요양 기간이 필요하기 때문이다. 만약 스텐트까지 했다면 심장 기능은 예전만 못할 것이다. 향후 심장 관련 질환이 생길 가능성이 매우 커진다. 다른 가능성은 코로나 자가 격리를 위해 3주간 원산 특각 휴양소에 체류하는 시나리오다. 핵심인물들이 동반 잠적한 것과 맥을 같이하는 스토리다. 과거 청나라 황제들은 천연두가 확산하면 북경을 떠나 잠잠해질 때까지 열하에 체류했다.

하지만 어느 하나 일반인이 판단하기 어려운 상황이다. 외국에서는 한반도 분단 체제에 대해 이해가 부족하기 때문에 정부가 나서지 않을 경우 가종 '설'이 수습되지 않는다. 1994년 7월 묘향산 별장에서 김일성의 급사, 2008년 8월 김정일의 중풍 발병, 2011년 12월 김정일 사망 등 국민은 정보당국이 최고 지도자의 유고를 예상하는 데 실패했던 기억을 갖고 있다.

우리의 국정원에 해당하는 대만 국가안전국(NSB) 국장이 5월 1일 세계 정보기관으로는 처음으로 대만 의회에서 "김정은에게 병이 있다[有病]"고 언급했다. 중국 내 미국에 버금가는 휴민트(HUMINT)를 보유한 대만 정보기관장의 와병설 언급은 간과하기에는 무게가 간단치 않았다. 유병(有病)의 의미가 구체적으로 무엇인지는 파악하는 데 시간이 소요될 것이다.

작금의 상황은 김 위원장이 지난 2014년 9월 다리 부상으로 40일 동안 모습을 감추었던 당시와는 판이하다. 2014년은 집권 초기에 3대 세습 지도자라는 인물이 북한 통치에 나섰다는 평가 정도였다. 2013년 12월 고모부 장성택을 전격 처형한 이후라 공포의 지도자이기는 하지만 아직 국제사회에서 존재감은 미미했다. 하지만 트럼프 대통령과 싱가포르, 하노이 및 판문점을 오가며 세기적인 정상회담을 3차례 가졌다. 시진핑 중국 주석과는 5차례에 걸친 정상회담으로 브로맨스 관계로 발전했다. 문재인 대통령과도 3차례 정상회담 이후에는 아베 일본 총리로부터도 러브콜을 받는 국제적인 거물이 되었다. 그의 유고(有故)설이 구체화할 경우 결국 관심사는 자연스럽게 후계체제로 논의가 모일 수밖에 없을 것이다.

세계 대북 정보 70%는 서울발

2019년 6월 판문점에서 트럼프 대통령과의 전격 회동 당시 숨을 몰아쉬며 이동하던 김정은의 건강 행보는 현재는 물론 미래의 요주의 관측 대상이다. 2008년 김정일이 풍을 맞았을 때는 김정철과 김정은이 이미 20대 중반이었기 때문에 세습의 기반이 구축되어 있었다. 하지만 당장 김정은에게 유고가 발생한다면 스토리는 달라진다. 일단 김여정이 이인자로 등장하겠지만 냉혹한 사회주의의 독재 권력을 오빠 없이 유지하기는 어렵다. 결국, 일정 기간이 지나면 과도기 집단지도 체제가 등장하며 권력 내부에 소용돌이가 몰아칠 수밖에 없다. 중국의 '재야 내각(shadow cabinet)' 등의 시나리오가 등장할 것이다. 2010년 황장엽 전 비서는 저자에게 북한 지도자의 유고에 대비해 중국은 물밑에서 지속해서 재야 내각과 후계자 시나리오 작업을 하고 있다고 언급했다.

김정은의 건강은 세월이 갈수록 동북아 국제정치의 아킬레스건이 될 수밖에 없을 것이다. 관련 시나리오의 구체적인 대비책에 대한 정부 설명도 불가피하다. 특히 21세기 4차 산업혁명시대에 3대 세습체제를 넘어 4대 지도자로 이어질 수 있을지는 북핵과 미사일 등 대량살상무기 개발과 해외 이전 등 엄중한 문제와 연관돼 있다. 북한과 교류·협력을 추진하는 정부의 정책과 함께 급변사태에 대한 '비상대책 (contingency plan)'도 불가피하다.

마지막으로 대북 정보에 대한 체계적인 접근과 관리가 필요하다. 작금의 사태는 기사 출처가 미흡한 외신과 함께 탈북자 출신 국회의원 당선자들의 성급한 예단으로 국민의 판단이 용이하지 않았다. 워싱턴의 CNN 기자는 미국 고위관리를 인용해 "김 위원장이 수술 후 심각한 위험(grave danger)에 빠진 상태"라는 정보를 미국 정부가 주시하고 있다고 보도했다. 김정은의 동선이 공개되지 않자 탈북자들과 북·중 국경 간의 삼각 통화로 각종 미확인 첩보가 퍼졌다.

전 세계에 보도 및 유포되는 북한 정보는 70% 이상이 서울발이다. 국내 언론이나 탈북자들의 미확인 주장이 외신에서 각색되면서 갑자기 무게가 실리며 다시 서울에서 보도된다. 북한 정보가 국내외를 넘나들며 자가발전하는 악순환이 발생한다. 스마트폰이 600만 대가 사용되지만 완벽하게 주민들을 통제하는 평양의 폐쇄 시스템 덕분에 북한의 최고지도자는 주기적으로 건강 이상과 사망설에 시달린다.

평양의 인사이드 스토리는 정부도, 언론도, 전문가도 속단할 경우 판단을 그르칠 가능성이 높다. 폐쇄사회의 독재체제를 자유민주주의 방식으로 접근할 경우 오류는 기정사실로 변한다. 평양을 감시하는 것이 우리의 숙명이지만 지도자가 갑자기 사망해 한반도에 통일이 산사태처럼 다가오기를 기대하는 '희망적 사고(wishful thinking)'보다는 체계적이고 과학적인 접근이 어느 때보다 필요하다.

3. 평양종합병원 건설 속도전 나선 김정은의 속내

코로나19 사망자 최소 700명 … '수령님 사업'으로 민심 반전 노려
■ 동평양 지역 두고 "큰 병원 짓기 적당" 언급한 김일성 일화 선전
■ 공사비 마련 위해 조총련 및 재외공관 '마른 수건 쥐어짜기'

2020년 4월 벚꽃이 흐드러지게 피는 캠퍼스의 멋진 봄날도 북한식 표현인 '비루스'로 빛이 바랬다. 코로나19 사태로 사회적 거리두기를 실천하고 온라인 강의로 학생을 대면하는 와중에도 틈틈이 쉬지 않는 일이 있다. 북한의 '비루스' 확진자와 사망자의 숫자를 파악하는 작업이다. 북한 워치맨의 숙명이다. 김정은의 대응책 마련 여부도 평양 정권의 내구성을 진단하는 지표라 주시 대상이다.

하지만 유감스럽게도 북한의 감염병 피해를 서울에서 정확하게 파악하는 것은 한여름날 해수욕장 모래밭에서 분실한 십원짜리 동전을 찾기만큼이나 어렵다. 그래도 다양한 촉수를 동원해서 평양의 인사이드 스토리를 찾아보는 것은 35년 한 우물을 판 북한 연구자의 '업보(karma)'다. 특히 책상머리 공부가 아니고 대학 졸업 후 국가안전기획부(국가정보원 전신)에 공채로 입사해서 북한 정권의 속성을 체계적으로 교육받았다. 10년 근무하고 미주리 주립대학(University of Missouri-Columbia)으로 국비 유학을 가서 일반경제이론을 공부하고 북한의 식량 생산과 소비에 관해 응용경제학 박사학위 논문을 작성했다. 논문 작성과정 중에 미국의 북한 자료가 어디에 있는지(Know-where)를 파악한 것은 미국의 북한연구 수준과 대북정책을 파악하는데 큰 도움이 됐다.

1948년 북한 정권 수립 이래 미국과 북한은 한국전쟁을 시작으로 물밑과 물 위에서 다양한 협상을 진행했다. 특히 1950년 10월 17일 미군 제1기병사단과 국군 1사단이 평양에 최초로 입성하면서 습득한 각종 북한 정권 수립 내부 자료는 미국 본토로 이송돼 국립문서기록관리청(National Archives and Records Administration)과 의회도서관에서

간헐적으로 노출되고 있다. 1953년 7월 휴전협정, 1968년 1월 푸에블로호 피랍사건과 1994년 12월 비무장지대에서 작전 중 착오로 월경한 미군 헬기 조종사의 송환협상을 비롯한 수많은 접촉기록은 여전히 비밀이 해제되지 않은 보안사항이다. 또 1994년 10월 제네바 합의결과 이행 및 파기 전후에 유엔주재 북한 뉴욕대표부 채널

■ 김정은 북한 국무위원장이 2020년 3월 17일 평양종합병원 착공식에 참석했다고 조선중앙TV가 이튿날 보도했다.

과 스웨덴 등을 통한 제3라인에서 진행된 미국과 북한 간에 수많은 협상기록 역시 여전히 비공개다.

탈북의사, 北 의료 수준 가늠하는 척도

협상과 대화의 물밑 중심에는 미국 중앙정보국(CIA)이 있다. 1997년 8월 CIA는 장승길 주이집트 북한대사를 정보기관의 본거지인 버지니아 랭글리로 심야에 전격 망명시켰다. 1976년 우간다 엔테베 공항에서 105초 만에 팔레스타인 테러리스트에 납치된 103명의 인질 구출을 성공시킨 이스라엘 특공대(Operation Entebbe)를 방불게 하는 특급 작전이었다. 장승길 망명은 정보가치가 우수한 외국 요인을 망명시키는 CIA의 200만 불 프로젝트의 일환이었다. 고등학생 아들이 미국의 문화에 관심을 가지면서 장 대사는 고민 끝에 미국 망명 의사를 표명했고 1년간 관찰하던 CIA는 장 대사의 정보 자산을 탐문했다.

중동의 북한 미사일 판매 총책으로서 충분한 정보 가치가 드러남에 따라 특수여권으로 전격 작전에 들어갔다. 미국이 북한의 이집트 등 중동 미사일 판매의 네트워크와 거래 상황을 파악하는 결정적인 계기가 됐다. 이후 이스라엘 정보기관 모사드는 CIA의 협조를 받아 북한과 중동 간 미사일 거래 차단에 주력했다. 이외에도 미국과 북한 간에는 언론에 보도되지 않은 수많은 물밑 협상과 공작이 진행됐다.

미국 유학 후에는 15년간의 공직 생활을 마치고 대학의 북한학과에서 이론과 실무를 병행하는 현장형 강의를 했다. 다시 공직의 부름을 받아 국정원 산하 국가안보전략연구원 원장(2008년 5월~2012년 2월)으로 3년 10개월 근무했으니 평양 워치 아웃(watch out)은 평생의 과업(課業)이 됐다. 연구원에서 학계와 국정원 본부 간 업무 연계 작업을 통해 한국은 물론 미국, 중국 및 일본의 북한 정보가 생산되는 과정을 파악한 것은 북한 연구자로 큰 소득이었다. 또한 연구원에서 10여 명의 탈북자 연구원들과 함께 김정일의 통치 행태와 김정은의 개인 성향과 집권 시나리오 분석 작업을 했던 경험도 소중한 기억이다. 망원경을 통한 거시적 조망과 현미경에 의한 미시적 시각을 보유해 탈북자 증언은 물론 국내외에서 유포되는 북한 정보의 진위와 중요도를 선별할 수 있게 된 것은 행운이다.

연구원 중에는 북한에서 심장내과 의사출신 연구원과 북한 의료수준에 대해 다양한 분석을 시도했던 경험은 북한의 전염병과 코로나 사태를 진단하는 데 도움이 됐다. 이후 이 연구원은 국내 의사고시를 치르라는 저자의 강력한 권고를 받아들였는지 혹은 한국의 의사생활이 연구원보다 대우가 좋다고 판단했는지 저자가 연구원장직을 떠난 후 의사고시를 봐서 지금은 인천 남동구에서 개업의를 하고 있다. 평양에서 의사였던 부인도 다시 한국에서 의사고시를 치르고 산부인과를 전공해서 부부 의사로 활동하고 있다.

북한의 의과대학 졸업장은 인정하지만 한국에서 의사로서 활동하기 위해서는 국내 의사고시 합격증이 필요하다. 탈북 의사들은 라틴어로 된 의학 교과서로 공부해서 그런지 서울에서 영어로 된 교과서로 공부하는 데는 다소 시간이 필요하다고 한다. 교과서 내용은 대동소이해서

| [조선중앙통신]은 2020년 2월 7일 평양시 피복공업관리국 피복기술준비소에서 마스크를 생산하는 모습을 보도했다. / 사진: 연합뉴스

2~3년 정도 공부하면 의사고시에 합격하는 데 큰 어려움은 없다고 한다.

"외과의사 한 명이 모든 외과 분야 진료"

고려대 의과대학 안산병원에서 인턴과 레지던트 과정을 밟은 고윤송 씨는 국내 1호 탈북민 출신 외과 전문의다. 북한에서 의사생활을 한 탈북자가 국내 의사면허를 딴 경우는 10여 명가량 되지만 외과 전문의가 된 것은 최초 사례다. 고윤송 씨는 평안남도 평성의학대학을 졸업했다. 졸업 후 5년간 결핵 환자를 돌보던 일을 해오던 고 씨는 탈북을 결심, 중국으로 건너가 막노동과 잡일을 하다 2007년 중국 다롄에서 평택항으로 가는 한국행 컨테이너 화물선에 몰래 숨어들어 한국에 왔다.

한국에 온 후에는 국내 의사면허를 취득하기 위해 고려대 의대도서관의 배려로 2년 동안 파묻혀 살다시피 했다. 결국 그는 2010년에 갈망하던 의사고시 합격으로 자격증을 획득했고 고려대 안산병원에서 4년간의 외과 전공의 수련과정을 마쳤다. 고 씨는 "북한에서 의사생활을 했지만, 국가고시를 준비하면서 남한의 의료 시스템과 큰 격차를 느껴 전공의 과정 초반부터 기초를 다지기 위해 노력했다"면서 "가장 큰 문제는 라틴어로 된 의학 용어를 사용하는 북한과 달리 영어로 된 의학 용어를 사용하기 때문에 실무적인 의사소통에 큰 어려움이 있었다"고 토로했다.

그는 남한의 젊은 의사들이 기피하는 외과 의사의 길을 택한 뚜렷한 이유도 밝혔다. 그는 "북한에서는 의료 환경이 열악해 하위급 병원들은 분과도 제대로 돼 있지 않은 실정이고 의사의 전공을 크게 내과와 외과 두 가지로만 나눈다"면서 "특히 외과 의사 수가 절대적으로 부족해 외과 의사 한 명이 모든 외과 분야를 진료해야 하는 실정이어서 한국에 온 후에도 외과 전문의의 꿈을 키웠다"고 말했다.

저자가 재직 중인 고려대엔 탈북 하생들이 학부와 대학원에서 디수 공부하고 있다. 의과대학 대학원에는 통일보건의료 석사과정이 있어 탈북 학생들도 수업에 참여하고 있다. 북한학과 대학원에 재학 중인 청진의학대 임상의학부(6년) 출신 탈북 의사 최정훈 씨도 저자의 권유로 의사고시를 준비 중이다. 그는 신경내과 의사를 하다가 청진철도국 위생방역소에서 전염병 업무를 담당했었다가 2012년 국내에 입국했다. 탈북 의과대학 졸업생들은 북한에서 의사의 처우가 열악해서 한국에서 의사 직업을 경시하다가 의사 대우가 북한과는 천양지차라는 사실을 인식하고 의사고시를 본다. 탈북자 지원업무를 하는 남북하나재단은 탈북 의사와 의대 졸업생들이 한국에서 의사 자격을 따는 것을 돕기 위해 '보건·의료 분야 탈북민 교육·훈련 프로그램'을 실시한 바 있다.

1차 프로그램에는 북한에서 의사로 활동했거나 의대를 졸업한 탈북민 10명이 참가했다. 고려대 안산병원 교수진과 탈북민 출신 의사 2명이 매주 한 차례 전문교육을 했다. 북한에서 의사였거나 의대를 졸업했어도 의료체계와 기술수준 및 의료용어 차이 때문에 독학으로는 의사 자격을 취득하기 어렵고, 2~3년씩 시험을 준비할 경제 형편이 안 되는 경우가 많다. 하나재단 관계자는 "이

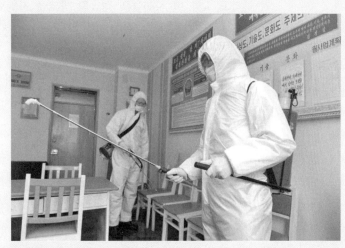

평양 시내의 한 병원에서 소독 작업이 이뤄지고 있다. 북한은 2020년 4월 3일 코로나19 유입을 막기 위해 격리된 인원이 500여 명이라고 밝혔다. / 사진: 연합뉴스

들이 북한에서 가졌던 전문성을 한국 사회에서 활용할 수 있도록 하는 것이 프로그램의 목표"라고 말했다.

북·중 국경에서 들리는 불길한 소식들

북한의 확진자와 사망자를 가늠하는 사전 정지 작업으로 서론이 길어졌다. 북한은 4월 들어 현재까지 2만 8,000여 명을 격리했으나, 사망자는 물론 확진자는 한 명도 없다는 '청정국'의 공식 입장을 고수했다. 북한 보건성은 WHO에 제출한 '주간 보고'에서 자체적으로 코로나19 검진 능력을 갖췄다고 밝히며 국내에서 코로나19가 발생하지 않았다는 주장을 거듭 펼쳤다. 에드윈 살바도르 WHO 평양소장은 "4월 2일 기준 북한이 자국민 698명과 외국인 11명 등 모두 709명을 대상으로 코로나19 진단검사를 실시한 결과 확진자는 없었으며 현재 509명을 격리 중"이라고 전했다. WHO는 북한이 중국으로부터 유전자증폭(PCR) 진단검사에 필요한 염기서열 조각(프라이머, 프로브)을 공급받은 것으로 파악하고 있다. WHO도 북한에 보호장구를 지원했다.

러시아는 2월 26일 북한에 코로나19 진단키트 1,500개를 제공했다. [노동신문]은 3월 21일에 "악성 전염병이 조선에만은 들어오지 못한 데 대해 세계가 놀라움을 금

치 못하고 있다"며 자신들의 성공적 방역을 자찬했다. 북한은 유엔 193개 회원국 중에서 투르크메니스탄 등 확진자가 없는 4개국 중의 하나가 됐다. 중국과 국경을 맞댄 14개국 중에는 북한과 타지키스탄뿐이다.

과연 확진자 200만 명과 사망자 10만 명에 다가가는 글로벌 팬데믹 상황에서 북한의 주장은 진실인가 거짓인가? 북한 당국에서 줄기차게 확진자와 사망자가 없다고 발표하기 때문에 현장 정보를 탐문하는 수밖에 없다. 우선 사망자를 파악하는 각종 정보는 일차적으로 외신에서 전하고 있다. 주로 단둥과 연변 등 중국과의 국경지대에 거주하는 북한 주민과 휴대전화를 통해 현지 소식을 파악한다. 일본 언론사들의 기사 출처다.

일본 지지통신은 4월 1일 북한 소식통을 인용해 "북한 내 코로나19 사망자가 260명에 달한다. 북한에서도 중국과의 국경 부근에서부터 코로나19가 점차 전국으로 확산되고 있는 것으로 보인다"고 보도했다. 북한의 코로나19 추정 사망자는 대부분 군부대에서 나왔다. 수도 평양에서도 사망자가 나온 것으로 전해졌다. 통신은 "국경경비대 병사들이 중국인들과의 접촉으로 바이러스에 감염되면서 부대 내에 확산된 것으로 보인다"며 "사망자 가운데 180명 정도가 군인인 것으로 추정된다"고 밝혔다. 또 "평양의 경우 1,300여 명가량이 코로나19 증상이 의심돼 격리된 상태"라고 덧붙였다.

앞서 일본 [요미우리신문]은 2020년 3월 29일 북·중 국경 인근에 배치된 북한군 부대에서 2월 말 이후 코로나19 감염 의심 사망자가 100명 이상 발생했다고 보도했다. 이밖에도 지난 3월 초 함경북도 청진에서 코로나19에 걸린 일가족 5명이 몰살 당하는 등 북한 내 코로나 감염 및 사망자 발생 사례가 나타났다. 사실 총연장 1,400㎞에 달하는 북·중 국경에서는 북한 주민과 국경경비대가 중국측 파트너와 장사 및 각

북한의 선전 매체 [조선의 오늘]은 코로나19와 관련, 2020년 3월 16일 인터넷 홈페이지에 '경이적인 현실과 비결'이란 제목의 동영상을 게재했다. / 사진: 연합뉴스

종 거래 등을 위해 은밀하게 접촉하는 일이 빈번하다. 1월 29일 북한이 국경을 폐쇄했지만, 중국에서 코로나가 창궐한 이후라 사후약방문격이었다.

과거 저자가 국가안보전략연구원장으로 재직하던 시절 상임고문이었던 황장엽 선생은 재난과 전쟁 등 국가 차원의 전체 사망자 수는 김일성·김정일도 정확하게 파악하기 어렵다고 저자에게 언급했다. 사망자 수가 증가하면 관리자나 기관의 장이 희생양으로 처형되는 경우가 비일비재해 상부에 실상을 그대로 보고하는 경우는 없기 때문이란다. 사망자는 대부분 자연병사 처리된다. 이번 코로나19로 인한 사망자의 숫자도 김정은 위원장에게 정확하게 보고되진 않을 것이다. 지난 1995~1998년 '고난의 행군' 시절에 150만 명이 아사할 당시에도 김정일에게 정확한 사망자가 보고되지 않았다. 상당수는 행방불명 처리됐다. 중국이 코로나 발병으로 인한 우한시의 사망자를 축소했다는 미국 CIA의 평가도 같은 맥락이다.

北 코로나19 발병, 한미연합사 "확신"

결국 북한 내 총계를 파악하기 위해서는 내부 정보의 소통 경로 탐지가 불가피하다. 일부 비영리기구(NGO) 등이 자신들의 물자 지원 상대방에게 현지 소식을 문의한 내용이 보도된다. 저자도 북·중 국경지대에 거주하는 조선족들과 통화를 시도했다. 북한 내에서 사망자가 발생했으며 확인되지 않은 흉흉한 소문들이 나돌고 있다는 소식을 전해 받았다.

외신과 NGO들의 전언 이외에는 결국 통신정보가 주요한 직접 단서가 될 수밖에 없다. 북한의 사망자 관련 신빙성 있는 수치는 결국 군의 대북 감청정보에 달려있다. 로버트 에이브럼스 주한미군 사령관은 지난 3월 17일 미국 국방부 담당 기자들과의 화상 기자회견에서 "확신"이란 단어를 사용하며 북한 코로나 발병을 언급했다. 그는 "북한이 폐쇄된 국가라서 내부 발병 사례가 있다고 분명히 말할 순 없지만 있을 것으로 확신한다"고 말했다. 그는 "(북한) 군대가 약 30일간 근본적으로 봉쇄됐고 최근 들어 일상적 훈련을 다시 시작했다고 알고 있다"며 북한군이 지난 24일간 비행기를 띄우지 않다가 최근 훈련용 비행을 재개했다고 전했다.

에이브럼스 사령관은 4월 2일에도 코로나19 감염자가 없다는 북한의 주장에 대해 불가능한 것이라고 거듭 반박했다. 그는 CNN 및 미국의 소리(VOA) 방송과 한 인터뷰에서 "우리가 본 모든 정보를 토대로 보면 불가능한 주장이라고 말할 수 있다"고 했

■ 평양종합병원 부지에 굴착기 여러 대가 늘어서 있다. 북한 당국은 2020년 10월 10일 당 창건 75주년 기념식에 맞춰 건물을 완공하기 위해 속도전을 펼치는 것으로 알려졌다. / 사진: 연합뉴스

다. 그는 "우리가 (정보의) 출처와 (취득) 방법을 공개하지는 않겠지만 그건 사실이 아니다. (북한 감염자가) 얼마나 되는지는 말할 수 없다"고 덧붙였다.

한반도의 첨단 전자정보를 총괄하는 한미연합사 사령관이 "확신" "불가능한 주장"이라는 용어를 사용한 것은 감청정보가 근거였을 것이다. 첩보(intelligence)와 정보(information)의 차이점을 체계적으로 이해하는 미군 4성 장군이 단순 첩보가 아닌 분석된 정보가 뒷받침되지 않는다면 워싱턴 기자들에게 "확신"이라는 단어를 사용하지 않았을 것이다. 다만 사망자 숫자에 관해서는 북한을 자극할 우려가 있고 감청정보의 손상을 우려해서 밝히지 않았을 것이다.

4월 들어 사망자 1,000명 넘었을 것

2020년 3월 하순 저자는 우리 군의 감청 정보를 활용한 숫자를 득문(得聞)한 기회가 있었다. 사망자는 3월 중순 기준으로 최소 700여 명이라는 수치였다. 3월 중순을 기준으로 260명에서 700여 명의 숫자가 나왔다. 이후 사망자 수는 지속적으로 증가해 4월 들어 1,000명을 넘었으리라는 것이 저자의 판단이다.

사실 2월 하순 진단키트가 중국과 러시아에서 수입될 때까지 확진자가 발생해 사망에 이르러도 단순 사망자로 분류됐다. 사망 원인을 밝힐 수 없으니 병사처리된 것이다. 치료는 고위층은 물론, 비평양 주민들에게는 언감생심이다. 1~2대의 산소호흡기라도 보유한 병원은 평양에도 평양의과대학병원이나 조선적십자종합병원, 김만유병원 정도이고 도 단위 지방병원에서는 구경도 할 수 없다.

2021년 2월 초 단동과 연변이 소재한 지린성과 랴오닝성의 확진자가 1,000명에

육박했기 때문에 평안북도와 함경북도, 자강도에서 환자 발생은 필연적이었다. 북한은 각종 선전매체를 통해 대북제재 국면 속에서 자력갱생을 기본으로 한 '정면돌파전' 정신으로 마스크 등 방역물품을 자체적으로 생산하고 있다고 주장하고 있다. 4월 3일 선전 매체 [조선의 오늘]은 영하 30도에서도 몸 전체와 호흡기관을 온전히 보호할 수 있는 '코로나19 방호복'을 대량 생산했다고 보도했다.

하지만 [파이낸셜타임스](FT)는 3월 중순 "북한은 코로나19 진단키트를 보유하고 있고 사용법도 알고 있지만 수량이 충분하지 않아 국제단체들에 도움을 구하고 있다"고 보도했다. 북한의 위기 극복은 중국 우한시의 완전 봉쇄 방식으로, 민주주의 국가와 차이점은 있다. 탈북 의사 최정훈 씨의 증언대로 평소에도 간염·장티푸스·콜레라·홍역 등 각종 전염병이 주기적으로 창궐하는 까닭에, 격리조치에 주민들도 발 빠르게 대처한다고 한다.

지방에서 감염되면 약이 없기 때문에 민간요법에 의존한다고 한다.3) 특히 군(郡) 간에도 이동에도 허가를 받아야 하고, 도(道)간 이동도 철도를 이용해야 하나 전염병이 돌면 기차 운행도 중지하니 강제격리가 자동으로 시행된다. 위반시 시범 총살형이 적용될 수 있기 때문에 섣불리 움직이지는 못한다. 다만 장마당에서 장사하는 주민들은 먹고살기 위해 죽음을 무릅쓰고 밖으로 나온다.

현재 북한이 코로나19에 대응하려고 총력을 기울이는 사업은 평양종합병원 건설이다. 북한이 공개한 조감도에 따르면, 동평양 지역의 당 창건 기념탑 바로 앞 광장에 20층짜리 현대식 건물 2동이 들어설 예정이다. 2020년 3월 17일 김정은이 기공식에 참석해 시삽을 뜨기도 했다. 오는 10월 10일 당 창건 75주년 기념일 완공을 목표로 200일 속도전 사업을 전개하고 있다. 김정은은 병원 착공식에서 직접 첫 삽을 뜨고 이례적으로 연설하며 각별한 관심을 드러냈다. 김정은은 당시 연설에서 병원 건설이 "가장 중요하고 가장 보람 있는 투쟁 과업"이라고 강조했다.

평양종합병원 건설에는 코로나19 확산으로 뒤숭숭한 민심을 다독이려는 의도가 엿보인다. 민생 보건정책으로 김정은 리더십을 강화하고 주민들을 결집하려는 것이다. "돈이 없어 병원 문전에도 가지 못하고 숨진 인민들"을 언급하며 무상 의료제도를 선언한 할아버지 김일성의 꿈을 이룬다고 선전한다. 2020년 3월 18일 자 [노동신문]의 표현대로 명당에 들어서게 될 평양종합병원은 이제 김정은 시대 '애민' 정치의 대표적인 랜드마크가 될 것이다. '명당'이라는 표현은 전통적인 풍수지리보다는 김일성의 일화에 기인한다. [조선중앙통신](3월 24일)은 1948년 3월 김일성 주석과 부인인 김정숙이 '동평양벌'을 보러 나온 일화를 소개했다. 김정숙이 이곳을 며칠째 돌아보면서 종합병원 건설의 부지를 찾았고 이를 김일성 주석에게 보여줬다. 김일성 주석도 "벌이 넓어 큰 병원을 건설하기 적당하다"라고 만족했다고 한다.

통신은 "위대한 수령님께서 몸소 확정해 주신 이곳에 일떠설 인민의 종합병원의 모습이 일꾼들의 눈앞에 안겨 왔다"라며 이번에 병원을 건설하는 부지가 김일성 주석이 지정해 준 곳임을 시사했다. 김정은도 착공식에서 평양종합병원 건설이 "우리 당이 오래전부터 구상하고 숙원해온 사업"이라며 "수령님(김일성 주석)과 장군님(김정일 국방위원장)도 제일로 기뻐하실 것"이라고 언급했다.

하지만 제재 장기화로 기본 건설 자재는 물론 최신 의료장비를 갖추기도 쉽지 않은 데다, 완공 목표 시점이 불과 200일 정도 밖에 남지 않은 것이 문제다. 북한은 공사비를 충당하고자 각국 해외공관에서 사실상 강제로 돈을 거두기 시작했다. 미국 자유아시아방송(RFA)에 따르면 북한은 최근 외국에 있는 대사관들에 '평양종합병원 건설에 필요한 건축자재 마련을 위해 자율적으로 자금을 모아 달라'고 독려했다.

북한 당국의 지시는 외교관들에게 큰 부담이 되고 있다. 겉으로는 자율적 형식의 기부지만 실제로는 강제 징수나 다름없다. "앞에서 한 사람이 내게 되면 뒷사람이 안 낼 수가 없다"며 "쉽게 말해 대사가 1,000달러를 내면 다음 사람은 못해도 700달러는 내야지, 100달러를 낼 수는 없다는 압력이 조성된다"는 것이 서방 외교관의 증언이다. 결국 자금난에 시달리는 당국은 재일 조총련과 해외공관 등을 집중적으로 압박하고 나설 것이다.

북한은 지난 2월 코로나19 대응을 위해 '비공식적 루트로 한국에 인도적 지원을 요청했다. 앞서 국내 민간단체에서 개성공단을 통해 마스크 등 방역물품을 전달할 수 있다는 의사를 북한측에 전했으나 거부했다. 북측 당국자들은 한국의 진단키트와 방

▌조선중앙TV가 2018년 3월 17일 공개한 평양종합병원 조감도. 병원은 평양 문수거리 중심부에 있는 '당 창건 기념탑' 인근에 세워질 예정이다. / 사진: 연합뉴스

호복, 마스크 등을 중국 단둥(丹東) 지역에 몰래 갖다 주면 북한으로 가지고 가겠다는 의사를 전달했다. 개성공단을 통하려면 김정은이 '한국의 지원을 받겠다'는 정치적 결정을 내려야 한다. 하지만 현재 '공식 지원은 안 받겠다'는 게 평양 상부의 판단이다. 국내 민간단체의 코로나19 방역물품 관련 대북지원은 공식적으로는 없다. 통일부는 4월 2일 국내 민간단체가 북한에 1억 원 상당의 손 소독제를 지원하겠다고 신청한 건을 승인했다고 밝혔다. 정부가 처음으로 대북 방역 지원을 승인한 것이다. 아직 국내 공급이 넉넉하지 않은 마스크 등은 포함되지 않았다.

2020년 2월 비공식적으로 남한에 지원 요청

경기도는 자체 예산으로 12억 원 상당의 코로나 대북 지원안을 의결했으나, 국내 여론을 감안해 집행을 잠정 중단했었다. 국내 마스크가 부족한 상태에서 일부 한국산 마스크를 쓴 북한 의료진이 조선중앙TV 화면에 노출됨으로써 물밑 지원이 있는가에 대한 논란이 있어 대북 지원은 여전히 예민한 상태다. 이번 '1호 승인'을 시작으로 민간단체의 대북 지원이 줄줄이 이어질 가능성이 있다. 총선 이후 대북 지원이 가시화될 것이다.

하지만 북한은 코로나가 확산되고 경제난까지 겹치자 최근 '남조선에서 코로나바이러스를 들여보낸다'고 선전하고 있다. 북한 보위성이 강연을 통해 남조선에서 코로나바이러스를 묻힌 돈과 쌀을 풍선이나 플라스틱 통에 담아 북측에 보내고 있다고 비방한다는 소식이다. 대북제재 장기화와 코로나로 인한 경제난이 심해지고 민심 이반 조짐까지 보이자 남측에 책임을 전가하려는 의도로 보

2020년 3월 30일 마스크를 착용한 채 출근하는 평양 시민들. 북한 당국은 "세계적으로 비루스(바이러스) 전염병이 완전히 없어질 때까지 국가비상방역체계를 유지할 것"이라고 밝혔다. / 사진: 연합뉴스

인다.

　요컨대 북한은 강제격리라는 의료 처방과 평양종합병원 건설 카드라는 민심관리 조치와 함께 1주 단위의 단거리 미사일 발사 군사도발 카드로 위기국면을 넘기고자 한다. 북한에 코로나19가 확산하면 북한 정권의 안정성이 심각하게 손상될 것인지 혹은 과거 '90년대 중후반 고난의 행군'처럼 '그럭저럭(muddle through)' 지나갈지 지켜 봐야 할 미묘한 시점이다.

제 7 장

북한 사람들은 어떻게 살고 있는가?

1. 남쪽 뺨치는 북한의 대학입시 요지경

'금수저'는 대학 합격증을 문다!
■ 김일성종합대·김책공대 등 북한 명문대 입학 경쟁 치열 …
■ 잦은 노력동원으로 학구열 침체, 캠퍼스 안에서 금주·연애도 제한돼

남이나 북이나 고3 수험생을 둔 가정의 연말연시 풍경은 비슷하다. 어느 대학으로 갈 것인지 노심초사하는 마음은 크게 차이 나지 않는다. 남한에선 수능점수와 내신을 가지고 본격적인 눈치작전이 시작된다. 하지만 북한 대학입시에서 눈치작전은 존재하지 않는다. 북한은 3월부터 시작된 다단계 입시 과정을 거쳐 12월 들어 최종 합격자 발표를 기다리고 있다.

북한 수험생들은 4월에 예비고사인 국가 자격고사를 치렀다. 6월 25일까지 각 지역 행정위원회 대학 모집처에 원서를 접수했고, 7~8월에 대학 본고사를 봤다.

북한에서 대학 입학은 평생 안정적인 직업과 삶이 보장되는 프리패스 입장권인 만큼 고위층들은 자녀들을 속칭 명문 대학에 입학시키기 위해서 총력을 기울인다. 요즘 남한의 한 종편 케이블

북한의 최고 명문대로 꼽히는 평양 김일성종합대학 정문. 김일성은 1946년 9월 평양시 용남산 일제 강점기 숭실대학 자리에 이 학교를 세웠다.

채널에서 인기리에 방영 중인 특별 입시 프로젝트만큼이나 북한 고위층들도 자녀의 명문대 진학에 총력전을 펼친다. 남한에서 대학 입학은 수험생의 학업 성적에 전적으로 좌우되지만 북한에서는 부모의 사회적 위치와 자녀의 학업 성적 등이 복합적으로 어우러지기 때문이다. 김일성종합대학, 김책공업종합대학(김책공대) 등 10대 명문대학에 합격하면 탄탄대로의 인생이 확보되는 것이다. 저자가 2005년 평양 방문시 접촉한 민족경제연합회의 배웅(가명) 참사는 항상 단둘이 있게 되면 아들의 공부방법에 대해 교수인 저자에게 묻곤 했다. 자녀를 명문대에 보내려는 부모 마음은 남북한 별반 차이가 없었다.

수령체제 학습이 교육의 목적

북한 사회의 토대는 교육에 있다. 북한에서 대학 교육을 마치거나 20세가 넘어 남한에 온 탈북자들의 사회 적응이 어려운 이유는 교육적 토대가 몸에 배어 행동이 바뀌기 어렵기 때문이다. 2014년 11월 23일 자 [노동신문]은 김정은의 배려로 김책공대 교육자들이 새 아파트를 받아 집들이를 시작했다고 보도했다. [노동신문]은 '우리나라 사회주의 제도에서 교육자들이 받은 최상의 특혜'라는 기사를 게재하고 3면에 관련 사진을 함께 소개했다. 신문은 '김정은이 대학 교직원, 연구사들에게 직접 살림집 입주허가증(입사증)을 수여했다'고 밝힌 데 이어 '김정은이 2013년에는 김일성종합대학 교직원, 연구사들의 살림집을 지어주시더니 올해에는 김책공업종합대학 교직원, 연구사들에게 멋쟁이 살림집을 마련해 주었다'며 김정은의 '인민애'를 선전했다. 최태복 당 비서는 입주기념사를 통해 "인재강국을 만드는 길에서 김책공업종합대학의 교수, 연구사들이 앞장서 달리는 것이 김정은의 믿음과 기대"라며 김정은에 대한 충성을 강조했다.

김일성은 1946년 9월 과거 숭실대학이 있던 평양시 용남산 자락에 김일성종합대학을 건립하면서 대학 설립의 취지로 "진보적 민주주의의 원리에 입각하여 인민경제와 문화를 건설할 지도력이 있는 고등기술인들을 발달시키는 것"을 [북조선 법령집] 서문에서 밝혔다.[1] 북한의 학문은 이념과 실용으로 구분돼 있고 그 이념은 주체사상이다. 북한의 교육정책은 기본적으로 사회주의적 교육정책을 기반으로 하고 있다. 사회주의 노선 고수와 김일성, 김정일 등 수뇌부에 충성을 유도하는 수령체제를 학습하는 것이 교육의 일차적 목적이다. 이를 통해 공산주의에 충실한 인간 개조가 최종 목표다. 북한은 1977년 9월 5일 김일성의 연설과 교시 등을 종합해 북한의 교육 전반에 관한 지침인 '사회주의교육에 관한 테제'를 발표했다.[2]

북한의 학교교육 체계는 인민학교 4년, 고등중학교 6년, 대학 4~6년으로 초·중 등과정의 기초교육이 10년으로 편성돼 있다. 북한은 1980년대 중반부터 '온 인민의 인텔리화'라는 구호 아래 고등교육 확대 정책을 추진했다. 이에 따라 10여 개 대학을 '중앙급대학'으로 지정하고 '수재교육' 차원에서 이들 대학에 집중 투자했다. 또한 산업부문 기술 인력을 양성하는 단과대학이나 일하면서 공부하는 공장대학을 증설했고, TV 방송대학을 신설하는 등 통신교육을 강화했다. 또한 고등전문학교를 단과대학으로 개편했다. 전자, 기계 및 자동화 등 공업부문 단과대학이 신설됐다. 예를 들어 1968년 석탄부문 기술자를 양성하기 위하여 평안남도 평성시에 평성석탄공업대학을 설립했다. 평성시는 2014년 11월 초 김정은 위원장이 다리 부상으로 인한 40일간의 은둔생활을 마치고 전격 방문해 우리에게 잘 알려진 도시다.

1990년대 이후 북한은 대학 수가 급증했다. 고등교육기관은 대학과 군사대학, 고등전문학교 등 3종류다. 2015년 기준으로 4년제 대학은 280개교, 고등전문학교는 600개교다. 남한이 인구 5,000만 명을 기준으로 전문대학을 포함해 380개의 대학을 운영하고 있는 것과 비교할 때, 2,500만 명인 북한의 대학 수는 매우 많다. 남한은 고등학교 졸업자의 68%가 대학에 진학해 OECD(경제협력개발기구) 국가 중에서 대학진학률 1위다. 북한은 당국이 교육을 통해 주민들의 삶을 통제하는 정책 때문에 대학진학 역시 철저하게 관리한다.[3]

북한에서도 대학교육은 사회적 지위를 유지하는 데 절대적으로 중요한 역할을 하고 있다. 다만 대학입시 제도는 학생의 학업 성적뿐만 아니라 출신성분과 조직생활을 통해 사상성과 충성심을 검증받아야 하기 때문에 부모

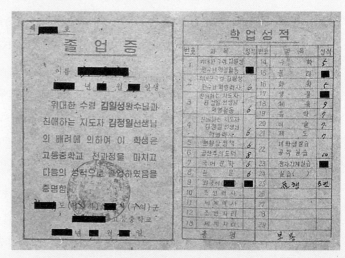

북한의 고등중학교 졸업증과 학업성적표. 북한 중학교는 학생들의 시험 성적 순위를 공개하고 사진까지 붙여놓는다.

의 족보가 우선 중요하다. 서울에 있는 김일성종합대학 동창회에 가입돼 있는 국가안보전략연구원 김광진 연구위원은 당시 대학에 들어가기 위해 본인의 노력뿐만 아니라 부모님의 성원이 결정적이었다고 회고했다.

낙방하면 재수(再修) 없이 군 입대

북한의 대학입시 제도는 '전민복무제(의무병역제)'가 발표된 2002년에 변화가 있었다. 모든 젊은이가 군대에 복무하는 제도가 시행되기 전에는 대학 진학 희망자들은 예비시험인 국가졸업시험과 대학입학시험(본고사)를 치러야 했다. 우리의 수능에 해당하는 정무원 교육위원회에서 주관하는 예비고사는 학교 내 순위를 정하기 위한 시험이다. 각 시·도·군에서 결과를 발표하며 대학 진학의 기초자료로 활용된다. 북한의 예비고사는 남한의 수능과 달리 전국 단위 학생순위를 정하기 위한 것이 아니다. 시험문제는 평양의 학습관리부서에서 낸다. 남한처럼 수능 문제 오류 논란은 일체 발생하지 않는다. 정답도 공개하지 않으니 학생들도 이의를 제기할 수 없다. 남한과 달리 학교나 담임선생님의 추천을 받은 학생들만 응시할 수 있다. 중학교 6년 동안 점수가 저조해 추천을 못 받으면 응시 자체가 원천 차단된다. 시험은 김일성·김정일 혁명역사, 수학, 물리, 화학, 국어문학, 외국어(영어·러시아어) 등의 과목을 주관식으로 치른다. 정무원 주관 시험에 응시하고 대학에 지원하기 위해서는 졸업증, 학력증명서와 함께 소속기관 및 사회주의청년동맹의 공동추천서가 필수다. 추천서가 들어갈 때 부모의 끗발이나 직업 등이 작용한다. 입학기준은 출신성분, 정치조직생활 및 입학시험 성적을 반영한다.

서류를 종합 평가한 후 대학추천위원회에 회부한다. 응시자는 각 시·도 대학에 할당된 일명 '폰트(T.O, 대학 입학 추천권)'에 의거해 희망 대학에 지원한다. 대학 본고사는 교육성이 출제하는 공통과목인 혁명역사와 문학, 수학, 화학, 물리 영어 등 6개 과목을 사흘에 걸쳐 본다. 대학 본고사는 예비고사 응시생 중 상위 20%만 치른다. 본고사뿐만 아니라 내신, 추천서, 신체검사, 체력장, 면접고사 등 다단계 전형을 거쳐 최종적으로 전체 응시자의 약 10%가 대학 합격증을 받는다. 김일성종합대학 입학의 경우 남한 기준으로 환산하면 대략 내신 1등급 내에 수능은 상위 0.4% 이내, 학교장 및 시 군 교육위원회의 추천과 국가에 기여도가 높은 집안 자제 등의 자격이 요구된다.

수험생의 대학 선택권은 상당히 제한된
다. 지원자는 하나의 대학만 선택할 수 있
다. 재수는 불가능하며 대학 입시에 낙방
하면 남학생들은 공장이나 군대에 가야 한
다. 당국과 수험생 간 사전협의가 이뤄져
당국에서 전공 등을 결정한다. 이 과정에
서 각종 뇌물 수수 및 권력층의 청탁 등
입시 부정이 발생한다. 하지만 권력층의
입시 부정을 제기할 기관이나 파워는 김정
은 위원장을 제외하곤 찾아보기 어렵다.
국가에서 학교별로 할당한 '대학 폰트'는
예비고사 순위에 따라 학생들에게 주어진
다. 추천권을 받은 학생들은 자신이 배정
받은 대학에 가서 본고사를 치른다. 학교
마다 다르게 대학 입학 추천 인원이 배당
되다 보니 학생 성적과 관계없이 배정되는
부정이 발생하기도 한다. 고등중학교별로
중앙과 지방간의 차이가 심하다. 따라서
성분 좋은 학생이 대학에 낙방하는 사례는

▌평양 시내를 활보하는 북한의 젊은 연인들. 대학생 연
애는 처음에 금지됐지만 지금은 노골적 애정 행위만
하지 않으면 허락된다.

별로 없다. 지방에서 평양 소재 대학에 진학하기는 상대적으로 매우 어렵다. 북한의
최고 명문인 김일성종합대학은 3월께 입학시험을 시행한다. 모든 대학은 3~4월에
입학시험을 본다. 본고사 경쟁률은 평균 2대 1 수준이다. 한국의 고3에 해당하는 중
학교 6학년 1년 동안 학생들은 학교에서 하루 3~4시간씩 자고 공부한다.

공부 잘해도 명문대 못 간다?

저자는 2006년 평양의 수재들이 공부한다는 평양 제1중학교를 시찰했다. 복도 칠
판에 3학년 학생 153명의 월말고사 순위를 공개하고 그 옆에 사진까지 붙여 놓았다.
남한에서는 불가능한 일이라 담당 안내교사에게 "매달 이렇게 공개하는가?"라고 물
었더니 "이렇게 해야 열심히 하지 않겠습니까?"라는 대답이 돌아왔다. 동행한 전교조

출신 교육자는 충격으로 입을 다물지 못했다. 철저한 실력 위주의 경쟁원리가 사회주의 성지인 평양시내 영재학교에서 작동되고 있었다. 이들이 북한의 핵심인력으로 체제를 수호한다고 생각하니 북한이 갑자기 붕괴한다는 논리는 너무도 비현실적이었다. 물론 실력이 애매한 학생들이 부정한 방법으로 상위권 대학에 입학하는 경우도 있다는 것이 탈북자들의 증언이다.

2002년 이후 일반 고등중학생들은 졸업 후 곧바로 대학에 진학할 수 없도록 제도가 변경됐다. 의무병역제도가 시행되면서 특수한 사례를 제외한 남자 졸업생 대부분이 군대에 입대한다. 과거 대학에 입학하면 군 입대가 연기되고 일부 군대 입대자는 2년 정도 근무한 뒤 대학 입학시험을 보던 특혜 제도가 폐지됐다. 일부 고위층 자제가 병역을 기피하거나 단축하던 기회로 악용하는 사례가 증가하자 보위부가 단속에 나섰고, 김정일의 결정으로 전격 폐지됐다.

최근 한국의 수능에서 공군 취사병이 일과 전후에 틈틈이 공부해 수능 만점을 받았다는 뉴스가 화제가 됐다. 북한에서는 애초에 불가능한 이야기다. 24시간 통제생활에서 책을 본다는 자체도 어렵거니와 군대에서는 아예 수능 응시 자격이 부여되지 않기 때문에 만점 스토리는 탄생할 수 없다. 군 면제자인 장애인과 여학생들이 지원할 수 있는 대학은 2년제 전문학교뿐이다. 그러나 과학영재교인 평양 제1중학교, 외국어 전문인 외국어학원, 예술계 학교인 예술학원 졸업생들은 예외다. 졸업시험 성적을 기준으로 자신이 희망하는 4년제 대학에 바로 진학할 수 있다.

2018년 9월 김책공업종합대학 개교 70주년 기념 보고회가 인민문화궁전에서 열렸다. 북한에서 김책공대의 위상을 알 수 있는 장면이다. / 사진: 조선중앙통신

탈북자들의 증언에 따르면 학업 능력이 뛰어나도 출신 성분이 나쁘면 좋은 대학에 진학하기 어렵다고 한다. 특히 1960~80년대 초에 대학 진학시 출신성분이 강하게 작용했기 때문에 현재 50대 및 60대에서 학사와 박사 비율이 낮다고 한다. 이는 결국 북한의 고급 인력 양성체계를 붕괴시켰다. 최근 들어 과학기술의 중요성이 부각되면

서 출신성분과 관계없이 우수한 학생들을 대학에 입학시키려는 시도가 나타나고 있다. 당국은 교육잡지 등을 통해 학습제일주의, 실력제일주의를 강조하고 있다. 월남자 가족이나 재일동포 출신 등 출신성분이 불량한 적대 및 동요계층에서도 김일성종합대학이나 각종 정치대학 및 군사대학 입학자가 나오고 있다. 인재 양성만이 북한의 활로임을 인식하기 시작한 것이나 여전히 바늘구멍 수준이다.

노력동원 탓에 공부할 여력 없어

대학생 90%는 기숙사 생활을 한다. 북한에서는 남한의 학생들이 갖는 수업 선택권이 없다. 북한에서는 학생들의 수강 신청 자율권이 전혀 없고 대학 교무 행정과에서 결정한다. 전 대학의 수강 신청표는 학교 당국이 정한다. 학기 중 50~60일간의 농촌동원 기간이 의무적으로 확보된다. 의대, 약대는 약초 채취에 동원된다. 정치과목의 비중은 모든 학과 공통으로 30% 수준이다. 모든 학과는 학교에서 과목을 정하기 때문에 남한에서처럼 수강과목에 따른 교실 이동이 불필요하다. 다만 기술을 습득하는 의대와 공대 일부 학과 학생은 실험실 사용 등을 위해 교실을 옮겨다닌다. 탈북 학생들이 국내 대학에서 수업시간마다 교실을 이동하는 것에 당황하기도 한다. 북한 대학에선 고등학교 수업처럼 하나의 교실에서 강의가 하루 종일 이뤄진다. 보통 대학생들은 김일성, 김정일의 부자혁명 전통을 학습하는 전적지 답사를 졸업여행 형식으로 다녀온다. 주로 백두산, 금강산, 묘향산 등 명산을 항일투쟁 체험 형식으로 다녀오고 있다.

당국은 학생들에게 노동의 신성한 가치를 인식시키기 위해 현장실습을 의무화하고 있다. 이를 통해 교육과 생산을 유기적으로 결합시키는 데 중요한 의의를 두고 있다. 1959년 내각 결정에 의해 법제화된 '학생 사회의무노동제'에 의하면 인민학생은 연 2주, 고등중학생은 8주, 대학생은 12~14주간 농촌지원 활동, 경제건설 지원, 꼬마계획(폐품수집 활동), 좋은 일하기 운동(각종 성금 및 물품 헌납) 등 다양한 사회의무노동에 참가해야 한다. 고등중학교 5~6학년은 준 군사조직인 '붉은청년근위대'에 편입돼 연간 288시간의 군사훈련을 받아야 한다. 6년제 대학생의 경우 농촌지원, 교도대 및 각종 공공기관 건설공사에 평균 2년 정도는 참가해야 한다. 이러한 과중한 노력동원과 군사교육이 학생의 학습시간 확보에 심각한 지장을 주고 있다. 집중적으로 공부해 국가발전에 기여해야 하는 대학생들이 과도한 노력동원에 참여함으로써 역설적

으로 북한의 교육 경쟁력을 약화시킨다.[4]

2011년 6월 평양에 있는 대학들에 휴교령을 내리고 학생들을 10만 세대 살림집 건설에 동원했다. 2014년에는 평양 소재 대학들이 장기간 건설 현장에 동원돼 졸업 학점을 이수하지 못한 재학생들 때문에 신입생을 선발하지 않는다고 발표해 혼란을 일으켰다. 대규모 건설공사에 대학생들을 동원한 후유증의 하나로 추정된다. 당국은 각 고등중학교 졸업반 학생들에게 이런 방침을 통보함으로써 대학 진학을 꿈꾸던 많은 학생이 크게 낙담하고 군 입대를 우선 고려했다. 일부는 지방대학 진학을 추진했다.

평양뿐만 아니라 원산, 함흥 등지에서도 대학생들이 최소 3개월 이상 건설공사에 투입되고 있다. 김정은은 2013년 원산 인근 마식령 스키장 건설에 3개 사단 병력 1

가뭄, 홍수 등 재해가 닥치면 군인뿐 아니라 학생들까지 구호 현장에 동원된다. 이는 북한 학생들이 학업에 열중할 수 없는 폐해를 낳기도 한다. / 사진: 연합뉴스

만여 명을 투입했다. 20대 젊은이들은 건설공사에 대부분의 시간을 보내고 있다. 평양의과대학 출신 탈북자는 공사장 동원으로 인해 졸업을 제때 못하고 1년을 더 다녀야 했다고 고백했다.

고등중학교 졸업 후 대부분의 남학생은 곧바로 대학에 진학하지 않고 10년간의 장기 군복무 후에 대학에 입학한다. 상당수 학생이 20대 후반에 대학교육을 받기 시작함에 따라 학업의 연계성과 효율성이 미흡하다. 공부할 수 있는 최적기에 집중적으로 공부할 수 없는 북한의 대학교육 체계는 근본적인 개혁이 필요하다. 장기간 군복무 후에 제대 군인들이 학업을 제대로 수행하기 어렵자 예비학교를 개설해 6개 월간 기초교육을 실시한 뒤 본 학과에서 교육받도록 하기도 한다. 그러나 선군정치를 포기하지 않는 한 고등중학교 – 군대 – 대학교육의 체계는 바뀌기 어렵다. 남한의 대학생들이 독서나 당구를 치거나 농구를 하거나 게임을 하면서 쉬는 시간을 보내는 데 반해 북한 대학생들은 카드놀이에 많은 시간을 보낸다. 공개적으로 대학생들이

카드놀이 하는 것을 금지하고 있기 때문에 엄중한 처벌을 무릅쓰고 고위층 자제들이 몰래 한다. 노래방 시설이 없기 때문에 악기 연주에 능숙한 대학생들은 짝을 지어 연주를 하는 취미생활을 하기도 한다.

북한 대학생들이 대학에서 술을 마시는 것은 원칙적으로 금지돼 있다. 과거 김일성은 대학생들에게 군인처럼 생활하며 절대로 음주를 하지 말아야 한다고 강조했다. 술을 마시다가 교원 당위원회나 대학생 규찰대 성원들에게 적발되면 퇴학을 당한다. 따라서 대학생들은 기숙사나 캠퍼스에선 물론이고 학교 밖에서도 거의 음주를 하지 않는다. 자본주의 국가에서 대학생활의 꽃은 이성교제다. 이와 달리 북한에서는 재학기간에 공개적으로 애정관계를 가질 수 없다. 다만 시대가 변함에 따라 1990년대 말 경제난이 심화된 이후에는 대학 안에서 커플은 인정하되 노골적인 애정행위는 단속해 처벌하겠다는 완화된 지침을 내놓기도 하였다. 동아리 활동은 반종파주의 분파 행태이며 부르주아 날라리 근성의 표본으로 엄격히 금지된다.[5]

대졸 완전고용의 '진실'

북한 입시생들이 가장 선호하는 대학교는 김일성종합대학, 평양의학대학(2013년 김일성종합대학으로 통합), 김책공업대학, 평양외국어대학, 김형직사범대학, 평양상업대학, 평양경공업대학 등이 있다. 이외에 정치전문대학인 금성정치대학 등도 상위권 대학이다. 북한도 한국처럼 대학의 서열화가 부분적으로 정착됐다. 태영호 전 주영 북한 공사도 평양외국어대학에 다니면서 명문대에 자부심을 느꼈다고 고백한 바 있다. 당의 고위층 간부 자녀들은 간부 양성기지인 김일성종합대학을 선호한다. 중간 계층들은 의사를 배출하는 평양의학대학, 기술을 배우는 김책공대 등을 선호한다. 외교관처럼 해외 근무를 선호하는 학생들은 평양외국어대학, 무역일꾼 자제들은 평양상업대학을 지원한다. 김일성종합대학에서는 경제학부, 정치학부가 최고 인기다. 다음으로 법률대학, 철학부, 문학대학, 컴퓨터과학대학도 인기다. 지원희망 전공은 졸업 후 직장 배치와 직결된다.

북한은 1990년대 말 이후 경제난을 타개하기 위해 정치사상교육을 강화하면서도 과학기술, 컴퓨터, 영어 및 수재교육 등 실용주의적 요소를 강화했다. 북한은 아일랜드, 인도의 사례를 벤치마킹해 IT 산업 육성을 강조했다. 김일성은 1930년대 이후 만주에서 활동했기 때문에 중국어와 러시아어를 구사하며 외국어 교육의 필요성을 이해했다. 김일성은 1978년 "외국어를 알아야 다른 나라의 과학기술 서적들을 마음대로 읽고 우리에게 필요한 선진과학기술을 배울 수 있다"고 강조하면서 대학생들이 영어, 프랑스어, 러시아어, 중국어, 일본어 같은 외국어 중 한 가지 이상에 정통하도록 지도할 것을 지시했다. 영어를 필수과목으로 주당 3~4시간, 일본어·중국어·독일어·프랑스어·러시아어는 선택과목으로 주당 2시간을 배정했다.

북한 당국은 교육 발전을 위해 심혈을 기울였지만 경기 침체로 교육 여건은 대단히 열악한 실정이다. 학교에 필요한 물자가 충분히 공급되지 않아 교육이 제대로 진행되지 않는 지역이 다수다. 평양의 대학을 제외하곤 실험실습 장비 등 교육기자재는 물론이고 교과서, 학습장, 필기도구 등이 제대로 공급되지 않아 수업의 수준이 낮다. 교원들은 학교에 필요한 물자를 자체 조달하기 위해 지역 유력 인사의 학부모들에게 청탁을 하고 강요하기도 한다. 학교 인근의 지방자치 기관, 공장, 농장, 사업소 등과 연계해 학교에 필요한 물자를 지원하도록 조치하고 있다. 그래서 부모들은 학생들의 '제2의 담임교원', 사회는 '제3의 담임교원'이라고 칭하기도 한다.

북한에서는 대학 졸업 후 당에서 졸업생들의 직장을 배치한다. 직장 배치과정은 전공을 우선적으로 고려하고 당성을 포함한 개인 평가와 교내 단체생활에서의 평점, 학업 성적이 우선 고려된다. 따라서 한국처럼 취업난이 외형적으로 존재하진 않는다. 상위 10%만이 대학에 진학했기 때문에 졸업생들의 수요·공급에 별 문제가 없다. 외형적으로는 완전고용 수준이다. 대학 졸업생들이 최우선적으로 선호하는 직장은 당 간부, 보위부 일꾼 등 정부기관이다. 다음은 일부 국영기업과 사회근로단체 등에 배치되기도 한다. 특수대학 졸업생들은 해당 공장이나 기업소 등에 임용된다. 성분이 좋지 않은 사람이 북한에서 공기업과 같은 '신의 직장'을 갖기는 불가능하다. 실력보다 당성과 성분 등이 우선이기 때문이다.

북한에서 대학은 젊은이들

평양의 학생들이 컴퓨터를 활용해 시험을 보고 있다. 북한은 교육에 실용주의적 색깔을 강화해 가고 있다. / 사진: 조선중앙TV

에게 꿈의 무대다. 누구나 원한다고 갈 수 있는 곳이 아니다. 기회가 원천적으로 봉쇄되고 성분과 실력이 겸비돼야 가능하다 보니 북한의 신흥 귀족층이 형성되고 있다. 어느새 사회주의 평등이란 구호와 달리 새로운 상위 계층이 사회의 노른자 직책을 독차지하고 있다. 이미 최상위 계층 10%의 자녀들은 금수저를 물고 태어나서 공부를 하는 셈이다. 교육기회의 평등은 애초부터 존재하지 않는다. 대학생들은 북한 정치 체제를 뒷받침하는 사회주의 원리와 과학기술을 배운다. 하지만 이마저도 1년의 절반에 불과하다. 학업에 열중해야 할 대학생들을 군대와 건설 현장으로 내몰아선 북한의 미래는 어두울 수밖에 없다. 북한의 대학이 진리를 탐구하는 학문 본연의 기관으로 변할 때, 북한체제의 정상화도 시작될 것이다.

2. 북한의 음주 문화 실태

김정은 "남조선 맥주는 맛이 없다"
■ 고위층은 유명식당에서 음주, 주민은 밀주로 고달픔 달래
■ 대동강맥주는 영국서도 인정, 독일 맥주 北 유치는 실패

2000년대 초중반 평양을 방문하면 소득 1,000달러 수준인 이 사회에서 구매할 것은 별로 없었다. 일행들은 개성인삼주를 비롯해 들쭉술 등 주류와 만수대창작사에서 제작한 그림과 공예품을 정신없이 구매했다. 단연 인기 품목은 술이었다. 하지만 술을 서울까지 들고 가는 것이 큰 문제였다. 깨지지 않게 포장해도 인천공항에 도착할 때 즈음되면 병마개가 정확하게 압착되지 않아 액체가 미세하게 흘러나오면서 온 가방이 술 냄새로 진동했다. 핵과 첨단미사일은 개발하지만 술병 마개가 정확하게 제작되지 않아 술이 샌 것이다.

과거 평양 방문 당시 북한에서 뇌물의 범위에 대해 안내하던 민족경제연합회 참사에게 질문을 던졌다. 그는 "김일성 수령님께서 '술과 담배는 함께 나눠서 즐거도 좋다'고 언급하셨다"고 대답했다. 북한에서 민원이나 아쉬운 일이 있으면 어떻게 해결하는지를 물었다. "동료에게 일을 부탁하거나 윗선에 인사를 청탁할 일이 생기면 퇴근 후 상대방의 집에 찾아가 싸들고 간 술과 담배를 함께 마시고 피우며 사정을 털어놓고 해결방안을 찾는다"고 대답했다.

북한에서는 거의 모든 남성이 담배를 피우고 여성들은 거의 피지 않음에 따라 인구대비 흡연율은 대략 50%에 육박한다. 2005년 평양에서 북측과 회의를 했으나 회의 개최 한 시간 만에 실내에서 피우는 담배 연기에 손을 들고 말았다. 밀폐된 공간에서 서너 명의 사람들이 계속 연기를 뿜어대니 담배를 피우지 않는 저자에게는 공산주의의 폭정보다 무서운 지옥이었다. 특별히 건강상 문제가 있는 경우를 제외하곤

모든 북한 남자들이 술을 마시고 담배를 피운다고 보면 크게 틀리지 않는다. 먹거리가 제한적이라 술과 담배를 음식으로 이해하고 '영웅호걸은 술과 담배를 해야 한다'는 가부장적 권위주의 문화가 기저에 깔려있다. 하지만 술과 담배도 여성들에게는 매우 제한적으로 허용된다. 특히 여성이 담배를 피우다 적발되면 교화소에 가서 반성문을 써야 한다. 여성들에게는 철저히 통제되는 반면, 유흥거리가 극도로 제한됨에 따라 술과 담배는 북한 남성들에게 필수적인 놀이문화다.

와인 애호가 김정일, '맥주 덕후' 김정은

2004년 평양 방문 당시 경험이다. 첫날 저녁에는 보통 환영만찬이 열린다. 약을 복용하는 관계로 금주 상황이어서 참석자들의 건배 구호에 맞춰 마시는 시늉만 하고 잔을 내려놓았다. 약 복용 사실을 알리며 양해를 구했지만 옆자리 앉은 담당 참사가 왜 안마시냐며 성화가 보통이 아니었다. 특히 계속 잔을 비우지 않으니 "교수 선생은 우리와 안 사귀자는 것"이라고 면박을 줘 결국 2잔을 마시고야 말았다. 북측 참사는 "교수 선생이 술을 마시지 않는 것은 공화국에 와서 가슴을 열어 놓지 않는 것으로 뭔가 다른 생각이 있다"며 "이래가지고 남과 북이 힘을 합쳐 통일과업을 성취하겠냐?"고 노골적으로 핀잔을 줬다. 북한 사회에서 술을 마시지 않는 것은 교제와 교류를 하지 않겠다는 의미가 내포돼 있다고 구면인 참사가 귀띔을 해주었다. 완벽한 사회통제 체제 하에서 술을 마시는 자리는 개인들의 진짜 속마음을 알아 볼 수 있는 특별한 기회로 판단하는 것 같았다. 솔제니친의 소설 [수용소군도] 와 같은 환경에서 술은 일상의 일탈을 추구하는 매우 요긴한 수단이다.[6]

김정은 위원장은 2013년 평안북도 소재 룡문술공장을 현지 지도했다. 김 위원장이 술 작업반에 흐름선(컨베이어 시스템)을 타고 쉼 없이 생산돼 나오는 각종 술을 보고 "병 배열과 세척, 술 주입과 병마개 봉합 등 모든 공정이 고도로 자동화됐다"고 커다란 만족을 표시했다는 보도였다. 김정은은 "공장에서 첨단설비들을 잘 갖추어 놓고 물 여과도 과학기술적으로 하고 있다. 사시장철 변함이 없는 천연샘물을 잘 여과해 술 생산을 하고 있는 것이 마음에 든다"고 말했다. "공장에서 그동안 많은 일을 했다. 이미 이룩한 성과에 만족하지 말고 생산공정의 자동화, 무인화를 보다 높은 수준에서 실현하며 제품의 질을 더욱 높여 룡문술을 우리나라를 대표하는 명주로 만들어야 한다."

김 위원장이 술에 대한 관심이 적지 않다는 증거이며 실제로도 맥주를 매우 즐긴다고 한다. 2013년 양조장을 갖춘 독일 맥줏집 비어가르텐을 평양에 열어달라고 독일 맥주회사에 요청했다가 거절당했다는 일화가 있다. 특히 김 위원장은 북한산 맥주와 남한산 맥주를 비교하며 '남조선 맥주는 정말 맛이 없다'라는 소감을 이야기해 '맥주 덕후' 수준이라는 평가를 받는다. 나이가 젊기도 하지만 김 위원장이 체질적으로 술이 잘 받는 체질인 것은 할아버지와 아버지로부터 물려받은 집안 내력인 것 같다. 판문점 정상회담 만찬 당시 김 위원장의 취기 어린 얼굴이 화면에 비친 것으로 판단할 때, 주량은 중상 수준인 것으로 추정된다.

김정일이 가장 좋아했던 술은 1980년 프랑스 보르도산 샤토 라투르(Chateau Latour)라는 와인이었다. 병당 560만 원 내외다. 김정일은 생전에 노회한 고위 관료들의 면종복배 행태를 시험하기 위해 양주 등 독한 술을 마시는 심야 술파티를 자주 벌였다. 김정일이 젊을 때는 같이 양주를 마셨으나 건강이 악화된 이후로는 본인은 양주 모양의 보리차를 마시고 고위층들은 독한 양주를 마시게 해 진짜 충성 맹세를 강요했다.

북한의 주류는 식료품공장이나 음료 및 주류공장에서 생산하며 당과 기관에서 생산부터 유통 단계까지 관리하고 있다. 공장에서 생산하는 술의 대부분은 특정기념일 배급용이나 수익창출을 위한 외국인 관광객용으로 업소나 상점에서 제한적으로 판매하고 있다. 일반 주민들은 돈이 있다고 해서 술을 상점에서 무제한 구매할 수 있는 게 아니다. 술 구매는 개인당 제한이 있고 행사용 등으로만 한정된다.

북한에서는 어떤 주종이 인기가 있을까? 북한에서도 남한과 유사하게 맥주·청주·과실주 등의 발효주와 소주와 위스키 등의 증류주 및 기타 주류까지 존재하고 있다. 고품질의 주류 배급은 당 간부 연회 및 행사용이 대부분이고, 인민을 대상으로 한 배급은 제한적이다. 인민들의 집에서 제조된 밀주가 장마당에서 은밀하게 유통되기도 한다. 술에 대한 인식은 도수가 높을수록 프리미엄이라는 이미지가 있어 접대나 선물용으로 위스키 등이 많이 사용된다.

맥주는 대동강맥주 등 유럽식의 고도 알코올 맥주를 선호하며 주로 평양의 고위 간부 및 외국인 관광객용으로 소비된다. 북한의 맥주는 10여 종류가 있으며, 총 생산 규모는 연간 15만kl로 추정된다. 북한의 맥주는 독일식 라거 맥주로 알코올 도수가 5.5%로 높은 편이다. 북한산 맥아와 호프를 사용하고, 추운 북쪽으로 올라갈수록 옥수수 함량이 높아진다. 맥주공장 설비는 체코산을 주로 도입했다.

일제 강점기에도 생산한바 있는 평양맥주는 북한에서 가장 오래된 맥주였다. 최근에는 대동강맥주의 인기가 올라가고 있다. 대동강맥주는 품질 향상을 위해 2000년 영국 어서 양조장을 인수한 대동강맥주공장에서 2002년부터 생산하고 있다. 연간 생산량은 7만kl이고 생산 제품수는 7종이다. 대동강맥주는 영국에서 한국 맥주보다 맛있다는 기사가 나올 정도이며 대동강맥주를 맛보는 관광 상품까지 나왔다고 북한 당국에서 선전에 열을 올리고 있다. 대동강맥주는 알코올 도수가 5~5.7%이며 용량은 병맥주가 500㎖와 640㎖이며 생맥주는 50ℓ이다. 원료는 물과 북한산 맥아 및 호프다. ISO 9001 품질관리체계 인증 및 HACCP 식품안전관리체계 방식의 인증을 거쳤다고 선전한다.

1956년부터 본격적으로 생산된 평양맥주는 알코올 도수가 12%이며 평양맥주공장에서 보리 원액과 호프를 원료로 제조하고 용량은 640㎖이며 생맥주도 생산된다. 1980년부터 생산한 룡성맥주는 조선평양룡성맥주공장에서 보리, 호프를 원료로 알코올 도수 4.5%의 640㎖ 용량으로 생산한다. 보관기간은 3개월이며 최고급 맥주로 평가된다. 이외에 조선평양낙원공장

▌기차를 기다리는 북한 주민들이 쪼그려 앉아 담소하며 담배를 피우고 있다.

에서 생산하는 알코올 도수 4%, 용량 350㎖의 금강맥주, 나진음료공장에서 생산하는 알코올 도수 4.5%, 500㎖의 삼각맥주 등이 있다.[7]

남자가 마시면 신선, 여자가 마시면 선녀

북한의 소주는 알코올 도수 25%의 고도 증류식이 대부분이다. 평양소주공장에서 생산하는 평양소주가 가장 유명하고, 원료로 옥수수와 쌀 및 기타 잡곡을 사용하기 때문에 맛이 거칠고 알코올 향이 강하다. 향을 부드럽게 하기 위해 벌꿀을 2% 사용

한 것이 특징이다. 용량은 360㎖이며 알코올 도수 21%, 23% 및 25%의 세 가지 종류가 생산된다. 2018년 9월 평양 남북정상회담에서 건배주로서 사용됐다는 평양주는 평양대동강식료공장에서 500㎖와 750㎖ 용량으로 생산되며 알코올 도수 25%와 30%의 두 가지 종류가 있다. 옥수수와 쌀이 주원료이며 '12월 15일 품질 메달'을 수상한바 있다고 선전한다.

삼천무역회사에서 생산하는 대동강소주는 300㎖ 용량으로 생산되며 알코올 도수 25%와 30%의 두 종류가 있으며 희석식 방식으로 제조된다. 개성인삼술공장에서 생산되는 개성소주는 옥수수와 알코올 및 샘물을 원료로 사용하며 330㎖ 용량으로 알코올 도수 25%다. 개성송도식료공장의 송악소주는 옥수수와 도토리를 원료로 500㎖ 용량으로 생산되며 알코올 도수는 25%이고 천연샘물을 배합해 향이 좋으며 맛이 순해 수차례의 수상 경력을 자랑한다고 선전한다. 알코올 도수는 30%로 높은 편에 속하지만 증류식으로 제조되는 술이기 때문에 깨끗하게 취할 수 있고 숙취가 덜하다는 장점이 있다.

소주 제품은 식료공장에서 주로 생산되며, 특정기념일 배급용으로 사용되는 경우가 많다. 소주는 대다수의 인민이 선호하지만 배급은 제한적이라 인민들이 직접 밀주를 제조해 소비한다. 이외에 지역 천연원료를 사용한 과실 특산주가 많다. 과실주는 들쭉술 등 지방의 특산품으로 만든 술로 주로 고위간부 및 외국인 관광객용으로 사용된다. 2000년 남북정상회담 건배주로 사용된 들쭉술이나, 개성고려인삼술, 강계산머루술 등 여러 종류의 지역특산주가 존재한다.

개성고려인삼공장의 개성고려인삼술은 알코올 도수 30%이며 주종이 리큐르다. 인삼, 인삼엑기스, 쌀 및 옥수수를 원료로 650㎖ 용량이다. 독일, 불가리아 등 국제상품전람회 및 품평회에서 7회 금메달의 영예를 얻었다고 선전한다. 1,500여 년의 역사를 지닌 개성고려인삼을 엄선해 개성 고유의 전통술 제조법으로 특별하게 제작한 술이다. 식욕을 증진시키고 피로를 빨리 회복시킬 뿐 아니라 원기를 보충해주는 건강술이라고 표기돼 있다. 장뇌산삼술은 5년~10년근 장뇌산삼으로 만든 건강술로 각종 질병 예방과 건강증진에 효과적인 약술로 유명하지만 알코올 도수는 40%로 매우 높다. 영국·러시아·독일 등 술 품평회에서 최고급 술로 평가를 받는다고 자랑한다.

백두산 자락인 양강도 혜산시의 혜산들쭉가공공장에서 생산하는 백두산들쭉술은 알코올 도수가 40%이며 720㎖ 용량이다. 주종 역시 리큐르이며 들쭉액과 과당 및 보리를 원료로 생산하며 6·15 정상회담 건배주로 유명해졌다. 백두산 일대에서 수

280   김정은의 핵과 경제

확되는 열매인 들쭉으로 생산된다. 수확량이 많지 않고 채취도 어렵기 때문에 그 희소가치가 높다. 페놀이라는 식물 화학물질이 포함돼 시력을 높이고 피를 맑게 하며 체중 조절, 기억력 개선 등 남자가 마시면 신선이 되고 여자가 마시면 선녀가 된다는 말이 있을 정도로 북한 내

▌ 평양 대동강맥주 축제에서 맥주를 나르는 여직원. / 사진: 조선중앙통신

에서는 약술로 통하는 술이라고 선전한다.

자강도 강계시 강계포도술공장에서 생산하는 인풍술은 포도브랜디, 머루즙 및 과당을 원료로 제조되며 알코올 도수가 40%이며 720㎖ 용량이다. 주종은 강계 아미산 지하 150m에서 나오는 암반수를 원료를 사용한다고 표기되어 있다. 같은 강계포도술 공장에서 생산되는 백로술은 알코올 도수 40%이며 720㎖ 용량이다. 고량주·물·포도·야생배 및 과당이 원료이며 주로 칵테일용으로도 많이 사용된다. 강계산포도술공장에서 생산되는 강계산 머루술은 주종이 과실주이며 알코올 도수 16%이며 500㎖ 용량이다. 산머루와 과당이 원료이며 자연 산머루의 향이 강한 명주로 알려져 있다.

1월 1일은 설날 아닌 술날?

다양한 주류 제조공장이 있고 음주에 대해 관대한 북한에서는 주민들은 얼마나 술을 마실까? 우선 북한의 성인인구(20~59세) 비율은 2,500만 명 중 55%를 차지하고 있다. 이 중 술을 마시는 20세 이상의 성인남자 비율은 20% 내외다. 맥주 생산량의 경우 남한은 연간 280만㎘인데 북한은 15만㎘ 내외로 추정되기 때문에 시장의 규모는 차이가 있다. 맥주 생산량으로 봤을 때 규모를 5%로 가정하면 전체 소비총량은 단순 계산으로 우리나라의 5% 정도 소비한다고 추정할 수 있다. 이 수치는 공장 제조기준이라 가정해 가정에서 만드는 밀주를 고려하면 북한의 음용량은 훨씬 늘어날 것으로 추정된다. 2015년 의정부 성모병원이 국세청 자료를 기준으로 추정한 15세 이상 한국인 1인당 순수 알코올 소비량은 9.14ℓ였다. 이는 21도짜리 소주로 1년에 121병, 5

도짜리 500㎖ 대용량 캔맥주 366캔 수준이다.

북한에서는 언제 어디서 술을 마실까? 북한의 술 문화는 신분과 계급에 따라 술의 종류, 음주 파트너, 음주 장소, 음주 목적 등 상당한 차이가 있다. 하층 주민들은 술 음용 빈도가 잦고 주로 이웃 주민들이나 직장 동료들과 술자리를 갖는다. 술의 품질 보다는 양을 우선하고 편하게 술자리를 즐기는 성향이 있다. 하층 주민들은 술 구매 가 어렵기 때문에 주로 집에서 제조한 밀주나 장마당에서 구매한 술을 친구들이나 이웃들과 집이나 장마당 혹은 길모퉁이 등에서 마신다. 술을 마시다가 노래를 부르 기도 하고 싸움도 빈번하게 벌어진다.

반대로 당 간부 등 고위층 계층들은 상대적으로 음주 빈도가 적고 신뢰할 수 있는 사람과 술자리를 가진다. 양 보다는 술의 질을 우선하고 술자리 자체를 피하는 경향 이 있는데, 이는 실수할 경우 잃을 것이 많아서 그런 것으 로 보인다. 상류계층들은 맥 주나 양주 등을 집이나 유흥 업소에서 마신다. 외화식당에

▌평양의 공장에서 대동강 맥주를 대량 생산하고 있다.

서는 맥주 한 병에 제일 싼 것이 2달러 수준이다. 1달러에 쌀 2kg을 살 수 있는 북한 에서 외화 사용 식당이나 평양시 중심가 유명식당에 가서 음식을 먹거나 맥주를 마 시는 사람들은 외화벌이 계층이나 보위부, 보안부를 비롯한 권력기관에서 근무하는 사람들이다.

북한에서 유일하게 상점에서 합법적으로 구매하는 술은 관혼상제용으로 나오는 몇 병에 불과하다. 관혼상제용이란 사람이 죽거나 결혼을 할 때 세대별로 국가에서 배정한 술을 말한다. 배급양은 세대 당 500ℓ짜리 5~10병 수준이다. 환갑이나 회갑 결혼식이 다가오면 밀주 담그는 집에 미리 은밀히 주문한다. 밀주가 성행함에 따라 제조기법에도 노하우가 축적돼 있다. 밀주의 경우 불을 붙여봐서 파란불이 빨리 꺼 지지 않을 정도여야 알코올 도수가 25~28% 이상의 술이 된다.

당국에서 불시에 주기적으로 단속을 실시한다. 한낮에 굴뚝에 연기가 나면 술을

뽑는다고 판단하고 보안원들이 급습해서 술항아리나 술 뽑는 기계 등을 회수해가거나 벌금을 물리기도 한다. 외무성이나 무역상 및 무역업자 등 해외 근무자들은 귀국하면서 선물로 가져온 술이나 직접 휴대한 양주 등을 마신다. 외국에서 구매한 술이 바닥이 나면 배급술을 마시기 시작한다. 태영호 전 북한 공사에 따르면 새해를 앞두고 직장별로 '명절공급'을 받는다. 외무성의 직원들은 돼지고기 1kg, 소주 2병, 설탕 1kg, 콩기름 3ℓ를 받았다고 한다.

12월 31일에는 직장 부서별로 망년회를 하는데 외부 장소가 여의치 않아 직장 상사 집에서 한다. 설날 연휴는 1~2일 이틀이라 31일부터 1월 2일 저녁까지 사흘간은 남자들이 술에 절어 있으니 '설날'이 아니라 '술날'이라고 할 정도로 술을 많이 마신다. 12월 31일부터 1월 3일까지는 '특별경비주간'으로 선포하고 각 기관별로 근무조를 정하며 주의사항을 환기시킨다. 설날에 술을 많이 마시고 길거리에서 자다가 얼어 죽거나, 사무실이 추워 술을 마신 채 난로나 연탄불을 켜놓고 자다가 가스 중독이나 화재로 죽는 일이 빈발하는 것을 막기 위해서다.

▌ 2018년 9월 평양 정상회담 때 문재인 대통령(왼쪽)과 김정은 위원장이 평양 소주를 들여다보고 있다. / 사진: 연합뉴스

평양은 맥주, 외곽 서민은 밀주

2018년 말 통계청이 발표한 북한의 2017년 국민총소득(GNI)은 36조 6,000억 원이고 1인당 국민소득은 146만 원이다. 남한은 GNI는 1,730조 4,000억 원이며 1인당 국민소득은 3,363만 원으로 23배 차이가 난다. 남한의 1980년 GNI는 39조 원이었다. 따라서 현재 북한의 경제 상황은 남한의 '70년대 후반 정도로 추정할 수 있다.

1970년대 전후로 남한의 주류 음용실태는 크게 소주 성장기, 맥주 대중화기, 다주종 성장기로 구분된다. 1980~90년대는 맥주 대중화 시기로 소득이 증가하고 접대 및 선물 문화가 확산되면서 위스키와 맥주 소비가 증가했다. 생맥주의 보급이 증가하고 맥주 소비량이 증가했고 폭탄주 문화도 유행했다. 2000년에 들어서면서 모든 주종에서 변화가 생겼다. 소주의 경우 지속적으로 알코올 도수가 낮아지면서 2006년에는 20% 밑으로 내려갔다. 2015년에는 알코올 도수 13~14% 제품의 이른바 과일소주 제품이 유행했다. 현재 소주 시장은 지속적으로 저도화하는 시장과 기존의 고도수의 소주로 나뉘고 있다. 맥주도 흑맥주와 밀맥주가 출시됐고, 각 제조사들은 제품 종류를 늘려 시장의 변화를 유도했다. 서민의 술이었던 탁주는 웰빙 문화와 일본 수출에 힘입어 2010년에 판매가 급증했으나 2011년 이후 다시 감소세로 돌아섰다.

북한의 주류시장은 남한의 1970~80년대 수준으로 평가된다. 억압된 사회에 대한 반감으로 빈번히 술자리를 가지고 있는 실정을 감안할 때 북한의 주류 시장은 훨씬 커질 것이다. 최근 북한에서 인기가 많은 주류는 대동강맥주는 김정일 국방위원장이 세계적인 수준에 버금가는 맥주를 만들라는 지시로 시작됐다. 북한 당국은 2000년 영국의 어서 트로브리지 양조회사로부터 150만 파운드에 공장설비를 구매해서 평양 인근에 대동강맥주공장을 설립했다. 강계시 주류공장에서 일했던 이애란 씨에 의하면 대동강맥주공장의 연간 생산량은 7만kl이며 영국산 설비에 독일 양조기술을 도입해 생산되며 평양에 생맥주 집이나 당 간부의 상납용 및 외국인 판매용으로 사용된다. 평양에는 표면상으론 맥주가 유행하지만 평양 외 지역에서는 사정이 조금 다르다. 비평양 지역은 아직 맥주의 보급이 원활하지 않기 때문에 대다수의 서민은 밀주를 마시고 있다.

북한은 술의 제조단계부터 유통까지 당 및 기관에서 관리와 운영을 하고 있다. 제조와 유통이 분리된 남한과 달리 북한은 당과 기관을 통해 제조, 배급 또는 판매된다. 남한은 제조에서 소비까지 제조사 → 주류도매상 → 소매상 3단계인 반면 북한은 상업성 → 도매관리국중앙도매소 → 도출하도매소 → 지구도매소 → 시·군 상업관리

▌ 2018년 4월 판문점 남북정상회담 때 김정은 위원장이 송영무 당시 국방장관에게 술을 따라주고 있다. 김 위원장은 술이 센 것으로 알려졌다. / 사진: 연합뉴스

소 → 상점 등 7단계 이상 거쳐야 소비가 가능하다.

이로 인해 북한의 주류 가격구조는 남한과 큰 차이를 보이고 있다. 남한은 제조원 가에 이윤 및 교육세, 주세 및 부가세 등 세금을 더해 계산하지만, 북한은 원가에 유 통 단계별로 이윤이 부과돼 당과 기관에 돌아가도록 하고 있다. 실제 북한에서 달러 환산시 주류 판매가격은 남한보다 저렴한 가격이지만, 실제 북한 주민들의 월급을 고려하면 남한의 몇 배 가격일 정도로 비싸다. 북한의 주류 관련 법규는 남한과 매 우 다르다. 남한은 주세법에 근거해 국세청에서 술 관련 업무를 담당한다. 반면 북한 은 별도의 주세법은 없고, 품질관리법과 규격법 등 제품 자체의 품질관리 측면에서 감독을 받는다. 품질 관련 법규는 중앙규격지도기관과 비상설규격제정위원회에서 관 리되고 있다.

국내 쌀로 북한 술을 만든다면?

우리 국민 1인당 쌀 소비량이 2017년 61.8kg으로 2000년 93.6kg 대비, 약 34% 급 감하면서, 매년 증가하는 정부 양곡 보관비용이 2017년에는 약 5,000억 원으로 증가 했다. 지난해 쌀 재고 문제를 근본적으로 해결하기 위한 쌀 소비 확대책의 하나로 주세를 감면하는 내용의 주세법 개정안이 발의됐다. 박주현 민주평화당 의원은 "지 금 북한에서는 쌀이 굉장히 부족한 데도 쌀 함량이 30%, 50%, 80%, 100%인 대동강 맥주를 보리와 섞어 제조하 고, 쌀·찹쌀·옥수수를 원료 로 평양 소주도 만든다"고 전 했다. "우리나라는 쌀이 남아 서 한해 5,000억 원의 보관비 용을 지출하면서도 여전히 소 주, 맥주를 전부 수입 홉으로 만들고 있는데, 이는 쌀 부족 시대의 정책을 아직도 바꾸 지 못하고 있는 정부 정책의 문제다."

국내 쌀 소비 측면에서 일

▎평창동계올림픽을 앞두고 마식령스키장에서 남북 스키대표팀이 공동훈 련을 실시했다. 마식령호텔 상점에 해외 위스키 브랜드를 진열해놓고 팔고 있었다.

리가 있는 주장이다. 북한에서는 식량 부족에 따라 주민들의 술 수요 대비 공급이 부족한 실정이다. 북한에 국내산 쌀을 원료로 사용하는 술 공장을 지어 대규모 생산을 할 경우, 저비용 및 고품질의 제품을 공급하면 국내산 쌀 재고 해소는 물론 국내 업체의 시장진출 기회가 있을 것이다. 북한에서 프리미엄 제품의 소비 및 과시 성향이 있다는 점은 향후 북한 주류시장에서 프리미엄과 레귤러의 이원화 전략이 필요하다는 의미이며 고위층 및 간부를 통해 제품 확산이 용이하다. 알코올 도수 25%의 증류식 타입 소주가 북한의 가장 대중적인 제품이 될 것이다. 맥주는 독일식 맥주 제조방식이 북한 주민들의 기호에 맞을 것이다. 음주 문화와 술의 소비는 북한 사회의 저변을 파악하고, 통제와 일탈이 어떻게 이뤄지는지를 파악하는 중요한 키워드가 될 것이다.

제 8 장

남북관계 어디로 가고 있나?

1. 김정은의 정상회담 카드 속내

남북대화에서 북·미대화로 간다
■ 제재의 근본을 흔드는 남북한 합의 선언시 한·미 동맹 좌초 우려…
■ 북한, 서울 볼모로 핵·미사일 개발하면 정세는 '비포(before) 평창' 회귀

김여정의 평창 출현

"네가 이번에 평창에 한번 다녀오거라."

"제가요? 남측에 가면 누굴 만나죠?"

"남측 최고지도자를 평양에 초청해야 하는데 아무래도 여정이 네가 가야 일이 잘될 것 같다. 미제 우두머리의 딸도 온다고 하더라. 네가 가서 기선을 제압하고 오거라."

"오빠 알았어요. 특사 역할 잘하고 올게요."

북한의 30대 오누이 가족정치를 이끄는 김정은 북한 노동당 위원장과 동생 김여정 노동당 제1부부장이 평창겨울올림픽에 참가하기 전 나누었을 법한 대화다.

"한마디로 부지런하다. 보통내기가 아니다. 싹싹하다. 시아버지 나이에 해당하는 노회한 군 원로를 처음 만나서는 '안녕하십니까~'하고 악수를 청하고 능청스럽게 이야기를 건넨다. 갑작스러운 악수에 놀라는 고령의 당 간부들에게 오히려 '열심히 한다고 들었습니다'라고 선수를 친다. 거침이 없다. 친화력이 대단하다."

한국 거주자로서 유일하게 김여정 제1부부장을 평양에서 세 번 이상 만나본 박상권 평화자동차 사장의 인물평이다. 박 사장은 2011년 12월 26일 금수산궁전 김정일

국방위원장 장례식장에서 조문을 하면서 검은색 상복을 입고 오빠 김정은과 문상객을 맞는 김여정을 처음 보았다. 그 후 박 사장은 여러 차례 방북해 김여정을 가까이서, 때로는 멀리서 지켜보고 짧은 대화를 나눴다. 김여정의 부지런하고 가만히 있지 못하는 적극적인 성격은 그 후 공식행사에서 적나라하게 모습을 드러냈다. 김정은 위원장이 참석하는 각종 행사장에서 가방을 끼고 단상 뒤에서 이리저리 이동하는 장면이 조선중앙TV에 자주 포착됨에 따라 그의 액티브한 성격은 관심의 대상이 됐다.

김여정(金與正, 1988년 9월 26일생)은 성장기가 베일에 가려 있다가 2011년 1월 14일 싱가포르에서 열린 영국의 기타리스트 에릭 클랩턴(Eric Clapton) 공연장에서 처음 한국 언론에 포착됐다. 큰오빠 김정철과 함께 공연장을 찾은 모습이 KBS 취재진의 카메라에 노출됐다. 아직은 아버지 김정일 국방위원장이 사망하기 전이라 당시만 해도 그저 유명한 외국 팝스타에 열광하는 철없는 젊은 금수저 처자 정도로 평가됐다. 김정은이 김정일의 후계자로 지명돼 황태자 수업을 받고있던 시절이라 김정일의 사후에 서구 생활에 물든 이들이 북한 체제를 제대로 통치할 수 있을지 불확실했다. 과연 이들 남매가 3대 세습의 과업을 성공적으로 이어받을지 미지수였다. 이때는 저자가 국가안보전략연구원장으로 근무하면서 김정은의 지능(IQ)과 능력을 파악하는 데 주력하던 시기였다. 2008년 8월 14일 뇌졸중으로 저세상 문턱까지 갔던 김정일은 수술실에서 회복실로 옮겨 재활에 주력하면서 그해 가을 내내 후계 문제를 고심했다. 드디어 2009년 1월 24일 북한 전역에 '발걸음' '청년대장 동지' 등의 노래를 배포하면서 김정은의 후계자 작업이 공식화한다. 김정은의 동향과 해외거주 시절 행적을 추적하면서 그가 유일한 여동생 김여정과 각별한 사이라는 팩트들이 감지됐다.

2017년 12월 21일 평양에서 열린 북한 노동당 '제5차 세포위원장 대회'에서 김여정 부부장은 김정은 위원장과 같은 맨 앞줄에 착석했다. 김여정의 자리는 김정은의 오른쪽 다섯째였다. 좌석 배치는 김여정의 서열이 북한에서 10위권 이내임을 상징한다. 같은 줄엔 최용해·김평해·오수용·박태성 등 당의 최고위 간부들이 함께 앉아 있었다. 과거 김정일 국방위원장 시절 동생 김경희를 훨씬 능가하는 권력 장악력이다. 1인 독재체제 아래 가장 총애하는 핏줄인 이상 김여정의 권력 서열은 이미 무의미하다. 유일수령체제에서 최고지도자와 자유롭게 독대 보고를 할 수 있는 인물은 피붙이 외에는 불가능하다.

김여정의 수백억 원짜리 언론플레이

김여정은 김정은의 아바타이자 특수대리인이다. 그의 위상은 방남 전날 열린 2018년 2월 8일 건군절 열병식에서 다시 한번 적나라하게 드러났다. 김여정은 열병식 내내 주석단 기둥에 몸을 숨긴 채 김정은 위원장을 지켜보는 모습이 카메라에 포착됐다. 오누이가 평양의 최고 권력을 좌지우지하는 상징적인 장면이다. 김여정은 지근거리에서 모든 행사를 보좌하고 기획하는 최측근의 위상을 가감 없이 보여줬다. 권력은 지도자와의 거리에 비례한다. 단순 실세들은 최고지도자에게 너무 가까이 가면 의심과 견제를 받아 타 죽는다. 하지만 권력을 찬탈할 가능성이 없는 여동생은 아무리 가까워도 무탈하다. 그들을 이간시킬 간 큰 인물은 북한에 존재하지 않는다.

서울과 평창에서 김여정의 임무수행은 북측 입장에서 성공적이었다. 장외 외교 및 이미지 경기에서 사실상 금메달감이다. 김여정은 2월 10일 청와대 방문록에 독특한 글씨체로 "평양과 서울이 우리 겨레의 마음속에서 더 가까워지고 통일번영의 미래가 앞당겨지기를 기대합니다"라고 적었다. 미국 대통령이 우리 오빠를 로켓맨이라고 비판하지만 우리는 나쁜 사람이 아니라는 것을 평창올림픽 취재진을 통해 전 세계에 과시했다. 광고단가 기준으로 볼 때 수백억 원을 투입해야만 가능한 확실한 언론플레이였다.

김여정은 문 대통령과 여자 아이스하키 단일팀과 경기 후 악수를 하고 격려함으로써 올림픽 주인공의 역할을 화려하게 수행했다. 겨울올림픽 참가 선수들의 메달 경쟁이나 명장면보다는 김여정의 발언과 일거수일투족이 언론의 헤드라인을 장식했다. 미국의 마이크 펜스 부통령은 오토 웜비어의 부친 및 탈북자들과 천안함을 방문하고 북한의 잔인함을 강력 비판했지만 김여정의 미소작전에 밀려버렸다. 오히려 문 대통령 주최 리셉션에 불참한 것을 두고 외교 결례라는 비판에 직면, 백악관이 해명에 진땀을 흘렸다. 김영남과 마이크 펜스가 조우하게 하는 사진의 앵글을 확보하고 싶어 하는 청와대의 의중을 거부한 데 대한 후유증이었다.

폐막식이 임박해서 이방카가 평창을 방문해도 관심도는 김여정의 절반에도 못 미칠 것이다. 그저 트럼프 대통령의 딸이라는 정도의 호기심뿐일 것이다. 결국 선전전에서 평양의 압승이었다. 한반도 긴장과 평화 속에 깊이 잠복해 있는 민족 공조의 환영(幻影)과 유령이 올림픽을 기점으로 기승을 부린 결과다.

트럼프와의 일전엔 서울의 협력이 필수

평양 통전부에서 기획한 '백두공주' 김여정의 임무는 특사자격으로 김정은 위원장 명의의 남북정상회담 초청장을 문 대통령에게 화려하고 우아하게 전달하는 역할이다. 남북정상회담 카드는 북한이 남한을 쥐고 흔들 때 사용하는 마지막 비장의 무기다. 북한이 어디서 어떤 방식으로 남북정상회담을 제안하고 발표하는가는 매우 중요한 대남 전략·전술이다. 김여정의 청와대에서 친서 전달 행위는 과거 2000년 6·15와 2007년 10·4 정상회담 성사 당시 막전막후와 같이 제3국에서 남북한 비밀 요원들이 언론의 눈길을 피해 합의를 도출한 방식과는 근본적으로 궤를 달리한다. 1·2차 정상회담은 물밑에서 무에서 유를 창조하는 비공개 형태였다. 정상회담 성사에 대한 불투명성과 남북 양측의 상호 불신 및 신중함 등이 복합적으로 작용했기 때문에 사전 수차례에 걸쳐 주고 받기 조건 맞추기가 필요했다. 따라서 정상회담 공동선언문의 내용까지 조율하고 합의가 완료된 이후 회담 개최 사실을 발표했다.

하지만 당시에는 핵 문제가 수면 위로 떠오르지 않아 비교적 치명적인 장애물도 없었고 의심에 찬 국제사회의 눈초리도 크게 의식할 필요가 없었다. 유엔 안보리 제재나 5·24 조치와 같이 인적·물적 남북 왕래를 차단하는 국내외 견제 장치도 부재했다. 오히려 국내 정치적 측면에서 정상회담 성사에 매달렸다. 따라서 두 차례의 정상회담은 남북이 합의만 하면 가능했던 2차방정식 수준이었다. 북측은 3차 정상회담은 공개적인 고공비행 방식으로 접근했다. 김정은은 궁지에서 정면돌파를 택했다. 트럼프와 일전을 불사하기 위해서는 서울의 협력이 반드시 필요하다는 판단이다.

하지만 3차 정상회담은 차원과 상황이 다르다. 사태가 엄중하고 복잡하다. 단순히 서울과 평양 외에 워싱턴과 뉴욕 및 도쿄가 뒤엉킨 복합 외교전이 배후에 기다리고 있다. 남북이 합의만 한다고 성사되기에는 후폭풍이 간단치 않다. 북측은 정상회담 친서 전달 메신저로 김여정을 내세웠다. 핵과 미사일의 어두운 그림자가 오버랩되는 고령의 김영남보다는 순진무구형의 젊은 처자를 내세우는 것이 거부감을 불식시키는 데 도움이 된다고 평양은 판단했다.

남측이 이번에 각별히 강조하는 북측의 진지한 협상 자세는 역시 혈육인 백두공주가 적임자다. 백두공주는 수다보다는 미소가 훨씬 효과적이다. 김여정은 007가방에 국장이 색인된 파란색의 친서 서류철을 지참, 평양 초청이 갖는 수많은 복선을 감추면서 실무형 비즈니스 이미지를 과시했다. 김여정은 2월 10일 "김 위원장이 문 대통령을 이른 시일 안에 만날 용의가 있다"며 "편한 시간에 북한을 방문해줄 것을 요청한다"고 말하면서 미소를 머금은 채 친서를 문 대통령에게 전달했다.

남북정상회담 방패로 제재와 미국 군사옵션 차단

A4 용지 3분의 2 분량의 친서 내용에 대해 청와대가 공개하지 않아 인터넷에선 추측성 보도가 넘치고 있다. 북측은 과거부터 남측 정상이나 고위급 인사를 초청할 때 '편한 시간' '날이 따뜻해지면' 등 추상적인 시점을 언급했다. 국제 관계에서 사용되는 외교 수사로 해석할 수 있지만 북측은 남북정상회담 개최 시점부터 주도권 장악에 나선다. 북한이 생각하는 "편한 시간"은 남북관계의 만조기인 6·15부터 8·15까지가 될 것이다. 아마도 남북 양측은 8월 하순 예정인 한·미 연합 군사훈련인 을지프리덤가디언(UFG) 이전에는 정상회담을 성사시킬 복안일 것이다. 늦어도 정권 창설 70주년인 9·9절까지는 성사를 완료할 것이다. 사실 3차 정상회담은 이제 북측 김정은 위원장이 서울에 내려올 차례다. 두 차례나 서울에서 평양을 방문했으니 3차는 순서상 서울 개최가 마땅하다. 하지만 최고 존엄이 평양을 떠날 의도는 없는 것 같다.

삼수 끝에 개최한 겨울올림픽은 여하간 김정은 위원장의 신년사 한마디로 흥행에 성공했다는 점을 부인하기 어렵다. 평창올림픽이 평양올림픽으로 변질됐는지 논란이 있지만 지난해 북핵과 미사일 발사의 긴장 속에 일부 국가가 불참할 것으로 보여 성공적 개최에 빨간 불이 들어왔던 시점과 비교하면 격세지감이다. 북한 선수단 등에 과공(過恭) 논란 등이 있었지만 우여곡절 끝에 개최한 겨울올림픽은 2월 25일 폐막식으로 대단원의 막을 내린다. 3월에 장애인 올림픽이 있지만 본게임의 긴장과 설렘은 없다.

문 대통령은 평양 초청에 대해 "앞으로 여건을 만들어서 성사시키자"고 했다. 사실 청와대 입장에서는 불감청고소원이다. 한반도 문제에 대한 운전석 이론으로 북핵 문제를 해결하는 데 주도적 역할을 하기 위해서는 김정은 위원장을 만나는 것이 출발인데 돌파구를 찾는 데 어려움을 겪어왔다. 평창이 결국 돌파구를 열어줬고 내친김에 꽃피는 4월이라도 평양을 방문해 김정은 위원장과 정상회담을, 머리와 가슴을 맞대고 진정한 담판을 시도하고 싶을 것이다.

영국의 시인 TS 엘리엇은 시 '황무지'에서 4월은 가장 잔인한 달이라고 표현했다. 그가 4월을 가장 잔인한 달로 표현한 것은 봄이 진정한 재생을 가져오지 않고 공허한 추억으로 고통을 주기 때문이었다. 4월 이후에는 평창은 더 이상 없다. 핵과 미사일의 냉엄한 현실로 돌아올 수밖에 없다. 북한은 평창은 없지만 평양으로 무대를 옮겨 민족 공조놀이를 계속하고 싶어 한다. 김영남은 내친김에 '경평축구', '발레단 평양공연' 등 예술·문화 교류의 보따리를 잔뜩 풀어놓아 남측을 확실히 흔들어놓고 밤 비행기로 돌아갔다. 남북관계의 급물살을 예고하는 장면이다.

남측도 이에 호응해 우선 4월 안에 대북 특사를 파견해서 정상회담 분위기 조성에 주력할 것이다. 축구단과 예술단 방북도 신속하게 진행할 것이다. 대북 특사는 문 대통령의 현재 핵동결을 비핵화의 출발점으로 삼는다는 '입구(入口)론'으로 평양 수뇌부와 줄다리기에 들어갈 것이다. 북한은 확실한 언질을 주지 않고 남북정상회담을 방패로 제재와 미국 군사옵션을 차단하는 것이 목표다.

한·미 훈련 중단은 서울의 고립무원 자초 행위

문 대통령의 '여건 성사'가 의미하는 바는 무엇일까? 미국 등 국제사회가 요구하는 비핵화 대화에 북한이 응한다는 메시지를 보내는 것이다. 백악관은 문 대통령의 평양 초청장 수령에 대해 한국과 긴밀하게 협의하고 있다는 입장을 보였다. 외견상 3차 남북 정상회담 성사 과정에서 양국 간 이견이 외부로 노출되지 않도록 관리하는 것은 한·미 동맹 관점에서매우 중요하다. 워싱턴은 남북관계가 비핵화와 별개로 앞서나갈 순 없다는 입장이다. 한·미 동맹의 첫 번째 시련의 딜레마는 한·미 연합훈련이다. 4월에는 연기됐던 한·미 간 독수리연습 등 연합훈련을 바로 시작하는 것이 김여정 방남 전의 계획이었다. 하지만 연례적이고 방어적인 훈련이 과연 봄날에 실시할 수 있을지 점차 불투명해지기 시작했다.

일부 청와대 조언그룹은 1992년과 1994~96년의 팀스피리트 훈련 중단 사례를 언급했다. 3월부터 서서히 훈련 중단 여론을 조성할 가능성도 배제할 수 없다. 특히 문 대통령의 평양 방문을 앞두고 분위기 조성 차원에서 금년에 한해 훈련 중단 선언을 해야 한다고 여론몰이를 할 가능성도 높다.

하지만 문제의 본말을 전도하지 말아야 한다. 한·미 동맹의 핵심 구조는 생사가 걸린 안보로서 연합훈련은 동맹이 살아 움직인다는 증거다. 북한은 연합훈련의 고리를 차단하는 과정에서 현란하고 감성적인 통일전선 전술을 구사할 것이다. 훈련 중단은 동맹의 자해행위로서 서울에서 평양만을 쳐다보는 고립무원의 광경이 연출될 가능성도 배제할 수 없다.

　김영남 상임위원장은 아이스하키 경기에서 '우리는 하나다'란 구호를 보고 눈물을 흘렸다고 소회를 밝혔다. '아 이제는 핵과 미사일을 개발해도 남측이 전면에서 미국을 제지할 테니 살았구나'라는 판단인지 속내를 알 수는 없다. 40일 전만 해도 '코피작전(bloody nose)'이 거론되던 점과 비교하면 서울이라는 확실한 볼모를 잡았다는 안도감에 울컥했는지 분간이 안 간다. 통일부가 대북 인도적 지원 800만 달러를 2월 안에 집행하기로 결정했다. 사실상 여건 조성의 첫발인 셈이다. 곧이어 적십자회담, 민간교류 확대 등이 숨 가쁘게 발표될 것이다. 정부는 인도적 교류를 시작으로 핵 문제를 의제화해 미국을 설득한다는 로드맵을 다듬고 있다. 동시에 중국·일본·러시아 등 주변 4강을 상대로 김여정 방남 결과를 설명하며 대화 모멘텀을 유지하는 데 주력할 것이다.

　미국 백악관은 기본적으로 북한이 올림픽 참가를 결정하게 된 배경은 최대한의 제재와 압박의 결과라는 인식을 갖고 있다. 특히 중국 기업의 동참이 확대되면서 1년 정도만 더 제재를 지속하면 북한의 경제난이 심각해지는 임계점(critical point)에 도달할 것이라고 확신한다. 미국은 한국이 올림픽 기간에 한시적이나마 육·해·공에 걸쳐 제재를 허문 데 대해 인내심을 발휘했다. 한국 입장에서 정상회담 카드는 장고가 필요한 계륵의 수(數)다. 독배와 축배가 혼재된 정상회담은 과거 대통령들의 통일 대망론의 결과였다. 하지만 결과는 국내 정치세력 확보의 일환이라는 비난에서 자유롭지 못했다. 김대중·노무현 정부 시절 21차에 걸친 장관급회담을 서울과 평양을 오가며 개최했지만 비핵화 성과는 전무했다. 2005년 6월 서울에서 개최된 15차 남북 장관급회담에서 처음으로 제기된 북핵 문제에 대해 권호웅 북측 단장은 핵 문제는 남북회담의 의제가 아니라고 잘라 말했다. 김여정에게도 꺼내지 못한 비핵화 문제를 문 대통령이 민족 공조의 메아리가 울려 퍼지는 평양 한복판에서 김정은 위원장에게 언급할 수 있을까에 대한 의문에는 회의적이다. 북한이 자랑하는 백두산 들쭉술로 남북 정상이 '우리는 하나다'라는 건배구호를 외치는 순간에도 미사일과 핵무기 기술 개발은 멈추지 않는다.

남북정상회담은 전가의 보도인가?

　결국 남북정상회담이 모든 것을 해결하는 전가(傳家)의 보도(寶刀)가 아니라는 사실은 두 차례의 만남을 통해 드러났다. 북측에서 정상회담은 남측의 지도자가 북측의 최고지도자에게 알현하는 성격으로 해석된다. 특히 김정은은 집권 6년이 지났지만 할아버지·아버지가 중국 베이징에서 진행했던 북·중 정상회담을 성사시키지 못하고 있다. 문 대통령의 방북이 이뤄지면 김정은 입장에서 최초의 실질적인 정상회담이 될 것이다. 젊은 지도자이지만 국제사회의 스포트라이트를 받으며 화려하게 국제무대에 데뷔할 것이다. 독재자 로켓맨의 이미지는 사라지고 국제적인 위상이 올라갈 것은 불문가지다.

한국은 올림픽 이후 미국에 평양 정상회담의 필요성과 불가피성을 강조할 것이다. 미국 입장에서 한국의 입장을 고려해 정상회담을 마지못해 동의할 가능성도 있다. 하지만 후과가 문제다. 비핵화에 대해 어떤 단초도 마련하지 못한 평양방문 이후 문 대통령의 입지는 곤란에 처할 가능성이 크다. 비핵화 회담을 하지 못한다면 문 대통령은 평양에서 조연 역할에 그치고 말 것이다. 비핵화를 위한 모든 노력을 기울인다는 긍정적인 측면도 있지만 북한의 기본적인 핵보유국 입장이 설득으로 변할 수 있다는 인식은 순진하다는 평가를 받을 수밖에 없다. 북·미 대화는 사실상 한국이 중재하는 데 한계를 지닐 수밖에 없다. 틸러슨 미 국무장관은 지난해 트럼프 행정부 출범 이후 3~4개의 북·미 채널이 있다는 표현으로 물밑 접촉을 인정했지만 회담의 조건이 맞지 않아 성사되지 않았다고 우회적인 입장을 표명했다.

문 대통령의 평양 방문에서 제재의 근본을 흔드는 남북한 합의를 선언한다면 한·미 동맹은 좌초할 수밖에 없다. 금강산관광 재개 등 세간에 회자되는 북한의 경제협력 청구서가 혹시라도 평양에서 공식화된다면 앞길을 예측하기는 쉽지 않다. 미국은 한국의 지정학적 입장을 고려해 우회적이 압박을 가할 가능성을 배제할 수 없다. 최근 미국의 저금리로 한국 증권시장이 추락한 바 있다. 세탁기를 넘어 자동차·반도체 등의 품목에서 보호무역주의가 강화되고 유대인의 금융자본은 물밑에서 한국 자본시장에 충격을 가할 가능성이 적지 않다.

민족 공조가 한·미 동맹 넘어서선 곤란

정치와 경제가 별개일 수 없다. 아베의 일본이 트럼프에게 공을 들이는 것도 경제적 실리 때문이다. 민족 공조의 남북정상회담이 한·미 동맹의 레드라인을 넘어서지 않도록 신중해야 한다. 미국은 북한이 비핵화에 나서지 않으면서 서울을 볼모로 삼아 핵과 미사일 개발의 시간 벌기 작전을 전개한다면 당장 코피 작전은 아니더라도 중국 및 한국 등 제3국 기업을 제재하는 세컨더리 보이콧(secondary boycott)을 비롯해 해상 봉쇄 등에 의한 선박 나포 등을 감행할 것이다. 북한은 이에 대응해 대륙간탄도미사일(ICBM) 발사로 맞대응할 것이다.

결국 한반도 정세는 원점으로 회귀할 가능성이 적지 않다. 평창올림픽 참가의 물타기 전술이 한·미 동맹의 고리를 차단하고 갈라치기 전술을 구사할 복안이라면 평양은 위기의 돌파구를 잘못 짚은 것이다. 한·미간 이간계(離間計) 전술은 한시적일 뿐이다. 평창 이후의 공은 결국 평양 코트로 넘어간다. 인공위성을 가장한 ICBM을 태평양으로 보낼지 북·미 간 채널로 진지한 협상을 시작할지 결심해야 한다. 남북대화가 북·미 대화로 확장되기 위해서는 북한의 '코페르니쿠스적' 전환이 필수적이다. 미국 중앙정보국(CIA)의 판단대로 3개월간의 올림픽 전후 기간을 활용해 대기권 재진입 기술 시험으로 핵무력의 실전배치를 선언한다면 한반도 정세는 '비포(before)평창'으로 돌아간다. 연합훈련의 연기와 중단과 상관없이 북한이 핵보유국을 고수한다면 민족 공조는 공허한 물거품이 될 수밖에 없다. 유엔 안보리의 제재와 도발의 악순환이 재연될 수밖에 없다.

문 대통령의 운전자론도 북·미 간 중재 외교도 평양의 비핵화 입장에 달려 있다. 만남의 불씨가 횃불이 될지 그대로 사그라질지 여부는 평양의 몫이다. 스포츠 위에 정치가 있는지, 정치 위에 스포츠가 있는지는 꽃피는 계절이 오면 판가름 날 것이다. 연일 강추위지만 4월의 한반도는 잔인한 시기가 아니라 아름다운 비핵화의 꽃이 피는 시간이 되기를 기원해본다.

2. 북한이 시설 철거하겠다는 금강산 관광의 운명

韓·美 향한 김정은의 연말 총력전이 시작됐다
■ 중대 결정 앞두고 백두산에 등장, 직후 금강산 철거 지시와 對美 경고 나와
■ 北의 압박 이면엔 중국의 지원 … 중국인들에게 금강산은 큰 매력 없어

갑자기 눈 덮인 백두산에 백마를 타고 나타난 김정은 북한 국무위원장이 금강산으로 내려가서 폭탄선언을 했다. 북한 주요 관영 선전 매체들은 2019년 10월 17일 김정은의 백두산 등정을 "백두영장의 준마 행군길"로 치켜세우며 절대 충성을 강조했다. 또한 김정은이 백두산에 오를 때마다 새로운 '전략적 노선'들이 제시되고 '세상을 놀래 우는 사변'들이 일어났다고 밝혀 귀추가 주목됐다. 김정은은 2017년 11월 대륙간탄도미사일(ICBM)급 화성-15 발사 성공 직후 백두산에 올랐다.

김정은의 백두산 등정은 미래를 예고하는 상징적 함의를 갖고 있다. 2013년 11월 그는 최측근과 함께 백두산 인근 삼지연군에서 고모부 장성택 처형이라는 중요한 결정을 내렸다. 2011년 12월 30일 집권 이후 직면한 권력의 최대 장애물을 제거하기 위한 비밀 회동이었다. 서울에서는 김정은이 장성택을 처형했기 때문에 북한 내부가 불안하다고 평가했지만, 역설적으로 평양 입장

▌ 김정은 북한 국무위원장이 2017년 백마를 타고 백두산에 올랐다. 이후 북한은 한국과 미국을 향해 강경 발언을 쏟아냈다. / 사진: 조선중앙통신

에서는 이인자 행세를 하는 고모부를 처형하지 못하면 평양이 불안했다.

김정은의 최초 공식 백두산 등정은 2014년 12월이다. 김정은은 2011년 12월 17일 사망한 선친 김정일의 3주기를 앞두고 이른바 '백두 혈통'의 상징인 백두산 천지에 올랐다. 김정은 시대의 본격적인 개막을 알리는 리얼리티 쇼의 행보였다. 조선중앙 TV가 방영한 '어버이 장군님을 높이 모시려'라는 제목의 기록영화에는 김정은이 백두산 천지에 오른 영상이 포함됐다. 천지 주변은 흰 눈으로 덮여 있었고 김정은은 검은색 외투와 털모자, 장갑을 착용하고 천지를 배경으로 서서 감회에 잠긴 표정으로 주위를 둘러봤다. 그는 손가락으로 어딘가를 가리키며 말하거나 망원경으로 먼 곳을 응시했다. 김정은의 백두산 등정은 김정일 3년 탈상(脫喪) 이후 김정은 시대의 개막을 알리는 예고편이었다.

김정은의 '극장 정치'[1]

김일성의 빨치산 활동 무대라는 백두산은 북한에서 정치적 정통성의 성지(聖地)다. 최고 지도자가 백두산을 방문하는 것은 과감한 결단과 결기를 예고한다. 김정은은 중대 결심을 할 때마다 백두산을 등정했다. 2017년 12월 9일 백두산 등정 후에는 남북화해 신년사 발표로 대남과 대미 정책을 강경에서 유화책으로 급전환했다. 이에 앞서 9월에 제6차 핵실험, 11월 대륙간탄도미사일(ICBM) 발사를 끝으로 핵 무력 완성을 선언했다. 하지만 한국의 평창동계올림픽을 계기로 밀물 전략에서 썰물 전략으로 노선 변경을 전격 결정했다. 과거 1989년 서울올림픽 개최에 대응해 현금 5억 달러를 들여 세계청년학생축전을 개최하고 금고가 텅텅 비어 고생하던 쓰라린 추억을 상기했다. 남측의 동계올림픽에 숟가락을 올리며 주연 행세를 결정했다. 국제적 고립보다는 스포츠 행사를 통해 김정은의 국제무대 등장을 서서히 준비했다. 트럼프와의 정상회담 개최를 위해 대치국면에서 협상 국면으로 극적인 전환을 시도했다.

정책 전환 국면에서 백두산은 새로운 결단을 극대화하는 지리적 공간이다. 특히 삭풍에 눈 덮인 겨울 백두산은 고난과 분투의 분위기가 절정에 이른다. 지난 10월 김정은의 백마 사진은 두 군데서 촬영됐다. 첫 번째 사진은 갑무경비도로에서 올라오는 모습으로 뒤쪽 왼쪽에 김여정, 오른쪽에 조용원 노동당 제1부부장과 함께였다. 경사진 도로에서 올라오는 장면을 촬영해서 김정은의 높은 위상을 과시했다.

둘째 사진은 갑무경비도로의 설경을 배경으로 한 단독사진이었다. 세 번째 사진은 천지 근처에서 단독사진이었다. 태영호 공사의 주장대로 평양의 미림승마장에 있는 백마를 비행기로 미리 공수해서 승마 사진을 촬영했다. 2015년 10월 평양에서 개최된 남북노동자 통일축구대회에 참가한 인사들은 참관지역 중에서 미림승마클럽이 가장 인상에 남는다고 했다. 클럽에 120여 마리의 말이 있다고 한다.

10월 중순이지만 북풍한설이 몰아지는 백두산 등정도 쉽지 않은데 거기다가 백마 사진을 촬영하느라 실무자들이 생고생한 것은 불문가지다. 백마는 항일 투쟁 시절 김일성의 주요한 이동수단이었다. 만주 일대에서 떠돌이 투쟁을 하던 시절 마땅한 이동수단이 없던 김일성 일당은 주로 말을 타고 이동했다. 2011년 12월 28일 눈 덮인 평양 금수산 광장에서 거행된 김정일의 장례식에도 수십 필의 백마가 등장했다. 김일성 광장 등 평양 시내를 통과하는 과정에서 항일 투쟁 시절 활용됐다는 백마가 갑자기 나타나자 김정일이 과거 백마타고 항일투쟁을 전개했다는 아나운서의 해설이 조선중앙 TV에서 흘러나왔다.

사회주의는 상징조작에서 민주주의 국가보다 한 수 위다. 미국의 정치학자 찰스 메리암(Charles Meirram)은 정치에서의 상징 조작을 크레덴다(Credenda)와 미란다(Miranda)로 나눠 설명했다.[2] 전자는 이성에 호소해 복종의 동기를 부여하는 것으로 신조체계(信條體系)나 이데올로기 등을 가리킨다. 예컨대 자유라고 하는 가치를 강조하고 그것을 실현하는 사회임을 보여줌으로써 정통성을 확보한다. 후자는 정서에 호소해 복종을 유발하는 노래·깃발·기념비·건물 등을 가리킨다. 예컨대 위엄 있는 건물에 의해서 의회가 더욱 권위적으로 느껴지거나 국가(國歌)나 국기(國旗)로써 귀속사회에 대한 일체감을 불러일으키는 경우다.

백두산과 백마는 김일성~김정일~김정은 삼부자의 최우선 크레덴다이다. 평양에서 무미건조한 연설을 하거나 영혼 없는 지시를 하기보다는 엄동설한에 백마를 타고 백두산에서 이동하는 사진은 사생 결단의 고뇌를 대내외에 과시한다. 북한 인민들은 지도자의 비상한 모습에 바짝 몸을 낮추고 향후 행보에 주목한다. 미란다는 김정은의 선동적인 발언이다. 김정은은 이번 등정에서 '미국이 고통을 강요해 와서 북한 인민들이 분노하고 있다. 이럴수록 힘을 키워야 한다'라는 메시지도 발표했다. 인민들의 삶이 어려운 것은 미국의 대북제재 때문이라는 논리다. 결국 미국과의 관계가 해결돼야 한다는 입장이다. 한편으로 북미 관계 등에서 더는 대화에만 매달리지 않겠다는 중대 결심의 예고편으로 읽는다.[3]

이번 김정은 위원장의 백두산과 백마 퍼포먼스는 어떤 결과를 가져올 것인가? 가시적인 행동이 나오는 데는 일주일이 채 걸리지 않았다. '닥치고 공격' 행태는 대남 관계부터 시작됐다. 북한은 그동안 금강산 관광 등 남북 경협 사업에 대해 '김정일 위원장의 결단'이라고 선전해 왔다. 하지만 김정은은 자기 아버지가 추진한 금강산 관광 등 대남 정책이 잘못됐다고 비판했다. 김정은은 남북 경협의 상징인 금강산 관광 사업에 대해 "잘못된 정책"이라고 혹평하면서 "보기만 해도 기분이 나빠지는 너절한 남측 시설들을 싹 들어내라"고 지시했다. 김정은은 금강산 관광 지구를 현지 지도한 뒤, "금강산 관광 사업을 남측을 내세워 하는 일은 바람직하지 않다"라고 지적했다. 백두산 백마 등정 후 첫 육성 지시로 '금강산 시설 철거'라는 초강수를 던졌다. 그간 요구해 온 남측의 금강산 관광 재개 등 대북제재 완화에 진전이 없자 노골적으로 불만을 표출하며 대남 압박에 나선 것이다.

"너절한 남측 시설들을 싹 들어내라"

김정은은 고성항과 해금강호텔, 온천빌리지, 고성항골프장 등 남측이 건설한 건물들을 둘러본 뒤 "민족성이라고는 전혀 찾아볼 수 없고 범벅식"이라며 "피해 지역의 가설 막이나 격리 병동처럼 들여 앉혀놓았다"고 비판했다. 그러면서 "남측의 관계 부문과 합의하여 (남측 시설을) 싹 들어내도록 하고, 우리 식으로 새로 건설해야 한다"고 말했다. 3대 세습 정권인 북한은 중국이나 러시아와 달리 후계자가 아버지를 비판하는 것은 전례가 없다. 북한에서 신격화 대상인 김일성·김정일의 정책을 공개 비판하는 것은 금기사항이다. 더구나 김정일의 아들이자 정치적 후계자인 김정은이 선대(先代)의 정책을 대남 의존적이라고 정면 비판한 것은 북한에서 최초의 사건으로 평가해도 무방하다. 김정은의 지시로 해금강호텔 등 7,800억 원이 투입된 현대아산의 금강산 사업은 좌초 위기에 직면했다. 한국관광공사

▌김정은 북한 국무위원장의 '남측 시설 철거 지시'로 위기를 맞은 금강산 관광 시설. / 사진: 연합뉴스

에서 건설한 문화회관, 아난티 그룹이 투자한 '깔때기 홀' 골프장 등 21개 시설물이 철거될 상황이다.

특히 북측은 대면보다는 문서로 철거 문제를 남측과 협의할 것을 제안했다. 북측은 문재인 대통령 모친상 발인 전날, 판문점을 통해서 조전(弔電)을 보내왔지만 24시간도 지나지 않아 동해안으로 방사포 2발을 발사했다. 북측은 남북한 최고지도자의 조사에 조의를 표하는 관행은 유지하지만, 정치적 대치 상황과는 별개라는 입장을 보임으로써 혹시나 대화를 기대했던 청와대를 당혹스럽게 했다. 이로써 문 정부의 대북 정책이 갈림길에 서고 있다. 결국 1998년 10월 29일 현대그룹과 북한 조선아시아태평양평화위원회(아태) 간에 '금강산 관광사업에 관한 합의서'가 체결돼 같은 해 11월 18일 해로 관광으로 시작된 금강산 관광은 사실상 사망선고를 받게 됐다.

중국, 연 200만 명 관광으로 북한 지원

김정은의 금강산 시설 철거는 남측에 대한 압박임과 동시에 믿는 구석이 있기 때문에 가능하다. 6월 21일 처음으로 평양을 방문한 시진핑 중국 국가 주석은 트럼프 대통령과 절묘한 힘겨루기 게임을 하고 있는 김정은에게 지원을 약속했다. 구체적인 지원은 식량과 대규모 중국 관광객 송출이었다. 모두 유엔 안보리 제재와 무관하다. 시진핑 주석은 유엔의 대북제재 대상이 아닌 관광객 송출을 통해 미국과 제로섬 게임을 하는 북한을 지원하겠다는 입장이다. 연간 200만 명의 숫자까지 흘러나오고 있다. 북·중 밀월로 중국인의 북한 여행이 크게 늘고 있다. 금강산 관광지구를 포함해 북한 주요 관광지에 중국 관광객이 급증했다.

북한은 중국 자본 유치를 위해 중국 기업체를 상대로 북한 관광 투자 홍보에도 열을 올리고 있다. 2019년 7월 저자가 방문한 북·중 국경도시 단둥에는 신의주를 통해 북한으로 가는 관광객이 줄을 이었다. 단둥의 호텔 1층에는 북한 전담 여행사들이 영업중이었다. 시진핑의 6월 방북 이후 중국인의 북한 여행이 더 활발해졌다. 북·중은 목적지에 평양이 포함되지 않는 당일 관광인 경우, 중국인은 여권 없이도 중국 정부가 발급한 통행증만 있으면 북한을 방문할 수 있도록 접근 장벽을 낮췄다.

북한에서 휴대전화와 카메라도 소지하는 등 여행 통제도 완화됐다. 단둥과 평양을 잇는 기차 노선은 빈자리가 없고 오전에 단둥에서 출발해 북한 신의주를 둘러본 후 오후에 다시 단둥으로 돌아가는 당일치기 버스 여행도 인기다. 침대 열차를 타고 평양과 금강산 등을 둘러보는 5~6일짜리 여행 상품에도 중국인이 몰리고 있다. 2019년 7월 북한 선전 매체 [조선의 오늘]은 7월 하순부터 11월 말까지 올해 금강산 관광이 진행된다고 보도했다. 3박 4일 관광 일정에는 삼일포, 해금강 등 관광과 등산, 낚시, 온천 목욕 등이 포함했다. 과거 시즌 특별상품이었던 전세기 형태의 항공 여행도 상설화했다. 북한 고려항공은 평양과 중국 베이징·상하이·선양 간 정기 노선에 이어 다롄·지난 노선도 열었다.

중국 관영 매체에서는 북한 관광산업 발전을 다루며 주요 관광지를 소개하는 보도가 이어지고 있다. 지난 9월 중국 공산당 기관지 [인민일보] 는 평양을 찾는 중국 관광객이 급증했다고 전했다. 올봄부터 북·중 접경 도시 단둥에서 평양으로 가는 국제열차표를 구하기 어려워졌고 중국에서 온 관광 버스로 평양역 주차장이 가득 찼다는 내용이다. 2016년 7월 문을 연 평양 미림항공구락부도 자주 소개되고 있다. 중국 국영 CCTV는 경비행기를 타고 평양 주요 건물과 관광지를 내려다보는 하늘 관광이 중국인 사이에서 인기를 끌고 있다고 보도했다. 중국 당국의 허가와 지시 없이는 나올 수 없는 보도다. 북한으로 향하는 중국 여행객은 가파르게 증가하고 있다. 올해 5월 중국 국가여유국은 지난해 북한을 찾은 중국 관광객이 120만 명으로 집계됐다고 밝혔다. 중국이 마지막으로 북한을 방문한 중국 관광객 수를 공개한 2012년 관광객 수가 23만 7,000여 명이었던 것을 고려하면 5배가 늘어났다. 중국인 관광객은 유엔 제재를 우회하는 북한의 핵심 외화벌이 소득원이다. 북한은 국제사회의 대북제재 속에서 관광 산업을 전략적으로 키우고 있다. 김정은이 금강산을 철거하라는 과격한 지시를 내릴 수 있었던 배경에는 중국 관광객 증가가 있었다. 200만 명 돌파는 시간문제다.

김정은은 8월 말 평안남도 양덕군에 있는 관광지구 건설 현장을 시찰했다. 조선중앙방송이 스키장과 온천 휴양이 결합한 시설이라고 소개한 곳이다. 이곳엔 3개의 스키 활주로를 갖춘 스키장이 건설되고 있는데, 완공되면 북한의 세 번째 스키장이 된다. 2013년 김정은의 지시로 강원도 원산 근처에 만든 마식령 스키장도 단장에 들어갔다. 모두 중국 관광객 증대를 겨냥한 것이다.

북한은 중국 기업을 대상으로 투자 설명회도 개최했다. 북한 대외경제성 산하 조선대외경제법률자문사무소 변호사들은 올해 4월 베이징에서 중국 법률사무소 세미나에 참석해 북한 외국인투자법과 26개 경제개발구역을 소개했다. 북한은 중국 기업가와 지방정부 등을 대상으로 원산과 금강산 관광지구 투자 유치에 총력을 기울이고 있다. 관광시설 확충에 필요한 자금을 끌어들이기 위해서다. 김정은이 10월 23일 남북 경협의 대표 사업인 금강산 관광지구 내 남측 시설 철거를 지시한 게 알려진 후, 북한은 금강산을 집중적으로 홍보하며 중국 자본 유치에 속도를 내고 있다. 북한은 '금강산 관광 파트너'를 한국에서 중국으로 갈아치우고 활성화 방안을 모색 중이다. 북한은 '금강산에 이어 개성공단의 남측 시설을 몰수하고 중국 자본을 끌어들여 개발에 나설 것이라는 이야기를 흘리며 남측을 압박하고 있다.

중국의 지원은 북한 외교의 지렛대다. 2019년 6월 시진핑 중국 국가주석은 평양을 방문했다. / 사진: 조선중앙통신

금강산 시설물 철거라는 초강수를 발표한 직후 바로 미국에도 포문을 열었다. 김정은의 육성으로 '금강산 남측 시설 철거' 방침을 밝힌 지 하루 만에 미국에 협상 개최를 압박했다. 미국과는 대화에 나서면서 한국은 철저히 배제하는 전형적인 통미봉남(通美封南) 전략이다. 외교 일선 무대에서 은퇴한 김계관 북한 외무성 고문은 10월 24일 김정은과 트럼프의 '각별한 관계'를 강조하면서 "미국이 어떻게 이번 연말을 지혜롭게 넘기는가를 보고 싶다"고 말했다. 김계관은 이날 발표한 담화에서 "의지가 있으면 길은 열리기 마련"이라며 미국에 연말까지 새로운 대협 빙인을 제시할 것을 요구했다. 북·미 정상 간 친분을 강조하며 미국의 태도 변화를 압박한 것이다. 동시에 여전히 정상 간 '톱다운 대화'를 통해 문제를 풀어나가겠다는 기대를 밝혔다. 김정은이 시한으로 제시한 연말 안에 3차 북·미 정상회담 성사를 제안했다. 북한은 스톡홀름 실무협상을 의도적으로 결렬시킨 뒤, 톱다운(top-down) 방식의 정상회담 카드를 다시 꺼내 들었다. 그동안 3차례의 상향식 실무회담은 성과를 거두는 데 실패한 만큼 예측 불가의 지도자인 트럼프 대통령을 은밀하게 유인하는 하향식 방식으로 워싱턴을 공략하겠다는 복안이다.

北 "미국의 시간 끌기는 어리석은 망상"

실각설이 나돌았던 김영철이 나섰다. 2019년 2월 베트남 하노이에서 열린 제2차 북·미정상회담을 위한 실무협상을 지휘한 김영철 노동당 부위원장이 10월 27일 담화를 발표하며 미국에 시한을 거듭 상기시켰다. 김 부위원장은 담화에서 "조·미 관계가 그나마 지금까지 유지되고 있는 것은 김정은 위원장과 트럼프 대통령 사이에 형성된 친분 덕분"이라면서도 "모든 것에는 한계가 있는 법"이라고 밝혔다. 그러면서 "미국이 자기 대통령과 우리 위원장과의 개인적 친분을 내세워 시간 끌기를 하면서 연말을 무난히 넘겨보려고 생각한다면 그것은 어리석은 망상"이라고 지적했다. 북한과 미국이 지난해부터 우여곡절을 겪으면서도 대화 국면을 유지할 수 있었던 원동력인 김정은 위원장과 트럼프 대통령의 친분도 이제는 흔들릴 수 있다는 말로 미국에 태도 변화를 촉구한 것이다.

특히 '올해를 넘길 생각을 하지 말라'는 김 부위원장의 발언은 김계관 외무성 고문이 사흘 전 발표한 담화에서 정상 간 친분을 언급하며 "미국이 어떻게 이번 연말을 지혜롭게 넘기는가를 보고 싶다"고 말한 것과도 맥락을 같이한다. 김계관 고문과 김영철 부위원장이 시한을 언급한 것은 김정은 위원장이 지난 4월 최고인민회의 시정연설에서 공개적으로 연말을 협상 시한으로 못 박았기 때문이다.

세 번째 주자는 최룡해였다. 권부의 핵심 라인들이 총출동한 것이다. 최룡해 북한 최고인민회의 상임위원장 겸 국무위원회 제1부위원장은 국제회의에 참석해 한반도 정세가 중대한 갈림길에 서 있다며 한국과 미국을 향해 각각 민족 공조와 대북 적대 정책 중단을 요구했다. 최룡해는 아제르바이잔 수도 바쿠에서 열린 제18차 비동맹운동(NAM) 회의 연설에서 "지금 조선반도 정세가 긴장 완화의 기류를 타고 공고한 평

▌ 2018년 10월 북·미 실무협상 북측 수석대표로 나선 김명길 외무성 순회대사(왼쪽에서 두 번째)는 스웨덴 스톡홀름 북한대사관에서 미국을 비난하는 입장문을 발표했다.

화로 이어지는가 아니면 일촉즉발의 위기로 되돌아가는가 하는 중대한 갈림길에 놓여 있다"고 말했다. 최룡해는 이어 "김정은 동지는 지난 4월 시정연설에서 미국이 지금의 계산법을 접고 새로운 계산법을 가지고 우리에게 다가서는 것이 필요하다고 했다"고 주장했다. 한편 최룡해는 남북 관계에도 일침을 가했다. 그는 "지난해 북과 남, 해외의 온겨레와 국제사회의 커다란 관심과 기대 속에 역사적인 북남선언들이 채택됐지만, 북남관계가 우리 민족의 한결같은 지향과 국제사회의 기대에 부합되게 전진하지 못하고 있는 것은 전적으로 남조선 당국이 외세 의존정책과 사대적 근성에서 벗어나지 못하고 있기 때문"이라며 "북남 관계 개선은 남조선 당국이 민족공동의 이익을 침해하는 외세 의존 정책에 종지부를 찍고 민족 앞에 지닌 자기의 책임을 다할 때만 이루어질 수 있다"고 강조했다.

한국의 금강산 관광 재개는 가능한가?

북한의 연말 대공세를 앞두고 정부의 고민은 깊어만 가고 있다. 우선 북한이 대화 상대로 접촉을 거부하는 바람에 운신의 폭이 크지 않다. 이상민 통일부 대변인은 브리핑에서 "정부와 현대아산은 남북공동연락사무소(개성)를 통해 북측 조선아시아태평양평화위원회와 금강산 국제관광국 앞으로 각각 통지문을 전달했다"며 "북측이 제기한 (철거) 문제를 포함해 금강산 관광 문제 협의를 위한 당국 간 실무회담 개최를 제의했으며, 관광사업자(현대아산)가 동행할 것임을 통지했다"고 밝혔다. 정부는 '편리한 시기'에 금강산에서 만나자고 제안했다. 하지만 북한은 묵묵부답이고 서면 협의를 고집하면서 남측을 겁박하고 있다. 우리 정부만 애가 타는 모습이다.

최문순 강원지사를 비롯해 여권과 대북 시민단체는 "미국 눈치를 그만 보고 금강산 관광 재개 협상에 나서라"는 목소리를 내기 시작했다. 일부 세미나에서는 개별로 금강산 관광에 나서고 정부가 허가하는 방식으로 유엔 대북제재를 우회하면서 무력화시켜야 한다는 주장까지 나왔다. 북한은 연일 문재인 대통령을 비난하고 있다. 북한 매체 [우리민족끼리]는 10월 28일 '한반도 평화를 위해 국제사회의 지지·협력이 필요하다'는 취지의 최근 문 대통령 발언에 대해 "사대 매국적 발언" "구차스러운 추태"라고 비난했다. 수세에 몰린 정부가 저자세로 나오자 대남 압박 수위를 끌어올리는 모습이다. 이를 의식한 듯 이낙연 국무총리는 이날 국회에서 '북한의 태도와 발언이 심하다'는 야당 의원의 지적에 "북한도 그런 것이 우리 국민의 정서에 어떤 영향을 주는지 인식할 때가 됐다"고 말했다.

북한이 중국 관광객 유치를 통해 금강산 관광을 활성화하는 전략이 성공할지는 현재로썬 미지수다. 사실 금강산은 한민족의 명산이지 중국인들에게 단지 한반도의 여러 산 중의 하나일 뿐이다. 중국이 자국의 10대 명산으로 선전하는 백두산(중국명 장백산)과 금강산은 차원이 다르다. 백두산은 중국의 동북공정(東北工程) 상징이며 태평양 진출을 위한 동아시아의 거점이다. 금강산은 한국인이 애호하는 명산일 뿐이다. 저자도 금강산 관광 시절 3차례 방문했었다. 기암괴석과 계절별로 변화하는 풍광이 특이하지만, 산 중턱 바위에 붉은 글씨로 "김정일 장군 만세"와 같은 정치 구호가 새겨져 있는 모습은 매우 이질적이었다. 태산이나 장가계, 구채구 등 중국의 유명 관광지와 비교해 중국인들이 지속해서 매력을 느낄지는 미지수다. 중국인들의 금강산 방문은 오래가지 않을 것이며 관광 열기도 시간이 갈수록 시들해질 것이다.

1998년 시작된 금강산 관광의 의미는 한국과 중국에서 차원이 다르다. 지난 2008년 7월 11일 북한 초병의 총격으로 관광객 박왕자 씨가 사망해 중단되기 전까지 누적 관광객이 200만 명을 돌파했다. 이 열기는 중국인들의 금강산 방문과는 비교되지 않는다. 결국 중국인의 금강산 관광은 남측을 겁박하기 위한 대체카드다. 북한은 한국이 유엔 제재를 이탈해서 금강산 관광에 나서라는 압력을 행사하지만 북·미간 비핵화 협상이 접점을 찾지 못하는 상황에서 한국이 금강산에 끼어들 여지는 매우 제한적이다. 평양은 금강산에 한국의 투자를 유치하고 대규모 관광객을 끌어들이는 첩경은 하루빨리 북·미간 완전한 비핵화에 도달하는 비핵화 협상의 타결이라는 사실을 인지해야 한다. 지난 10월 국가대표 팀의 평양 축구경기에서 드러났듯이 스포츠가 정치를 앞설 수 없다. 관광 역시 정치를 앞서갈 수 없다. 하루빨리 완전한 비핵화 협상 타결로 많은 한국인이 자유롭게 금강산 관광에 나서길 기대한다.

▎ 2008년 금강산 관광 중 북한군 총격으로 숨진 박왕자 씨의 장례식. 이 사건 이후 금강산 관광은 중단됐다

3. 남·북한 군사력 입체 비교

마오쩌둥의 군대가 될 것인가, 장제스의 군대가 될 것인가
- 최신 무기, 동맹 체계와 공군력은 한국군이 우월
- 재래무기·잠수함·핵전력·맨파워는 북한군에 열세

"우리의 재래식 군사력은 북한에 비해 월등하다. 우리는 핵개발을 할 수 없게끔 돼 있어 북·미 간 대화를 노력하는 거다."(문재인 대통령) "북한의 핵·미사일 개발 상황에서 군 통수권자인 대통령이 대한민국의 안전은 확실히 보장된다는 안심을 줘야 한다."(주호영 미래통합당 원내대표) 2020년 5월 28일 청와대에서 만난 두 사람의 대화다. 문 대통령은 이날 청와대에서 신임 주호영 미래통합당 원내대표, 김태년 더불어민주당 원내대표와 만났다. 3차 추경처리, 신한울 원전 3·4호기 공사 중단, 고위공직자범죄수사처 등 최근 국정현안에 관해 묻고 답하는 과정에서 나왔다.

당연히 북한의 재래식 군사력이 남한보다 못해서 핵과 미사일을 개발한다는 논리가 연결된다. 과연 북한의 재래식 군사력이 우리보다 열등한가를 따져 보지 않을 수 없다. 실제로 재래식 군사력이 열등하다면 핵과 미사일은 남북간 군사력 균형을 맞추기 위한 평양의 대응책인 만큼 심각한 안보

남북한 군사력은 단순 비교만으로 우열을 가리기 어렵다. 하드웨어와 소프트웨어에서 전력 우위가 엇갈린다. 2017년 문재인 대통령이 참석한 가운데 열린 국군의날 행사(왼쪽). 2018년 2월 인민군 창설 70주년 행사에서 열병 중인 북한군.

불안감을 느낄 필요도 없을 것이라는 귀납적 결론에 도달한다. 특히 요즘 우리 군의 불가사의한 각종 일탈 행태와 맞물려 심도 있는 분석이 필요하다. 역사 속으로 사라져가는 한국전쟁 발발 70주년을 맞는 시점에서 우리의 재래식 전력이 북한에 비해 진짜 월등한 것인지를 검증하기 위해서 각종 무기와 경제력 등 유형의 하드웨어를 비교하자. 다음은 과연 하드웨어를 작동시키는 군의 '기강(discipline)'과 '전투의지' 등 무형의 소프트웨어를 비교한다.

전쟁 발발 가능성 적다는 주장, 사실일까

우선 남북한의 경제력을 토대로 재래식 무기와 핵무력을 포함한 하드웨어를 비교 분석해보자.

송영무 전 국방장관은 지난 5월 한 언론과의 인터뷰에서 "군사력 평가에는 무기 수량을 단순 비교하는 정량평가와 무기 성능 등을 반영한 정성평가가 있다. 전차·항공기·함정 등 주요 재래식 무기 수량은 북한군이 약 2~4배 많다. 하지만, 정량평가는 큰 의미가 없다고 본다. 해군 제2전투전단장(준장)으로 1999년 제1연평해전에 참여한 경험을 돌이켜볼 때, 정성적 측면에서 보면 당시 북한 해군은 우리 해군의 상대가 되지 않았다. 미국 군사력 평가기관인 글로벌파이어파워(GFP)가 '2020년 세계 군사력 순위'를 매기면서 한국을 6위로, 북한을 25위로 평가했다"고 주장한다.

그러면서 우리가 북한의 군사 위협에 대한 트라우마에서 벗어나야 할 다섯 가지 이유가 있다고 강조한다. "먼저 한국전쟁 당시에는 김일성이 소련 스탈린과 중국 모택동에게 남침 군사지원을 요청해 지원을 받았지만, 오늘날 중국과 러시아가 한반도 전쟁을 야기하는 대북 군사지원을 할 가능성은 희박하다. 둘째, 한국전쟁에서는 북한 재래식 전력이 우리보다 월등히 앞섰지만, 지금은 북한이 한국에 대한 재래식 전력 우위를 상실했다. 셋째, 한국전쟁 시에는 주한미군이 고문단만 남기고 철수했는데, 지금은 미 육군과 공군이 한국에 주둔하고 있고, 한반도 유사시 투입될 미 해군, 해병대 병력이 괌, 일본에 배치되어 있다. 2019년 기준으로 우리가 북한보다 국내총생산(GDP)이 53배 많을 정도로 남북 경제력 격차가 벌어졌다. 다섯째, 한국은 북한보다 강력한 치안 행정체계를 갖추어 전시 대규모 물자, 인력 동원 능력이 월등하게 앞선다."

남한의 국력이 북한의 국력을 압도하고, 한국전쟁 당시의 국제정세와 달리 미군이 주둔하고 있으며, 중국과 러시아가 한반도의 안정을 바라기 때문에 전쟁이 발발할 수 없다는 주장은 일면 타당하다. 하지만 이런 국제정치 변수들이 항상 고정 불변한 상수(常數)는 아니다. 미군의 주둔은 항시 유동적이다. 최근 트럼프 대통령은 독일 주둔 미군 3만 4,500명에서 9,500명을 감축하기로 결정했다. 서울과 워싱턴 양측 모두 한·미 동맹의 가치가 하락세를 보이는 만큼 주한미군의 철군은 구체화될 가능성도 배제할 수 없다.

중국과 러시아는 한반도에서 현상유지(status quo)를 바라지만 힘의 공백이 생기면 언제든지 정책은 급변할 수 있다. 2014년 러시아의 크림 반도 점령과 같은 기습은 한반도에서도 언제든 발생할 수 있다. 한반도에서 무력 충돌이 발생해 외국 자본이 급속하게 이탈할 경우 과연 53배의 한국 경제력이 수치대로 유지될 수 있을지도 미지수다. 동북아 국제정치는 정태적인 일차방정식이 아니라 동태적인 고차방정식이다.

북한의 재래식 전력은 그 폐쇄성 때문에 국방부의 국방백서와 각국 군사력 평가 기관 보고서 등에서도 정확히 파악하기는 쉽지 않다. 결론은 북한의 공군력은 '미흡'하고, 해군력은 '미지수'이며, 육군력은 '강력한' 수준으로 요약된다. 국방부가 2019년 초 발간한 [2018 국방백서]에는 남북한 간 전력비교가 '정량적'으로 표시돼 있다. 무기체계의 성능과 노후도, 합동전력 운용개념 등 정성평가는 빠져 있다. 북한군 병력은 2018년 12월 기준 128만여 명으로 한국의 59만 9,000여 명의 2배가 넘는다. 전차는 한국 2,300여 대, 북한 4,300여 대, 전투함정은 한국 100여 척, 북한 430여 척, 전투기는 한국 410여 대, 북한 810여 대다. 북한의 주요 무기 수량은 한국의 2~4배 수준이다.

미국 군사력평가기관 글로벌파이어파워(GFP)는 '2019년 세계 군사력 순위'를 매기면서 한국 7위, 북한 18위로 평가했다. GFP는 재래식 무기의 수량만으로 육·해·공군의 잠재적 전쟁 능력을 분석한다. 가용 자원과 경제력 등 50여 가지 지표로 파워지수를 산출한다. 하지만 우리 사병이 18개월, 북한군이 10년을 근무하는 인적 소프트파워의 숙련도와 전투태세 등은 반영되지 않는다.

남북의 육상 전력은 막상막하

2020년 한국의 국방 예산은 전년 대비 7.4% 증가한 50조 1,527억 원으로 역대 최고다. 최초로 50조 원을 상회했다. 2022년도에는 55조 원을 넘어섰다. 북한 국방비를 압도한다. 군대 막사, 피복 및 부식과 급여 등 장병들의 후생복지비 비중이 30%를 상회한다. 열악한 북한군과 비교할 수 없는 수준이지만 후생복지가 전투력과 직결되지는 않는다. 무기 체계 획득 예산인 방위력 개선비는 약 16조 6,804억 원으로 국방예산 중 33.3%를 차지했다. 단순 예산 규모로만 실전 전투력을 판단하기 어렵다.

북한의 육군력은 만만치 않다. 육군 전력의 핵심인 전차는 6·25 남침 당시 공격의 선봉에 섰다. 우리 군보다 2,000여 대 이상 수량이 많고 지난 수년간 다양한 신형 전차들이 속속 등장하고 있다. 북한군의 최신형 전차 모델명은 '선군호' 계열로 불리는데 125㎜ 주포를 장착하고 있다. 적외선 야시장비, 레이저 거리측정기, 컴퓨터 사격통제장치, 화생방 방호체계를 갖췄다. 기존 전차에 비해 사격 정확도가 높아졌고 주 야간 사격 능력도 갖고 있으며 선진국 군대의 상위급 전차로 평가된다. 한국 육군은 세계 3위권 전차로 불리는 K2 흑표전차 100여 대를 전력화했고 주력 전차인 K1A1과 K1전차 1,500여 대 보유하고 있다. K2·K1A1 전차의 주포는 125㎜급이고 K1 전차는 그보다 낮은 105㎜급이다.

남북 재래식 전력의 격차는 공군력에서 두드러진다. 북한 공군의 주력전투기는 4세대 전투기로 분류되는 MIG-29로 30여 대를 보유하고 있다. MIG-29를 제외하면 MIG-21, MIG-19 등 3세대 이하 전투기가 대부분이다. MIG-29를 끝으로 북한의 전투기 도입은 사실상 중단됐다. 우리 공군은 4세대 전투기인 F-16 180여 대, 4.5세대인 F-15K 59대를 보유하고 있다. 올해부터 전력화한 5세대 전투기 F-35A는 2021년까지 40여 대를 순차적으로 도입한다. 정량과 정성 모두에서 북한의 공군력은 우리 상대가 되지 못한다.

북한군 해군력에 대한 평가는 다소 엇갈린다. 한국 해군이 수상함 전력에서는 월등히 앞서지만 70여 척을 보유한 북한의 잠수함 전력은 우리에게 공포의 대상이다.

❚ 미국은 핵억제력과 주한미군을 통해 한반도의 전력 균형을 유지한다. 합동군사훈련을 하고 있는 국군과 주한미군.

북한은 한국전쟁 당시 해군력의 열세를 만회하기 위해 1967년 잠수함 부대를 창설했다. 70여 척 가운데 상당수는 소형 잠수정이고 잠수함의 생명인 은밀성·기동성에 대한 평가는 정보 부족으로 어렵다. 하지만 전 세계 6개국만이 상용무기화한 SLBM(잠수함발사탄도미사일)을 탑재한 잠수함 전력은 무시무시하다. 부산이나 서귀포 앞바다에서 SLBM이 발사되는 장면은 상상만 해도 끔찍하다. 2015년 5월 김정은이 함경남도 신포의 신형 잠수함 미사일 발사 성공을 축하했다는 북한 매체의 보도를 간과할 수 없다. 북한의 신형 잠수함은 SLBM 3기를 탑재할 수 있다고 한다.

북한, 공군력 열세를 잠수함으로 보완

국내에서 북핵을 군사력 평가에 포함시킨 연구로는 황성돈 외 10명이 2016년에 발간한 [종합국력: 국가전략기획을 위한 기초자료]가 있다. 이 자료는 기본적으로 G20 국가들의 종합 국력을 비교했다. 종합 국력의 한 요소로 국방력을 측정하고 있다. ▷국방비 ▷현역군인 ▷예비역 ▷전차 ▷대포 ▷전투함 ▷잠수함 ▷전투기 ▷핵전력(핵무기 10개 보유 가정) 등 9가지 요소를 사용했다. 이 모형에서는 국방비를 투입(input)으로 판단해 국방비에 50%의 비중을 부여했고, 나머지 항목은 산출(output)로 봐서 50%의 비중을 두었다. 핵무기를 독립된 항목으로 포함시켰을 뿐만 아니라 2배의 가중치를 부여했다.[4]

연구 결과 남북한 군사력은 21개국 중에서 남한은 49.6으로 6위이고, 북한은 53.0으로 4위로 북한이 다소 우세했다. 남한은 투입 분야에서 국방비가 크지만, 북한은 산출 분야 즉 현역·예비역·전차·대포·잠수함 등은 물론이고 핵진력 분야에서도 일방적으로 우세하다. 핵무기를 포함한 남한의 군사력 지수는 840이고, 북한은 946.4이다. 이것을 백분율로 표시하면 남북한이 100 : 113 비율이다. 핵무기를 포함할 경우 북한의 군사력이 강하기는 하지만, 미국의 핵우산이 상쇄할 경우 압도적인 격차가 발생하는 것은 아니다. 미국의 확장억제가 제공되지 않는다고 할 경우 남북한의 군사력 균형은 북한이 우세해 700 : 946.4(백분율 100 : 135.2)가 되어 북한 군사력이 35% 이상 강해진다. 2016년과 비교해 북핵의 숫자가 증가하고 있어 북한의 군사력 우위는 날로 증가하고 있다.[5]

GFP의 물리적 파워 추정은 북한의 은밀한 무기체계를 정확하게 파악하지 못한다. 만포, 강계 등 자강도 북·중 국경지대 지하 요새에 숨겨진 각종 무기는 일급비밀이다. 1940년대 장제스의 국민당 군대와 마오쩌둥의 공산당 군대, 1975년 월남 패망 전에 티우 대통령의 군대와 월맹의 호치민 군대 간의 물리적 경제적 격차는 비교 불가 수준이었다. 장제스 군대와 티우의 군대는 미국의 각종 무기와 군수물자 지원으로 흥청망청 자체였다. 춘추전국시대 손자병법이 발간된 이래 세계 전쟁사에 기록된

북한은 핵전력을 강화함으로써 노후한 재래식 무기와 군사비의 열세를 만회하고 있다. 2018년 2월 인민군 창설 70주년 퍼레이드에서 공개된 북한의 ICBM 화성-15호. / 사진: 연합뉴스

흥망은 하드웨어와 소프트웨어가 모두 우세하면 백전백승이다. 모두 열세면 백전백패다. 둘 중의 하나만 우세하면 승패는 미지수다.

미국 핵우산에 의존하는 '불안전한 균형'

한국군이 북한군에 비해 두 가지 요소 모두 우세하다는 평가는 유보할 수밖에 없다. 유형의 하드웨어는 북한이 신형 미사일과 방사포를 지속적으로 개발하지만, 주한미군의 핵우산과 우리의 국방비 증가율을 토대로 '불안전한 균형(unstable balance)'이라고 판정을 내릴 수 있다. 반면 하드웨어를 작동시키는 무형의 인적 소프트웨어인 병력의 '기강(discipline)과 전투의지(battle willingness)'에 있어 우리가 북한보다 우위를 점하고 있다는 평가는 자화자찬이다.

저자는 2020년 5월 들어 한 일간지에 '당나라 군대인가 장개석 군대인가'라는 칼럼을 언론사의 요청으로 게재한 적이 있다. 최근 군내에 끊이지 않는 사건과 사고가 막장 드라마 수준을 넘고 있음을 지적하지 않을 수 없었다. 군의 일탈 행태와 유형은 다양하다. 구성원이 60만 대군이고 전국 단위의 백화점식 사고라 여간한 스토리는 가십거리도 되지 않는다. 부패지수가 높은 여의도 정치권을 압도하고 있다. 평소 안 보이는 '안보'를 책임지라고 최고 혜택의 군인연금에 제복까지 제공하는 국군은 어느새 외부의 감독과 감시가 필요한 대상으로 부각됐다. 장병들의 일탈과 군을 둘

러싼 잡음은 우리 사회의 새로운 골칫거리로 등장하고 있다. 사례가 너무 많아 정리조차 어렵지만 언뜻 떠오르는 스토리만도 다음과 같다.

우선 이권개입에 의한 부패형이다. 뿌리 깊은 군납 비리다. 사단의 예산 업무를 담당하는 중령이 군납업자로부터 뇌물을 받고 구속되는 사례는 비일비재하다. 장군인 고등군사 법원장까지 군납업자에게 휘둘려 뇌물 혐의로 4년 징역형을 선고받으니 산하 영관급 장교들의 일탈을 탓해봐야 허망한 일이다. 피복과 부식은 물론 무기개발까지 전 군수분야에 걸쳐 아예 국방예산의 일정 비율은 군납업자와 관련 장교들에게 급행료와 수수료로 지급된다고 하니 개탄스럽다. 군 관계자가 민간 업자와 무슨 체력 단련을 함께 할 일이 많아 주말이고 평일이고 골프장에서 호형호제하는지 알 수가 없다.

최전방 소대장이 암호화폐 억대 사기로 실형을 받는 것은 뉴스도 아니다. 어려운 나라살림에 안보는 무슨 일이 있어도 튼튼히 하라는 국민의 요구를 수용해 경제를 희생해가며 국방비를 늘렸는데 고양이에게 생선을 맡긴 격이다. 군이라는 특수 영역이 민간의 감시 체제가 작동되지 않는 보호막이 되고 있다. 직업장교들은 군인연금 기간 채우는 것이 최대 과제다. 생

북한 해군의 핵심전력인 잠수함탄도미사일(SLBM)은 한국군에 치명적인 위협 요소다. 2019년 9월에 신형 SLBM '북극성-3형'의 시험 발사 장면. / 사진: 연합뉴스

계형 군대의 종착역은 어디인가. 혈세가 줄줄 새는 고질적인 현상을 차단하는 조치는 고착화된 문화로 정착돼 국방장관의 지휘서신 몇 장으로 근절되지 않는다. 오합지졸과 부정부패의 대명사 중국 국민당 시절의 장제스 군대를 연상하지 않을 수 없다.

끊이지 않는 '백화점식' 군기문란 사고

다음은 군내부의 기강 문란형이다. 육군 대령이 부대장을 도청하고 사병이 여군

중대장을 작업이 과도하다며 야전삽으로 폭행하는 현실이 2020년 대한민국 군대다. 상명하복은 군기 문란으로 무너진 지 오래다. 군은 적이 명료해야 한다. 적으로부터 국가를 수호한다는 의식이 필수적이다. 각종 기념사에서 정부 여당 지도자들은 입만 열면 평화를 강조한다. 북한 권력 이인자인 김여정이 대북전단 살포 금지를 요구하자 정부는 4시간 만에 전광석화처럼 법 제정 방침으로 화답했다.

이미 우적(友敵) 개념이 흔들려 북한은 적이 아니라는 분위기가 팽배해진 상황에서 군의 훈련이 무슨 의미를 가지겠는가. 북한은 적이 아니라는 정훈교육이 대세다. 사병들은 통제된 시간에 회의감을 가지며 틈만 나면 스마트폰과 씨름한다. 만취된 주정뱅이가 재미 삼아 부대 철조망을 뛰어넘어도 부대원들은 무사태평이다. 군의 엄정한 기강이 사라지니 관련 민간 분야도 각자도생이다. 최근 국방과학연구소(ADD) 연구원들이 민간으로 이직하며 수십만 건의 무기개발 소프트웨어를 담아가지고 나갔다. 방산업체 취업을 위한 비장의 무기인 셈이다. 국방 예산이 '눈먼 돈'으로 전락하자 혈세로 개발한 무기개발 설계도를 가지고 취업에 나선다. '군산(軍産) 복합체'라는 기업과 군 간의 특수 연계그룹이 선진국에도 있지만 한국의 경우 도를 넘어섰다.

2020년 비무장지대에서 발생한 북한군의 총격사건은 우리 군의 총체적인 문제점을 노출시켰다. 5월 3일 비무장지대(DMZ) 내 북한군 전방초소(GP)에서 우리 군 3사단 GP 장병들이 근무하는 관측소에 14.5㎜ 중기관총인 고사총 4발을 발사했다. 2m 이내 탄착군을 형성했으니 숙련된 명사수들의 솜씨임에 분명하다. 고사총의 위력으로 GP 관측소 장병들은 강한 진동과 벽에 스파크 발생을 인지했다. 고사총은 맞으면 즉사한다. 북한 GP의 핵심 화력이다.

합참의 설명대로라면, 짙은 안개로 시계가 0.5~1㎞에 불과한 상황에서 오발했는데도 탄착군을 형성하며 명중시켰다. 거의 영화에 나오는 전문 스나이퍼(저격수) 수준이다. 하지만 합참은 북한군 교신 등 여러 정황을 종합해 초지일관 '우발적 총격'이라고 강조한다. 고사총 사격을 하려면 안전장치부터 풀어야 한다. 총기 점검은 탄창을 빼고 하는 게 상식이다. 10년씩 장기 복무하는 최정예 북한 GP 근무 민경대원들이 그런 실수를 할 가능성이 있을까? 합참은 사고 발생 후 최초 브리핑에서 고사총 지상 유효사거리가 남북 GP간 거리(1.5㎞)보다 짧다는 잘못된 정보를 오발의 근거로 제시해 사과까지 했다. 고사총의 대공(對空) 유효사거리 1.4㎞를 지상 유효사거리(약 3㎞)를 착각했다고 한다. 자충수가 한두 가지가 아니다.

우리 군의 현장 대응은 점입가경이다.

바닥에 떨어진 탄두로 북한 고사총 총격을 확인한 3사단장은 대응지침에 따라 아군의 동종 무기인 K‒6 사격을 지시했다. KR‒6는 원격사격통제체제로 사격한다. 사수가 지휘 통제실에서 모니터로 목표 지점을 주시하며 관측실에 있는 총을 원격으로 조종해 발사한다. 관측실의 부사수는 노리쇠를 후퇴하고 전진하고 약실 검사 등을 통해 2차례나 격발을 시도했지만 작동하지 않았다. 기관총 공이 파열로 세 차례의 시도에도 불능상태에 이르자 연대장이 K‒3 경기관총을 이동시켜 발사를 지시했다. 15발을 발사하는 데 32분이 소요됐다. 북한군이 지속적으로 사격을 했다면 32분 이전에 3사단 GP 목표물들은 초토화되고 아군 병사들은 저 세상 사람이 되었을 것이다. 군 정비팀이 분석한 결과 문제의 KR‒6는 공이(뇌관을 치는 막대)가 파손돼 격발되지 않았다. 불량 총기를 GP에 걸어 놓고 유사시에 대비해온 것이다.

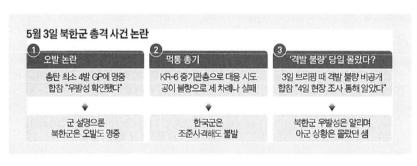

특히 K‒6의 오작동을 총격 당일 합참이 몰랐다는 주장도 이해가 가지 않는다. 합참은 총격 다음날인 4일 현장 조사가 이뤄진 뒤 알았다고

밝혔다. 공이는 총기에서 가장 기초적인 부품으로 정기 점검에서 공이 불량을 걸러내지 못했다면 도대체 무슨 부품을 점검했다는 것인지 이해가 가지 않는다는 것이 예비역들의 한숨이다. 결국 "군이 어쩌다 이 지경이 됐는지 기차 찬다"는 장탄식이 쏟아진다.

이런 우리 군에 대한 북한의 조롱은 선을 넘고 있다. 북한은 2020년 5월 21일 각종 선전매체들을 동원해 우리 군을 맹비난했다. 북한은 '오합지졸의 무리'라는 제목의 기사를 통해 "예로부터 규율이 없고 무질서한 병졸들 또는 그 무리를 까마귀 떼처럼 모인 병졸이란 뜻으로 오합지졸이라고 했다"며 "신통히도 이에 꼭 어울리는 군대 아닌 군대가 바로 남조선군"이라고 비난했다. 다른 선전매체 [우리민족끼리]는 국방과학연구소(ADD)의 기밀 유출 사건도 거론했다. "20여 명의 국방과학연구소 연구사들이 퇴직하면서 무인 무기체계 등 첨단 무기 개발과 관련한 수십만 건의 기밀자료를 빼내가는 사건이 발생하여 군 내부가 발칵 뒤집히는 소동이 일어났다"며 "군 내부 고위 장교로부터 일반 사병에 이르기까지 돈벌이를 위한 군사기밀 자료들을 빼돌리는 행위는 오늘날에 비로소 나타난 현상이 아니다"라고 지적했다. 과연 우리 군이 북한의 조롱과 지적질을 반박할 수 있을지 의문이다.

남북한 군사 균형의 린치핀(linchipin) 역할을 하는 주한 미군은 결코 한반도에 붙박이 군대가 아니다. 역사적으로 월남전의 사례를 검토하지 않을 수 없다. 1973년 파리평화협정이 체결되고 키신저와 월맹의 레둑토에게 그해 10월 노벨평화상이 수여되면서 평화 분위기가 만연했다. 신중하기로 정평이 난 티우 월남 대통령마저 낙관적으로 변모했다.

"하루에 두 끼밖에 못 먹고, 반찬으로는 소금만을 먹을 때가 많을 정도로 월맹의 경제난은 심각하다. 경제난 해결을 위해 미국의 40억 달러 전후 복구 원조를 절실히 필요로 하고 있기 때문에 월맹은 파리평화협정을 준수할 것이다. 월맹은 미 B52 폭격기의 소름끼치는 공포를 처절하게 경험했기 때문에 미국의 대월(對越) 안보 공약이 유지되는 한 최소한 10년간은 재침(再侵)하지 못할 것이다."

월남 패망이 우리에게 주는 교훈

1974년 10월, 월맹 하노이에서는 공산당 정치국과 중앙군사위원회 합동 비밀회의가 열렸다. 이 자리에서 레준 서기장은 "월맹군이 남침 총공세를 감행하더라도 미국은 닉슨 사임 후의 정치적 불안 때문에 월남에 대한 방위협정을 지킬 수 없을 것"이라는 결론을 내렸다. 티우 대통령은 포드 미 대통령에게 '미월(美越) 방위협정' 이행을 요구했다. 포드 대통령은 '월남 긴급 군사원조' 승인을 미 의회에 요청했다. 1975년 4월 19일 미 의회는 군사원조안건을 부결시켰다. 미국 의회에서 외면당한 월남공화국은 2주도 견디지 못하고 4월 30일 멸망했다.

월남 패망은 세계 전쟁사에서 중요한 두 가지 교훈을 남겼다. 첫째, 미국은 해당국가의 전투 의지가 있을 경우에만 참전해 지원한다. 둘째, 전쟁은 물리적 파워만으로 승패가 결정되지 않는다. 첨단 미제무기와 물자 등이 넘쳐난 월남군의 부실한 기강과 전투의지는 열악한 무기로 무장한 베트콩에게 상대가 되지 않았다. 오히려 첨단 미제 군수물자는 월남군의 자포자기식 패배로 월맹군에게 값진 노획물이었다.[6]

한국전쟁이 휴전된 지 67년이 지나며 평화 일변도의 안보정책이 대세다. 전쟁이 종료된 지 반세기가 지나면 적의 무력 공격은 영화나 퇴역군인의 회고록에나 나올 법한 소재로 전락한다. 평화라는 키워드를 내세우면 모든 게 일사천리다. '정치군인'들이 득세하는 군 수뇌부가 평화만 내세운다면 구성원들의 기강 해이는 명약관화하다.

'전쟁 없는 한반도'는 평화만 강조해서 달성되지 않는다. 강력한 무기와 기강이 있는 군대가 종합적으로 창출하는 억지력(deterrence)이 필수다. 한국전쟁의 참전 경험을 저술한 페렌바크 미군 중령은 저서 [이런 전쟁(This Kind of War)](1963)에서 '기강(discipline)'이 없는 군대는 패배할 운명이라고 지적했다.[7] 4세기 로마의 군사전문가인 베게티우스(Vegetius)는 군사학논고에서 강조하고 있다. '평화를 원하는 자는 전쟁에 대비하라(Let him who desires peace prepare for war)' 한국전쟁 발발 70주년을 맞는 시점에 기억하고 싶은 명언이다.

▌ 1973년 파리에서 열린 월남 평화회담에 참석한 헨리 키신저 미국 백악관 특별 보좌관(왼쪽)과 월맹 정치국원인 레둑토.

4. 남북연락사무소 폭파 이후 남북관계 전망

트럼프, 김정은의 동상이몽 속, '운전자 문재인' 소명은 경각에 …
■ 北, 남북정상회담 이후 남측 지원 기대 못 미치자 새판 짜기 나서
■ 선거 앞둔 트럼프와 경제 위기 처한 김정은의 '직접 대화' 가능성도

북한이 2020년 6월 전격 폭파한 남북공동연락사무소는 건립·보수에 170억 원, 3년간 운영자금 168억 원까지 포함하면 총 338억 원이 들어갔다. 외벽이 완파되어 사용이 어려운 개성공단 종합지원센터에는 약 530억 원의 남한 정부 예산이 투입됐다. 연락사무소는 토지만 북한의 소유일 뿐 건설비는 남측이 모두 부담했다. 폭파로 날아간 국민 세금은 최소 868억 원에 달한다. 특수한 남북관계의 외교공관 역할을 하던 장소는 개관 2년 만에 산산조각이 났다. 건물과 함께 신뢰도 날아갔다. 남북 양측의 장관급 인사가 참석해 거창한 개관식을 하며 24시간 365일 소통할 수 있는 공간이 마련됐다고 정부가 선전한 것이 엊그제 같은데 사달이 났다. 처참한 잔해와 파편 속에서 망연자실할 틈도 없이 다음 단계의 도발이 무엇인지 전전긍긍하던 청와대는 일단 김정은 국무위원장의 대남 군사행동 보류 결정에 안도의 한숨을 내쉬고 있다.

하지만 2018년 평창올림픽을 계기로 시작된 순풍의 남북관계는 사실상 물거품이 됐다. 문재인 대통령도 전직 통일부 장관 등과의 오찬에서 그동안에 기울인 노력을 감안할 때 실망하지 않을 수 없다고 언급했다. 문 대통령으로서는 서울과 평양 간 합의는 하루아침에 휴지조각이 될 수 있고 무당이 작두 위에서 아슬아슬한 칼춤을 추는 것이 남북관계의 현주소라는 사실을 새삼 절감했을 것이다.

최근 평양 주재 러시아대사가 부인하기는 했지만 이인자로 부상하고 있는 김여정 제1부부장의 원색적인 대북전단 비난을 시작으로 북한은 6월 9일 남북 통신선 차단과 16일 개성 남북공동연락사무소 폭파에 이어 대남전단 살포와 금강산·개성공업지

구 군대 전개, 비무장지대 민경초소(GP) 진출 등을 잇달아 예고했다. 이런 조치를 단계별로 대내외 매체에 공개하면서 대남 비난 여론몰이도 동시에 펼쳤다. 김 부부장은 4대 군사행동 카드를 흔들며 대남 삐라와 확성기 시설 설치를 예고함과 동시에 지난 1994년 3월 판문점 남북회담에서 박영수 북측 대표가 구사한 '서울 불바다 발언'까지 꺼내 들었다.

공포의 '서울 불바다 발언'은 26년 전으로 거슬러 올라간다. 당시 미국에 체류 중이었던 저자는 시민들이 물과 라면을 사재기하고 있다는 CNN 서울발 보도에 전쟁 위기를 외국에서 실감했다. 결국 6월 들어 카터 전 미국 대통령이 전격 방북, 대동강에서 김일성과 뱃놀이를 하며 협상으로 문제를 풀기로 약속하고 그해 가을 제네바합의(Geneva Agreement)를 도출했

▌ 지난 2020년 6월 17일 조선중앙TV는 개성공단에 있는 남북공동연락 사무소를 폭파하는 장면을 보도했다.

다. 사반세기가 지난 2020년 6월에 다시 '서울 불바다' 발언이 북한 매체에 등장했다. 극단적인 행태와 발언으로 위기를 최고조로 끌어올리는 북한의 벼랑 끝 전술 패턴은 정권의 속성상 예나 지금이나 크게 다르지 않다.

사반세기 만에 다시 등장한 '서울 불바다론

역시 북한은 긴장을 최고조로 끌어올린 후 김 위원장의 명의로 강공모드를 유보했다. 김여정의 거친 비난 담화 이후 20일 만에 일단 '치고 빠지는' 롤러코스터 전략으로 사태를 관리했다. 그야말로 변화무쌍한 조변석개(朝變夕改) 전술이다. 남측을 압박할 군사행동은 중앙군사위원회에서 결정한다며 김여정은 한발 뺐다. 그녀는 대남 압박과 공세를 주도한 배드캅(bad cop)의 충직한 역할을 1단계로 마무리하고 김정은 위원장에게 슬그머니 공을 넘겼다.

김정은은 6월 23일 이례적으로 화상으로 개최된 노동당 중앙군사위원회 예비회의에서 대남 군사행동계획을 보류하며 굿캅(good cop)의 유연한 행태를 보였다. 남매간에 철저한 역할 분담을 통해 김정은의 대범하고 통 큰 이미지를 관리하며 남측을 졸지에 을(乙)의 관계로 전환하는 현란한 변칙 전술이다. 북한은 재설치 사흘 만인 6월 24일 30개의 대남 확성기 방송 시설을 대부분 철거했다. 우선 '폭파 리얼리티 쇼'라는 극단적 행동의 배경에 대한 추론은 뒤로 미루고 3주간 과속했던 북한이 공세를 멈춘 이유부터 분석해보자.

첫째, 남북한 간 군사적 긴장감을 끌어올리기보다 일단 숨고르기를 하겠다는 의도다. 폭파 동영상으로 소기의 성과를 거두었다는 자평일 것이다. 역설적으로 최고조의 순간에 군사행동을 유보함으로써 남한은 물론 미국에 양보와 자제력을 발휘한 만큼 상대가 보상하게 만드는 외교 책략이다. 벌써 정부 여당 내부에서 북한에 대한 배상청구 요구는 온데간데없고 한국전쟁 종전선언, 한미워킹그룹 해체 등 평양의 요구를 반영한 조치들이 공론화하고 있다. 문정인 대통령 통일외교안보 특보는 폭파가 북한 땅에서 일어난 만큼 도발이 아니라고 주장한다. 북한은 예고와 달리 이쯤에서 폭파쇼의 1단계 막을 내리는 것이 이익을 극대화한다고 판단했다. 동북아 국제정치의 이단아 김정은의 존재감을 대내외에 확실하게 과시했다는 측면에서도 평양으로서는 '이문이 남는 장사'로 평가할 것이다.

2008년 6월 영변 핵시설의 냉각탑과 2018년 5월 풍계리 핵실험장 갱도 등 충격적인 폭파쇼는 북한의 연출 노하우가 축적되어 시청률이 보장된 흥행 대박 드라마였다. 현주건조물(現住建造物) 방화 및 폭파 소실 범죄의 전과가 화려한 평양은 비주얼이 확실한 영상물로 남측에 주는 충격이 작지 않아 쾌재를 불렀을 것이다. 건물 폭파에 사용한 TNT폭약 500kg의 비용 외에 돈이 거의 들지 않았다는 점에서 평양의 대남라인은 김정은으로부터 치하를 받았을 것이다. 종이가 모자라 [노동신문] 인쇄까지 어려움을 겪지만 1,200만 장의 대남 삐라는 향후 유사시에 사용하면 되니까 큰 문제는 없다. 김여정의 담화 이후 4시간 만에 통일부가 '대북전단 살포 금지법' 제정과 단속을 확실하게 약속한 만큼 평양지도부는 목표를 120% 달성한 셈이다. 평양이 지적하면 서울이 즉시 수용하게 만드는 종속관계를 구축한 것은 무형의 성과다.

둘째, 평양의 '닥치고 공격' 일변도 전술은 향후 한·미 양국의 군사적 압박에 시달릴 가능성이 크다고 판단한다. 김정은은 전격적으로 대남 군사행동계획을 보류하면서 남북 간 최악의 긴장 국면을 일단 피했다. 북한은 현실적인 고려를 하지 않을

북한이 일방적으로 파괴한 남북공동연락사무소는 2018년 남북정상회담 합의에 따라 그해 9월 문을 연 평화의 산물이었다. / 사진: 연합뉴스

수 없었다. 2018년 4·27 판문점 선언과 9·19 군사합의 등으로 북한은 비무장지대에서 각종 대북 위협요인을 제거했다. 하지만 강공 작전을 지속할 경우 남측의 대응은 합의 이전으로 회귀한다. 북한이 GP에 병력을 주둔시키고 중화기를 반입하며 초소를 재설치하는 등 비무장지대에서 군사적 긴장을 고조시키는 행동을 지속할 경우 남측의 최소한 대응은 불가피하다.

TNT 500kg으로 남북관계 전환 대성공

북한이 재설치를 추진했던 대남확성기는 남측이 맞대응하지 않을 수 없는 고도의 심리전 무기다. 10배 이상의 고출력과 풍부한 콘텐트로 무장한 남측의 대북 확성기는 북측의 열악한 저출력 대남 확성기를 압도한다. 대북확성기 철거는 북한이 판문점 선언으로 얻어낸 가장 큰 선물이었다. 심야에 적막을 깨는 확성기 방송은 북한군에게 치명적인 압박이 될 수밖에 없다. 개성공단과 금강산 시설 철거 등은 정상 간 합의를 정면으로 무효화시켜 남측의 맞대응을 유발하지 않을 수 없다. 특히 한반도에 강력한 미군의 전략자산 배치 및 8월 한·미연합훈련 재개 등 한·미 동맹에 의한 군사적 봉쇄 등이 후속 조치로 기다리고 있다.

셋째, 평양 내부의 주민 결속과 여론 결집의 계기를 만들어 코로나로 인한 경제위기를 무마할 여건이 조성된 만큼 공격보다는 수비가 필요하다. 지난해 2월 하노이 미·북 정상회담에서 김정은이 요구한 2016년 이후 발효된 2270호 등 유엔안보리 5개 결의안은 북한의 수출과 외화벌이 수단을 원천 봉쇄했다. 김정은의 사금고는 시간이 갈수록 비워질 수밖에 없다. 반면 2020년 코로나 사태는 중국에서 들어오는 물자를 차단했다. 중국산 경공업 제품과 원부자재 도입 감소는 주민들의 삶을 어렵게 만들고 각종 공장의 가동을 중단시키고 있다. 결국 주민들의 불만을 외부로 전환하는 전술이 필요하다. 반역자, 배신자로 몰고 가는 탈북자와 전단 살포를 비난하는 전국 각지에서 궐기대회를 통해 민심이반을 사전에 차단했다. 마스크를 착용한 참가자들의 각종 집회 사진이 연일 [노동신문]을 장식하는 것은 내부 민심 관리 목적이다.

마지막으로 북한은 미국과 중국에 김정은의 존재감을 적절한 시점에 각인시켜 무형의 실익을 챙겼다. 평양의 복안은 11월 3일 이후 트럼프가 재선되든지 혹은 조 바이든 민주당 후보가 당선되든지 김정은과의 정상회담을 잊어서는 안 된다는 메시지를 전달했다. 만약 워싱턴이 그런 평양의 복심을 파악하지 못했다면, 아마도 10월 중 함경남도 신포에서 잠수함발사탄도미사일(SLBM)을 선보일 것이다. 또한 베이징에도 더 이상 유엔 제재를 의식하지 말고 평양 지원에 나설 것을 요구했을 것이다.

▌ 1994년 북한의 '서울 불바다' 발언 직후 전쟁 위협이 고조되면서 라면 사재기 소동이 벌어졌다.

DJ 정부 수준의 지원 기대했다가 실망으로 바뀌어

김정은의 연락사무소 폭파쇼의 배경과 득실을 추론해보자. 문 대통령은 김 위원장과 평양, 판문점에서 냉면을 함께 먹고 2018년 9월 능라도 5·1 경기장에 운집한 15만 명의 평양 군중 앞에서 7분간 연설했다. 이후 양측 지도자 내외가 백두산 정상에 등정했지만 다정했던 추억은 폭파의 굉음과 함께했던 먼지 속으로 사라졌다. 김정은의 애창곡이라는 남한의 장덕, 장현 남매 가수가 부른 '뒤늦은 후회'의 가사('이렇게 살아온 나에게도 잘못이 있으니까요')를 우리가 음미하지 않을 수 없게 됐다. 북한의 연락사무소 폭파라는 극단적인 행동 이면에는 남한에 대한 북한의 '높은 기대(high expectation)'가 있다.

경제학에는 '합리적 기대 가설(rational expectation hypothesis)'이라는 이론이 있다. 1970년대 로버트 루카스(Robert Lucas) 시카고대학 교수가 주장한 이론에 따르면 사람들은 결정을 내릴 당시 입수 가능한 최선의 정보로 미래를 예측한다.[8] 김정은은 그동안의 발언으로 봐서 남한이 물심양면으로 북한을 지원할 것이며 규모는 과거 김대중 정부 수준은 될 것이라는, 나름대로 '합리적인 기대'를 했다. 평양은 그동안 청와대의 각종 행태와 담화를 지켜볼 때 유엔 안보리 제제를 위반하는 대규모 경제지원 등의 기대가 합리적이라고 판단했다.

거시경제학의 행동논리를 국가가 행동 주체가 되는 국제 정치에 그대로 적용하는 것이 한계가 있지만 기대와 행동 예측이라는 변수는 크게 다르지 않다. 경제건 국제 관계건 합리적 기대의 당사자는 정보가 합리적인 만큼 기대가 충족될 것으로 확신한다. 만일 기대가 충족되지 못할 경우 자신보다는 상대방에게 책임을 묻지 않을 수 없다. 결국 김정은의 폭파 의사결정은 상대방이 조성한 높은 기대와 이에 대한 실망이라는 두 가지 심리적 변수에 의해 이뤄졌다.

문 대통령은 그동안 거대 담론의 남북한 협력과 통합을 주장했다. 경의선과 동해 남부선 철도·도로를 연결하고 금강산 관광과 개성공단 협력은 단골 화두였다. 북한으로서는 문 대통령의 발언에 큰 기대를 갖지 않을 수 없었다. "북한 주민들의 고생을 이해하고 핵무기 없는 세상을 만들기로 김정은 위원장과 합의했다"는 문 대통령의 깜짝 연설은 평양으로 하여금 대북지원의 합리적 기대를 품게 하기에 충분했다. 문 대통령이 대선 전부터 북한에 대해 호의적이었고 부모가 한국전쟁 중 남쪽으로 간 만큼 평양은 김대중, 노무현 전 대통령보다 더 대담한 지원을 예상했다. 15만 평양시민을 대상으로 한 문 대통령의 연설은 비핵화를 전제로 한 대북 교류협력을 의미했지만 김 위원장은 비핵화는 미국과 빅딜로 풀어야 할 과제로서 우선 남한이 물자지원, 금강산 관광과 개성공단 사업을 추진할 것으로 기대했다.

지난 2년여 간 평양의 높은 합리적 기대는 궁극적으로 실망을 넘어 증오로 이어졌다. 특히 지난해 크리스마스 선물(?) 공세를 유보하고 2월 들어서도 강공모드를 참고 남측 정부여당의 구미에 맞게 4월 15일 총선 전 조신하게 처신한 평양에 대한 남측의 보답은 없었다. 거대 여당으로 승리의 축배를 드는 데만 주력했지 여당의 국내 정치 승리에 일조한 북한에 대한 배려는 6월 들어서도 조짐이 없었다.

이제 평양의 무장들은 장검을 칼집에서 꺼내 협력의 상징물을 단칼에 베어 시퍼런 칼날의 의미를 보여주는 것이 불가피했다. 북한 입장에서는 코로나 경제위기로 올해에만 −6%의 경제성장이 예상되는 상황에서 판을 리셋(reset)하는 새로운 충격이 필요했다. 평양은 1년 9개월의 임기가 남은 문 대통령이 해줄 수 있는 일은 거대 담론뿐인 만큼 충격요법이 불가피하다고 판단했다. 과도한 기대감을 심어주었던 문 대통령이 오판(misjudgement)을 한 것인지, 비핵화보다는 협력과 지원에만 관심이 있는 김 위원장의 오산(miscalculation)이 원인인지는 분명하지 않다.

7월 들어 코로나를 뚫고 서울에 온 스티브 비건 미국 국무부 부장관의 2박3일 일정은 그가 '소울 푸드(soul food)'라고 선호하는 '닭 한 마리' 식사 이외에는 큰 뉴스거리 없이 끝났다. 혹시 그가 판문점에서 최선희 외무성 부상과 전격 회동하지 않을까 하는 청와대의 기대는 물거품이 됐다. 비건의 미션은 협상보다는 상황관리가 핵심이었으며 북한 역시 선물 보따리가 없는 비건의 방한에 큰 관심이 없었다. 최선희 외무성 부상, 권정근 미국국장 등 북한 당국자들은 비건 방한 직전과 당일에 미국과 마주 앉을 일이 없다고 일찌감치 소금을 뿌렸다.

▎ 김여정 주도로 남북 긴장 수위가 최고조에 오르자, 김정은 북한 국무위원장은 대남 군사행동을 보류하며 상황을 관리하는 주도권이 자신에게 있음을 대내외에 알렸다.

미국 대선 앞둔 트럼프와 김정은의 동상이몽

북한은 트럼프라는 지도자가 정상회담을 통해 언론 노출을 즐기고 북한 문제를 국내정치용 소재로 삼는다는 사실을 간파했다. 비건 역시 최선희 외무성 부상이 볼턴 보좌관과 같이 부정적인 인물이라고 이례적으로 날을 세우고 만남을 요청한 적이 없다고 응수했다. 그는 명실상부한 북·미 협상 대표지만 북한의 거부로 제대로 된 협상을 못 하고 있는 데 대한 불만을 표출했다. 한편 그는 남북 협력을 지지한다는 원론적 발언으로 서울·평양을 동시에 관리하고 일본으로 떠났다. 최근 연락사무소 폭파 이후 한국 내에서 한미워킹그룹 해체 등 일부 진보 정치인들의 반미 분위기를 감안해 다독거리는 발언으로 공을 남북 양측에게 넘겼다.

존 볼턴 전 미국 국가안보보좌관의 회고록 [그 일이 있었던 방(The Room Where It Happened)]의 출간과 작고한 트럼프의 형 프레드 주니어의 딸 메리(55)의 [너무 많고 결코 충분치 않다(Too Much and Never Enough)]라는 제목의 폭로성 회고록 출간으로 재선 가능성이 작아지고 있는 트럼프 대통령은 연일 전전긍긍하고 있다. 돌파구가 보이지 않는 트럼프는 제3차 북·미정상회담 개최 의향 언급으로 ‒그의 표현대로 9,000마일이나 떨어져 있는‒ 한반도 상황을 관망하고 있다. 북핵을 효과적으로 관리하고 있다는 그의 선거 전략에 전면 수정이 없도록 북한의 도발을 억지하는 데 주력하고 있다.

북한은 재선 도전에 나선 트럼프 대통령이 각종 여론조사에서 밀리는 상황에서 워싱턴과의 스몰딜 등 섣부른 합의를 하기보다 상황을 관망하며 차기 지도자와의 협상력을 높이는 데도 주력하고 있다. 평양으로서는 조 바이든 민주당 후보가 당선될 경우 트럼프와의 합의는 어차피 휴짓조각이 될 거라고 본다. 오히려 도발과 후퇴의 병진 전략으로 몸값을 높이는 전략이 효과적이라는 판단이다. 마침내 7월 10일 김여정 제1부부장 명의 장문의 담화를 통해 올해 북·미 정상회담은 없을 것이며 북한에 백해무익하다고 주장했다. 3차 정상회담을 언급한 트럼프의 방송 멘트에 대한 응수였다. 하지만 담화 말미에 뜬금없이 미국 독립기념일 행사가 담긴 DVD를 받고 싶다는 표현으로 트럼프 대통령을 현혹했다.

특히 정상회담 조건으로 ‘비핵화 조치 대 제재 해제’에서 ‘적대시 철회 대 협상 재개’로 싱가포르와 하노이 회담보다 요구 수준을 높였다. 제재에 끄떡없는 만큼 무용지물인 제재의 해제는 기본이고 비핵화는 이후에 조건이 맞으면 하겠다는 입장으로 몸값을 높였다. 진퇴양난에 처한 트럼프의 약점을 파고들며 한여름에 도발을 예고하는 크리스마스 선물을 거론했다. 이제 만약 회담이 성사되면 삼세번인 만큼 ‘사진 찍기’ 정상회담은 사양하며 오히려 트럼프가 확실하게 양보하면 협상장에 나가겠다는 입장이다. 3차 북·미 정상회담을 둘러싸고 트럼프와 김정은은 상대의 후퇴를 요구하며 외줄 타기 놀이를 하고 있다.

북한의 대남공세가 중단됐다는 예단은 시기상조다. 북한이 일단 유보조치로 긴장수위는 낮췄지만, 대남 군사행동계획을 ‘취소’한 것이 아닌 ‘보류’했다고 밝힌 만큼 다시 실행할 여지는 남아 있다. 북한은 6월 16일 폭파쇼로 남북관계의 선을 넘었다.

저들은 소기의 성과를 거뒀다고 평가할지 모르지만, 소탐대실로 실점도 적지 않다. 우선 남한은 물론 국제사회의 대북 경제협력이 상당한 타격을 입었다. 개성공단에 입주한 민간기업의 건물이 아닌 정부 예산이 투입된 연락사무소 건물을 완파한 만큼 공단 재개는 문제가 없다는 주장도 있지만, 하루아침에 180억 원의 건물이 날아가는 판국에 다시 투자해서 기업을 운영할 간 큰 기업인이 있을까 의문이다. 남한과 국제사회의 투자자들은 북한 투자에 미련을 접었다. 평양이 상식과 논리보다 폭파와 약속 파기로 대남은 물론 대미 관계를 주도하려 한다면 한반도에 빙하기는 불가피하다.

향후 남북관계는 소강상태가 불가피하지만, 어느 시점이 되면 대화와 소통을 하지 않을 수 없다. 북한 군부 실세 김영철이 향후 사태는 남측에 달려 있다는 엄포와 위협에 눌려 정부가 오직 '북한 바라보기' 자세로 일관할 경우 북한의 갑질은 고착화할 것이다. 평양은 서울이 말귀를 못 알아들을까 봐 바위섬에 청와대 모형을 설치하고 훈련하는 것을 드러냈다. 북한의 잘못된 행동에 대해 문제 제기보다 추가적인 도발을 하지 않는 데 감격해 할 말을 못 하고 북한이 요구하는 법을 제정하는 것은 잘못된 시그널을 보내는 것이다.

▌2018년 5월 남측은 대북확성기를 철거함으로써 남북정상회담에 따른 선물을 북한에 제공했다. 당시 육군 9사단 장병들이 파주 민간인통제구역에 설치돼 있던 확성기를 철거하는 모습.

'나쁜 행동'과 '착한 행동' 구분해 상대해야

'나쁜 행동'과 '착한 행동'을 구분해 상대해야 한다. 앞으로 남측의 지도자는 남한이 북한에 '할 수 있는 것(can do)'과 '할 수 없는 것(can't do)'을 구분해서 이야기해야 한다. 예를 들어 K 방역에 따른 인도적 차원의 마스크와 평양종합병원 건설 관련 의료

물자 지원은 가능할 것이다. 하지만 개성공단 가동과 철도·도로 연결 등은 유엔 제재와 상충하는 만큼 신중한 자세가 불가피하다. 또다시 남측 자산이 포함된 건물이 폭파당하지 않으려면 명확하게 구분해서 이야기해야 한다. 전제조건이 달린 문제를 함부로 이야기하면 상대가 오해한다. 만약 남측 지도자의 거대 담론 연설에 감동해 언젠가는 북한이 개과천선할 것이라고 믿고 있다면, 공산주의와 한국전쟁에 대한 공부를 더 해야 할 것이다.

문 대통령은 2020년 6월 30일 "미국 대선 이전에 북·미 간 다시 마주 앉아 대화를 나눌 수 있도록 하는 데 전력을 다할 계획"이라고 밝혔다. 문 대통령은 미셸 유럽연합(EU) 정상회의 상임의장 및 우르술라 폰 데어 라이엔 EU 집행위원장과 화상 정상회담을 갖고 이같이 말했다. 과연 평양이 다시 촉진자, 운전자 역할을 서울에 기대할 것인가? 실현 가능한 것과 그렇지 않은 것을 구분해야 한다. 선거 전쟁을 치르는 워싱턴 역시 이를 요청하는가?

서훈·박지원·이인영 드림팀이 받아 든 '문재인의 꿈'

4차 산업혁명 시대에는 터치스크린 한 번이면 국제정세 파악이 가능하다. 좌불안석의 워싱턴과 코로나 확산으로 두문불출하는 평양이 가을에 3차 정상회담을 할 것이라는 드라마 예고방송은 주기적으로 등장할 것이다. 특히 혹시 선거에 도움에 될까 저울질하는 트럼프의 돌발적인 변덕 때문에 정상회담이 정말 실현될지도 모른다. 10월에 북한의 장거리미사일 발사든 혹은 전격 정상회담이든 '옥토버 서프라이즈(October surprise)'의 시나리오는 유령처럼 떠돌 것이다. 재선을 위해서는 지옥에라도 갈 심산인 트럼프인 만큼 볼턴 전 보좌관의 예측대로 '10월의 깜짝쇼'는 여전히 오페라의 유령처럼 횡횡할 것이다.

문 대통령은 신임 서훈 청와대 국가안보실장, 박지원 국정원장(후보), 이인영 통일부 장관(후보) 등 언필칭 최고의 민족주의자들이라고 자부하는 '드림팀'의 다양한 지략과 노회한 경험에 기대를 걸고 있다. 북한의 구미를 기가 막히게 맞추는 대북통과 대북송금 사건의 주역 및 전대협 초대의장 등 북한으로서는 이보다 더 좋을 수 없는 면면들이다.

문 대통령은 미워도 다시 한번 평양을 방문해 김 위원장의 오해도 풀고 임기 중 불가역적인 합의를 이루고 싶을 것이다. 특히 부동산값 폭등으로 민심이 식어버린 임기 말 마지막 필살기는 역시 평양 정상회담 카드뿐이라는 판단이다. 대통령은 운전자론의 고단한 숙명을 감안해 지름길을 달려본 노련한 운전기사로 박지원 전 의원을 콕 찍어 임명했다. 과거 비판의 악연보다 현재 임중도원(任重道遠)의 난국에서 오솔길이라도 찾아내는 것이 중요하다고 판단했을 것이다. 신임 국가안보실장과 국정원장은 과거 회담에서 북한이 현금을 선호한다는 것을 경험했을 것이다. 북한은 임기 말 정상회담 개최를 내세워 이들에게 접근할 것이다.

하지만 북한의 대가를 수용하기에 현실은 녹록지 않다. 이미 정권 초기 적폐 청산 작업에서 국정원 직원 200여 명이 검찰의 모진 조사를 받았다. 대북송금 당시 총대를 짊어진 충직한 참모는 이제 없다. 창의적 해법(?)의 기대를 한 몸에 받으며 정보기관의 수장을 맡은 박지원 국정원장의 고심은 깊어질 수밖에 없다. 북한 통전부는 역설적으로 과거의 추억을 파고들 것이다. 추적이 어려운 비트코인이건 달러건 금전적인 대가 없이 남북정상회담을 성사시키는 것은 죽은 제갈공명이 살아 와도 쉽지 않은 형국이다.

무엇보다 과도한 기대가 합리적 기대로 변질할 경우 책임은 또 서울이 부담할 수밖에 없다. 무조건 평화와 협력, 정상회담만 합창한다고 일이 성사되지 않는다. 연락사무소 폭파의 시사점을 망각하면 평화는 하루아침에 폭파되어 허공으로 날아간다는 것이 삼복더위가 몰려온 올여름의 서늘한 교훈이다.

5. 남한 새 안보 라인과 평양의 '케미'

북한, '10월의 깜짝쇼(October surprise)' 프로그램 가동할까
■ 트럼프, 김정은과의 베드 딜(bad deal) 가능성에 정상회담 신중 모드
■ 이인영, 대북 협력 손길 내밀었지만 북한의 시선은 미국 대선 향해

평양의 대남부서인 통일전선부 라인은 2020년 7월 말 서울의 국정원장 후보자 청문회를 '본방 사수'했을 것이다. 과거 저자가 국가안보전략연구원장이던 시절 연구원의 상임고문이었던 황장엽 전 비서는 북한의 통전부 간부들이 남측의 방송과 언론을 실시간으로 관찰할 수 있다고 귀띔했다. 남측 동향을 실시간 모니터링해야 즉각적인 대응이 가능하기 때문에 예외적인 특권이 인정된다고 한다. 통전부 간부들은 박지원 국정원장 청문회에서 제기된 2000년 4월 경제협력합의서의 이면 합의 논란을 예의 주시하고 대책 수립에 나섰을 것이다.

만 20년 전으로 거슬러 올라간다. 2000년 3월 9일 독일 베를린자유대학에서 김대중(DJ) 당시 대통령은 정부 차원의 대북협력 등 4원칙을 발표했다. DJ의 베를린 선언은 최초의 남북정상회담 개최를 의미했다. 연초부터 국정원의 김보현 3차장 → 서영교 전략국장 → 서훈 전략조정단장으로 이어지는 'KSS 대북 라인'은 평양 실세를 잡기 위해 분주하게 움직였다. 베를린 선언이 발표된 시간에 국정원 라인들은 북한 아태평화위원회 부위원장이자 김정일 국방위원장의 특사였던 송호경을 싱가포르에 등장시켰다. 남측 상대는 박지원 당시 문화관광부 장관이었다. 현금 지원을 둘러싸고 베이징을 오가며 네 차례의 밀당 끝에 양측은 4월 8일 현금 5억 달러를 지원하는 조건으로 정상회담 합의문에 서명했다. 합의문은 작성 이틀 뒤인 2000년 4월 10일에 박재규 당시 통일부 장관과 박지원 당시 문화부 장관이 공동 주최한 기자회견에서 처음 공개됐다. 4·8 남북 합의서엔 김대중 대통령의 평양 방문 일정과 정상회담 개

최 내용 이외에 경제적 지원 문제는 언급이 없었다. 당시 기자회견에서 박지원 장관은 '대북 지원 약속이 있었냐'는 질문에 "그런 합의는 없었다"고 답했다.

북측은 남측이 최초의 정상회담을 요청한 만큼 충분한 금전 보상을 요구했다. 문제는 금전 보상의 범위였다. 현대가 4억 5,000만 달러를 국정원 계좌를 통해 불법 송금한 사실이 2003년 노무현 정부의 특검결과 밝혀졌다. 영광도 있었으나 후유증은 적지 않았다. DJ는 최초의 정상회담 개최로 노벨평화상을 받았지만, 거래를 성사시키는 데 관여한 인물들은 비극적인 결말이나 곤욕을 치렀다. 정몽헌 현대그룹 회장은 계동 사옥에서 투신했고, 박 장관은 외국환관리법 등 각종 법률 위반 혐의로 징역 3년형을 선고받았다.

대북 송금은 2002년 9월 국회 금융감독위원회(현 금융위원회) 국정감사에서 엄낙용 전 산업은행 총재의 폭로로 세상에 드러났다. 4억 5,000만 달러가 현대를 통해 북한에 지원되는 과정에서 국책은행인 산은이 청와대의 지시를 받고 4,000억 원을 현대상선에 빌려줬다는 사실이 처음 공개됐다. 엄 전 총재는 회고록에서 김대중 정부가 현대에 이어 다른 대기업인 S그룹에도 대북 사업 참여를 압박했다고 밝혔다.

20년 만에 재소환된 '남북 이면 합의'

박지원 국가정보원장 후보자 국회 인사청문회를 계기로 그간 공개되지 않았던 20년 전 남북정상회담의 '이면 합의' 문제가 공론의 무대로 소환됐다. 주호영 미래통합당 원내대표는 2020년 7월 27일 국회 정보위원회에서 열린 박 후보자 인사청문회에서 2000년 남북정상회담 직전에 비밀리에 작성됐다는 '경제협력에 관한 합의서' 문건을 전격 공개했다. 통합당이 이면 합의라고 주장하며 공개한 문건에는 추가 지원 내용이 담겨 있다.

첫째, 남측은 민족적 협력과 상부상조의 정신에 입각하여 북측에 2000년 6월부터 3년 동안 25억 달러 규모의 투자 및 경제협력 차관을 사회간접부문에 제공한다. 둘째, 남측은 남북정상회담을 계기로 인도주의 정신에 입각해 5억 달러분을 제공한다. 마지막으로 이와 관련한 실무적 문제들은 차후 협의하기로 하였다 등의 내용이다. 이 문건의 내용이 사실이라면, 당시 박 장관이 북한에 총 30억 달러 규모의 지원을 약속한 것이 된다. 정상회담 당시에도 이면 합의설이 있었지만, 실체는 드러나지 않았다. 20년 만에 박지원 장관의 서명이 들어간 문서가 공개됐다. 친필 서명의 진위를 둘러싸고 필적 감정사들까지 의견을 개진했지만, 위조 여부를 확실하게 밝힐 수는 없었다. 국민의 혼란은 불문가지다.

북측에서 최종적으로 합의문을 확인해주지 않는 이상 실체적 진실에 대한 공방은 한계가 있다. 문건이 진짜라면 남북에 각각 한 부씩 있을 것이다. 남측은 과거 특검으로 폐기됐을지 모르지만, 북측에는 보관돼 있을 것이다. 야권에선 북한에도 원본이 있을 텐데 약점 잡힌 국정원장이 일을 할 수 있겠냐고 주장한다.

하지만 청와대는 해당 문건의 존재를 전면 부인했다. 윤도한 당시 청와대 국민소통수석은 "청와대, 국정원, 통일부 등 관련 부처를 모두 확인했지만, 정부 내에는 그 문건이 존재하지 않는다"고 밝혔다. 그는 "야당이 '30억 달러 이면 합의서 의혹이 있는데 왜 박지원 국정원장을 임명했느냐'고 따지고 있어 실제로 존재하는 진짜 문서인지를 확인한 것"이라고 부연했다.

야당이 박 후보자에 공세를 강화한 것은 "남북대화는 그동안 정치권이 '물밑 접촉'을 독점하면서 국민의 정서와 부합하지 않는 통치 이벤트를 주도해왔다. 남북 대화·협상 기승전결의 투명성을 획기적으로 높여야 한다. 남북관계도 다른 국제관계와 마찬가지로 글로벌 스탠더드와 국민 동의를 확보한 뒤에 추진돼야 한다"는 메시지를

▌ 2000년 6월 박지원 당시 문화관광부 장관(오른쪽)과 송호경 북한 아시아태평양평화위 부위원장이 중국 상하이 차이나월드호텔에서 만나 남북정상회담을 위한 합의문에 서명한 뒤 악수하고 있다.

국민에게 전달하는 의미일 것이다. 사전 견제구를 통해 2000년 이벤트의 재연을 차단하기 위한 압박전술이다.

'못 사는 동생 집에 가는데 빈손은 …'

문서의 진위와 관계없이 박 후보자는 문건은 없었지만 유사한 내용의 논의는 있었다는 식으로 비공개 청문회에서 답변했다고 한다. 통합당 정보위 간사인 하태경

의원은 인사청문회 종료 후 취재진과 만나 "박 후보자가 '아시아개발은행, 민간사업자 등의 투자 자금으로 20억~30억 달러의 대북 투자가 가능하지 않겠느냐는 원론적인 얘기를 했었다'고 전했다"며 "즉, 합의문의 내용은 (남북이) 언급했지만, 실제 합의문을 작성하거나 서명하지 않았다는 것이 박 후보자의 답변"이라고 했다. 이에 대해 박 후보자는 "북한의 20억 달러 현금 지원 요구는 거절했지만, 정상회담 이후 남북 협력이 이뤄지면 아시아개발은행(ADB)·국제부흥개발은행(IBRD) 등을 통해 20억~30억 달러 투자는 금방 들어온다는 원론적인 이야기를 한 것"이라고 해명했다.

박지원 장관은 2000년 당시 사태의 심각성을 고려해 북측의 현금 지원 요청에 난색을 표명했다. 박 장관이 북측의 요구를 청와대에 보고하자 DJ는 고심 끝에 '잘 사는 형이 못 사는 동생을 만나러 가는데 빈손으로 갈 수는 없고 어느 정도의 선물이 필요하다'는 입장을 피력했다고 한다. 현금 선물은 5억 달러 미만에서 결정됐다. 실제 2000년 초 남북 당국자들의 정상회담 접촉 과정에서부터 SOC(사회간접자본) 사업 얘기가 오갔다. 대북 송금 판결문에 따르면, 2000년 3월 17~18일 중국 상하이에서 진행된 1차 접촉에서 협상 라인들은 "남북정상회담에 응하면 쌀, 비료 등과 같은 인도적 지원 외에도 향후 20억~30억 달러에 상당하는 SOC 지원도 가능할 것"이라고 북측에 제안했다.

정상회담 직후 남북은 일사천리로 경협 사업을 진행해갔다. DJ 정부는 2000년 12월 북한과 상호 간 투자자 및 투자 자산에 대한 최혜국 대우를 보장하는 내용의 '남북 사이의 투자보장에 관한 합의서' 등 4건의 합의서를 체결했다. 현대그룹도 북측과 금강산, 통천, 원산지구 개발과 철도, 통신, 전력, 문화, 체육 등 7대 분야 경협 합의서를 속속 체결했다. 국회 자료 등에 따르면, DJ 정부 때 남북 교역에 4억 5,000만 달러, 금강산 등 관광에 4억 1,000만 달러 등 현금이 약 9억 달러 지원됐다. 또 비료 등 무상 지원 4억 6,000만 달러, 식량 차관 2억 5,000만 달러, 관광 투자 3억 3,000만 달러 등 11억 달러 가량이 현물로 지원됐다. 여기에 5억 달러가량의 대북 송금을 합치면 약 25억 달러가 지원됐다. 이 돈을 북한이 어디에 사용했는지는 정확하게 파악할 수 없지만, 핵과 미사일 개발에 투입됐다는 주장을 반박하기도 어렵다. 2006년 북한의 1차 핵실험과 미사일 개발 시기와 맞물려 있기 때문이다.

미국 의회조사국은 김대중 전 대통령과 노무현 전 대통령 재임 시절인 1998~2008년 한국이 북한에 약 70억 달러의 경제협력을 제공했으며 이 가운데 29억 달러는 현금으로 지원했다고 공식화했다. 특히 북한이 이 기간 중인 1999년 핵무기용 우라늄 농축기술을 해외에서 사들이기 시작해 2000~2001년에는 기술 조달을 가속했다고 밝혔다. 2010년 1월 래리 닉시 한반도 전문가가 작성한 미 의회조사국(CRS)의 '의회 한·미관계 현안 보고서'는 "북한이 한국의 지원 자금을 핵무기 개발에 전용했다"는 것을 최초로 공식화 및 공론화했다는 점에서 시선을 끌었다.

이 보고서는 북한의 39호실이 마카오, 싱가포르 및 오스트리아에 개설해 운용하는 은행 계좌로 경협 자금을 이체하는 과정에서 한국 정부기관과 고위 관계자가 개입했다는 사실도 언급했다. 이 보고서는 북한이 (한국으로부터 받은) 현금을 군사적 목적으로 사용한다는 사실을 미군 관계자들이 1999년부터 의심했다고 기술했다. 현대가 1999~2000년 공개·비공개적으로 10억 달러 이상의 현금을 북한에 제공했을 당시 북한은 고농축 우라늄 프로그램용 부품과 재료를 해외에서 구매하는 데 외환 사용을 급속히 늘렸다고 분석했다.

미 중앙정보국(CIA)은 북한이 1999년부터 우라늄 농축 기술을 구매하기 시작해 2000년과 2001년 기술 구매 속도를 더욱 높였다고 추정했다. [워싱턴포스트]는 2009년 12월 27일 북한에 핵무기 제조기술을 전수한 인물로 잘 알려진 파키스탄의 압둘

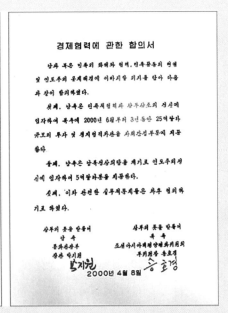

2000년 6월 박지원 당시 문화관광부 장관이 서명한 남북정상회담 합의서(왼쪽). 오른쪽은 박지원 국정원장 후보자 청문회에서 주호영 미래통합당 원내대표가 공개한 '경제협력에 관한 합의서'

카디어 칸 박사가 "북한은 2002년 무렵 3,000개 이상의 원심분리기로 우라늄을 소량 농축하고 있었으며 농축에 필요한 가스 제조공장도 건설했다"고 진술했다고 보도 했다.

박지원 국정원장에게 부여된 '특명'

야당은 '돈 주고 정상회담을 구걸한 것'인지 재발 방지를 위해서도 진상 규명이 필요하다고 주장하지만, 세월이 많이 흘러 이면 합의 논란은 이미 과거사(?)가 되고 말았다. 강산이 두 번이나 바뀌고 정상회담의 당사자인 정상들도 세상을 떠난 지금 다시 남북 이면 합의나 대북 송금 등이 뜨거운 화두로 떠오른 것은 유일한 당사자인 박지원 전 장관이 대북문제를 총괄하는 국정원장에 임명됐기 때문이다. DJ, 김정일, 송호경 등 주인공들은 이승의 무대를 떠났지만, 박 전 장관은 청와대의 기대를 한 몸에 받으며 국정원장에 올랐다.

어느새 문재인 정부도 집권 3년 반을 넘어섰다. 야구경기로 치면 7회 말 정도다. 8, 9회가 남아 있지만, 어느새 경기는 종반전으로 접어들고 있다. 부동산값 폭등으로 20·30대의 지지가 하락하는 문 대통령이 매일 아침 비판에도 불구하고 박 전 의원을 국정원장에 임명한 것은 지난해 2월 하노이 회담의 노딜 이후 진전 없는 남북 및 북·미 관계의 돌파구를 마련하라는 의미다. 특히 최초 남북정상회담의 설계자로 평양과 비밀협상을 수행한 추억을 연상시키는 창의적인(?) 해법 마련을 기대하고 있다. 문 대통령은 7월 29일 박 원장과 이인영 통일부 장관에게 임명장을 수여하며 "막혀 있고 멈춰 있는 남북관계를 움직여나갈 소명이 두 분에게 있다"고 말했다. 문 대통령은 박 원장에 대한 절대 신임의 표시로 박 원장 손자에게 '신뢰'라는 꽃말을 가진 송악과 아게라툼 등이 담긴 꽃다발을 줬다.

하지만 정글 같은 정치판에서 산전수전, 공중전까지 경험하고 대북송금으로 곤욕을 치른 노회한 신임 국정원장이 청와대의 높은 기대에도 불구하고 정권 후반기에 무리수를 둘 것 같지는 않다. 작금의 부귀영화로도 충분한 만큼 향후 18개월 남짓한 임기 동안 실정법의 테두리에서 움직일 것으로 예상한다. 또다시 눈에 안대를 쓰고 휠체어를 타고 법정에 설 경우 자칫 잘못하면 영어(囹圄)의 몸이 될 수 있는 아슬아슬한 비밀공작은 억만금을 주더라도 인생 최후반기 절대 금기사항일 것이다. 아직은 방송인의 체질이 남아선지 아니면 정중동 속의 워밍업인지 SNS에 자신의 동선을 밝힘에 따라 음지에서 활동하는 정보기관장의 행태와 부합하지 않는다는 가십성 기사가 올라오고 있다. SNS 활동을 중지한다고 선언했지만, 주기적으로 SNS에 글을 올림으로써 본인의 행보를 가능한 한 투명하게 보이려는 전술일 가능성이 커 보인다. 남북한 간에 밀사 역할을 넘나들었던 정치9단다운 전략적인 행태.

일단 박 원장은 서훈 국가안보실장의 직계인 김상균 국정원 1차장을 유임함으로써 기존 대북 라인을 통해 문 대통령의 소망을 북측에 타진할 것이다. 반미투사 출신의 박선원 국정원장 특보를 예산과 조직 담당인 기조실장에 임명함으로써 국정원 예산 사용의 민감성 문제를 검토할 것이다. 2022년 3월 대선까지 남북관계의 향방은 서훈 안보실장-박지원 원장-이인영 장관-김상균 차장-박선원 실장 라인이 좌우할 것이다.

라인 바꾼 문 대통령이 던질 승부수

문제는 평양 권부의 의중이다. 김정은 국무위원장은 박 원장의 역량과 역할을 정확하게 인지하지 못할 수도 있으나 통전부 라인은 2000년의 추억이 담긴 문건과 자료를 들여다보며 전략 마련에 고심할 것이다. 11월 3일 미국 대선 전인 10월에 마지막 빅 이벤트인 '10월의 깜짝쇼(October surprise)' 프로그램을 가동할 것인지 주판알을 튕기고 있을 것이다. 통전부와 국정원의 물밑 접촉은 조만간 이어질 것으로 보인다. 아마도 문 대통령은 8월 15일 광복절 75주년 기념사에서 평양의 관심을 유도하는 최후의 승부수를 던질 것이다. 추석 이산가족 상봉, 한·미 군사훈련 중단 및 축소 등 획기적인 제안을 통해 평양을 움직일 묘수를 찾고 있을 것이다.

2020년 9월은 미국 대선 전 남북관계의 일차 분수령이 될 것으로 보인다. 9월에 별일이 없으면 올해는 미국 대선 전까지 정중동의 상태가 될 것이다. 승부수 이면에는 '대외안보정보원'으로 개명하는 세곡동의 역할이 필수적이다. 평양은 20년 전 스토리로 '현금의 추억'의 유혹에서 벗어나기 어려울 것이다. 위험한 거래는 경험자만이 가능할 것이다. 이제 평양에서 진실의 칼자루를 쥔 것은 아닌지, 한여름이지만 등골이 서늘하다. 앞으로 북한과의 물밑 거래가 무엇일지 귀추가 주목되지 않을 수 없다.

음지에 박 원장이 있다면 양지에는 이인영 통일부 장관이 있다. 이 장관은 정부의 새로운 대북정책을 공세적으로 추동할 당사자의 역할을 마다치 않을 것이라고 의지를 다지고 있다. 전임 김연철 장관은 남북공동 연락사무소 폭파로 14개월 만에 남북관계 악화에 책임을 지고 사임했다. 386세대로 전대협 출신의 4선 의원이자 여당 원내대표 출신인 이 장관은 지명 이후부터 줄곧 "남북관계는 창의력과 상상력을 가지고 새롭게 접근해야 한다"고 주장했다. 구체적으로 금강산과 백두산의 물, 대동강의 술을

2000년 남북정상회담이 성사된 뒤 남북 경제협력사업이 급물살을 탔다. 2001년 8월 19일 북한의 농산물과 가공품이 경의선 연결도로를 통해 국내로 들어오고 있다.

우리의 쌀, 의약품과 바꾸는 물물교환식 구상을 밝혔다. 또 "대북제재 속에서도 인도적 협력 부분인 '먹는 것, 아픈 것, 죽기 전에 보고 싶은 것"은 우리가 독자적으로 판단하고 추진해도 될 것이라고 적극적인 대북정책 추진을 예고했다.

북측은 일단 긍정적인 시그널을 보냈다. 북한의 선전 매체 [우리민족끼리]는 2020년 7월 14일 "이번 인사에서 이인영, 임종석 두 사람에 거는 기대도 많다"고 밝혔다. 이 장관은 '이전과는 확연히 다른 통일부의 위상과 역할'을 강조했다. 하지만 북측과 수면 밑에서 접촉할 비선과 창구가 여의치 않은 통일부가 가까운 시일 내에 실현 가능한 대안을 내놓을지는 의문이다. 우선 인도적 차원의 대북 지원과 물물교역으로 유엔 대북제재를 피해 물꼬를 트는 데 주력하고 있다. 통일부는 7월 30일 국내 한 민간단체가 신청한 코로나19 방역물품에 대해 대북 반출을 승인했다. 민간 남북경제협력연구소가 신청한 소독약과 방호복, 진단키트 등 약 8억 원 규모의 반출이다. 이 장관이 7월 27일 취임한 이후 첫 대북 반출 승인 건이다. 그러나 정부는 구체적인 북측의 수령 주체는 공개하지 않았다. 이 장관은 "코로나19 방역에 협력할 일 있으면 언제든 하겠다"고 언급했다.

실세 장관 등장에 속도 붙은 대북 지원

통일부는 8월 들어 세계식량계획(WFP)을 통해 북한 영유아 및 여성 돕기 사업에

1,000만 달러를 지원했다. 연이어 북한 술과 남한 설탕의 물물교환 거래를 승인했다. 대략 1억 5,000만 원 정도 규모의 개성 고려인삼술, 류경소주, 들쭉술 등 북한의 대표 술 35종류 1만 병과 남측의 현물인 설탕 167톤을 교환했다. 남북경총통일농사협동조합과 북한의 개성고려인삼 무역회사가 거래당사자다. 중개 역할은 중국회사인 연변해운수출입무역유한공사가 맡았다. 북한의 거래품목인 술은 남포에서 중국 다롄을 거쳐 인천으로 들여온다.

북한은 2009년 약 177만 달러 규모의 설탕을 중국으로부터 수입한 이후 2018년에 4,001만 달러, 2019년에는 11개월 동안 3,888만 달러의 설탕을 수입했다. 2009년인약 10년 전보다 20배 이상 수입이 증가했다. 과거에 북한 주민들은 사카린을 설탕대용으로 사용했다. 설탕은 북한 상류층의 신분과시용 소비재다. 2000년대 들어 보따리상들이 중국 설탕을 수입하면서 상류층은 사카린 대신에 설탕을 소비했다. 하지만 계속된 국제사회의 제재 속에서 설탕, 커피 등 소비재 품목의 수입이 외화 부족으로 줄어들자 남측과 설탕 물물교환에 합의했다.

술 이외에 간장, 된장 등 250가지 품목을 물물교환 대상으로 검토하고 있다고 한다. 실세 장관이 등장하자 그간 미뤄뒀던 대북 지원과 협력 사업이 속전속결로 승인되고 있다는 평가다. 이 장관은 이도훈 한반도 평화교섭본부장에게 물물교환방식 거래를 한미워킹그룹 채널을 통해 미국 정부에 설명해줄 것을 요청했다. 향후 거래 물량과 품목이 증가하면 물자 운송과 북측 거래 주체 조사 등 선박 사용 관련 대북제재 위반 혐의가 나올 가능성을 우려한 것이다.

한편 북한의 상황은 엄중하다. 김정은 국무위원장은 7월 18일 당 중앙군사위 확대회의에서 2018년 북·미 비핵화 협상과 남북대화가 시작된 이후 처음으로 "핵보유국, 자위적 핵 억제력" 등을 직접 언급했다. 7월 26일 김 위원장이 당 정치국 비상 확대회의를 긴급 소집해 최대비상 방역체제 전환을 지시했

▌ 김정은 북한 국무위원장은 2020년 7월 18일 조선노동당 본부 청사에서 열린 당 중앙군사위원회 제5차 확대회의에서 2018년 북·미 비핵화 협상이 시작된 이후 처음으로 "핵보유국, 자위적 핵 억제력" 등을 언급했다. / 사진: 연합뉴스

다면서 19일 개성을 통해 북한으로 돌아온 한 탈북자가 코로나19 감염자로 의심되기 때문이라고 평양 매체들이 보도했다. 북한의 이례적인 보도는 탈북자의 월북 사실을 통해 체제 우위를 선전할 정치적 측면과 함께 북한의 코로나19 위기 상황을 여차하면 남한 책임으로 돌리려는 다목적용으로 풀이된다. 보도의 핵심은 평양은 물론 최남단인 개성에도 코로나19 환자가 발생했고 북한 전역이 코로나 감염지역이라는 사실이다. [조선중앙통신]은 8월 3일 "모든 사람이 마스크 착용을 의무화하며 체온 재기, 손 소독을 비롯한 방역규정들을 준수하도록 통제하고 있다"고 보도했다. 특히 김정은의 회의 주재 사진과 함께 "국가적으로 개성시에 대한 완전 봉쇄와 함께 물자보장이 최우선적인 사업으로 진행되고 있으며 개성시민들에 대한 검진과 의학적 감시가 강화되고 있다"고 밝힘으로써 개성시 환자 발생과 완전봉쇄 조치를 확인했다. 김정은은 수해 피해가 심각해지자 이재민에게 전쟁 예비물자인 비축 양곡까지 풀며 민심을 다독이고 있다.

美 대선 시계로 향한 북한의 시선

2020년 가을 북한의 이인자로 움직이는 김여정 중앙위 제1부부장은 역설적으로 서울보다 워싱턴 뉴스를 직접 챙길 것이다. 문 대통령이 지난 6월 30일 "미국 대선 이전에 북·미 간 다시 마주 앉아 대화를 나눌 수 있도록 하는 데 전력을 다할 계획"이라고 밝혔지만, 평양의 시선은 워싱턴에 머물러 있다. 서울은 워싱턴의 철저한 종속변수인 만큼 문제풀이는 워싱턴에서 시작돼야 한다는 판단이다. 갈수록 오리무중인 트럼프의 재선 여부를 예측하고 10월 중에 '깜짝 정상회담'을 할 것인지 고심하지 않을 수 없다.

김여정은 지난 7월 10일 발표한 담화에서 미국에 위협을 가할 생각이 전혀 없다며 독립기념일 행사를 담은 DVD를 요청했지만, 워싱턴의 답신을 받지 못하고 있다. 김여정은 DVD를 내세워 트럼프 대통령의 친서를 받는 '편지 외교' 전술을 구사했지만, 7월 8일 스티브 비건 미 국무부 부장관이 서울을 방문한 이후 워싱턴은 무반응이다. 트럼프 대통령은 김정은과의 3차 정상회담이 코로나 위기 속에서 자신의 재선에 득실이 무엇인지 확신하기 어려운 실정이다. 선거가 70일 앞으로 다가옴에 따라 일부 주에서 우편투표가 시작되는 상황에서 코로나19로 오프라인 대선 후보 출정식도 못하는 트럼프 입장에서 또다시 베트남이나 동남아 국가로 비행기를 타고 가서 베드 딜(bad deal)에 합의하는 외교 이벤트가 국내 유권자들에게 호소력이 있을지 의심스럽다.

물론 [그 일이 일어났던 방(The Room Where It Happened)]이란 제목의 회고록으로 트럼프를 비판한 존 볼턴 전 국가안보좌관은 10월 정상회담 개최 가능성이 여전히 크다고 인터뷰했지만, 오히려 불장난에 대한 견제구 성격이 강하다. 결국 트럼프는 8월 7일 기자회견에서 재선되면 북한과 신속하게 비핵화 협상에 나서겠다고 밝혀 사실상 '10월의 서프라이즈'는 사실상 물 건너갔다. 트럼프의 지속적인 대화 메시지는 대선 전 북한과 같은 적성 국가들의 도발을 막고 상황을 관리하여 유권자에게 호소하기 위한 전략으로 평가된다.

김정은도 워싱턴이 선거 정국인 시점에 남측의 방역물자 반출 정도로 '미워도 다시 한번' 성격의 남북정상회담 이벤트에 출연하는 것은 [사랑의 불시착]이라는 종편 드라마에서나 가능한 일이라고 판단할 것이다. 혹시 2000년 현금 제공의 추억을 살린다면 검토해볼 만한 일이나, 지난 3년 반 동안 북측 주도로 남북 정상이 평양과 개성에서 함께 냉면 먹기 및 백두산 등정 이벤트를 전개했으나 손에 쥔 것이 없는 김정은은 선대 김정일 위원장 시절보다 남측이 성의가 없다는 속내를 피력했을 것이다. 또 통전부는 유엔 안보리 제재라는 그물망이 촘촘히 가동되는 상황에서 남측의 거창한 남북협력 담론은 국내정치용이라는 평가보고서를 김정은에게 제출했을 것이다. 대남 라인들은 청와대와 여권이 강계 들쭉술을 마시고 취중에 유엔 제재를 위반하는 취권전략의 요행을 기대할지도 모르겠다. 우선은 술과 설탕 거래 정도로 남측의 새로운 대북 라인들의 복심을 탐색하면서 워싱턴의 일거수일투족을 살피는 것이 물난리를 겪고 있는 평양의 우중전략(雨中戰略)일 것이다.

6. 남북통신연락선 복원에 얽힌 남북한 속내

서울은 저팔계이고 평양은 사오정이다?

■ 북한, 통신선 복원 대가로 '한·미 연합훈련 중단' 압박하며 남남갈등 유도
■ 文 정부, 남북 정상회담 조바심 … 한·미 동맹 해체하려는 北 전략 경계해야

무더위를 달래기 위해 중국의 4대 기서(奇書)를 집어 들었다. [삼국지], [수호지], [금병매]와 함께 4대 기서인 [서유기(西遊記)]에서 삼장법사와 동반자 3명은 천축(인도)으로 불법(佛法)을 구하러 가는 여정에서 81난(難)을 동고동락한다. 마력을 지닌 손오공, 둔하고 덤벙거리는 저팔계(豬八戒), 약삭빠른 사오정(沙悟淨)이 삼장법사의 손바닥에서 희극적·모험적·신마적(神魔的) 기행을 전개하며 독자들을 사로잡는다. 16세기 명나라 시대에 출간된 [서유기]는 인간 사바세계의 우매함과 희로애락을 그리고 있다. 여색을 밝히는 저팔계, 제멋대로 인삼을 따 먹는 손오공, 정체가 불분명한 사오정, 쓸데없는 일에 참견하기를 좋아하는 삼장법사 등은 우리 모두의 군상(群像)이다.

[서유기]를 삼복더위 숲속 그늘에서 집어 든 다른 이유는 시진핑 중국 주석의 특이한 발언 때문이었다. 시 주석은 7월 1일 중국 공산당 창당 100주년 기념식에서 '중화민족 부흥'을 강조하면서 "누구든 중국을 괴롭히고 압박하거나 노예로 삼겠다는 망상을 품으면 14억 중국인의 피와 살로 쌓아올린 강철 만리장성에 부딪혀 머리가 깨지고 피 흘릴 것이다"라고 목소리를 높였다. 최고지도자로서는 과격한 발언이라 검색을 해보고 중국 친구들에게 문의했더니 조성원 KBS 베이징 특파원이 출처를 전해줬다. 중국의 포털 사이트 '바이두'를 검색했더니 원전이 [서유기]로 명시돼있다.

悟空要求道士把这500和尚都放了，道士不干 悟空取出金箍棒把道士打得头破血流…
(손오공이 도사에게 스님 500명을 풀어주라고 요구했지만, 도사가 듣지 않았다. 손오공이 여의봉을 꺼내 도사가 머리가 깨지고 피가 흐르도록 때렸다…)

　2021년 8월 남북관계에서 서울은 저팔계이고 평양은 사오정이다. 서울은 덤벙거리고 앞뒤를 분간하지 못한다. 평양은 손오공의 꾀와 사오정의 영악함으로 임기 말 정상회담에 목이 매여 갈팡질팡하는 서울을 자신의 의도대로 쥐었다 폈다 한다. 남북 간 통신연락선 복귀를 발표한 지 4일 만인 8월 1일 김여정 노동당 제1부부장은 손오공처럼 청와대에 한·미 연합 군사훈련 취소를 요구하며 남남갈등을 유발했다. 김 부부장은 사오정처럼 "우리는 합동군사연습의 규모나 형식에 대해 논한 적이 없다"며 "희망이냐 절망이냐? 선택은 우리가 하지 않는다"고 압박했다. 연합훈련 축소 실시가 아닌 전면 취소를 요구한 것이다.
　정부와 여권은 걷잡을 수 없이 자중지란에 빠져들었다. 문재인 대통령은 2021년 8월 4일 한·미 연합훈련과 관련해 "여러 가지를 고려해 (미국측과) 신중하게 협의하라"고 말했다. 군 주요 지휘관으로부터 국방 현안을 보고받는 자리에서 '한·미 연합훈련과 관련해 현재 코로나 상황 등 현실적 여건을 감안해 방역당국 및 미국측과 협의 중'이라는 서욱 국방부장관의 보고에 대한 답변이었다. 도대체 헌법상 대한민국의 최고 군 통수권자는 누구인지 묻지 않을 수 없는 유체이탈 화법이었다. 훈련을 하라는 건지 말라는 건지 종잡을 수 없는 발언이다. 범여권 국회의원 70여 명은 훈련 취소를 주장했다. 국정원과 통일부는 훈련 취소를, 국방부는 벙어리 냉가슴 앓듯이 원론적인 훈련 실시만 언급했다. 실제 병력을 동원한 야외 기동훈련도 아니고 컴퓨터 시뮬레이션을 활용한 지휘소 훈련을 두고 김여정 말 한마디에 정부와 여당이 우왕좌왕하고 사분오열됐다.

김여정 한마디에 한·미 연합훈련 놓고 자중지란

　이미 한·미 연합훈련은 '무늬만 훈련'으로 유명무실하다. 문재인 정부 출범 이후 청소년들이 즐기는 비디오 게임인 '배틀그라운드' 수준으로 추락했다. 한·미 연합훈련의 지휘소 훈련과 크래프톤에서 발행한 서바이벌 슈팅 비디오 게임인 배틀그라운드의 차이점은 전자는 군인들이 벙커에서 하고 후자는 청소년들이 모바일로 어디서든지 즐긴다는 점뿐이다. 김 부부장의 요구대로 한·미 연합훈련을 취소한다면 결과적으로 미국 바이든 행정부마저 '김여정 하명' 논란에 휩싸일 가능성이 작지 않았다. 왕이 중국 외교부장까지 끼어들었다. 현재 한·미 연합훈련은 건설적이지 않다며 훈련 중단을 요구했다. 졸지에 한·미 연합훈련이 동북아 국제정치의 동네북으로 전락했다.

봄부터 남북 정상 간 비밀리에 열 차례 가까이 연락과 친서를 주고받더니 2021년 7월 27일 휴전협정일을 맞이해 통신연락선을 전격 복구했다. 북한이 2020년 6월 남북 간 통신연락선을 차단하고 개성 남북공동연락사무소를 전격 폭파한 지 413일 만이다. 북한은 당시 김여정 부부장의 담화를 통해 대북전단 살포를 맹비난하면서 남북공동연락사무소 폐쇄와 개성공업지구 완전 철거, 9·19 남북군사합의 파기 등을 거론하고 통신연락선 차단을 시작으로 대남 압박을 본격화했다. 이후 남북 간 긴장감이 최고조에 이른 뒤 남북관계는 줄곧 교착상태에 빠졌다.

개성에서 연락사무소를 폭파한 뒤 413일 동안 무슨 일이 있었기에 손오공처럼 신출귀몰(神出鬼沒)한 평양의 요술이 시작되고 서울은 왜 저팔계가 됐을까? 10여 차례의 연락과 친서는 어디서, 누가 주고받았을까? 친서의 내용에는 도대체 어떤 내용이 포함되고 무슨 약속을 했기에 평양은 갑(甲)처럼, 서울은 을(乙)처럼 행동하는 것일까?

통신연락선이 복원되면 남북관계는 국가 예산이 투입된 연락사무소 폭파와 서해 공무원 피살 등 모든 과거는 덮어두고 무조건 밝은 미래를 담보하는 것인가? 백신과 쌀은 어느 정도를 어떤 조건에서 지원하겠다는 건지? 향후 문재인 정부 남은 임기 7개월은 오직 평양과의 해후를 기다리는 시간인지…. 조망할 주제가 한둘이 아니다. 통신선 복원에서 시작된 임진강의 작은 물길이 식량, 백신

| 2021년 7월 27일 남북 간 통신연락선이 복원된 뒤 군 관계자가 서해지구 군 통신선을 활용해 시험 통화를 하고 있다. 그러나 8월 10일 한·미 연합훈련 사전연습이 시작되자 북측의 불응으로 연락 채널 복원 2주 만에 다시 불통됐다. / 사진: 연합뉴스

지원, 이산가족 상봉으로 강물을 이뤄 비대면 및 대면 정상회담으로 확대하는 것이 청와대의 복안이다. 최종적으로 내년 2월 베이징 동계올림픽에서 문 대통령과 김정은 위원장이 시진핑 주석 옆에 앉아 남북 단일팀 경기를 응원할 수 있을지 귀추가 주목되지 않을 수 없다.

북한이 노리는 통신선 복원의 대가

2020년 6월 개성 남북연락사무소가 폭파된 뒤 6개월 동안 남북관계는 개점휴업 상태였다. 해가 바뀌어 연초부터 국정원으로 지칭되는 세곡동팀이 부지런히 움직였을 것이다. 남북연락사무소, 동·서해지구 군 통신선, 판문점 남북통신시험선, 청와대·노동당 중앙위 본부 직통통신선 등 5개의 남북 연락 채널 중에서 국가정보원·통일전선부 핫라인이 가동됐을 것이다. 정보팀은 북한을 유인하고 달래는 데는 전문 노하우가 축적돼 물밑 접촉에 제격이다. 정보팀은 언론을 철저히 따돌렸다. 판문점은 물론 제3국에서 친서 교환을 목적으로 다양한 협의를 진행했을 것이다. 시기는 지난 1월 북한이 제8차 노동당대회를 마친 뒤로 보인다. 2월에는 협의가 여의치 않았는지 김여정의 '욕설 담화'도 나왔다. 3개월 동안 신출귀몰한 접촉 끝에 4월 들어 청와대와 주석궁의 서명이 들어간 친서를 교환했다. 드디어 북한을 다시 협상 테이블로 끌어내는 데 성공한 것이다.

박지원 국정원장은 2020년 8월 3일 정보위 전체회의에서 통신선 복원에 대해 "김정은 국무위원장이 요청한 것"이라고 밝혔지만, 누가 먼저 요청했는지 여권 내부에서도 무슨 이유인지 의견이 일치 않는다. 청와대와 통일부는 남북 정상이 요청한 것이라고 정정했다. 박지원의 국정원과 이인영의 통일부 간에 대북 협상을 두고 주도권 장악을 위한 알력 싸움이 벌어진다는 것은 공공연한 사실이다. 사실 누가 먼저 제안했는지는 명약관화하다. 김정은은 남측의 각종 제안에 대해 이득이 있다고 판단해서 합의했을 것이다. 아무 당근도 없이 김정은이 일방적으로 요청했다는 팩트를 액면 그대로 믿기 어렵다.

북한의 다급한 사정도 북한이 단기에 협상장에 복귀하는 요인으로 작용했다. 4월부터 남북 간 물밑 교섭을 슬금슬금 외부로 흘리기 시작했고, 5월에는 박지원 원장이 방미(訪美)해 북한의 요구사항을 미국과 조율하면서 구체화했다. 박 원장은 8월 3일 정보위에서 북한이 북·미 회담의 전제조건으로 광물 수출, 정제유 수입 및 생필품 수입 허용을 요구하고 있다고 밝혔다. 생필품에는 평양 상류층 배급용인 고급 양주와 양복도 포함된다고 친절하게 설명했다. 역설적으로 유엔 대북제재로 북한이 아파하는 품목이 어떤 것인지 가늠할 수 있는 대목이다. 북한은 박지원 라인에 두 가지를 요청했을 것이다. 서울에는 한·미 연합훈련 전면 중지, 워싱턴에는 대북제재 해제와 조속한 북·미 회담 재개다.

청와대가 두 가지 사전 조건을 충족하는 데 노력하기로 친서를 통해 확약함에 따라 김정은은 통신선 복원에 합의했다. 하지만 한·미 연합훈련이 반쪽짜리나마 예정대로 진행되자 김여정은 8월 10일 김정은의 위임을 받아 "남조선 당국자들의 배신적인 처사에 강한 유감을 표한다"고 비난했다. "남측은 대가를 치를 것"이라며 약속 불이행에 대한 강한 불만을 표시하고 복원된 남북 통신선을 일시적으로 다시 끊었다. 또 김여정은 국가방위력과 강력한 선제 타격 능력을 보다 강화하겠다며 향후 대미협상이 여의치 않을 경우를 대비해 도발의 명분을 축적했다. 그 밖에 중국의 전략적입장에 맞춰 주한미군 철수까지 언급했다. 중국은 미국에 대응한다는 항미원조(抗美援朝)를 들먹이며 북한과 보조를 맞췄다. 박 원장은 물밑접촉에서 평양의 요구사항을 받아 워싱턴에 전달했다. 지난 2018년 3월 정의용 대북특사가 평양에서 북한의 요구사항을 받아 와 워싱턴에 전달해 정상회담을 성사시켰던 로드맵을 재연하고 있는것이다.

▌ 6·15공동선언실천 남측위원회 등 83개 종교·시민 단체 모임인 '광복 76주년 한반도 자주평화통일을 위한 8·15대회 추진위원회'는 2021년 7월 26일 서울 종로구 연지동 기독교회관에서 기자회견을 갖고 한·미 연합훈련 중단을 촉구했다. / 사진: 연합뉴스

허울뿐인 한·미 연합훈련, 북측 양해 구하기용?

미·중 갈등 속에 대만 문제에 집중하고 있는 워싱턴은 남북 간 물밑 접촉에 열린 입장을 내놨다. 미국이 조기에 북한과 회담할 여건이 여의치 않은 상황에서 한국의 대북 협상을 반대할 필요는 없다. 커트 캠벨 백악관 국가안보회의(NSC) 인도태평양조정관은 2021년 7월 27일 "미국은 남북 대화와 관여를 지지하고, 통신선 복원 발표를 물론 환영한다"고 밝혔다. 다만 한국이 과속해 한·미 연합훈련 전면 중지 등 한·미 동맹의 정신을 간과하는 행동만은 예의주시할 것이다. 워싱턴과 도쿄에서는 이미 7월 초부터 7월 27일 휴전 협정일에 서울과 평양이 모종의 합의를 발표할 것이라는 추측이 돌았다.

1971년 남북 직통전화가 가동된 이후 7차례의 단절과 복원이 있었다. 북한은 일방적인 연락선 단절을 불만을 표출하고 요구를 관철하는 수단으로 활용했다. 북한이 일방적으로 통신연락선을 복원한 만큼 그 저의 분석이 필요하다. 우선 북측은 임기 말 문재인 정부에 대한 확실한 지렛대를 갖게 됐다. 임기 말 문재인 정부와 거래할 시간은 7개월 미만이지만 여전히 쓸모 있다는 것이 평양의 복심이다. 북한은 예상대로 당장 8월 16~26일 예정된 한·미 연합훈련 중지를 요구했다. 한·미 군 당국은 훈련을 시행하고 있긴 하지만 이미 훈련은 당초 계획의 20% 수준으로 추락했다. 4년째 한미연합사령부에 근무했어도 작전계획 경험이 없는 영관급 장교들이 군 수뇌부에 수두룩하다. 한·미 연합작전 시스템은 함께 전쟁을 수행하기 어려운 상태로, 사실상 붕괴되고 있다.

확고한 연합방위태세 유지를 위해서는 정례적인 연합훈련이 필요하다. 송영길 민주당 대표도 최고위에서 "이번 훈련은 김 부부장이 염려한 적대적인 훈련이 아니라 평화 유지를 위한 방어적 성격의 훈련이며 훈련은 예정대로 진행될 수밖에 없다"고 말했다. 형식적으로는 훈련하는 척하면서 벙커에서 컴퓨터 프로그램을 작동하는 수준으로 하겠다고 북한에 이미 통보했다는 보도까지 나왔다. 통신선 복원에 대한 조건으로 사전에 합의가 이뤄졌는지도 모른다. 10여 차례의 소통과 친서 내용이 공개되지 않은 이상 모든 가능성을 배제할 수 없다. 조만간 김여정이 지난해 요구해 제정된 대북전단금지법안과 같이 '한·미연합훈련중지법안'이 국회에서 논의될지 모른다는 주장까지 나왔다.

박지원 원장도 북한의 입장을 대변하는 데 속도를 내기 시작했다. 그는 최근 김여정 부부장의 한·미 연합훈련 관련 담화 발표에 대해 "북한이 근본 문제로 규정한 한·미 연합훈련에 대한 선결 입장을 재차 강조한 것"이라고 분석했다. 이어 "한·미 연합훈련을 중단할 경우 남북관계 상응 조치 의향을 표출한 것"이라며 "북한은 한·미 간 협의와 우리 대응을 예의주시하며 다음 행보를 할 것"이라고 말했다. 정보기관장이 북한의 요구사항을 수용하기 위한 잰걸음에 나선 모양새였다. 여기에서 의문점이 제기된다. 설사 우리가 훈련을 중단했다고 해서 북한이 그에 상응하는 조치를 취했을까? 결론적으로, 북한은 남한의 연합훈련 실시 여부에 상관없이 통일전선전술을 구사할 뿐이다. 지난 4년간 평양 문화교류국(225국)에서 2만 달러 이상의 공작금을 받고

❚ 하반기 한·미 연합훈련은 코로나19 여파로 훈련 규모가 축소되고 야외 기동훈련을 하지 않는 시뮬레이션 방식으로 실시된다. 경기 평택시 캠프 험프리스에 헬기들이 늘어서 있다. / 사진: 연합뉴스

지령을 받은 청주지역 간첩행위자들에게조차 간첩죄를 적용하지 못하는 것이 대한민국의 현실이다. 포섭대상자만 60여 명에 이르지만 사건의 전모를 정확하게 밝히지 못하고 있다. F-35 최신예 전투기는 물론 궁극적으로 주한미군의 철수를 위한 공작이 물밑에서 진행된 셈이다.

北 요구조건 들어주려 명분 만들어주기 나선 南

다음은 식량과 백신 지원 요청이다. 인도적 명분을 들어 대북 지원이 물밑에서 논의됐을 것으로 추정된다. 북한에게 한·미 연합훈련 중단이 무형의 이득이라면 식량 지원은 유형의 이득이다. 19개월째 지속된 코로나로19 인한 북·중 국경 봉쇄는 북한의 경제난을 가중시키고 있다. 특히 식량 부족사태로 장마당에서 곡물 가격이 폭등하고 있다. 박지원 원장은 북한의 경제 동향과 관련해 "금년도 곡물 부족 사정이 악화하자 전시 비축미를 절량세대(곡물이 끊어진 세대)를 비롯해 기관, 기업소 근로자에게까지 공급하고 있다. 주민들이 민감해하는 쌀 등 곡물 가격을 통제하고 있다"고 설명했다.

북한의 어려운 경제사정은 역설적으로 대북 식량 지원에 대한 여론 조성에 기여한다. 통일부의 복안은 식량 지원을 이산가족 화상 상봉과 연계하는 것이다. 통일부는 7월 29일 복원된 남북 연락사무소 채널을 통해 북측에 남북 영상회담 시스템을

구축하자고 공식 제안했다. 정부는 북측이 호응하는 즉시 의제 정리에 나선다는 계획이다. 통일부 자체적으로 북측과 논의할 30가지 의제 목록을 정리 중이다. 9월 하순 추석을 계기로 한 이산가족 상봉과 개성공단 재가동 및 대북 식량 지원 방안 등이 포함될 것이다. 내부적으로는 민간단체의 대북 인도적 협력 물자 반출 신청 2건을 승인했다.

대북 식량 지원의 변수는 여론의 향배다. 정부 차원의 대북지원은 수만 톤 이상의 물자를 지원할 수 있지만, '남북교류협력추진협의회(교추협)' 등의 절차를 밟아야 하고 정부가 대북 지원의 주체가 되는 상황에 대한 비판 여론이 거셀 수 있다. 특히 한·미 연합훈련이 김여정의 하명으로 축소되고 있어 대북 식량 지원에 대한 부정적 여론을 피하기는 어렵다. 하지만 당국은 국민 호응도가 높은 이산가족 상봉으로 퇴로를 열려고 시도할 것이다.

백신 지원은 쉽지 않은 카드다. 북한의 상황은 녹록지 않다. 박지원 원장은 "북한 내 코로나19 발생 징후는 아직까지 없다"고 말했지만 두 가지 가능성을 상정할 수 있다. 진짜 파악을 못하는 것이거나 환자 발생 여부를 파악하고 있지만 '코로나19 청정국'이란 북한 주장을 인정하려는 의도일 수 있다. 조(兆) 단위 예산을 사용하며 북한을 파악하는 요원을 수천 명 두고 있는 국정원이 북한의 코로나19 발생 여부 자체를 파악하지 못했다면 어불성설이다. 후자라면 다행이지만 전자라면 '외눈박이'라는 비판을 피하기 어렵다. 김정은우 7월 27일 노병대회에서 이례적으로 '보건 위기'를 토로했다. 그는 "세계적인 보건 위기와 장기적인 봉쇄로 인한 곤란은 전쟁 상황 못지않은 고비"라고 언급했다. 북한도 당연히 백신에 관심을 갖지 않을 수 없다.

하지만 백신 제공은 인도주의적 의제이면서 의외로 복잡한 문제다. 백신 지원은 식량 지원과 달리 서울과 평양에 각각 문제가 잠복해 있다. 우선 백신 가뭄에 시달

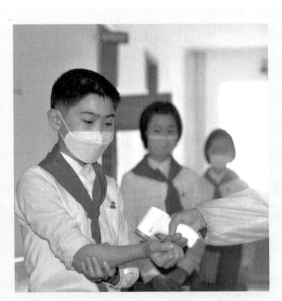

■ 평양의 한 초급중학교에서 마스크를 쓴 학생들이 체온을 재고 있다. 북한 당국이 코로나19 발생자가 없다는 입장이어서 남측의 코로나19 백신 지원 방안은 현실성이 없다는 지적이 나온다. / 사진: 연합뉴스

리는 서울은 평양에 지원할 백신이 없다. 8월 10일 기준으로 1회 백신 접종률이 41%, 2회 접종 완료자 15%에 그치고 있다. 여전히 백신예약이 여의치 않아 국민의 백신 스트레스가 적지 않다. 8월 8일 기준 한국의 백신 접종 완료율은 15%로, 경제협력개발기구(OECD) 38개 회원국 가운데 가장 낮다는 집계 결과도 나왔다. OECD 유일하게 세계 평균 아래다. 한국처럼 접종을 지난 2월에 시작한 일본과 콜롬비아의 접종 완료율은 각각 32.9%, 25%로 격차를 더 벌리고 있다. 백신 대북 지원은 우리 국민의 2차 접종률이 70% 이상으로 집단면역이 거론돼야 검토해볼 수 있다.

청와대, 대면 안 되면 화상 정상회담에 주력할 가능성

평양 역시 주체의학을 내세우고 있는데, 남한에서 백신이 공식적으로 들어오는 것을 용납할 수 없다. 2020년 1월 26일 이후 국경 봉쇄를 단행한 북한이 외부에 백신을 공식적으로 요청한 사례는 전무하다. 간혹 남한을 비롯한 제약사를 대상으로 백신 정보에 대한 해킹 시도가 있었지만, 공식적으로는 중국의 시노팜 백신 제공 의사에도 묵묵부답이다. 코로나19 청정국을 강조하는 상황에서 공개적으로 백신을 구하기는 용이하지 않다. 결국 여권에서는 코백스 퍼실리티(COVAX facility: 국제 백신 공유프로젝트)를 통해 북한에 백신을 지원하는 것이 현실적인 방안이라고 판단하고 있다.

마지막으로 대미 지렛대 확보 차원이다. 임기 말 문재인 정부지만 평양을 위해서라면 워싱턴을 조르고 압박하는 데 전혀 주저함이 없다. 청와대는 대만해협의 평화와 안정이라는 미국의 요구를 수용하면서 한·미 정상회담 공동성명에 평양·판문점 선언을 포함하는 데 올인했다. 평양의 관심은 바이든 행정부와의 진검승부다. 이미 평양은 2019년 하노이 회담 결렬 이후 미·북 협상이 타결되지 않으면 남북관계도 전진할 수 없다는 점을 철저하게 인식했다.

임기 말 레임덕이 시작된 문재인 정부로서는 남북관계라는 메가 이슈를 통해 정국 주도를 시도할 것이다. 여야 차기 잠룡들의 이전투구가 시작된 상황에서 정상회담은 임기 마지막까지 핵폭탄급 카드가 될 수 있다. 청와대는 남북 정상 간 핫라인 복원에 대해서는 "차차 논의할 사안"이라고 밝혔다. 당연히 청와대는 후속 일정으로 1단계 화상 정상회담 성사에 주력할 것이다.

하지만 화상이건 대면이건 임기 말 정상회담은 조심해야 한다. 역대 남북정상회담은 남측의 요구로 북측이 시혜를 베풀어 개최에 동의하는 형태로 진행됐다. 특히

2007년 10·4 정상회담처럼 임기 말 정상회담이 가져온 폐해는 차기 정부가 고스란히 떠안을 수밖에 없다. 임기 5년의 단임 대통령이 종신 독재자를 상대로 한 대북 협상은 한계가 있다. '미워도 다시 한번'식의 정상회담이 남북 현안을 푸는 손오공의 도술이 될 수 없다. 그럼에도 청와대는 민심이 심상치 않은 상황에서 한반도 평화프로세스라는 대북정책만이 유일하게 치적으로 평가받을 수 있다는 판단 아래 올인에 나서고 있다.

■ 2021년 5월 21일 한·미 정상회담을 위해 미국 워싱턴을 방문한 문재인 대통령이 워싱턴D.C. 인근 알링턴 국립묘지를 찾아 참배하고 있다. 문 대통령은 당시 정상회담에서 한·미 동맹의 굳건함을 과시했다. / 사진: 연합뉴스

결과적으로 하산 길이 시작된 문 대통령이 정상회담에 연연한다면 그 피해는 국민과 차기 정부에 갈 수밖에 없다. 갑을(甲乙) 관계의 정상 간 만남에는 이면 거래 및 약속 등 다양한 부작용이 수반될 수밖에 없기 때문이다. 특히 서해 공무원 피살사건, 남북연락사무소 폭파 등 북한의 만행에 대해 어떤 사과나 유감 표명 없이 통신선 복원에 감지덕지하며 북한의 무리한 요구를 수용한다면 부쩍 대선 표심에 관심을 보이는 MZ세대가 강조하는 '공정' 키워드에도 맞지 않는다. 국민의 눈높이에 맞지 않는 불공정한 정상회담은 역풍을 맞거나 남남갈등의 소재로 전락할 것이다. 북한이 해수부 공무원 피격 사건에 대한 공동조사 요구에 어떤 반응도 보이지 않는 상황에서 대북 물자 반출을 재개하는 것이 국민 정서에 부합하는지도 의문이다. 특히 400억 원가량의 정부 예산이 투입된 연락사무소 폭파 충격이 여전한데 아무 일도 없다는 듯이 통신선 복원에 신이 나서 움직이는 당국의 행태는 이해 불가다.

북한에 끌려가는 정상회담 국민 정서에도 맞지 않아

"대한민국과 미합중국 간의 동맹은 70여 년 전 전장에서 어깨를 맞대고 함께 싸우면서 다져졌다. 공동의 희생으로 뭉쳐진 우리의 파트너십은 이후 수십 년 동안 평화 유지에 기여함으로써 양국 및 양국 국민의 번영을 가능하게 하였다…. 우리는 철통 같은 동맹에 대한 공약을 재확인한다." 2021년 5월 21일 워싱턴에서 발표된 한·미 공동성명의 시작 부분이다. 더는 필설로 표현하기 어려운 최고 수준의 한·미 동맹 정신과 기조를 확인한 지 3개월도 안 돼 컴퓨터 시뮬레이션 방식의 한·미 연합훈련조차 김여정의 말 한마디에 휘청거렸던 모습이 한·미 동맹의 현주소다. 일구이언은 불신의 씨앗이다. 오히려 청와대는 불신을 유발해 한·미 동맹의 가치 폭락을 의도하는지도 모르겠다.

전임 원장은 물론 2021년 8월 신임 국립외교원장에 임명된 인사는 '반미(反美)'가 체화된 인사들이다. 직업 외교관 교육에 '반미 코드'를 강화해 무엇을 얻으려고 하는지 도통 알 수 없다. 77년 전 일제 강점기에서 해방되자마자 소련의 지령을 받은 좌익 세력의 선동과 술수로 대한민국이 둘로 갈라졌던 역사가 어제 같은데, 여전히 김일성의 주체 사회주의가 유령처럼 한반도 남쪽을 떠돌고 있다. 지금부터 내년 2월 베이징올림픽 개막 전까지 남북관계의 막전막후는 최근 개봉돼 관객들의 입소문을 타고 있는 영화 [모가디슈]의 소말리아 내전 당시 남북 외교관 동반 탈출극 못지않게 흥미진진할 것이다.

제 9 장

한·미 동맹의 과거와 현재 그리고 미래

1. 여전히 '안갯속' 한·미 방위비 협상

일본의 협상 방식 '타산지석' 될 수 있다
■ 경제 논리, 혈맹 역사에도 눈 하나 깜짝하지 않는 트럼프
■ 장기 계약, 상향식 비용 산정 등 미래 내다보는 원칙 필요

2010년 여름, 일본 외무성 초청으로 요코스카 주일미군 해군기지를 방문했다. 국가안보전략 연구원장 자격으로 형식적이나마 기지 운용에 대해 브리핑을 받았다. 기지에 근무하는 일본인 군무원들의 급여는 일본 정부가 지급한다는 설명이었다. 용산 미군기지의 출입 관리를 담당하는 한국인 군무원들이 미군으로부터 급여를 받는 방식과는 차이가 컸다. 3월 들어 주한미군사령부가 한국인 근로자 9,000명에게 4월 1

일부터 잠정적 무급 휴직에 들어간다는 사전 통보를 했다. 방위비 협상이 타결되지 않을 경우를 가정한 30일 전 통보 절차다. 일각에서는 "미국이 한국인 직원을 '볼모'로 잡아 방위비 분담금 협상 타결을 압박하는 전략"이라고 지적한다. 한국인 직원이 무급 휴직하면 미군 역시 불편할 수밖에 없다. 출입 및 시설 관리, 방호, 식당 및 각종 지원업무 중단으로 기지가 제

▌ 2019년 9월, 뉴욕에서 정상회담을 하고 있는 도널드 트럼프 미국 대통령과 아베 신조 일본 총리. / 사진: AFP/연합뉴스

대로 운영될 수 없기 때문이다. 일본은 군무원들을 정부가 직접 고용하는 방식이고 한국은 미군이 고용하는 방식이라서 주한미군에는 근무자의 무급 휴직이라는 특이한 일이 발생한다.

미국 국무부의 클라크 쿠퍼 정치·군사 담당 차관보는 2020년 3월 6일 교착 상태인 한·미 방위비 분담금 특별협정(SMA) 협상과 관련, 한국이 협상 테이블로 돌아와 그동안 논의해온 것에 대해 응답하는 것이 "트럼프 대통령의 기대"라며 거듭 압박했다. 그동안 협상에서 한국은 지난해 수준인 8.2%를 상회하는 수준을, 반면 미국은 5배 증액을 요구해왔다. 각자가 내놓은 협상안이 서울과 워싱턴 간의 물리적 거리만큼이나 큰 차이가 있는 것이다. 2월 말 에스퍼 미 국방부 장관은 한·미 국방부 장관회담 이후 워싱턴D.C. 국방부 청사에서 열린 기자회견 모두 발언에서 "방위비 분담금 증액은 미국에 있어 최우선 과제"라면서 "한국은 방위비를 더 분담할 능력이 있고 그렇게 해야 한다"고 주장했다.

"다음은 우리 차례" 일본도 협상 준비에 만전

일본은 한국의 협상 상황을 실시간으로 파악하고 있다. 일본은 미국이 한국 다음으로 협상할 상대이기 때문이다. 지난 가을부터 트럼프 대통령이 주일미군의 주둔 비용에 대해 "일본이 30% 밖에 분담하지 않는다"고 압박하자, 아베 신조 총리가 "일본의 분담 비율은 70%"라고 반박했다. 트럼프 대통령은 한국과 마찬가지로 일본에도 지금보다 4배가 넘는 방위비 분담금(약 80억 달러)을 요구하고 있다. 미·일 최고지도자 간의 쟁점은 일본의 방위비 분담 비율이다.

차제에 한국은 일본의 방위비 소요 산정 방식의 장점을 벤치마킹할 필요가 있다. 한국은 하향식에 가까우나 일본은 상향식에 유사하다. 일본은 2015년 가을, 2016년부터 2020년까지, 5년간의 주일미군 방위비 분담금을 약 9,465억 엔(한화 약 10조 3,000억~3,500억 원)으로 합의하고 이행 중이다. 일본은 1년에 약 1조 8,200억 원의 방위비를 주일미군을 위해 부담한다. 일본의 방위비 분담 비율은 74%로 전 세계에서 제일 높으며, 한국은 50%, 독일은 30%대로 추산된다.

일본은 소요 비용을 현장에서 미·일 실무자가 공동으로 집계하면서 소통을 중요시한다. 5년 단위로 현장 의견이 반영되어 워싱턴의 펜타곤 책상에 오르는 만큼 설득력이 적지 않다. 2004년 미국 국방부 보고서도 일본은 2000년대부터 분담금 비율

70%를 지켜왔다는 점을 인정한다. 일본은 분담금 부담 비율뿐만 아니라 각종 항목에서 미국을 배려한다는 입장이다. 주일미군 지위 협정은 "일본 내에서 주일미군을 유지하는 것과 관련된 비용, 즉 인건비 및 시설의 공공요금 비용 등은 일본에 부담을 주지 않고, 미국이 부담한다"고 규정하고 있다.

하지만 일본은 미국과의 특수한 동맹관계를 고려해 일명 '오모이야리(배려) 예산'이란 것을 편성해서 주일미군 기지 내 일본인 근로자들의 인건비, 기지의 수도·전기 등의 공공요금 비용을 추가로 부담한다. 기지 근처의 군사 보안상 이유로 어업 조업에 제한을 받는 일본인 어부들의 보상비, 지상 기지의 토지 관련 보상비 등도 모두 일본 정부가 부담한다. 궁극적으로 배려 예산과 보상비용은 일본인 지갑으로 들어가기에 소탐대실할 필요가 없다는 생각인 것이다.

일본이 미국에 제공하는 방위비 분담 총액은 한국의 4~7배에 해당한다. 항목이 달라서 완벽한 비교는 어렵지만, 일본 [방위백서]에서 발표하고 있는 자료 중에서 한국이 부담하는 항목과 유사한 내용을 비교하면 다음과 같다. 2018년의 경우 일본은 3,884억 엔(11원 환율로 환산할 경우 4조 2,724억 원)을 분담한다. 2019년 한국의 분담액 1조

▌평택 캠프 험프리스 미군 기지에 헬기들이 계류된 모습. / 사진: 우상조 기자

389억 원과 비교하면 약 4.1배다. 일본의 국내총생산이 한국의 3배 정도이고, 주일미군 규모는 1.9배(주일미군 5만 4,000명 :주한미군 2만 8,500명)다.

[아사히], [산케이] 등 일본 언론의 보도에 따르면, 3월 들어 미국이 국방부 장관까지 나서 한국에 방위비 인상을 압박하고 있는 상황에 대해 일본 외무성 간부가 "한국의 비명은, 내일은 우리 자신"이라고 말했다. 미국 당국자들은 일본에 "한국과의 협상이 어떻게 진행되는지 잘 보라"고 할 정도로 동시에 일본을 압박하고 있다.

협상에서 안보와 경제는 철저히 분리해야

2019년 [산케이신문] 은 "일본 정부는 한·미 간 협상 내용을 참고해 연초부터 협상 전략을 다듬어왔으며, 최근 대략적인 방침이 정해졌다"고 전했다. 보도에 따르면 트럼프 대통령이 재선에 성공하지 못할 경우엔 현행 부담액을 유지키로 했다. 만약 트럼프가 재선할 경우엔 △ 대폭적인 부담 증가는 거부한다, △ 한국에 요구하고 있는 주일미군의 역외 작전비를 일본에 요구해올 경우 2016년 안보법제 개정에 따라 일본이 부담하게 된 미군 지원금으로 상쇄한다, △ 일본이 부담하고 있는 비용 전체를 포괄적으로 조정한다는 계획을 짰다는 것이다.

미국측의 인상 요구는 전체 일본 부담액 중 소위 '배려 예산'(올해 1,974억 엔, 약 2조 2,000억 원)으로 불리는 일본인 근로자 기본급과 수당, 시설 정비비 및 훈련 이전경비 등에 집중될 것으로 보인다. 현재 미국은 당장 올여름부터 협상을 본격화하겠다는 자세다. 하지만 일본 정부는 "올가을쯤부터 협상이 시작될 것"(고노 다로 방위상)이라며 미국 대선 결과를 지켜볼 것으로 보인다. 일본은 세계 3위 경제대국의 자존심이 걸린 자국 근로자 인건비나 주민 보상비용 등은 비율만 반영하고 자체 예산으로 지급한다. 정경두 국방부 장관은 2월 말 워싱턴 국방대학교 연설에서 "한국 정부는 그동안 세계 최대 규모와 세계 최고 수준의 시설을 자랑하는 캠프 험프리스 건설을 위해 약 90억 달러를 지원하는 등 다양한 측면에서 주한미군의 안정적 주둔을 위해 기여해왔다"고 주장했다.

하지만 총론적인 주장과 과거 스토리로 부동산 개발업자 출신의 트럼프 대통령을 설득하는 것은 용이하지 않다. 2018년 10월 제11차 방위비 분담금 특별협정(SMA) 협상 과정에서 한국측이 "미국산 무기를 많이 수입했다"고 설득에 나서자 미국측은 "한·미 자동차 무역 수지를 생각하라"며 반박했다. 한국은 "지난 10년간 모두 62억 7,900만 달러(약 7조 4,530억 원)의 미국산 무기를 수입했다"며 "앞으로도 구매액을 늘리겠다"고 밝혔다. 미국은 이에 "한국이 매년 미국에 자동차를 얼마나 수출하느냐"며 "미국은 엄청난 무역 역조를 겪고 있다"고 맞섰다.

한국의 논리는 한·미 갈등의 전선을 확대할 소지만 있는, 번지수가 맞지 않는 주장이다. 트럼프 후보는 2016년 대선 때 "한·미 자유무역협정(FTA)은 재앙"이라고 비난했다. 당시 그는 "한·미 FTA 때문에 9만 5,000개의 일자리가 사라졌고, 한국과의 무역수지 적자는 거의 두 배로 늘었다"며 "특히 미시간·오하이오·인디애나 주의 자동차 산업이 (일자리) 피해가 컸다"고 주장했다. 자동차는 트럼프 행정부의 한·미 간 무역 협상에서 꺼지지 않는 불씨다. 방위비 분담금 협상에서 자동차 얘기가 본격화 되면 안보와 경제가 혼합되어 역풍을 맞을 수 있다. 방위비 막으려다가 자동차 산업 마저 폭탄을 맞을 수 있다. 적지 않은 대미 무역흑자를 감안하여 방위비 협상은 방위 분야로 좁혀서 협상을 진행해야 한다.

트럼프에게는 통하지 않는 '한·미 혈맹사'

중국 송나라 시대 시인이자 관료를 역임한 도연명(陶淵明, 365-427)은 돌고 도는 인생유전(人生流轉)의 무상함과 덧없음을 적나라하게 언급했다. 도연명은 세상의 만물 중에서 정지한 것은 없으며 끊임없이 변한다고 노래했다. 인생은 '세상에 영원한 것은 없다'는 것을 인식하는 과정이다.

'한·미 방위비 분담이라는 껄끄러운 돈 문제를 논하는 데 있어 어찌 한가롭게 도연명을 거론하는가'라고 한다면 영원할 것 같았던 한·미 관계의 상황 변화 때문이다. 미국의 아이젠하워 대통령이 휴전에 대한 한국 안보의 담보를 주장한 이승만 대통령의 옹고집을 수용하여 한·미상호방위조약 체결이 결정되었다.[1] 1953년 10월 1일, 조약이 정식 체결되면서 한·미 동맹은 혈맹이란 단어를 내세워 한국 안보의 버팀목으로 65년 이상 존속해왔다. 조약에는 외부의 무력 공격에 대한 공동의 대처 및 주한미군의 한국 주둔 등이 포함되어 있다.[2]

이후 급변하는 동북아 국제 정세 속에서 북한의 군사적 도발에 대처하여 자유민주주의를 수호하는 가치가 양국 관계의 주춧돌이었다. 1970년대 카터 전 대통령의 철군 압력과 80년대 민주화 시위, 90년대 이후 반미 움직임 등의 부침을 경험하면서도 한·미 동맹은 돈으로 환산할 수 없는 특수 관계였다. 하지만 이제 도연명의 표현대로 세상은 변했다. 카지노 사업으로 부를 축적한 트럼프 대통령은 '뉴노멀(New Normal)'을 내세우며 '수익이 나지 않는 가치(value)'들을 쓰레기통에 던지고 있다. 여기에 유감스럽게도 주한미군의 방위비 분담금도 포함되었다.[3]

트럼프는 미군이 한반도에서 전개하는 전략자산 비용과 주한미군 인건비 등을 망라해 한국 방위에 쓰는 돈이 연간 48억 달러(5조 7,400억 원)라며 분담금 증액을 요구했다. "돈이 중요하다(Money does matter)"는 명제로 무장한 트럼프 대통령은 동맹을 만드는 것도 버리는 것도 '식은 죽 먹기'라고 인식한다. 그에게 세상은 '돈이 되는가와 안

되는가'의 이분법으로만 이해된다. 트럼프 대통령은 지난해 8월 대선 자금 모금 행사에서 "브루클린의 임대아파트에서 114달러를 받는 것보다 한국에서 10억 달러를 받는 것이 더 쉬웠다"고 발언했다. 특히 11월 대선을 앞두고 유권자들에게 '부자 나라 한국의 돈을 더 받아냈다'고 선전하려는 트럼프는 세계 경찰을 자처하던 1950년대 미국 대통령의 모습이 아니다. 트럼프 뉴노멀 시대에 우리는 어떻게 대처해야 하는가?

우선 한국의 패착은 시대의 흐름을 파악하지 못하고 기존 5년간의 다년 계약이 아닌 1년 계약에 서명한 것이다. 지난해 3월, 한·미는 2018년 방위비 분담금을 전년보다 8.2% 인상된 1조 389억 원으로 하는 제10차 협정을 맺었다. 정부 당국자들은 대통령직을 수행하기 전 단 하루의 공직 생활도 경험해본 적 없는 '독특한(unconventional)' 지도자 트럼프의 행태와 사고를 면밀하게 연구하지 않았다. 단기적 득실만을 고려하여 기존 인상률을 훨씬 상회하는 미국의 요구를 단호히 거부하고 1년 계약에 서명했다. 1991년 1차 한·미 주한미군 방위비 분담금 특별협정(SMA) 이후 처음으로 다년 계약이 아닌 1년 계약이 체결되어 정부는 해마다 미국의 인상 압박에 시달릴 가능성이 예견되었다. 미국은 당초 50% 인상 요구에서는 물러섰지만, 해마다 협상을 통해 한국측 부담을 늘리겠다는 전략을 수립했다.

1952년 12월 4일, 드와이트 아이젠하워 미국 대통령 당선인(오른쪽 두 번째)과 경무대에서 만난 이승만 대통령(오른쪽 세 번째). / 사진: 국가기록원

美 정치판에 휘둘리지 않으려면 장기 계약해야

2018년 협상은 미국의 50%(15억 달러) 인상 요구를 거부하는 대신 5년 계약을 포기

하고 8.2% 증가하는 1년 계약에 합의했다. 유효기간 1년의 미국 안과 10억 달러의 한국 안이 절충된 것이다. 외교부는 미국측이 대폭 증액을 요구했지만 △ 주한미군의 한반도 방위 기여도, △ 한국의 재정 부담 능력, △ 한반도 안보 상황 등을 고려해 양측이 납득 가능한 합리적인 수준에서 분담금이 합의됐다고 설명했다. 하지만 2020년 재선을 앞둔 트럼프 대통령의 비즈니스 협상 행태와 1년 후의 상황을 고려하지 않은 단기적이고 근시안적인 결정이었다. 2018년 협상안처럼 우리 국방 예산 증가율에 맞춰 해마다 8~10%씩 방위비 분담금이 늘어날 경우 결국 5년 계약과 비교하여 분담금이 50% 인상되는 결과를 가져올 것이다.

2014년 1월, 방위비 협상이 5년 시한으로 타결된 후 외교부는 잦은 협상이 한국에 결코 유리하지 않다고 설명했다. 미국의 '시퀘스트레이션(격리, sequestration)'에 따라 미 국방 예산이 향후 10년간 지속 삭감될 예정임을 감안할 때 협상 때마다 분담금 대폭 인상 요구가 거세질 가능성이 높기 때문이다. 그러나 어찌된 일인지 5년 후 반대 전략을 추진했다.

지난 22년간 주한미군이 대규모 감축됐던 2005년을 제외하고 협상 때마다 총액이 증가했다. 결론적으로 5년 계약의 50% 인상안을 수용하여 올해 트럼프 재선 캠페인 과정에서 방위비 인상이 공론화하는 것을 사전에 차단했어야 했다. 매년 협상할 때마다 양측의 숫자 싸움과 신경전으로 동맹의 의미는 퇴색될 수밖에 없다. 특히 트럼프는 유권자를 상대할 때마다 500%의 한국 방위비 분담금 증액을 언급했다. 1년 만에 50% 인상안에서 500% 인상안으로 급등한 것이다. 유형의 단기 이득을 방어하려다 무형의 장기 손실이 적지 않은 시나리오다.

그동안 미국이 요구한 방위비 항목은 주한미군 기지 내 한국인 근로자 인건비, 군사시설 건설비, 군수지원비 등 세 가지뿐이었다. 하지만 미국이 제시한 50억 달러에는 기존의 세 가지 항목 외에 전략자산 전개 비용과 미군 인건비뿐 아니라 남중국해

▌ 2020년 1월, 정은보 한국 대표와 제임스 드하트 미국 대표가 워싱턴 D.C.에서 열린 제11차 한·미 방위비 분담금 특별 협정 체결을 위한 6차 회의에 참석했다. / 사진: 뉴시스

항행작전, 호르무즈 해협 호위 파견 등 미국이 제공하는 안보 공공재까지 포함된 것으로 추정된다.

강해지는 '자국 우선주의', 거세지는 방위비 압박

트럼프 대통령은 2018년 9월 뉴욕 한·미 정상회담에서 문재인 대통령에게 "엄청난 방위비를 공정 분담해야 한다"고 주장했다. 2020년 대선을 앞두고 미국 우선주의(America First Again)를 강조하는 트럼프 대통령은 '한국과 일본 때리기'로 대선 공약을 충실히 이행하면서 유권자들의 마음을 파고들고 있다. 트럼프 대통령이 지난해 경질한 존 볼턴 전 백악관 국가안보보좌관 역시 9월 말 워싱턴 세미나에서 한·미 방위비 분담금 협상과 관련해 "재조정이 있을 것이고, 있어야 한다"며 증액 필요성을 언급했다. 그러면서 "한국과 일본은 여느 때와 같을 것으로 생각하지 말아야 한다"고 경고했다. 그의 방위비 분담 증가 불가피성 발언은 협상과정이 순탄치 않음을 예고했다.

해리스 주한 미국대사는 "한국은 세계 12위 경제 대국으로서 더 많은 것을 할 수 있고 해야 한다. 5배의 요구가 지나치다고 하지만, 이를 뒤집어서 말하면 현재 한국이 전체 비용의 5분의 1만 감당하고 있다고 볼 수도 있다"고 주장했다. 그는 "협상이 시작되면 그 중간 어디쯤에서 절충안으로 협상이 이뤄질 것이다"고 전망했다.

문제는 협상 시한이다. 해리스 대사는 지난해 말 "'내년으로 넘어가겠지'라고 기대하는 것은 빈약한 전략(poor strategy)"이라며 한국의 협력을 촉구했다. 이 발언은 트럼프 대통령의 재선 여부가 달린 대선을 앞두고 있는 만큼 우리 정부가 이를 노려 '시간 끌기' 전략을 취할 가능성을 사전에 차단하기 위한 시도로 읽힌다. 한국은 외교관 대신에 통상 전문가를 수석대표로 내세우고 미군 기지 환경오염 방지 비용 부담 등을 내세워 꼼꼼한 '주판알 싸움'에 나서고 있으나 녹록지 않다. 최근 미국이 5조 원 규모에서 4조 원대로 목표액을 하향 조정했다는 설도 나왔으나 여전히 한국의 주장과는 거리가 멀다. 정부는 미국이 해외 주둔비 분담 원칙을 새로 마련했다며 기존의 협상 틀을 뒤집은 만큼 주한미군 기지 26곳의 조기 반환에 따른 오염 정화 비용 등 새로운 항목을 제시했다. 부평 '캠프마켓' 한 곳의 오염 정화 비용만 해도 615억 원이 드는 만큼 인상된 분담금을 만회할 수 있다는 계산이다.

정부는 협상과 관련해 가장 중요한 요소 중 하나로 국민 여론을 꼽았다. 정부는 "(분담금은) 납세자들의 돈"이라며 "한·미 동맹의 진전에 기여하는, 확실히 이성적이고 상호적인 방법이어야 할 것"이라고 설명했다. 한·미 방위비 협상은 양날의 칼이다. 가치 대신에 비즈니스 거래의 '아파트 동맹(condominium alliance)'을 내세우는 트럼프에게 분담금 인상 수용 불가 정책은 여타 분야의 우회 압력 확산 등 한·미 관계를 예측 불가능하게 만들 수 있다.

2019년 트럼프 대통령은 시리아 미군 철수를 선언했다. 쿠르드족은 시리아에 근거를 둔 극단적 테러조직 IS에 대한 미국의 대대적인 소탕 작전의 성공을 도운 주인 공이다. 쿠르드족은 작전에서 1만 1,000명 이상의 희생자가 발생했다. 현재는 미군 철군으로 터키의 공격에 직면했다. [뉴욕타임스](NYT)는 '쿠르드 철군은 혈맹도 미국을 믿지 말라는 메시지'라고 해석했다. 반대로 미국의 요구를 수용할 경우 한국 내 반미 여론이 고조될 수 있다. 트럼프의 결정은 동맹국에 불안감을 증폭시켰다. 또한 북한에 매우 복잡한 메시지를 주고 있다. 북한은 한·미 방위비 협상에도 비난 수위를 높이고 있다. 북한 [노동신문]은 2019년 10월 8일 "실제로 방위비 분담금 특별협정 체결을 위한 협상은 안보를 구실로 미군을 남조선에 영구 주둔시키며 침략 전쟁 비용을 더 많이 빼앗아내려는 약탈 협상"이라고 비난했다.

최근 미국과 아프가니스탄 무장 단체 탈레반이 평화협정을 공식 체결하며 18년간의 아프가니스탄 전쟁이 사실상 종식됐다. 미국이 그동안 전쟁 수행과 아프가니스탄 재건 사업 등에 사용한 비용은 무려 2조 달러(2420조 원)에 달했고, 미군 2,400여 명과 아프가니스탄 민간인 3만 8,000여 명이 목숨을 잃었다. 트럼프 대통령은 재선을 앞두고 선거 공약 이행을 강조하며 평화협정을 체결했다. 그에게는 세계 경찰의 가치보다는 자국의 비용 절감과 인명 존중이 중요한 것이다.

결국 솔로몬의 지혜를 요구하는 절충안이 필요하다.
'무조건 거부' 아닌 경영자 관점으로 접근해야

우선 원칙은 최소 5년, 최대 10년의 장기 계약이 필수적이다. 계약 기간을 장기화하는 것은 매년 인상률을 반영할 경우 인상 폭이 삭감되는 효과를 가져올 수 있다. 미국의 일부 요구를 수용할 경우 최장 10년 장기 계약도 검토해야 한다. 매년 힘겨루기 방식의 협상에 직면할 경우 한·미 동맹의 토대가 흔들릴 가능성이 크다.

다음은 일본 방식의 부분적 도입이다. 한국과 일본은 미국과 이른바 특별협정

(SMA)을 맺은 유일한 나라들이지만, 각각이 분담하는 금액의 산정 방식이 매우 다르다. 상향식 비용 산정 원칙의 일본 사례는 충분한 반면교사의 가치가 있다. 일본은 한국보다 복잡하게 방위비 분담을 하는데도 미국이 제기하는 불만은 크지 않다. 미군이 하부 단위에서 필수 비용을 산정하고 일본과 협의하면서 확정해감으로써 미국의 요구를 합리적으로 수용한다는 원칙을 고수한다. 한국보다 일본이 미국의 방위비 분담 요구를 더욱 지혜롭게 처리한다고 보지 않을 수 없다. 이견이 심한 협상과정에서 일본의 상향식 틀을 접목하는 것도 미래를 위해 불가피하다. 각론 차원에서 돈 계산은 동맹이라도 정확해야 한다.

마지막으로 1조 원과 5조 원 사이의 어느 지점에서 절충점을 찾을 수밖에 없다. 절충점이 항목별 객관적 계산을 통해 정해지기 위해서는 비용과 투입의 산출효과를 분석하는 것도 필요하다. 한국의 2018년 [국방백서]는 방위비 분담금이 인건비, 군사건설비, 군수지원비로 구성돼 있다고 설명한다. 인건비는 주한미군 장병이 아닌 주한미군에 고용된 한국인 노동자에 대한 인건비를 가리킨다. 한국이 분담하는 금액은 미국 경제로 흡수되는 걸까? [국방백서]는 "방위비 분담금 대부분은 우리 경제로 환원됨으로써 일자리 창출, 내수 증진과 지역경제 발전에 기여하고 있다"고 설명한다.

인건비는 한국인 노동자에게 지급되고, 군사건설비는 12%(설계, 감리비)를 제외하고는 전액이 한국 업체를 통해 현금이 아닌 현물 지원이 되고 있다. 일본은 민간 토지에 대한 사용료도 방위비로 계산한다. 한국 역시 이 방식을 원용하여 분담금의 절대 규모를 높이면서 한국인 근로자 인건비, 군사시설 건설비, 군수지원비 등의 직접 비용에서 미국의 요구를 수용하는 동시에 공공안보의 간접비용을 최소화시켜야 한다. 직접 비용은 사실상 한국에서 소비되는 만큼 해외 유출의 부작용이 크지는 않다. 단기와 장기 계약, 유형과 무형의 득실에 따른 SWOT(강점과 약점, 기회와 위협) 분석이 필요충분조건이다. 장사꾼 행태의 거래보다는 경영자 관점에서 방위비 분담금 협상이 필요하다.

2019년 2월 말 워싱턴 방문에서 정경두 국방장관은 "주한미군 한국인 근로자 무급휴직 사태가 발생해 연합방위 태세에 영향을 주는 상황을 반드시 막아야 한다"며 "방위비 분담금 항목 중 인건비만 우선 타결하는 방안을 검토해 달라"고 요청했다. 하지만 미국은 이를 일축했다. 협상에서 미국이 쉽게 물러설 가능성은 크지 않다. 한·미 간 이견이 좁혀지지 않으면, 방위비 협상이 21대 총선이 실시되는 4월을 넘길 수 있다. 방위비 협상은 정치적 파장이 크기 때문에 총선을 앞두고 국회가 방위비 인준 절차를 밟고 통과시키기 쉽지 않다. 총선 이후 5월 30일 임기 만료되는 레임덕 시기에 국회 인준 절차를 밟을 가능성이 있다.

트럼프 시대의 한·미 동맹은 줄 것은 주고, 받을 것은 확실히 받는 '안보＋비즈니스'의 복합 동맹이다. 자국 우선주의 기조가 대세인 만큼 무조건 거부보다는 우리의 방위비 부담 증가와 교환될 수 있는 다양한 카드를 신중하게 검토하는 것도 필요하다. 한·미 원자력 협정 개정, 1966년 체결된 한·미 행정협정(SOFA) 개정, 핵 물질의 재처리 허용 및 미사일 사거리 확장 등도 검토되어야 한다. 동맹도 실리가 선행되어야 한다는 현실주의 국제정치이론이 대세인 시대에 살고 있다는 사실을 동북아 화약고 한반도에 거주하는 한국인들도 자각해야 하는 시점이다.[4]

2. 격랑의 한반도, 4강 외교 해법

바이든 - 문재인의 대북정책 엇박자
■ 국내외 지지 못 얻은 북한 원전 건설 구상, 논란 일자 청와대 기획설 차단
■ 북·중 러브콜 보내는 한국과 반중 전선 강화하려는 미국의 동상이몽

국무회의에서 대통령이 수석비서관실에서 작성한 회의 자료를 낭독하면 장관들은 부지런히 받아 적는다. 극히 예외적인 경우를 제외하고 토론은 없다. 대통령이 질문하지 않는 이상 장관들이 발언을 신청해서 특정 사안에 대해 언급하는 사례는 매우 드물다. 대통령의 말씀은 '어명(御命)'으로서 1~2주 안에 이행 계획을 수석비서관실에 보고해야 한다. 각 수석과 비서관들은 부처의 '대통령 말씀' 복명 실태를 점검한다. 따라서 장관들은 토씨 하나 빠뜨리지 않고 기록해야 한다.

2021년 새해 들어서자마자 2018년 4·27 판문점 남북정상회담 이후 5월 2~4일경 산업부에서 작성한 '북한 원전 건설 추진 방안' 문건을 둘러싼 논란이 커지고 있다. 특히 4월 7일 서울·부산 시장 선거를 앞두고 있어 '신북풍' 혹은 '터질 게 터졌다'는 등의 다양한 평가가 나오고 있다. 쟁점은 첫째, 청와대의 지시 강도 여부로서 산업통상자원부 공무원들이 독자적으로 작성했는지 여부다. 둘째, 어느 단계까지 검토가 됐으며 감사원에 의해 밝혀진 월성 원전 1호기 관련 파일 530개 폐기작업에 왜 북한 원전 건설 추진 문건 17건이 포함됐느냐다. 마지막으로 북한에 구체적 내용을 담은 USB를 전달했는지 여부도 쟁점이다.

공무원에게 BH 관심사항은 최우선 순위

문재인 정부가 탈원전 정책으로 신한울 3·4호기 건설을 중단하는 상황에서 북한

에 원전을 건설해주겠다는 모순적인 정책을 어떻게 돌파하려고 했는지도 주목할 만한 대목이다 2018년은 문재인 정부의 '한반도 평화프로세스'라는 대북정책이 집권 1년 만에 만개하던 시기였다. 특히 집권 2년차라 레임덕 없이 정부 정책에 힘이 실리고 공무원들이 복종하던 시기였다. 청와대가 눈만 찡긋해도 부처들이 알아서 기는 시기이고 공무원들은 승진을 위해 온갖 연줄을 동원해 청와대 파견을 도모했다. 파견이 끝난 뒤 부처에 복귀하면 진급과 요직 발령이 기다리고 있었으니 말이다.

공무원은 업무처리에 있어 BH^(청와대) 관심사항을 최우선 순위에 둔다. 다음이 언론 보도 사안이다. 대통령 – 수석 – 장관 – 차관 – 실장 – 국·과장으로 이어지는 업무의 위계에 있어 어떤 업무가 주목받는지를 눈치 빠르게 간파해야 출세가도를 달릴 수 있다. 특히 정권에 상관없이 업무와 인맥의 흐름을 이해한다면, 행정고시 합격 이후 1급 실장이나 차관보 보직은 따놓은 당상이다. 과거 과천청사 시대부터 세종 관가에 이르기까지 청와대 보고자료를 작성하는 일은 부처의 에이스들이 참여했다.

2018년 당시 산업부 업무에서 탈원전은 BH에 일보를 할 정도로 가장 핫한 업무였다. 각종 남북경제협력 방안 역시 뜨거운 업무였다. VIP^(대통령)의 관심 사항이 경협인 만큼 전 경제부처와 연구기관들은 경쟁적으로 보고서를 작성했다. 심지어 일부 기관들은 경협 전문가를 특채할 정도였고, 공무원들은 연구용역을 외부에 발주했다. 일부 진보성향 연구자들은 두둑한 연구비가 들어오는 '북한 특수'를 누렸다. 산업부의 북한 원전 보고 자료의 작성은 BH의 의중을 파악한 귀납적인 업무 처리였다.

범부처 차원에서 남북경협과 평화 관련 업무를 경쟁적으로 수석비서관실에 직보하는 상황에서 '북한 전력'을 다루는 산업부도 당연히 관련 보고서를 작성했다. 국토교통부는 북한과 철도·도로 연결, 과기부 역시 유영민 장관 시절 원전 협력, 정보통신부는 ICT 분야 협력, 농림부는 비료·농약·농기계 등 농자재 지원, 해양수산부는 해운

▌ 2018년 4월 27일 문재인 대통령과 김정은 북한 국무위원장이 판문점 도보다리를 산책하며 환담하고 있다.

항만과 공동어로 등 수산협력 구체화 방안을 마련하거나 산하 국책연구원 혹은 전문가에게 외주를 줬다.

전력은 비핵화 보상으로 북한을 설득하는 '당근'

이 중에서도 북한이 가장 매력을 느낄 만한 분야는 전력이었다. 전력은 북한 경제의 아킬레스건이다. 1948년 5월 14일 서울에서 요금을 지불한다고 사정을 했음에도 불구하고 강원도 화천발전소에서 송전하는 전력을 북한이 일방적으로 단전함으로써 서울은 암흑으로 변했었다. 일제의 북측 중화학 공업, 남측 농업발전 정책으로 발전소의 92%가 북측에 있던 시절이었다. 당시 남측의 안재홍 민정장관이 평양을 방문해 전기 수입을 간청했지만 북측은 미국 개입을 이유로 속칭 '5·14 송전중단'을 결행했다. 하지만 분단이 반세기를 넘으면서 북한의 전력난은 투자 부족과 노후화 등으로 고질병이 됐다. 2019년에 방문한 평안북도 수풍발전소의 발전용량은 70만㎾에서 5만㎾로 망가져 있었다.

역사적으로 전력은 비핵화 보상으로 북한을 설득하는 최우선적인 당근이었다. 1994년 10월 1차 북핵 위기의 결과인 제네바 합의에서도 북한이 비핵화에 나서는 대가로 함경남도 신포에 100만㎾급 원전 2기를 건설해주기로 했었다. 과거 추진사례를 들어 2018년 북한 원전 건설 방안은 청와대와 산자부에서 자연스럽게 논의됐을 터였다. 부처 공무원들에게 북한 관련 프로젝트는 "하기도 그렇고 안 하기도 애매한" 계륵(鷄肋) 같은 존재다. 2000년 남북 정상회담 추진과정에서 4억 5,000만 달러의 뒷돈이 북측에 전달됐다는 팩트는 당사자들의 부인에도 불구하고 2003년 대북 송금 특검에서 밝혀졌다. 당시 박지원 문화부 장관을 비롯한 관련자들이 실형을 선고받았다. 당시 엄낙용 산업은행 총재의 폭로로 진실이 밝혀진 이후 일반 행정부처 공무원들에게 대북 업무는 불가근불가원이 된 것이다.

대북 업무는 상부에서 여간 챙기지 않으면 비(非)안보 부처 공무원들 스스로 절대 추진하지 않는다. 특별한 관심도 없으며 산업부 본연의 업무가 아니라는 인식이 강하다. 장·차관이 청와대 회의를 다녀온 이후 실국장이 올인하자 사무관, 서기관 공무원들은 과거 DJ정부 시절부터 검토했던 자료를 현실에 맞게 각색하고 깔끔한 보고서로 작성해 BH에 올렸을 것이다. 당시 산업부는 문재인 정부 초대 백운규 장관이 탈원전에 총대를 메고 부하 공무원들에게 '너 죽을래'라고 윽박지르던 시절이었다.

문 대통령이 북에 준 USB에는 무슨 내용 들었나?

문재인 정부의 대북정책인 '한반도 신경제 구상'은 100대 국정과제 중 하나로 서해안 산업·물류·교통과 동해권 에너지·자원, DMZ(비무장지대) 환경·관광 등 3대 벨트를 통해서 남북 간 경제 협력을 추진하겠다는 구상이다. 핵심은 에너지 제공과 남북 철도·도로 연결이었으며 제2의 개성공단 건설 등도 주요 추진 대상이었다. 북한 전력 제공은 송전 방식과 북한에 원전을 건설하는 방안으로 구분된다. 송전 방식은 2005년 7월 정동영 당시 통일부 장관이 200만㎾를 북한에 보내는 '중대제안'으로 구체화됐다. 하지만 당시 산업부, 한전과는 사전협의가 없었다.

북한 현지 원전 건설은 함경남도 신포에 발전소를 건설하는 방안이었다. 2001년 집권한 미국의 부시 행정부와 핵개발을 재개한 김정일 정권의 갈등으로 원전 건설은 토목공사가 30% 진행된 상황에서 중단됐다. 제네바 합의는 휴지 조각이 되었고 한반도에너지개발기구(KEDO)는 해체됐다. 당시 국정원 통일부 공무원들이 신포 현지에서 2년 이상 체류하며 공사를 독려했고, 한국중공업 등이 공사에 참여했었다. 당시 사업이 이번 산업부의 6쪽짜리 보고서에서도 검토됐다.

문 대통령은 3대 분야를 중심으로 경협 추진 내용을 USB에 담아서 북측 판문각에서 김정은 위원장에게 전달했다. 최근 원전 논란과 관련 참모들의 추론과 과잉 반응은 매우 모순적인 상황을 연출한다. 조한기 당시 의전 비서관은 USB 전달 의혹에 '기가 찬다'며 사실이 아니라고 언급했다가 하루 만에 청와대의 확인으로 "도보다리에서 건넨 것이 아니란 뜻"이라며 꼬리를 내렸다. 윤준병 더불어민주당 의원은 산업부 공무원이 삭제한 자료는 박근혜 정부에서 검토한 내부자료라고 SNS에 올렸다. 하지만 산업부는 "해당 자료가 박근혜 정부부터 검토한 것이 아니다"라고 부인했다.

북한 관련 문건이나 사업은 여권 인사라고 모두 파악하고 아는 것은 아니다. 내부 핵심그룹에서도 극비사항이라 국정원장 등 국가안전보장회의(NSC) 참여 인사도 정확하게 알기 어렵다. 과잉충성파들의 쓸데없는 추론이나 경솔한 부인은 의혹을 해결하는 데 전혀 도움이 되지 않는다. 정의용 외교부 장관은 국회 인사청문회에서 "산업부 공무원이 언론을 보고 아이디어 차원에서 그렇게 한 것 같다"고 답변했다. 과천이나 세종 관가에서 공무원증을 하루라도 달고 일해본 인사라면 쓴웃음을 짓을 수밖에 없다. 이제 세종 관가에서는 실무공무원들이 업무일기를 작성하는 것이 필수라고 한다. 업무를 누가 지시했는지 메모해놓지 않으면 최종적으로 서기관, 사무관이 '뽀

요이스(Pohjois) 신내림'으로 작성했다는 궤변을 늘어놓지 않기 위해서다. '뽀요이스'는 핀란드어로 북쪽이란 뜻이며 해당 공무원이 유학한 장소라고 한다. 요컨대, 북한 원전 건설 문건은 산업부 공무원들의 아닌 밤중에 홍두깨 스타일의 '신내림'으로 작성된 것이 아니며 청와대가 총론을 결정하고 산업부가 각론을 채우지 않으면 세상에 나올 수 없는 합작물이다.

북한 원전 건설 구상이 이율배반적인 이유

야당은 이적행위라며 문 대통령이 김정은에게 전달한 USB 공개를 강하게 요구했다. 정의용 외교부 장관은 해당 USB를 미국 존 볼튼 국가안보보좌관에게도 전달했으며 원전의 '원' 자도 없었다고 주장했다. 최재성 청와대 정무수석은 USB 공개와 관련 "색깔론이 아니면 야당도 명운을 걸어야 한다"고 강공을 폈다. 하지만 정세균 총리는 USB 공개는 지혜롭지 않다며 선을 그었다. 내용을 공개하면 민심이 어디로 갈지 판단하는 수준은 총리급은 되어야 한다. 존 볼튼 전 보좌관도 남의 나라 정치혼란에 개입할 필요가 없다며 '노코멘트'다. 학생들의 단순 발표 자료가 아닌 이상 후폭풍이 만만치 않을 것이다. 남북한 정상 간에 주고받은 문서를 일반인이 보면 이해하기 어려운 대목이 적지 않다. 그래서 비공개가 원칙이나 당시 USB 내용에 대한 세간의 궁금증은 증폭될 수밖에 없다.

북한 원전 건설을 위한 산업부의 보고서가 실행되기 위해서는 우리 내부의 이율배반을 해결하는 동시에 평양의 반응이 긍정적이어야 한다. 정부의 북한 원전 검토는 세 가지 점에서 정부 정책과 맞지 않았다. 우선 KEDO가 건설을 중단한 신포지구에 원전을 건설하는 방안은 문재인 정부의 탈원전 기조와 배치된다. 두 번째 안인 DMZ에 원전을 건설하는 방안은 친환경 기조와 비무장지대 관광 활성화 방침과 맞지 않는다. 마지막으로 신한울 3·4호기를 완공해서 북한에 송전하는 방안은 수천 억 원의 건설비용 때문에 중단한 것을 북한에 지원하려고 재개한다는 게 논리적이지 못하다. 요컨대 세 가지 난관과 비핵화도 없이 북한에 퍼준다는 논란 때문에 문재인 정부는 결사적으로 산업부 문건을 평가절하하고 부인한 것이다.

특히 원전의 위험성을 앞세워 국내 태양광 업계에 친여 인사들이 우후죽순 개입하는 상황에서 한편으로 북한 원전 건설을 추진하는 것은 누가 봐도 모순이고 서울·부산 시장 보궐선거에도 부정적이다. 최근 문 대통령의 지지율이 하락한 것은 북한 원전 건설 변수와도 맞물려 있다. 김정은 정권이 핵무력을 완성해 주기적으로 신무기를 선보이는 상황에서 수조 원의 예산이 드는 원전 건설은 코로나로 지친 국민의 눈높이와는 맞지 않는 이야기다. 대통령은 탈원전을 부르짖는데 공무원들이 자발적으로 북한에 원전을 지어줄 궁리를 했다고 믿을 국민이 어디 있을까.

김정은 위원장은 2018년 트럼프 대통령과 싱가포르 정상회담을 추진했던 만큼 남한의 북한지역 원전 건설계획을 긍정적으로 검토했을 것이다. 고질적인 전력난에 시달리는 북한으로서는 마다할 이유가 없었다. 일제 강점기 총독부가 작성한 보고서에 따르면 당시 38도선 이북에는 원전의 원료가 되는 양질의 우라늄 원광석이 400만t 이상 매장돼 있었다. 남한은 충북 옥천, 진천 등에 겨우 20만t 정도 매장된 것과 비교하면 상당한 양이다. 특히 남한의 우라늄은 품질이 좋지 않아 실험실에서나 사용할 수 있는 수준이지만, 북한 지역 우라늄은 양질이었다. 일제가 한반도에서 원자력 무기 생산을 검토했던 이유였다.

산업부 보고서 작성된 2018년에 북한도 원전 강조

2018년 세 차례의 남북 정상회담 이후 묘하게도 북한 매체에는 김정은 위원장의 '원전' 관련 발언이 수차례 소개됐다. 2019년 신년사에는 "조·수력과 풍력, 원자력 발전 능력을 조성"해나가야 한다고 강조했다. 또한 그해 4월 최고인민회의 시정연설에서도 "수력과 조력 그리고 원자력을 비롯한 전망성 있는 에너지 자원을 적극 개발해 더 많은 발전 능력을 조성해야 한다"고 언급했다. 하지만 싱가포르 회담에 이어 2019년 2월 하노이 미·북 정상회담이 결렬되면서 원전이란 용어도 자취를 감췄다. 북한으로서는 미국의 동의 없이 남한이 아무리 계획을 수립해도 실행되기 어렵다는 점을 인식했기 때문이다.

한편 북한에 원전을 건설하는 방안은 국제적으로 어느 정도의 비핵화 수준에서 가능한 것일까? 그 해답을 제시하기 위해서는 원전 건설에 전문적인 지식이 필요하다. 국제원자력기구(IAEA) 사무차장을 지낸 올리 하이노넨 미국 스팀슨센터 특별연구원은 원전은 남북한이 독자적으로 논의해서 지을 수 있는 종류의 시설이 아니라고 단정했다. 고유의 원자로 도안을 갖고 있는 한국에서 원전을 짓는다고 해도 많은 부품을 해외에서 들여오거나 원천기술과 부품 라이선스 계약을 미국 등과 체결해야 한다. 이런 절차 없이 독자적으로 북한에 원전을 건설하기란 불가능하다.

비용 문제도 간단하지 않다. 1994년 제네바 합의에 따라 북한 함경남도 신포 금호 지구에 건설해주기로 했던 경수로 2기는 모두 북한의 열악한 전력망으로는 소화할 수 없는 1000㎿급이었다. 원전을 지어준다 해도 북한 내 전력 공급에 필요한 전력망 구축에 엄청난 비용이 추가로 들어간다. KEDO의 당시 계획으로도 5억 달러에 달했다. 25년이 지난 지금은 최소 3배 이상이 소요된다. 또한 북한이 핵확산금지조약(NPT)에 복귀하지 않으면 북한 땅에 원자로를 지을 수 없다. 북한에 원자로 공사 삽질을 시작하는 날을 기준으로 북한은 NPT 회원국이어야 한다. 북한이 핵보유국이라는 사실은 원전 건설에 가장 끔찍한 딜레마다. 유엔 안보리 결의 1718호와 2397호는 북한의 특정 핵 관련 활동을 막고 있다. 모든 핵무기와 현존 핵프로그램을 즉각 폐기해야 한다고 명시돼 있다. 하이노넨 전 사무차장은 이번 사안의 전말이 밝혀지면 매우 흥미로울 것이라는 의견을 내놓았다. 원전 건설 계획이 그저 협상 테이블에 올려놓기 위한 누군가의 생각에 불과한 것인지, 아니면 이미 준비작업을 마친 진지한 시도인지, 만약 그렇다면 어떤 준비작업을 했는지 전부 검토돼야 한다. 북한 원전 건설은 국내 여론 못지않게 국제적인 장벽이 만만치 않다는 점을 알 수 있다.

북한 원전 건설 추진 문건이 국내 정가를 뒤흔드는 시점에 국제정세 역시 흐름이 심상치 않다. 2월 4일 조 바이든 행정부 출범 이후 처음으로 한·미 정상이 전화 통화를 했다. 앞서 1월 27일 8개월 만에 시진핑 중국 국가주석이 전격적으로 선제 전화통화를 한 이후라 한·미 정상 간 통화가 늦어지면서 일각에서 '코리아 패싱' 우려가 나오기도 했다. 미·일 정상 간 전화 통화보다 많이 늦었으나 호주 총리와 통화한 날이니 그런대로 모양새가 갖춰졌다. 문 대통령이 바이든 대통령에게 취임 초기에 얼마나 바쁘냐고 인사를 하자 전화 통화를 못할 정도로 바쁘지는 않다고 화답하면서 화기애애했다고 청와대가 32분간의 회담 분위기를 소개했으나, 실제 내용은 트럼프 대통령 당시 통화보다 호락호락하지 않았던 것 같다. 세 차례의 웃음과 양 정상이 가톨릭 신자라는 공통점에도 불구하고 안건에서까지 코드를 맞춘 것은 아닌 모양이다. 의제는 북한 비핵화와 한·미 동맹 강화 등이었으나 양측의 언론 발표는 고개를 갸우뚱하게 만들었다.

한·미 정상 간 통화가 보여준 양국의 온도차

정상회담이나 정상 간 통화 이후 발표는 공동성명이나 공동언론 보도문이 아닌 이상 양측의 발표를 비교해서 판단해야 한다. 아전인수격으로 해석해 발표하는 경우가 비일비재하기 때문이다. 한·미 정상 간 통화에서 문 대통령은 "한반도 비핵화에 공동 노력", 바이든 대통령은 "양국 같은 입장이 중요"하다고 밝혔다. 양측 발표의 결이 다르게 느껴질 수밖에 없다. 청와대는 "포괄적인 대북 전략의 조속한 마련에 공감했다"고 강조했다. 하지만 백악관은 통화 내용을 공개하면서 "조속한"이라는 표현 없이 "두 정상은 북한 문제에서 긴밀히 조율하기로 했다"고만 밝혔다.

서로 다른 발표의 근원은 트럼프 행정부 대북정책의 계승 여부다. 청와대는 2018년 북한 원전 건설 문건 작성 이후 이뤄진 싱가포르 합의를 이어나가 또다시 중매자로서 김정은 위원장과 바이든 행정부 간에 대화를 이어가겠다는 복안이다. 하지만 백악관의 기류는 "새로운 전략"을 예고하고 있다. 백악관이 밝힌 자료에는 '포괄적인 대북 전략'이나 '한반도 비핵화', '항구적 평화 정착'과 같은 청와대가 발표한 표현이 없다. 북한 비핵화를 통한 북·미 관계 개선, 평화체제 구축을 통한 북한 체제 보장 등은 교과서적인 표현이다. 문 대통령의 원론적인 입장 표명에 대해 바이든 대통령은 선뜻 동조 입장을 보이지 않았다. 이미 지난 1월 27일 바이든 대통령과 스가 요시히데 일본 총리의 통화 후 백악관은 "두 정상이 한반도의 완전한 비핵화 필요성을 확인했다"고 밝혔다. 한·미 및 미·일 정상 통화 이후 발표문에는 분명히 뉘앙스 차이가 있었다.

한·미 동맹 강화 부분도 매끄럽지 못했다. 백악관은 통화 후 발표에서 "바이든 대통령이 동북아 평화와 번영의 린치핀(linchpin, 핵심축)인 한·미 동맹 강화에 대한 약속을 강조했다"고 했다. 바이든 대통령은 지난해 11월 당선인 신분으로 문 대통령과 통화했을 때 "인도·태평양 지역의 핵심축인 한·미 동맹"이라고 표현했다. 백악관은 같은 날 바이든 대통령과 스콧 모리슨 호주 총리의 통화 결과를 발표하면서 양측 동맹을 "인도·태평양과 세계의 안정을 지키기 위한 닻(anchor)"으로 표현하며 "중국 대응 등 협력 방안을 논의했다"고 전했다. 바이든 대통령은 지난달 스가 총리와의 통화에서도 미·일 동맹을 "인도·태평양 지역의 평화와 번영의 주춧돌(Conerstone, 코너스톤)"이라며 "중국 문제를 논의했다"고 밝혔다. 하지만 문 대통령과의 통화를 전하는 발표에 중국 논의 대목은 없었다.

두 정상의 통화에서 바이든 대통령은 중국을 견제하기 위한 미국 전략인 '인도·태평양' 대신 '동북아'라고 표현했다. 일본, 호주 등 중국 견제 안보협의체인 '쿼드' 참여 국가와 달리 미국의 인도·태평양 전략에서 한국의 역할은 축소되는 분위기다.

한국은 쿼드 참여 등 중국 압박에 미온적이다. 미국은 한국의 인도·태평양 전략에 소극적인 방침을 알고 있다. 바이든 대통령은 문 대통령에게 "서로 눈을 마주 보며 대화하는 만남"의 중요성을 언급하며 "꼭 직접 만나서 협의하길 기대한다"고 했다. 일각에서는 코로나19 백신 보급이 확산되면 6월 이후 정상회담이 성사될 수 있다고 전망한다. 연인들이 눈을 보고 마주 보며 이야기하는 이유는 상대방의 진(眞)짜 속마음을 알고 싶기 때문이다. 바이든 입장에서는 트럼프와 김정은을 달콤한 이야기로 중매했던 문 대통령의 속 마음을 면전에서 파악하려 할 것이다.

문 대통령의 메시지, 무지의 소산인가 전략적 모호성인가?

미국 국무부는 양 정상이 통화한 날 "북 인권 가해자 책임을 묻겠다"고 밝혔다. 국무부는 지난해 한국 정부가 통과시킨 대북전단방지법에 상관없이 북한에 정보를 유입하기 위한 캠페인을 계속하겠다는 입장을 공개했다. 북한 인권 문제가 바이든 행정부에서 중요 이슈로 부각될 가능성을 엿볼 수 있다. 백악관과 청와대가 시간이 갈수록 이인삼각 행보가 아닌 각자 갈 길을 부지런히 갈 가능성이 작지 않다. 트럼프가 떠났는데 트럼프 시대를 그리워하며 두 정상이 깜짝 회동하는 장면을 연상하면 현실과 상상 사이에 혼란이 온다. 트럼프 시대는 지났다는 현실을 망각하고 과거를 계속 그리워하다간 허구의 세계관에 사로잡히고 만다.

최근 동북아 정세는 구한말을 연상시킨다. 119년 전 영·일 동맹을 맺었던 영국과 일본이 21세기에 준(準)동맹관계로 발전하고 있다. 2021년 2월 3일 양국은 외무·국방 2+2 회의를 개최하며 "중국을 견제하는 데 힘을 모으자"고 의견 합의를 보았다. 영국은 올해 안에 퀸엘리자베스 항모(6만 5,000t급)가 일본 열도 남측 해상에서 일본 해상자위대와 공동 훈련할 계획을 밝혔다. 한·미 동맹은 민주주의, 시장경제, 법치와 인권 등 인류 보편적인 핵심가치를 공유해왔다. 한·미가 공유하는 가치를 부정하는 중국 공산당의 창설 100주년을 대통령이 대놓고 축하하는 나라는 전 세계 민주주의 국가에서 한국 이외에는 없다. 문 대통령은 바이든 대통령과의 통화 직후 트위터에 한·미 동맹의 상징적 표현인 '같이 갑시다'라는 문구를 남겼다. 중국과 북한에 올인하면서 'Go together'를 트윗하는 것은 무지의 소산인지 모호성으로 위장한 '회색 전략'인지 우려하지 않을 수 없다.

2급 비밀에 해당하는 한·미연합훈련을 북한과 협의하겠다는 청와대의 복안은 트럼프 시절에는 통했을지 몰라도 바이든 행정부와는 맞지 않는다. 신형 대량살상무기를 계속 선보이는 김정은에 대해 '비핵화 의지'를 확인했다는 정의용 외교부 장관을 미 국무부가 북한의 '핵 미사일 확산 의지'를 확인했다고 즉각 반박하는 상황이다. 워싱턴은 북한의 '중대 위협'을 강조하는데, 서울은 '비핵화 확인'을 내세우며 한·미 연합훈련이 북한을 자극할 것이라고 반대한다.

한·미 간 엇박자는 시간이 갈수록 점입가경이다. 북핵 포기에 온도차 정도가 아니라 불과 얼음 수준은 아닌지 우려하지 않을 수 없다. 한국 외교수장이 평양에서 '특등머저리' 소리를 듣지 않기 위해 방어적인 한·미연합훈련마저 회피하며 워싱턴과 각을 세우는 데 올인한다. 정의용 장관은 미국을 설득하는 데 외교력을 집중하겠다고 공언했다. 물밑 외교협상에서 조율해야 할 대북 인식차가 언론을 통해 공론화하고 있다. 'VIP 관객'인 평양의 최고지도자를 의식해 워싱턴보다는 평양과 코드를 맞추는 데 열을 올리는 모양새다. 화상통화는 상견례로 지나칠 수 있겠지만, 따뜻한 봄날 양국 정상이 워싱턴에서 눈을 마주 보는 날에는 본심을 숨길 수 없는 진실의 순간에 직면하게 된다는 것을 잊지 말아야 한다.

제10장

바이든 행정부 출범과 동북아 정세

1. 트럼프 재선에 北은 조력자였을까, 방해자였을까

레드라인 경계에 선 김정은의 고민
- 신년사 생략해 미국 압박과 체제 결속 꾀한 북한, ICBM 발사와 핵실험 시사
- 트럼프는 11월 대선까지 전략적 대북협상 지연 … 한국의 입지 점점 줄어

2020년 김정은의 신년사는 없었다. 정초 새벽에 장문의 메시지를 던지던 관행을 포기했다. 2011년 12월 30일 선대 김정일 국방위원장의 장례식을 마치고 삼우제도 생략하며 최고사령관에 오른 이후 최초로 신년사를 생략했다. 하루가 지나 금수산기념궁전에서 김일성·김정일의 시신을 참배하는 김정은 국무위원장의 사진이 공개됐다.

2019년 12월 28일 노동당 중앙위원회 제7기 제5차 전원회의를 개최해 31일까지 '장장' 4일간의 마라톤 회의를 열었다. 통상 하루에 그친 과거 전원회의와 사뭇 차이가 있다. 신년사의 청중은 북한 주민이다. 일부 대남 및 대미 관계에 대한 언급이 있지만, 남한으로 치면 대통령이 연초에 국회에서 하는 시정연설과 유사하다. 대외관계 메시지는 북한 주민들을 이해시키는 수준이다. 다만 윤곽을 잡을 수는 있다. 2017년에는 대미 대결과 핵 무력을 강조했고, 2018년에는 평창올림픽 참여를 포함해서 남북관계 관련 사안이 다수 포함됐다. 2019년에는 미국이 북한을 압박하고자 한다면 '새로운 길'을 갈 수 있음을 시사했다.

'새로운 길'에 관한 김정은의 유체이탈 화법

신년사가 생략된 배경은 세 가지다. 전원회의 결정문이 신년사를 대신한 첫 번째 이유는 김정은의 부담 덜기 전략이다. 김정은이 직접 신년사 마이크를 잡았을 때 부

담이 적지 않았을 것이다. 그동안 북한은 '새로운 길'이라는 어휘로 미국을 압박해왔다. 2019년 신년사. 4월 12일 최고인민회의 시정연설을 통해 김정은이 제시한 연말 시한의 '새로운 길'은 크리스마스를 지나 기해년이 다 가도록 모습을 드러내지 않았다. 김정은은 미국의 양보에 의한 호응을 유도하며 새로운 셈법을 제시하지 않는다면 '가지 않은 길'을 가겠다고 공언했지만, 미국의 반응은 원론에 그쳤다. 그렇다면 새로운 길이 나와야 한다. 하지만 김정은이 공언한 '새로운 길'은 양날의 칼이다. 미국의 양보가 없으므로 군사 도발에 나서야 하지만, 현실적인 부담이 적지 않다. 애매할 때는 슬쩍 비켜나는 것이 차선책이다. 본인이 정면에 나서 찬바람을 맞기보다는 노동당 중앙위원회 명의의 제3자 화법으로 부담은 줄이고 할 말은 하는 편법을 채택했다. 북한이 제시한 새로운 길이 김정은 개인의 것이 아닌 중앙위원회의 총의에 의한 유체이탈 화법으로 포장했다. 사회주의 독재국가에서 최고지도자의 위상과 체면은 모든 결정과정에서 핵심 고려사항이다.

둘째, 노동당 중앙위원회 전원회의를 통해 주민 결속과 충성을 유도하는 방식이 신년사보다 효과적이라는 판단이다. 1987년 1월 1일 김일성은 신년사를 생략했다. 이틀 전인 1986년 12월 30일 최고인민회의 시정연설을 했기 때문이다. 당중앙위원회의 이름으로 메시지를 발신하면서 신비주의 전략으로 체재 결속을 시도했다. 특히 미국의 제재 압박에 굴하지 않으면서 정면 돌파를 결심한 이상, 주민들의 인내와 지지가 절대적으로 중요하다.

마지막으로 중국 변수다. 2019년 6월 20일 1박2일 일정으로 평양을 방문한 시진핑(習近平) 중국 주석은 전통적 북·중 관계의 완전한 회복과 대북 지원을 약속했다. 시진핑은 트럼프를 상대로 3차례 정상회담을 가진 김정은을 격려하고 지원을 약속했다. 미국의 적극적인 참여를 유도하는 단거리 미사일 발사수준의 저강도 도발은 허용하지만, 대륙간탄도미사일(ICBM) 발사와 추가적인 핵실험은 판을 깨는 수준의 레드라인을 넘는 행위다. 최소 연간 100만 명 수준의 대규모 중국인 관광객의 북한 송출과 80만t 내외의 대북 식량 지원이 본격화되는데 김정은이 직접 도발을 예고하는 것은 한계가 있다.

중국은 김정은이 전원회의 결정문에서 "머지않아 새로운 전략무기를 목격하게 될 것"이라며 핵실험과 대륙간탄도미사일 도발 재개 가능성을 시사한 데 대해 이례적으로 반대 의사를 밝혔다. 겅솽(耿爽) 중국 외교부 대변인은 1월 2일 정례 브리핑에서 김 위원장의 발언에 대한 중국 정부의 입장을 묻는 질문에 "현재 한반도 정세에서 긴장을 고조시키고 대화에 불리한 행위는 받아들일 수 없다"고 말했다. 중국 정부가 공식적으로 북한에 도발 자제를 요청한 것이다.

중국은 2018년 3월 김 위원장의 첫 방중 이후 지난해 북·중 수교 70주년을 거치며 북한의 도발을 비판하거나 우려하는 공식 입장을 일절 발표하지 않았다. 오히려 미국을 향해 "북한의 비핵화 조치에 성의를 보여야 한다"고 요구하면서 연말에는 러시아와 함께 유엔 안전보장이사회에 대북제재 해제를 요구하는 결의안을 제출했다. 1월 들어 중국의 대규모 대북 식량 지원이 시작됐다. 1월 3일 자유아시아방송(RFA)은 북·중 접경 지역인 단둥(丹東) 소식통을 인용해 "중국이 휴일인 1월 1일 새벽부터 북한에 원조하는 식량 운송을 시작했다"고 보도했다. 또한 "지난해 12월 31일 오후부터 단둥역 화물열차 터미널에는 조선에 보낼 원조 물자(식량)를 실어놓고 출발 준비를 마친 화물열차들이 목격됐다"며 "이 열차는 1일 새벽에 북조선으로 나갈 예정이라는 말을 역 관계자로부터 들었다"고 전했다. 지붕이 없는 화물열차는 10개가 넘는 화차로 연결됐고, 푸른색 비닐 포장이 덮인 상태였다는 전언이다. 이번 식량 수송 작전은 중국 상무부에서 직접 주관하고 있다. 베이징(北京)에서 온 실무책임자가 단둥역 화물 터미널에 상주하면서 수송을 지도·감독하고 있다. 대북 지원 식량의 정확한 규모는 알려지지 않았지만 지난해 6월 시진핑 주석 방북 이후 수송된 80만t과 비슷한 규모라는 소식이다. 중국은 북한의 '새로운 전략무기' 도발 가능성을 경고하면서도 대규모 대북식량 지원에 착수했다. 중국이 북한의 핵실험과 대륙간탄도미사일 발사 등을 경계하면서 대북 경제 지원을 통해 영향력을 유지하기 위한 의도로 보인다.

北, 미국 대선의 캐스팅보트?

2019년 12월 28알 평양에서 소집된 전원회의 결정문 분석을 통해 김정은의 2020년 북한의 행보를 전망해보자. 김정은은 당중앙위원회 제7기 5차 전원회의에서 "현정세와 혁명 발전의 요구에 맞게 정면돌파전을 벌일 데 대한 혁명적 노선"(약칭 '정면돌파 노선')을 천명했다. 북한의 당 중앙위원회 전원회의 보도에서 '정면돌파'라는 표현은 23회, '자력부흥'이라는 표현은 5회, '자력번영'이라는 표현은 4회 언급됐다. 북한의 새로운 '정면돌파 노선'은 미국과의 비핵화 협상 중단, 북미 교착상태와 대북제재 장기화를 기정사실로 하면서 북한의 핵과 미사일 능력 및 자강력을 보다 강화하는 전술이다.

정면돌파는 사실상 북한이 과거에 시도했던 행동 패턴의 동어반복이다. 북한이 예고했던 '새로운 길'은 없었던 셈이다. 미국의 요구에 굴복해 비핵화에 나서면 제재와 압박으로부터 탈출하겠지만, 핵무기 개발을 포기할 수 없다. 핵을 보유하는 대신 경제적 압박을 감수하는 것이 역설적으로 체제 생존에 필수적이다. 대응책 중에서 비핵화의 길을 선택한다면 다양한 시나리오가 나오겠지만 핵 보유카드를 고수한다면 기존 압박 국면에서 독자 생존 이외에는 대안이 없다. 실제 북한은 미국을 움직일 만한 카드가 없다. 북한은 현재 상황을 미국의 약속 위반이라고 판단한다. 트럼프 미국 대통령이 싱가포르 북·미 정상합의에서 약속한 '새로운 북·미 관계 수립'을 외면하고 비핵화만을 요구하는 부당한 압박을 가하고 있다고 인식하고 있다. 북한은 그런 미국을 응징할 방도가 없다. 그렇다고 2018년 4월에 이미 "승리적으로 결속됐다"고 선언한 핵·경제 병진노선을 공개적으로 선언하는 것도 무리다.

또한 대륙간탄도미사일 발사나 핵실험을 감행하는 것은 결과를 예측하기 어려운 도박이다. 북한의 패는 자신의 힘으로 제재를 견디면서 전략무기 능력을 강화하고 핵·미사일 시험 모라토리엄(유예) 철회 가능성을 시사하면서 미국의 태도 변화를 압박하는 것 외에 특별한 도깨비방망이는 없다. 북한은 결정서에서 미국의 태도를 "시간 벌기를 해보자는 것일 뿐"이라고 비난하고 있다. 하지만 시간에 대해 고민이 필요한 것은 북한도 마찬가지다. 과연 2월부터 본격화하는 미국 대선 경쟁에 김정은이 어느 선까지 개입할 것인지, 아니면 수수방관할 것인지 평양으로서는 다양한 카드와 시점을 두고 심사숙고에 들어갔다.

1989년 프랑스 상업위성에 의해 북한 핵 개발이 세상에 공개되고, 1993년 3월 북한의 핵확산금지조약(NPT) 탈퇴 선언 이후 1차 북핵 위기가 발발했다. 이후 미국의 대

북한은 2019년 12월 28일부터 4일간 전원회의를 개최했다. 김정은은 2020년 신년사 대신 전원회의 결정문을 내놓았다. / 사진: 조선중앙통신

선은 1996년을 시작으로 2000년, 2004년, 2008년, 2012년, 2016년에 이어 2020년이 7번째가 된다. 2011년 12월 17일 김정일 사망 전까지 북한은 4번의 미국 대선을 관망했다. 북한은 2006년 10월 1차 핵실험을 시작으로 2009년 5월, 2013년 2월, 2016년 1월과 9월에 이어 2017년 9월 6차 핵실험을 감행했다. 미국의 대선이 있던 2016년에 연이어 두 차례 핵실험을 감행함으로써 '전략적 인내(strategic patience)'를 주장하며 평양을 상대하지 않던 오바마 행정부와 민주당을 향해 충격요법을 구사했다.

트럼프 대통령이 2017년 집권 첫해 대북정책을 조율하며 말싸움으로 시간을 보내자 2017년 9월 김정은은 다시 핵실험과 장거리미사일 카드를 꺼내 들었다. 결국 북한의 핵과 미사일 도발은 트럼프와 김정은의 세 차례에 걸친 초유의 정상회담으로 귀결됐다.

북·미 정상회담 가능성은 절반 이하

북한의 향후 도발 시나리오와 트럼프 대통령의 대응을 전망하기 위해서 미국 대선과 북핵 등 외교 문제에 관한 상관관계 등을 조망해보자. 미 대선은 2020년 11월 3일에 치러지지만, 이미 일정에 돌입했다. 트럼프 대통령은 6월 18일 플로리다주 올랜도에서 재선 도전을 공식 선언한다. 민주당 역시 6월 26~27일에 플로리다주에서 대선 경선 주자들의 첫 번째 TV토론을 열 예정이다. 레이스에 돌입한 2020년 미국 대선은 '트럼프 vs 반(反)트럼프'라는 대결 구도가 출발 시점부터 매우 선명하고 격렬하다. 이는 대통령직 수행 전에 단 하루도 공직 수행 경험이 없는 독특한 대통령의 재선 도전이라는 트럼프의 한계에서 비롯된다. 1980년대 이후 아버지 부시 대통령을 제외하고 모든 대통령이 재선에 성공해 미국 사회에서는 재선이 당연시됐지만, 재선을 앞두고 트럼프처럼 양극화된 지지율을 보인 경우는 유례가 없다.

현재 트럼프 대통령은 4개 전선에서 동시다발적인 외교적 과제를 안고 있다. △ 미·중 무역협상, △ 이란과 전면 대결, △ 북한 핵 협상, △ 베네수엘라 사태 등이다. 트럼프의 재선 캠페인에서 차지하는 4개 현안의 정치적 비중은 매우 다르다. 트럼프의 재선 캠페인은 "미국을 계속 위대하게(Keep America Great Again)"에 맞춰져 있고, 이에 부합하는 것은 미·중 무역협상이 우선이다. 이란의 군부 책임자를 드론으로 제거한 만큼 호르무즈 해협 봉쇄 등, 긴장 국면이 지속되겠지만 막대한 군비가 소요되는 확전은 자제할 것이다.

트럼프 대통령은 재선 캠페인 과정에 외교적 성과가 더해지면 한결 유리하겠지만, 무리하면서까지 외교적 성과를 추가하려고 노력하지는 않을 것이다. 하노이 회담 합의 무산 이후 '잘못된 합의(bad deal)보다 노딜(no deal)이 낫다'는 기조가 확고하다. 북핵 문제를 현재 상태로 유지하는 것만으로도 성과인데 자칫 무리한 합의를 해서 언론과 민주당의 비난을 자초할 이유는 없다. 결국 재선 캠페인 중 북핵 카드를 꺼낼 가능성은 높지 않다.

솔레이마니 암살이 주는 메시지

2020년 새해가 밝았지만, 트럼프는 김정은에게 신년 친서를 보내며 상황 관리에 집중하고, 북한의 태도 변화를 통해 '최종적이고 완전히 검증된 비핵화(FFID)' 타협이 성사되기까지 트위터 외교로 시간을 보낼 것이다. 상호 간의 친서 교환, 실무 협상 가능성 언급 등 다양한 외교적 행위 및 언사가 오가겠지만, 북핵 문제는 2020년 대통령 선거 이후로 순연될 가능성이 높다. 물론 북한의 전향적인 태도 변화가 이뤄지고, 북한이 미국의 요구를 수용하면 북·미 정상회담이 이뤄지겠지만, 가능성은 절반 이하다.

김정은은 미국 대선 때까지 기다릴 것인지 관여할 것인지, 선택의 갈림길에 직면할 것이다. 우선 소극적인 개입 시나리오다. 북한은 교착 국면을 자신들에게 유리한 쪽으로 변화 시킬 수 없다면 재선에 예민한 트럼프를 자극하기보다는 방사포 수준의 저강도 도발로 긴장을 유지하며 대선 결과를 관망하는 것도 나쁘지 않다. 트럼프는 재선 여부에 몰두하기 때문에 북한이 선제적으로 군사적 행동을 시도하기에는 리스크가 적지 않다. 특히 브로맨스를 연상시키며 트위터에서 항상 좋은 관계를 유지하고 있다는 트럼프를 군사 도발로 자극해 대선에서 궁지에 몰리게 하는 것이 김정은에게 어떤 실익이 있는지 미지수다.

하원 탄핵으로 의회에서 입지가 편치 않은 가운데 여론을 무시하며 트럼프가 북한에 화끈한 선물을 주기는 현실적으로 어렵다. 크리스마스 선물을 거론하며 압박을 가했으나 연말 시한이 다하도록 미국으로부터 나온 것은 한반도 상공에 나타난 최첨단 미군 정찰기뿐이었다. 민간항공추적 사이트 '에어크래프트 스폿'에 따르면 미국 정찰기 코브라볼(RC-135S)이 성탄절 오키나와 주일미군 가데나 기지에서 동해 상공으로 출격했다. 동시에 4대의 정찰기가 한반도 상공을 감시하고 있다. 군사적인 대북 압박이 만만치 않은 실정이다.

특히 이란 군부 실세에 대한 드론 암살은 평양 지도부에게 상당한 스트레스를 주고 있다. 미국은 이란 군부 실세인 거셈 솔레이마니 쿠드스군(이란혁명수비대 정예군) 사령관을 공습 살해했다. 미국의 경고를 무시한 데 대한 보복이다. 지난 12월 27일 이라크에서 미국 민간인 1명이 로켓포 피격으로 사망한 사건이 이번 공습을 크게 자극한 요인이 됐다. 미국은 그동안 자국민이 공격당했을 때 무력 대응에 나서겠다고 경고했는데, 이란이 레드라인을 넘어섰다고 판단했다.

북한, 어디까지 선 넘을까?

북한이 군사적인 레드라인을 넘었다고 판단한다면 드론을 통한 평양 압박이 발생하지 않으라는 법은 없다. 주한미군은 공격용 군사 무인기(드론) 'MQ-9 리퍼(Reaper)'를 2019년 말 한반도에 배치했다. '하늘의 사신(死神)'이라는 별명의 MQ-9 리퍼는 암살 전용 드론으로, MQ-9 리퍼의 전격 배치는 '새로운 길'을 예고한 북한에 무력을 사용할 수 있다는 경고다. 트럼프의 즉흥적인 의사결정은 북한에 상당한 압박이다. 특히 미국의 대북제재를 무력화하자면 중국과 러시아를 통한 외교 전략이 절실하다. 저강도 도발 이상을 감행하면 중·러의 협력과 지지를 유도하는 데 한계가 있다. 결국 미국 대선이 치러지는 올해 말까지 북한이 자체 핵 능력을 고도화하고 '레드라인' 경계에 머물면서 미국을 자극하는 행보를 밟을 가능성이 높다.

다음은 적극적인 개입 시나리오다. 2020년 1월 5일 자 북한 [노동신문]은 "북한이 대륙간탄도미사일 발사 중지와 동창리 핵실험장 폐쇄 등 '선제적 중대조치'를 취했음에도 미국은 한미연합훈련과 첨단무기의 한국 반입, 경제 제재를 지속했다"면서 "우리 제도를 압살하려는 야망에는 변함이 없다는 것을 다시금 세계 앞에 증명해 보였다"고 꼬집었다. 이어 "미국의 본심은 정치·외교적 잇속을 차리는 동시에 제재를 계속 유지해 우리의 힘을 점차 소모·약화시키자는 것"이라며 "전략무기 개발을 지속적으로 추진해 국가의 안전과 존엄을 담보해야 한다"고 주장했다.

김정은은 미국의 대북 적대시 정책이 노골화되고 있다면서, 미국이 시간 끌기를 하고 있다고 비난의 수위를 높였다. 이는 대선을 앞둔 트럼프가 북한의 핵실험과 미사일 실험 유예라는 외교적 성과를 과시하면서도, 정작 이에 상응하는 대북제재 완화를 하지 않고 있다는 비난이다. 김정은은 "우리의 전진을 저해하는 모든 난관을 뚫고 나가자"는 말로써 올해 한 해 동안 미국과 대결 구도를 형성할 것임을 예고했다. 비핵화를 하면 북한 경제의 밝은 미래를 보장한다는 트럼프의 제안에 대해서도 가시적인 경제적 성과를 위해 안전 문제를 무시할 수 없다는 말로 명시적인 거부 의사를 밝혔다.

9·19 평양 공동선언에서 북한이 선제적으로 폐기를 약속한 동창리 엔진시험장과 미사일 발사대는 건재하다. 김정은은 미국에 "북한의 충격적인 행동을 보게 될 것"이라며 강도 높은 전략 도발을 예고했다. 특히 새로운 전략무기를 목격하게 될 것이라는 말로 신형 핵무기 투발 수단 실험을 시사했다. 북한이 인공위성 발사와 같이 트럼프를 직접 자극하지 않는 방식의 전략 도발을 시도할 것으로 전망했으나, 노동당 중앙위원회 전원회의에서 보여준 김정은의 발언은 보다 직접적인 방식을 예고했다. 2019년 12월 22일 개최한 노동당 중앙군사위원회는 소위 '자위적 국방력'을 계속 발전시키는 문제를 집중적으로 논의했다.

김정은은 당중앙위원회 전원회의에서 "우리는 우리 국가의 안전과 존엄 그리고 미래의 안전을 그 무엇과 절대로 바꾸지 않을 것을 더 굳게 결심하였다"고 밝혔다. 북한의 전략 무기는 제재 완화나 다른 것과 교환 불가다. 미국과의 '비핵화 협상 무용론'을 천명한 것이다. 비록 김정은이 미국과의 '협상 중단'이라는 표현을 사용하지는 않았지만, 실제 미국과의 협상 중단 가능성을 내비쳤다. 이처럼 김정은이 '시간은 북한 편'이라는 시각을 가지고 있기 때문에 북한이 향후 미국과의 비핵화 협상에 적극적으로 나오기를 기대하는 것은 어렵다. 김정은은 당중앙위원회 전원회의에서 "북한이 북·미 신뢰 구축을 위하여 핵실험과 대륙간탄도미사일 시험발사를 중지하고

길이	11m	날개폭	20m
최고속도	482km/h	최대이륙중량	4760kg
항속거리	5926km	비행 시간	14시간(완전무장 시)
무장 능력	AGM-114 헬파이어 공대지 미사일 14발 또는 AGM-114 헬파이어 공대지 미사일 4발 GBU-12 레이저유도폭탄 2발 AIM-92 스팅어 공대공 미사일 운용 가능		
배치	90여 대 운용 중(2007년 아프가니스탄에 첫 배치)		

'하늘의 사신(死神)'으로 불리는 미국의 드론 MQ-9 리퍼. 북한 수뇌부에도 공포의 대상이다.

핵실험장을 폐기하는 선제적인 중대조치들을 취한 지난 2년 동안 미국은 이에 화답하기는 커녕 대통령이 직접 중지를 공약한 합동군사 연습들을 수십 차례나 벌여놓고 첨단 전쟁 장비들을 남한에 반입하여 북한을 군사적으로 위협하였으며 10여 차례의 단독 제재조치들을 취함으로써 북한을 압살하려는 야망에 변함이 없다는 것을 증명해 보였다"고 미국을 비난했다.

특히 "공약에 우리가 더 이상 일방적으로 매여 있을 근거가 없어졌다"고 주장함으로써 핵실험과 ICBM 시험발사 모라토리엄 파기 가능성을 시사했다. 김정은은 더 나아가 "이제 세상은 곧 멀지 않아 조선민주주의인민공화국이 보유하게 될 새로운 전략무기를 목격하게 될 것"이라고 확언했다. 향후 북한의 신형 잠수함에서 잠수함 발사탄도미사일(SLBM)이나 다탄두 ICBM 시험발사 시나리오를 예고한 것이다.

북한의 한국 '망신 주기'

김정은이 공언한 새로운 전략무기는 무엇일까? 신형 핵무기 투발 수단이다. 북한은 핵무기를 전략무기로 부른다. 첨단 장비로 무장한 ICBM과 결합한 다종화된 핵무기다. 지구 재진입을 성공적으로 마쳤다는 2017년 11월 화성 15형 대륙간탄도미사일(ICBM)보다 업그레이드될 것이다. 엔진 성능 강화 기술도 주목하지 않을 수 없다. 지난해 두 차례 동창리 미사일 엔진시험장에서 중요한 시험이 이루어졌다는 북한 발표 내용을 보면 엔진의 추진력을 대폭 증강한 고체연료 가능성이 높다. 다탄두 발사 신기술과 강력한 고체엔진으로 무장한 ICBM은 미사일 방어를 취약하게 만드는 전략적 이점이 있다.

저강도 혹은 고강도 어느 시나리오든지 2020년 경자년 한반도는 긴장 상태다. 북·미 사이에서 어정쩡한 상태에 머물 수밖에 없는 문재인 정부에 큰 부담이 될 수 있다. 김정은은 이번 결정서에서 대남전략, 남북관계 및 통일문제에 이례적으로 '무언급'으로 일관했다. 남북관계가 생략됐다. 결정문이 김정은 신년사를 갈음했다는 점을 고려할 때 그간 발표된 신년사를 돌아보면 이례적이다. 과거 신년사는 남북관계를 비중 있게 다뤘다. 특히 지난 4년 동안 북한은 신년사를 통해 대남정책의 기본 방향을 밝혀왔다. 2016년에는 자주와 대화를 강조했고, 2017년에는 한국 정부를 비난하며 민족 공조를 강조했다. 2018년에는 평화체제와 평창올림픽 참가 문제가 다뤄졌다. 2019년의 경우에는 민족 공조 목소리를 높이며 조건 없는 개성공단과 금강산 관광 재가동을 언급했다. 올해 키워드는 '한국 무용론'이다.

북한은 작년 하노이 정상회담 결렬 이후부터 한국 정부에 대한 비난의 수위를 높였다. '삶은 소대가리가 앙천대소한다'는 표현과 같이 노골적으로 망신주기를 하면서 자신들의 요구사항을 반영하지 않는 한국 정부를 압박했다. 지난해 대남 비난 기조는 새해 들어 무시와 조롱 단계로 접어들었다. 1월 11일 김계관 담화는 연초 남북관계에 찬물을 끼얹었다. 북한은 트럼프 친서를 북측에 전달하는 데 흥분한 한국을 겨냥해 노회한 김계관 외무성 고문을 내세워 '설레발을 치고 있다'고 남측을 조롱했다. 특히 김계관은 "조·미(朝·美) 수뇌들 사이에 특별한 연락 통로가 있다는 것을 모르고 남한이 중뿔나게 끼어드는 것은 주제넘은 일"이라고 면박을 줬다.

남한은 통미봉남(通美封南) 방정식의 종속변수가 됐다. '허망한 꿈을 꾸지 말라'는 평양의 메시지는 올해 남북관계의 '가시밭길'을 예고한다. 남북관계 개선을 총선 선거 호재로 삼고자 하는 문재인 대통령은 코너에 몰렸고, 촉진자 정책은 표류 중이다. 2020년 4월 총선을 앞두고 독자적인 남북교류를 내세우는 진보진영의 요구는 거세질 것이다. 트럼프는 연초 문 대통령을 '나의 친구'로 호칭하며 제재 이탈을 방지하기 위해 관리 중이다. 북한은 한·미 간의 약한 고리 찾기에 혈안이다. 제재로 무장한 미국과 대남 불신의 북한 양측으로부터 압박을 받는 청와대의 고민은 총선이 다가올수록 깊어질 수밖에 없을 것이다.

2. 한·미 정상회담 앞둔 남·북·미 동상이몽 전략

대북 속도 조절 나선 미국에 한국 정부 속은 타들어 간다
■ 바이든 취임 100일 연설에서 '외교와 억제' 대북정책 원칙 천명
■ 한·미정상회담 계기로 미·북 관계 회복 꾀하지만 북한은 어깃장

드디어 막이 오르고 있다. 바이든 행정부의 새로운 대북정책 발표가 초읽기에 들어갔다. 조 바이든 대통령은 2021년 4월 취임 100일을 맞이해 하원에서 연설했다. 연설의 키워드는 백신, 핵억제 그리고 중국 세 가지로 압축됐다. 지지율 53%로 역대 대통령과 비교해 나쁘지 않다. 바이든 대통령은 '슬리피 조(sleepy Joe)'라는 별명과 달리 1조 8,000억 달러의 화끈한 경기부양안을 발표했다. 1인당 3,000달러를 저소득층에게 단순히 무상 지급하는 차원이 아니라 미국 빈부 격차 구조의 판을 바꾸는 '근본적인 개혁(transformational reform)'이라는 평가까지 받았다.

36년간의 상원 의원 생활과 8년간의 부통령 시절을 거치며 쌓아온 경륜과 차원이 다른 공감 능력으로 단숨에 워싱턴 정가를 장악하기 시작했다. 70%에 육박하는 백신 접종으로 집단면역을 공언하면서 국제정치 무대에 '미국이 돌아왔다(America is back!)'는 표현이 등장했다. 대학에 재직하는 저자에게 가장 눈에 띄는 워싱턴 뉴스는 미국 대학의 2학기 수업은 백신만 접종하면 대면수업 참가가 가능하다는 방침이다. 한국의 경우 벌써 2학기 대면수업도 물 건너갔다는 견해가 대세다. 현장에서 수업을 진행하는 교수와 학생 입장에서 온라인 수업은 한계가 있다. 마치 대면과 비대면수업 효과가 동일한 것처럼 언론에 보도되는 것은 불편한 진실을 위장하는 데 불과하다. 저자가 바이든의 미국을 언급하는 것은 그의 대북정책이 윤곽을 드러내고 있기 때문이다. 이에 맞추어 남북한의 발걸음도 빨라지고 있다.

바이든 대통령은 2021년 4월 28일 100일 연설에서 북핵을 "심각한 위협"으로 규

정하고 "외교와 엄중한 억지(stern deterrence)"로 북한을 대하겠다고 말했다. 바이든 행정부는 4월 30일 한반도의 완전한 비핵화를 목표로 '실용적이고 조정된 접근'을 통해 외교적 해법을 모색하는 것을 골자로 한 대북정책의 근간을 내놨다고 밝혔다. 도널드 트럼프 전 행정부의 '정상 간 빅딜'이나 버락 오바마 전 행정부의 '전략적 인내'와는 결이 다른 '제3의 길(the third way)'을 가겠다는 입장이다. 외형적으로는 외교를 통한 단계적 해법이 핵심이라고 포장했으나 북한이 미사일 발사 등 군사 도발로 대응할 경우 '강력한 억지'가 뒤따를 수밖에 없기 때문에 결국에는 제재와 대화를 병행하는 강온전략의 새로운 버전이라고 평가된다. 이후 젠 사키 백악관 대변인이 "대북정책 재검토를 마무리했다"고 공식 확인했다.

신대북정책에 대한 구체적인 발언은 런던에서 나왔다. 토니 블링컨 미 국무장관은 2021년 5월 3일 영국 런던에서 주요 7개국(G7) 외교·개발 장관회의를 계기로 열린 미·영 외교장관 회담 뒤 열린 기자회견에서 "대북정책 검토를 마무리했으며, 이제 우리는 '조정되고 실용적인 접근법(calibrated, practical approach)'이라고 부르는 정책을 갖게 됐다"고 밝혔다. 이어 블링컨은 "북한이 외교적으로 관여할 기회를 잡고, 한반도의 완전한 비핵화라는 목표를 향해 전진할 수 있는 방법이 있는지 살펴보기를 바란다"며 "우리는 다가올 수 일, 그리고 수개월 동안 북한이 말하는 것뿐만 아니라 실제로 행동하는 것까지 지켜보려 한다"고 말했다. 또 "우리는 외교에 초점을 맞춘 매우 명쾌한 정책을 갖고 있다고 생각한다"며 "이러한 기초 위에서 관여하기를 원하는지는 북한에 달려 있다"고 재차 강조했다. 여기서 관여(engage)란 북한이 협상에 나오는 것을 의미한다.

President Biden's address to Congress

▌ 조 바이든 미국 대통령이 2021년 4월 28일(현지시간) 미국 의회 의사당에서 취임 100일을 맞이해 상·하원 합동 연설을 하고 있다. / 사진: CNN 캡처

'외유내강' 천명한 바이든의 대북정책

블링컨 장관은 "먼저 북핵 문제가 매우 어렵고, 과거 민주당과 공화당 행정부를 거치면서 해결하지 못했다는 것을 인식하면서 접근했다"고 소개했다. 이어 "바이든 행정부는 역사를 돌아보며 무엇이 효과가 있었고 무엇이 효과가 없었는지 감안해, 한반도의 완전한 비핵화라는 목표를 진전시키기 위해 효과적인 정책을 어떻게 마련할 수 있을지 숙고했다"고 밝혔다. 결국 미·북 협상에 대한 북한의 호응을 요청하는 동시에, 북한이 대미 외교에 나서는지 혹은 추가 도발을 하는지에 따라 제재·압박의 강도를 조절하겠다는 뜻이다. 블링컨은 정확한 측정으로 저울의 눈금을 맞춘다는 의미의 '조정된(calibrated)'이라는 형용사를 사용했다. 바이든의 정책은 지난 정부의 대북정책 스왓(SWOT: strong, weak, opportunity and threat) 분석을 통해 상당히 정교하게 정책을 준비했다는 의미다. 장점은 살리고 약점은 보완하며 위협을 감안하면서 기회를 살리겠다는 복안이다.

블링컨 장관은 런던에서 일본의 모테기 토시미쓰(茂木敏充) 외상, 정의용 외교부 장관 순으로 양자 회담을 하면서 북한문제에 대해 동맹과 추가적인 조율에도 나섰다. 정 장관은 블링컨 장관의 요청으로 영국 방문을 앞당겼다. 블링컨 장관은 정 장관과 회담에서 자신들의 신대북정책 검토결과를 공유함으로써 미국은 대북정책 검토과정에서 한국 입장을 상당 부분 반영했다는 모양을 갖추는 데 주력했다. 다만 각론에서는 대북제재 완화 및 인도적 지원, 종전선언, 북한 인권문제 등에서 한·미 간 추가 조율이 필요할 것이라는 관측이다. 정 장관은 블링컨을 상대로 북·미 간에 조속한 대화 재개와 함께 수명이 다해가는 문 대통령의 한반도 평화프로세스를 살리는 데 온 힘을 다했다.

하지만 블링컨과 모테기 장관은 대북제재의 차질 없는 이행을 강조해 3자가 모였지만 북한 문제를 둘러싸고 동상이몽을 보여줬다. 그러다 보니 15개월 만에 한·미·일 외교장관이 한자리에 모였지만 각국의 발표문이 삼인삼색이었다. 동일한 주제로 회의를 했지만 각자 하고 싶은 이야기, 듣고 싶은 이야기만 발표하다 보니 키워드가 달랐다. 미국의 강력한 요청으로 한·미·일 외교장관이 한자리에서 언론용 사진을 찍고 동맹을 복원하는 모습을 연출하는 데 주력했다. 하지만 한·일 외교장관은 블링컨의 강권으로 마지못해 자리를 함께했으나 20분 만에 각자 할 말을 하고 악수도 하지 않고 헤어졌다. 미국으로서는 한·미·일 동맹 복원에서 한·일 관계를 회복시키는 것이 북핵 해결만큼이나 쉽지 않다는 것을 절감했다.

한자리에 모인 한·미·일 외교 수장들의 동상이몽

북한도 발 빠르게 움직이기 시작했다. 2021년 5월 들어서자마자 한·미 양국을 겨냥해 하루에 성명 세 개를 쏟아냈다. 북한 외무성과 김여정은 대북 전단 살포와 미국의 북한 인권 지적 등을 거론하며 대남(對南)·대미 비방 담화를 동시다발적으로 발표했다. 외무성은 대북 억지를 강조한 바이든 대통령의 연설에 대해서도 "대단히 큰 실수"라고 비난했다. 특히 "미국 집권자가 첫 시정연설에서 대(對)조선 입장을 이런 식으로 밝힌 데 대해서는 묵과할 수 없다"고 주장했다. 이어 "대조선 적대시 정책을 구태의연하게 추구하겠다는 의미"라며 "상응한 조치"들을 강구하겠다고 반발했다. 따라서 북한은 향후 대응전술을 정하는 데 주력하고 있다.

정부 여당의 희망과 달리 평양은 5월 21일 한·미정상회담 이전에 도발할지 혹은 이후에 도발할지 시점을 잡는 데 촉각을 곤두세우고 있다. 또 김여정 부부장 역시 "남조선 당국은 탈북자 놈들의 무분별한 망동을 또다시 방치해두고 저지시키지 않았다"며 탈북민 단체의 대북 전단 살포에 대해 한국 정부에 책임을 돌렸다. 김여정은 "우리는 이미 쓰레기 같은 것들의 망동을 묵인한 남조선 당국의 그릇된 처사가 북남 관계에 미칠 후과에 대해 엄중히 경고한 바 있다"고 덧붙였다. 즉각 김창룡 경찰청장은 대북 전단을 살포한 박상학 대표에 대한 신속한 수사를 지시했다. 한국의 치안 총수인 경찰청장이 언제부터 청와대 못지않게 평양 발언에 신경을 쓰게 됐는지, 1946년 해방 이후 혼란스러운 정국을 떠올리지 않을 수 없다.

서울의 움직임도 빨라지고 있다. 임기 말로 치닫고 있어 정책 추진의 초조함이 평양보다 결코 덜하지 않은 청와대는 우선 한·미 정상회담 날짜를 확정하며 백악관을 공략하는 데 주력하고 있다. 청와대는 미국 방문에 앞서 사전 정지 작업에 나섰으나 조준 방향이 엉뚱해 파편이 예상치 않은 방향으로 떨어졌다. 문 대통령은 2021년 4월 16일 청와대 상춘재에서 [뉴욕타임스]와 인터뷰를 가졌다. 이 자리에서 "하루빨리 (북미가) 마주 앉는 것이 문제 해결의 가장 중요한 출발점"이라면서 "바이든 대통령이 한반도의 완전한 비핵화와 평화 정착을 위해 실제적·불가역적 진전을 이룬 역사적 대통령이 되기를 바란다"고 했다. 여기까지는 워싱턴 방문 전에 모범답안 수준이었으나 결국 탈선 발언이 나왔다.

문 대통령은 도널드 트럼프 전 대통령의 대북정책에 대해 "변죽만 울렸을 뿐 완전한 성공은 거두지 못했다(He beat around the bush and failed to pull it through)"고 평가했다. 전직 대통령에 대한 모욕에 가까운 발언이었다. 플로리다에서 골프를 치다가 소식을 들은 트럼프 대통령은 발끈했다. 즉시 "문재인은 협상가로 약했다"며 "가장 힘든 시기에 알게 된 (그리고 좋아하게 된) 북한 김정은 국무위원장은 문 대통령을 존중한 적이 없었다"며 문 대통령을 깎아내렸다. 또 "한국을 향한 (북한의) 공격을 막은 것은 언제나 나였지만, 불행하게도 나는 더는 거기에 있지 않다"면서 한반도 평화를 자신의 치적으로 내세웠다.

트럼프 평가 절하한 文 "변죽만 울려" 발언은 결례

[뉴욕타임스] 보도 이후 워싱턴의 전문가들이 문 대통령의 한국어 표현이 무엇인지 저자에게 문의해왔다. [뉴욕타임스] 최상훈 서울지국장이 한국어는 공개하지 않아 정확한 워딩이 무엇인지는 저자도 파악하기가 쉽지 않았다. 다만 협상을 시작했을 뿐 실질적인 성과가 없었다는 의미는 분명했다. 문 대통령은 퇴임 후 회고록에서나 할 이야기를 현직에서 세계 제일의 발행부수를 자랑하는 유력 언론을 대상으로 제기함으로써 치명적인 외교 결례를 했다. 바이든 대통령에게 신속한 북·미회담(kick-start negotiation)을 시작하라고 채근하려는 의도였으나 결과적으로 전·현직 미국 대통령 모두를 불편하게 만들었다. 정상회담 출발 전부터 미국에 대한 압박을 시작한 것이다.

문 대통령의 정확한 임기 만료일을 둘러싸고 다소 이견이 있지만 하여튼 1년 이내로 들어왔다. 2022년 3월 선거를 고려하면 10개월로 줄어든다. 단임 대통령제 임기 말은 복잡하다. 하산이 시작된다. 청와대를 지키던 어공(낙하산 공무원)과 늘공(직업 공무원)의 심중은 복잡하다. 순장조에 포함됐지만 내심 하산 길에서 제 살길을 찾느라 암중모색에 여념이 없다. 9월 가을바람과 함께 여·야의 차기 대선후보가 정해지면 정책은 급속하게 표류하고 공직사회는 복지부동할 것이다. 1987년 직선제 이후 수십년간 반복해온 청와대와 관가의 분위기다. 여기에 더해 부화뇌동하는 또 하나의 그룹은 평양 수뇌부다. 2021년 3월 16일 김여정 노동당 부부장은 족집게처럼 임기 말 남북관계를 거론했다. 그녀는 "임기 말기에 들어선 남조선 당국의 앞길이 무척 고통스럽고 편안치 못하게 될 것"이라고 했다.

4월 말~5월 초 한국갤럽 등 각종 여론조사에서 문 대통령 지지율은 마지노선인 30%가 붕괴됐다. 주요 분야별 평가에서 대북정책은 '잘 못한다'가 57%로 나타나 '잘 한다' 24%를 크게 앞섰다. 부정 평가 분야에서 대북정책은 부동산, 공직자 인사, 경제정책에 이어 4위를 차지했다. 전례 없는 세 차례 정상회담에다 문 대통령이 평양 15만 군중 앞에서 연설하고, 김정은 위원장과 백두산 등정도 했는데 국민은 왜 대북정책에 압도적으로 부정적일까? 역대 대통령과 비교해보면 문 대통령은 북한 문제에서 '할 만큼 했다'는 표현을 사용해도 과언이 아니다. 리얼리티 쇼인지 여부에 상관없이 판문점 도보다리에서 남북 정상이 한반도의 미래를 이야기했다는데 누가 성과를 못 냈다고 비판하겠는가? 비록 용두사미로 끝났지만 그래도 시도 자체를 부정적으로만 평가하지는 않는다. 국민이 문 정부의 대북정책 추진 자체를 부정적으로 평가하는 결정적인 이유는 무엇일까?

부정평가의 실마리는 청와대의 일편단심 저자세인 향북(向北)정책에서 찾을 수밖에 없다. 2020년 6월 남북연락사무소 폭파 예고 시점부터 대남 독설의 달인으로 부상한 김여정의 폭언은 차마 입에 담기 어렵다. 정부에 대해 "태생적인 바보," "떼떼(말더듬이)," "미친개" 등 막말도 쏟아냈다. 또 3월 30일 담화에서는 문 대통령을 향해 '뻔뻔스러움의 극치', '그 철면피함', '미국 앵무새' 등 원색적으로 비난했다. 대통령은 국격의 상징인데 왜 청와대는 침묵으로 일관할까? 국내 반문세력에게는 문자폭탄 등 가차 없는 압박을 가하는 온라인 '문빠'들은 어디로 갔을까? 할 말은 하면서 대북정책을 추진하는 것은 불가능한 것일까?

평양발 막말에 침묵으로 일관하는 정부와 여당

참모들은 3년 전의 따뜻한 봄날을 리바이벌해야 하는데 북한에 맞대응하는 것은 맞지 않다는 논리를 내세우고 있다. 한발 더 나아가 막말은 대화를 촉구하는 표현이라고 아전인수격 해석까지 추가한다. 공정과 공평을 내세우는 MZ세대는 물론이고 중장년층도 북한의 막장 행태에 침묵하는 청와대에 모욕감과 울분을 느끼지 않을 수 없다. 당국 간 회담을 하고 비핵화와 평화를 논의하다가 이견으로 사태를 해결하지 못하는 것은 이해할 수 있다. 국민은 21세기 한반도 냉전에 따른 분단구조를 한두 번의 정상 만남으로 풀 수 있다고 절대 믿지 않는다. 전쟁이 없어 상대에 대한 적개심이 강하지 않았던 동서독의 경우도 수십 년간의 협상과 대화가 필요했다는 것은 주지의 사실이다.

2020년 말 김여정의 독설로 대북전단방지법이 통과됐다. 막말의 여왕으로 등극한 그녀의 행태에 대해 청와대의 지속적인 초지일관 벙어리 자세는 OECD 가입국으로서 국격을 떨어뜨리고 있다. 혹시나 하는 미망으로 다시 손을 내밀지 않을까라고 평양을 오판한다면 임기 말 부정 평가는 고조될 것이다. 임기 말의 초조감을 빌미로 남측을 흔드는 북측의 조폭 같은 자세에 대해 따끔한 목소리를 내야 한다. 그것이 국민의 대북 불쾌감을 달래는 첩경이다. 김여정의 막말과 청와대의 저자세가 지속되면 대북정책이 부정평가 1순위로 올라가는 것도 시간문제다.

왜 평양 권부에 대해 한마디도 지적하지 못하고 플로리다에서 퇴임 후 골프를 즐기는 전임 미국 대통령에 대해 변죽만 울리고 성과를 내는 데 실패했다고 비판해 긁어 부스럼을 내는지 구중궁궐 밖에서는 알 수가 없다. 2021년 5월 21일 워싱턴 한·미정상회담에서도 문 대통령이 평양만 감싸고 든다면 이것 역시 불공정행위다. 과정은 공정해야 한다는 문 대통령의 어록이 대북정책에서 지켜지지 않는 데 대해 국민의 실망감이 팽배해지고 있다. 2007년 10월과 같이 무리한 임기 말 남북 정상 이벤트는 이제 완전히 내려놓아야 한다. 가능하지도, 가능할 수도 없다.

지난 1994년 1차 위기로 시작된 북핵 사태는 사반세기가 지나고 있지만 여섯 차례 핵실험으로 실전 배치 상태에 이르렀다. 국제정치의 팽창주의를 막는 수단은 무력을 제외하고는 대화와 외교뿐이다.[1] 오바마 정부가 북핵을 제쳐놓고 이란 핵 협상 타결에 주력했던 이유는 역시 성공 가능성 때문이었다. 사실 대화와 외교 방식에서 트럼프 전 대통령이 변죽만 울렸는지는 모르지만, 대화만큼은 나름 할 만큼 했다.

그는 한국전쟁 이후 김정은 위원장과 전례 없는 두 차례 정상회담으로 '이보다 더 할 수는 없다' 수준까지 진도를 나갔다. 하지만 김정은은 하노이 회담에서 북핵의 50% 수준 이하인 영변 핵 포기로 전체 11건의 유엔 대북제재 중에서 5건의 금융제재 해제를 시도했다. 트럼프는 전체 제재를 무력화하면서 절반의 비핵화만 달성하는 결과는 수용 불가라며 김 위원장에게 당신은 협상할 자세가 돼 있지 않다고 선언하고 전용기에 탑승했다. 한국전쟁 이후 70년간의 북·미 관계에서 하노이 회담보다 구체적인 협상 사례는 찾아보기 힘들다.

향후 4년간 바이든 행정부의 외교와 협상, 강력한 억지라는 키워드가 평양과 접점을 찾을 수 있을지는 섣불리 예단하기 어렵다. 5월 초 주요 7개국(G7) 외교·개발 장관회의 공동성명에는 블링컨의 주도로 'CVIA'라는 다소 생소한 비핵화 용어가 등장했다. '완전하고 검증 가능하며 불가역적인 포기(Complete, Verifiable, Irreversible Abandonment)'다. 통상적으로 사용해온 CVID(Complete Verifiable Ir reversible Denuclearization)에서 'D'를 지우고 '포기(Abandonment)'를 뜻하는 'A'를 사용했다. 'D'는 '비핵화(Denuclearization)' 혹은 '폐기(Dismantlement)'를 뜻한다. A와 D의 차이는 무엇일까? 포기와 폐기는 엄밀하게 말해서 차이가 있다. 굳이 구분한다면 폐기는 핵 존재 자체를 무효화시키는 결과적 개념이 강하다. 반면 포기는 관념적 개념으로 핵 존재 자체를 무효화시키지 않더라도 가능하며 선언적 성격이 강하다. 바이든 행정부가 한 발자국 물러난다는 의미인지는 아직까지 분명치 않다.

북핵에서 대만으로 미국의 동북아정책 무게중심 이동

일부에서는 포기가 폐기보다 자발적인 개념이고 기술적으로 차이가 있어 북한과의 협상을 고려한 표현이라는 해석도 나왔다. 하지만 앞의 CVI 세 단어가 같은 상황에서 D와 A의 용어 차이는 무의미해진다. 특히 평양 입장에서는 결국 미국과 정확한 주고받기 정책을 해야 하는데 과거 트럼프 행정부의 단계적 해법과 유사하다는 평가를 할 수밖에 없다. 또 서울과 평양이 선호하는 부분 비핵화와 일부 제재 완화를 의미하는 '스몰 딜(small deal)'을 워싱턴이 협상에서 수용할 것인가가 최종 쟁점이 될 것이다. 사실 북한 비핵화 용어는 정책의 포장지에 불과하다. 트럼프와 세 차례 정상 간 만남을 추진한 김정은 입장에서 정책의 네이밍(naming)에 일희일비하지는 않을 것이다. 더욱 '통 큰 게임(grand bargaining)'을 구상하고 있을 것이다. 미국이 대북정책 검토 결과를 북한에 전달하려고 접촉을 시도했지만 실패했다는 5월 6일 [워싱턴포스트(WP)]의 보도대로 평양이 바이든 행정부의 로드맵에 맞춰주진 않을 것이다.

특히 북·미 협상이 조기에 진도를 나가기 어려운 이유는 미·중 양국이 투키디데스 함정에 빠지면서 동북아 국제정치의 역학이 급변하고 있기 때문이다. 트럼프 시대 동북아 관심 주제가 북한이었다면 바이든 시대에는 대만이 급부상하고 있다. 북한 문제가 안보에 초점이 맞춰졌지만, 대만 문제는 반도체와 미·중 갈등을 토대로 경제와 안보가 혼합돼 양측의 이익이 첨예하게 대립하는 핵심 이슈다. 중국으로부터 대만을 군사적으로 방어하고 민주주의를 수호하는 일은 바이든 정부의 제일 과제다. 필립 데이비스 인도태평양사령관은 3월 상원 군사위원회 청문회에서 중국이 대만을 상대로 군사행동에 나설 가능성을 경고했다. 키신저 전 국무장관을 비롯한 외교 전문가들은 대만 문제가 미·중 간 무력 충돌로 이어질 가능성을 우려하고 있다.

바이든 정부는 2021년 4월 리처드 아미티지 전 국무부 부장관과 크리스 도드 전 상원의원이 이끄는 비공식 대표단을 대만에 보냈다. 그만큼 대만이 미·중 경쟁 구도에서 지정학적 주요 변수로 자리 잡았다는 것을 상징적으로 보여준다. 4월 16일 워싱턴을 방문한 스가 일본 총리와 바이든 대통령이 발표한 미·일 공동성명에는 "대

▌ 2021년 4월 중국 샤먼 해변에 '일국양제 통일중국'이라고 쓰인 대형 선전용 입간판 앞으로 행인이 지나고 있다. 샤먼은 대만의 섬 진먼다오(金門島)와 지척에 있어 양안 관계의 상징적 장소로 꼽힌다. / 사진: 연합뉴스

만 해협의 평화와 안정의 중요성을 강조한다"는 문구가 들어갔다. 당초 미국은 미·일 정상회담 공동성명에 대만에 대한 무기 제공을 규정한 '대만 관계법(Taiwan Relations Act)'을 거론하는 방안을 제안했다고 [산케이(産經)신문]은 4월 21일 보도했다. 이는 미국과 일본이 발맞춰 대만에 무기를 제공하겠다는 의미로 해석될 수 있는 내용이며 일본이 난색을 보여 실제 성명에는 반영되지 않았다고 한다.

문 대통령의 5월 방미는 한·미관계 복원할 마지막 기회

미국이 중국과 수교하고 대만과 단교한 직후인 1979년 4월 10일 제정한 대만관계법은 대만 방어를 위해 미국이 무기를 제공한다는 것이나 대만의 안전에 관한 위협에 미국이 대항조치를 한다는 내용을 담고 있다. 40년이 지나며 미·중 갈등으로 해묵은 대만관계법이 쟁점으로 떠오르는 것을 볼 때 국제정치의 영원한 적도 동지도 없고 세상은 유전(流轉)한다는 사실을 절감할 수밖에 없다. 대만 관련 문구가 포함된 미·일 공동성명은 대표적 외교 성과로 평가되고 있다. 미·일 정상회담에서 일본은 막판까지 대만 문구를 삽입하는 부분에 대해 고심이 컸으나 결국은 미국의 요청을

들어줬다는 후문이다. 일본은 중국과의 경제 통상 관계를 염두에 두고 끝까지 고심했으나 결국은 미국의 대중 전선에 적극적으로 동참해 가장 확실한 동맹국임을 보여줬다.

정의용 장관은 영국 방문을 마치며 미국이 현재 공석인 국무부 대북정책특별대표를 임명하는 게 바람직하다고 언급했다. 하지만 이는 북한이 사라지고 대만이 급부상함에 따라 북한통인 성 김 인도네시아대사 대신 중국통인 다니엘 크리튼 브링크 주베트남 미국대사가 국무부 동아태 차관보에 임명되는 바이든 국무부의 인사이드 스토리를 파악하지 못한 발언이다. 워싱턴의 흐름과 동떨어진 발언의 배경은 오매불망 평양에만 관심이 있기 때문이다.

이번 한·미정상회담은 2020년 11월 바이든 당선 직후 전화통화에서 약속한 바와 같이 양 정상이 눈을 맞대고 대화를 한다. 문 대통령 입장에서 2022년 3월 대선 전에 다시 워싱턴을 방문하는 일정을 잡기는 쉽지 않다. 사실상 마지막 방미 일정이다 (2021년 9월 BTS와 함께 유엔 총회 연설을 위해 뉴욕을 방문하였다). 동맹 정상의 면전에서 [뉴욕타임스] 회견과 같은 발언이 튀어나온다면 가뜩이나 이류 동맹으로 격하되는 한·미 관계에 찬물을 끼얹은 격이 될 것이다. 5월 백악관 회담에서는 평양을 잠시 잊어버리라는 제언을 하지 않을 수 없다. 전통적인 한·미 관계를 강조하면서 백신만 충분히 확보하고 귀국해도 국민은 문 대통령에게 박수를 보낼 것이다.

3. 한·미 정상회담 이후의 과제

우려 씻은 '171분'의 교훈, 일구이언(一口二言)은 금물
■ 안보에서 경제로 확장한 한·미 동맹 확인한 것은 기대 이상의 성과
■ 북한의 반발과 북·중 간 밀착은 변수 될 것 … 관계 재설정 필요해

2021년 5·21 한·미 정상회담은 문 대통령이 했던 과거 어느 정상회담보다 화끈한 결과를 가져왔다. 사석에서 안보 전공자인 저자에게도 문 대통령이 어떻게 그렇게 확 변했는지 이유를 궁금해하는 주변 인사들의 질문이 이어졌다. 아마도 문 대통령이 취임 후 워싱턴보다 평양과 베이징에 경도됐다는 세간의 인식을 한 번에 불식시킨 1만 7,000자의 공동성명이 나왔기 때문이다. 사실 문 대통령은 5월 20일 워싱턴 앤드루스 공군기지에 도착하면서 만감이 교차했을 것이다. 이번 워싱턴 한·미 정상회담이 재임 중 사실상 마지막이라고 생각했을 것이다. 바이든의 초청으로 9월 중 한·미·일 3국 정상회담을 워싱턴에서 개최한다는 보도가 있으나 5·21 정상회담과 달리 한·미·일 삼각 동맹의 복원이 목적이라서 차원이 다르다. 한국은 조 바이든 행정부와 싫든 좋든 4년간 동고동락해야 한다. 전임 트럼프 대통령의 미국 우선주의로 한·미 관계가 매끄럽지 못했기 때문에 첫 단추를 잘 끼우는 것이 중요했다.

청와대는 4년간의 왜곡과 파열음을 극복하기 위해 역대 어느 정상회담보다도 신경이 쓰였다. 코로나19 팬데믹 상황과 함께 미국 행정부가 공화당에서 민주당으로 교체됐기 때문에 현안 조율에 시간이 많이 필요했다. 백신, 북핵 및 동맹 회복은 물론 반도체와 배터리 등 경제협력을 비롯해 한·미 간에 주고받을 현안이 적지 않았다. 트럼프 행정부에서 이류 동맹으로 격하되는 것이 아닌지 우려가 깊었던 한·미 동맹의 강화(revamp)는 워싱턴 입장에서 시급한 과제였다. 결국 회담 시간을 훌쩍 넘겨 참모로부터 "예정시간이 지났다"는 쪽지가 들어왔지만, 바이든 대통령은 아랑곳

하지 않고 문 대통령과의 대화를 즐겼다고 언급했다. 이번 한·미 정상회담의 대차대조표를 작성하기에 앞서 2021년 4월 스가 요시히데(菅義偉) 일본 총리와의 회담을 비교할 필요가 있다. 우선 미·일 정상회담은 한 시간 내외의 햄버거 미팅이었지만, 이번 회담은 171분간이나 진행됐고 메릴랜드 크랩 케이크가 오찬 메뉴로 올라왔다. 한·

▌2021년 5월 21일 백악관에서 단독 회담 중인 문재인 대통령과 바이든 미국 대통령. 마스크를 벗은 채 오찬을 겸하는 장면이 이색적이다. / 사진: 연합뉴스

미와 미·일 정상회담의 외견상 가장 큰 차이는 노마스크였다. 2회 백신 접종자는 마스크를 벗는다는 규정에 따라 한·미 정상은 훨씬 부드러운 여건에서 만났다.

마스크 벗은 한·미 정상의 만남 외형은 성공적

그래도 회담 안건은 세심히 분석해볼 필요가 있다. 사실 4월 미·일 정상회담은 조정해야 할 안건이 별로 많지 않았다. 이미 중국의 눈치를 보지 않는 일본은 동북아 미국 외교의 초석(conerstone)으로서 전략적 모호성 전술로 중국을 고려해야 하는 한국과는 차원이 달랐다. 도쿄는 전통적인 미·일 동맹 관점에서 트럼프 행정부 시절부터 찰떡 공조를 유지해왔다. 아베 신조(安倍晋三) 전 총리는 골프광인 트럼프 전 대통령에게 도금된 금장 퍼터를 선물하고 골프장 벙커에서 미끄러지며 스킨십을 해왔다. 스가 총리가 도쿄에서 출발하기 전에 이미 사전 조정이라는 일본어 용어인 '네마와시(根回し)'에서 현안이 대부분 정리됐다. 다만 일본 입장에서는 바이든 행정부 출범 이후 가장 먼저 방미(訪美)해 정상회담을 개최한다는 상징성이 중요했다.

하지만 한·미 정상 간에는 논의해야 할 사안이 적지 않았다. 동북아의 린치핀(linchpin)인 한국은 전통적으로 동맹 내지 혈맹 관계이지만, 그동안 백악관에서 볼 때 모호한 입장을 가진 현안이 너무 많았다. 워싱턴은 한국의 '중국 눈치 보기'가 레드라인을 넘어섰다고 판단했다. 2013년 박근혜 대통령 시절 부통령 자격으로 방한했던

바이든은 한국의 친중정책 가속화에 대해 미국의 반대편에 베팅하는 것은 현명하지 못한 일이라고 돌직구를 날린 바 있다. 세월이 흐르고 중국의 국력이 빠른 속도로 강해지면서 안미경중(安美經中)이라는 말에 경도된 서울은 워싱턴 입장에서 리셋(reset)이 필요한 실정이었다. 미국은 시진핑 주석의 중국몽(中國夢) 실현에 관심이 높은 한국에 공을 들이지 않을 수 없었고 '적극적인 딜(positive deal)'을 했다. 회담의 대차대조 분석을 안보와 비(非)안보 분야로 구분해서 살펴보자.

우선 안보 분야는 한국의 숙원이었던 미사일 사거리와 탄두 중량을 제한했던 미사일지침을 종료함으로써 42년 만에 미사일 주권을 확보했다. 미국 입장에서는 북핵이 실전 배치되고 ICBM 및 SLBM과 같은 첨단 무기가 속속 선을 보이는 상황에서 이미 이명박 정부 때부터 '사거리 800㎞'의 한국산 미사일 규제가 의미를 잃었다고 판단했다. 특히 동북아에서 중국의 군사력 팽창을 억지하는 수단으로 한국의 미사일은 활용 가치가 있다.

20세기 냉전 시대 박정희 전 대통령의 신무기 개발이 한반도에서 무력 충돌로 이어질지 모른다는 판단에서 비롯된 미사일지침은 미·중 충돌시대인 21세기에는 의미가 퇴색했다. 미사일지침을 종료하기로 한 건 '한국은 자주국방, 미국은 중국 견제'라는 키워드가 접점을 찾은 결과다. 미국은 동맹 관계를 바로잡고(repair), 상호 이익을 증진하도록 재창조(reinvent)해야 한다는 기조로 한·미 정상회담을 세심하게 기획했다. 김영환 전 의원의 지적대로 청와대에 탁현민이 있다면 백악관에는 바이든 대통령이 오바마 행정부(2009~2017)의 부통령 시절부터 손발을 맞춰온 '그때 그 사람들'이 포진했다. 외교 현장 경험이 풍부한 이들은 바이든의 의중을 정확하게 꿰뚫고 있다.

바이든이 던진 음수사원(飮水思源)의 메시지

워싱턴은 한·미 간에 혈맹 관계를 강화하는 각종 행사를 통해 트럼프와는 품격이 다른 바이든 시대의 한·미 동맹을 상징적으로 과시했다. 외형적으로는 한·미 동맹을 강화하고 경제적으로는 투자 유치를 통해 명분과 실리를 모두 확보하는 노련한 외교를 선보였다. 36년간 상원 외교위원회에서 활동하면서 전 세계 지도자를 만나본 바이든 대통령은 외교의 두 가지 무기인 겸손과 국력의 절묘한 조합을 선보였다. 노병에게 훈장을 수여하고 무릎을 꿇어 문 대통령 역시 자연스럽게 같은 자세를 취하도록 정교하게 기획했다. 즉석에서 노병을 둘러싸고 한·미 정상이 양옆에서 포즈를 취한 사진은 한·미 동맹의 뿌리를 극적으로 상징해 언론 1면의 헤드라인을 장식했다.

　문 대통령은 한국전쟁 전사자 추모의 벽 착공식에 참석했다. 그동안 미국에는 제2차 세계대전과 베트남 전쟁 전사자 추모의 벽은 있지만, 한국전쟁 전사자 추모의 벽은 없었다. 70년 전 김일성의 남침으로 희생된 미군 전사자는 3만 6,574명이다. 미국이 이역만리 타국에서 자유민주주의를 지키기 위해 피를 흘린 94세 노병에 대한 명예훈장 수여식에 문 대통령을 초청한 것은 음수사원(飮水思源)의 메시지였다. 물을 마실 때 그 물이 어디에서 왔는지 생각하라는 사자성어는 오늘날 한국의 번영은 미국의 희생이 있었기에 가능했다는 점을 강조한 것이다. 현재의 한·미 동맹은 국내에서 연합훈련장을 찾지 못해 미국 모하비 사막까지 거론되는 지경이다. 함께 야전 훈련을 하지 않는 동맹은 종이호랑이에 불과하다. 적어도 동맹은 적을 바라보는 시각이 동일해야 한다.

　인도, 일본 및 호주 등과 함께하는 쿼드(QUAD) 참가를 둘러싼 정부의 애매한 입장은 한·미 정상회담에서도 지속됐다. 미국은 한·미 정상회담에 앞서 쿼드 참여와 대만해협에 관한 미국 입장 지지를 한국에 제시했다. 청와대 입장에서 백악관의 반중 전선 동참 요구는 모두 수용하기 어려웠을 테지만, 미국과 주고받기 차원에서 간접적인 대중 포위망인 대만해협의 평화와 안정이라는 문장을 수용했다. 다만 쿼드는 당연히 접수 불가사항이었다. 미국은 두 가지 사안 모두, 아니면 차선으로 쿼드 참여 카드의 한국 수용을 요청했다. 하지만 한국은 B급 주제인 대만해협의 안정을 선택했다. 즉 한·미 간 거래가 A급이 아닌 B급 수준으로 이뤄진 셈이다. 당연히 한국의 A급 요청 안건인 백신 스와프도 이뤄지지 않았다.

　세간에서 궁금해하는 문 대통령의 변심(?)은 북한 문제에서 실마리를 찾을 수 있다. 한반도 평화프로세스의 복원을 통한 신속한 미·북 간 대화 재개는 문 대통령의 강력한 희망사항이었다. 문 대통

▌한·미 정상회담을 통해 미사일지침이 개정됨에 따라 고체연료 사용 우주발사체 개발이 자유로워질 전망이다. 사진은 2017년 8월 24일 시험 발사된 사거리 800㎞, 탄두 중량 500㎏인 현무-2C 탄도미사일.

령은 4월 [뉴욕타임스]와의 기자회견에서 트럼프 전 대통령이 변죽만 올리고 성과 없이 끝났다며 미·북 간에 신속한 협상(kick-start) 협상을 주문했다. 그러자 트럼프는 긴급 성명을 내며 발끈했다. 한·미 간 북핵 협상에 대한 시각차를 반영한 해프닝이 었다. 한·미 정상회담 성명에서 문 대통령의 강력한 요구대로 판문점 선언, 싱가포 르 및 하노이 회담의 문구가 포함됐다.

文 임기 내 북·미 고위급 대화 개최될지 미지수

청와대는 우선 임기 종료 전, 2021년이 다가기 전에 김정은 위원장과 정상회담을 개최하고 판문점 도보다리의 스포트라이트를 되살려서 남북관계 발전을 자신의 대표 치적으로 내세우고자 한다. 하지만 하노이 노딜 이후 평양의 돌변으로 돌파구를 찾지 못하고 있다. 이제는 오히려 김정은이 서울을 활용하여 미국과의 협상 틈새를 찾는 데 주력하고 있다. 문 대통령은 2018년 평창올림픽 전후에는 능력 있는 중개자 입장에서 이제는 아예 일방 당사자에게서 패싱당하는 상황이다. 부동산 거래로 비유하면 복비까지 물어내야 할 판이다. 중매는 잘하면 술이 석 잔이지만 잘못하면 뺨이 세 대라는 속담이 떠오른다.

상황은 녹록지 않다. 과연 문 대통령의 희망대로 남은 임기 내에 남북 정상회담은 물론 북·미 간 고위급 대화가 개최될지는 미지수다. 북한 인권 개선 및 표현의 자유 등이 공동성명에 미국의 요구로 포함됨으로써 대화와 협상의 기조는 유지하지만, 비핵화의 원칙을 강조했다. 토니 블링컨 미 국무장관은 한·미 정상회담 이후 ABC뉴스와의 인터뷰에서 바이든 대통령이 결정한 것은 "한반도의 완전한(total) 비핵화라는 목표를 달성하기 위한 최선의 기회는 북한과 외교적으로 관여하는 것"이라며 "우리는 이를 제시했다"고 밝혔다. 이어 "우리는 북한이 실제로 관여(engagement)를 하고자 하는지 기다리며 지켜보고 있다"며 "공은 북한 코트에 있다"고 강조했다.

바이든은 부통령으로서 2012년 2·29 미·북 간 윤달 합의서가 잉크도 마르기 전에 휴지 조각이 되는 것을 지켜봤다. 트럼프는 최근 김정은과 자신이 잘 지냈다고 주장했지만, 바이든 대통령은 트위터로 미·북 정상회담이 리얼리티 쇼처럼 개최되는 시나리오는 가능하지 않다고 강조했다. 또 트럼프처럼 김정은 위원장과 미사여구로 포장된 편지를 주고받는 것도 무의미하다는 입장이다. 바이든은 한국의 요구대로 대북특사에 성 김 대사를 임명하고 대화를 제안했지만 '환상은 없다'며 선(先)비핵화 원칙을 강조했다.

미국의 동북아 정책에서 어젠다 순위가 변화하고 있다. 중국과의 갈등이 격화됨에 따라 상대적으로 대만의 존재감이 워싱턴 외교가에서 갈수록 커지고 있다. 미국 민주당 크리스토퍼 쿤스 의원 등 3명이 6월 6일 군용기에 75만 명분의 백신을 싣고 타이베이 공항에 도착해 차이잉원 총통을 만나는 등 워싱턴의 관심은 온통 대만 일색이어서 과연 북한과의 회담이 조기에 개최될지 미지수다. 미·중 갈등이 증폭될수록 대만의 주가는 역설적으로 올라가고 있다. 평양의 고민이 깊어지는 대목이다.

안보 문제에서 과거와 다른 특이한 진전은 한·미 정상회담 발표문에 '대만해협의 평화와 안정의 유지'를 언급했다는 점이다. 동시에 포용적이고 개방적인 인도－태평양 지역의 유지를 언급했다. 당연히 중국의 팽창을 저지하는 표현이었다. 전략적 협력동반자 관계인 한·중 관계를 고려할 때 대만 문제는 한국에는 민감한 부분이었지만, 워싱턴으로서는 최우선 과제였다. 공동기자회견에서 이면 계약이나 미국의 압력이 있었느냐는 미국 기자의 첫 질문에 바이든은 문 대통령을 향해 굿럭(good luck!)이라고 언급했다. 한국의 44조 원 투자보다도 대만에 대한 한국의 입장 변화가 미국 언론에는 더 큰 관심사항이었다.

문재인 대통령과 바이든 미국 대통령이 2021년 5월 21일 백악관에서 열린 한국전쟁 참전용사 명예훈장 수여식에서 참전용사 곁에서 무릎을 꿇고 있다. / 사진: 연합뉴스

한·미, 이념 동맹에서 경제 동맹으로 진화는 성과

안보 문제에서 가장 아쉬운 점은 한국의 쿼드 참여 논의가 정상회담에서 공론화되지 못했다는 점이다. 한국은 대만 문제에서 미국에 양보했지만, 중국을 고려해 미국의 핵심 요청 사항인 쿼드 참여는 확실하게 선을 그었다. 한·미 간에 백신 스와프가 이뤄지지 못한 중요한 요인 중 하나다. 정상회담에서의 주고받기는 양과 질적인

면에서 균형추가 맞아야 한다. 서울에서 내놓은 카드에 쿼드가 없으니 워싱턴에서 제시한 문안에도 백신 스와프가 있을 수 없다. 정상회담은 화려한 리본으로 포장한 선물상자를 교환하는 의전행사다. 선물상자의 국익 무게가 정확하게 맞지 않으면 거래는 용이하지 않다. 아무리 동맹 관계지만 21세기 국제정치는 바로 그런 것이다.

신흥 강국이 기존 강국을 위협해 충돌이 발생했던 아테네와 스파르타의 사례는 그레이엄 엘리슨 하버드대 교수에 의해 '투키디데스의 함정(Thucydides Trap)'으로 명명돼 21세기 미·중 간의 갈등을 상징하고 있다.[2] 한국은 중국과의 관계를 고려해 쿼드 참여에 소극적인 입장을 견지해왔고 미국은 바이든 행정부 첫 한·미 정상회담에서도 한국의 쿼드 참여에 의미 있는 진전을 보지 못했다. 정의용 장관을 비롯한 외교 책임자들은 미국으로부터 쿼드 참여의 요청이 없었다고 주장했지만, 커트 캠벨 백악관 국가안전보장회의 인도·태평양 조정관은 미국은 한국이 쿼드에 참여하기를 희망한다고 주장했다.

결국 핵심 이익에서 교환이 불가함에 따라 백신 스와프는 없었고 미군과의 연합 훈련 명목으로 55만 명분의 백신만 제공했다. 모더나 등 미국산 원료를 활용해 한국 공장에서 백신을 생산한다는 계획은 단기적 과제라기보다 중기적인 협력 사업이다. 특히 시기와 물량 등 구체적인 사안은 향후 비즈니스 측면에서 검토될 수밖에 없다. 백신 물량의 확보는 가장 시급한 현안으로 이번 회담의 성패를 좌우하는 분야였다. 한·미 간에 백신 파트너십을 형성하는 확고한 안보적인 토대가 마련돼야 '백신 스와프', '백신 글로벌 허브' 등이 가능하다. 하지만 안보적인 토대가 확고하지 못함에 따라 '백신 생산 협력'이라는 포괄적인 내용에 그쳤다. 요약하면 전통적인 동맹 회복에 외형은 갖췄지만, 내용은 보완할 부분이 적지 않다. 핵심 이익의 교환이 이뤄지지 않고 있는 것이 2021년 한·미 관계의 현주소다. 첫술에 배부르기는 어려운 일이다.

마지막으로 실용적인 의제들인 경제 문제에서는 미국의 투자 요청이 수용됐다. 정상회담 현장에서는 역시 경제가 중요한 국력이라는 사실을 참석자 모두가 느낄 수 있다. 반도체와 전기차 배터리 공급망의 재편과 같은 경제 이슈는 향후 한국경제의 분수령이 될 것이다. 한국 기업인들은 44조 원의 대미 투자를 약속함으로써 바이든 대통령으로부터 기립 요청을 받으며 'Thanks'라는 말을 세 번이나 들었다. 양국 간 반도체 투자와 첨단기술 협력, 공급망 협력 강화 약속은 매우 값진 성과이며 한·미 동맹이 안보를 넘어 경제 동맹으로 나아가는 로드맵에 들어섰다고 볼 수 있다. 한편 미국은 중국과 러시아가 싹쓸이하고 있는 원전 수출에 한국의 참여를 요청했다. 러시아는 12개국에서 29기의 원전 건설을 수주했다. 국내 탈원전 정책의 재검토 시점이 다가오고 있다. 설계 등 원천기술을 보유한 미국과 손을 잡는다면 해외 원전 수출경쟁력을 높일 것이다.

이제 문 대통령 앞에는 새로운 과제가 놓였다. 우선 가장 신경 쓰이는 일은 북한의 반발이다. 북한 [조선중앙통신]은 한·미 정상회담 9일 만에 국제문제평론가 김명철 명의로 된 '무엇을 노린 미사일지침 종료인가'라는 글을 통해 한·미 미사일지침 종료 발표에 대해 미국의 고의적인 적대행위라고 비난했다. 문 대통령에 대해서는 "기쁜 마음으로 미사일지침 종료 사

조 바이든 미국 대통령이 2021년 5월 21일 백악관에서 문재인 대통령과 공동기자회견 도중 대북특별대표에 성김 국무부 동아태 차관보 대행(오른쪽)을 임명한다고 발표하고 있다. / 사진: 연합뉴스

실을 전한다고 설레발을 치면서 지역 나라들 조준경 안에 스스로 머리를 들이밀었다"면서 "일을 저질러놓고는 죄의식에 싸여 이쪽저쪽의 반응이 어떠한지 촉각을 세우고 엿보고 있는 그 비루한 꼴이 실로 역겹다"고 비난했다. 다만 정부는 외무성이나 김여정의 담화가 아니라 평론가로 명패를 단 만큼 북한이 수위를 조절했다고 위안으로 삼고 있다. 청와대와 통일부는 다시 한번 판문점에서 문 대통령과 김정은의 정상회담을 기획하고 있다.

한·미 동맹 강화에 가장 신경 쓰이는 건 북한의 반발

다른 변수는 북·중 간의 밀착이다. 한·미 정상회담 5일 만에 베이징에서 왕이(王毅) 외교부장과 이용남 주중 북한대사의 전격 회동 뉴스가 발표됐다. 외교부 청사나 북한대사관이 아닌 댜오위타이(釣魚台) 국빈관에서 만찬회동이 이뤄졌고 노마스크인 두 사람은 팔꿈치를 맞대고 기념촬영을 함으로써 워싱턴의 노마스크 한·미 정상회담 사진과 동급 장면을 연출하는 데 주력했다. 왕 부장은 "중국은 부임 직전 경제부

총리를 역임한 이용남 대사의 업무 추진에 모든 편리를 온 힘을 다해 제공하겠다"면서 "북·중은 산과 물이 이어진 우호적인 이웃으로 양국의 전통 우의는 진귀하고 보배로운 재산"이라고 강조했다. 왕이의 발언이 끝나자 이용호 대사는 "최근 북·중 우호 관계는 양국 최고지도자의 깊은 관심과 지도 아래 새로운 수준에서 끊임없이 새롭게 강화·발전하고 있다"고 화답했다. 동북아의 '세력균형(Balance of Power)'을 적나라하게 상징하는 장면이었다.

2016년 5월 27일 오바마 전 대통령이 히로시마에서 원폭 추모비에 헌화하자 5일 만인 6월 1일 베이징에서 시진핑 주석이 북한 리수용 위원장을 면담했다는 소식이 흘러나왔다. 미국의 '아시아 회귀(Pivot to Asia)' 정책으로 미·일이 밀착한다고 판단한 중국은 즉시 순망치한(脣亡齒寒)의 북한을 불러내서 혈맹을 과시했다. 5년 만에 워싱턴과 베이징이 한·미 대 북·중의 대립 구도를 다시 선보였다. 중국은 북·중 밀착과 동시에 대만 언급을 놓고 내정간섭이라고 반발하는 정중동의 양상을 보임으로써 한국은 대중국 외교를 슬기롭게 풀어나가야 하는 과제가 부상했다.

우회전 방향지시등 켰으면 확실하게 우측 주행해야

2021년 8월 한·미 연합훈련 재개 역시 과제로 떠오르고 있다. 문 대통령은 회담 직후 "미국은 동맹 차원에서 한국군 55만 명에게 코로나19 백신을 직접 지원하기로 했다"고 발표했다. 당시 바이든 대통령은 "한국군과 미군은 자주 접촉하고 있다"며 "모두의 안녕을 위한 결정"이라고 설명했다. 미국의 백신 지원 발표를 두고 "주한미군에 이어 한국군까지 백신 접종을 완료하게 되면 더는 연합훈련을 연기하기 어려울 것"이라는 관측도 나왔다. 정의용 장관은 바이든 정부가 한국군 55만 명에게 코로나19 백신을 지원해주는 것과 한·미 연합훈련 재개는 관련이 없다고 못을 박았다. 문재인 정부는 근본적으로는 연합훈련에 강력히 반발하는 북한을 의식했으면서도 군대 내 코로나19 확진자 발생을 연합훈련 축소 및 연기 이유로 내세워왔다.

정의용 장관은 2021년 5월 28일 국회 외교통일위원회 전체회의에 출석해 김석기 국민의힘 의원으로부터 "한국 정부가 코로나를 이유로 한·미 연합훈련을 하지 않으려 하니 백신을 공급한 것 아니냐"는 취지의 질문을 받고 "우리 군에 대한 백신 공급이 한·미 연합훈련을 위해서 공급했다는 것은 그 취지가 그렇지 않다"고 답했다. 미국이 한국군에 지원하기로 약속한 코로나19 백신 55만 명분은 연합훈련 재개와 무관하다고 선을 그었다. 정 장관은 "백신 공급과 별도로 한·미 연합훈련의 시기, 규모, 방식은 군 당국 간 협의를 통해 결정될 것"이라고 부연했다. 문 대통령은 5월 26일 5당 대표 오찬 간담회에서 8월로 예상되는 하반기 한·미 연합훈련에 관해 "코로나19로 대규모 군사훈련이 어렵지 않겠느냐"고 말해 올해 실시 여부도 불확실해진 상황이다.

5·21 정상회담 선언문은 역대 정상회담 발표문 중 가장 길다. 소논문 수준으로 주제도 매우 다양하고 과거, 현재 및 미래 시점의 과제를 담았다. 심지어 제1기 풀브라이트 장학생들의 상대국 방문이 60주년을 맞이했다는 내용까지 담았다. 문재인 정부에게 한·미 관계의 과거와 현재를 지도하는 수준이었다. 과거에 당연했던 가치까지 동상이몽의 해석이 횡행함에 따라 미국 입장에서 장문의 문서를 공식 기록으로 남겨 한국의 이탈을 방지하겠다는 계산이 깔렸다고 볼 수 있다. 공동선언의 마지막 중간 제목은 '더 나은 미래를 향한 포괄적 협력'이었다. 5G·6G, 수소 에너지 및 항공우주협력을 위한 아르테미스 협정(Artemis Accord) 등 미래 기술분야 개발 협력 등 다양한 의제를 포함했다. 한국에 거주하는 미국인 20만 명, 미국에 거주하는 한국인 200만 명 등 양국 간 활발한 인적 교류를 강조했다.

향후 청와대는 중국 및 북한과의 협상 과정에서 워싱턴과 공유했던 원칙들에서 크게 이탈하지 않아야 한다. 우회전 방향지시등을 켰으면 확실히 우측으로 주행해야 한다. 일구이언(一口二言)은 매우 신중히 해야 한다. 스가 일본 총리에 이어 두 번째 백악관 대면 정상회담이 성사된 것은 팬데믹 시대에도 한·미 동맹이 중요한 동북아의 린치핀(linchpin)이기 때문이다. 글로벌 가치동맹으로 진화한 한·미 관계는 밑그림은 그렸지만 넘어야 할 언덕은 적지 않다. 특히 임기가 1년도 남지 않은 문재인 정부와 출범 124일째인 바이든 행정부 간에는 시차가 존재한다. 핵심 의제 순위도 일치하지 않는다. 요약하면 바이든 행정부 출범 이후 첫 번째 한·미 정상회담은 많은 성과를 거뒀지만, 여전히 해결이 필요한 과제는 산적해 있다.

4. 바이든 당선자의 대 한반도 정책과 남북의 선택 시나리오

추운 겨울만큼이나 깊어가는 평양의 고민과 대응 시나리오
■ 햇볕정책 지지한 바이든, 참모들은 독재에 부정적인 강경파 일색
■ 바이든 취임 후 北核 협상 본격 시작 전에 도발 감행할 가능성

15시즌 연속 올스타, 메이저리그 역사상 유일하게 챔피언 반지 10개를 손에 낀 전설적인 포수 요기 베라. 은퇴 후 뉴욕 메츠의 감독을 맡던 1973년, 메츠가 시카고 컵스에 9.5게임 차로 뒤진 지구 최하위를 달리고 있을 때 한 기자는 "시즌이 끝난 것인가"라고 물었다. 베라는 "끝날 때까지 끝난 게 아니다(It ain't over till it's over)"는 유명한 명언을 남겼다. 메츠는 컵스를 제치고 내셔널리그 동부지구 우승을 차지하고 월드시리즈 결승까지 진출했다. 골프는 장갑을 벗어봐야 알고 야구는 글로브를 벗어봐야 결과를 안다.

2020년 1월만 해도 트럼프 대통령의 재선은 떼어 놓은 당상이었다. 현직 대통령의 프리미엄이 엄청났기 때문이다. 백악관이 은연중에 선거 캠프 역할을 할 수 있다. 지난 100년간 재선에 실패한 미국 대통령은 허버트 후버(1929~1933), 제럴드 포드(1974~1977), 지미 카터(1977~1981) 및 조지 부시(1989~1993) 등 네 명뿐이다. 이들의 공통점을 꼽으라면 경제 침체로 인한 인기 하락이었다. 트럼프 4년간 미국 경제의 성적이 평균 B^+ 이상은 되는 만큼 재선은 낙관적이었다.

하지만 트럼프의 트위터 정치는 당초 변수에 없던 코로나 바이러스로 종결됐다. 트럼프는 내년 1월 20일 백악관에 새 주인이 입성하기 전에 방을 빼서 본인 소유의 트럼프타워로 돌아가야 한다. 그 전까지 훗날 미국 정치론 수업시간에 최악의 사례로 거론될 변호사들의 소송 게임이 지속되겠지만 백악관 담장에 붙은 '당신은 해고야(You are fired)'라는 구호에 단잠을 잘 수는 없을 것이다.

2020년 미국 유권자들의 선택은 지구 반대편에 있는 우리의 삶에도 직접적인 영향을 줄 것이다. 특히 서울과 평양의 외교·안보 당국자들은 새로운 워싱턴 리더의 출현에 다양한 맞춤형 정책을 준비해야 한다. 트럼프 대통령은 2016년 당선 이전에 여의도 트럼프타워 건립 사업 때문에 한국을 방문한 적이 있다. 그래서 한국과는 비즈니스 거래 관계에 불과했다. 반면 변호사 출신으로 36년간 워싱턴에서 연방의원 등 정치인으로 활동한 바이든 당선인은 그간 세 차례나 한국을 방문했다. 1998년에 상원 외교위원회 민주당 간사 자격으로 처음 방한한 데 이어 2001년 8월에는 미 상원 외교위원장 자격으로 한국을 방문했다. 김대중 당시 대통령과 청와대에서 오찬을 했다. 이 자리에서 두 사람은 서로 넥타이를 바꿔 맸다. 바이든이 김 전 대통령에게 "넥타이가 아주 좋다"고 말을 건네자, 김 전 대통령이 "넥타이를 바꿔 매자"고 즉흥적으로 제안했다. 이를 계기로 김 대통령과 각별한 관계를 맺었으며 당시 바이든은 '햇볕정책'을 공식 지지하기도 했다. 2001년 8월 말에는 평양에 들어가 김정일을 만날 계획을 세웠다가 김정일의 러시아 방문으로 무산되기도 했다. 하지만 부통령 시절 바이든의 대북 접근 정책은 2012년 북·미 간에 2·29 윤달 합의(Leap day agreement)가 3월 북한의 장거리 미사일 발사로 물거품이 된 이후 급변하기 시작했다.

햇볕정책 지지한 바이든, DJ와 넥타이 바꿔 매기도

바이든은 2013년 12월 부통령 자격으로 다시 방한했다. 당시 바이든은 연세대 연설에서 "북한은 핵무기를 추구하는 한 절대로 안보와 번영을 누릴 수 없다"면서도 "한국과 북한은 한민족이며, 똑같이 존엄을 누릴 자격이 있다. 그리고 우리는 한국의 영구적인 분단을 절대로 받아들이지 않을 것"이라고 강조했다. 바이든은 방한 당시 15세 손녀 피네건과 동행했다. 바이든은 손녀와 함께 한국전쟁기념관과 DMZ(비무장지대)도 방문했다. 그는 지난 10월말 대선을 코앞에 둔 시점에서 한국에 보낸 기고문에서도 당시 기억을 떠올렸다. '우리의 더 나은 미래를 위한 희망'이란 제목의 기고문에서 "손녀 피네건을 옆에 두고 DMZ에서 북한으로부터 100피트(30m)도 채 떨어지지 않은 곳에 서 있던 것을 결코 잊을 수 없다"며 "나는 한국전쟁 이후 한반도 분단과 이산가족의 고통을 느꼈다"고 언급했다.

바이든이 부통령이었던 2015년 7월 그의 부인 '세컨드 레이디' 질 바이든은 우리 여성가족부가 주최하는 세미나 참석차 방한한 적이 있다. 바이든 당선인의 한국에 대한 근본 인식은 한·미 동맹이다. 기업인으로 부동산 사업을 하러 서울의 여의도 트럼프타워를 방문하고 헬기에서 삼성전자 기흥공장을 바라보며 방위비 증액 구상을 굳혔던 트럼프와는 발상과 인식부터가 다르다.

1972년 최연소 상원의원으로 당선해 36년의 상원의원과 8년의 부통령을 역임하고, 7명의 대통령을 거쳐 세 번 대선 출마를 선언했으며, 이제는 최고령 대통령 당선인 신분인 바이든은 2007년 출간한 자서전 [지켜야 할 약속(Promises to Keep: On Life and Politics)] 에서 외교는 겸손보다 솔직함(frankness)이 중요하다고 기술했다. 세계 정계 거

▌ 2001년 미국 상원 외교위원장이었던 바이든 대통령 당선인이 청와대에서 당시 김대중 대통령과 환담하고 있다.

물들을 상대할 때는 솔직히 말하고 힘을 드러내는 것이 중요하다는 생각이다. 미국 정계에는 부와 권력을 모두 소유한 정치 명문가들이 즐비하다. 그에 반해 일가친척 중 대학에 진학한 사람이 아무도 없었던 '흙수저' 출신 바이든은 말 그대로 맨몸으로 사회에 부닥쳐야 했다. 집안 최초로 대학에 진학하고, 잘나가는 로펌을 그만두고 국선변호사를 선택했으며, 카운티 의원으로 정치에 입문했다. 바이든은 자서전에서 "나 자신의 힘만으로 밑바닥부터 차근차근, 그러면서도 신념과 원칙에 맞는 길을 걸어왔다"고 자평했다.

세계 리더로 복귀하려는 바이든의 외교 구상

외교통으로 분류되는 바이든 당선인의 기본적인 외교 방향은 비교적 분명하다. 바이든 당선인은 민주당 대선 후보로 결정되고 올해 1월 외교 전문 잡지인 [포린 어페어스(Foreign Affairs)]에 외교 안보 정책의 윤곽에 관한 글을 실었다. 제목은 'Why America Must Lead Again: Rescuing U.S. Foreign Policy After Trump?'다. 우리 글로 번역하면 '트럼프가 망쳐버린 미국의 외교를 되살리기 위해 미국이 다시 리더 노

롯을 해야 한다'이다. 그는 이 기고에서 자신의 3대 외교정책 기조를 제시했다. 첫째는 '국내에서 민주주의 갱신(Renewing Democracy at Home)'이다. 바이든은 민주주의를 새롭게 만들기 위해 ▷ 부패와의 전쟁, ▷ 권위주의 공세에 대응, ▷ 인권증진을 정책 우선순위에 두겠다고 밝혔다.

오바마 행정부 시절 만들었던 핵안보정상회의를 벤치마킹해 '민주주의 정상회의'를 구성하고 민주주의 국가들의 협력을 도모하겠다고 강조했다. 둘째는 '중산층을 위한 대외정책'이다. 경제안보가 국가안보이며, 미국의 통상정책은 중산층을 강화하는 정책에서 시작돼야 한다고 통상정책의 중요성을 강조했다. 그는 중국을 비롯해 경제의 원칙을 무너뜨리는 세력과의 경쟁에서 이기기 위해 미국 스스로의 혁신과 민주주의 국가들과 단결의 필요성을 주장했다. 마지막은 '리더 지위의 회복(Back at the Head of the Table)'이다. 바이든은 첫 업무 명령으로 트럼프 대통령이 미국의 국익에 맞지 않는다고 탈퇴한 파리기후변화협약에 복귀하는 것을 제시했다. 미국이 리더 지위를 회복해야 한다는 주장은 트럼프 행정부 시기 미국의 국제적 지위가 추락했다는 인식에서 비롯됐다.

바이든은 트럼프 행정부가 대외정책 기조로 내세운 미국 우선주의(America First)가 국제사회에서 미국의 명성과 영향력을 추락시켰다고 비판했다. 이를 회복하기 위해서 "강압과 강요가 아닌 외교가 역할을 해야 한다"는 입장이다. 외교를 통해 미국에 우호적인 국가들과 공통의 이해를 찾아내고 그들과 관계를 이어가며, 갈등 요소를 관리해 미국이 국제사회의 리더로 다시 자리매김하게 만들겠다는 전략이다. 세 가지 기조에서 핵심 전략은 민주주의의 복원과 권위주의에 대한 체계적인 대응이다. 바이든은 민주주의 국가들과 미국의 결속력을 복원해 권위주의 국가들에 대응할 가능성이 크다. 구체적인 실천 전술은 ▷ 동맹 강화, ▷ 글로벌 리더십 회복, ▷ 대중 견제로 구체화될 것이다.

바이든은 외교·안보 분야에서 기존 트럼프의 정책을 가급적 배제하는 'ABT(Anything But Trump)' 정책을 고수할 것이다. 바이든은 대선후보 토론에서 "동맹관계를 바로잡고(repair), 상호 이익을 증진하도록 재창조(reinvent)해야 한다"고 밝혔다. 핵심 키워드는 동맹의 강화다. 거래의 관점보다 가치 중심의 동맹 중시 정책을 통해 자유민주주의 국제 질서 재건에 외교력을 동원한다. 트럼프 행정부 출범 이후 다양한 어려움에 봉착했던 한·미 동맹 역시 다시 정상 궤도에 오를 수 있을 것이다. 동맹은 적에 대한 인식이 동일하고 바라보는 방향이 동일해야 한다. 자유민주주의를 수호하고 중국과 러시아, 북한과 같은 권위주의 체제에 대응하기 위해 '같이 갑시다(Go together)'의 가치(value)를 동맹국들에 강조할 것이다. 트럼프 대통령이 강조했던 5조 원 수준의 방위비 인상안은 바이든 당선인이 '갈취(extorting)'라고 언급한 만큼 조정될 것이다. 8개월째 공전되고 있는 방위비분담금협정(SMA) 협상은 실마리를 찾을 것이다. 양국 협상단이 지난 4월 합의한 잠정안은 매년 13%를 인상하고, 5년 후 13억 달러가 최종 인상액이 되는 안이다.

방위비 협상은 낙관적 … 동맹 참여 요구는 커질 듯

특히 방위비 인상이 관철되지 않으면 주한·미군을 철수할 수 있다는 트럼프의 거래적 압박은 중단될 것이다. 바이든 당선인은 2013년 연세대 연설에서 "한·미 동맹은 아태 지역 안보에 필수적이다. 미군은 다른 곳으로 절대 가지 않는다"고 강조했다. 조기에 전시작전통제권 이양을 희망하는 한국의 전략도 변화가 불가피할 것이다. 동맹국을 갈취해서는 안 된다는 입장인 만큼 내년 3월경이면 방위비 협상이 타결될 전망이다. 하지만 국제정치에서 무임승차는 없다. 돈을 적게 내는 대신 한국은 미국이 강조하는 가치 동맹에 적극적으로 참여해야 한다. 적에 대한 압박을 시행할 때는 맨주먹으로라도 동참해야 한다.

민주주의 대 권위주의의 대결을 외교정책 기조로 삼는 바이든 행정부는 가치 동맹으로서 한국의 역할 확대를 더 요구할 것이다. 아시아·태평양 지역에서 광폭 행보를 보이는 중국의 팽창을 막는 반중 전선에 한국의 동참 요구는 점차 늘어날 것이다. 대북 유화책으로 한·미연합훈련에 소극적인 문재인 정부의 행보는 교정을 요구받을 것이다. 트럼프의 반중 전선인 쿼드(QUAD, 미국·일본·인도·호주) 참여에 미온적이었던 한국의 대미정책은 바이든 행정부에서 부분적인 변화가 불가피할 것이다. 쿼드의 동참에 상관없이 한·미 동맹 강화가 논의될 것이며 한·미 동맹의 틀 속에서 대중국 압박 문제도 거론될 것이다.

2013년 부통령 자격으로 한국을 방문했던 바이든은 박근혜 대통령을 만난 자리에서 "미국의 반대편에 베팅하는 것이 좋은 베팅이었던 적은 없었다"고 말한 뒤 "미국은 한국에 계속 베팅할 것이다"라고 강조했다. 당시 바이든이 기자회견에서 이런 작심성 발언을 한 것은 중국과 협력을 강화하는 한국 정부의 외교정책에 대한 의도적인 불만 표출이었다. 또 대통령 면담 뒤 열린 기자회견에서 "한·일 간 원만한 관계 진전을 이뤄 달라"며 한·일 문제에 대한 전향적 입장을 요구하는 한편, 북핵 문제에 대해서는 "(미국은) 핵으로 무장한 북한을 받아들이지 않을 것"이라며 "북한의 도발로부터 동맹국 수호를 위해 어떤 일도 할 것"이라고 말했다. 당시 바이든의 발언은 오바마 행정부의 입장을 전달하는 것이기도 했지만, 2020년 대선 이후 미국의 한반도 정책 방향을 예고한 것이기도 하다. 특히 집권 후반기 문재인 대통령의 단골 주장인 한국전쟁 종전선언 역시 남·북·미 협상 테이블의 관심 대상에서 멀어질 수밖에 없다.

바이든 행정부는 북핵 협상에서 실무진을 건너뛴 트럼프 대통령의 톱다운(top-down)과 달리 바텀업(bottom-up) 방식을 취할 것으로 보인다. 북한이 실질적인 비핵화 조처를 하지 않고서는 북·미 관계가 개선되기는 어려울 것이다. 바이든 후보는 2019년 5월 뉴햄프셔 유세에서 "김정은은 테이블에 마주 앉은 고모부의 머리통을 날려버린 남자이자 폭력배"라고 호되게 비판했다. 1주일 뒤 필라델피아 유세에서는 "트럼프는 김정은 같은 독재자와 폭군을 좋아한다. 그래서 북한은 (나보다) 트럼프를 더 좋아한다"고 트럼프와 김정은을 싸잡아 비난했다.

▌ 2013년 12월 6일 청와대에서 박근혜 대통령과 조 바이든 당시 미국 부통령이 환담장으로 이동하고 있다

"김정은은 미사일을 쥔 폭력배"

2020년 10월 22일 테네시주에서 열린 마지막 대선 TV 토론회에서 바이든은 어떤 조건에서 김정은 위원장과 만날 수 있느냐는 진행자의 질문에 "그가 핵 역량을 축소할 것이라는데 동의하는 조건으로(On the condition that he would agree that he would be drawing down his nuclear capacity)"라고 대답했다. 바이든은 북한 문제에서 중국의 적극적인 역할을 압박해야 한다고 강조했다. 자신이 북한의 지속되는 위협을 통제할 수 있다고 생각하는 이유는 "중국에 그들도 (북한과의) 합의의 일부가 돼야 한다는 점을 명확히 할 것이기 때문"이라고 주장했다. 또한 그는 역내 미국의 미사일 방어자산과 미군 배치, 한국과의 군사작전 등을 거론하며 "중국이 일어나 (북한 문제를) 돕지 않을 경우 이런 것들은 계속될 것이라는 점을 분명히 할 것"이라고 언급했다. 특히 토론 말미에 김정은 위원장을 거듭 '폭력배(thug)'라고 부르며 "북한은 그 어느 때보다 더 쉽게 미 본토에 도달할 수 있는, 더 역량을 갖춘 미사일을 보유하고 있다"고 말했다. 바이든 당선인의 김정은에 대한 인식을 엿볼 수 있는 대목이다.

여권 일각에서는 바이든이 오바마 행정부 시절 추진된 '전략적 인내(strategic patience)'에 기초한 대북 방관 정책으로 회귀하기는 어렵다고 지적한다. 특히 북핵과 ICBM 등 대량살상무기 능력이 과거에 비해 급증했기 때문에 더는 방치할 시간이 없다는 것이다. 하지만 이런 논리는 세 가지 측면을 간과하고 있다. 첫째, 북한의 강경한 핵 보유 방침이다. 북한은 트럼프 행정부 시절 일방적으로 핵보유국을 선언했다. 북한의 핵 보유 고집은 김정은과 트럼프 정상회담의 결정적인 걸림돌이었다.

오바마 행정부가 시종일관 전략적 인내 정책을 고수했던 것은 아니다. 오바마 행정부 1기에는 비핵화 협상이 진지하게 이루어졌다. 2009년 2차 핵실험을 계기로 비핵화 협상은 난항을 겪었다. 오바마 행정부는 2009년 북한의 미사일 발사 및 핵실험으로 대북제재 결의안 1874 합의가 이루어진 가운데 2012년 2·29 합의를 도출했다. 4년에 한 번 돌아오는 '윤달 합의(Leap day agreement)' 내용은 나쁘지 않았으나 북·미 양측의 신뢰 부족으로 한 달 만에 휴지조각이 됐다. 미국으로부터 북한은 24만t의 식량을 지원받는 대신 핵과 미사일 실험을 중단하기로 했다. 하지만 3월 이후 북한이 광명성 3호를 발사하고 2013년 3차 핵실험을 하자 오바마 행정부는 북핵 협상에 흥미를 잃고 국내적 관심이 높았던 이란 핵 협상 타결에 주력했다.

사실 북핵 문제에서 바이든은 대화파로 분류됐다. 하지만 2·29 합의 파기 이후 오바마 행정부의 외교·안보 라인은 "북한이라면 진절머리(sick and tired)가 난다"고 공공연히 언급했다. 결국 핵 보유에 대한 북한의 근본적인 복심의 변화가 있어야 진지한 협상이 시작될 수 있다. 지난 2019년 하노이 북·미회담에서와 같이 전체 북핵의 50% 선인 영변 핵시설 포기만으로 제재를 완화하려는 북한의 복안으로는 김정은이 바이든과 협상 테이블에서 만날 수 없다.

둘째, 시간적인 변수다. 바이든 당선인이 새 대통령이 되면 외교정책 평가와 인력 배치까지 최대 1년은 걸린다. 한반도 문제는 국무부 동아시아태평양 차관보가 책임을 지는데, 상원의 인준까지 최소 6개월이 걸린다. 동아태 차관보는 빨라야 내년 7월에나 업무를 시작할 수 있어 이전까지 대북 정책은 일시 정지 상태를 유지할 수밖에 없다. 북한이 '기다림의 미학'을 발휘하지 않을 수 없는 현실적인 이유다.

마지막으로 바이든 외교·안보 라인의 대북 성향이다. 바이든 정부의 외교 인사로는 '대북 매파'가 거론되고 있다. 바이든 선거 캠프 담당자들에 의하면, 비공식적으로 외교·안보를 조언하는 자문단이 2,000명에 가까우며 이들은 20개 그룹으로 나뉘어 국가안보를 비롯해 무기통제, 방위, 정보, 국토 안전 등 광범한 주제를 다룬다고 한다. 이들 정책그룹은 트럼프 대통령이 벌인 수많은 실수와 외교정책을 제자리로 되돌리는 일에 다양한 대안을 제시하고 있다. 교통정리에 상당한 시간이 걸릴 수밖에 없다.

매파로 채워진 바이든의 외교·안보 라인

우선 부통령 후보인 카멀라 해리스는 대북 강경 입장이다. 1순위 국무장관 후보로 거론되는 토니 블링컨은 바이든이 상원 외교위원장 시절 정책보좌관으로 일했고, 오바마 행정부 1기 내내 바이든 부통령의 안보보좌관(2009~2013)을 지냈다. 이어 백악관 국가안보 부보좌관(2013~2015), 국무부 부장관(2015~2017)을 거쳤다. 블링컨은 김정은을 '최악의 폭군'이라고 일갈할 만큼 북한에 비판적이다. 역시 오바마 행정부에서 국가안보보좌관을 지낸 수전 라이스(Susan Rice)는 바이든의 러닝메이트로 하마평에 오르기도 했으며 향후 중용이 예상된다. 오바마 행정부 시절 힐러리 클린턴 국무장관의 부비서실장을 지낸 제이크 설리번(Jake Sullivan)은 힐러리의 양자라고 불릴 만큼 최측근이었다. 외교·안보 라인들은 북한의 핵 포기에 불신이 큰 만큼 북한 비핵화 문제는 시급한 외교 현안에서 후순위로 밀릴 공산이 크다.

이제 다가오는 동장군의 추위만큼이나 평양의 대미정책은 고민이 깊어질 수밖에 없다. 더는 미국 정상이 트위터로 갑자기 만나자고 하거나 호텔 로비에서 대통령 개인을 유혹해 합의안에 서명하게 하는 기이한 방식의 북·미 정상회담은 없을 것이며 영화에서나 찾아볼 수 있을 것이다. 평양 외무성은 김 위원장에게 3개의 시나리오 보고서를 상신할 것이다.

3개의 패를 쥔 북한의 시나리오

첫째, 도발 자제 관망(wait and see) 시나리오다. 북한도 2006년 5월 1차 핵실험 이후에는 미국의 국내 정치 일정이 북·미 협상에 절대적인 영향을 준다는 사실을 인지하고 있고, 새로운 정부가 대북 외교 라인을 구축하는 데 상당한 시간이 소요된다는 점을 비교적 정확하게 이해하는 만큼 '기다림의 미학'이 필요하다고 판단할 수 있다. 특히 북한 입장에선 이미 내년 1월 초 제8차 당대회 개최를 예고한 상황에서 새로운 경제발전 5개년 계획의 발표 등 성공적인 행사 개최로 북한 내부 안정을 가져오는 것이 시급한 과제다. 상반기에는 미국의 새 정부 출범 전후 미국을 자극하는 대륙간 장거리탄도미사일(ICBM) 발사를 유예하며 바이든의 대북정책이 구체화하는 6월까지 '관망정책(Wait and See)'을 고수할 것이다.

둘째, 저강도(low-key) 도발 시나리오다. 미국의 정치 일정상 상반기에 북·미 협상이 본격화할 수 없다는 현실은 정확하게 이해하지만, 내년 상반기까지 워싱턴을 바라만 보기에는 평양의 내부 사정이 매우 다급하다. 2016년 이후 지속된 고통스러운 대북제재, 수해 피해 및 코로나 봉쇄 등으로 평양의 대중국 무역액은 20% 이하로 축소됐고, 김정은의 외화 보유고는 상당한 수준 이하로 소진되고 있다. 하지만 강력한 군사 도발로 자신을 잊지 말라는 '강력한 물망초 전략(hard forget-me-not)'을 구사하기에는 실익이 분명치 않고 '유화적인 관망정책(a conciliatory observation)'으로 일관하기에는 현실이 녹록지 않다. 특히 내년 1월 8차 당대회 개최 이후 통합과 충성 경쟁을 통해 인민의 희생을 강요하는 '동원전술(mobilization tactics)'을 구사하기 위해서는 미국과 '말싸움(rhetoric attack)'은 기본이고 최소한의 군사적인 도발은 불가피하다고 북한 외무성은 판단할 것이다. 대미 적개심 고취를 통해 인민들의 지지를 유도하기 위해서는 적당한 대미 긴장 관계가 필요한 북한 내부의 통치전략도 저강도 도발을 불가피하게 만든다.

1차 저강도 도발의 시기로는 1월 20일 미국의 제46대 대통령 취임 직후인 2~3월이 유력하다. 특히 3월 마지막 주로 예상되는 한·미연합훈련은 저강도 도발의 분수령이 될 것이다. 일단 대미 비난의 수사적 강도를 높이며 한·미연합훈련의 강도 등을 지켜본 후 1,000㎞ 안팎의 방사포 발사를 시작으로 사정거리 2,000㎞인 중거리 미사일을 발사해 미국의 반응을 지켜볼 것이다. 도발과 병행해 뉴욕의 북한 유엔대표부 채널 및 스웨덴 채널 등을 통해서 제재 완화와 북핵 일부 폐기를 소규모로 거래하는 '스몰 딜(small deal)' 등을 미국에 물밑에서 제안할 것으로 판단된다.

셋째, 고강도(aggressive) 도발 시나리오다. 평양의 대미 강경파들은 내년 여름까지 인내심을 발휘하는 현실에 대해 수용하기 곤란하다는 보고서를 김정은 위원장에게 제출할 것이다. 한국전쟁 이후 지난 70년간의 대미 협상 시작 전에 유보적인 자세보다는 공격적인 입장을 견지했을 때 미국이 신속하게 협상에 나왔던 경험으로 돌이켜 볼 때 공격적인 도발이 불가피하다는 입장이 강하게 대두된다.

오바마 행정부 8년은 '네오콘(Neo-con)' 개념의 공화당보다 협상이 소프트했지만, 비핵화를 요구하는 입장이 확고했고, 협상의 내용도 만족스럽지 못한 만큼 집권 초기에 강공 모드가 필요하다. 고강도 도발이 협상 주도권 잡기에서 불리하지 않다고 판단할 수 있다. 특히 내년 미국 새 정부 출범과 동시에 집권 10년 차(2011. 12. 30~2021. 1)를 맞이하는 김정은 입장에선 2012년 2·29 합의 당시와 달리 핵무기와 다수의 ICBM을 보유한 만큼 자신이 비핵화 대상이라는 소극적인 입장을 견지할 필요는 없다.

한편 바이든 당선인이 중국의 북핵 문제 해결 동참을 요구하고 있지만, 중국의 시진핑 주석은 트럼프를 상대하며 항미원조(抗美援助) 개념으로 북한을 지원하고 있는 만큼 과거와 같이 고강도 도발 시 중국이 나서서 만류하는 사태는 발생하지 않을 것으로 판단한다. 신축년 3월 한·미연합훈련에 맞대응해 ICBM과 잠수함발사미사일(SLBM) 등을 발사하며 대미 압박을 강화할 것이다.

평가와 전망은 다음과 같다. 1994년 북·미 간 제네바 합의 이후 미국의 신정부 출범 첫해에 북한이 고강도 도발을 자행한 대표적인 사례는 2009년 5월 25일 오바마 행정부 첫해에 자행한 두 번째 핵실험이다. 하지만 오바마 집권 첫해에 북한이 두 번째 핵실험을 감행함으로써 북·미 간에 갈등이 지속되었던 점을 감안할 때 북한이 핵실험이나 ICBM을 상반기에 발사하는 데는 한계가 있다. 특히 중국 입장에서 바이든 행정부 첫해부터 한반도에 긴장이 고조되는 것이 미·중 무역 분쟁의 새로운 국면에서 반드시 긍정적이지는 않다는 판단하에 일단 북한의 절제를 요청할 것으로 판단된다. 따라서 상반기에는 저강도 도발 시나리오로 미국을 협상장에 유인하면서 물밑에서 대북제재 해제를 위한 다양한 협상을 제시할 것이다. 한반도의 당사자인 한국의 효율적인 대응 방향은 다음 편에 제언하기로 한다.

5. 바이든 행정부 출범 첫해 동북아 삼국지의 향배

한반도는 미·중 대치 외줄타기 운명
■ '동맹 전선' 넓히려는 미국과 '동반자' 강조한 중국의 양면 압박
■ 동북아 정세 불안 높아질수록 섣부른 남북관계 이벤트 경계해야

　　조 바이든 미국 대통령 당선인이 미국 정보기관(DNI)으로부터 국가안보에 관한 '대통령 일일 정보 브리핑(PDB)'를 받기 시작했다. 트럼프 대통령은 마침내 선거인단 선거결과에서 패배하면 백악관을 떠날 것이라고 밝혔다. 그가 본인 소유의 뉴욕 트럼프 타워나 플로리다 마라라고 리조트로 돌아가 골프와 사업에 집중하든지 4년 후 차기를 도모하든지 백악관의 주인은 46대 대통령 조 바이든이 될 것이다. 우리의 관심사인 외교 안보라인도 속속 지명했다. 예상대로 국무장관에 지명된 토니 블링컨(Tony Blinken)은 바이든이 상원 외교위원장이던 시절 정책보좌관으로 일했던 최측근이다. 20년 동안 그림자처럼 보좌해 눈빛만 봐도 보스인 바이든의 생각을 간파하는 그는 국무부 부장관(2015~2017)을 거쳤다. 블링컨은 김정은을 '최악의 폭군'이라고 일갈할 만큼 북한에 비판적이다. 백악관 국가안보보좌관으로 지명된 40대 제이크 설리번(Jake Sullivan)은 동맹주의자다.

　　청와대와 바이든 당선자 간의 소통도 시작됐다. 2020년 11월 12일 문재인 대통령과 조 바이든 당선인은 전화 통화를 했다. 통화의 키워드는 린치핀(linchpin)이었다. 린치핀은 바퀴가 축에서 빠지지 않도록 고정하는 핵심 부품이다. '핵심 축'이라고 번역되는 린치핀은 오바마 행정부 시절 회자되다가 도널드 트럼프 대통령 시절 사라졌던 용어다. 바이든은 한국을 "인도·태평양 지역의 안보와 번영의 핵심축"이라고 강조했다.

　　버락 오바마 전 대통령이 2010년 6월 이명박 전 대통령을 만나 "한·미 동맹이 한

국과 미국뿐 아니라 태평양 전체에 대한 안보의 핵심축"이라고 언급한 후 '린치핀'은 한·미 동맹을 상징하는 표현이 됐다. 바이든 당선인이 한·미 동맹을 '인도·태평양 지역의 린치핀'이라고 강조한 것은 동북아시아에서 한국의 역할을 강조한 것으로 대중 압박 노선에 한국의 역할과 참여를 강화하겠다는 메시지다. 인도·태평양 구상은 오바마 행정부의 중국 견제 기조인 '아시아·태평양' 구상을 한층 강화하기 위해 2017년 트럼프 대통령이 내놓은 전략이다. 오바마 행정부 시절 리언 파네타(Leon Panetta) 국방장관은 2012년 호주에서 전 세계 미국 군사력의 비중에서 유럽과 중동 대 아시아의 비율을 6:4에서 5:5로 조정하는 '아시아 회귀(Pivot to Asia) 정책'을 발표했다. 아시아의 비중을 늘려 외교의 균형을 재조정하는 리밸런싱(Re-balancing) 전략이었다.

바이든 당선인은 앞서 일본 스가 요시히데 총리와의 통화에서도 "인도·태평양지역 안전과 번영의 주춧돌(cornerstone)로서 미·일 동맹을 강화하겠다"고 말했다. '코너스톤'이라는 용어 역시 린치핀과 유사하게 오바마 행정부에서 사용되다가 트럼프 행정부 시절에 사라졌다가 복귀한 셈이다. 요컨대, 바이든 당선자는 전통적인 한·미와 미·일 동맹을 린치핀과 코너스톤으로 각각 지칭하며 동북아에 "미국이 돌아왔다(America is back!)"고 선언했다.

정부 여당의 발걸음도 빨라지고 있다. 미국의 대한반도 정책이 '트럼프 배제하기(ABT: Anything But Trump)'로 방향을 선회하면서 북·미 정상회담과 같은 극적인 리얼리티 쇼 형식의 흥행카드가 사라지는 것은 아닌지 여권은 내심 조바심이다. 11월 셋째 주 송영길 외통위 위원장 등 민주당 한반도TF 의원 3명은 급한 마음에 미국을 방문했다. 하지만 바이든 행정부 인수위측 인사들과는 면담하지 못했다.

오바마의 '아시아 회귀 정책' 다시 꺼내든 바이든

2021년 1월 바이든 인수위에 관여하는 인사가 외국인들을 만나 정책 대화가 가능하다고 생각한다면 워싱턴의 인사이드 정치를 몰라도 한참 모르는 이야기다. 500여 명의 인수위 명단에 오른 인사는 물론 외곽에서 절치부심하는 비주류 인사와 각료급으로 거론되는 거물들은 잠행 속에서 커넥션을 잡아 자리를 차지하는 데 올인하고 있다. 대통령 당선인이 대규모 정무직을 임명하는 전통은 미국 양당정치로 인한 엽관주의(spoil system)의 오래된 유물이다.

결국 언론의 주목을 받으며 워싱턴 비행기를 탔지만, 전환기의 분위기 파악 수준에 그치고 말았다. 3명의 국회의원은 귀국 후 "자신(비건 부장관)이 겪었던 하노이 회담 실패의 교훈부터 모든 것을 충실하게 (바이든 당선자) 인수위 팀에 전달해서 시행착오가 안 되도록 하겠다 등 (비건 부장관과) 전폭적으로 합의를 했다"고 언급했다. 하지만 12 월 들어 스티브 비건이 서울로 송별 여행을 와서 광화문 식당을 전세 내서 그가 좋아하는 '닭 한 마리' 식사를 했으나 워싱턴 방문 전후와 큰 차이는 없다. 구태여 합의를 안 해도 미국에서 정권교체기 전·현직 정부 간 인계인수는 기본이다.

수전 라이스(Susan E. Rice)가 11월 16일 자 [뉴욕타임스]에 기고한 글인 '트럼프의 버티기는 미국 안보를 위태롭게 한다(Trump stalls and imperils U.S. security)'에는 미국 행정부가 정권 인계인수를 어떻게 하는지 잘 나타나 있다. 2000년 이후 3차례 정권 인계인수를 경험한 라이스 전 국가안보보좌관은 새로 출범하는 공화당 행정부의 콜린 파월 국무장관 지명자에게 인계인수 업무를 추진하면서 깊은 감명을 받았다고 고백했다. 파월은 보좌관도 없이 홀로 국무부에 와서 매우 사려 깊게 업무를 파악했다고 한다. 인계팀과 인수팀 간에 스타일 차이에 따라 방식은 달랐지만 대체로 매뉴얼에 따라 체계적으로 인수 작업이 진행되었다고 한다. 다만 트럼프 행정부 출범 당시에는 관료 시스템에 대한 이해 부족으로 인계인수가 원활하게 진행되지는 않았다고 한다.

바이든 행정부의 협상 행태는 트럼프의 톱다운(Top-down, 하향식)이 아닌 버텀업 (Bottom-up, 상향식) 방식인 만큼 비건의 경험에 대해 크게 무게 중심을 둘 것 같지는 않다. 트럼프와 정상회담 과정에서 파악한 김정은 국무위원장의 신상정보는 이미 미국 중앙정보국(CIA)이 파일을 축적하는 만큼 바이든 외교라인이 체계적인 분석을 할 것이다. CNN은 12월 3일 바이든 외교팀이 트럼프와 김정은 간에 오간 친서에 대한 다각적인 검토에 착수할 것이라고 보도했다.

미국 갔다가 빈손 귀국한 여권의 조바심

서울에서는 이인영 통일부 장관이 연일 평양을 향한 일편단심의 메시지를 날리고 있다. 이 장관은 우리가 부족하더라도 코로나19 바이러스 백신을 북한과 나눠야 하고 서울-평양 대표부 및 개성 신의주에 연락사무소를 설치해야 한다고 주장했다. 또한 북한 관광을 제안하며 36년 전 북한으로부터 받은 수해 물자를 고려해 북한을 지원하자고 제안했다. 연평도 포격 10주기에는 4대 재벌기업 부사장급을 호텔로 초청해 남북 경제협력을 강조했다.

2020년 7월 장관 임명 이후 코로나 사태로 북한과 대화는 커녕 남북관계가 동면 상태로 들어가는 시점에 북한 접근에서 트럼프 행정부와는 결이 다른 바이든 행정부가 들어서는 만큼 정부의 초조감은 시간이 갈수록 깊어지고 있다. 교착상태를 뚫어보려는 통일부 장관의 눈물겨운 노력을 이해 못할 바는 아니지만, 시운이 맞지 않고 있다. 세계식량원조계획(WFP)을 통한 5만t의 대북 쌀 지원도 북한의 거부로 140억 원의 예산이 환수될 예정이다. 야심차게 출범한 문재인 정부의 한반도 평화 프로세스도 어느덧 집권 종반기를 맞이하고 있다.

이 장관의 다양한 구애 메시지에도 불구하고 북한의 고립주의는 코로나 사태로 날이 갈수록 심화하고 있다. 정부와 여당은 남북관계 경색의 직접 원인으로 작용해온 대북전단 살포를 금지하는 개정법률안을 12월 2일 국회 외교통일위원회에서 의결, 처리했다. 한편 긴박하게 돌아가는 국제정세와 상관없이 북한의 코로나로 인한 봉쇄는 밀봉 수준으로 강화되고 있다. 북한 [조선중앙통신]은 앞서 전단방지법 통과 직전인 11월 29일 국경과 분계연선 지역들에서 봉쇄장벽을 든든히 구축하고 있다고 보도했다.

국정원장 보고에 따르면 북한은 최근 비상식적인 조치를 지속해서 내놓고 있다. 경제난 속에서도 "중국이 지원한 식량을 방치하는가 하면 바닷물이 오염되는 것을 우려해 어로와 소금 생산까지 중단했다"고 한다. 북한의 철통 장벽 구축은 코로나 봉쇄를 겨냥한 것으로 백신 지원을 통해 남북 보건의료 협력의 물꼬를 트려 했던 정부의 구상은 물 건너갔다. 코로나로 인한 국경봉쇄는 경제위기로 비화하고 있다. 주민 불

코로나19 확산에 대응해 북한이 국경을 봉쇄하면서 우리 정부의 대북 유화 정책이 차질을 빚고 있다. 2020년 12월 9일 북한 방역 요원이 평양 대동강변 미래과학자거리에 있는 기상수문국에서 방역활동을 하고 있다. / 사진: 노동신문

만 해소의 희생양으로 환전상을 처형하고, 외화 사용금지는 환율 급락으로 이어지는 등 평양 내부 정세는 코로나 사태의 직격탄을 맞고 있다.

박지원 국정원장은 통일부 장관의 온정주의적 접근과 달리 북한의 행태를 비이성적이라고까지 규정했다. 강경화 외교부 장관은 "코로나19 바이러스로 인한 도전이 북한을 더 '북한스럽게' 만들었다(made North Korea more North Korea)"며 "좀 이상한 상황"이라고 중동에서 개최된 국제회의에서 언급했다. 마침내 김여정 제1부부장은 연락사무소 폭파 이후 6개월 동안의 침묵을 깨고 '강 장관의 망언을 두고두고 기억할 것'이라는 경고성 메시지를 서울로 보냈다. 김여정의 표현대로 남북관계는 동지섣달 냉기가 흐르고 있다.

청와대에 '동반자' 역할 주문한 왕이 中 외교부장

남북이 접점을 찾지 못하고 바이든 행정부는 트럼프의 자발적인 퇴진을 기다리며 진용을 정비하는 사이 중국의 왕이 외교부장이 발 빠르게 도쿄를 거쳐 서울을 찾았다. 2020년 11월 마지막 주 2박3일 동안 서울을 방문한 왕이 부장은 청와대에서 문 대통령은 물론 정부 여당의 핵심 실세들을 두루 만나며 광폭 행보를 보이고 떠났다. 과공비례(過恭非禮) 의전 때문인지 면담 요청이 쇄도해서인지 왕이 부장에게 면담을 신청했는데 불발됐다는 조선일보 보도에 대해 통일부는 사실이 아니라며 정정보도 신청까지 내는 지경에 이르렀다.

왕이 부장의 발언은 외교 의전과 화법에서 비외교적이고 한국을 훈계하는 수준이었다. 조선시대 명·청나라의 칙사들이 에둘러 말하지 않고 직설적인 화법으로 사대주의에 사로잡힌 한양을 압박하던 행태와 크게 다르지 않았다. 미국 정권 교체라는 민감한 시기에 방한한 왕이 부장은 한국에 양국 간 '공통 인식'과 공통 비전인 '청사진'을 제안하면서, 미국에 너무 쏠리지 말고 중국과 "국제사회의 공평과 정의를 수호"하자는 뜻을 전했다. 그는 강경화 장관과 회담 전 모두 발언에서도 두 나라 간의 '수망상조(守望相助)의 정신'을 강조하며 한국과 함께 "지역의 평화·안정을 수호"하고 싶다는 뜻을 내비쳤다.

수망상조는 공통의 적이나 어려움에 대비해 서로 망을 봐주고 돕는 관계로 실질적 '전략적 협력 동반자' 관계를 뜻한다. 조찬에서 문정인 특보가 "미·중 사이가 나빠지면 한국이 처신하기 어렵다"고 말하자 왕이 부장은 "신냉전에 반대한다. 이는 역사적 발전 흐름에 맞지 않는다"며 중국의 견해를 자세히 설명했다. "미국의 중국 압박에 동참하지 말라는 것이냐"는 기자들의 질문에는 크게 웃으며 "외교가 그렇게 간단한가"라고 답변했다. 오히려 "세계에는 미국만 있는 것이 아니다. 한국도 중국도 모두 독립 자주국가다. 미국의 영향을 받아서는 안 된다"는 뼈있는 메시지를 던졌다. 중국 외교부는 한·중 외교장관 회담에서 합의된 10가지 항목을 발표하면서도 한국 발표엔 없는 "중·한 외교·안전 2+2 대화(외교·안보 당국 연석회의) 시동"을 언급해 한·중 관계의 '전략성'을 강조하는 모습을 보였다. 내용과 입장은 한국 외교부의 발표와는 상당한 온도차가 있었다.

앞선 일본 방문에서 왕이 부장의 행보는 한국과 달리 한계가 있었다. 왕이 부장의 도쿄 방문은 냉랭한 분위기에서 끝났다. 왕이 부장은 일본에서 협력이 필요한 가까운 이웃이라는 뜻의 '일의대수'(一衣帶水)란 말을 꺼내 들었다. 왕이 부장은 모테기 도시미쓰 외무상과 회담에서 중·일 관계를 '장기적 협력 동반자'라고 하며 "적절한 전략적 소통이 필요함"을 강조하는 데 그쳤다. 냉랭한 분위기의 원인은 센카쿠열도(중국명 댜오위다오)를 둘러싼 날 선 공방이었다.

▌ 문재인 대통령이 2020년 11월 26일 오후 본관 접견실에서 왕이 중국 국무위원 겸 외교부장을 접견하고 있다. / 사진: 청와대사진기자단

상대가 만만치 않은 만큼 왕이 부장의 행보는 의전과 화법 모두 한계가 있었다. 요컨대, 왕이 부장의 순방은 미국의 두 주요 동맹국인 한국과 일본에 대한 중국의 '전략적 시각 차'를 고스란히 드러내며 한·미 동맹에 대해 강한 견제구를 던지고 떠났다. 일본에는 메시지만 던지고 관망하지만, 한국에는 행동으로 압박하는 수준이다. 중국에 미·일 동맹은 난공불락이지만 연결고리가 약한 한·미

동맹은 얼마든지 토대를 흔들 수 있다는 판단이었을 것이다. 특히 동북아에서 한·미·일 삼각연대가 약화하는 것은 중국의 대한반도 외교가 추구하는 중요한 목표다.

외교·무역 총동원한 미국의 중국 고립 작전

2020년 11월 바이든의 당선과 왕이 부장의 한·일 양국 방문으로 동북아 국제정치에서 미·중 간 패권 싸움의 서막이 올랐다. 바이든의 동맹 강화 전략의 구체적인 일차 카드는 '민주주의 정상회의' 소집이다. 바이든은 4월 [포린 어페어스] 기고문에서 취임 첫해에 '글로벌 민주주의 정상회의(Summit for Democracy)' 개최를 약속했다. 정상회의 개최는 트럼프 대통령의 '미국 우선주의'로 약화된 동맹국들과 유대 관계를 강화할 뿐 아니라 점차 노골화하는 중국과의 이념 경쟁에 대응하기 위한 차원으로 해석된다. 바이든은 트럼프 대통령처럼 중국과 일대일로 대결하기보다 정상회의를 통해 민주주의 국가들이 권위주의 국가들에 대응하는 구도를 그리고 있다.

바이든 행정부가 추진하는 '트럼프 배제하기' 정책에서 예외는 대중(對中) 압박이다. 대통령 교체에 상관없이 미 의회가 초당적으로 중국을 몰아붙이고 있다. 중국의 불공정 무역을 바로잡는 데 핵심은 군사·경제력의 견제다. 미국 의회는 2021 회계연도 국방수권법안(NDAA)에 '태평양 억지 구상' 항목을 신설했다. 22억 달러(약 2조 4,000억 원)를 들여 인도·태평양 지역에서 미국의 군사력을 강화하는 목적이다. 의회가 1월 출범하는 바이든 행정부에 대중 군사력 대응에서 전진하라는 분명한 신호를 보냈다는 평가다.

주목할 만한 점은 화웨이·ZTE 사용국에 미군과 주요 무기체계 배치의 재검토 권고다. 트럼프 행정부가 국가 이익을 기준으로 화웨이 배제를 요구했다면, 향후 바이든 행정부는 동맹국들에게 민주주의 수호 차원에서 중국 압박에 동참을 요구할 것이다. 마이크 폼페이오 미 국무장관은 지난달 중국 회사들을 배제한 '클린 네트워크' 구상 참여국이 50개를 넘어섰다고 밝혔다. 앞서 7월에는 국내 이동통신사 중 SK텔레콤과 KT가 중국 장비를 쓰지 않는다는 이유로 "깨끗한 통신사"라고 평가하며 LG유플러스를 우회적으로 압박했다. 현재 KT·SK브로드밴드·LG유플러스 등 국내 유선망 업체들은 모두 화웨이 장비를 사용한다. 다만, 미국 의회가 문제 삼은 5G와 6G 네트워크에 화웨이 장비를 사용한 업체는 LG유플러스뿐이다.

화웨이 배제를 결정한 영국과 호주의 경우 모두 정부가 전면에 나서 화웨이 장비 금지를 결정했다. 반면, 문재인 정부는 미국의 화웨이 제재 동참 여부는 기업이 자율적으로 정해야 한다는 입장을 견지하고 있다. 미·중 갈등 속에서 한국의 외교적 셈법은 복잡하다. LG의 화웨이 장비 사용은 주한미군의 철수와도 맞물린 복잡 미묘한 현안으로 비화할 수 있다. 당장 교체는 어렵더라도 미국의 우려를 단계적으로 해소하는 데 정부가 나서야 한다.

또한 바이든은 중국을 집중적으로 겨냥하기 위해 '아시아 차르(Asia Tsar)'라는 아시아 업무 총괄 직책 신설을 구상 중이다. 실효성 여부에 상관없이 미국의 대중 결전 의지를 엿볼 수 있는 대목이다. 트럼프 행정부의 국무부는 12월 1일 중국의 대북제재 비협조에 최대 500만 달러(약 55억 원)를 준다는 '북한 포상금' 웹사이트(DPRKrewards.com)를 새로 개설했다. 중국 앞바다에서 유엔 대북제재 위반 행위가 버젓이 일어나고 있으며 2년간 관련 정보 788건을 중국측에 전달했지만, 단 한 번도 조치가 취해지지 않았다는 것이 국무부의 주장이다.

▌미국이 주도하는 국제 사회에서 제재 압력을 받는 중국의 반도체 기업 화웨이가 공식 SNS 계정을 통해 게재한 제2차 세계대전 당시 소련 전투기 사진. '영웅은 자고로 많은 고난을 겪는다(英雄自古多磨難)'는 문구를 달았다.

미국은 지속해서 남포항에서 출항하는 북한 선박을 위성사진으로 촬영해 공개하고 있다. 북한이 유엔 안보리 결의안 2371호를 위반해 약 4억 달러어치의 석탄을 수출했다는 것이 미국이 파악한 정보다. 또한 "최근 몇 년 동안에는 북한은 편의치적(便宜置籍: 실제로는 북한 선박이나 제3국 국적으로 등록)이나 추적 신호를 끄고 운항하는 방법, 또는 우회하는 방법으로 추적을 피했다. 하지만 지난해부터는 북한 인공기를 단 선박들이 수백 차례에 걸쳐 중국 닝보-저우산 지역으로 석탄을 실어 날랐다"고 [월스트리트 저널(WSJ)]이 보도했다.

'트럼프의 미국'과 다른 접근법 필요할 때

한·미 동맹은 일단 2021년 5월 문 대통령의 방미에 의한 1차 한미정상회담으로 궤도에 오를 것으로 보인다. 바이든 당선인과 문 대통령이 전화 통화에서 취임 후 가능한 한 조속히 만나자고 언급한 만큼 강경화 장관은 "시기를 예단하기에는 아직

이르다"고 언급했지만, 워싱턴에 벚꽃이 만개할 즈음에는 정상회담이 개최될 것이다. 여당은 바이든 취임 후 100일 이내에 외교·안보 정책의 윤곽이 잡히는 만큼 조기 정상회담 개최에 주력하고 있다.

바이든 시대에 성공적인 한·미 관계를 위해서는 맞춤형 대(對) 워싱턴 전략이 필요하다. 우선 한미정상회담에서는 한·미 동맹을 위해 한국이 무엇을 할 것인지 구체적인 대안 마련이 필요하다. 그의 자서전 [조 바이든 지켜야 할 약속]과 [조 바이든: 약속해주세요 아버지]에 따르면 바이든은 상원에서 외교위원장으로만 8년을 일한 만큼 전 세계 지도자는 물론 독재자들과도 수많은 만남과 통화를 가졌다.3) 이라크, 우크라이나, 베네수엘라 등 분쟁국의 지도자와는 실시간 통화를 했다. 외교는 겸손이 아니며 솔직하게 의견을 제시하고 때로는 힘을 보여주는 것도 필요하다는 견해를 가지고 있다.4)

문 대통령은 북한과 중국 관리 이슈에서 바이든과의 동상이몽 가능성에 조심해야 한다. 우선 2020년 내내 강조해온 한국전쟁 종전선언 등 기존 의제와 방식은 잠시 내려놓아야 한다. 비핵화 조치가 없는 종전선언은 워싱턴의 초점이 아니다. 토니 블링컨 국무장관 지명자 등 외교·안보 라인들은 종전선언이 비핵화의 입구가 될 보장이 없으며, 비핵화 입구에 들어갔다 하더라도 비핵화 출구를 찾는 것은 더욱 보장이 없다는 부정적인 인식을 갖고 있다.

2021년 7월 미국을 움직여 도쿄올림픽에 김정은 위원장을 초청해 '제2의 평창 데자뷰'를 재연하는 이벤트 구상의 제안도 신중해야 한다. 중국 이슈는 국익 관점에서 접근하되 미국의 체면도 고려해야 한다. 안보는 미국, 경제는 중국이라는 '안미경중(安美經中)'의 이분법적 논리로 워싱턴에 접근하는 것은 간단치 않다. 양국 정상은 전화 통화에서 "북한 핵문제 해결을 위해 긴밀히 협력하기로 했다"며 "한반도와 역내 평화·번영의 기반이 돼온 한·미 동맹의 미래지향적 발전과 한반도 비핵화 및 평화 정착을 위해 긴밀히 협력(working closely)"하기로 합의했다.

역내 평화와 번영에서 안보와 경제를 이분법적으로 구분하기는 용이하지 않다. 국제정치에서 무임승차(free-rider)는 없다. 방위비 협상으로 예산을 절약하는 대신 한국은 미국이 강조하는 가치 동맹(value alliance)에 적극적으로 참여해야 한다. 북핵 해결을 위해 한·중 협력이 필요하다는 시각이 있지만, 바이든 행정부는 "한국이 중국에 잘해준다고 해서 중국이 북한 문제에서 한국을 지지할 것이라고 생각하지 않는다. 중국은 한국이 어떻게 하느냐가 아니라 중국의 이익에 부합할 때 행동한다"는 입장이다.

▌조 바이든 당선인은 2020년 4월 <포린어페어스>에 기고한 글을 통해
미국이 주도하는 동맹 강화를 강조했다. / 사진: 포린어페이스 홈페이지

21세기 중국은 미국에 가장 큰 도전이며 이는 동맹국에게도 해당되고 미국 외교 정책에서 향후 수년간 최우선적인 문제(top issue)가 되리라는 것이 바이든 참모들의 속내다. 미국은 한국, 일본 등 아시아 동맹국들과 긴밀하게 협력해 단합된 목소리를 내면서 인권과 종교 자유 탄압, 국제규범 침해, 주변국에 대한 공세 등 중국의 '나쁜 행동들(bad behaviors)'에 맞서 함께 목소리를 높이기를 기대한다. 미국은 한국이 한·중 관계를 좀 더 세심하게 접근하고 부당한 행동들을 지적하는 반중(反中) 전선 연대에 동참하기를 희망할 것이다. 이것이 바이든 시대 한·미 동맹이 가치동맹으로서 나아가야 할 길이며 5배의 방위비 인상을 주장했던 트럼프 시대와는 다른 린치핀(Linchpin)의 함의다.

2021년 하반기까지 동북아 정세 불확실성 고조

미·중 갈등 속에서 한국의 외교적 셈법은 복잡하다. 문 대통령은 11월 중순 중국이 주도한 RCEP(역내포괄적경제동반자협정)에 서명했다. 미국은 '포괄적이고 점진적인 환태평양경제동반자협정(CPTPP)'에 복귀해 동맹국들과 대중국경제 포위망 형성을 구체화할 것이고 한국의 참여도 불가피하다. 경제적 실리의 극대화는 매우 난해한 문제다. 단순한 대중·대미 무역흑자 총액만 갖고 비교하는 것은 유형의 평가다. 무형의 가치를 포함하면 계산은 달라질 수밖에 없다. 2019년 기준으로 한국의 수출에서 중국의 비중은 27%, 미국은 10%의 비중이지만 지적소유권과 에너지 조달 및 미래산업 발전 등 한미 간의 무역 구조는 고차방정식으로 접근할 수밖에 없다. 미국산 석유와 액화천연가스(LNG) 등 미국이 한국에 제공하는 안정적인 에너지 공급원 역할은 중국이 할 수 없다.

경제적 측면에서도 미국의 중요성을 깎아내리면 안 된다. 주한 미국대사를 역임한 내퍼 미국 국무부 부차관보는 "많은 이들이 중국이 한국의 교역 1위 국가라고 말하지만, 미국이 2위라는 점을 망각하곤 한다"며 "미국의 대(對) 한국 투자 비율이 전체 대비 15%인데 비해 중국은 겨우 3%로 비교할 수 없다"고 주장했다. 안보, 투자 및 과학기술 등에서 한·미가 공유하는 광범위하며 복합적인 경제 관계는 한·중 관계에는 없다는 지적이다.

왕이 부장은 "바이든 행정부가 대북 정책을 확정하고, 북한도 올해 초 8차 당대회를 통해 새로운 방침을 정하는 7개월 동안 불확실성이 있다"면서도 "북한이 (사태를 결정적으로 악화시킬) 군사도발을 하진 않을 것"이란 긍정적인 전망을 내놓고 베이징으로 돌아갔다. 북한이 왕이 부장의 발언대로 군사도발을 자제할지는 미지수다. 다만 향후 올해 상반기까지 7개월이 동북아 정세의 불확실성이 고조되는 기간이라는 점은 왕이 부장의 지적대로 명약관화하다.

1960~70년대 미·중 외교의 주역으로 미 외교가의 원로로 꼽히는 헨리 키신저(97) 전 국무장관이 바이든 당선인에게 미·중 갈등의 조속한 봉합을 주문했다. 그렇지 않으면 "제1차 세계대전에 비견할 수 있는 재앙 상황이 발생할 것"이라고 경고했다. 역사적으로 한반도는 명·청 시대 등 대륙이 급변하는 전환기에 사태의 흐름을 정확하고 제때 파악하지 못해 백척간두의 국가위기를 경험했다. 미국이라는 초강대국의 전환기(transition)에 아군과 적군을 정확하게 인지하고 아군의 방향이 어디인지를 가늠하는 것은 한반도의 안위를 결정할 중요할 가늠자가 될 것이다. 어디로 골프공을 보내야 할지 방향과 거리를 정확하게 측정할 한반도 안보의 정밀 거리측정기는 없는 것일까?

6. 한국 대신 북한에 손 내미는 아베의 셈법은?

연내 북·일 정상회담 개최에 전력 투구
■ 일본 의사와 정치인들의 잇따른 방북에다 아베 측근 기타무라도 북과 접촉
■ 北의 일본인 납치 인정 후 막혀있던 관계가 경제협력 카드로 복원될까

갑자기 일본 의사들과 의사 출신 전직 국회의원들이 평양을 방문했다. NHK, 교도통신 등 일본 언론에 따르면 9월 28일 마세키 미쓰아키(柵木充明) 일본의사회 의장이 이끄는 대표단이 베이징을 통해 평양에 도착했다. 대표단은 마세키 의장을 비롯한 의료진과 일본 자민당 참의원 의원을 지낸 미야자키 히데키(宮崎秀樹) 전 일본의사회 부회장, 다이조 전 법무상 등 8명으로 구성됐다. 5박6일의 일정을 마친 후 10월 3일 일본으로 귀국했다. 일본의사회가 의료 협력을 위해 북한에 대표단을 공식 파견한 것은 처음이다. 이들은 구체적인 의료 지원 방안을 논의하기 위해 평양의 장애인 치료 전문병원 등 북한의 의료 시설을 둘러봤다.

이번 방북은 아베 신조(安倍晋三) 일본 총리의 측근인 요코쿠라 요시다케(横倉義武) 일본의사회 회장의 제안에 따라 추진됐다. 요코쿠라 회장은 지난해까지 세계의사회 회장을 지냈고 자민당 후원자이기도 하다. 일본의사회는 이번 방북을 계기로 일본 의료진의 북한 파견이나 북한 의료진의 일본 연수 사업 등을 계획하고 있다. 마세키 의

■ 고(故) 가네마루 신 자민당 부총재의 차남인 가네마루 신고(가운데)가 9월 방북단을 이끌고 평양을 찾았다. / 사진: 연합뉴스

장은 경유지인 중국 베이징 공항에서 기자들과 만나 "북한은 결핵이나 B형 간염 등 전염병 확산이 심각하다. 실태를 파악해 일본의 사회의 지원 방안을 논의하고 싶다"라고 밝혔다. 또한 "이번 방북은 순수하게 인도적 목적으로 가는 것"이라며 "북한의 세계의사회 가입도 추천하겠다"는 계획도 덧붙였다. 대표단은 의료 지원 외에도 일본 정부를 대신해 북·일 간 현안을 조심스럽게 타진한 것으로 보인다. 국회의원 출신인 미야자키 전 부회장은 방북에 앞서 "북한이 핵무기를 폐기하도록 권유할 것"이라며 "북한에 의한 일본인 납치 문제도 논의하고 싶다"라고 밝혔다.

김일성과 가네마루의 비밀 수교 협상

이에 앞서 9월 14일에는 고(故) 가네마루 신(金丸信)(1914~1996) 전 자민당 부총재의 차남 가네마루 신고(金丸慎吾)를 대표로 하는 일본 방북단 60여 명이 5박6일 일정으로 평양을 방문했다. 이들은 가네마루 신 탄생 105주년이 되는 9월 17일 평양에서 기념행사를 열었다. 1980년대 나카소네 야스히로 내각에서 부총리를 지낸 중의원 12선 출신의 정치인 가네마루 신은 1990년 9월 자민당과 사회당 대표단을 이끌고 방북, 김일성 주석과 회담한 뒤 '북·일 수교 3당 공동선언'을 끌어내며 북·일 외교의 물꼬를 튼 인물이다. 차남인 신고는 당시 비서 자격으로 선친을 수행한 것이 계기가 돼 북한과 꾸준히 교류하고 있다. 지난해 10월에도 방북해 송일국 북·일 국교정상화 교섭 담당 대사를 만났다.

당초 방북단은 최룡해 노동당 중앙위 부위원장을 만날 것으로 예상하였으나 한 단계 아래인 송 대사를 만났다. 가네마루 신고는 '조건 없는' 북·일 정상회담을 개최하고 싶다는 아베 신조 일본 총리의 입장을 전달했다. 그러나 송 대사는 "북·일 관계는 정상화는커녕 악화 일로를 걷고 있다"고 주장했다. 송 대사는 북한이 가까운 장래에 일본과 정상회담을 할 의사가 없다는 점을 강조했다. 신고는 방북에 앞서 TV 아사히 인터뷰에서 "우리가 간다고 북·일 관계가 움직인다는 건 있을 수 없지만 조금이라도 그런 환경을 만드는 역할을 한다면 좋겠다"고 말했다.

가네마루 신 부총재는 당시 방북에서 일제의 한반도 식민통치에 대해 북한측에 정중하게 사죄했으며, 이런 이유 등으로 일본 귀국 후 비판을 받았다. 저자가 가네마루 신의 방북에서 주목했던 점은 김일성과의 회담에서 북·일 간 수교 배상금을 논의했기 때문이다. 당시 김일성은 수교 배상금으로 90억 달러를, 가네마루는 60억 달러를 언급했다는 내용이 일본 언론에 공개됐다. 하지만 북·일 양측이 후속 교섭을 이어 가지 못했기 때문에 수교 배상금 문제는 더는 구체화하지 않았다. 다만 당시 물가 기준으로 60~90억 달러는 일제 강점기 지배의 경제적 배상에 대해 북·일 지도자 간에 최초의 논의가 있었던 액수이기 때문에 향후 수교 논의에서도 가이드라인이 될 것으로 보인다.

왜 갑자기 더위가 물러가면서 일본의 의사와 정치인들이 평양에 몰려가기 시작했을까?

아베 총리의 북한 전략이 변화했기 때문이다. 아베 총리는 트럼프 미국 대통령과 김정은 위원장과의 정상회담을 계기로 대북 봉쇄에서 적극적인 관여로 노선을 변경하고 있다. 아베 총리는 정책 변화를 현장에서 추진하고자 9월 내각 개편 과정에서 운 인물을 발탁했다. 지난해부터 북·일 접촉 창구였던 기타무라 시게루(北村滋, 65세) 전 일본 내각정보관이 신임 국가안전보장국(NSS) 국장에 취임했다.

기타무라는 9월 초 개각 개편에서 5년 8개월간 이 자리를 맡아 온 야치 쇼타로(谷内正太郎)의 후임으로 임명됐다. 기타무라는 외무성이 아닌 경찰청 출신으론 처음으로 우리의 국가안보실장에 해당하는 NSS 국장에 임명됐다. 일본 국가안전보장국은 외교·안보를 총괄하는 국가안전보장회의(NSC)의 사무국이다. 전임 야치 국장이 도쿄대·외무성 출신 외무공무원이었던 것과 달리, 기타무라 신임 국장은 도쿄대·경찰 출신이다. 경찰 출신 외교·안보 사령탑은 일본 내에서도 이례적이란 평가가 나온다. 기타무라 국장은 제1차 아베 내각에서 총리 비서관을 지낸 뒤 효고현 경찰본부장과 경찰청 외사정보부장 등을 거쳐 2011년 12월부터 내각정보관을 맡아왔다. 내각정보관은 한국의 국가정보원에 해당하는 내각정보조사실의 수장이다. 기타무라는 아베 총리가 집무실에서 가장 자주 만나는 참모다. 2012년 말 재집권 뒤 4년 동안 무려 659번을 만났다고 한다. 지난 8월 중순 여름휴가 때 아베 총리가 그를 별장으로 따로 불러 식사를 함께하기도 했다. 서훈 국정원장은 작년 9월 방북결과를 설명하기 위해 일본을 방문했을 때 아베 총리 면담 후 기타무라 국장을 비밀리에 만난 것으로 알려졌다.

예년에 없던 민간 방북단이 연이어 평양을 방문하면서 기타무라 신임 국장의 막후 역할론이 부상하고 있다. 기타무라 국장이 그간 북·일 관계 정상화와 납치 문제 해결의 일본측 창구였다는 점에서 한·일 관계 개선보다 북·일 관계 개선으로 일본의 한반도 정책의 무게 중심이 서울에서 평양으로 이동할지 주목된다. 기타무라 국장은 북한 인맥도 상당하다고 한다. 일본 외무성이 북·일 관계 개선에 역할을 하지 못하는 만큼 아베 정권은 아예 정보기관을 대북 채널로 이용해 북·일 정상회담 개최에 힘쓰고 있다.

기타무라 내각정보관은 2018년 7월 베트남에서 김성혜 북한 통전부 실장과 비밀회담을 가졌다. 베트남 극비접촉은 아예 미국에 알리지 않고 진행했다. 9월 북·일 정상회담 개최를 위해서 접촉했으나 합의에 실패했다. 2018년 8월 리용호 외무상 및 북한 외교 인사들이 몽골을 방문함에 따라 또다시 기타무라 내각정보관이 파견됐으나 북한측에서 회담장에 나오지 않고 바람을 맞혔다. 2018년 11월 9일에는 기타무라 내각정보관과 김성혜 통전부 실장이 다시 만나 회담을 가졌다. 2019년 2월 1일 기타무라는 재일 조총련 남승우 부의장을 비밀리에 만나 평양과의 간접 소통에도 주력했다.

2월 말 2차 하노이 북·미 정상회담이 확정된 가운데 아베 총리 역시 북·일 정상회담 개최를 시도했다. 일본 정부는 북·일 정상회담을 통해 답보상태에 빠진 납치자 문제에 진전을 이루면서 동북아 정상외교에서 주도권을 회복하려고 했다. 북한과 소원해진 한국을 압박하려는 다목적 복안도 가지고 있었다. 아베 총리는 복심인 이마이 다카야(今井尙哉) 총리 비서관이 총리 보좌관을 겸하도록 이례적인 인사 발령을 했는데 보좌관이라는 직함을 지니고 있으면 국외 출장이 쉽다는 점에서 북·일 외교를 염두에 둔 조치라는 해석도 나온다.

김정일의 납치 인정, 일본의 분노

최근 아베 총리는 북·일 정상회담에 대한 의지를 또다시 밝혔다. 아베 총리는 9월 24일 미국 뉴욕에서 열린 유엔총회 일반토론 연설에서 "어떤 조건을 달지 않고 김정은 위원장과 직접 마주 볼 결의를 갖고 있다"고 말했다. 그러면서 "(북한의 일본인) 납치, 핵, 미사일 문제 등 모든 현안을 포괄적으로 해결해 불행한 과거를 청산하고, 국교 정상화를 실현하는 것이 불변의 목표"라고 밝혔다. 아베 총리는 2012년 집권 이후 '납치 문제 해결 없는 국교 정상화 등 북·일 관계 개선이 불가능하다'는 태도를 견지하다가 올해 5월 초 갑자기 "조건 없는 북·일 정상회담을 하고 싶다"고 입장을 바꿨다.

2002년 9월 17일 당시 고이즈미 준이치로(小泉純一郎) 총리는 전격 평양을 방문함으로써 세계를 깜짝 놀라게 했다. 납치 문제에 대한 강경책을 주장했던 아베 신조 당시 관방차관은 2002년 8월 초 양국 외무성 담당 국장의 평양회동 때까지 이 사실을 모르고 있었다. 8월 말 고이즈미의 평양 방문이 발표됐다. 두 지도자는 '조속한 관계 정상화를 위해 가능한 모든 조처를 하기로' 합의했다. 고이즈미는 식민지 시절 한반도 주민들에게 입힌 '엄청난 피해와 고통'에 대해 '깊은 유감과 마음으로부터의 사과'를 표명했으며 김정일은 일본인 13명을 납치하고 일본 영해에 간첩선을 침범시킨 데 대해 사과했다. 양측은 과거 청산 및 북일 수교 등 관계 정상화를 추진하겠다는 계획을 담아 북·일 평양선언에 서명했다.

북한은 회담을 계기로 일본인 납치를 인정했다. 김정일은 1977년부터 1982년 사이 일본의 외딴 해변에서 여학생, 미용사, 요리사, 데이트 중이던 3쌍의 커플 등 일본 시민을 납치한 사실을 인정하고 사과했다. 김정일은 당시 일본인 납치 사실을 자신은 전혀 몰랐다고 주장하면서 "국가 특수기관의 일부 분자들이 광신적 믿음에서 또는 공명심에서" 그런 일을 저질렀다고 말했다. 평양 정상회담이 있은 지 3주일 후, 피랍 일본인 13명 중 5명이 특별기편으로 일본으로 돌아왔다.

북한의 납치 인정 뉴스가 속보로 보도되고 피랍 일본인들이 돌아오면서 일본인들 사이에서는 충격과 우려와 분노가 증폭됐다. 일본인들의 분노는 나머지 피랍 일본인 8명의 운명에 관한 평양측 설명 때문에 더욱 악화됐다. 북한이 제공한 납북자 관련 대부분의 정보는 불확실했다. 가장 비극적인 사례는 1977년 13세의 나이로 일본 니가타 시에서 납치된 여학생 요코다 메구미의 경우다. 평양측 설명에 따르면 메구미는 북한 남성과 결혼해 '혜공'이라는 이름의 딸을 낳았으나 그 딸이 5살이 됐을 때 우울증으로 자살했다는 것이다. 일본인 희생자 가족들은 분노와 불신에 가득 차 평양의 설명은 궤변에 지나지 않으

■ 기타무라(왼쪽)는 2018년 7월 베트남에서 김성혜 북한 통전부 실장과 비밀 회담을 가졌다.

며, 피랍자들이 살아 있으며 필요하다면 '무력을 사용해서라도' 이들을 일본으로 데려오라고 요구했다. 나아가 납치된 일본인의 숫자가 13명이 아니라 40명, 어쩌면 100명에 이를지도 모른다는 의혹이 번져갔다.

아베의 빗나간 북한 붕괴론

양측은 북·일 정상회담 이후 17년 동안 공백 상태였다. 북한이 고백한 납치 스토리가 일본의 대북 여론을 악화시켰기 때문에 일본 지도자들은 후속 교섭 논의를 진행할 수 없었다. 이후 납치 문제는 일본 주요 국내정치 이슈로 확대됐다. 저자는 국정원 산하 국가안보전략 연구소장으로 근무하던 2010년 북한의 일본인 납치 문제를 파악하고자 도쿄 일본 경시청을 방문했다. 저자는 납치 문제의 일본 내 여론과 감정을 파악하기 위해 담당관과 대화를 나누었다. 1년에 일본에서 행방불명자로 경찰서에 신고 되는 국민은 8,000명 내외다. 이중 연말까지 소식이 없는 신고자는 2,000명 수준이라고 한다. 인구 1억 3,000만의 일본에서 행방불명 신고자가 생각보다 많다는 판단을 했다. 남에게 폐를 끼치지 말아야 한다는 메이와쿠(迷惑) 콤플렉스가 대세인 일본에서 개인이 남에게 폐를 끼치면 자결하던지, 공동체를 떠나야 하는 문화 때문에 은둔형 외톨이인 히키코모리(引きこもり)들은 공동체에 소속하기 어렵다. 결국 파산이나 실연 및 왕따 등의 연유로 소식을 알리지 않고 가족이나 집단을 떠나 시코쿠 섬이나 홋카이도를 방황한다.

김정일 국방위원장이 밝힌 일본인 납치 사건은 일본 열도를 충격에 빠뜨렸다. 내치(內治)를 외교와 절묘하게 연결하는 일본 위정자들의 치밀한 통치 전략이 추진되며 불안한 국민의 속마음을 파고들었다. 결국 일본 정치인들은 납치 문제를 해결하지 않으면 안 되는 늪에 빠졌다. 전 국민의 눈앞에서 피랍자 가족들의 비극적인 드라마가 펼쳐지면서 방송사와 신문, 잡지들은 일본인들의 말초신경을 자극했다. 적대감과 공포, 편견으로 가득한 거대한 문화 비즈니스가 형성됐다. 최근 한·일 간 갈등과 관련해 서점가와 미디어에 혐한(嫌韓) 서적과 뉴스가 난무하는 것과 유사했다. 1991년부터 2003년까지 일본에서는 북한에 관한 책이 약 600종 출판됐는데 대부분은 혐북(嫌北) 내용이었다. 2002년 9월 고이즈미의 방북 이후 일본 방송에서는 온종일 북한 관련 프로그램과 뉴스가 차고 넘쳤다. 탈북자·기아·부패·미사일 및 핵 위협 등 부정적 내용 일색이었다. 일본인 특유의 집단주의 경향의 발로였다.

납치 문제 해결 없이 가시밭길인 북·일 수교는 진도를 나갈 수 없다.[5] 북·미 정상회담으로 상황이 급변했다는 것이 아베 총리의 판단이다. 처음 일본이 북·일 정상회담 의지를 밝혔을 당시, 북한은 [조선중앙통신]을 통해 "낯가죽이 두껍다"면서 비난했다. 그렇지만 아베 총리의 정상회담 러브콜은 계속됐다. 9월 16일에도 아베 총리는 도쿄 도내 납북 피해자 가족과 만난 자리에서 "이(납치) 문제를 해결하기 위해서 일본이 주체적으로 노력하지 않으면 안 된다"며 "나 자신이 조건을 달지 않고 김 위원장과 마주하겠다"고 말했다.

북한은 일본의 관계 개선 의지를 믿지 않는다

아베 총리는 북한에 의한 일본인 납치 문제 해결을 '가장 중요한 과제'로 꼽고 있다.[6] 2002년 북·일 정상회담 때 관방부 부(副)장관으로 고이즈미 총리를 수행해 북한을 방문한 아베는 납치 문제에 대한 대북 강경론을 주도해 인지도를 쌓았다. 나중에 고이즈미에 이어 집권 자민당 총재직까지 거머쥘 수 있었다. 그만큼 납치 문제는 아베 총리의 정치 경력에서 중요한 사안이다. 그는 2012년 12월 재집권 이후에도 대북 관계에 신경을 쓰는 모양새를 취했다. '대화와 압력', '행동 대 행동'을 내세우며 북한을 압박하는 한편 물밑 대화를 반복한 아베 정권은 2014년 5월 납치 문제 재조사와 대북 독자 제재 해제를 연계한, 이른바 '스톡홀름 합의'를 발표하는 등 빠른 속도로 움직였으나 결실을 내지 못했다. 북·일 관계는 상호 설전을 이어가는 교착상태에 있다.

한반도 해빙 무드가 조성되면서 남북 정상회담, 북·미 정상회담은 물론 북·중, 북·러 정상회담까지 열리고 북·미 핵 협상을 위한 실무 준비가 한창인 가운데 일본만 북한과의 직접 대화에서 소외된 형국이다. 트럼프 대통령에게 일본인 납치 문제 해결에 협력해달라고 틈틈이 부탁하는 등 북·일 외교 성과에 의욕을 보여 온 아베 총리로서는 상당히 체면을 구겼다. 아베 정권은 작년에 펴낸 외교청서(外交靑書)에서 북한의 핵·미사일 능력 향상이 "중대하고 임박한 위협이 되고 있다"며 "북한에 대한 압력을 최대한도까지 높여 간다"고 견제했으나 올해는 이런 표현을 빼는 등 유화적인 제스처를 보였다.

2020년 5월 [산케이신문]과의 인터뷰에서 "조건을 붙이지 않고 김정은 북한 국무위원장과 만나 솔직하게, 허심탄회하게 이야기해 보고 싶다"고 밝히기도 했다. 북한의 조선아시아태평양평화위원회 대변인은 6월 초 "우리 국가에 대해 천하의 못된 짓은 다 하고 돌아가면서도 천연스럽게 '전제 조건 없는 수뇌회담 개최'를 운운하는 아베 패당의 낯가죽이 두껍기가 곰 발바닥 같다"고 밝혔다. 또한 일본의 대북 수출 제재에 대해 엄청난 비판을 하며 '가련한 섬 조각', '평양행 차표 떼 보려고 온갖 요사를 다 부려댔다'는 희대의 명언(?)까지 남겼다.

이어 한·일 군사정보보호협정의 종료에 찬성하며 일본이 전쟁광 야욕을 갖고 있다고 비판했다. 북한은 김정일 총서기가 납치를 인정하고 사죄했는데도 국교 정상화와 거기에 따르는 경제 지원을 실행하지 않은 배신자가 일본이라는 입장이다. 따라서 확실한 일본의 대북 지원 약속이 선행되지 않으면 2002년 평양선언의 재판은 없다는 입장이다. 특히 김정일이 대담하게 납치 문제를 고백해서 북·일 관계를 개선하려고 했지만, 일본의 변심으로 오히려 사태만 악화됐다는 입장이라 비밀 접촉은 지속하지만, 외부적으로는 강한 비난을 이어가고 있다. 아베 총리는 북한이 납치 문제를 해결해야 한다는 기존 입장은 고수하면서도 북·일 정상회담의 돌파구를 여는 방식의 전환을 모색하고 있다. 1·2차 북·미 정상회담 이후 대북 압박과 제재 전략을 수

▮ 일본인 납치 피해자 요코다 메구미의 어머니 사카에씨는 2006년 4월 미국 의회 청문회에서 딸의 구출을 호소했다.

정하고 있다.

평양~원산에 신칸센이 달리는 날

납치 문제의 쟁점은 양측의 숫자 맞추기다. 일본 정부가 확인한 공식 납치 피해자 수는 12건에 17명이지만 일본 경찰과 민간단체들은 '700명 이상의 실종 사건이 북한과 관련 있다'며 의심해왔다. 일본 정부는 10월 7일 동해에서 자국 어업 단속선과 충돌해 침몰한 북한 어선의 승선원 약 60명 전원을 아무런 조사 없이 북한으로 곧바로 송환했다. 정치권에서 '조건 없는 북·일 정상회담'을 위해 일본이 북한에 저자세를 보였다고 비난했다. 아베 총리는 이날 참의원에서 전날 수산청이 북한 승선원들을 조사하지 않고 북한 선박에 인도한 것을 지적받자 "북한 어선의 불법 조업이 확인되지 않아 (북한 승선원들의) 구제 조치를 하지 않았다"고 해명했다. 정상회담 분위기 조성과 무관하지 않다는 평가다.

평양이 북·일 정상회담을 통해 납치 문제에 진전을 보이면 평양선언의 2항에 의거 국교정상화 이후 일본은 무상자금, 인도주의적 지원, 저금리 장기차관 등 경제협력의 규모와 내용을 논의할 수 있다는 시나리오가 진행될 수 있다. 평양선언 2항이 근거다. "국교 정상화 이후 쌍방이 합의한 적절한 시간이 지난 뒤에 무상자금 협력, 저금리 장기차관 제공이나 국제기구를 통한 인도주의적 지원 등 경제협력을 하는" 것이 공동선언 정신에 일치한다는 것이다. 이를 위해 국교 정상화 협의 과정에서 북한에 대한 상당 규모의 '원조 및 개발(Official Development Assistance)' 프로그램이 이어질 것이며 이는 자민당 핵심 파벌 및 그 측근들에게 수지맞는 사업 기회를 제공할 수 있다. 일본은 북한의 계산과 달리 현금 지원 대신 일제 강점기 건설했던 사회간접자본(SOC) 개보수에 일제 강점기 배상금을 직접 투자할 복안이다.

불경기에 허덕이는 미쓰비시 중공업 등 일제 강점기 수풍발전소, 흥남비료공장, 성진제철소 등을 건설했던 일본의 건설 및 중공업 관련 회사들이 오래된 설계도를 가지고 평양~개성 간 도로·교량·댐·발전소·고속철도 등 북한의 인프라 재건에 나설 것이다. 북·미 정상회담 도중 김정은이 일본과 접촉할 의향에 대한 얘기를 나눴다는 소문은 일본에서 나왔다. 2019년 9월에는 북한이 몽골에서 일본과 비밀리에 만나 평양~원산 구간에 일본의 고속철인 신칸센을 놔달라고 제안했다는 미확인 보도까지 나왔다. 기타무라 국장은 10월 11일 자 [주간 아사히] 인터뷰에서 "올해 안에 북·일 정상회담 개최를 목표로 하고 있다. 현재 당국자 간 사전 교섭작업을 진행 중"이라고 공개했다. 보안을 중요시하는 NSS 국장이 언론 인터뷰에서 정상회담을 예고한 것은 이례적으로 받아들여진다. 북한과의 정상회담을 반드시 실현하겠다는 아베 내각의 의지가 강하다는 뜻으로도 풀이된다. 아베 총리의 전략과 기타무라 국가안전보장국 국장의 전술을 주목해야 하는 이유다.

제11장

북한과 바이든 행정부 협상 어디로 가는가?

1. 미국의 새로운 대북전략과 남북관계

실없는 '도보다리의 약속'에 봄날은 간다
■ 미·중 대립 격화 속에 바이든의 신대북정책 트럼프와 차별화 예고
■ 미·일 설득 못한 文 정부, 북한의 노골적인 패싱 전술에 고립 심화

드디어 진검승부가 시작됐다. 조 바이든 행정부가 출범하면서 미·중 관계는 알래스카 회동을 시작으로 서막이 올랐다. 양측은 1961년 빈 외교 협약이 규정한 '외교 의전(protocol of diplomacy)'은 아랑곳하지 않고 바로 한 치도 양보 없는 샅바싸움에 들어갔다. 기자들의 생중계 마이크를 앞에 두고 자국민을 의식한 거친 설전(舌戰)을 주고받았다. 통상 5분 내외의 모두 발언이 상대방 주장에 대한 반박과 재반박을 거듭하며 71분이나 지속됐다. 역사적으로 미국의 신정부가 출범하고 중국의 외교 책임자들과 가졌던 상견례 성격의 회담 중에서 형식이나 내용 면에서 최악의 불협화음이었다.

바이든 행정부 출범 이후 처음 열린 2021년 3월 18~19일 미·중 간 2+2 알래스카 회담은 1972년 닉슨 대통령의 대중 핑퐁외교[1]가 시작된 이래 초유의 장면이 연출됐다. 패권 국가와 신흥 강국이 충돌하는 '투키디데스의 함정(Thucydides Trap)'을 상징적으로 보여줬다.[2] 외교 용어는 사라지고 창과 창의 대결인 막말 수준의 공방이 이어졌다. G2의 외교 책임자들이 구사한 표현은 주먹만 날리지 않았지 시정잡배들이 동네 관할구역의 이권 장악을 위해 내뱉는 거친 상소리와 크게 다르지 않았다.

독일 언론의 지적대로 미·중 관계가 빙하기에 접어들었다. 이날 회담에는 미국측에서 토니 블링컨 국무장관과 제이크 설리번 백악관 국가안보보좌관, 중국측에서 양제츠 중앙외사판공실 주임(정치국원)과 왕이 외교부장이 각각 참석했다. 미국측은 신장, 홍콩, 대만 문제 등을 일일이 거론하며 "대립을 회피하지 않을 것"이라고 포문을

열었다. 블링컨 장관은 "경쟁할 분야는 경쟁하고, 협력할 수 있는 분야는 협력할 것이며, 대립해야 할 분야는 반드시 대립할 것"이라고 강조했다. 설리번 보좌관도 바이든 대통령이 주최한 아태 지역 4개국 정상회의인 쿼드(Quad)에 대해 언급하면서 "동맹과의 협력관계를 바탕으로 자유롭게 열린 인도·태평양을 만들어가는 게 미국 외교정책의 기초가 될 것"이라고 했다.

한겨울 냉기보다 더 차가웠던 미·중 알래스카 회담

미국의 날카로운 선공에 대해 중국은 방어와 공격에 나섰다. 양 주임은 신장과 티베트, 대만 문제에 대해 "중국 내정 문제로 미국의 간섭에 결연히 반대한다"고 반박했다. 인권 문제에 대해서는 "미국도 흑인을 도살하는 등 인권 문제가 있으니 각자 할 일을 잘하면 된다"고 일침을 가했다. 사이버 공격에 관해서는 "이 분야는 미국이 챔피언 아니냐"고 비아냥 수준의 표현을 사용했다. 특히 "미국이나 서방은 자신들이 국제사회의 여론을 대변한다고 생각하는데, 전체 국제사회는 미국이 주장하는 보편 가치가 국제 여론을 대변한다고 생각하지 않을 것"이라고 강조했다. 왕이 외교부장은 "초청을 받아 이곳에 왔는데, 우리가 출발하기 전날 미국은 홍콩과 관련해 제재를 가했다"면서 "이것이 미국이 손님을 환영하는 방식이냐"고 돌직구를 날렸다. 작심한 듯 블링컨은 바이든 대통령이 부통령 시절 시진핑 부주석과 만났을 때 했다는 이야기로 마지막 강펀치를 날렸다. "미국에 맞서는 것은 좋은 선택이 아니다. 그 말은 지금도 진실이다." 열이 오른 양제츠는 "우리가 서양 사람들 때문에 받은 고통이 덜했다고 보느냐"면서 "중국과 대화할 때는 미국의 실력에 맞게 하라"고 응수했다. 또 "미·중 간 국력 차이가 과거와 달리 크게 줄었으니 그에 맞게 대하라"고 쐐기를 박았다.

양측의 설전 끝에 알래스카의 3월 회담은 언론용 공동성명조차 없이 종료됐다. 아마도 1867년 러시아가 단돈 720만 달러에 알래스카를 미국에 넘긴 이래 앵커리지에서 나온 가장 뜨거운 국제정치 뉴스였을 것이다. 양제츠는 "식사하셨느냐"는 왕이의 질문에 "컵라면 먹었다"고 답하는 등 홀대받은 분위기를 내세워 중국 국내 선전에 주력했다. 중국 관영매체들은 "속 시원하게 말 잘했다"고 대대적으로 분위기를 띄웠다. 이후에도 양국은 반도체를 둘러싼 경제 전쟁은 물론 미국이 내년 2월 베이징 동계올림픽에 동맹과 보이콧을 시사하는 등 스포츠 전쟁까지 전방위로 전선을 확대하고 있다. 한국의 반도체 생산과 관련해 미국이 "반도체는 국가안보와 직결"이라고 선언하자, 중국은 곧바로 "한국은 반도체 파트너"라고 맞받아쳤다.

바이든 행정부의 신대북정책과 향후 남북관계를 전망하며 글머리에 알래스카 회담을 길게 언급한 이유는 양자의 상관관계 때문이다. 초등학교 5학년 산수 시간에 처음 배운 Y = F(X) 함수에서 종속변수 Y 중 하나는 남북관계다. 독립 변수 X는 일차적으로 미·중 관계이며 두 번째는 바이든 행정부의 신대북정책이다. 요컨대 남북관계는 이제 서울과 평양의 의중보다 미·중 관계와 바이든 행정부의 신대북정책에 따라 결정된다.

알래스카 회담에는 북한 문제도 협의 대상에 올랐다. 따라서 서울과 평양의 속내

2021년 3월 알래스카 미·중 고위급 회담 직후 중국 공산당 기관지 [인민일보]가 인터넷에 배포한 사진. 1901년 청나라의 굴욕 조약인 신축조약과 2021년 회담을 비교해 '과거의 중국이 아니다'란 메시지를 담았다. / 사진: 웨이신

를 살펴보는 동시에 워싱턴, 베이징, 도쿄는 물론 심지어 모스크바까지 점검해야 문재인 정부에게 남은 10개월간의 남북관계 그림을 조망할 수 있다. 서울 – 평양 – 워싱턴 – 베이징 간 사각 행보는 4차 산업혁명 시대에 맞게 입체적이고 상호 변수가 밀접하게 연결돼 있다.

블링컨 장관은 알래스카 회담에서 북한과 이란, 아프가니스탄, 기후변화 등 광범

위한 의제에 관해 오랜 시간 매우 솔직한 대화를 나눴다고 전했다. 바이든 행정부는 북한을 대화 테이블로 끌어내기 위한 국제사회의 제재를 중국이 소극적으로 이행한다면서 중국의 역할이 중요하다고 했다. 하지만 미국의 의중대로 중국이 북한의 등을 떠밀어 대화 테이블로 나가라고 종용할 것 같진 않다. 중국이 북핵 문제에서 미국의 요구를 수용하기는 커녕 어깃장을 놓을 가능성이 커지고 있다. 오히려 북한의 군사 도발을 부추기고 서해에서 위장 거래로 유엔 안보리 제재를 무력화시키고 있다.

문 대통령을 원색적으로 비난한 김여정, '운전자' 용도 폐기?

북한은 미·중 갈등을 파고들며 중국에 밀착하고 있다. 알래스카에서 미·중이 공개 충돌한 가운데 김정은 국무위원장과 시진핑 주석은 북·중의 '단결과 협력'을 강화하는 내용의 구두 친서를 주고받으며 브로맨스를 과시했다. [노동신문]은 2021년 3월 23일 김 위원장이 "두터운 동지적 관계에 기초하여 두 당 사이의 전략적 의사소통을 강화해야 할 시대적 요구"에 따라 시 주석에게 "구두 친서를 보냈으며 양측은 '국제 및 지역 정세의 심각한 변화', '새로운 형세', '시대적 요구' 등을 언급하며 협력을 강조하였다"고 보도했다.

중국의 뒷배에 힘을 받은 평양은 단거리 미사일 발사라는 군사 도발과 3월 한 달 동안 두 차례 대남 비난으로 한국을 흔들었다. 김여정 부부장은 3월 30일 담화에서 문재인 대통령을 향해 '뻔뻔스러움의 극치', '그 철면피함', '미국 앵무새' 등 원색적으로 비난했다. 앞서 김여정은 2021년 3월 16일 담화에서는 바이든 정부를 상대로 "잠설칠 일거리를 만들지 말라"는 첫 경고를 날렸다. 또한 4·27 판문점 선언 3년을 앞두고 "3년 전의 봄날은 다시 돌아오기 어려울 것이다"라는 제목의 담화를 통해 한·미 연합군사훈련을 비난하면서 "명백한 것은 이번의 엄중한 도전으로 임기 말기에 들어선 남조선 당국의 앞길이 무척 고통스럽고 편안치 못하게 될 것이라는 것"이라며 남한의 정치적 일정을 언급했다. 김여정은 "털어놓고 말한다"면서 "정치난, 경제난, 대유행 전염병난에 허덕이는 형편에 하나 마나 한 전쟁연습 놀음에 매여 달리면서까지 동족에 대한 적대 행위에 부득부득 명운을 거는 남조선 당국의 처지가 가련하기 그지없다"고 힐난했다.

김 부부장이 문재인 대통령을 대놓고 '임기 말기 정치난'과 '미국 앵무새'를 언급한 것은 고도의 이간계 전술이다. 문 대통령을 인간적으로 모독해 미국을 의식하지 말고 유엔 대북제재를 무시하고 개성공단과 금강산 관광 재개라는 무리수와 자충수를 두라는 의미다. 요컨대, 한국의 한·미 동맹 이탈을 통해 워싱턴이 대북 협상에 나오게 하려는 의도가 내포돼 있다. 또한 향후 북한은 대남·대미 정책의 주요 변수로 한국 국내정치 상황을 고려하면서 서울·부산 시장 선거는 물론 내년 3월 대선 결과를 지켜보며 남한 정세 파악에 주력할 것이다. 통상 북한은 남한이든 미국이든 정세의 불투명성 때문에 대통령 임기 말에는 여간해서는 적극적인 대화와 교류에 나서지 않는다. 평양은 차기 대통령을 겨냥한 대남 전략을 수립하기 시작할 것이다.

여당의 참패로 막을 내린 보궐선거는 한반도 평화 프로세스의 마지막 시동을 준비하던 평양행 청와대 자동차 타이어에 펑크를 냈다. 동력은 사라졌고 운전자 역할을 자임하던 문 대통령은 이제는 운전석이고 조수석이고 탑승하기가 어려워졌다. 국제관계의 동력은 국내 정치에서 나온다는 건 외교의 불문율이고, 특히 남북관계는 청와대에 대한 국내 정치적 지지가 강할 때 운신의 폭이 넓어지는 법이다. 북한이 한국에 기대하는 역할은 제재 해제 문제 등에서 본인들에 유리한 방향으로 비핵화 협상이 이뤄지도록 미국을 설득하는 것인데, 미국은 바이든 행정부로 교체되며 설리번 보좌관의 표현대로 과거처럼 무분별한 회담은 하지 않겠다고 밝힘에 따라 한국의 중재자 역할은 막다른 골목에 도달했다. 북핵 문제를 다뤄본 경험이 풍부한 전문 관료들이 협상을 주도하는 만큼 도널드 트럼프 행정부 때와는 달리 어설픈 합의를 기대하기는 힘들다. 북한이 문재인 정부는 이제 수명을 다한 것으로 판단하기 시작했다.

미사일에 실어 보낸 북한의 대미 메시지

마지막 승부수로 띄운 2020년 7월 도쿄 하계올림픽은 4월 6일 북한이 전격 불참을 선언해 평창을 벤치마킹하려는 청와대의 도쿄 구상은 완전히 물 건너갔다. 북한은 코로나19 방역을 불참 명분으로 내세웠지만 한·일 양국에만 득이 되는 올림픽 참가는 애초부터 생각이 없었을 것이다. 대북제재를 연장하는 일본에 맞장구칠 이유가 없어서다. 평창올림픽처럼 도쿄올림픽에 참가한다면 당초 판문점 선언에서 약속한 대로 남북 단일팀 구성에 나서야 하나 이 또한 평양 입장에서는 달갑지 않다. 스스로 규정한 '임기 말 미국 앵무새'와 단일팀을 구성해서 얻는 '떡'은 보잘것 없으니 말이다. 오히려 고슴도치 전략으로 웅크리고 앉아 워싱턴과 '빅게임'을 전개하는 것이 향후 판세에 유리하다.

　일각에서는 2022년 2월 베이징 올림픽에는 북한이 참가할 테니 베이징 구상을 도모할 마지막 기회가 남았다고 주장한다. 하지만 대한민국 국내 정치를 몰라도 한참 모르는 이야기다. 3월 9일 예정인 대통령 선거를 달포 앞두고 베이징 올림픽에서 시진핑, 김정은과 문재인 등 최고지도자가 손을 맞잡는 그림은 현실성이 없다. 그때는 이미 문 대통령은 여당 후보에게 퇴임 후 안전을 담보받는 데 정신이 없는 시기일 것이다. 대선 유세가 치열하게 전개되면 영혼 없는 고위공무원들은 유력주자에 줄서기에 여념이 없고, 순장조에 편성된 어공과 늘공들은 난파선을 탈출하기에 급급하다. 베이징 동계올림픽에서 남북 최고지도자의 접촉 구상은 평양의 호응도 기대하기 어렵다. 두 달이 지나면 남측의 새로운 지도자가 등장하는데 곧 퇴장할 대통령과 정상회담을 개최할 이유가 전혀 없다. 서울의 메신저 혹은 중개자 운운은 흘러간 옛 노래에 불과하다.

　북한은 2021년 3월 21일에 "나를 잊지 말라(forget-me-not)"는 물망초 전술로 단거리 미사일을 발사했다. 정부는 북한을 의식했는지, 혹은 순항미사일이라 대수롭지 않게 여겼는지 미국 언론 보도 이후 뒤늦게 도발을 시인했다. 한·미가 이번 미사일 발사가 유엔 안보리 결의 위반이 아니라며 같은 목소리를 내는 것은 눈여겨볼 대목이다. 일단 북한을 대화 테이블로 끌어내기 위해 미사일 발사를 문제 삼지 않는다는 복안이다.

　북한이 미사일 발사 사실에 대해 침묵을 지키는 것도 미스터리다. 4월 중 발표 예정인 바이든 행정부의 신대북정책 수립에 미사일을 참고하라는 총론적인 메시지 성격으로 판단된다. 앞서 미국은 신대북정책 수립에 참고하기 위해 2월 중순부터 뉴욕 채널 등을 통해 북한과 접촉을 시도했으나 북한은 묵묵부답이었고, 3월 들어 김여

▌북한은 2021년 3월 21일 단거리 미사일을 발사했다. 한국 정부는 침묵을 지키다 미국이 발사 사실을 밝힌 뒤에야 이를 인정했다. 북한 [노동신문]에 실린 발사 장면. / 사진: 노동신문

정의 독설이 나왔다. 트럼프 전 대통령의 트윗에 의한 톱다운 방식으로 세 차례 미·북 정상회담을 즐겼던 평양으로서는 국장급이나 차관보급에 의한 실무자 접촉은 명분만 제공하고 실익이 없기 때문에 성에 차지 않는다. 미국은 신대북정책에 북한 의견을 반영했다는 명분을 축적하기 위해 물밑 접촉을 시도하였으나 성사되지 않았다.

2021년 4월 2일 미국은 메릴랜드주 아나폴리스 해군사관학교에서 열린 한·미·일 안보 고위급 회담 직후 제이크 설리번 백악관 국가안보보좌관 명의의 성명을 통해 북핵 문제 해결에 있어 3국 협력을 통한 공동대응 의지를 재확인했다고 밝혔다. 회담에는 서훈 청와대 국가안보실장과 설리번 보좌관, 기타무라 시게루(北村滋) 일본 국가안보국장이 참석했다. 바이든 행정부 출범 이후 처음으로 만난 한·미·일 3국 안보실장들이 북미 협상의 조기 재개 노력이 계속돼야 한다는 데에도 뜻을 모았다고 서훈 실장이 밝혔다. 미·일 측은 북핵 해결의 3자 협력을, 한국측은 북미 협상 조기 재개에 방점을 찍었다.

쿼드 참여 진실게임에 한·미·일 동맹도 '삐그덕'

미국측은 대북정책 발표를 앞두고 마지막 단계로 한·일 의견을 청취했다. 한편 서훈 실장은 기타무라 실장과 별도 회담을 했다. 아마 7월 도쿄 올림픽을 통해 2018년 북한이 참여하는 '평창 어게인' 구상을 타진했을 것이다. 하지만 굳건한 미·일 동맹의 틀 속에서 대북제재 해제 등 북한에게 줄 선물이 여의치 않았고, 3일 만에 북한의 불참 선언이 나왔다. 북한은 이미 3월 25일 올림픽위원회를 개최해 불참을 결정했고 워싱턴 회동을 지켜본 뒤 전격 공개했다.

한편 일본 [요미우리신문]은 회의에서 설리번 보좌관이 서훈 실장에게 한국의 쿼드 참여를 요청했다고 보도했다. 청와대는 사실무근이라고 발끈했지만, 정황상 [요미우리신문]의 보도를 부정확하다고 단정하기 어렵다. 태국, 필리핀까지 참여가 구체화하는 상황에서 바이든 정부가 혈맹이라는 한국에 쿼드 참여를 요청하는 것은 당연하기 때문이다. 참여 요청 사실 자체를 부인하는 것은 부정직한 거래당사자로 낙인찍힐 수 있기 때문에 신중해야 한다. 청와대는 미·중 어느 편에도 서지 않는다고 주장하지만, 외줄 타기의 한계는 생각보다 일찍 올 수 있다. 안보는 미국, 경제는 중국이라는 안미경중(安美經中)의 논리는 이론에서나 가능할 뿐, 현실에서 정치와 경제를 분리하는 건 어려운 일이다. 워싱턴에서는 4월 15일 미국 의회가 대북전단금지법

청문회를 개최했다. 한·미 동맹이 이류 동맹으로 추락하는 삐그덕 소리가 여기저기서 터져 나오고 있다.

미국의 신대북정책 발표가 늦어지는 이유 중 하나는 인사 때문이다. 미 국무부에서 한반도 등 동아시아 정책을 전담하는 동아시아태평양 담당 차관보에 대니얼 크리튼브링크 베트남 주재 대사가 지명됐다. 백악관은 3월 26일 지명 내용을 발표했다. 국무부 동아태 차관보는 한반도와 중국, 일본을 비롯해 몽골 등을 담당하는 자리로 상원의 인준을 거쳐야 한다. 크리튼브링크 지명자는 1994년 직업외교관으로 공직을 시작해 베이징 주재 미국대사관에서 오래 근무한 '중국통'이다. 바이든 행정부 출범 이후 동아태 차관보직은 성 김 전 주한 대사가 대행을 맡아왔는데 곧 주인도네시아 대사로 복귀한다. 한국으로서는 대북통인 한국계 성 김 대사가 '대행'을 떼고 정식 차관보에 임명되길 기대했으나 미·중 대결 구도에서 중국통인 크리튼브링크 대사가 바이든 대통령의 지명을 받았다. 미국은 북핵보다 중국과의 정면승부가 더 중요하다는 판단이다.

■ 서훈 청와대 국가안보실장(오른쪽부터), 제이크 설리번 미국 국가안보보좌관, 기타무라 시게루 일본 국가안보국장이 2021년 4월 2일(현지시각) 미국 워싱턴 D.C. 인근 해군사관학교에서 열린 한·미·일 안보실장 3자 회의에서 대화를 나누고 있다. / 사진: 외교부

바이든의 신 대북정책, 文 평화 프로세스 접점 찾을까

바이든 행정부는 지난 1월 출범 이후 대북정책 전면 재검토를 선언하고 성 김 대사를 중심으로 두 달 가까이 신중하게 대북 구상을 가다듬었다. '전면 재검토'는 전임 도널드 트럼프 행정부의 대북정책은 물론 역대 미 행정부가 시도했던 대북 접근법을 다시 검토하는 작업을 의미한다. 북한의 핵능력이 고도화되면서 미국 본토를 공격할 능력을 갖추게 되는 등 북핵 문제가 전과 완전히 달라진 단계에 와 있기 때문에 기존 정책과 다른 새로운 접근법이 필요하다는 판단에 따른 것이다. 바이든 행

정부는 즉흥적·일방적으로 결정되던 트럼프 행정부의 대북정책과 달리 철저한 사전 정지 작업과 실무진의 정책 검토를 거친 신중한 접근을 시도할 것이다. 특히 '동맹국들과 한목소리를 내는 것'이 첫째 원칙이다.

청와대의 고민은 백악관의 신대북정책과 수명이 다해가는 한반도 평화프로세스 사이에서 접점을 찾을 수 있을지 여부다. 신대북정책의 윤곽은 다양하게 감지되고 있으며 대체로 세 가지 방향에서 추진될 것이다. ▷ 북한의 완전한 비핵화, ▷ 유엔 대북제재 준수, ▷ 북한 인권 개선 및 미·북 대화 추진 등이다. 특히 북한의 군사 도발에는 응징한다는 원칙이 포함될 것이다. 바이든 대통령은 3월 25일 취임 이후 첫 기자회견에서 "북한이 긴장 고조를 선택한다면 상응한 대응이 있을 것"이라고 경고했다. 그러면서도 "나는 또한 외교에 대한 준비가 돼 있다"고 강조했다. 블링컨 장관도 북한에 대해 추가 제재와 '외교적 인센티브'를 동시에 거론했다. 당연히 신대북정책에는 북한에 대한 채찍과 당근이 모두 포함될 것이나 북한의 눈높이를 맞추기는 어렵다.

신대북정책 발표 이후 전개될 미·북 관계는 3가지 시나리오로 예상된다. 첫째, 초기 강대강 시나리오다. 북한이 미국 본토를 직접 공격할 수 있는 대륙간탄도미사일(ICBM)을 시험 발사할 경우 미국 역시 강경 대응하는 경우다. '레드라인'을 넘는 도발에는 미국의 군사적 대응이 불가피하다. 둘째, '그럭저럭(muddle through)' 시나리오다. 양측이 저강도 도발과 유엔 제재 등으로 기싸움을 지속하지만, 상황이 악화하는 것은 피하는 경우다. 2021년 3월 국제 외교전문지 [포린 어페어스]에 기고한 에릭 브루어(Eric Brewer)와 한국계 수미 테리(Sue Mi Terry)의 논문은 이런 흐름을 반영한다. 그들은 '북핵 위협을 줄이기 위해 실질적인 거래를 해야 할 때 (It Is Time for a Realistic Bargain With North Korea)'라는 글에서 비핵화가 사실상 미국의 손을 떠난 만큼 북핵 보유는 잠

▌북한이 2021년 도쿄 올림픽 불참을 선언함에 따라 남북 단일팀을 구성하기로 한 2018년 4월 판문점에서 한 약속이 흐지부지됐다. 2018년 2월 평창 동계올림픽에서 남북 선수단이 한반도기를 들고 공동 입장하고 있다.

정적으로 용인하면서 미국을 공격할 수 있는 능력을 적극적으로 제어하라고 주장했다.[3] 하지만 '실질적인 거래'는 이론적으로 가능하며 그럴듯한 정책 대안이지만 과연 핵 보유 증가와 핵개발 능력을 분리하는 것이 가능한지는 매우 논쟁적인 주제다.

임기 8개월 남은 문재인 정부는 북한의 관심 밖

마지막으로 전격 대화 시나리오다. 양측이 레드라인을 지켜 긴장은 상존하지만, 한발씩 물러나서 가을바람이 불어올 즈음에 회담장에 들어서는 경우다. 미국이 대북 특사를 평양에 파견해 대북 인도적 지원에 대해 구체적으로 논의하는 경우다. 코로나19 상황에서 인도적 지원은 대북제재와 병행하는 것이 일시적으로 가능하다. 그러나 지속적인 인도적 지원은 대북제재 자체를 무력화하고 북한 역시 소규모 인도적 지원보다는 완전한 해제를 요구할 것이기 때문에 대화의 모멘텀을 유지하기에는 용이하지 않다.

빙하기에 들어선 미·중 관계 연장선에서 미·북 관계 역시 엄동설한은 아니지만, 여전히 싱가포르와 하노이의 봄날을 기대하기는 어려울 것이다. 종속변수인 남북관계 역시 해빙 무드를 기대할 만한 햇볕이 보이지 않는다. 평양이 보기에 3년 전 판문점의 봄날을 다시 연출할 만한 인센티브가 임기 말 서울에는 없다. 하지만 정의용-서훈 외교·안보 진용은 여전히 트럼프 시대의 일장춘몽에 집착하고 있다. 주요 외교·안보 실무자들 역시 지나간 봄날의 아스라한 추억에서 벗어나지 못한다는 것이 일선 취재기자들의 전언이다. 하긴 보스가 방향을 틀지 않고 있으니 스태프들 역시 먼 산을 바라볼 수밖에 없을 것이다.

1954년에 발표된 한국인의 애창 대중가요 1위인 '봄날은 간다'를 부른 가수 백설희는 '알뜰한 그 맹세에 봄날은 간다'고 노래했다. 문 대통령은 평생 3년 전 4월 27일 판문점 도보다리에서 김정은 위원장과 했던 달콤한 '그 맹세'의 추억에서 벗어나기 어려울 것이다.

연분홍 치마가 봄바람에 휘날리더라/오늘도 옷고름 씹어가며 산제비 넘나드는 성황당 길에/꽃이 피면 같이 웃고 꽃이 지면 같이 울던/알뜰한 그 맹세에 봄날은 간다.

하지만 판문점 도보다리의 '그 맹세'를 리얼리티쇼로 연결해줬던 어떤 대통령은 지금 플로리다에서 민간인 신분으로 골프에 빠져 있다. 4년 후에 그가 백악관으로 복귀할지는 모른다. 그렇더라도 그때는 이미 문 대통령은 야인으로 양산 사저에서 기거할 것이다. 문 대통령은 양산의 봄꽃이 피면 여전히 '그 맹세'를 되새기며 김정은은 "꽃이 피면 같이 웃고 꽃이 지면 같이 울던" 약속을 지키는 사람이라며 그의 변심을 의심치 않을 것이다. 하지만 이 노래는 2절에서 "실없는 그 기약에 봄날은 간다"고 읊조리고 있다. 실없는 약속에 8개월여 남은 신축년 남북관계는 그렇게 하염없이 시간이 갈 것이다. 가끔 미사일에 놀라기는 하겠지만 말이다.

2. 백신, 쌀 부족한 북한, 미국과 대화 나설까

대화 불씨 살리려는 문재인의 히든카드, 김정은은 '무덤덤'
■ 식량난·백신난 이중고 빠진 북한에 인도적 지원으로 빗장 열기
■ 자력갱생 중심인 북한 제도 고려하면 관계 개선 가능성 작아

아! 오매불망이다. 2022년 대선이 8개월 앞으로 다가왔는데 청와대의 관심은 오로지 평양을 향한다. 임기 말 반드시 다시 만나야 할 사람은 평양 주석궁에 있는 최고지도자다. 문재인 대통령은 SNS에 풍산개 '곰이'가 낳은 새끼 7마리를 공개했다. 곰이는 지난 2018년 남북정상회담 때 김정은 북한 국무위원장이 문 대통령에게 선물한 풍산개 2마리 중 암컷이다. 강아지를 통해서라도 평양에 서울의 일편단심을 전한다. 판문점 도보다리에서 평양 최고지도자를 다시 만나는 것이 최선이고, 대면을 못하면 화상으로라도 만나기를 열망한다. 백신이고 경제회복이고 다른 국정 현안은 관료들이 해결해야 할 몫이다. 차기 대권주자들이 득세하기 시작한 만큼 문 대통령은 골치 아픈 국내 문제에서 한 걸음 떨어져 있다.

작금의 국내 상황은 마주하기 싫은 불편한 진실이다. 청와대가 임명했던 검찰총장, 감사원장이 야권의 유력한 대권 후보로 부상하는 상황은 보고 싶지 않은 장면이다. 자신이 임명한 이낙연, 정세균 전 총리 등 친문그룹보다 독자세력인 이재명 경기지사의 돌풍도 그리 달갑지 않은 상황이다. 청와대 민정비서관이 기소되는 초유의 상황도 망각하고 싶은 일이다. 청와대의 의욕 상실에서 예외인 곳이 하나 있으니 바로 김정은 위원장과의 해후(邂逅)다.

2007년 대선 직전 단행한 남북정상회담 후유증만 낳아

김대중 전 대통령 이래 모든 남한의 대통령이 통일 대통령을 꿈꿨다. 하지만 종신 지도자와 임기 5년의 단임 지도자가 협상해 통일은 커녕 초석을 놓는 것도 용이하지 않다. 전임 대통령들도 임기 초 대북정책에 의욕을 갖고 출발했지만, 집권 후반기로 가면서 국정 운영의 동력이 떨어지고 내치 문제들로 평양과 점차 멀어졌다. 북한 대남부서인 통일전선부 역시 임기 말이 되면 남한의 차기 지도자에 관심을 보이며 차기 정권 대응을 준비한다. 예외가 있었다. 노무현 전 대통령은 2017년 10월 4일 김만복 전 국정원장의 기획과 연출로 평양에서 김정일 위원장과 정상회담을 하고 10·4 남북공동선언에 서명했다. 대선을 두 달 반 남겨둔 시점이었다. 진보정권 10년에 신물난 국민은 정권교체 열망이 높았다. 김만복 전 원장은 임기 말 신북풍 카드를 꺼내 들고 정상회담에 소극적이었던 노 전 대통령을 설득했다. 두 정상이 만나 진솔하게 통일문제를 이야기하면 해결하지 못할 문제가 없을 것이라는 논리였다.

노 전 대통령의 솔직한 대화 스타일은 역으로 김정일로 하여금 잘만 하면 주한미군 철수, NLL(서해북방한계선) 재조정 등 현안을 해결할 수 있을 기회라고 판단하게 했다. 김정일은 하루 더 평양에서 쉬고 가라며 노 전 대통령의 팔을 잡았다. 일정대로 돌아가야 한다는 노 전 대통령에게 김정일은 대통령이 그것도 혼자 결정 못하냐고 핀잔을 줬다. 당시 김정일이 노 전 대통령을 유혹했던 내용은 10·4 정상회담 대화록에 잘 나와 있을 것이다. 대선 75일 전에 무리하게 추진된 남북정상회담은 새 정부 출범 후 각종 후유증을 낳았다. 퇴임하는 전임 대통령은 신임 대통령에게 김정일과 약속한 옥수수 5만부터 북한에 지원해야 한다는 청구서를 내밀고 청와

2007년 10월 2일 노무현 대통령과 김정일 국방위원장이 평양에서 열린 공식 환영식에서 처음으로 만나 악수를 하고 있다. / 사진: 연합뉴스

대를 떠났다. 임기 초부터 전임 대통령의 약속어음을 이행하라는 요구를 거부한 이명박 정부는 결국 2년 후인 2010년 3월 26일 천안함 폭침 사태를 맞게 된다. 평양은 퇴임 대통령이 평양에서 약속한 사항을 이행하지 않는 만큼 응분의 대가를 치러야 한다는 입장이었다. 결과적으로 천안함 폭침은 대선 두 달 전 무리한 정상회담이 남긴 참사였다.

다시 이야기를 2021년으로 돌리자. 7월 삼복더위가 시작되는 시점의 남북관계를 점검하고, 남북 정상이 대면이든 비대면이든 해후할 수 있을지 가늠해보자. 지난 7월 1일 [중앙일보]는 "문재인 대통령과 김정은 북한 국무위원장이 5월 21일 한·미 정상회담을 전후해 남북정상회담 재개와 관련한 친서(親書)를 교환했다"고 남북관계에 정통한 외교소식통을 인용해 보도했다. 신문은 "대통령 방미 전후 남북 정상 간에 친서 교환이 있었으며 문 대통령은 바이든 대통령과 조율을 거친 듯하다. 김정은이 어떤 답을 했는지는 불명확하다. 정부 관계자는 긍정도 부정도 안 했다"고 언급했다. 문 대통령이 김 위원장과의 비대면 정상회담을 처음 언급한 건 지난 1월 11일 신년사에서다. 문 대통령은 당시 "언제 어디서든 만나고 비대면 방식으로도 대화할 수 있다는 우리의 의지는 변함이 없다"고 밝혔다. 일주일 뒤 신년 기자회견에서도 "남은 시간이 많지 않다"며 "북한도 코로나 상황에 대해 상당히 민감해하고 있다. 화상회담을 비롯해 여러 가지 비대면 방식으로도 대화할 수 있다"고 했다. 통일부는 문 대통령의 제안 직후 영상회의실을 만들고, 지난 4월 남북 회담을 가정한 시연까지 마쳤다.

김정은에 친서 보낸 후 시작된 문 정부의 '평양 구애'

코로나 사태로 1,400㎞의 북·중 국경을 차단한 북한이 판문점이든 평양이든 수백 명의 남측 인원이 이동하는 대면 남북 정상회담을 개최한다는 가정은 평양 내부의 방역 상황을 파악하지 못한 데서 비롯된 오판이다. 청와대도 지난해 가을부터 대면 회담이 비현실적이라며 일단 비대면 화상회담 개최에 무게를 두기 시작했다. 청와대는 한·미 정상회담 공동선언문에 "판문점 선언과 싱가포르 공동선언을 계승한다"는 문구를 넣는 조건으로 대만해협의 평화와 안정 등 미국 요구사항을 수용했다. 워싱턴에게 평양과의 대화를 공인받고 이를 근거로 대화에 소극적인 평양을 설득한다는 전략이었다.

한·미 정상회담 이후 청와대는 남북 대화에 대한 미국의 지지와 협력을 담은 친서를 평양에 보냈고, 김정은 역시 답장을 보내온 것으로 추정된다. 통일부는 친서에 대해 '아는 것이 없다'는 입장이다. 이후 청와대와 총리실의 평양 용비어천가가 시작됐다. 문 대통령은 친서가 오고 가던 그 시기에 외신을 통해 평양에 구애 제스처를 전했다. 문 대통령은 6월 23일 자 [타임(TIME)]지와의 인터뷰에서 김 위원장을 "매우 솔직하고 의욕적이며 강한 결단력을 보여줬다"고 평가했다. 또 "(김 위원장은) 세계에서 어떤 일이 벌어지는지 잘 알고 있다"며 그의 국제 감각을 높이 평가했다. 반면 국제 사회의 비판을 받는 북한 인권 등에 대한 평가는 일절 없었다. [타임]지는 문 대통령의 이 같은 답변을 담으면서도 "(김 위원장은) 자신의 이복형을 살해한 냉혈한"이라는 상반된 평가를 빠트리지 않았다. 또 "많은 북한 소식통은 김 위원장에 대한 문 대통령의 변함없는 옹호를 착각으로 평가한다"고 덧붙였다.

국무총리도 북한 구애에 나섰다. 김부겸 총리는 6월 26일 제주포럼 폐회사에서 '간곡', '간절' 등의 표현을 사용하며 북한에 대화를 요청했다. 김 총리는 "북측이 대화와 화해의 장으로 다시 한 번 나오기를 간절히 요청한다. 북측의 최고지도자와 당국자들께 간곡히 요청한다"고 말했다. 지난해 남북 공동연락사무소를 폭파하는 등 남북 대화가 중단된 원인을 제공한 것은 북한이었는데, 재차 '간절', '간곡' 등의 표현을 사용한 것은 자칫 대화를 구걸하는 모습으로 비칠 수 있는 발언이었다. 또 제주포럼에서 이종석 전 통일부 장관은 "김 위원장의 리더십은 절대왕조 국가의 군주적 특성과 현대 기업 CEO(최고경영자)의 자질을 겸비했다"고 평가했다.

문재인 대통령은 2021년 6월 23일 자 [타임] (TIME)지와의 인터뷰에서 김 위원장을 "매우 솔직하고 의욕적이며 강한 결단력을 보여줬다"고 평가했다. 타임지는 문 대통령의 이 같은 답변을 전하면서 "많은 북한 소식통들은 김 위원장에 대한 문 대통령의 변함없는 옹호를 착각으로 평가한다"고 덧붙였다. / 사진: 타임지 홈페이지

문 대통령은 6월 23일 성 김 미국 대북특별대표를 만나 긴밀한 공조로 북한과의 대화를 재개하고 협상 진전 노력을 지속해달라고 당부했다. 청와대의 구애와 찬사에 대해 평양 주석궁은 과연 어떤 입장일까? 청와대와 주석궁 친서에 어떤 내용이 담겨 있는지는 알 수 없다. 김정은이 절체절명의 코로나19 위기를 극복하기 위한 백신이나 경제난을 해소하기 위한 인도적 식량 지원을 받으면 문 대통령과 판문점에서 해후할 수 있을지 진단해보자.

우선 북한 내부의 다급한 식량 상황부터 파악하자. [조선중앙통신]에 따르면 김 위원장은 6월 15일 노동당 전원회의에서 "지난해 태풍 피해로 알곡 생산이 계획에 미달해 현재 인민들의 식량 형편이 긴장해지고 있다"고 지적했다. 김 위원장이 직접 당 회의 석상에서 식량난을 공식 언급한 것은 지극히 이례적인 일로, 그만큼 북한의 식량난이 심각하다는 방증으로 풀이된다. 김정은은 "농사를 잘 짓는 것은 현 시기 인민에게 안정된 생활을 제공하고 사회주의 건설을 성과적으로 다그치기 위해 당과 국가가 최중대시하고 최우선적으로 해결해야 할 전투적 과업"이라며 "전 당적, 전 국가적 힘을 농사에 총집중하는 것이 절실하다"고 적극적인 대책을 강조했다.

실제 북한 내 식량 사정은 심각한 상황으로 추정된다. 특히 주요 곡물가격이 춘궁기인 6월 들어 폭등세를 보였다. 6~7월은 북한에서 3대 주곡 중의 하나인 옥수수가 출하되기 전인 보릿고개다. 탈북자들의 전언에 따르면 북한 평성지역 쌀 가격이 1kg당 7,000원까지 치솟았고, 일반 주민의 주식인 옥수수 가격도 1kg당 44,50원에 달하는 역대급 기록을 세우고 있다. 일본의 북한 전문 매체 [아시아 프레스]가 발표한 6월 15일 기준 북한의 쌀 가격은 7,000원, 옥수수는 5,000원이었다. 이는 약 보름만에 쌀의 경우 60% 이상, 옥수수는 100% 이상 오른 셈이다. 김정은의 발언은 일차적으로 최악의 식량 사정이 최상층부에 보고됐다는 의미다. 북한은 지난해 홍수와 잇단 태풍으로 식량 생산량이 감소했고 코로나19 사태에 따른 중국과의 교역 봉쇄로 올해 식량 부족분이 최대 130만t에 이른다는 관측이 나오고 있다. 7월 5일 공개된 유엔식량농업기구(FAO) 보고서는 북한의 올해 식량 부족량은 86만t이며 2~3개월 치에 해당한다고 밝혔다. 민심이 동요할 수밖에 없는 상황이다.[4]

심상치 않은 북한의 식량난, 김정은도 공개 언급

김 위원장은 전원회의에서 이례적으로 식량난을 언급한 후 대책으로 군부대 식량을 풀어 지역 주민에게 공급하라는 지시를 내린 것으로 알려졌다. 그러나 군이 이를 제대로 이행하지 않자 김 위원장은 분노를 표출했다. [조선중앙통신]이 6월 30일 보도한 사진에서 김정은은 전날 개최된 정치국 확대회의에서 거수 의결을 하며 리병철 당 중앙위 부위원장을 차갑게 응시했다. 2016년 8월 북한이 SLBM(잠수함발사탄도미사일) 시험 발사에 성공했을 당시 김정은 옆에서 만면에 웃음을 지으며 맞담배를 피웠던 실세 리병철은 회의 의결 장면에서 다른 정치국 간부들과 달리 손을 들지 않고 고개를 숙였다. 정치국 위원인 박정천 군 총참모장도 의결 당시 손을 들지 않았고 보건 분야를 담당하는 최상건 당 비서는 회의 주석단에 등장하지 않았다. 다행히 리병철은 7월 8일 자정 금수산태양궁전에서 개최된 김일성 주석 27주기에 셋째 줄에 등장해 숙청보다 근신중인 것으로 추정된다.

현재 북한군은 코로나19, 비상 방역 부문에서 지원 역할을 도맡고 있고 군량을 풀어 주민생활 안정을 도우라는 명령을 받았다. 김정은이 전원회의에서 직접 서명한 특별명령서에는 각 지역에 주둔하는 군부대가 군량미를 해당 지역 주민에게 공급하라는 내용과 전시 예비물자인 '2호미'를 풀라는 내용이 담겼다. 군량미를 풀어야 하는 절박한 식량난은 문재인 정부가 정상회담 개최를 위해 비집고 들어갈 실마리가 될 것이다.

하지만 북한의 경제위기에 숨통을 트는 물자가 중국 단둥에서 압록강을 건너고 있다. 국경 폐쇄가 여전하고 아직은 유엔 제재를 의식해 품목이나 물량은 미미하지만, 조중우의교(朝中友誼橋)를 통해 차량과 열차가 신의주로 들어가고 있다. 미·중 갈등이 대만 문제를 기점으로 증폭되면서 역설적으로 북한의 주가는 오르고 있다. 올해가 북·중 우호조약 체결 60주년 등을 고려해 중국과 북한 지도

▌유엔 식량농업기구(FAO)와 세계식량계획(WFP) 연구진이 2019년 3월 북한에서 식량 관련 현지조사를 진행 중이다. 최근 공개된 FAO 보고서는 북한의 올해 식량 부족량은 86만t이며 2~3개월 치에 해당한다고 밝혔다. / 사진: WFP&FAO

자들의 대미 비난 수위는 선을 넘고 있다. 왕이(王毅) 중국 외교부장은 7월 3일 칭화대에서 열린 제9차 세계평화포럼에 참석해 "미국은 북한에 가한 위협을 반성해야 한다"며 "한반도의 일은 중국 문 앞의 일이며 중국은 한반도의 안정을 위해 일관되게 건설적인 역할을 할 것"이라고 강조했다. 앞서 김정은은 7월 1일 시진핑(習近平) 중국 국가주석에게 공산당 창당 100주년 기념 축전과 꽃바구니를 보내며 공고한 관계를 과시했다. 특히 북·중 관계를 "생사고락을 같이한 진정한 동지이자 전우"라고 표현했고, 미·중 패권경쟁을 의식한 듯 "적대세력의 비방은 단말마적 발악"이라며 중국 편 들기에 나섰다. 요컨대 정상회담에 북한을 끌어내는 청와대의 대규모 식량 대북지원은 현재로서는 유엔 대북제재와 국민 여론 등으로 가능하지 않다. 북한은 남한과의 거래보다는 중국과의 물꼬를 트는 데 주력하고 있다.

청와대의 두 번째 당근은 코로나19 '백신' 지원

이와 동시에 북한은 본격적인 대화를 앞두고 미국과의 신경전을 이어가고 있다. 북한 리선권 외무상은 6월 23일 담화를 통해 "우리는 아까운 시간을 잃는 무의미한 미국과의 그 어떤 접촉과 가능성에 대해서도 생각하지 않고 있다"고 밝혔다. 이는 전날 김여정 노동당 부부장이 발표한 담화가 미국의 대화 손짓에 대한 분명한 거절임을 재확인한 것이다. 김 부부장은 전날 담화에서 김정은 국무위원장의 전원회의 발언을 미국이 '흥미로운 신호'로 간주했다는 보도를 언급하며 "조선 속담에 꿈보다 해몽이라는 말이 있다. 미국은 아마도 스스로를 위안하는 쪽으로 해몽을 하고 있는 것 같다"고 비꼬았다. 북한의 반응은 협상에 앞서 주도권을 확보하기 위한 샅바 싸움으로 보인다. 미국이 대화에 복귀할 명분과 환경을 조성해주지 않는 한 북한이 올여름이 지나가기 전에 북·미 대화에 나설 가능성은 작아 보인다. 평양은 서울보다는 워싱턴과의 협상을 재개하는 데 주력하고 있다.

다른 하나의 연결고리로 청와대가 거론한 아이템은 백신 지원이다. 북한은 2020년 1월 21일 [노동신문]에서 최초로 코로나19 바이러스를 보도한 이래 이후 1년간 기사를 총 2,315건 게재했다. 과거 2002년 사스(급성중증호흡기증후군) 발병 당시에 거의 보도를 하지 않던 전례에 비하면 이례적이다. 북한은 지난해 1월 '국가비상방역체계'를 선포한 뒤 국경을 모두 봉쇄했다. 그러면서 자신들은 '코로나19 청정국'임을 선전해왔다.

하지만 내부 사정은 복잡하다. 김정은은 6월 29일 당 정치국 확대 회의에서 '직무 태만'으로 코로나바이러스 방역 관련 '중대 사건'이 발생했다며 핵심 간부들을 강도 높게 질책했다. 특히 이를 이유로 북한 권력의 정점에 있는 노동당 정치국 상무위원을 비롯해 핵심 간부들을 대거 경질하는 등 문책성 조직개편을 단행했다. 방역 통제 장기화로 심각해진 식량난에 대처하지 못해 주민들의 불

김정은 북한 국무위원장(당 총비서 겸)이 2021년 6월 17일 열린 노동당 8기 3차 회의 셋째 날 본인 서명이 담긴 '특별명령서'를 들어 보이고 있다. 특별명령서에는 각 지역에 주둔하는 군부대가 군량미를 해당 지역 주민에게 공급하라는 내용과 전시 예비물자인 '2호미'를 풀라는 내용이 담겼다. / 사진: 조선중앙통신

만이 폭발했거나 코로나19 방역체계에 구멍이 생겨 대규모 확진자가 발생한 것으로 판단된다. 김정은은 "국가 중대사를 맡은 책임간부들이 세계적인 보건 위기에 대비한 국가비상방역전의 장기화 요구에 따라 조직기구적·물질적·과학기술적 대책을 세우기로 한 당의 중요 결정 집행을 태공(怠慢)했다"는 점을 근거로 들었다.

북한은 방역 대책도 외부 도움보다 '자력갱생' 우선

중국은 자국산 백신을 북한에 제공하는 방안을 지속해서 추진해왔다. 왕원빈 중국 외교부 대변인은 2021년 6월 29일 김정은이 언급한 '방역 중대사건'과 관련해 "필요하다면 중국은 북한을 돕는 것을 적극적으로 고려할 것"이라며 도움의 손길을 뻗은 상태다. 왕 대변인은 "오랫동안 중국과 북한은 어려운 시기에 서로를 돕는 전통을 가지고 있다"고 강조했다. 세계 각국의 코로나19 백신 접종률이 높아지는 상황에서 북한 역시 백신 확보는 당면한 현안 중 하나다. 194개 WHO 회원국 가운데 아직 코로나19 백신접종이 시작되지 않은 나라는 북한을 포함해 탄자니아, 아이티, 에리트레아, 부룬디 등 5개국뿐이다. 국제 백신프로젝트인 코백스(COVAX)는 백신 199만 2,000회분을 북한에 배정하고, 지난 5월 170만 4,000회분을 공급할 계획이었지만 아

직 전달하지 못한 상태다. 이에 대해 한 일본 매체는 북한이 국제기구의 백신 분배 감독에 난색을 보이고 있다고 보도하기도 했다.

북한의 백신 수령 거부는 주체보건의학 체계 때문이다. 북한 의학의 기본 원칙은 1차가 예방의학이며 2차가 무상치료제다. 약제를 비공개적으로 도입하는 것은 허용하지만, 공개적인 외부의 의료 지원에 대해서는 부정적이다. 특히 북한은 중국 백신 '시노백'의 효능을 의심해 중국의 지원을 받지 않고 있다. 국제사회에서 백신의 효능이 확실해지고 부작용이 없다는 것이 증명될 때까지는 국경을 걸어 잠그고 코로나19 유입을 막는 데만 집중할 가능성이 높다. 일각에서는 북한의 방역 중대 사태가 북한이 코로나19 백신 지원 등을 염두에 두고 일종의 명분을 쌓고 있다는 주장이 있으나 주체보건의학을 모르고 하는 소리다.

북한은 1947년 사회보험법에 의한 무상치료제를 시작으로 1953년 전반적 무상치료제를 거쳐 1960년에는 완전하고 전반적인 무상치료제를 선언했다. 1998년 제정된 의료법 3조는 무상치료제를 명시하고 있다. 주체보건의료 시스템의 출발이다. 북한은 1953년부터 예방의학을 실시해왔다고 주장하지만, 1966년 10월 20일 김일성이 "사회주의 의학은 예방의학이다"라는 제목의 '로작'을 발표한 이후 실질적으로 시행됐다. 북한은 의료법 2조에서 "국가는 의료사업을 끊임없이 발전시키도록 한다"고 규정했지만, 선군정치와 낙후된 경제 등으로 충분히 투자하지는 못했다. 결과적으로 환자가 유·무상 여부와 관계없이 치료를 받을 수 없는 형편이다. 북한의 전염병예방법 1조는 "전염원의 적발, 격리, 전염경로 차단, 전염병 예방 접종에서 제도와 질서를 엄격히 세워 전염병을 없애며 인민의 생명과 건강을 보호 증진시키는 데 이바지한다"라고 규정하고 있다.

북한에서 이동을 차단했는데도 불구하고 유사 전염병 환자가 발생할 경우, 격리 이외의 치료는 속수무책이다. 확진 장비는 물론 음압병실, 치료주사나 항생제, 해열제 등 환자치료에 필요한 의료시설이 극소수 평양 권력층이 이용하는 1호 특수병원을 제외하곤 사실상 없다는 것이 탈북 의사 이도향의 증언이다. 평양조차 우리의 국립중앙의료원과 같은 전문 격리병원이 없어 환자치료가 어렵다. 기본 정책은 주체보건의료에 의한 무상의료지만 환자들은 약국에서 약제를 구할 수 없어 장마당에 흘러온 중국산 약재나 민간요법에 의존하고 있다. 요컨대 북한식 주체 보건의료체계의 특징은 ▷ 강력한 통제체제 구축, ▷ 의사담당구역제, ▷ 신의학과 한의학의 배합 및 약초의 적극적 활용, ▷ 부족한 자원을 자력갱생과 정성의 정신력으로 대신하는 의료인 양성 등으로 요약된다.

북한은 남한과 달리 코로나 확진자와 사망자를 공식적으로 발표하지 않고 있지만, '의심진단자', '자가격리자' 및 '해제자' 등 세 가지 숫자만을 회원국의 의무사항으로 WHO에 보고했다. WHO 남·동아시아 사무소가 7월 2일 공개한 '코로나19 주간 상황 보고서'에 따르면 북한 보건성은 지난 달 24일까지 총 3만 1,794명의 주민을 대상으로 코로나19 진단검사(RT-PCR)를 한 결과, 모두 '음성'이었다고 보고했다. 다만 북한측은 6월 18~24일 기간 검사를 받은 주민 가운데 134명은 독감과 유사한 질환이나 중증급성호흡기감염병(SARI)을 앓고 있었다고 부연했다. 아마도 134명이 중증 코로나 확진자로 추정된다. 결국 청와대의 백신 프로젝트 역시 북한 내부가 단단히 문을 걸어 잠그고 있어 실현되기는 쉽지 않다. 백신이 평양을 움직일 요술방망이가 되기에는 주체보건의학이 너무 굳건하다.[5]

북한 보통강구역인민병원 의료진이 코로나19 방역 관련 회의를 진행하고 있다. 주체사상을 근거로 한 북한의 보건의료체계는 자급자족, 자력갱생을 핵심으로 하고 있어서 전문가들은 코로나19 백신 지원 제안을 수용하지 않을 가능성이 크다고 본다. / 사진: 연합뉴스

끝없는 북·미 탐색전에 속 타는 文 정부

차기 대선을 8개월여 앞두고 문재인 정부가 북한을 향해 보내는 러브콜은 안팎에서 논란을 부르고 있다. '조건 없는 대화'를 둘러싼 북·미 간 기싸움이 이어지는 상황에서, 임기 내에 가시적인 남북관계 진전을 이루려는 문재인 정부의 조급함이 북한에 대한 왜곡된 호평으로 이어지고 있다는 비판이 잇따른다. 청와대의 이 같은 대북 러브콜은 한반도 평화 프로세스 재가동의 첫 발판으로 북·미 대화를 조기에 재개하려는 시도가 지지부진한 데 따른 우회 전략으로 풀이된다. 북·미 대화가 교착 국면에 접어든 상황에서 독자적인 남북 대화 국면이라도 조성해 김 위원장을 대화

테이블로 이끌겠다는 시도로 판단된다. 하지만 국제인권단체인 휴먼라이츠워치는 김정은에 대한 문 대통령의 평가를 '망상'으로 규정하며 "김정은은 인권을 조직적으로 유린하는 정부를 이끌고 있다"고 평가했다.

　최근 북한의 담화 내용을 보더라도 미국이나 한국을 매정하게 끊어내지도, 그렇다고 끌어안지도 못하는 복잡한 심경이 드러나고 있다. 김정은은 친서에 대한 답장에서 아마도 여지를 남기는 모호한 답을 문 대통령에게 보냈을 것이다. 가수 최성수는 1987년 발표한 히트곡 해후(邂逅)에서 "어느새 바람 불어와 … 어쩌면 나 당신을 볼 수 없을 것 같아. 사랑해. 그 순간만은 진실이었어"라는 대목에서 목소리를 높였다. 아마도 평양 주석궁이 청와대에 보내는 메시지도 이와 다르지 않을 듯하다.

3. 영변 원자로 재가동한 북한의 대미 전략 속셈

'핵보유국' 지위 얻어 한국 빼고 미국과 직접 담판 노리나
■ 아프간 철군, 북핵 재가동으로 동북아시아 갈등 새 국면 접어들어
■ 균형외교 나선 문재인 정부 일구이언은 더 큰 후유증 부를 수도

중장기전에 능한 북한이지만 6개월은 인내심이 한계에 도달하는 기간이다. 미국 행정부 교체 이후 대북 정책이 세팅되고 국무부 동아태차관보가 국회 인준을 받는 최소한의 시간이 반년이다. 이 기간은 평양 외무성 미주국이 워싱턴의 동향을 파악해 향후 정책 방향을 논의하는 정중동(靜中動)의 시간이기도 하다. 이 기간에 평양의 미국통들은 대미(對美) 정책 마련에 심사숙고하지 절대 무위도식하지 않는다.

2021년 1월 조 바이든 행정부 출범 이후 버락 오바마 전 대통령의 대북정책인 '전략적 인내(strategic patience)'를 차용한 평양의 권부는, 계절이 두 번 바뀌도록 기다렸지만 요지부동인 워싱턴을 움직일 필살기를 모색할 수밖에 없다. 특히 아프가니스탄 철수로 미국 내 지지율이 급락한 바이든 행정부를 몰아붙이기 위해서는 비장의 카드를 꺼내 들 수밖에 없다. 지난 1989년 민간 상업용 인공위성에 의해 세상에 첫 모습을 드러낸 북핵 문제는 결국 워싱턴과 일전의 수단이자 목적이 아닐 수 없다. 외형적으로는 관망 전술이다. 일정 부분 기다림의 미학을 실천하며 상대의 반응을 살피지만 한계는 있다. 마냥 상대의 수를 기다리며 방관하지는 않는다. 공산당의 전략전술에서 만조와 간조 전략은 매우 활용성이 높다.

[중앙일보] 베이징 특파원의 전언에 따르면, 요즘 중국 지도부 사이에 마오쩌둥의 책이 유행이다. 중앙공산당교에서 제2차 세계대전 당시 마오쩌둥의 연설문이 필독서가 됐다고 한다. [장기전을 논하다(論持久戰)]라는 책인데, 1938년 5월 26일부터 6월 3일까지 옌안(延安) 항일 전쟁 회의에서 마오쩌둥의 교시가 담겼다. 마오는 "일본이 쇠

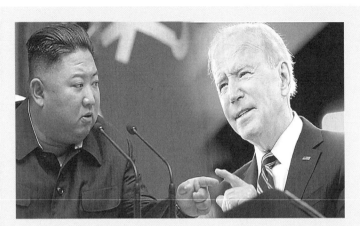
아프가니스탄 철군으로 미국의 세계 전략이 급변기를 맞이한 가운데 북한의 영변 원자로 재가동으로 동북아시아에 긴장이 고조되고 있다. / 사진: 연합뉴스

퇴하고 있다. 군중을 동원해 적의 우세를 약화시키고, 작은 승리를 축적해 큰 승리로 이끌라"고 지시했다. 여론전과 약점을 파고드는 지구전 전략으로 군(軍)을 다시 결집했다. 그의 메시지가 미·중 간 격렬해지는 경쟁 속에 다시 부각되고 있는 것이다. 당교는 "이처럼 광범위하고 충격적인 힘을 가진 연설은 역사상 드물다"고 추켜세웠다.

북·미 간 본격적으로 시작된 'OK목장의 결투'

2021년 가을 평양의 전술은 마오의 전략을 벤치마킹하고 있다. '미국이 쇠퇴하고 있다. 재래식 무기는 물론 핵무기를 동원해 적의 우세를 약화시키고 작은 승리를 축적해 미국을 한반도에서 몰아내는 큰 승리로 이끌라'는 메시지를 날리고 있다. '여론전과 한·미 양국의 약점을 파고드는 지구전 전략으로 미국을 상대한다'는 전략이다. 지구전 전략에는 북핵 가동과 대남 여론전이 필수적으로 포함된다.

북한이 영변 원자로를 재가동한 것으로 보인다는 국제원자력기구(IAEA)의 보고서가 나오고 북한 전문 매체 [38노스]의 위성사진에도 냉각수가 배출된 것이 포착됐다. IAEA는 2020년 8월 27일 '북한에 대한 안전조치 적용에 관한 보고서'를 내고 "영변 5MW(메가와트)급 원자로가 7월 초부터 원자로 가동과 일치하는 냉각수 방출 등의 징후를 보였다"고 밝혔다. 특히 "방사화학실험실에 증기를 공급하는 화력발전소가 올 2월 중순부터 7월 초까지 5개월간 가동됐다"는 점을 핵시설 재가동 증거로 제시했다. 방사화학 실험실은 '우라늄 정제 → 미사용 연료봉 제조 → 연료봉 연소 → 사용 후 핵연료 재처리'로 이어지는 플루토늄 생산과정 중 최종 단계인 '재처리'가 이뤄지는 장소다. 북한은 1992년 IAEA에 제출한 방사화학실험실 설계 정보에서 '사용 후 핵연료' 재처리 완료를 위해서는 5개월이 필요하다고 밝힌 바 있다. 이번 화력발전소 가동 기간과 거의 일치하는 만큼 설비 유지 등을 위한 일시적 가동이 아닌 플루토늄 생산을 목표로 한 전면 재가동이 이뤄졌을 가능성에 무게가 실리고 있다. IAEA는 또 다른 핵시설로 알려진 평양 인근의 강선 지역에서도 내부 건설 작업이 꾸준히 이어지고 있다고 보고서에 적시했다.

입추(立秋)와 함께 시작된 북한의 영변 원자로 재가동은 5가지 쟁점을 내포하고 있다. 우선 2017년 핵 무력 완성을 선언했고, 풍계리 핵실험장도 폭파했던 북한이 영변을 다시 재가동한 의도는 무엇인가? 북한은 2012년 헌법 개정에서 '핵보유국'을 명기했다. 평양은 바이든 정부 4년을 상대할 비장의 카드를 만지작거리기 시작했다. 2018년 12월 이래 개점휴업 상태였던 영변 핵시설 스위치를 26개월 만에 켠 것이다.

영변 핵시설은 핵탄두 제조에 필요한 플루토늄을 생산하는 곳으로, 북한 핵 개발의 본진(本陣)이자 성지(聖地)격에 해당한다. 영변 핵시설은 북한 핵무기 개발의 원조로서 1989년 플루토늄 추출에 필요한 재처리 시설을 처음 돌린 바로 그곳이다. 2006년부터 2017년까지 북한의 6차례 핵실험에 쓰인 핵물질 상당량도 영변 핵시설에서 생산됐다. 북한의 핵 보유는 기정사실화됐고, 오히려 핵 보유를 증강함으로써 대미 협상력을 높이는 2단계 전략이 시작된 것이다. 바이든 정부 들어 대북 적대시 정책을 전부 폐기하라는 요구를 미국이 받아들이지 않자 "그렇다면 멈춰 세웠던 핵 시계를 다시 돌리겠다"고 역공을 펴고 있다. '미국은 응답하라!'는 진검승부의 메시지다.

▌ 국제원자력기구가 2021년 8월 27일 보고서를 통해 북한이 영변에서 원자로를 가동하는 징후가 확인됐다고 밝혔다. 영변 핵시설 재가동은 2008년 6월 비핵화 의지를 밝히기 위해 영변 원자로의 냉각탑을 폭파한 지 13년 만이다. / 사진: 연합뉴스

北 "핵무기 보유 늘리겠다" 기습 선언?

현재 북한이 보유한 핵무기는 적게는 25~30개(지프리드 해커 스탠퍼드대 선임연구원), 많

게는 67~116개(미국 랜드연구소)로 추정된다. 2년 4개월이나 운영을 중단했던 영변 핵시설을 재가동했다는 건 핵무기 생산을 더 늘리겠다는 복안이다. 재가동 대상이 '영변'이란 점을 주목해야 한다. 한·미는 북한 전역에 20곳에 이르는 핵무기 관련 시설을 파악하고 있다. 도널드 트럼프 전 미국 대통령은 2019년 하노이 회담 결렬 이유 중 하나로 "김정은 국무위원장은 한두 곳 핵시설을 없애길 원했지만, 그는 5곳을 갖고 있었다"고 설명했다. 분강, 강선 등 여타 우라늄 농축 시설이 가동되고 있는데 하나만 풀면 나머지는 자동으로 유야무야되는 유엔 대북제재를 부분적으로 해제할 수는 없다는 것이 미국의 입장이었다. 향후 추가 핵실험이나 핵탄두 투발 능력을 증명하기 위한 탄도미사일 발사실험이 뒤따르면 영변 핵의 가치는 배가 된다.

기술적인 의도도 중요하다. 북한이 영변 원자로를 재가동하는 것은 대륙간탄도미사일(ICBM)에 실을 경량 핵무기를 만드는 데 필요한 트라이튬(삼중수소)을 생산하려는 것이라는 미국 전문가들의 분석이 나온다. 브루스 베넷 랜드연구소 선임연구원은 9월 3일 미국의 소리(VOA) 방송에 출연해 "북한은 아직 많은 삼중수소를 생산하지 못한 것으로 보인다"며 "북한이 더 많은 핵탄두를 만들면서 삼중수소 공급 확대가 필요하다는 점에는 의심할 여지가 없다"고 주장했다. '북한은 이미 충분히 많은 양의 플루토늄과 고농축우라늄을 보유하고 있는데도 영변 원자로를 재가동하는 이유가 무엇이냐'는 취지의 질문에 대한 답변이었다. 마크 피츠패트릭 국제전략문제연구소(IISS) 연구원도 북한의 원자로 재가동에 대해 "북한은 ICBM에 탑재할 수소폭탄을 만들기 위해 더 많은 플루토늄과 삼중수소를 생산하고 싶어 한다"고 답변했다.

둘째 쟁점은 남북 및 북·미 합의 위반의 문제다. 김정은은 2018년 판문점 및 싱가포르 회담에서 각각 한·미 정상에게 핵과 대륙간탄도미사일 개발은 하지 않겠다고 약속했다. 영변 가동은 이런 약속을 어기는 것이므로, 유엔 안보리 결의에도 정면으로 위배되는지가 논란이 될 수밖에 없다. 최종건 외교부 1차관은 9월 7일 국회 외교통일위원회 전체회의에서 "영변 핵시설 재가동이 사실이라면 2018년 남북정상회담 취지에 위반된다고 보느냐"는 이태규 국민의당 의원의 질문에 "그건 아니라고 본다"고 답했다. 이어 "4·27 판문점 선언과 9·19 평양 공동선언에서 합의했던 내용 중 북한이 가시적인 조치들을 하고 있다"면서 "핵실험장 및 미사일 파기가 여전히 진행되고 있는 점"을 근거로 들었다. 동문서답이었다. 최 차관은 IAEA 보고서의 사실 여부에는 즉답을 피했다. 그는 "보고서 내용이 옳다 그르다는 말은 하지 않겠다"며 "북한의 주요 핵시설은 한·미 자산을 통해 상시로 보고 있다"고만 했다. 보고만 있지 평가는 하지 않는다는 의미다. (정밀 위성사진 한 장을 촬영하는 데에는 최소 1억 원 이상의 비용이 든다. 그렇게 비싼 돈을 들여 '보고만' 있는 이유가 뭘까.)

판문점 선언 3조 4항은 "남과 북은 완전한 비핵화를 통해 핵 없는 한반도를 실현한다는 공동의 목표를 확인했다. 남과 북은 북측이 취하고 있는 주동적인 조치들이 한반도 비핵화를 위해 대단히 의의 있고 중대한 조치라는 데 인식을 같이하고, 앞으로 각기 자기의 책임과 역할을 다하기로 했다"고 규정했다. 한반도 비핵화와 영변 핵시설 가동을 분리하는 입장은 청와대도 별반 다르지 않다. 정무적 판단이 우선이라 북한의 실체를 보고도 외눈박이 입장을 견지하는 것은 어불성설이다. 그나마 기술적 판단에 무게를 두는 통일부는 유보적인 입장이다. 북핵 30년 역사를 누구보다

도 잘 알고 있기 때문일 것이다. 이인영 통일부 장관은 최 차관의 발언이 있던 7일 북한의 영변 원자로 재가동 징후를 알고도 정부가 침묵한 것 아니냐는 야권 일각의 지적에 "그런 것은 아니다"고 반박했다. 그러면서 "공식적으로 확인해 드리지 못한다고 해서 어떤 징후들에 대해 소홀하게 생각하거나 그러지 않는다"고 잘라 말했다. (소홀하게 생각하지는 않지만 그렇다고 중요하게 생각하지도 않는다는 게 저자의 판단이다.)

2020년 8월 미국 대북 전문 매체 [38노스]는 북한 영변 핵시설의 화력 발전소에서 나오는 연기(노란색 원)를 근거로 시설을 가동 중이라고 평가했다. / 사진: 38노스

'영변 재가동' 알고도 '통신선 복원' 홍보 열 올려

"북한이 이번에 동창리 미사일 엔진 시험장과 발사대 폐기와 함께 영변 핵시설의 영구적인 폐기까지 언급한 것은 상당히 중요한 큰 걸음을 내디딘 것이라고 생각합니다." 문재인 대통령이 김정은 위원장과 9·19 평양 공동선언에 합의하고 돌아온 직후

인 2018년 9월 20일 '방북 성과 대국민 보고'에서 한 발언이다. 평양 공동선언에 '북측은 미국이 상응 조치를 취하면 영변 핵시설의 영구적 폐기와 같은 추가적인 조치를 계속 취해나갈 용의가 있음을 표명했다'는 내용이 포함된 데 대한 의미 부여였다.

이후에도 문 대통령은 "북한의 비핵화가 되돌릴 수 없는 단계(영변 핵시설 폐기)에 왔다는 판단이 선다면 유엔 대북제재를 완화해야 한다(2018년 10월 한·프랑스 정상회담)" 등 영변 핵 폐기를 전제로 제재 완화를 주장했다. 비핵화가 되면 어련히 알아서 해제될 텐데도 순서가 바뀐 이야기를 국제무대에서 앵무새처럼 반복했다. 과연 '되돌릴 수 없는 비핵화' 개념에 대해 학습이 되어 있는지 의문이다. 2007년 2·13 베이징 합의에서 김계관이 핵 불능화에 대해 "황소를 거세하는 것과 같다"고 했지만, 거세를 제대로 하는지는 외부에서 결코 알 수 없다. 정부는 이제 영변이 재가동되는 현실에 대해서는 묵묵부답이다.

남북 합의 위반 여부와 동시에 다른 쟁점은 정부가 영변이 재가동되는 사실은 감추고 남북 통신선 재개통을 과잉 선전하는 표리부동한 태도다. 정부는 영변 원자로 재가동 이후 한·미 당국이 실시간으로 파악하고 있다고 하면서도 북한이 남북 통신선을 재개통하자 대화의 모멘텀으로 홍보하는 모순된 태도를 보였다. 이인영 장관은 2020년 7월 남북 통신연락선 복원 발표 당시 핵시설 재가동 징후를 공개하지 않은 것에 대해선 "남북 정상이 친서를 주고받는 과정에서 서로 합의된 우선적 조치로 통신선 복원을 말씀드린 것"이라고 설명했다. 다양한 징후 중에서 자신에게 유리한 포인트만을 취사선택하는 편향적인 전술이다. 보고 싶은 것만 보는 외눈박이 결정은 결국 정보실패(intelligence failure)로 이어진다.

셋째는 한·미 당국의 애매한 입장이다. 영변을 재가동했는데 한·미 양국은 대화하겠다는 입장을 보였다. 대화 이외에 적당한 외교용어를 찾기가 쉽지 않을 것이다. 그렇다고 대화를 하지 않겠다고 하기도 어렵기 때문이다. 다만 최소한의 경고 메시지는 내놨어야 한다. 북한의 핵 보유를 기정사실화하는 방향이 아니라고 부인하기 어렵다. 바이든 정부가 오바마의 '전략적 인내'가 아닌 '전략적 핵보유국 인내'로 가고 있는 것은 아닌지 의문을 제기하지 않을 수 없다. 정부는 당분간 상황을 지켜보겠다는 입장이다. 외교부는 8월 30일 "한·미 공조로 북한 원자로 재가동 동향을 실시간 파악하고 있다"는 '하나 마나 한 소리'를 했다. 통일부도 "한반도의 완전한 비핵화와 평화 정착, 남북관계 발전을 위해 계속 노력할 것"이라며 말을 아꼈다. 북한의 평화 공세 전략에 장단을 맞춘 '문재인의 평화구상'은 결과적으로 '위드(with) 북핵(北

核’ 시대를 연 셈이 됐다. 북한이 핵무기를 버릴 의지가 없으니 우리가 북한 핵무기와 공존할 수밖에 없다는 의미다. "북핵은 자위용"이라는 노무현·문재인 정부 외교·안보 인사들의 오판이 '위드 북핵'을 자초했다. 현 정부에서 '북핵 폐기'라는 용어가 사라졌다.

궁지 몰린 미국, 한국 제치고 북한과 직거래 가능성

미국은 아프간 철수의 후유증으로 평양에 눈길을 줄 여유가 없다. 워싱턴 인사의 북한 관련 발언은 여름 이후 특별할 게 없다. 성 김 대사에게 맡겨 관리하는 수준이다. 주인도네시아 미국대사 겸 대북정책 특별대표를 맡고 있는 성 김 대사는 8월 23일 자 [한겨레] 기고문에서 '비 온 뒤 땅이 굳는다'는 한국 속담을 인용해, 북·미 관계에 여러 가지 난관이 이어져 왔지만 '고요와 평화'를 모색할 기회는 있다고 강조했다. 그러면서 "미국은 북한을 적대시하려는 의도가 없다는 점"을 거듭 강조했다. 북한과의 협상 공백이 길어질 때마다 미국의 지난 4개 행정부가 줄곧 사용했던 문장이다.

서울을 방문한 성 김 대사는 2021년 8월 23일 노규덕 한반도 평화교섭본부장과 한 시간가량 만나 한반도의 완전한 비핵화와 항구적 평화 정착의 실질적 진전을 위한 협력 방안을 논의했다. 협의 직후 노 본부장은 "한반도 평화프로세스 진전을 위해 다양한 방안을 협의했다"며 "한·미 양국은 보건 및 감염병 방역, 식수·위생 등 가능한 분야에서 북한과의 인도적 협력방안, 국제기구와 비정부기구를 통한 대북 인도적 지원 방안을 논의했다"고 밝혔다. 그는 또 "한·미 양국은 남북통신 선 복원, 한·미 연합훈련 진행 등 관련 상황을 예의주시하면서 한반도 상황을 안정적으로 관

▌ 미군이 아프가니스탄에서 철수하고 있다. 조 바이든 미국 대통령은 2021년 8월 30일(현지시간) "아프가니스탄에서 20년간의 우리 군대 주둔이 끝났다"고 선언했다. / 사진: 연합뉴스

리하는 가운데 대화가 조속히 재개될 수 있도록 함께 노력하기로 했다"고 전했다. 미국 국무부는 성 김 대사의 방한과 관련해 한반도 평화 정착을 위해 대북 문제를 긴밀히 협력하겠다는 한·미 양국의 의지를 보여주는 것이라는 입장을 밝혔다. 긴 부연설명에도 불구하고 이는 북한이 도발을 자제하면서 협상장에 나오기를 기대한다는 외교적인 표현이다.

북한이 인도적 협력 문제로 대화의 장에 절대 나오지는 않으리라는 것은 미국 역시 잘 알고 있다. 외교적이고 의례적인 상황 관리행위들이다. 결국 바이든 행정부 첫해 미국은 아프간과 중국 문제로 북한에 뜨거운 눈길을 주기는 어렵고 북한 역시 큰 그림으로 판을 키우는 전략으로 나아가고 있다. 그 사이에 북핵 보유 숫자는 점점 높아지면서 공인되고 있다. 누구도 북핵 보유를 의심하지 않는다. 북핵 보유에 인내심 역시 비례해서 높아가고 있다.

미국 반응 주시하며 '민생 열병식'으로 수위 조절

넷째, 미국의 북한과 직거래 가능성도 배제할 수 없다. 미국의 국익 중시 외교정책도 북핵 문제에서 독립변수로 부각되고 있다. 미국은 아프간에서 철수하면서 탈레반과 직접 평화협상을 했다. 미국의 철수에는 여러 배경이 있다. 20년간 점령했던 아프간에서 미군 2,400명이 전사했고, 2조 달러라는 엄청난 군비를 지출했다. 천 단위의 미군이 해외에서 사망한다면 국내 정치는 동요할 수밖에 없다. 백악관이 철군 여론을 거스르기란 쉽지 않다. 다만 '명예롭고 우아한 철군'이 관건이다. 카불 철수는 9·11 테러 20주년에 맞추다 보니 시간에 쫓겨 정교하지 못해서 스타일을 구겼을 뿐이다. 이제는 막대한 군비를 절감해 중국과의 승부에 주력할 것이다. 부수적으로 이이제이(以夷制夷) 전략으로 탈레반과 중국의 대결도 기대할 수 있다. 이외에 철군을 둘러싼 국무부와 국방부의 의견 대립, 2015년 아프간에서 근무했던 장남 보 바이든 전 델라웨어주 검찰총장이 암으로 사망한 개인적인 경험도 작용했을 것이다.

세계의 경찰을 자처하더라도 인명 피해가 늘어나면 미국 역시 전쟁터에서 철수하고 휴전도 한다. 특히 정글의 베트콩, 산악의 탈레반처럼 단기간에 승부 내기 어려운 상대라면 미국 역시 손익을 계산하고 타협에 나선다. 민주주의 국가에서 국민의 피해가 계속되는 전쟁을 지속하면 지도자의 입지가 흔들릴 수밖에 없다. 북한군이 베트콩이나 탈레반 수준은 아니더라도 핵무기로 무장한다면 미국의 비핵화 정책 역시 동요하지 않을 수 없다. 북한이 핵보유국이 되면 한국을 패스하고 미국과 직접 협상하려고 하지 않을지 하는 우려가 나온다. 미국이 대외정책에 있어 힘의 균형이 무너지며 회복하기 어려우면 냉엄한 현실을 인정한 사례는 드물지 않다. 오래전 1905년 조선과 필리핀의 지배를 각각 인정하는 일본 총리 가쓰라와 미국 육군 장관 태프트가 맺은 밀약을 비롯해 적지 않은 사례가 국제정치학 교과서에 등장한다. 지금은 20세기와 다르다고 항변하지만, 현실주의 국제정치 이론은 시대를 불문한다.

마지막으로 아프간 철수 이후 동북아가 미·중 갈등의 최전선으로 부각되고 있다. 북핵과 한·미 동맹 및 한·중 관계 등이 미·중 사이에서 휘발성이 높은 이슈로 비화했다. 북핵이 미국의 인도태평양(印太)전략과 충돌하면서 어디로 튈지 모르는 동북아의 럭비공이 되고 있다. 북한의 의도가 무엇이든 바이든 행정부에 영변 재가동은 악재다. 바이든 대통령은 '관여'를 통한 비핵화 해법을 제시했지만, 비핵화가 전제되지 않은 대북제재 해제는 없다고 못 박았다.

결과적으로 미국의 대북 기조에 변화를 끌어내기 위해 평양이 최고 수위의 압박을 구사한 셈이 됐다. 바이든 행정부가 대북정책 방향을 바꾸지 않는 한 먼저 핵을 포기하지 않겠다는 북한의 의지가 핵시설 재가동으로 표출된 것이다. 북핵 해법의 새로운 플랫폼이 불가피해졌다. 현재로서는 북·미가 "시간은 우리 편"이라며 공이 상대방 코트에 있다고 우기는 형국이다. 미국이 고강도 제재 카드를 가진 한 아쉬울 건 상대라고 판단하자, 북한도 핵 고도화 의지를 내비치면서 시간의 주도권을 미국만 쥐고 있지 않다고 응수했다.

바이든 대통령은 아프간 철군의 후유증을 최소화하는 데 주력하고 있다. 북한 문제는 안중에 없다. 김정은은 과감한 시도로 시선을 끌고 싶으나 중국·아프간 문제로 미국이 예민한 터라 부담스럽다. 9월 9일 정권수립 73주년 기념일에 김정은이 참석한

2021년 9월 9일 북한이 정권수립기념일 73주년을 맞아 야간에 진행한 '사회안전무력 열병식'에서 전략무기 대신 트랙터가 등장했다. 김정은 국무위원장은 연설을 생략하고 열병식을 참관했다. / 사진: 연합뉴스

가운데 열린 '민간 및 안전무력 열병식'에서 김정은은 별도의 연설을 하지 않았다. 이번 열병식은 ICBM이 아닌 트랙터를 동원했다. 정규군이 아닌 각 지방의 노농적위군, 각 사업소 및 단위별 종대가 참석하는 형식으로 이뤄졌다. 지난해 10월 노동당 창건 75주년 당시 김정은의 울먹거린 연설과 신무기 공개 등 요란했던 열병식과 대조적이다.

　　꺾어지는 5, 10년 단위의 정주년도 아닌 상태에서 심야 신무기 공개와 김정은의 연설은 정세 관리에 도움이 되지 않는다고 판단했을 것이다. 특히 수해와 코로나19로 주민의 고난이 가중돼 내부 결속을 다져야 하는 위기감이 고조됨에 따라 '민생 열병식'이 효과적이란 판단도 있었을 것이다. 다이어트로 회색 정복 밑단이 펄럭일 정도로 날씬해졌고, 혈색이 좋아진 김정은은 침묵 속에서 인민들의 국가 수호 의지를 대내외에 과시했다.

'균형외교' 복귀한 한국의 아슬아슬한 줄타기

　　한·미·일 북핵 수석대표 회담은 2021년 9월 14일 일본 도쿄에서 개최된다. 같은 시기 왕이 중국 외교부장은 10개월 만에 방한해 한·중 외교장관 회담을 가질 예정이다. 서울에서 1박2일 동안 요란하게 정부여당 인사를 만나 내년 2월 베이징 동계올림픽의 참석을 유도하고 한·미 동맹의 이완을 요구할 것이다. 동계올림픽에는 당연히 문 대통령과 한국의 참가를 요구할 것이다.

　　미국과 일본 등이 불참하는 상황에서 남북한 지도자만 한 VIP는 없다. 국제올림픽위원회(IOC)가 도쿄올림픽에 불참한 북한을 '동계올림픽 불가 카드'로 징계했지만, 개별적인 참여는 문제가 없다. 중국이 물량 공세에 나서면 스포츠 비즈니스에 닳고 닳은 IOC는 화합이라는 단어를 내세우며 없던 일로 치부하고 말 것이다. 결국 베이징 동계올림픽 개막식에서는 남·북·중의 자연스러운 3자 정상회담이 성사되고, 한 달도 안 남은 한국 대선은 정상회담에 휘말릴 것이다.

　　미국이 첩보동맹을 맺고 있는 영국, 캐나다, 오스트레일리아, 뉴질랜드 등의 '파이브 아이즈(Five Eyes)'에 한국의 불참도 왕 부장의 요구 항목이 될 것이다. 미국 하원이 통과시킨 2022 회계연도 국방수권법(NDAA) 개정안에는 중국과 러시아가 주된 위협이라고 지적하면서 한국, 일본, 인도, 독일을 포함해야 한다고 적시하고 있다. 왕 부장은 당연히 코로나19가 가라앉는 적당한 시기에 시진핑 주석이 방한한다는 상투적이고 의례적인 발언으로 청와대를 묶어놓고 떠날 것이다.

정부는 북핵 협상 진전을 위해 한·미·일 북핵 협의에 나섰고, 동시에 한·중 외교장관회담까지 소화하면서 다시 미·중 사이에서 균형외교로 복귀했다. 외교부는 왕이 부장의 방한을 발표하면서 "한·중 양국 관계, 한반도 정세, 지역 및 국제문제 등 상호 관심사에 대해 폭넓게 의견을 교환할 예정"이라고 전했다. 외교부는 "동맹국인 미

▌왕이 중국 외교부장은 2021년 9월 14~15일 10개월 만에 방한해 한중 외교장관 회담을 하였다. 같은 날(14일) 한·미·일 북핵 수석대표 회담이 일본 도쿄에서 열렸다.

국과 전략적 협력 동반자인 중국 사이에서 조화로운 발전 추구할 것"이라고 밝혔지만, 정부의 균형외교가 효과적일지는 미지수다. 왕이 부장이, 아니 시 주석이 방한한다고 해도 지난 5월 한·미 정상회담의 공동선언문과 다른 일구이언은 금물이다. 아슬아슬하게 균형을 강조하다가 미끄러지면 치명적이다. 김정은과 재회(再會)해야 하는 문 대통령 입장에서는 미·중 사이의 줄타기 외교가 불가피하겠지만, 줄에서 낙마할 경우 후유증은 간단치 않을 것이다.

4. 대화의 문 여는 김정은의 양면 전략 노림수

한손엔 미사일 쥔 김정은, 한반도 운전대마저 노리나
■ 신형 미사일 군비증강 박차 가하며 한·미에 회유·압박 양공
■ 정상회담 필요하지만 '선남후미(先南後美)' 전술 경계해야

　가을은 결실의 계절이다. 오곡백과가 무르익으며 수확을 기다린다. 요즘 북한은 수확을 앞둔 농부처럼 부지런하게 움직인다. 평양발 뉴스를 매일 챙겨야 하는 전문가조차 숨이 가쁘다. 평양 주석궁의 대미·대남 관계에 대한 메시지는 패턴이 있어 의도 파악에 큰 어려움이 없다. 하지만 신 무기를 과시할 때는 문제가 달라진다. 무기 전문가들조차 제형이나 위력 등을 북한 발표나 사진만 보고 파악해야 하는 장님 코끼리 만지기 수준이다. 그렇다고 예전 기록을 대조해가며 북한이 신무기 개발에 주력하는 팩트 체크를 게을리 할 수는 없다. 첨단 장거리미사일 개발과 관련해서는 항공우주공학 전문가인 장영근 항공대 교수에게 자문을 구하지 않을 수 없다. 김정은 북한 국무위원장은 지난 1월 최첨단 신종 군비증강을 시사했다. 주권국가의 최우선적 권리인 국가방위력을 끊임없이 강화하겠다며 핵무기 소형화와 전술무기화, 초대형 핵탄두 생산, 극초음속활공비행전투부 개발 도입, 고체엔진 대륙간탄도미사일(ICBM) 개발 등 지난 1월 제8차 당대회에서 제시한 국방공업발전 전략목표 관철을 주문했을 때만 해도 용어조차 생소해서 선군정치 체제의 협박 정도로 평가했다.

　하지만 9월 들어 사달이 나기 시작했다. 9월 13일 북한 [조선중앙통신]은 11일과 12일 양일 간 사전에 설계된 타원 및 8자형 비행궤적에 따라 신형 순항미사일이 약 7,580초(약 126분)간 비행해 약 1,500㎞ 계선(경계를 나타내는 선)에 설치된 표적을 명중하는 데 성공했다고 보도했다. 북한의 발표가 사실이라면 그간 개발해온 순항미사일 중에서 가장 먼 거리를 날아간 셈이다. 또 거리상 일본 전역이 이번 순항미사일의

타격권 안이다.

골칫거리 1, 한·미·일 예상 못한 '신형 순항미사일'

2021년 1월 22일 북한이 조 바이든 대통령이 취임한 이후 이틀 만에 서해에서 순항미사일을 시험발사했고, 3월 25일에 단거리 순항미사일을 시험발사한 이후 6개월 만의 군사도발이었다. 군 관계자는 북한의 순항미사일 시험발사 보도와 관련해 "한·미 정보당국 간 긴밀한 공조하에 정밀 분석중"이라고 말했다. 사실상 북한이 순항미사일 발사라고 발표하기 전까지 실체 파악이 되지 않은 셈이다. 군은 "순항미사일의 고도가 워낙 낮아 포착될 때도 있고 그렇지 않을 때도 있다"면서 "갑자기 이동하는 지상 이동식 발사차량(TEL)도 사전에 포착되지 않는다"고 했다. 우리 군이 북한의 순항미사일 시험발사를 파악하지 못했을 것이라는 관측이 나오는 이유다.

북한의 순항미사일 시험발사 소식에 미국의 인도·태평양 사령부는 "이런 활동(북한의 시험발사)은 북한이 군사 프로그램을 계속 강화하는 데 집중하고 있음을 강조한다"면서 "주변국과 국제사회에 위협을 제기한다"고 밝혔다. 순항미사일도 과거 탄도미사일과 마찬가지로 동북아 주변국에 상당한 위험이 된다는 의미다. 일본 역시 긴장하며 정밀 분석하고 있다. 일본 방위성 간부는 이날 NHK방송에 "현재 상세한 내용을 확인중"이라고 밝혔다. 또 다른 일본 정부 관계자는 "현재 정보를 분석하고 있다"며 "일본 방향으로 비행하지 않았는지를 포함해 분석을 진행하고 있다"고 밝혔다. 또 "1,500㎞를 '항행(비행)'하는 미사일 발사가 사실이라면 일본을 둘러싼 지역의 평화와 안전을 위협하는 것"이라고 우려했다.

과연 순항미사일은 어떤 무기이기에 일본이 긴장하는 걸까? 순항(cruise)미사일은 정밀 유도장치에 의해 지상의 장애물을 피해서 가며 초저고도로 비행해 레이더에 의한 탐지가 어려우며 명중률도 매우 높다. 발사지점 파악이 어렵고, 수면 위 1~2㎞ 높이에서 비행하기 때문에 지구 곡률(曲率)에 따른 음영 구역이 생겨 레이더나 군사위성으로는 식별이 거의 불가능하다. 지상 레이더의 경우 지구 곡률상 미사일이 최소한 500m 이상은 상승해야 탐지·추적이 가능하다. 사거리 1,500㎞ 장거리 순항미사일은 평균 비행 고도가 100여m에 불과해 지구 곡률을 고려하면 장거리 추적탐지 레이더로는 잡아내기가 어렵다. 서욱 국방부 장관도 이날 국회 대정부 질문에서 "한·미 연합자산으로 (북한의) 미사일 발사를 탐지했다"면서도 "초기 분석을 하고 있다"고 답변하는 데 그쳤다. 북한 순항미사일 기술이 진일보한 만큼 제재 수위를 높여야 한다는 주장이 나올 수밖에 없다. 현재 유엔 안전보장이사회 대북제재 대상에는 탄도미사일 관련 사항만 규정돼 있다. 새로운 골칫거리 '1'이 나타난 것이다.

그러더니 북한 [조선중앙통신]은 16일에는 "철도기동미사일 연대는 15일 새벽 중부산악지대로 기동해 800㎞ 계선의 표적지역을 타격할 데 대한 임무를 받고 훈련에 참가했다"며 "철도기동미사일 연대는 철도기동미사일체계 운영규범과 행동 순차에 따라 신속기동 및 전개를 끝내고 화력 임무에 따라 조선 동해상 800㎞ 수역에 설정된 표적을 정확히 타격했다"고 보도했다. 미사일 발사의 플랫폼을 다양화하다 보니 열차까지 등장했다. 북한은 그간 궤도형, 차륜형 이동식 발사대에서 탄도미사일을 발사했는데 전날 평안남도 양덕 일대에서 쏜 KN-23(북한판 이스칸데르) 2발은 열차에서 발사했다. 옛 소련에서 이용한 발사 방식을 모방한 것이다. 탄도미사일은 열차뿐 아니라 선박에 탑재한 수직발사대에서도 발사할 수 있다. 모든 이동 수단이 미사일 발사 장치로 활용된다.

골칫거리 2, '철도기동미사일 연대' 창설

북한 매체는 올해 철도기동미사일 연대를 창설했고, 앞으로 이를 여단급 부대로 확대 개편할 가능성도 시사했다. 북한의 철도기동미사일체계는 옛 소련에서 개발해 운용했던 체계를 차용한 것이다. 북한의 체계는 소련이 철도 기반 대륙간탄도미사일(ICBM)을 운용했던 것과 유사한 방식으로서 동시다발적 미사일 공격 능력을 확충하겠다는 의미다. 무거운 탄도미사일을 여러 발 운반할 수 있고, 터널 엄폐 운용이 가능하다는 점에서 우리 군으로서는 미사일 기지와 이동식 미사일발사대(TEL)에 이어 열차 발사까지 대비해야 한다는 점에서 부담이 늘어났다. 다만 철로만 파괴하면 작전이 불가능하고 발사 지점이 사전에 예측되는 등 단점도 많다.

북한의 철도 노후화가 심각한 수준이라는 점에서 효용성은 떨어진다는 분석도 제기된다. 저자는 과거 2000년대 평양을 방문했을 당시 신의주를 차량으로 이동하며 철도를 관찰했다. 평균 주행 속도가 40~50㎞라고 동행했던 안내 참사가 설명했다. 박정천 당비서는 "당 제8차 대회가 제시한 군대 현대화 노선과 방침에 따라 철도기동미사일체계를 실전 도입한 것은 나라의 전쟁 억제력 강화에서 매우 커다란 의의를 가진다"고 의미를 부여했다. 또 "철도기동미사일체계는 전국 각지에서 분산적인 화력 임무 수행으로 동시다발적으로 위협 세력에게 심대한 타격을 가할 수 있는 효과적인 대응 타격 수단"이라며 지형과 실정에 맞는 전법을 완성하라고 주문했다. 새로운 골칫거리 '2'가 등장했다.

북한이 2021년 10월 16일 새로 편성된 '철도기동미사일 연대'의 탄도미사일 발사 사실을 발표한 건 우리의 잠수함발사탄도미사일(SLBM) 발사에 맞서 새로운 부대 능력을 과시하려는 맞대응 성격이 담겨 있다. 또 김여정 북한 노동당 중앙위원회 부부장이 이번 발사를 '국방과학발전 및 무기체계개발 5개년 계획'에 따른 것이라며 향후 군사적 도발 수위를 높일 수 있음을 암시해 미국에 대한 압박 수위도 높였다. 북한이 미사일 도발에 철도를 활용하면서 문재인 정부가 대북제재 위반 우려에도 추진해 온 남북한 철도연결 협력은 사실상 물 건너갔다.

2021년 10월 28일에는 요상한⑦ 미사일을 선보였다. 북한 [조선중앙통신]은 29일 국방과학원이 28일 오전 자강도 용림군 도양리에서 화성－8형 미사일을 시험발사했

으며 극초음속 미사일이라고 소개했다. 극초음속은 마하 5(시속 약 6125㎞)이상의 속도로 비행하는 미사일을 뜻한다. 공개된 사진을 보면 오징어와 비슷한 모양의 탄두부가 달린 검은색 탄도미사일이 날아오르고 있다. 미국 미들버리국제연구소의 제프리 루이스 비확산연구센터 소장은 "발사체는 화성－12형을 사용한 것으로 보인다"고 분석했다. 화성－12형은 최대 사거리 5,000㎞인 중거리탄도미사일(IRBM)이다.

▌ 북한은 최근 신형 미사일을 잇달아 공개하면서 한·미 당국 압박에 나섰다. 왼쪽부터 시계방향 탄두 중량을 개량한 전술유도탄, 사거리를 늘린 신형 순항미사일, 철로를 따라 이동 발사가 가능한 철도기동미사일, '게임 체인저'라고 불리는 극초음속 미사일. / 사진: 연합뉴스, 중앙포토

새로운 골칫거리 3, '극초음속 탄도미사일' 개발

극초음속 활공체는 지구상 어느 곳이든 1~2시간 안에 도달할 수 있는 속도를 내면서 불규칙한 비행까지 가능해 탐지와 요격이 쉽지 않다. 기존 미사일방어 체계로는 막기가 불가능하다. 미국·중국·러시아가 이를 '게임 체인저'로 간주해 개발에 전력투구하고 있다. 국방부의 설명으로 북한 신무기 체계를 실시간으로 정확하게 파악하기는 용이하지 않다. 하지만 북한이 2021년 1월에 공언한 대로 신무기 개발에 주력하고 있으며 상당 부분 성과를 거두고 있다는 사실은 분명하다. 결국 새로운 골칫거리 '3'이 나타났다.

향후 잠수함발사탄도미사일(SLBM) 도발 가능성이 제기된다. 10월 21일로 예정된 한국형 발사체 누리호 발사를 빌미로 군사력에서 강 대 강 국면을 연출할 가능성이 있다. 북한은 9월 한달 신형 미사일 시험발사를 4번이나 실시하며 '강온 양면 전략'을 구사하는 모양새다. 미사일 발사 현장에는 출현하지 않고 한동안 내치에 집중하면서 대외 메시지는 김여정 노동당 부부장 등에게 맡겼던 김 위원장은 최고인민회의 시정연설을 통해 대남·대미 관계 구상을 밝혔다. [노동신문]은 9월의 마지막 날 "김 위원장이 전날 최고인민회의 제14기 제5차 회의 이튿날 회의에서 '사회주의 건설의 새로운 발전을 위한 당면 투쟁방향에 대하여'라는 제목의 시정연설을 했다"고 보도했다.

김정은은 시정연설에서 우선 남북관계를 풀고 북·미 대화는 뒤로 미루겠다는 구상을 드러냈다. 선남후미(先南後美) 전략으로 남한을 상대해 미국을 움직이겠다는 의도다. 우선 남북관계는 남측에 북한 도발에 대한 위기의식과 피해의식을 버릴 것을 요구하면서 향후 남북관계 전망은 남측 당국의 태도에 달려 있다고 주장했다. 자신들의 군사도발이 남한을 겨냥하는 것이 아닌 만큼 적대감을 갖지 말고 동시에 한·미 연합훈련도 할 필요가 없다는 메시지를 던졌다.

다만 남북관계 회복과 한반도 평화를 바라는 민족의 기대와 염원을 실현하기 위한 노력의 일환으로 일단 10월 초부터 단절된 남북 통신연락선을 다시 복원하도록 할 의사가 있다고 밝혔다. 여전히 남측에 불만이 있고, 이후 남북관계를 더 진전시킬지는 남측 태도에 달렸지만 먼저 통 큰 결단을 취하겠다는 것이다. 미국을 향해서는 "더 교활해지고 있다"며 바이든 행정부의 '외교적 관여'와 '전제조건 없는 대화'를 비난했다. 우선 공을 남측으로 넘기고 서울보고 워싱턴에 가서 대북제재 등 북한의 현안을 해결하라고 던져준 모양새다. 지난 2018년 3월 평창 올림픽 직후 김정은이 정의용 등 남측 특사단을 접견하고 트럼프와의 정상회담 성사를 중개해줄 것을 넌지시 요청했던 구도를 재현하고 있다.

문 대통령은 오매불망 평양과 다시 만나는 그림을 그리고 있다. 2021년 9월 21일 유엔총회 연설에서 매년 단골 메뉴인 종전선언으로 긍정적인 사인을 보냈고 10월 1일 73주년 국군의 날에 맞지 않는 종전선언을 강조했다. 하지만 이에 북한은 기선을 제압하며 화답했다. 10월 들어서는 9월에 미사일 발사로 화전 전술을 전개하더니 남북 통신선 복원으로 선남후미(先南後美) 전술을 구체화했다. 10·4 남북정상회담(2007년) 선언 날짜에 맞춰 이른 아침 7시를 기해 55일 만에 통신선을 복원했다. 김여정이 아닌 김정은이 전면에 나서면서 멈춰 선 남북관계와 한반도 정세가 중대 국면으로 접어들었다. 김정은은 4차 정상회담에 몸이 단 문재인 정부에게 통신선 복원 카드를 던지며 워싱턴을 압박해 대북제재를 해제토록 하라는 과제를 던졌다. 청와대는 흥분하기 시작했다. 청와대 고위 관계자는 "통신연락선 복원 후 암초들이 많았지만, 김 위원장이 공개적으로 통신선 복원을 말한 이상 불가역적이 될 가능성이 있다"며 "한반도 평화로 가는 강을 건너기 위한 흔들리지 않고 튼튼한 징검다리가 생긴 것"이라고 했다.

한국의 대북제재 완화 요구에 미국은 쓴소리

김정은은 바이든 행정부의 '조건 없는 대화' 정책을 '적대행위를 가리기 위한 허울'로 비난하고 대미 전략적 구상 집행을 위한 전술적 대책 마련을 지시했다. 전술적 대책에는 남측을 움직여 워싱턴을 압박하는 구상이 포함된다. 워싱턴의 상황은 녹록지 않다. 바이든 대통령은 집권 첫해에 어설픈 아프가니스탄 철수로 지지율이 30%대로 하락했다. 북한과 회담을 추진할 여건은 찾아보기 힘들다. 트럼프 행정부 당시 북·미 대화를 주도했던 미국 CIA '코리아미션센터'가 4년 만에 문을 닫았다. '차이나미션센터(China Mission Center)'를 설립해 대중국 첩보 업무를 강화하면서 내부 조직을 강화한다는 취지이지만, 바이든 행정부 내에서 중국, 대만에 우선순위가 밀린 북한 업무의 현주소를 적나라하게 보여주고 있다. 사실상 북·미 대화가 트럼프 행정부 시절처럼 톱다운 방식으로 재개되는 것은 어려워졌다. 바이든 행정부가 아프가니스탄 철수 이후 미·중 갈등 대응에 총력을 기하면서 북핵 문제가 외교 현안 우선순위에서 밀려난 것을 북한도 인식했다. 워싱턴에 대한 정면 돌파는 도저히 단기간에 결실을 보기 어렵다는 판단이 서자, '꿩 대신 닭'이라는 치대신계(雉代新鷄) 전술로 서울을 흔들기 시작했다.

우선 평양의 전술은 서울에 미끼를 던져 워싱턴을 압박하도록 하는 '스리쿠션 전술'이다. 문 대통령이 높은 점수를 받았던 지난 5월 21일 워싱턴 한·미 정상회담 선언문은 슬슬 휴지 조각이 되기 시작했다. 우회전 신호를 약속해놓고 청와대는 북측을, 외교부 장관은 베이징을 두둔하고 배려하며 미국의 대북제재를 무력화시키는 데 올인하고 있다. 하지만 평양의 전략은 제재 완화 등 양보를 얻어내기 전까지 대화를 거부하고 대미 압박을 높이려는 것이다. 문 정부의 평양 사모곡 전술은 미국의 협조 없이는 한계가 있다.

정의용 장관이 중국 대변인 역할을 하며 총대를 메고 대북 제재 완화를 주장하면서 한·미 관계는 경고음이 울리고 있다. 그는 2021년 9월 22일 뉴욕의 싱크탱크 미국외교협회(CFR) 초청 대담에서 "우리는 북한에 인센티브를 제공하는 일에 소극적이어서는 안 된다"며 '스냅백(위반 시 제재 복원)'을 전제로 한 대북제재 완화를 주장했다. 또 같은 달 30일 자로 공개된 미국 [워싱턴포스트(WP)]와의 인터뷰에서도 "현 상태가 계속되면 북한의 미사일 능력 강화로 이어질 수 있다"며 북한에 대한 인센티브 제공의 필요성을 강조했다. 이는 '대화를 위한 인센티브 제공은 없다'는 입장을 비롯해

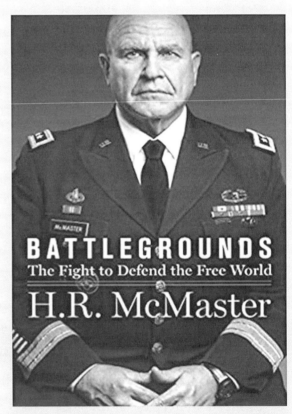

도널드 트럼프 행정부의 초대 백악관 국가안보보좌관을 지낸 허버트 맥매스터(사진)는 자서전 [전장]에서 남북 대화 재개 의지를 보이는 한국 정부의 대북 정책을 '미친 행동'이라고 비판했다.

'조건 없는 대화', '대북제재 유지'라는 큰 원칙을 세운 바이든 행정부의 대북 접근법과는 궤가 크게 다르다.

2017~2018년 미국 도널드 트럼프 행정부의 초대 백악관 국가안보좌관을 지낸 허버트 맥매스터는 10월 4일 "미친 행동의 정의는 '같은 일을 반복하면서 다른 결과를 기대하는 것'"이라며 한국 정부의 대북 정책을 비판했다. 그는 최근 문 대통령이 종전선언을 제안하고 남북대화 재개 의지를 보이는 등 한국 정부의 대북 행보에 대한 의견을 묻자 "아인슈타인이 말했다고 알려졌지만 아닐 수도 있는, '미친 행동(Insanity)의 정의'를 인용하겠다"며 이같이 말했다. 그는 지난해 펴낸 회고록 [전장: 자유세계를 수호하기 위한 싸움(Battlegrounds: The Fight to Defend the Free World)]에서도 북한 문제를 다룬 12장의 제목을 '미친 행동의 정의'로 붙였다.

통신선 복원했지만 남북 기대하는 것 달라 '동상이몽'

향후 한반도 워치의 관전 포인트는 두 가지다. 하나는 청와대의 열망인 화상 정상회담을 거쳐 베이징 동계올림픽 현장에서 대면 정상회담 개최다. 올해가 가기 전에 화상 회담을 성사시키는 데 총력을 기울이고 있다. 이어 자신의 최대 업적으로 자화자찬하는 한반도 평화프로세스를 불가역적으로 만들겠다는 구상이다. 차기에 여당은 물론 야당이 집권하더라도 4·27 합의는 물론 평양공동선언 및 9·19 남북 군사합의가 지속되도록 하겠다는 입장이다. '불가역적인(irreversible)'이란 용어는 북한 비핵화를 상징하는 CVID(Complete, Verifiable and Irreversible Disnuclearization·완전하고 검증가능하고 돌이킬 수 없는 비핵화)를 상징하는데, 문 대통령이 사용한 문장은 번지수가 다르다. 한마디로 대못을 박겠다는 의미다. 180석을 활용해 국회에서 법제화를 밀어붙이겠다는 의미다.

다음은 한·미 동맹의 균열과 한·중 밀착 여부다. 문 대통령은 유엔총회 귀국길에 기내에서 "종전선언과 주한미군 철수라든지 한·미 동맹과는 아무런 관계가 없다"고 말했다. 남·북·미 또는 남·북·미·중 간 종전선언이 체결된 후 북한이 주한미군 철수를 요구하고 나설 것이라는 일각의 주장에 대해 우려할 필요가 없다는 설명이다. 하지만 김여정은 지난 8월 10일 담화에서 "미군이 남조선에 주둔하고 있는 한 조선반도 정세를 주기적으로 악화시키는 화근은 절대로 제거되지 않을 것이다"라며 사실상 주한미군 철수를 요구했다.

문 대통령이 사실상 '용도 폐기'됐던 종전선언의 개념을 다시 화두로 꺼낸 것은 다분히 북한을 향한 메시지로 평가된다. 남북 유엔 동시 가입 30주년을 명분 삼아 국제사회를 움직여보겠다는 구상으로 풀이된다. 현실에서는 북한의 한·미 동맹 갈라치기 전술로 구사되고 있다. 북한의 선전매체는 "북남관계 개선은 그 누구의 승인을 받고 하는 것이 아니다"라고 밝혔다. 대북제재 해제를 달성하면 남북정상회담 테이블에 착석할 수 있다는 감언이설이다. 종전선언은 귀납적으로 북한 위협에 대비하는 주한미군과 한·미 동맹의 존재 근거를 약화시킨다.

남북이 55일 만에 통신연락선을 복원했지만 향후 남북관계 방향에 대해선 '동상이몽'이다. 통신연락선 복원을 계기로 남북대화를 조속히 재개해 한반도 평화정착 문제를 논의하자고 화답한 남측과 달리, 북측은 여전히 적대정책 철회 등의 '중대과제'를 남측이 먼저 해결해야 한다는 점에 방점을 찍었다. 한동안 끊겼던 남북 채널이 김정은의 의지에 따라 재가동되면서 관계 복원의 길로 나아갈 가능성이 있지만, 남북이 서로 다른 지점에 좌표를 찍고 있는 만큼 향후 갈 길이 녹록지는 않을 것이다. 이종주 통일부 대변인은 "한반도 정세 안정과 남북관계 복원을 위한 토대가 마련됐다"고 말했다. 이어 "남북 간 통신연락선의 안정적 운영을 통해 조속히 대화를 재개해 남북 합의 이행 등 남북관계 회복 문제와 한반도 평화 정착을 위한 실질적 논의를 시작하고 이를 진전시켜나갈 수 있기를 기대한다"고 밝혔다.

하지만 북한은 남측을 향해 "통신연락선 재가동의 의미를 깊이 새기고 북남관계를 수습하며 앞으로의 밝은 전도를 열어나가는 데 선결돼야 할 중대 과제들을 해결하기 위해 적극 노력해야 한다"고 강조했다. '중대 과제'란 최근 김정은과 김여정이 반복적으로 강조한 '이중 기준' 철회 등 대북 적대정책 폐기다. 북한은 자신들의 탄도미사일 발사만 도발로 규정하는 것은 '이중 기준'으로 부당하다는 주장을 반복하고 있다. 북한이 한·미 연합훈련에 대한 불만으로 연락선을 일방적으로 끊었던 점을 고려하면, 이른바 '중대과제'에 대해 남측이 성의를 보일 것을 압박하면서 여의치 않으면 다시 끊길 수도 있음을 암시했다(사실 분단 70년 동안 통신선이 복원되건 차단되건 큰 차이는 없다. 남한 정부가 남북관계를 발전시켰다는 정치공학적 선전에 활용될 뿐이다. 북한의 군사도발은 통신선 가동과 상관없이 진행돼왔다).

2021년 2월 남북정상회담 관건은 '서울-평양 물밑거래'

이런 사항들은 남측이 수용하기 쉽지 않다. 정의용 장관도 지난 1일 국정감사에서 김여정 부부장이 대북 적대정책 철회 등을 요구한 데 대해 일방적 주장으로, 한·미가 받아들일 수 없다고 밝혔다. 가을이 깊어가지만, 남북관계가 당장 급물살을 타기는 쉽지 않다. 한동안 조용하던 북한이 다시 남측과의 소통 채널을 연 것은 정세의 국면 전환을 염두에 둔 행보다. 북한이 대북제재 장기화와 신종 코로나바이러스 등으로 경제와 민생이 악화한 상황의 반전을 꾀하고 미국과의 대화 가능성을 모색하는 차원에서 우선 남북관계 개선에 나선 것이다. 침묵을 깨고 공세적으로 나아가는 북한의 만조(滿潮) 전략인 것이다. 하지만 언제든지 북한은 자신들의 요구가 관철되지 않으면 군사도발을 병행하는 간조(干潮) 전략으로 후퇴할 것이다.

국제올림픽위원회(IOC)의 도쿄 올림픽 불참 제재로 북한이 내년 2월 베이징 올림픽에 참가하기 어렵다는 관측은 중국의 국력을 무시한 판단이다. 국제스포츠 행사의 생리를 모르는 주장이다. 백신을 관할하는 세계보건기구(WHO)가 코로나바이러스의 중국 우한 기원설에 접근조차 못하는 현실은 보조금을 지원하는 중국의 경제력에서 비롯된다. 중국이 대북 페널티를 보상하는데, 흥행몰이에 주력하는 IOC가 북한 참가를 반대할 이유는 없다. 남북 정상이 베이징 동계올림픽에서 정상회담을 개최하는 국제적인 여건은 이상무. 단지 서울·평양 간 내부 거래가 관건이 될 것이다.

2021년 2월 베이징 올림픽에서 남북정상회담의 성사 여부는 서울과 평양 정보당국 간의 물밑 기 싸움에서 결정될 것이며, 북측에서 찬 바람이 불어오면 윤곽이 잡힐 것이다. 결정적인 한 방은 '금전적 대가'다. 현금 보상 없는 정상회담은 없다. 1차 6·15 정상회담은 대가로 4억 5,000만 달러의 현금이 지급돼 박지원 국정원장을 비롯해 정몽헌 전 회장 등 여러 사람이 곤욕을 치렀다. 김대중 전 대통령은 노벨평화상을 받았지만, 출발부터 대가 없는 정상회담은 없다는 관행이 정립됐다. 2차 10·4 정상회담은 차기 MB정부가 대북 지원 약속을 이행하지 않음으로써 천안함 폭침과 연평도 포격으로 이어졌다. 문재인 정부 3차례의 정상회담은 대가 여부가 미지수다. 영원히 내막이 가려질지 비트코인 제공 등 현금 보상 여부가 향후 드러날지는 세월이 답을 줄 것이다. 대선을 코앞에 두고 무리하게 추진되는 동상이몽의 정상회담은 남북 양측에 심각한 후유증을 줄 수밖에 없을 것이다. 정상회담 스토리는 내년 2월 동계올림픽까지 살아 움직이는 생물이라 저자는 계속 지켜보고 있다.

제12장

북한의 미래는?

1. 미국의 수준 이하 '북한연구(Northkoreanology)' 실태

150년간 북한 깔보다 판판이 당했다!
- 북한 내부 소프트웨어 분석 없어 권력의 속성 정확하게 투시 못해 …
- 미국서 북한판 [국화와 칼] 나와야 북핵 문제 해법도 나오지 않을까

중국의 문화대혁명 당시 홍위병 사태는 미국에서 중국 연구(China Studies)를 촉발했다. 중국은 1956년부터 인민공사라는 집단농장 시스템으로서 농사를 지은 결과 10년간 3,000만 명이 굶어 죽었다. 5000년 중국 역사에서 단기간에 이렇게 많은 사람이 죽은 경우는 없었다. 정치적 비난에서 벗어나고자 마오쩌둥(毛澤東)은 홍위병이라는 정체불명의 청소년 완장단체를 조직했다. 솜털이 보송보송한 아이들이 초대 중앙인민정부 주석인 마오를 공격하는 지식인과 비판적 반대세력을 인민재판식으로 압박했다.[1] 장유유서의 유교사회에서 십대들이 무리를 지어 다니면서 '파괴 없이는 건설 없다'는 구호를 외치고 기득권의 장년층을 혼내는 초유의 일이 발생했을 때, 이를 정확히 설명해 줄 전문가가 미국에는 없었다.

당시 [뉴욕타임스] 등 미국 언론은 베이징을 비롯한 중국 전역에서 횡행하는 광기의 역사를 해설해줄 만한 전문가를 구하지 못했다. 마오쩌둥이 뒤에서 조종하는 혹세무민의 사건이란 정도의 추측만 난무할 뿐 언제, 어디까지 문제가 확산될지 예측할 수 없었다. 자유, 진보 등 서구가치를 신봉하는 미국 정치학자들은 목적이 수단을 정당화하는 조반유리(造反有理)의 전통문화 파괴 운동을 이해하기는 어려웠다. 당시 미국 학계에는 마오의 부인인 장칭(江靑) 등 극좌 4인방이 주도하는 프롤레타리아 문화대혁명이라는 당대의 중국 현대사를 해석하고 미래를 전망할 학문적 논거가 충분히 축적돼 있지 않았다.

1960년대 중반까지 미국의 중국 연구는 학문적 차원에서 접근하지 않았다. 여전

히 국공내전의 혼란 속에서 소련과 유사한 사회주의 공산당 체제가 수립된다는 초보적인 인식에 머물렀다. 중국에서 기자로서 13년간 거주하며 최초로 마오쩌둥을 인터뷰한 에드거 스노(Edgar Snow)가 저술한 [중국의 붉은 별:Red Star China](1968년 초판) 정도가 대표적인 중국 연구서였다. [중국의 붉은 별]은 중국의 공산혁명을 기록한 고전으로 꼽는 책이다. 마오쩌둥, 저우언라이, 주더 등 공산당 지도부로부터 어린 홍군 병사(小鬼)에 이르기까지 중국 혁명에 참가한 인물들의 면면과 현대 중국 탄생의 과정을 생생하게 엿볼 수 있다.[2]

하지만 사회주의 혁명만으로 중국을 모두 설명할 순 없었다. 중국이라는 고대와 근대 및 현대국가에 대한 하드파워는 물론 역사, 문화 및 행동양식 등 소프트파워 측면에서 체계적이고 학문적인 접근은 이뤄지지 않은 상태였다. 마르크스 레닌주의 이데올로기와 질서와 권위에 순응하는 공맹(孔孟)의 유교문화가 기형적으로 결합됐다. 게다가 "변방이 시끄러우면 황제가 베개를 똑바로 베지 못한다"고 할 정도로 1개 왕조의 평균 수명이 200년 안팎에 그칠 만큼 권력의 부침이 극심하고 이민족의 발흥과 몰락 등으로 순식간에 왕조가 교체되는 중국사를 이해하는 것은 상당한 내공의 시간이 필요하다.

평양에서 최고지도자 암살 시도가 없는 이유

문화대혁명을 계기로 미국 정부와 학계는 체계적인 중국 연구의 필요성을 절감했다. 미국 국무부, 교육부를 비롯한 당국은 각 대학에 설치된 동아시아 연구소에서 중국학연구소를 별도로 분리, 확대하고 관련 강좌를 개설하는 등 중국 연구에 막대한 자금을 쏟아부었다. 학자들에게 거액의 연구 펀드를 제공했고, 유능한 신진학자를 발굴해 장학금을 지급했으며, 다양한 프로젝트를 발주했다. 중국의 문화와 역사, 인민들의 습성 및 마오쩌둥 후계 권력층의 리더십 등 다양한 연구는 성과를 나타내 1972년 당시 닉슨 대통령의 중국 방문을 성사시키는 데 결정적인 역할을 했다. '죽(竹)의 장막'에 대한 체계적인 연구는 키신저 국무장관의 방중으로 이어지고 핑퐁외교를 가능하게 했다.

2018~2019년 북·미 간의 핵 협상과정을 지켜보면서 미국의 대(對) 북한 무지를 지적하지 않을 수 없다. 트럼프 대통령이라는 비통념적인(unconventional leader) 지도자야 '돈이 제일 중요하다(Money does matter)'는 인생관이 모토인 만큼 예외로 치더라도 미국

조야의 수많은 대북 협상 경험조차도 체계적으로 정리되지 않고 있다. 과거의 협상이 체계적으로 정리되지 않으니 유사한 협상의 시행착오가 반복된다. 대통령 역시 과거 협상 결과와 경험이 체계적으로 정리되지 않으니 참고할 만한 자료도 별로 없다는 인식을 갖는다. 연구와 분석이 미진하니 대책도 미흡할 수밖에 없다.

과거 클린턴, 부시, 오바마 행정부를 비롯해 지금도 미국의 학자와 관리들이 북한 관련 세미나에서 저자에게 단골로 제기하는 질문의 하나는 "언제쯤 북한이 붕괴(collapse)되고, 쿠데타의 주역은 어느 세력이 될 것인가"이다. 하지만 미국 전문가들은 쿠데타군이 평양의 주석궁을 점령하기 위해서는 대동강과 보통강에 있는 11개의 다리를 통과해야 한다는 지적에는 묵묵부답이다. 평양의 지도를 펼쳐 놓고 평양방어사령부의 병력과 반란군 병력의 이동 경로를 추정하는 것은 고사하고 호위총국의 부대 위치조차도 파악하지 못한 상황이라 '장님이 코끼리 다리 만지는' 정도의 상상만이 난무할 뿐이다.

미국 전문가들은 과거 박정희 전 대통령 시해사건인 1979년 10 · 26 사태와 같이 최측근이 최고지도자를 암살하는 기묘한 사건이 왜 평양에서는 발생하지 않는지 궁금해 한다. 과거 저자는 국가안보전략연구원장 재직 시절 김정일 위원장 경호실에 해당하는 호위총국의 최말단 부서에 잠깐 근무하였다는 탈북자와 제3국에서 인터뷰한 적이 있다. 왜 김 위원장에 대한 살해 시도를 하지 못하는가에 대한 질문이었다. 그는 "우선 물리적으로 저격이나 살해 시도는 불가능하다. 경호체계는 철벽이다. 심지어 총알이 제대로 발사되지 않을 것이라는 미신에 사로 잡혀 있다. 특히 저격이나 살해를 시도할 명분이나 이유가 없다. 집안에 누구 하나라도 호위총국 근처에만 근무해도 사돈에 팔촌까지 호위호식하며 사는데 최고지도자를 위해할 필요가 있는가? 만에 하나 실패라도 하면 반대로 삼족이 몰살당하는데 위험한 일을 상상조차 할 수 없다"고 답했다.

빈곤도 권력도 모두 상대적이다. 북한에서 우리 부처의 과장급 정도의 관직을 경험한 탈북자들은 한국 사회에 정착한 지 3년 정도 지나면 남한 사회가 참 무료(?)하다는 생각을 한다. 그들은 북한에서 과장급 정도의 직책이 민간에 대해 누리는 권력의 맛에 비하면 남한 사회는 장 · 차관은 물론 대통령도 별것이 없다는 인식을 한다. 고위급 탈북자들은 철저한 계급 · 권력 사회의 북한에서는 나름대로 쥐꼬리만한 권력도 그것을 행사함으로써 느끼는 쾌감이 상당했다고 고백한다.

북한 붕괴나 최고지도자에 대한 암살 기도 등은 북한 권력의 속성을 정확히 투시하지 못한 결과에 따른 궁금증이다. 루마니아 차우세스쿠 등 동유럽의 체제전환 과정에서 비참한 최후를 맞이한 독재자의 말로가 김씨 혈통에게도 그대로 적용될 것이라는 추론은 논리적 근거가 부족하다. 특히 70년간 지속돼 온 독재 정권의 붕괴 시점을 예측하라는 것은 토정비결을 믿거나 말거나 신수 보기와 다를 바 없다. 미국 정보당국은 해마다 한국의 북한 전문가를 불러들여 식량 생산량이 턱없이 부족한데 어떻게 연명하는지에 대한 속 시원한 해답을 요구한다. 미 국민의 입장에서 햄버거를 두 개 먹다가 한 개 먹으면 죽고 살 일이지만, 빨치산 전통을 이어받은 북한 인민에게 한 끼 굶는 것은 대수로운 일이 아니다. 젖먹이 시절부터 주체사상을 학습해온 인민들이 수령에게 반기를 드는 것은 미 서부개척시대에 막강한 보안관에게 저항하는 것보다 어려운 일이다.

저자가 원장으로 있던 국가안보전략연구원 고문으로 재직했던 황장엽 전 주체사상 비서는 '서울에 와서 가장 좋은 일이 무엇이냐'는 질문에 "매주 토요일 아침에 소속기관 전체 직원 앞에서 일주일간의 잘못된 일을 자아 반성하는 '사상 총화'를 하지 않는 것"이라고 대답했다. '주체사상 비서와 김일성 대학총장인 선생도 총화를 해야 하느냐'는 질문에 "김일성과 김정일을 제외하고는 누구도 예외가 없다. 지위고하를 막론하고 매주 30분가량 지난 한 주 무조건 잘못했다고 반성하고 상대방의 잘못을 계속 지적하면 인간이 더 이상 자주적이고 독자적인 사고를 할 수 없다"고 부연설명을 했다.

미국의 북한 연구자들은 이 같은 북한 내부의 소프트웨어를 체계적으로 분석하지 않는다. 이질적인 동양문화를 넘어 권위주의 가부장제와 유일수령 사상체계가 복합적으로 어우러지면서 세계 최고 수준의 감시와 통제로 인민은 물론 간부조차 촘촘한 네트워크에서 벗어날 수 없다. 같은 한민족으로 대학에서 북한학과(Northkorealogy)를 설치하며 전문적인 연구와 분석을 시도하는 남한의 전문가조차 북한의 행태를 파악하는 데 한계가 분명하다. 하물며 미국의 전문가들의 분석 수준은 매우 제한적인 수밖에 없다.

6·12 싱가포르 공동선언문은 미국 북한 연구의 허술함을 단적으로 상징한다. 북한의 대미 협상 전략에 대해 사전 학습이 부실함은 미국 행정부가 과거 북한의 협상 행태와 전략에 대해 체계적으로 정리하지 않는 데 원인이 있다. 싱가포르 회담 모두 발언에서 김정은은 매우 전략적이고 계산된 발언을 했다.

"여기까지 오는 길이 그리 쉬운 길이 아니었다. 우리한테는 우리 발목을 잡는 과거가 있고 그랬던 관행들이 때로는 우리 눈과 귀를 가리고 있었는데 모든 것을 이겨내고 이 자리까지 왔다."

박사 수준의 김정은 발언, 고등학생 수준의 트럼프 발언

본인 결단으로 회담을 제의했고, 실행했다는 의도를 매우 함축적으로 표현했다. 길지 않은 두 문장이지만 북·미 관계의 과거, 현재 및 미래를 압축해서 본인들의 의지를 과시했다. 김정은 위원장의 발언이 박사과정 수준이었다면 그에 반해 트럼프의 발언은 고등학생 수준이었다.

"기분이 정말 좋다. 아주 좋은 대화가 될 것이고, 엄청난 성공이 될 것으로 생각한다. 정말 성공적일 것이라고 생각한다. 저의 영광이다. 우리는 아주 훌륭한 관계를 맺을 것이다. 의심할 여지가 없다."

정상회담에 대한 구체적인 전략도, 의지도 결여된 청소년들의 인사말에 불과했다. 본격 협상에 들어가기 전의 모두발언에서 트럼프는 김정은에게 기습적인 한 방을 먹은 것이다. 권투선수가 링에 올라가서 워밍업도 하기 전에 직격탄을 맞은 것이다. 부실한 합의문은 예고된 것이나 마찬가지였다. 준비 없는 정상회담이 가져올 외교 참사의 대표적인 사례로 연구 대상이다.

미국 전문가와 국무부는 2005년 9·19 공동성명에 임하는 북한 외교의 전략과 합의문 도출 전후의 협상 행태를 포함해 2006년 10월 9일 1차 핵실험까지의 과정을 체계적으로 정리한 대응

▌6월 12일 싱가포르에서 열린 북·미 첫 정상회담에서 만난 김정일 국무위원장과 트럼프 대통령.

매뉴얼을 만들지 않았다. 이후 핵실험이 6차례가 지속되도록 '북핵 매뉴얼'을 만드는 등 북핵 대응에 손을 놓았다. 오바마 정부(2009~2016)는 전략적 인내라는 사실상 수수방관 정책으로 북핵 처리에 실패했다. 체계적으로 준비된 북한 상대 외교 매뉴얼을 협상의 바이블로 삼았다면 사상 최초의 세기적인 북·미 정상회담 합의문의 수준과 내용이 총론적인 모호성과 애매함으로 가득 차지는 않았을 것이다.

9·19 공동성명의 1항은 "6자는 검증 가능한 방법으로 조선반도 비핵화를 평화적으로 실현하는 것이 6자회담의 목표라는 것을 일치하게 재확인하였다. 조선민주주의인민공화국은 모든 핵무기와 현존 핵계획을 포기하며 멀지 않은 시기에 핵무기전파방지조약에 복귀하고 국제원자력기구와의 담보협정을 이행할 것을 공약하였다"이다. 외교적 방법으로 비핵화를 실현하며 북한의 이행을 명기함으로써 합의문의 외형 구조상 특별한 문제는 없다. 문제는 2항이다. "북한과 미국은 서로의 자주권을 존중하고 평화적으로 공존하며 쌍무적 정책들에 따라 관계 정상화를 위한 조치를 취하기로 하였다." 3항은 북한에 대한 경수로 건설 및 200만kW 전력 공급 약속, 에너지 지원 등으로 비핵화에 따른 경제적 보상에 관한 것이다. 지뢰밭은 마지막 항에 있다. "6자는 이상의 일치 합의사항들을 [공약 대 공약] [행동 대 행동] 원칙에 따라 단계별로 리행하기 위한 조화로운 조치들을 취하기로 합의하였다."

미국은 성명에 서명할 때 1항이 먼저 진행되고 2, 3항이 순차적으로 진행된다고 판단한다. 하지만 북한은 2항이 우선이거나 최소한 1, 2항이 동급이며 1, 2, 3 항의 순서는 시간적인 순서나 중요도가 아니라 오히려 북한이 비핵화에 키를 쥐고 있다는 점을 암묵적으로 강조하기 위해 먼저 언급됐다는 입장이다. 미국은 마지막 항목에서 단계별 원칙을 강조했지만 북한의 행동이 일차적으로 선행돼야 한다는 묵시적인 인식을 하고 있다.

2005년 6자회담 수석대표들이 합의한 9·19 공동성명도 결국 휴지조각이 됐다.

한국전쟁 이후 계속되는 미국의 대(對)북한 오류

　결국 미국과 북한은 선(先) 행동조치를 요구하며 삽바싸움을 전개했고, 북한은 다시 무력시위를 감행함으로써 양측의 협상은 휴지조각이 됐다. 북한은 협상 체결 10개월이 안 돼 미국 독립기념일인 2006년 7월 4일 대포동 2호를 발사, 협약을 공식적으로 파기했다. 함경북도 화대군 무수단리 대포동에서 대포동 2호 1발과 깃대령 851부대에서 노동 1호와 스커드 미사일 5발을 각각 발사했다. 이어 2006년 10월 9일 1차 핵실험을 단행해, 9·19 공동성명을 공식적으로 파기했다. 행동의 선후 기싸움은 현재도 여전히 진행형이다. 폼페이오 장관이 싱가포르 회담 이후 평양을 방문해 김영철 노동당 부위원장에게 향후 6~8개월 내에 현재 보유한 핵탄두의 60~70%를 미국 또는 제3국에 넘기라는 요구를 했으나 '강도 같은 요구'라며 거절당한 것은 여전히 과거부터 지속된 선후 행동에 대한 정리가 되지 않았기 때문이다.

　협상에 올인했던 크리스토퍼 힐 당시 미국 6자회담 수석대표는 왜 추후 이견으로 사문화될 가능성이 높은 합의문에 서명했을까? 협상문을 도출하는 자체만으로 외교관의 능력이 올라간다는 인식을 보유했는가? 아니면 미국의 한 개 주도 안 되는 북한 정도는 얼마든지 힘으로 제압할 수 있다는 인식을 갖고 있었던 걸까? 협상에서 시간과 순서를 명확히 기입해 향후 계약서의 해석을 둘러싼 이견을 미연에 방지할 수는 없었을까? 물론 힐 전 차관보는 2014년에 발간된 자신의 회고록 [미국 외교의 최전선]에서 "외교는 결코 전쟁의 연장이 아니다"라고 강조했다.3)

　그는 조지 W. 부시 행정부의 대북 강경파들 속에서 외교로 북핵 문제를 풀기 위해 고군분투했다. 특히 부시 행정부 말기에는 마지막으로 평양을 방문해 김정일 위원장과 면담해 북핵 문제를 해결하려 했던 집념의 협상가였다. 하지만 1995년 1월 미국 오하이오주 데이턴 협상 당시 세르비아의 독재자 밀로셰비치와 상시적으로 접촉하며 협상을 풀어 갔던 힐에게 북한은 상상하기조차 어려울 만큼 폐쇄된 체제였다. 그는 북한과 세르비아와는 비교불가라는 사실을 수 년간의 협상 끝에 겨우 파악했다.

　2018년 콜로라도 덴버 대학 국제관계대학원장으로 있는 힐 전 차관보는 "완전한 비핵화 합의 가능성에 맥주 한 잔 값도 걸지 않겠다"며 트럼프의 미북 협상에 매우 부정적인 입장을 견지하는 것은 과거의 협상 경험 때문일 것이다. (힐 전 차관보는 2021년 10월 바이든 행정부에서 주세르비아 대사에 임명되었다) 왜 힐 전 차관보와 같은 노련한 외교관이자 협상가조차도 사전에 북한 협상의 문제점을 파악하지 않고 수많은 협상을 경험하고 나서야 북한이 지구상의 어떤 체제와도 같지 않다고 인식할까? 결국 폼페이오 장관은 힐 전 차관보가 수년 간 경험한 시행착오를 다시 반복하고 있는 셈이다.

미국의 대(對)북한 오류(fallacy of North Korea)는 사실상 1866년 7월 통상을 요구하며 대동강에 진입한 제너럴셔먼호가 조선군의 격렬한 저항에 의해 불에 탄 사건으로 거슬러올라가며 이후 150년 동안 계속되고 있다. 시행착오의 역설은 1953년 한국전쟁에서 적나라하게 표출됐다. 1950년 7월 5일 오산 죽미령에서 준비 부족의 스미스 대대가 북한군에 의해 적지 않은 피해를 입는 결과를 초래했다. 당시 미국은 북한군이 미군의 존재만 봐도 진격을 멈출 것이라는 순진한 판단 아래 스미스 부대를 투입했다. 훗날 유엔군을 지휘하게 되는 리지웨이 장군은 그의 회고록 [한국전쟁]에서 "맥아더는 침공군의 세력을 잘못 판단했으며 인민군 10개 정예사단 앞에 1개 대대를 투입한 것은 맥아더의 지나친 오판이었다"고 지적했다. 하지만 맥아더는 미군의 참전을 예상하지 못했던 북한군이 미군 참전을 목격하고 소련의 명령에 따라 전선을 재정비하면서 전체적으로 10일을 벌었다고 평가했다. 엄청난 피해를 입고서도 북한에 대한 인식과 탐구는 혼선과 혼동이었다.

이러한 오류와 비체계적인 미국의 대응은 2018년 트럼프 행정부에서도 고스란히 재연됐다. 트럼프 대통령은 싱가포르 회담에서 김정은 위원장에게 아이패드로 멋진 동영상을 보여주며 비핵화를 설득했다, 비핵화를 하자마자 북한에 물밀 듯이 들어오는 서방 자본, 새로운 철도, 공장과 리조트 등 장밋빛 비전이 포함된 3차원 영상이었다. "그들은 멋진 해변을 가지고 있습니다. 그들이 바다 쪽으로 포를 발사할 때마다 볼 수 있죠. 그렇죠? 저는 전경을 한번 보라고 말했습니다. 멋진 콘도를 만들지 않을 이유가 뭐가 있나요?" 트럼프는 첨단 그래픽에 의한 동영상이 김정은의 마음을 움직일 수 있다고 확신하는 것 같았다.

"개방하면 김정은이 망하고 개방 안 하면 북한이 망한다"

하지만 트럼프는 평양의 협상 상대를 뉴욕의 부동산 개발 전문가로 오판했다. 김정은은 북한에 현금이 들어오는 것은 원하지만 서구 투자에 본격적으로 문을 열면 독이 든 사과를 무는 것과 같다는 생각이 확실하다. 그가 스위스에서 중·고등학교를 다녔다는 사실 만으로 개혁·개방에 적극적일 것이라는 인식은 무지몽매한 것이다.

약 5년간의 베른 체류기간 동안에 김정은은 1년에 최소 3개월 정도는 각종 행사 참석을 이유로 평양에 체류했다. 특별히 베른학교 시절에 서구 문화에 충격을 받은 경험도 별무하다. 숙소 이외의 외출은 당시 스위스 북한대사관의 통제를 받았다. 딱히 서방문화를 경험하려는 노력이나 일탈을 찾아보기도 힘들다. 십대 시절의 보통 청소년들처럼 농구나 게임 정도에만 특별한 관심을 보였다. 트럼프는 "개방을 하면 김정은이 망하고 개방을 안 하면 북한이 망한다"는 평양의 딜레마를 이해하지 못했다.

현재 북한 연구자의 가장 큰 어려움은 몇 주 후 김정은 위원장의 행동을 예상할 수 없다는 것이다. 이는 한국의 북한 전문가는 물론이고 워싱턴의 북한 전문가(North Korean Watchers)에게도 공히 해당된다. 미국이 1994년 제네바 합의에서 경수로 2기를 2003년까지 건설해 주기로 약속한 것은 북한이 그 전에 붕괴될 것이라는 전제 때문이었다는 갈루치 수석대표 등 외교관들의 과거 발언은 미 외교 당국자들의 솔직하고도 무지한 고백이었다. 또한 한국전쟁 이후 지속돼온 북한에 대한 오판의 재연이었다.

2001년 출범한 부시 행정부는 이란, 이라크와 북한은 '악의 축' 이라는 발언으로 제네바 합의를 이행하는 북한과의 협상 진행에 소극적이었다. 특히 북핵 위기를 해결하려는 협상과 압박 사이에서 수사적(修辭的) 혼돈을 거듭했다. '악'이라는 표현을 사용하지만 실제 힘에 의한 압박도 한계를 보였다. 결국 창의적인 대안도 없이 제네바 합의를 덜컹 포기했다. 미국 입장에서 북한을 체계적으로 연구해서 얻을 국익이 있는가 하는 회의적인 시각이 있을 수 있다. 그러나 김일성·김정일·김정은 정권의 집권기간이 한 세기를 향해 나아가는 현실을 고려하지 않을 경우 북핵 문제의 정확한 해법을 찾기는 어려울 것이다. 사회주의 체제란 구(舊)소련처럼 시간이 지나면 자연스럽게 무너지리라는 순박한 기대만을 가지고 은둔의 왕국을 관망한다면 역사의 진보는 있을 수 없다. 결국 1994년 1차 핵 위기가 발생한 지 23년 만에 재발된 2차 핵 위기는 근본적으로 '수준 미달'인 미국의 북한 연구에 일차적 원인이 있다.

이제 미국의 북한 정보의 생산 경위와 학문적인 연구수준 등을 체계적으로 분석해 보자. 미국의 북한 정보의 산실은 중앙정보국(CIA)이다. CIA의 북한 정보수집 및 분석 수준을 가늠해 볼 수 있는 가장 정확한 보고서는 저자가 지난 2001년 번역한 [CIA 북한보고서: Kim Il-song's North Korea]다. 1970년부터 20년간 CIA에서 극동문제전문가로 일한 헬렌-루이즈 헌터(Helen-Louise Hunter)가 집필했다. 정보기관에서 축척된 자료를 기본으로 작성된 비밀문서였으나 1980년 초 이래 스티븐 솔라즈(Stephen J. Solarz) 연방하원 의원의 강한 요청에 따라 비밀 해제된 책이다. 솔라즈 의원은 뉴욕 브루클린이 지역구로서 크리스토퍼 힐 전 미국 6자회담 수석대표가 세상의 모든 문제를 간과하지 않고 해결하려는 의지를 가진 정치인으로 높은 평가한 바 있다.4)

21개 분야 북한의 사회학적 분석 시도한 CIA 보고서

솔라즈 의원은 1980년대 초부터 1993년 의회를 떠날 때까지 윌리엄 케이시 국장 이후 모든 CIA 국장에게 헌터의 기념비적인 연구의 결과를 공개해 줄 것을 요청하는 편지를 지속적으로 보냈다. CIA는 업무를 위해서 작성된 보고서들이 비밀로 유지되기를 원했기에 CIA가 이 책의 출간을 허용하더라도 그것이 미국의 국가안보를 위태롭게 하지 않을 것이라는 사실을 CIA가 납득하는 데 10년 이상이 소요됐다. 솔라즈 의원은 책의 추천사에서 "이제 당분간은 누구도 다시는 북한에 관해 정말로 아는 것이 없다고 말하지 않도록 하자. 은둔의 왕국의 불가사의를 풀 수 있는 열쇠가 이제 출간됐다"고 극찬을 아끼지 않았다.

계급과 성분을 시작으로 김일성 숭배, 결혼과 가족생활, 교육, 주택 및 보건 의료 체계 등 21개 분야에서 사회학적 분석을 시도한 것은 주목할 만했다. 이 책은 주로 북한을 방문했던 외교관, 기업인, 운동선수 등과 북한에 있는 친척을 방문한 재미교포들을 대상으로 보고 들었던 사실들을 브리핑 받아 체계적으로 정리한 결과물이다. 특히 북한 인민들의 실제 감정이나 마인드 등을 분석하는 데 주력했다. 다만 저자인 헌터가 실제로는 한 번도 평양을 방문하지 않았다는 사실은 근본적인 취약점이다.

미국 학계에서 북한 연구의 독특한 결과물 중의 하나는 우리에게 논쟁적인 학자인 브루스 커밍스가 2004년 집필한 [North Korea Another Country]다. 저자가 당시 베스트셀러 [다빈치 코드]를 모방해 [김정일 코드]라는 한국어 제목으로 번역했다.5) 이 책은 김정일의 후계자로 장남 김정남이 확실하다고 밝히고 있으나, 결과는 김정남의 이복동생 김정은이 평양 권력을 승계받았다.

이러한 저자의 일부 빗나간 예상을 제외하면 이 책은 북한에 대한 독특한 시각을 제공한다. 북·미 양자 간 갈등의 근원을 구조적, 역사적 측면에서 분석한 이 책은 한국전쟁의 기원에 대한 수정주의적 시각으로 주목을 받았던 브루스 커밍스 (노스 웨스턴대학) 교수가 집필했다. 북·미 간 갈등의 근원은 한국전쟁이라는 것이 책의 기본적인 시각이다. 북한 사회를 이해하기 위해선 깊은 탐구가 전제돼야 하고, 그렇기 위해선 대결이 아니라 존중이 필요하다는 지적이다. 이외에 외교관들의 대북 경험을 정리한 책들이 있지만 일회성 접촉 경험 회고에 그치고 있어 체계적인 지식 축적이 이뤄지지 않는 것이 가장 큰 한계다.

북한과 인도에 기만당한 미국의 기술정보력

미국이 생산하는 경쟁력 있는 북한 정보는 기술정보(Technical Intelligence)를 통해 수집된다. 기술정보(TECHINT)는 영상정보(IMINT), 신호정보(Signal intelligence SIGINT), 징후계층정보(MASINT) 등으로 분류된다. 미국은 최첨단 전략자산 등을 동원하여 한반도에서 전개되는 각종 통신활동을 감시한다. 주로 북한군의 통신과 평양의 국제전화 통화 등이 대상이 된다. 항공정찰과 위성정찰을 통해 북한군의 이동 등을 체크한다. 미국이 동맹국에도 제공하지 않는 영상정보는 해상도 1m급 영상은 군사목표물의 90%까지 판독 가능하고 50㎝와 30㎝는 각각 93%, 96%까지 판독이 가능하다. 사실상 북한군의 지상목표물은 감시가 가능한 수준이다. 북한이 괌에서 날아오는 각종 전략자산에 극도로 민감한 이유다.

정부가 2018년 4월 미국 워싱턴에서 북한 관련 전문매체 [38노스]를 운영하는 존스홉킨스대 국제대학원(SAIS) 한미 연구소(USKI)에 대해 예산지원을 6월부터 중단하겠다고 통보한 가장 큰 이유는 [38노스] 때문이다. 사실 [38노스]는 북한의 입장에서 보면 '끈질긴 스토커'라 할 수 있다. [38노스]는 미국 스페이스 이메이징사(Space Imaging Company)가 판매하는 50㎝ 내외의 민간 위성사진 등을 분석해 지금까지 북한의 핵미사일 도발을 사전에 수차례 발견해 냈다. 2016년 1월에는 신포항에서 이상한 움직임을 포착하고 SLBM을 개발하는 것이라고 처음 판단했다. [38노스]의 예견대로 그해 3, 4, 7, 8월에 북한은 SLBM을 발사했다. 미국은 NSA 주도 아래 영국, 캐나다, 호주, 뉴질랜드 등 영연방 국가들과 함께 '에셜론(ECHELON)'이라는 비밀 감청 조직을 결성하여 감청에 나서고 있다. 한반도에는 오산 공군기지와 평택 미군 비행장으로 알려진 험프레이 캠프에 에셜론과 관련된 기지가 운영되고 있다. 최근에는 오키나와 미국 공군기지에서 한반도에 대한 감청 시설이 확충되고 있다.

하지만 기술정보 수집은 다른 대응기술로 차단 내지 방어가 가능하다. 미국은 1974년 최첨단 첩보위성을 보유하고서도 사전에 인도의 핵실험 진행 상황을 전혀 파악하지 못했다. 인도는 미국 정찰위성이 인도 지역을 통과하면서 감시하는 시간을

정확히 파악하고 이 시간을 피해서 핵실험 준비작업을 진행했다.[6]

2006년 10월 9일 북한이 1차 핵실험을 실시한 이후 미국의 첩보위성은 북한이 추가 핵실험을 실시하려는 다양한 징후를 포착했다. 하지만 그러한 징후들은 북한이 의도적으로 노출한 기만행위였다. 1998년 북한 금창리 지하 핵시설 의혹도 첩보위성이 촬영한 영상자료에 근거해 제기됐으나 이후 미국 조사팀이 방문해 본 결과 핵시설이라는 결정적인 증거를 찾아내지 못했다. 북한은 금창리 지하시설 방문을 허용해 준 대가로 미국으로부터 60만t의 식량을 챙겼다. 결국 아무리 최첨단의 첩보 위성이라 할지라도 관찰 및 감시 능력에 한계가 있으며 상대국은 위성의 감시를 피할 수 있는 기만책을 구사할 수 있다. 휴민트(Humint) 즉 인간정보에 의해 상호 보완되지 않는 기술정보는 제대로 효능을 발휘할 수 없다. 기술정보의 하드웨어와 인간정보의 소프트웨어간의 균형적인 결합만이 정보의 효능을 배가시킬 수 있다.

휴민트 수집과 함께 미국의 북한 연구에 가장 큰 약점은 현장 접근이 불가하다는 것이다. 특히 폐쇄된 유색 인종 국가에는 과거 모스크바에 파견했던 백인의 외모를 갖는 신문기자, 연구자, 여행객, 상사원 등의 파견이나 체류가 원천 봉쇄돼 있다. 방문자를 통한 디브리핑(debriefing) 방식의 첩보수집만으로 체계적인 분석은 한계가 있다. 최근 들어 CIA에 북한 데스크를 설치해 한국계 미국인을 책임자로 임명하는 것은 만시지탄이지만 다행이다. 다만 정보기관의 분석은 매일 일보(日報) 체제로 진행되기 때문에 거시적이고 체계적인 분석은 매우 부족하다. 연구소와 대학이 긴밀하게 상호 보완해야 한다.

미국의 한반도 연구자들은 남북한 연구를 혼동

이제 한반도의 현실과 미래를 위해 미국은 '북한 스터디(North Korean Studies)'를 본격적으로 시작해야 한다. 북한 연구를 과거 소련을 체계적으로 연구했던 '소련학(Sovietology)' 수준으로 끌어 올려야 한다. 소련학 연구는 소련의 은밀하고 비밀스런 부분에 대한 이해가 어렵기 때문에 '크레믈린 연구(Kremlinology)'로 불리기도 했다. 우드로윌슨센터는 1974년 산하에 캐넌연구소(Kennan Institute)를 설립하고 체계적인 소련 연구를 전담했다. 미국의 러시아 탐험가인 조지 캐넌(George Kennan)의 이름을 딴 연구소는 미국에서 가장 중요한 러시아 연구기관으로 도약하며 다양한 저술 및 현장 접근 사업 등을 수행했다.

현재 미국의 북한 연구는 사회주의 독제체재라는 상식수준에 그치고 있다. 대학에서 국제관계로 박사학위를 받은 후 연구소나 기관에서 1~2년 근무한 후 갑자기 언론에 나타나 북한 문제 전문가로 활약하는 수준은 이제 지양하자. 워낙 전문가 층이 두텁지 않고 틀려도 아니면 말고 식이기 때문에 경제학 등 여타 분야에서는 도저히 활약할 수 없는 수준의 신인들이 우후죽순처럼 나타난다. 그들의 분석수준은 역사성이나 논리성 등이 턱없이 부족하며 근거도 별로 없다. 서울에서 생산된 정보가 영어로 전환되며 새로운 정보로 변질되는 패턴은 미국의 북한 협상 실패의 중요한 근거다. 워싱턴 북한 연구자들의 강점은 유창한 미국식 영어 이외에는 특별히 찾아보기 어렵다고 해도 과언이 아니다.

향후 바람직한 미국의 북한 연구 방향은 다음과 같다. 첫째, 국무부와 교육부 등 행정부는 대학과 민간의 북한학 연구를 중국, 일본 중심의 동아시아 연구에서 독립시켜 특화된 전문연구소를 설립하고 관련 강좌를 강화해야 한다. 특히 동아시아와 남한과 북한 연구를 분리해야 한다. 남북한은 동일 민족이지만 언어를 제외하고는 분단 70년 동안 북한은 사회주의와 유일 수령사상 체계의 이데올로기로 무장해 자본주의 시장경제의 자유민주주의 가치체계와 동일 선상에서 도저히 접점을 찾을 수 없다. 하지만 미국의 한반도 연구자들은 남북한 연구를 혼동하고 있다. 한반도 연구와 북한 연구를 구분해야 한다.

둘째, 한국의 연구기관과 공조해 공동연구를 진행해야 한다. 남한의 북한 연구자를 미국에 초청해 연구시키고 미 전문가들이 북한을 방문하는 등 기초적인 연구체계를 구축해야 한다. 미 의회는 'Northkoreanology 연구 장려 법안'을 발의하고 예산 지원을 강화해야 한다. 최소한 중국과 일본 연구 수준으로 지원체계를 확립해야 할 것이다. 미국의 대표적 일본 연

▌한국전쟁 발발 뒤 처음으로 한반도에 파견한 대대급 미 지상군 부대인 스미스 부대.

구서인 루스 베네딕트의 [국화와 칼]이 북한 연구에서도 나오는 순간, 핵문제의 해법이 나올 수 있을 것이다.[7] 이러한 연구결과는 한반도 사태 진전을 분석하고 향후 효율적인 대책을 논의하는 데 정확한 로드맵을 제공할 것으로 확신한다.

2. 북한 급변 시나리오: 김정은의 '정상국가' 향한 개혁·개방의 행로는?

독재자의 손에 쥐어진 네 장의 원웨이 티켓
■ 베이징·하노이·아바나·트리폴리 등 사회주의 시장경제 모델 중 최종 종착지는?
■ 시장경제 수용하고, 미국과 수교한 중국·베트남의 비약적인 경제성장 주목할까

2005년 더운 여름날 평양을 방문했었다. 모 대기업의 요청을 받아 개성에서 인삼 재배 합작사업 추진을 논의하기 위해서였다. 1년간의 물밑 협의 끝에 최종적으로 북한의 대남 경제협력 담당기관인 민족경제연합회와 양해각서(MOU)를 체결하려는 방북이었다. 계약체결 전날 만찬에서 북측 관계자는 폭탄선언을 했다. 병유리 공장 건설 계약을 동시에 체결해야만 인삼 사업이 가능하다는 긴급 상부지침이 내려왔다는 내용이었다. 대동강의 무궁무진한 규사를 활용해 평양소주·룡성맥주병을 생산하는 유리병 공장 건설이 시급하다고 부언했다.

창문 유리를 생산하는 판유리 공장은 2004년 중국이 후진타오 주석의 결정으로 2,400만 달러를 투자했다. 생산은 가능한데 병유리는 기존 공장이 낙후돼 공급이 부족하다는 설명이었다. 인삼 사업은 남측 기업에 혜택을 주는 비즈니스인 만큼 동시에 북측에 도움이 되는 애국 사업을 병행해야만 추진이 가능하다는 설명이었다. 인삼 사업과 병유리 사업은 별개라고 항변했고, 인삼 사업을 성공시키면 향후 추가 투자를 검토하겠다고 설명했으나 북측은 요지부동이었다.

그날 저녁 보통강호텔 식당에서 폭탄주로 대취하고 1년간 각종 부대비용을 들여 추진을 검토했던 인삼 사업계획서는 대동강 강물에 휴지로 날려 보내고 다음 날 새벽에 숙취만 안고 순안공항을 출발했다. 훗날 평양 사업을 10년 이상 추진했던 이 기업인은 오히려 투자 전에 사업 무산이 잘된 것이라고 저자를 위로했다. 만약 자금이 투입됐으면 그 다음에는 사정 변경의 원칙을 내세워 합의서를 수차례 수정하고

추가 투자를 요구, 사업 추진이 종국적으로 어려웠을 것이라는 본인의 경험을 회고했다.

부자인 남측이 경협으로 이득을 취하는 구조를 가난한 북한 경제가 도저히 용인할 수 없으며 양측의 윈윈(win-win) 구조는 이론에 불과하다는 것이 이 기업인의 평가였다. 인삼 사업에서 얻는 교훈 중 하나는 북한과의 협상은 끝나도 끝난 것이 아니며 단계별로 지뢰밭이라는 것이었다. 특히 외견상 정중동(靜中動)인 것처럼 보이지만 막후 배후 테크노크라트들이 이득의 극대화를 위해 협상 조건을 수시로 변경하는 전략을 기획한다는 것이었다.

30년을 한 조직에서 일하는 2만 노동당 엘리트

오래전의 방북 경험을 글머리에 소개하는 것은 북한 당국자들이 결코 당면 현안에 대해 손 놓고 있지 않다는 점을 강조하기 위해서다. 특히 노동당 조직지도부에서 관리하는 2만여 명의 북한 엘리트는 정권교체와 상관없이 30년 정도를 한 조직에서 맡은 바 일에 주력한다. 5년마다 정권이 교체돼 역사가 배타적으로 단절되는 서울과는 비교할 수 없을 정도의 연속성과 지속력을 갖고 있다. 북한 정권이 각종 위기가 발생할 때마다 절묘한 대안을 모색해 성공적인 돌파구를 마련하는 데는 장기간에 걸쳐 현안을 담당한 귀신같은 테크노크라트들의 공이 적지 않다.

흉작으로 최소 150만 명 이상이 사망하는 고난의 행군 시절 김정일 위원장은 2000년 6·15 정상회담으로 활로를 열었다.

선대 지도자 김일성과 김정일은 고비 때마다 중국과 러시아를 순방하며 국제적인 고립 속에서도 미국을 효율적으로 응대했다. 김일성은 1994년 1차 북핵 위기를 제네바 합의로 돌파하며 실리를 챙겼다. 1994~98년 사이 북한 전역을 휩쓴 흉작으로 최소 150만 명 이상이 사망하는 고난의 행군 시절에도 김정일은 2000년 6·15 정상회담으로 활로를 열었다.8) 2017년 9월 6차 핵실험으로 고조된 2차 북핵 위기는 트럼프 미국 행정부가 김정은 정권을 좌우로 강펀치를 날리며 코너로 몰아넣는 계기가 됐다. 미국이 주도하는 유엔 제재가 북한 경제의 명줄을 확실하게 죄기 시작했다. 세컨더리 보이콧을 우려한 중국의 전례 없는 제재 동참은 치명적이었다. 북한 무역액의 37%가 감소됨에 따라 평양 궁정경제(court economy)의 금고에 금이 가기 시작했다. 해외 파견 노동자의 강제 출국, 각종 해외 영업 식당 중단 및 무기류 수출 차단 등은 최고지도자로 하여금 극적인 돌파구 마련을 기획할 수밖에 없게 만들었다.

궁즉통이라고 할까! 최소 30년간의 국제 정세를 직시한 테크노크라트들이 난국 타개 로드맵을 김 위원장에게 보고했다. 김정은은 전광석화처럼 보고서대로 움직이기 시작했다. 특히 남한의 새로운 정부가 강력한 원군 역할을 자임함에 따라 일은 의외로 손쉽게 풀리기 시작했다. 평창 겨울올림픽의 참가는 립스틱 외교(Lipstick diplomacy)를 통해 순식간에 평양 올림픽으로 이미지 변신을 도모했다. 1987년 대한항공 폭발 사건으로 1988년 서울 올림픽에 불참하고, 1989년 평양에서 5억 달러의 비용으로 세계청년학생축전을 개최해 5년간 허리띠를 졸라맸던 가슴 아픈 추억을 되풀이할 필요가 없었다.

평양의 남북 민족공조 전략은 1단계에서 완벽한 성공을 거뒀고 미국과의 정상회담이 초단기에 결정됐다. 남측 특사단을 접견한 트럼프 대통령은 45분 만에 북·미 정상회담을 선언했다. 휘발성이 적지 않은 미국과의 정상회담이 전격 결정됨에 따라 김 위원장은 '생명보험'과 '여행자보험'이 필요했다. 차이나 패싱(China passing)을 우려하는 베이징 지도부에 선수를 치고 빅딜에 성공했다. 3월 5일 남측 특사단을 접견한 후 3주간 두문불출하던 김정은 위원장은 특급 전용 열차를 타고 홀연히 베이징에 나타났다. 과거처럼 일본 언론의 특종 보도로 베일에 가린 방중이 알려지고 김 위원장의 평양 도착 이후 [노동신문]과 [인민일보]에 대문짝만 하게 보도되기까지 서울은 깜깜이 수준이었다.

청와대는 마치 사전에 인지한 뉘앙스를 던졌지만 국정원이 국회 정보위에서 베이징행의 주인공에 대해 오전에는 김여정, 오후에는 김정은이라고 오락가락한 사실로 인해 정부나 언론, 전문가 모두 장님 코끼리 더듬기 식의 예언과 추측 이상의 언급을 할 수 없었다. 사실 우리 정보기관이 김정일 위원장의 8차에 걸친 방중을 사전에 인지하거나 최초로 보도한 전례가 없기 때문에 이번 방문을 사전에 파악하지 못한 것은 너무도 당연하다. 단둥에서 선양을 거쳐 베이징에 도착하는 북한의 녹색 특급

1989년 평양에서 열린 세계청년학생축전에는 5억 달러의 비용이 들었다.

열차를 감지하는 수많은 안테나를 심어놓은 일본 당국과 언론의 정보 네트워크를 우리가 감당하기엔 역부족이었고, 이번에도 예외가 아니었다.

3박4일간의 꿈같은 베이징 출장은 김 위원장에게 날개를 달아 주었다. 초국빈 대우는 '지구상의 어느 정상이와도 이보다 좋을 순 없다'는 수준이었다. 김정은 위원장은 첫 번째 해외 순방 국가가 중국이 된 것은 너무도 당연하다고 초국빈 예우에 화답했다. 특히 시진핑과 김정은 연설의 압권은 선대의 추억이었다. 시진핑은 1983년 6월 무더운 여름날 아버지 시중린이 직접 베이징역에서 김정일 위원장을 영접하고 고궁에 동행한 옛날이야기를 장황하게 언급했다. 심지어 김정일 위원장이 깊은 감명을 받았다는 언급까지 추가했다.

번번이 헛물만 켠 중국의 북한 개혁·개방 기대감

하여튼 김 위원장의 중국 방문으로 비핵화 방정식은 3차에서 4차 고차 방정식으로 진화했다. 중국 변수가 상수(常數)로 등장했다. 4·27 남북 정상회담은 민족공조로 양측이 치장하기 때문에 과속 수준이다. 하지만 북·미 정상회담은 구조와 내용이 다르다. 통념적이지 않은(unconventional) 워싱턴과 평양의 양 지도자가 톱다운 방식으로 정상회담을 결정한 것이다. 김 위원장이 비핵화를 해 새로운 세상으로 진입할 것인지 아니면 시간 벌기용, 사진 촬영용, 명분 축적용일지 현재는 미지수다. 다만 김 위원장의 비핵화 복심은 중국에서 한·미가 사전에 분위기를 조성해 단계적 동시적 핵 포기 과정을 거치면 비핵화가 가능하다는 언급이 현재로선 전부다.

요컨대 김 위원장의 베이징 방문에서 북한의 미래 행보로 비핵화와 개혁·개방을 전망할 확실한 근거를 발견할 수는 없다. 3박4일 일정이었지만 장거리 열차 이동 시간을 고려하면 실제로 동선이 노출된 것은 하루 반 정도였다. 김 위원장의 행보와 발언의 진위를 파악하는 데에는 한계가 있다. 세기의 북·미 정상회담은 김정은이 복심과 상관없이 그가 '호랑이 등에 올라탔다(Riding the tiger)'는 비유가 가능하다. 미국 석세스대 교수였던 고든 화이트(Gordon White)는 중국의 1978년 개혁·개방을 분석한 책의 제목을 '호랑이 등에 올라타기(1993, stanford university 출판사)'로 결정했다. 부제로 '호랑이 등에 올라타면 내리기 어렵다(騎虎難下, if you're riding a tiger, it's hard to get off)'라는 문장을 통해 중국의 개혁·개방이 경제적 측면에서 후퇴하기 어렵다고 지적했다.9) 지난 1, 2차 남북 정상회담과 김일성과 김정일의 중국 방문 이후 북한이 호랑이 등에 올라탈 것으로 기대했으나 실제로는 호랑이 모습에 놀라 그냥 돌아왔다.

김일성은 1984년 초 선전특구를 방문해 '천지개벽' 발언을 했다. 중국 공산당 관계자는 당시 "김일성 주석이 천지개벽 운운해 놓고 실제로는 선전특구식 개방 정책을 펴지 않았기 때문에 김정일 위원장이 상하이에서 천지개벽이라고 말할 때 우리는 그 의미를 별로 두지 않았다"고 언급했다. 김일성은 1984년 9월 외자 유치를 위한 합영법을 제정, 발표했다. 북한이 선전특구 등을 둘러보고 중국처럼 대담한 특구식 개방을 하긴 어렵지만 외자 도입에 의한 생산력 증대를 위해선 합영법 정도의 법률 제정이 필요하다고 인식했기 때문이다. 결국 김일성의 중국 방문 이후 개혁·개방 시도는 형식적인 법 제정 정도로 그쳤다.

중국 정부는 김정일 위원장의 2001년 1월 상하이 방문 직후 북한의 관영매체들이 그의 천지개벽 발언을 대대적으로 보도해 이번에는 뭔가 중국식 개방 모델을 수용할지도 모른다고 예상했다. 하지만 그 뒤 북한이 중국식 개방 정책을 배우기 위한 대표단조차 파견하지 않자 실망했다. 북한이 중국식 개방 모델을 따를 생각이 없다는 것은 김 위원장의 방중 기간에 어느 정도 감지됐다. 2000년 5월 주룽지 중국 총리가 김 위원장의 푸둥지구 시찰을 수행한 뒤 김 위원장과 단독 면담을 하고 정중하고 조심스럽게 개방을 권유했으나 김 위원장은 아무런 대답도 하지 않았다. 김 위원장은 총 8차에 걸친 중국 방문 이후 '단번도약론'을 내세우고 컴퓨터 기술을 중심으로 정보기술(IT) 분야에 대한 집중 투자를 강조했다. 하지만 IT 발전이 단순히 과학기술과 연계해 생산력 증가에만 관심이 집중돼 1978년 중국식 개혁·개방으로 연결되지 못했다.

평양에 맥도널드 매장 오픈된다면

  10년 만에 상하이를 다시 찾은 김정일 위원장은 변하지 않은 것은 황푸강뿐이라고 언급했지만 결국 김 위원장의 중국 발전에 대한 지대한 관심이 북한식 개혁·개방으로 이어지지 않을까 하는 기대는 실현되지 않았다. 열흘씩이나 특급열차를 타고 만주 별판을 지나 상하이까지 방문하며 천지개벽을 언급해도 평양에 돌아오면 깜깜무소식이었다. 호랑이가 시베리아의 맹수 호랑이가 아니라 에버랜드의 동물원 호랑이였기 때문에 김 위원장은 미래에 대한 불확실성을 감지하자마자 즉각 내려올 수 있었다. 북한의 사회주의 정치체제와 경제구조를 바꾸는 급진적인 변화가 간단하지 않은 과제라는 것을 시사한다.

  김정은 위원장은 트럼프 대통령과 평양이든 판문점 혹은 몽골에서든 직접 만남으로써 회담의 결과와 상관없이 새로운 여정에 들어설 것이다. 호랑이가 시베리아 호랑이일 가능성이 높아 선대 지도자들처럼 하차하기는 쉽지 않을 것이다. 트럼프는 명분과 실리를 확보하기 위해 당일 일정으로 평양 순안공항에 전격적으로 에어포스원 전용기를 착륙시킬 수 있다. 평양 시내 중심가를 미국 성조기를 단 방탄 세단 수십 대가 회담장으로 질주할 것이다. 한반도 상공에는 전략자산이 집중 배치될 것이다.

  모든 평양 시민을 건물 안으로 몰아넣고 외부에 나오지 못 하게 하겠지만 CNN의 생중계로 특이한 시내 풍경이 전 세계로 중개될 것이다. 정상회담이 성과 없이 종료되면 트럼프는 전용기에 오르자마자 본인은 최선을 다해 노력했지만 김정은의 핵 보유 고집을 꺾을 수 없었다는 메시지를 계속 트위터로 날릴 것이다. 김정은은 결국 과거로 회귀하면서 강력한 제재에 부딪혀 선제타격 시나리오에 시달릴 수밖에 없다. 북한은 미국의 압박에 대응해 중국과 러시아에 구원 요청을 할 것이다.

  반면, 트럼프와 김정은이 원샷으로 일괄 비핵화에 합의하면 '행동 대 행동의 원칙'으로 최소 1년, 최대 2년 안에 비핵화와 제재 완화가 이뤄지는 장밋빛 시나리오가 전개될 것이다. 김정은이 진심으로 비핵화를 결정하고 국제사회의 대규모 투자와 지원을 받아들인다면 그는 가보지 않은 길에 들어서는 것이다. 가보지 않은 길로 가는 탑승권은 목적지가 중국 베이징, 베트남 하노이, 쿠바 아바나, 리비아 트리폴리 등이 될 것이다. 중국식 개혁·개방은 북한이 일차적으로 벤치마킹할 수 있는 모델이다. 1978년 덩샤오핑의 개혁·개방 결정으로 중국 정치는 사회주의 공산당, 경제는 정부 주도의 '계획과 시장이 병존하는 경제(Plan and Market economy)'의 이중발전 모델을 통해 주요 2개국(G2) 수준으로 급성장했다.

중국은 8개의 서류상 정당으로 복수정당제라고 주장하지만 실제로는 공산당 1당 독재다. 북한은 노동당 1당 독재를 유지하면서 제한적인 개혁·개방을 단계적으로 시도해야 한다. 북한이 베이징 모델을 벤치마킹하기 위해서는 외국자본에 개방을 해야 한다. 평양에 맥도널드 매장을 오픈해야 한다. 신의주·남포·원산·청진 및 해주 등 5개 항구를 개방해야 한다. 외국자본 투자가 이뤄지도록 관행을 변경하고 각종 법과 규정을 개정해 국제적인 투자보장 협정이 지켜져야 한다.

백두혈통 김 위원장의 3대 권력은 단기적으로 문제없이 유지될 것이다. 중국이 1978년 11개의 항구를 개방하고 단계적으로 이를 연결해 대륙으로 확대하는 점(点)→선(線)→면(面)→개혁·개방을 점진적으로 단행했다. 덩샤오핑이라는 개방 전도사의 역할이 결정적이었다. "누구든지 부자가 돼라. 그러나 가난한 사람을 잊지 마라"는 덩샤오핑의 선부론(先富論)은 반신반의하던 중국 인민을 움직이기에 충분했다.

▌ 2011년 김정일 북한 국방위원장이 중국 장쑤(江蘇)성 양저우(揚州)의 한 대형마트를 시찰했다.

덩샤오핑식의 김정은 '남순강화(南巡講話)' 가능할까

보수파들의 극렬한 반대로 홍(紅)와 전(專), 즉 이념과 실용이 격렬히 충돌하던 시기에 덩샤오핑이 베이징에서 선전까지 기차를 타고 가며 위험을 무릅쓰고 주장한 남순강화(南巡講話)는 개혁·개방의 살아 있는 메시지였다. 과연 김정은 위원장은 신의주에서 개성까지, 함경도 두만강에서 금강산까지 특별열차를 타고 가며 남순강화를 할 수 있을까?

하노이행 항공권도 매우 바람직한 대안이 될 것이다. 베트남전쟁으로 미국과 베트남은 한국전쟁 당시 미국과 북한 간의 사상자보다 많은 피해자가 발생했다. 미군의 공식 사망자는 5만 8,315명이었다. 부상자는 30여 만명에 이르렀다. 하지만 베트남은 1986년 응우옌반린이 서기장에 취임하면서 모든 부문에 걸친 개혁 정책안인 '도이머이(刷新)' 정책을 실시해 국민경제 회복에 주력했다. 베트남은 시장경제를 수용하고 1995년 미국과 수교하면서 북한과 다른 길을 걸었다. 비약적인 경제성장을 발판으로 동남아국가연합(ASEAN, 아세안) 등 국제무대에서 활발히 활동하고 있다.

2015년 수교 20주년을 맞아 당시 버락 오바마 미 대통령의 초청으로 백악관을 찾은 응우옌푸쫑 베트남 공산당 서기장은 "우리는 적에서 친구로 탈바꿈했다"고 말했다. 베트남전쟁 후 43년 만인 2018년 3월 5일 핵추진 항공모함 칼빈슨 전단이 베트남 다낭에 기항했다. 미국은 베트남과의 군사협력 강화를 위해 핵잠수함의 기항 가능성도 시사했다. 베트남이 남중국해 영유권 문제를 두고 갈등을 빚고 있는 중국을 견제하기 위해 미국과 군사 교류를 강화하려는 것으로 풀이된다. 베트남은 북한의 이상적인 미래 모델이 될 수 있다.

김 위원장 입장에서 하노이보다는 못하지만 쿠바 아바나행 비행기도 탑승할 만하다. 북한 검찰 대표단은 2018년 3월 12일 쿠바를 방문했다. 사회주의 체제를 유지하면서도 개혁·개방에 나선 쿠바 모델은 북한의 미래상이 될 수 있다. 2008년 피델 카스트로(2016년 사망)의 뒤를 이어 국가평의회 의장이 된 그의 동생 라울 카스트로는 소련식 중앙통제 경제의 개혁을 선언했다. 국유 농지의 일부를 농민에게 분배해 자영농을 육성했다. 또 농산물 거래 시장을 허용하고 음식점·커피숍·이발소 등 자영업도 일부 허용했다.

그러나 개혁 속도는 더뎠고 경제난도 개선되지 않았다. 쿠바의 개혁·개방 모델이 3대 세습체제에 접목할 수 있을지에 대해선 의구심을 표하는 목소리가 높다. 쿠바를 방문한 응우옌푸쫑 베트남 공산당 서기장이 2018년 3월 29일 시장 친화적 경제 개혁의 중요성을 강조했다. 응우옌 서기장은 아바나대 강연에서 "시장경제는 그 자체로 사회주의를 파괴할 수 없다"며 "성공적인 사회주의 건설을 위해선 적절하고 올바른 방식으로 시장경제를 발전시키는 것이 필수적이다"고 강조했다.

응우옌 서기장은 베트남은 지난 20여 년 동안 국민 약 3,000만 명을 빈곤에서 벗어나도록 했다고 강조했다. 쿠바는 라울 카스트로가 정권을 잡은 2011년 이후 본격적으로 경제 개혁을 시작했다. 쿠바 공산당은 시장 개혁의 속도 부진은 절차의 복잡성, 관료들의 참여 저조, 관리감독에서의 실수 탓이라고 인정했다.

김정은, 트리폴리 비행기는 안 탈 것

김 위원장은 리비아 트리폴리 비행기는 결코 타지 않을 것이다. 리비아 핵 포기와 경제지원 방식은 북한엔 최악의 카드다. 백악관 국가안보보좌관 존 볼턴이 '리비아식' 북한 비핵화를 주장하면서 향후 협상의 최대 쟁점이 되고 있다. 리비아식 비핵화의 핵심은 핵과 생화학무기의 완전 포기선언이다. 국제사회의 관계 개선과 경제지원 등 비핵화의 대가는 그 이후 과정에 포함된다.

리비아는 1969년 무아마르 카다피가 쿠데타를 통해 집권, 독재를 시작했다. 독재만 놓고 보면 북한 정권과 유사하다. 강경 반미 노선인 카다피 정권과 미국의 반목이 점차 심해지면서 미국은 리비아를 테러지원국으로 지정하고 1981년에는 외교관계를 단절했다. 1992년 리비아는 미국 여객기 폭파 테러 혐의로 유엔안전보장이사회의 경제제재를 받았다. 장기간 국제적 고립과 경제제재로 정권 유지에 위기를 느낀 리비아는 영국의 중재로 2003년 미국과의 비밀 협상 후 그해 말에 핵과 생화학무기의 완전 포기를 선언했다. 비밀협상 과정에서 핵 물질과 장비, 프로그램을 공개했으며 포기 선언 이후에는 국제원자력기구(IAEA)의 사찰도 수용했다. 미국을 비롯한 국제사회와의 관계 회복은 즉각적으로 이뤄지지 않았다. 2006년이 돼서야 미 정부는 리비아에 대사관을 세우고 국교를 정상화하는 한편 리비아를 테러지원국 명단에서 지웠다.

'평양식' 비핵화 모델의 실체는?

리비아식 비핵화를 하면 북한은 사실상 2년 내에 핵 폐기를 완료해야 한다. '조건 없는 비핵화'로 요약할 수 있다. 특히 장기간 독재 집권한 카다피 정권은 비핵화 선언 이후 8년 후인 2011년 민주화운동인 재스민 혁명으로 시작된 '중동의 봄' 영향으로 무너진 것도 북한이 리비아식에 강한 거부감을 보이는 이유다.

이외에도 '이란식' '우크라이나식' '남아공식' 등 각국의 비핵화 과정은 다양하다. 1992년 미국은 우크라이나에 대한 핵 폐기를 촉진시키기 위해 '넌-루가(Lunn-Rugar program)' 법안으로 총 16억 달러를 지원했다. 이란의 비핵화 과정은 제재 해제와 핵

폐기 과정이 병행됐다. 이란과 주요 6개국(유엔안전보장이사회 5개 상임이사국과 독일)은 10여 년의 협상 끝에 2015년 7월 이란이 핵무기에 사용되는 고농축우라늄 개발을 포기하는 대신에 이란 제재를 해제하는 핵 협정을 타결했다.

북한이 선호하는 최상의 비핵화 모델은 ▷ 최소의 단계적 비핵화, ▷ 최대의 신속한 경제지원과 체제 안전보장이다. 반면 미국이 요구하는 모델은 반대로 ▷ 최대의 신속한 비핵화, ▷ 가능한 한 늦은 단계적 경제지원과 체제 안전보장이다. 양국이 협상장에서 얼굴을 붉힐 수밖에 없는 이유다. 북한은 우크라이나 혹은 이란 방식으로 최대의 경제적 지원을 받고 핵 폐기가 가능한 살라미 방식으로 10년에 걸쳐 나눠 진행하는 '평양식'을 염두에 둘 것이다.

과거 북한을 방문할 때마다 북한 인사들에게 "옆집(중국)에 좋은 선생님이 있는데 왜 벤치마킹하지 않느냐"고 물었다. 그때마다 대답은 한결같았다. 북한은 종심(縱深)이 작아서 중국처럼 할 수 없다고 한다. 남포와 원산을 개방하면 평양도 개방할 수밖에 없어서 불가하다는 입장이다. 그러면 무슨 대안이 있느냐고 반문하면 '우리 식대로 간다. 장군님이다 알아서 한다'는 답변이 돌아와 토론이 지속되지 않았다. 하지만 트럼프와 김정은의 정상회담은 평양이 핵·경제 병진노선하에서 자력갱생의 우리 식대로 나아가는 데 한계에 직면하게 할 것이다.

명과 청나라를 주기적으로 방문하는 것이 세계관의 전부였던 조선시대의 쇄국 시각으로 무장한 평양은 19세기 말 조선처럼 서구의 개항 압박을 받고 있다. 특히 인류에게 치명적인 무기를 내려놓을 것을 강요받고 있다. 김 위원장은 비핵화로 호랑이 등에 올라타서 새로운 개방화 시대에 동참할지, 호랑이를 보자마자 다시 핵을 안고 동북아 국제정치의 밀림으로 숨을지 세기의 결전이 다가오고 있다. 전 세계 시청자들의 이목이 집중되고 있다.

▌ 2018년 3월 26일 베이징역에 도착한 김정은 북한 노동당 위원장 부부가 중국 공산당 고위 간부들의 영접을 받고 있다. / 사진: 조선중앙통신

참고문헌

제1장

1) 도널드 트럼프·로버트 기요사키 저. 윤영삼 역. 2013. 『마이더스 터치』, 흐름출판.

2) 도널드 트럼프(Donald Trump) 지음, 이재호 옮김. 2016. 『거래의 기술』, 살림. 도널드 트럼프 지음, 권기대 옮김. 2007. 『트럼프, 성공을 품다』, 베가북스.

3) 알렉산더 V. 판초프(Alexander V. Pantsov) 저. 스티븐 L. 레빈 영역, 심규호. 2017. 『마오쩌둥 평전』, ㈜민음사. 이 책은 판초프의 러시아 원저를 레빈이 영역한 『마오 (Mao: The Real Story)』를 우리말로 번역한 책이다. 일종의 중역인 셈이나 영문판을 원저자가 역자와 공저로 출간한 것을 보더라도 원저에 손색이 없는 작품이다.

4) 리차드 닉슨(Richard Milhous Nixon) 지음. 김기실 역. 1980. 『닉슨 회고록』, 한섬사.

5) 로널드 레이건(Ronald Wilson Reagan) 저. 고명식 역. 1991. 『레이건 회고록』, 문학 사상사.

6) 미하일 고르바쵸프(Mikhail Gorbachev) 저. 이기동 역. 2013. 『선택』, 프리뷰. 류광모 편, 1989. 『고르바쵸프 연설문집 1』, 교보문고.

7) 데이비드 레이놀즈(David Reynolds) 저, 이종인 역. 2009. 『세계를 바꾼 6번의 만남』, 책과함께.

8) 도널드 트럼프 지음. 안진환 옮김. 2008. 『승자의 생각법』, 2008. 시리우스.

9) 도널드 트럼프 지음. 역자 이은주, 도지영. 2017. 『트럼프, 강한 미국을 꿈꾸다』, 미래 의창.

10) 후지모토 겐지 지음. 신현호 역. 2003. 『김정일의 요리사』, 월간조선사.

11) 김태형. 2019. 『인도 파키스탄 분쟁의 이해: 신현실주의 이론으로 바라보는 양국의 핵개발과 안보전략 변화』, 서강대학교 출판부.

12) Charles Ferguson. 2015. 『Ferguson Report: '한국이 어떻게 핵무기를 획득하고 배치 할 수 있는가(How South Korea Could Acquire and Deploy Nuclear Weapons)'』.

13) 한용섭. 2018. 『북한 핵의 운명』, 박영사.

14) Bruce W. Bennett. 2013. 『북한붕괴 대비책(Preparing for the Possibility of a North Korean Collapse』, Rand Corporation.

15) 오세훈. 2019. 『미래: 미래를 보는 세 개의 창』, 다이얼.

16) 윌리엄 페리(William J. Perry) 저. 정소영 역. 2015. 『핵 벼랑을 걷다: 윌리엄 페리 회고록: My Journey at the Nuclear Brink』, 창비.

17) 박찬호, 김한택. 2016. 『국제해양법』, 와이북스.

18) John Bolton. 2020. 『The Room Where It happened』, Simon & Schuster.

19) 송종환. 2002. 『북한 협상행태의 이해』, 오름.

20) 척다운스(Chuck Downs) 지음. 송승종 옮김. 1999. 『북한의 협상전략』, 한울아카데미.

21) A. B. Abrams. 2021. 『IMMOVABLE OBJECT: North Korea's 70 Years at War with American Power』, CLARITY PRESS.

제2장

1) 태영호. 2018. 『3층 서기실의 암호』, 기파랑.

2) 윌리엄 페리(William J. Perry) 저. 정소영 역. 2015. 『핵 벼랑을 걷다: 윌리엄 페리 회고록: My Journey at the Nuclear Brink』, 창비.

3) Sung-wook Nam. 2020. 『North Korean Nuclear Weapon and Reunification』, World Scientific.

4) 박휘락. 북핵 억제와 방어. 2019. 『북핵 억제와 방어』, 북코리아.

5) 김경민. 2013. 『북핵 일본핵을 말한다』, 가나북스.

6) Jung H. Pak. 2020. 『Becoming Kim Jong Un: A Former CIA Officer's Insights into North Korea's Enigmatic Young Dictator』, Ballantine Books.

7) Kongdan Oh and Ralph Hassig. 2021. 『North Korea in a Nutshell: A Contemporary Overview』, Rowman & Littlefield Publishers.

제3장

1) 존 볼턴 저. 박산호 역. 2020. 『그 일이 일어난 방(The Room Where It Happened)』, 시사저널사.

2) 전 웅. 2015. 『현대국가정보학』, 박영사.

3) 미치시타 나루시게 저. 이원경 역. 2014, 『북한의 벼랑끝 외교사』, 한울아카데미.

4) 남성욱. 2016. 『현대 북한의 식량난과 협동농장 개혁』, 한울아카데미.

5) 남성욱·채수란. 2021. "노동신문을 통해 본 북한의 보건안보 대응태세 – COVID-19 보도를 중심으로"『통일전략』, 한국통일전략학회.

6) Marcus Noland. 2000. 『Avoiding The Apocalypse; the Future of the Two Koreas』, Institute for International Economics.

제4장

1) 헬렌−루이즈 헌터 지음. 남성욱·김은영 옮김. 2001. 『CIA 북한보고서: Kim Il−song's North Korea』, 한송.
2) 남성욱. 2015. 『현대 북한의 식량난과 협동농장 개혁』, 한울아카데미.
3) 황장엽. 2006. 『나는 역사의 진리를 보았다』. 시대정신.
4) 알렉산더 판초프·스티븐 레빈. 역자 심규호, 2017. 『마오쩌둥 평전: 현대 중국의 마지막 절대 권력자』, 민음사.
5) 중국통촌통계연감(中國農村統計年鑒), 1983,1984,1985년 판. 중국 농업 집단화의 마지막 단계는 고급합작사의 인민공사체제로의 전환이다. 1958년 8월 17일부터 8월 30일까지 열린 중앙정치국 북대하 회의는 농촌에 인민공사 건립문제를 토론했고 결의가 하달된 후, 전국에서 인민공사화 운동이 고조 되었다. 전국에서 합작사를 인민공사로 개조하는 작업이 활발하게 진행되어 인민공사에 참가한 농호가 전체 농호에서 차지하는 비중은 99% 이상이었다.
6) FAO·WFP. May 2019 "DEMOCRATIC PEOPLE'S REPUBLIC OF KOREA (DPRK) FAO/WFP JOINT RAPID FOOD SECURITY ASSESSMENT", http:/ webzine.sonosa. or.kr/data/pdf/190507_DPRK_FAO_WFP_RAPID_FOOD_SECURITY_ASSESSMENT.pdf
7) 한국식량안보재단. 2015년. 『선진국의 조건: 식량자급 보고서』, 도서출판 식안연.
8) 이호철 외. 2016. 『통일과 식량안보』, 도서출판 식안연.
9) 수키 김. 2015. 『평양의 영어 선생님: Without You, There Is No Us: Undercover Among the Sons of North Korea's Elite』, 디오네.
10) 후지모토 겐지. 역자 신현호. 2003, 『김정일의 요리사』, 월간조선사.
11) 후지모토 겐지. 한유희 역. 2010. 『북한의 후계자 왜 김정은인가』, 맥스미디어.
12) 민태은·황태희 외. 2020. 『미국의 대북 독자제재: 정치적 배경과 법적 기반 분석』, 통일연구원.
13) 에야 오사무(蕙谷 治)·세키가와 나쓰오(關川夏央) 외 저. 김종우 역. 1995. 『김정일의 북한 내일은 있는가』, 청정원.
14) 남성욱. 2021. 『4차 산업혁명시대 북한의 ICT 발전전략과 강성대국』, 한울아카데미.

제5장

1) 북한연구학회 엮음. 2006. 『북한의 통일외교』, 경인문화사.
2) 박영실. 2012. 『중국인민지원군과 북·중 관계』, 선인문화사.
3) 존 J. 미어샤이머 지음 이춘근 옮김. 2021, 『미국 외교의 거대한 환상−자유주의적 패권 정책에 대한 공격적 현실주의의 비판』, 김앤김북.

제6장

1) 조재국·신종국. 2001. 『북한의 보건의료 특징 및 지표 등에 관한 연구』, 한국보건사회연구원.
2) 황상익. 2006. 『북한의 보건의료』, 서울대학교출판부.
3) 이상영. 2009. 『남북한 보건의료 교류 협력의 효율적 수행체계 구축방안 연구』, 한국보건사회연구원.

제7장

1) 신효숙. 2003. 『소련 군정기 북한의 교육』, 교육과학사.
2) 장명봉. 2015. 『북한법령집』, 북한법연구회.
3) 조정아. 2021. 『지식경제시대 북한의 대학과 고등교육』, 통일연구원.
4) 북한연구학회. 2006. 『북한의 교육과 과학기술』, 경인문화사.
5) 정근식. 2017. 『북한의 대학 역사, 현실, 전망』, 진인진.
6) 알렉산드르 솔제니친. 김학수 역. 2020. 『수용소군도』, 열린책들.
7) 임종금·최환석. 2018. 『세계의 술 3000』, 피플파워.

제8장

1) 신일철. 2002. 『북한 정치의 시네마폴리티카』, 이지북.
2) C. E. Merriam. 1964. 『Political power』, Collier−Macmillan.
3) 정민섭. 2017. 『최고 존엄』, 늘품플러스.
4) 황성돈·신도철 외. 2016. 『종합국력: 국가전략기획을 위한 기초자료』, 다산출판사.
5) Andrew Scobell, John M. Sanford, Daniel A. Pinkston, et al. 2020, 『The True Military Power of North Korea Kindle Edition』, Musaicum Books.
6) 배정호. 2018. 『사이공 패망과 내부의 적: 베트남 전쟁과 통일전선전술』, 비봉출판사.
7) T. R. 페렌바크. 2019. 『이런 전쟁: This kind of War』, 플래닛미디어.
8) 이종화·신관호. 2019. 『거시경제학』, 박영사.

제9장

1) 남시욱. 2020. 『한미동맹의 탄생비화』, 청미디어.
2) 허욱, 테런스 로릭 저. 이대희 역. 2019. 『한미동맹의 진화: The Evolution of the South Korea−United States Alliance』, 에코리브르.

3) 유용원. 2020. 『유용원의 밀리터리 시크릿: 북한군, 주변 4강, 한미관계, 한국군, 방위 산업 관련 핫이슈 리포트』, 플래닛미디어.

4) 이용준. 2019. 『대한민국의 위험한 선택』, 기파랑.

제10장

1) 정종욱. 『외교 비록: 1차 북핵 위기와 황장엽 망명』, 기파랑.

2) 그레이엄 앨리슨 저. 정혜윤 역. 2018, 『예정된 전쟁: 미국과 중국의 패권 경쟁, 그리 고 한반도의 운명』, 세종서적.

3) 조 바이든 저. 양진성 역, 2020. 『지켜야 할 약속: 나의 삶, 신념, 정치』, 김영사.

4) 조 바이든 저. 김영정 역, 2020. 『약속해 주세요. 아버지』, 2020.

5) 기미야 다다시 저. 손석의 역. 2013. 『일본의 한반도 외교: 탈식민지화, 냉전체제, 경 제협력』, 제이앤씨.

6) 김찬훈. 2016. 『북일외교의 교섭패턴과 역사』, 한림대학교출판부.

제11장

1) 헨리 키신저. 1979. 『회고록 백악관 시절』, 문화방송·경향신문.

2) 그레이엄 엘리슨 저. 정혜윤 역. 2017. 『예정된 전쟁』, 세종서적.

3) Eric Brewer·Sue Mi Terry, March 2021. "It Is Time for a Realistic Bargain With North Korea." 『Foreign Affairs』, US Diplomatic Association.

4) FAO, July 21, 2021. "North Korea Food Situation"

5) 남성욱. 2021. "노동신문을 통해 본 북한의 보건안보 대응태세 − COVID−19 보도 를 중심으로 −", 『통일전략』 21권 1호, 한국통일전략학회.

제12장

1) 아부키 스스무 저. 손승회 역. 2017. 『문화대혁명』, 영남대학교 출판부.

2) 에드거 스노 저. 홍수원 역. 2013. 『대륙의 붉은 별』, 두레.

3) 크리스토퍼 힐 지음. 이미숙 역. 2015. 『미국 외교의 최전선: Outpost Life on the Front Lines of American Diplomacy: A Memoir, 크리스토퍼 힐 회고록』, 메디치 미 디어.

4) Helen−Louise Hunter 저. 남성욱 역. 2001. 『CIA 북한보고서: Kim Il−song's North Korea』, 한송.

5) Bruce Cumings 저. 남성욱 역. 2004. 『김정일 코드; North Korea Another Country』,

따뜻한 손.

6) 전웅. 2015. 『현대국가정보학』. 박영사.

7) 루스 베네딕트 저. 김윤식·오인석 역. 1946.『국화와 칼』, 을유문화사.

8) 황장엽. 2011. 『회고록』, 시대정신.

9) Gordon White. 1993. 『Riding the Tiger: if you're riding a tiger, it's hard to get off』, Stanford University Press.

찾아보기

저자소개

남성욱

미국 미주리주립대(University of Missouri-Columbia) 응용경제학 박사.

주요 이력으로는 고려대학교 통일외교학부 교수(2002~현재) 겸 행정전문대학원장(2016~2021), 고려대학교 아세아문제연구소 북한연구센터장(2014~2019), 통일부 남북관계발전위원회위원(2017~2018), 통일부 사단법인 남북경제연구원 원장(2004~현재), 서울시남북교류협력위원장(2021~현재), 중소기업중앙회 통일경제위원회 공동위원장(2014~2018), KBS 북한문제 객원해설위원(2005~현재), 보다 나은 미래를 위한 반기문 재단 이사(2019~현재), 민주평화통일자문회의 사무처장(2012~2013, 차관급), 국가안보전략연구소 소장(2008~2012, 차관급), 법무부 법무연수원 통일관계 자문교수(2014~2017), 국방부 정책자문위원(2014~2017), 문화일보 객원논설위원(2014~2015), 한국북방학회 고문(2007~현재), 기상청 남북관계자문위원(2007~현재), 북한연구학회 부회장(2007~2012), 경기도 남북관계 자문위원(2006~2015), 한국관광공사 남북관계자문위원(2005~2018), 한국학술진흥재단 남북위원회 자문위원(2005~2013), CBS북한문제 객원해설위원(2005~2011), 개성공단관리위원회 자문위원(2005~2007), 동북아경제학회 총무이사(2005~2006), 아모레퍼시픽 장학재단 감사(2004~현재), 북한경제전문가 100인포럼 이사(2004~2007), 농림부 정책자문위원(2004~2007), 한국북방학회 회장(2004~2006), 서울시 정책자문위원(2003~2011), 통일부 정책자문위원(2003~2007, 2017~2019), LH공사 남북관계 자문위원(2003~2007), NSC 정책자문위원(2003~2005), 통일농수산포럼 연구이사(2002~2007), 북한농업연구회 이사(2002~2007), 남북경제연합회 부회장(2002~2007), 북한경제포럼 연구이사(2002~2005), 북한연구학회 총무이사(2002~2004)를 역임했다.

주요 연구실적으로는 저서로 *Mysterious Pyoungyang: cosmetics, beauty culture and north korea*(2020), *North Korean Nuclear Weapon and Reunification of Korean Peninsula* (2018), *South Korea's 70 years for Diplomacy, National Defense and Unification of Korean Peninsula*(공저, 2018), 『4차산업혁명시대 북한의 ICT 발전전력과 강성대국』(2021), 『북한여성과 코스메틱』(공저, 2017), 『현대 북한의 식량난과 협동농장 개혁(개정판)』(2016), 『한국의 외교 안보와 통일 70년: 1945~2015』(공저, 2015), 『개방과 폐쇄의 딜레마, 북한의 이중적 경제: 북한의 경제』(공저, 2012), 『한반도 상생 프로젝트: 비핵·개방 3000 구상』(공저, 2009), 『북한의 급변사태와 우리의 대응』(공저, 2007), "Contemporary food shortage of north korea and reform of collective farm"(Germany, 2006), 『현대 북한의 식량난과 협동농장 개혁』(2004), 『북한의 정보통신(IT) 발전전략과 강성대국 건설』(2002), 『사회주의와 북한농업』(공저, 2002), 『북한경제의 특성과 경제운용방식』(공저, 2002)와 번역서 『김일성의 북한: CIA 북한보고서』(공역, 2001)가 있다.

김정은의 핵과 경제

초판발행	2022년 1월 10일
지은이	남성욱
펴낸이	안종만·안상준
편 집	우석진
기획/마케팅	오치웅
표지디자인	이현지
제 작	고철민·조영환
펴낸곳	(주) **박영사**
	서울특별시 금천구 가산디지털2로 53, 210호(가산동, 한라시그마밸리)
	등록 1959. 3. 11. 제300-1959-1호(倫)
전 화	02)733-6771
f a x	02)736-4818
e-mail	pys@pybook.co.kr
homepage	www.pybook.co.kr
ISBN	979-11-303-1460-0 93340

정 가   35,000원